한국사
능력검정시험

중급·기본 2주패스

신과함께

마패

한능검은 뻔하다?

01 기출문제가 최고의 예상문제!
자주 나온 문제는 어김없이 그대로 나온다!

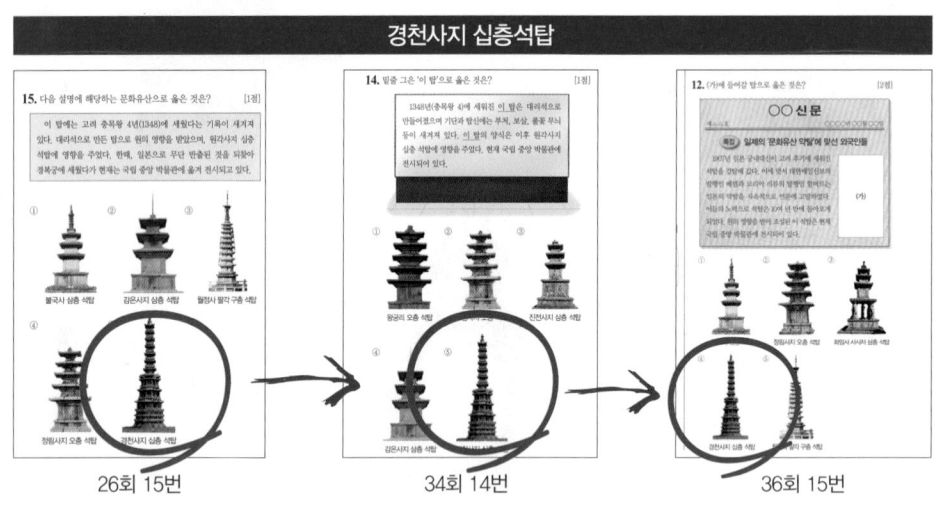

경천사지 십층석탑

26회 15번 → 34회 14번 → 36회 15번

1. 무엇보다 기출문제를 꼭 풀어보셔야 합니다. 그게 시험에 임하는 수험생이 가져야할 최소한의 예의입니다.

- 본서 『2주패스』에 실린 유형별 기출문제들만 봐도 합격엔 무리가 없다.
- 만점을 노리는 분들은 『신과함께 한능검 기본 기출문제집』을 꼭 사서 풀어본다.
- 시간이 없는 분들은 이론이나 설명보다는 바로 모의고사 문제를 푸는 게 더 효과적이다.

2. 기출문제를 정확하게 분석할 필요가 있습니다. 무엇보다 그림과 도표, 지도에 익숙해질 필요가 있습니다.

- 한능검을 출제하는 국사편찬위원회는 기본적으로 제한된 데이터를 가지고 활용한다.
- 기출되었던 그림이나 사진을 시대별 특징과 함께 학습하면 큰 효과를 볼 수 있다.
- 놀라운 사실은 특정 시대의 유적이나 문화재(탑, 비석, 자기, 그림, 서적)는 반드시 출제된다는 점이다.

02 한 번 나온 문제는 조금 비틀어서 또 나온다!

응용되더라도 나올 문제는 나온다!

농사직설

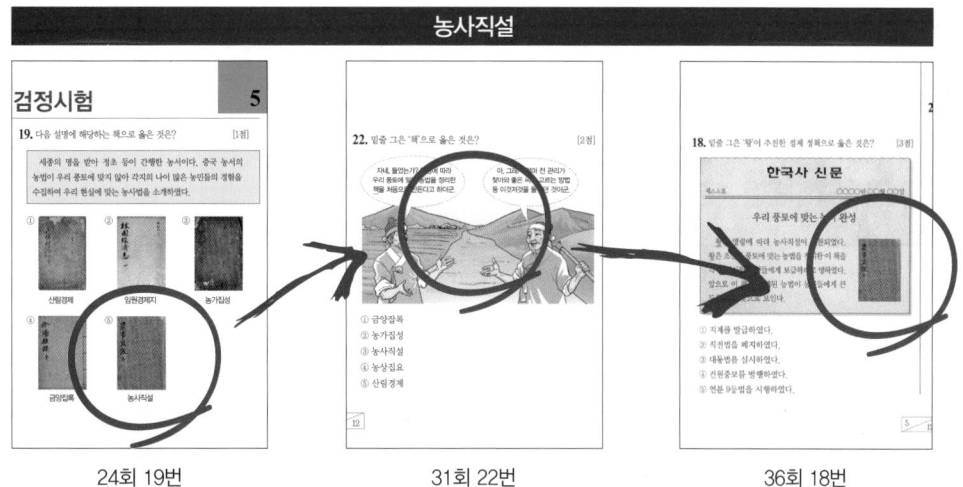

24회 19번   31회 22번   36회 18번

3. 텍스트나 그림에서 파악할 수 있는 정보들이 대화체로 주어지는 경우가 많습니다.
- 먼저 주어진 그림을 파악하고, 설명에서 제시된 단서를 파악한다.
- 위 문제의 경우, 두 사람(임금—신하, 평민—평민)의 대화 중에 주어지는 정보가 중요하다.
- 본서 『2주패스』에 제시된 내용만 숙지한다면, 시험장에서 문제를 푸는 데에 전혀 어려움이 없다.

03 그림이 달라도 걱정 말 것!

그림이 복잡하면 텍스트에 모든 힌트가 주어진다!

최승로 시무 22조

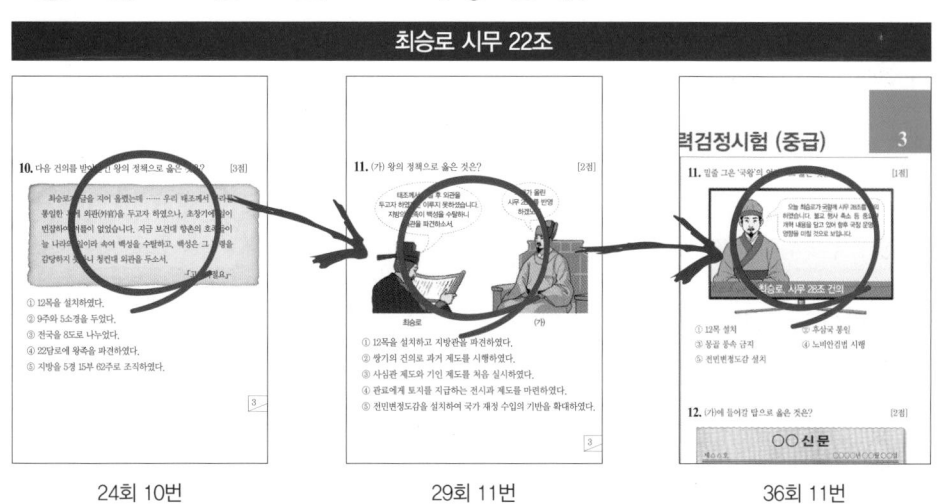

24회 10번   29회 11번   36회 11번

4. 그림에 전혀 연관성이 없어 보여도 동일한 주제를 묻는 문제로 분류할 수 있습니다.
- 문제에 주어진 말풍선에 그 문제를 해결할 수 있는 거의 모든 정보가 담겨 있다.
- 위의 경우, 외견상 문제의 유사성이 없어 보이나, "최승로"라는 인물의 정보만 얻으면 쉽게 문제에 접근할 수 있다.
- 통시대적으로 물어 보는 문제라 해도 본서 『2주패스』에 실린 정보 하나만 알면 오답들을 쉽게 걸러낼 수 있다.

기출의 재구성

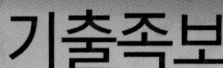

기출족보

영역 \ 회차 \ 문항	각 기출 문항수							종합
	46회	45회	44회	43회	42회	41회	40회	
I 선사 및 초기국가	2	3	2	2	2	2	3	16
II 고대 시대	7	8	8	9	9	8	8	57
III 중세 시대	7	7	7	7	5	5	6	44
IV 근세 시대	6	6	7	6	7	5	5	43
V 근대 태동기	7	6	5	4	5	5	5	37
VI 근대 시대	4	6	8	9	8	8	6	49
VII 일제 강점기	9	8	7	8	9	9	9	59
VIII 현대 시대	6	4	3	2	3	4	4	26
IX 통시대사	2	2	3	3	2	4	3	19

영역 \ 회차 \ 문항	각 기출 문항수							종합
	46회	45회	44회	43회	42회	41회	40회	
정치	24	26	27	26	25	27	25	180
문화	7	9	9	13	11	11	13	73
사회	14	11	10	8	9	8	9	69
경제	5	4	4	3	5	4	3	28

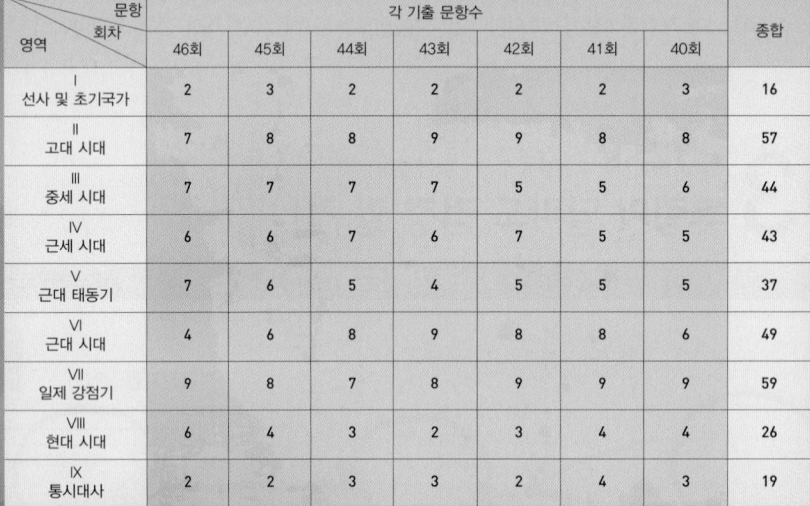

시놉시스

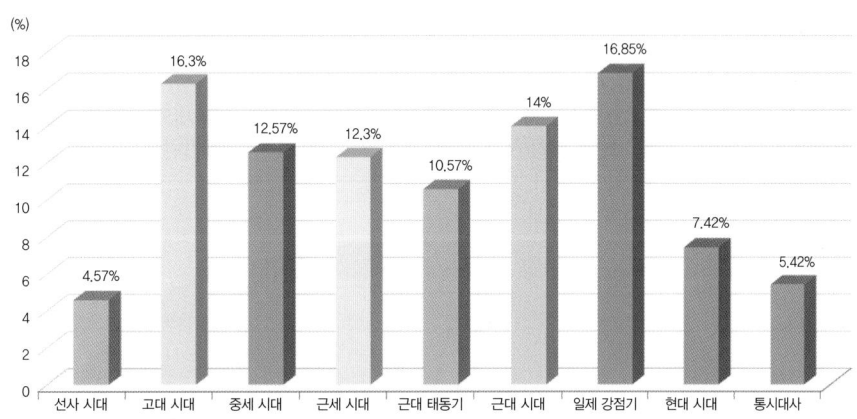

1	선사 시대 4.57%	선사 시대는 유물 사진(가락바퀴, 비파형동검)과 특정 유적지(동굴과 막집)를 가지고 시기별 생활상을 파악하는 문제가 출제되었다. 난이도가 평이하고 점수 비중이 낮기 때문에 놓칠 수 없는 부분이고, 초기국가(부여, 고구려, 옥저, 동예, 삼한)와 관련된 문제는 매회 번갈아 출제되므로 꼭 숙지해야 한다.
2	고대 시대 16.3%	고대 시대는 근대 시대 이전에서 보자면 출제 빈도가 가장 높은 범위이다. 국가별 주요 왕들의 업적을 철저히 파악해야 한다. 그 중에서 특히 각국 전성기 왕들(근초고왕, 광개토대왕, 진흥왕)의 업적은 매년 출제된다. 특히 고대 시대는 문화사의 출제 빈도가 높은 곳으로 불상과 탑(정림사지 오층석탑, 분황사 모전석탑), 특정 승려(의상)에 관해 철저한 학습이 필요하다.
3	중세 시대 12.57%	중세 시대는 초기 태조, 광종, 성종의 업적과 정치제도의 특징, 거란, 여진, 몽골, 홍건, 왜구 등 이민족의 침략을 물리치는 과정, 중대에 이자겸의 난과 묘청의 서경천도운동, 무신정변기 하층민의 난과 주요 기구들, 하대에는 공민왕의 개혁정치와 신진사대부의 성장 등이 주요 학습 포인트이다. 경천사지 십층석탑이나 부석사 무량수전 같은 문화재도 빈번하게 나오며, 『삼국유사』와 『삼국사기』도 종종 출제되므로 잘 알아둔다.
4	근세 시대 12.3%	근세 시대는 단원의 중요도에 비해서 출제 빈도가 다소 낮은 편이다. 초기 태종과 세종, 세조와 성종의 주요 업적, 중앙과 지방 정치기구들, 사화, 임진왜란 등이 주요 출제 포인트이고, 고려시대와의 비교, 근대 태동기와의 비교 등이 자주 출제된다. 『경국대전』, 훈민정음, 조광조의 개혁정치 역시 자주 출제된다.
5	근대 태동기 10.57%	근대 태동기는 비변사와 훈련도감, 북벌과 예송환국, 영·정조의 업적은 매번 출제되는 포인트이다. 특히 이 부분에서는 근대지향적인 경제의 움직임과 수취제도의 변화(이앙법, 상품화폐경제, 영정법, 대동법, 균역법), 중인들의 신분상승운동, 서민문화의 발달, 실학, 홍경래의 난, 임술 농민봉기, 동학과 서학 등 중요 주제가 다양하게 분포하는 단원이다.

6	근대 시대 14%	근대 시대는 흥선대원군의 업적, 개화파 인물들, 강화도조약, 동학의 내용과 전개 과정, 임오군란, 갑신정변, 갑오개혁, 아관파천, 을사조약 등 역사적 사건에 대한 개별적인 이해와 함께 시기 구분이 자주 출제 된다. 연도를 암기할 필요는 없으나 인물에 대한 이해와 조약의 내용 등을 통해 해당 시기를 찾아내거나 순서를 정할 수 있어야 한다.
7	일제 강점기 16.85%	일제 강점기는 전 단원 중에서 출제 빈도가 가장 높은 범위이다. 주요 출제 포인트는 각 시기별 통치 방식(무단통치, 문화통치, 민족말살통치)에 해당하는 내용을 자세히 구분하는 문제가 주를 이룬다. 특히 무단통치와 민족말살통치기 내용(황국신민화 정책, 창씨개명)은 반드시 암기하여야 하고, 민족운동, 이봉창과 윤봉길, 신채호, 윤동주 관련 문제는 자주 출제된다.
8	현대 시대 7.42%	현대 시대는 광복 직후의 주요 사건들, 6·25 전쟁, 70년대와 90년대의 주요 경제적 내용, 7·4 남북공동성명, 6·15 남북공동선언, 민주화 운동의 내용과 순서(4·19, 5·18, 6월 민주항쟁)등이 주로 출제된다. 이승만, 박정희, 유신헌법, 전두환 관련 문제는 자주 출제된다.
9	통시대사 5.42%	구휼제도나 교육기관 등을 통시대적으로 질문하는 문제가 많이 출제된다. 이전에는 유네스코 문화유산, 민속놀이나 세시풍속을 묻는 문제가 1문제씩 출제되었으나, 최근에는 특정 지역사를 포괄적으로 묻는 문제가 자주 출제되고 있는 점도 특징이다.

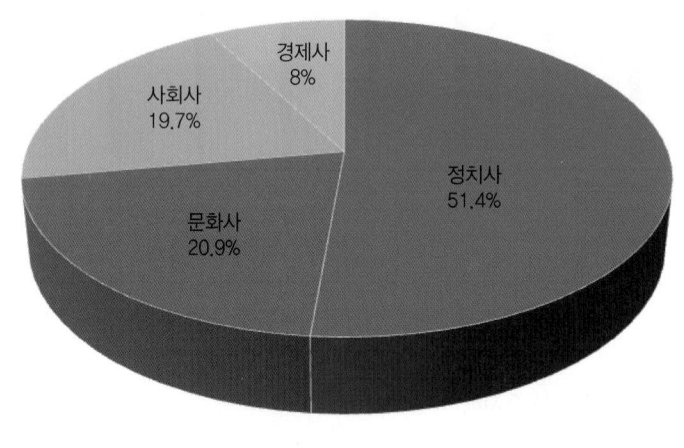

1	정치사 51.4%	정치사는 한국사의 핵심 부분으로 350문항 중 총 180문항(51.4%)이 출제되어 전체의 절반을 차지한다. 각 시기별 왕의 업적과 중앙·지방 정치제도, 대외항전 등은 주로 출제되는 문항이다. 회가 거듭될수록 새로운 문항이 출제되기보다는 다른 사료나 그림을 넣어 물어보는 형태로 바뀌고 있고, 왕의 업적을 직접 물어보는 경우보다 당시 사회상을 파악하는 융합형 형태를 띠고 있다.
2	문화사 20.9%	두 번째로 중요한 문화사는 73문항(20.9%)이 출제되고 있다. 주로 고대사의 유물과 유적, 불교 관련 인물(원효, 의상, 혜초, 의천, 지눌), 불상, 탑 등을 통한 시기 구분 문제와 조선 후기 풍습화와 민화 등이 주요 출제 포인트이다. 지역이나 국가를 묻는 특정 유물과 유적도 파악해야 한다. 최근 조선 후기의 풍속화는 제시되는 그림이나 사진이 다양해지는 경향을 띠고 있다.
3	사회사 19.7%	사회사는 최근 350문항 중 69문항(19.7%)이 출제되었고, 각 시기별 농민의 생활이나, 신분해방운동, 구휼제도 등을 묻는 문제가 출제된다. 매향 활동, 가족제도나 여성의 지위 등은 앞으로도 계속 출제가 예상되는 부분이다.
4	경제사 8%	경제사는 28문항(8%)이 출제되어 전체적으로 볼 때 그리 많은 부분을 차지하고 있진 않다. 하지만 합격을 위해서 놓칠 수 없는 부분이다. 『민정문서』, 전시과, 과전법, 조선 후기 상품 화폐경제의 발달, 대외무역, 1960-90년대 시기별 경제 특징을 묻는 문항이 대부분이었다.

KNOW-WHY

『신과함께 한능검』은 "왜" 다른가?

01

최신 기출문제의 철저한 분석을 통한 출제 경향 파악

기존의 모든 쭉정이는 가라!

기출된 사진, 그림까지 이 잡듯이 새로운 편재, 새로운 해설, 새로운 접근으로 한능검을 격파한다!

• 난이도 조정 • 빨간펜 분석 노트 • 단기 하이라이터 • 학습자–친화적 구성 • 출제위원 분석

02

간결하고 압축된 이론과 해설로 14일이면 준비 완료

기존의 잡다한 설명은 가라!

이론으로 공부하고, 기출문제로 확인하며, 모의고사 2회로 총정리하면 지긋지긋한 한능검이 끝!

• 간결한 이론 • 단답형 TEST • 엄선된 기출문제 • 정확한 문제 해설 • 실전동형 모의고사 2회

03

핵심 단원 마무리, 시놉시스로 한 눈에 요점 파악

기존의 복잡한 연표는 가라!

딱 한 장으로 정리된 기출 유형과 사료 서브노트로 무장한 나는 가뿐하게 한능검을 넘어선다!

• 쏙쏙 기출 키워드 • 핵심 유형 정리 • 단원 마무리 • 기출 시놉시스 • 사료 서브노트

04

50만 독자가 선택한 『신과함께』 지루하지 않은 한국사 공부

기존의 따분한 해설은 가라!

웹툰의 전설, 주호민의 『신과함께』를 따라가면서 유쾌하게 공부하면 어느덧 한능검 합격!

• 곳곳에 캐릭터 • 신과함께 카툰스토리 • 풍부한 사진과 그림 • bj 한나 쌤의 강의

새롭고! 쉽고! 단순하고! 재밌다!

KNOW-HOW

01 출제 경향 분석 및 개념 정리

출제위원들이 최근 4년 동안 기출된 한국사능력검정시험 문제들을 일차적으로 분석하여 군더더기를 제외한 핵심만을 따로 정리하였습니다. 합격하기 위해 반드시 알아야할 정보와 시험에 빈출된 사진과 그림은 빼놓지 않고 본문에 실었습니다.

❶ CHAPTER

28

3·1 운동과 무장독립투쟁

쏙쏙 키워드를 알려주지!

대한광복회, 신흥무관학교, 서전서숙, 3·1운동, 만세제, 국민대표회의, 청산리 전투, 조선의용대, 건국강령 발표, 한국광복군, 조선혁명선언, 윤봉길

❶ 지금까지 기출된 자료를 바탕으로 한능검 기본을 더도 말고 덜도 말고 딱 〈32개 챕터〉로 정리했습니다.

❷ 매 단원마다 〈쏙쏙 키워드〉를 넣어 빈출되는 개념을 학습자가 미리 알 수 있도록 배려했습니다.

❸ 시험에 기출된 〈그림〉이나 〈사진〉을 넣어 학습자에게 노출시키도록 했습니다.

❹ 매 단원마다 학습자가 〈단답형으로 확인하기〉에서 방금 학습한 내용을 바로 확인할 수 있게 했습니다.

채응언

1 3·1 운동 이전의 민족운동 (1910년대 항일운동)

(1) 1910년대 국내의 항일운동
마지막 의병
① **특징** : ㉠ 1915년 채응언을 마지막으로 국내에서의 의병활동이 침체됨
　　　　　 ㉡ 일본의 탄압으로 비밀 결사 조직과 활동으로 전환함
　　　　　 ㉢ 애국지사들의 해외 망명 증가 →독립군 활동으로 전환

② **대한독립의군부(1912년)**
　㉠ 조직 : 임병찬이 고종의 밀명을 받아 조직
　㉡ 구성원 : 보수적 유생 중심 →복벽주의 지향 ─ 어진의 조직질을 유생
　㉢ 국권 반환 요구서를 조선 총독에게 보내 국권을 회복시킬 계획을 세웠으나 지도부 인사들이 체포당함으로써 해체

③ **대한광복회(1915년)**
　㉠ 조직 : 채기중·박상진·김좌진 등을 중심
　㉡ 강령 : ⓐ 부호의 의연금 및 일본인이 불법 징수하는 세금을 압수하여 무장을 준비한다.
　　　　　 ⓑ 만주에 사관학교를 설치하여 독립전사를 양성한다.
　㉢ 활동 : ⓐ 공화정 지향, 친일파 처단, 만주의 독립운동 단체와 연계
　　　　　 ⓑ 독립기지 건설(만주)과 사관학교 설립을 위한 군자금 모집 시도

(2) 1910년대 국외 독립운동
① **배경** : 국권 피탈 간도·연해주·만주를 중심으로 독립운동 기지 설립이 활발함
② **만주의 주요 독립운동 기지**
　㉠ 유하현 삼원보(서간도) : 신민회가 경학사(부민단), 신흥무관학교 설립
　㉡ 북간도 : ⓐ 간민회·중광단 등의 항일단체 활동
　　　　　　 ⓑ 명동학교(명동, 김약연)·서전서숙(용정, 이상설)
　㉢ 밀산부(북만주) : 중국과 러시아 국경지대인 밀산부에 한흥동(한인 자치마을) 건설
③ **연해주 지역의 독립운동 기지** : 신한촌(블라디보스토크), 광복회, 권업회, 대한광복군 정부(→대한국민의회로 발전)
④ **미주 지역의 활동** : 대한인국민회(박용만, 이승만)·흥사단(안창호), 대조선국민단(하와이, 박용만)

2 3·1 운동의 전개

(1) 3·1 운동의 태동(배경)
① 레닌의 식민지 민족 해방지원 선언과 민족자결주의 선언

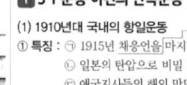

단답형으로 확인하기 ❹

❶ 임병찬이 고종의 밀지를 받아 설립하고 복벽주의를 지향한 단체는?

❷ 1915년 채기중, 김좌진이 설립한 독립운동 단체로 공화정을 지향했던 것은?

부딴 ❶ 대한독립의군부
❷ 대한광복회

02 단원별 기출 문제 풀이로 실전 TEST

한국사능력검정시험에서 최근 4년간 기출되었던 문제들의 경향을 분석하여 각 단원 마무리 문제로 실었습니다. 해설에는 문제의 의도와 발상, 정답의 원리, 오답의 함정들을 명쾌하게 풀어놓았으며, 문제마다 범위의 동심원을 그리며 역사적 주요 사항들을 도표로 정리하였습니다.

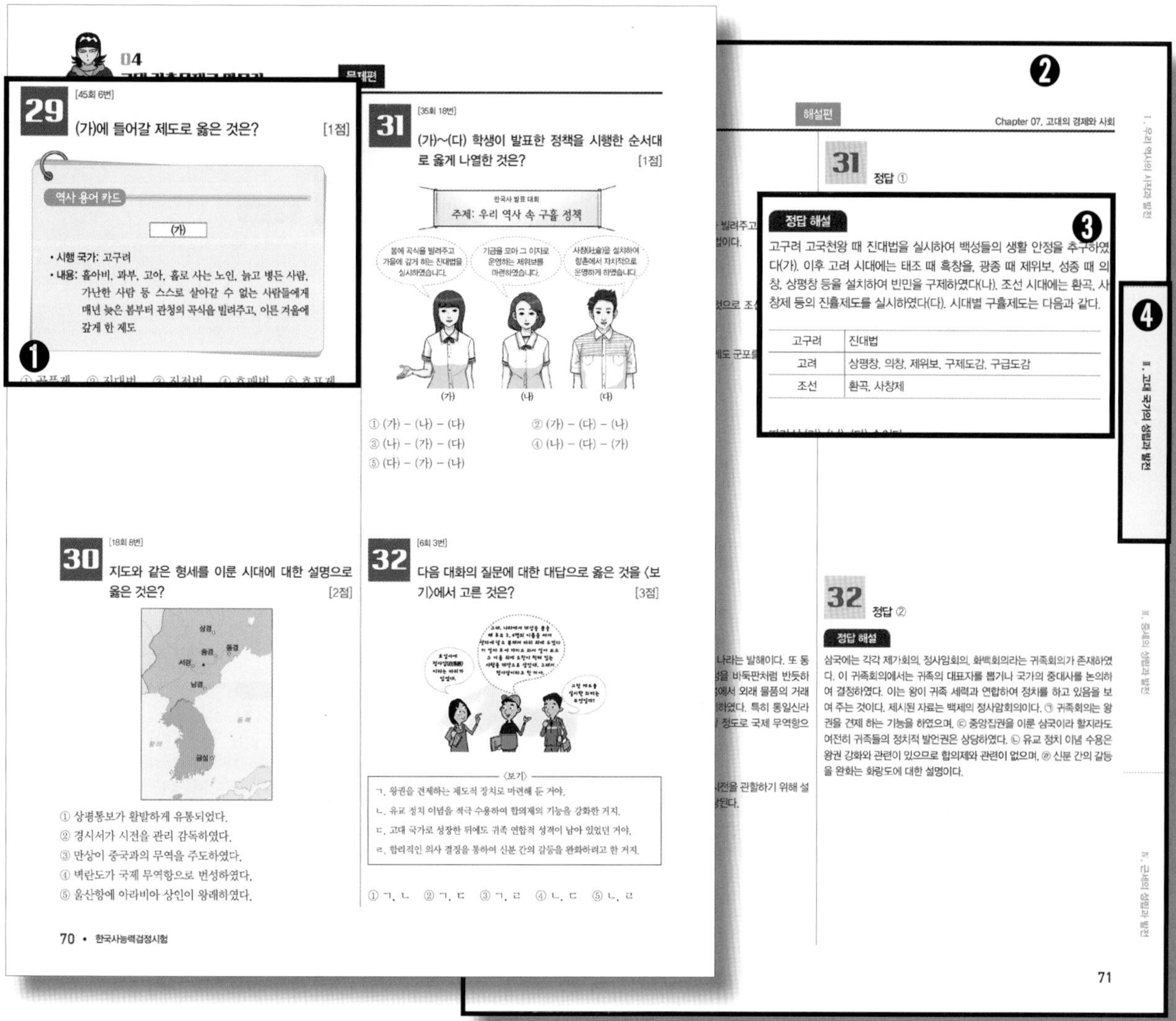

❶ 학습자가 기출 경향을 파악할 수 있도록 최근 〈기출문제〉 250여 개를 그대로 가져왔습니다.
❷ 문제 바로 우측에 해설을 배치하여 학습자가 푼 문제를 바로 확인할 수 있도록 책의 구성을 재편했습니다.
❸ 풍부한 기출문제 해설과 도표로 학습자가 문제 해설만 학습해도 흐름을 단번에 파악할 수 있도록 했습니다. 또한 〈오답해설〉을 통해 학습자가 흔히 저지르는 실수들을 분석했습니다.
❹ 〈썸네일〉을 붙여 학습자가 현재 학습하는 챕터를 일별해볼 수 있도록 했습니다.

03 기출 문제로 정리한 마무리 실전모의고사

본 교재는 최근 한국사능력검정시험의 경향을 반영하여 기출된 문제를 적절하게 변형하여 두 종류의 모의고사를 준비했습니다. 문제를 풀고 해설을 학습하는 것만으로도 충분히 시험에 대비할 수 있도록 모의고사 해설에는 두 배 더 자세한 내용들을 담았습니다.

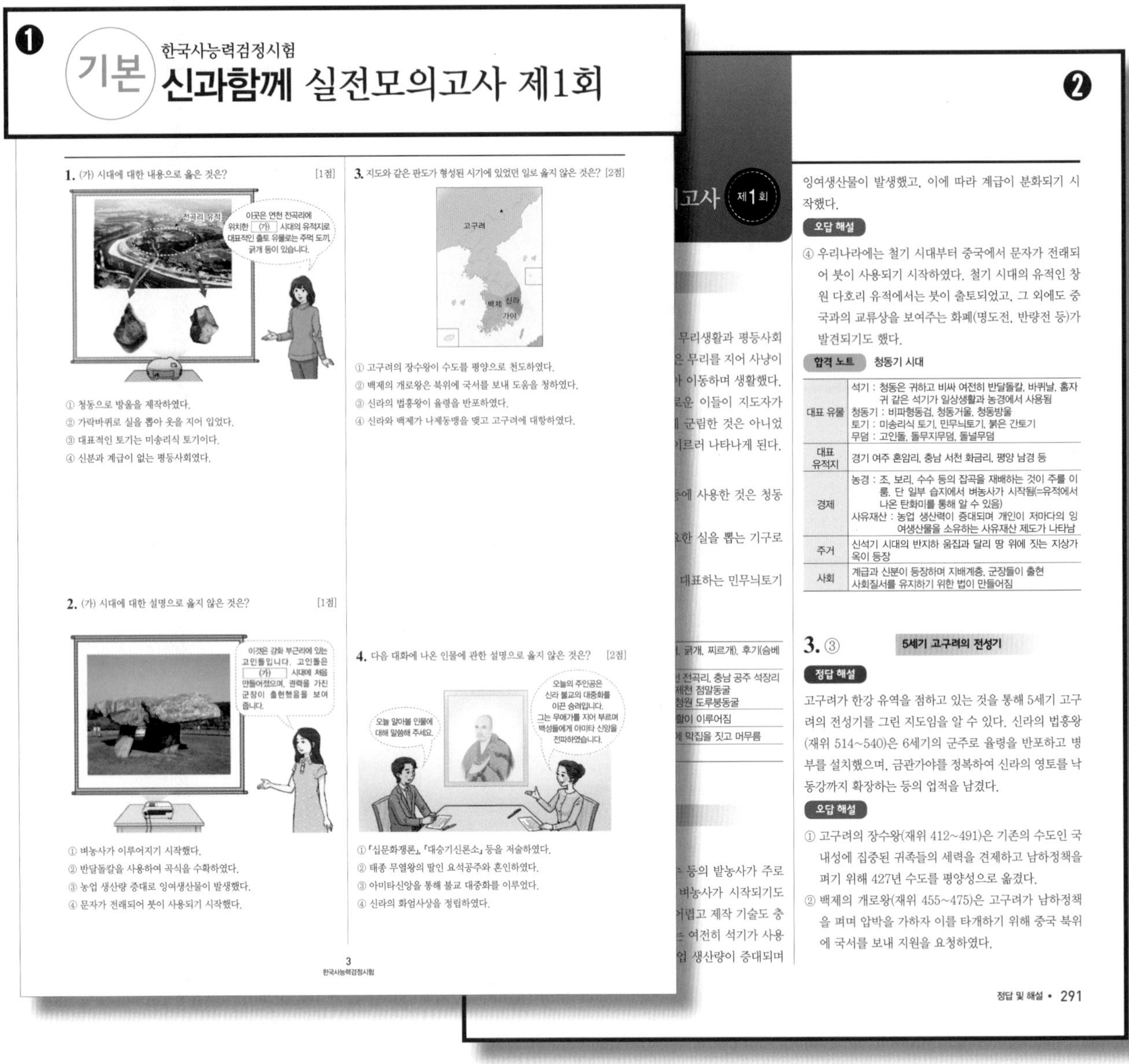

❶
한국사능력검정시험
기본 **신과함께 실전모의고사 제1회**

❷

1. (가) 시대에 대한 내용으로 옳은 것은? [1점]

이곳은 연천 전곡리에 위치한 (가) 시대의 유적지로 대표적인 출토 유물로는 주먹 도끼, 긁개 등이 있습니다.

① 청동으로 방울을 제작하였다.
② 가락바퀴로 실을 뽑아 옷을 지어 입었다.
③ 대표적인 토기는 미송리식 토기이다.
④ 신분과 계급이 없는 평등사회였다.

3. 지도와 같은 판도가 형성된 시기에 있었던 일로 옳지 않은 것은? [2점]

고구려

백제 신라

가야

① 고구려의 장수왕이 수도를 평양으로 천도하였다.
② 백제의 개로왕은 북위에 국서를 보내 도움을 청하였다.
③ 신라의 법흥왕이 율령을 반포하였다.
④ 신라와 백제가 나제동맹을 맺고 고구려에 대항하였다.

2. (가) 시대에 대한 설명으로 옳지 않은 것은? [1점]

이것은 강화 부근리에 있는 고인돌입니다. 고인돌은 (가) 시대에 제작 만들어졌으며, 권력을 가진 군장의 출현함을 보여 줍니다.

① 벼농사가 이루어지기 시작했다.
② 반달돌칼을 사용하여 곡식을 수확하였다.
③ 농업 생산량 증대로 잉여생산물이 발생했다.
④ 문자가 전래되어 붓이 사용되기 시작했다.

4. 다음 대화에 나온 인물에 관한 설명으로 옳지 않은 것은? [2점]

오늘 알아볼 인물에 대해 말씀해 주세요.

오늘의 주인공은 신라 불교의 대중화를 이끈 승려입니다. 그는 무애를 지어 부르며 백성들에게 아미타 신앙을 전파하였습니다.

① 『십문화쟁론』, 『대승기신론소』 등을 저술하였다.
② 태종 무열왕의 딸이 요석공주와 혼인하였다.
③ 아미타신앙을 통해 불교 대중화를 이루었다.
④ 신라의 화엄사상을 정립하였다.

잉여생산물이 발생했고, 이에 따라 계급이 분화되기 시작했다.

오답 해설

④ 우리나라에는 철기 시대부터 중국에서 문자가 전래되어 붓이 사용되기 시작하였다. 철기 시대의 유적인 창원 다호리 유적에서는 붓이 출토되었고, 그 외에도 중국과의 교류상을 보여주는 화폐(명도전, 반량전 등)가 발견되기도 했다.

합격 노트 청동기 시대

대표 유물	석기 : 청동은 귀하고 비싸 여전히 반달돌칼, 바퀴날, 홈자귀 같은 석기가 일상생활과 농경에서 사용됨 청동기 : 비파형동검, 청동거울, 청동방울 토기 : 미송리식 토기, 민무늬토기, 붉은 간토기 무덤 : 고인돌, 돌무지무덤, 돌널무덤
대표 유적지	경기 여주 혼암리, 충남 서천 화금리, 평양 남경 등
경제	농경 : 조, 보리, 수수 등의 잡곡을 재배하는 것이 주를 이룸. 단 일부 습지에서 벼농사가 시작됨(=유적에서 나온 탄화미를 통해 알 수 있음) 사유재산 : 농업 생산력이 증대되며 개인이 저마다의 잉여생산물을 소유하는 사유재산 제도가 나타남
주거	신석기 시대의 반지하 움집과 달리 땅 위에 짓는 지상가옥이 등장
사회	계급과 신분이 등장하며 지배계층, 군장들이 출현 사회질서를 유지하기 위한 법이 만들어짐

3. ③   5세기 고구려의 전성기

정답 해설

고구려가 한강 유역을 점하고 있는 것을 통해 5세기 고구려의 전성기를 그린 지도임을 알 수 있다. 신라의 법흥왕(재위 514~540)은 6세기의 군주로 율령을 반포하고 병부를 설치했으며, 금관가야를 정복하여 신라의 영토를 낙동강까지 확장하는 등의 업적을 남겼다.

오답 해설

① 고구려의 장수왕(재위 412~491)은 기존의 수도인 국내성에 집중된 귀족들의 세력을 견제하고 남하정책을 펴기 위해 427년 수도를 평양성으로 옮겼다.
② 백제의 개로왕(재위 455~475)은 고구려가 남하정책을 펴며 압박을 가하자 이를 타개하기 위해 중국 북위에 국서를 보내 지원을 요청하였다.

---

❶ 동일한 시험지 형식과 동일한 OMR카드를 통해 실전을 방불케 하는 학습 환경을 경험할 수 있도록 배려했습니다.
❷ 충실한 해설을 통해 그간 학습한 내용들을 최종 정리할 수 있도록 제작했습니다.
※ 〈모의고사〉는 기출된 문제를 그대로 가져와서 경향에 맞도록 변형했습니다.

04 사료분석으로 실전감각 익히기

최근 4년 동안 한국사능력검정 중급/고급 기출에 실린 사료를 모아 정리하였습니다. 사료 문제가 차지하는 비중이 크기 때문에, 사료를 분석하는 능력을 길러야 실전에 보다 완벽히 대비할 수 있습니다.

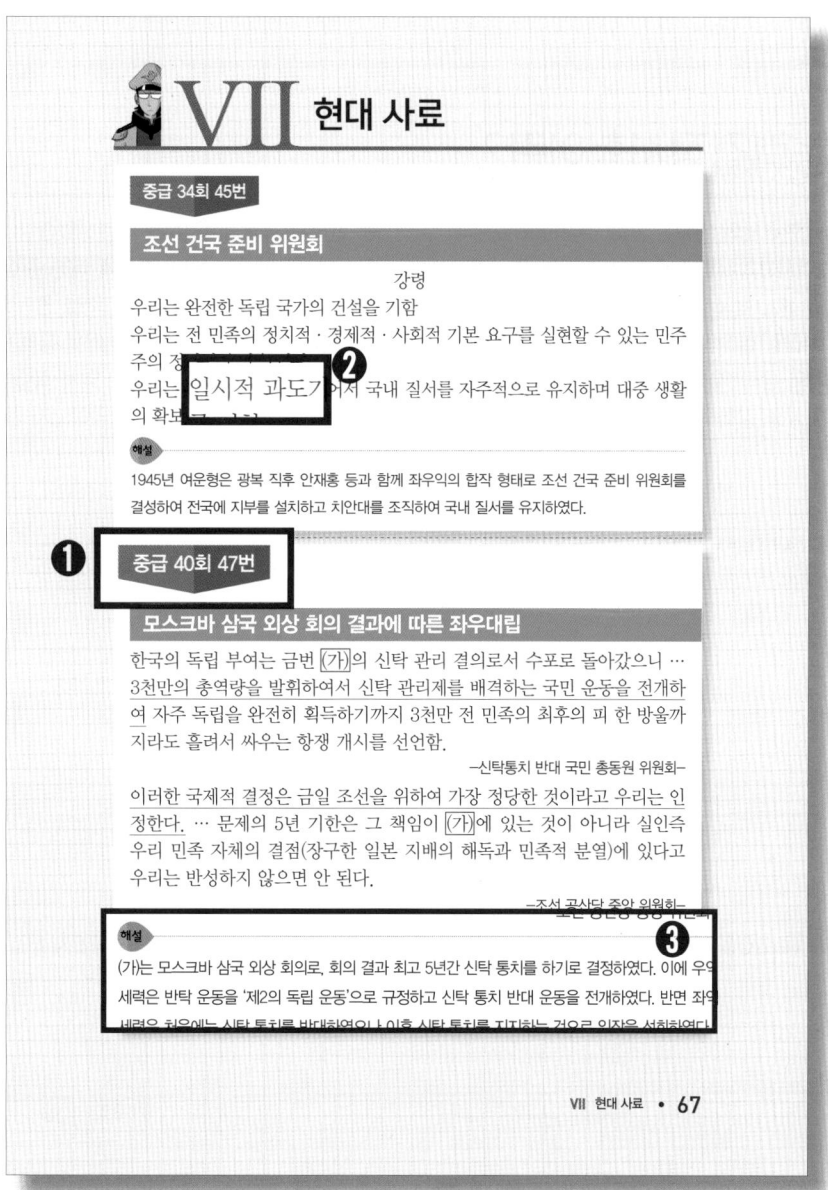

VII 현대 사료

중급 34회 45번

조선 건국 준비 위원회

강령

우리는 완전한 독립 국가의 건설을 기함

우리는 전 민족의 정치적 · 경제적 · 사회적 기본 요구를 실현할 수 있는 민주주의 정권❷

우리는 일시적 과도기❷에 있어서 국내 질서를 자주적으로 유지하며 대중 생활의 확보를 기함

▸ 해설

1945년 여운형은 광복 직후 안재홍 등과 함께 좌우익의 합작 형태로 조선 건국 준비 위원회를 결성하여 전국에 지부를 설치하고 치안대를 조직하여 국내 질서를 유지하였다.

❶ **중급 40회 47번**

모스크바 삼국 외상 회의 결과에 따른 좌우대립

한국의 독립 부여는 금번 (가)의 신탁 관리 결의로서 수포로 돌아갔으니 … 3천만의 총역량을 발휘하여서 신탁 관리제를 배격하는 국민 운동을 전개하여 자주 독립을 완전히 획득하기까지 3천만 전 민족의 최후의 피 한 방울까지라도 흘려서 싸우는 항쟁 개시를 선언함.

—신탁통치 반대 국민 총동원 위원회—

이러한 국제적 결정은 금일 조선을 위하여 가장 정당한 것이라고 우리는 인정한다. … 문제의 5년 기한은 그 책임이 (가)에 있는 것이 아니라 실인즉 우리 민족 자체의 결점(장구한 일본 지배의 해독과 민족적 분열)에 있다고 우리는 반성하지 않으면 안 된다.

—조선 공산당 중앙 위원회—

▸ 해설 ❸

(가)는 모스크바 삼국 외상 회의로, 회의 결과 최고 5년간 신탁 통치를 하기로 결정하였다. 이에 우익 세력은 반탁 운동을 '제2의 독립 운동'으로 규정하고 신탁 통치 반대 운동을 전개하였다. 반면 좌익 세력은 처음에는 신탁 통치를 반대하였으나 이후 신탁 통치를 지지하는 것으로 입장을 선회하였다.

❶ 최신 기출 사료를 중급/고급으로 구분하여 회차별 문제 번호를 표시하였습니다.
❷ 사료에서 뽑아내야 할 핵심 포인트를 표시하였습니다.
❸ 실전에 적용하는 데 필수적인 배경 설명을 해설로 담았습니다.

KNOW-WHAT

한국사능력검정시험이란?

- 학교 교육에서 한국사의 위상은 날로 추락하고 있는데, 주변 국가들은 역사교과서를 왜곡하고 심지어 역사 전쟁을 도발하고 있습니다. 한국사의 위상을 바르게 확립하는 것이 무엇보다 시급한 실정입니다.
- 이러한 현실에서 우리 역사에 관한 패러다임의 혁신과 한국사교육의 위상을 강화하기 위하여 국사편찬위원회에서

는 한국사 능력검정시험을 마련하였습니다.
- 국사편찬위원회는 우리 역사에 대한 관심을 제고하고, 한국사 전반에 걸쳐 역사적 사고력을 평가하는 다양한 유형의 문항을 개발하고 있습니다. 이를 통해 한국사 교육의 올바른 방향을 제시하고, 자발적 역사 학습을 통해 고차원적 사고력과 문제 해결 능력을 배양하고자 합니다.

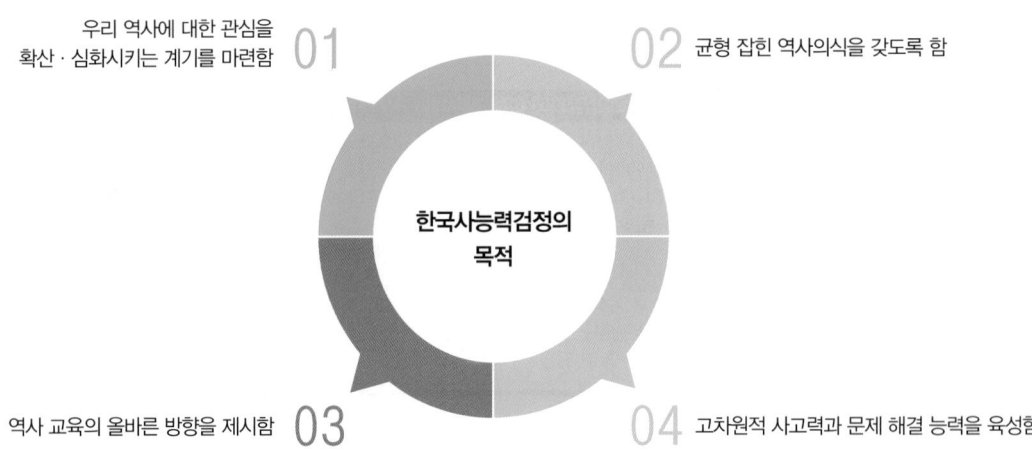

우리 역사에 대한 관심을 확산·심화시키는 계기를 마련함 01

02 균형 잡힌 역사의식을 갖도록 함

한국사능력검정의 목적

역사 교육의 올바른 방향을 제시함 03

04 고차원적 사고력과 문제 해결 능력을 육성함

구분	시험일시	합격자 발표
제47회	2020년 5월 23일(토)	2020년 6월 5일(금)
제48회	2020년 8월 8일(토)	2020년 8월 21일(금)
제49회	2020년 9월 19일(토)	2020년 10월 2일(금)
제50회	2020년 10월 24일(토)	2020년 11월 6일(금)

한국사능력검정시험의 특징

한국사능력검정시험은 한 나라의 국민으로서 가져야 하는 기본적인 역사적 소양을 측정하고, 역사에 대한 전 국민적 공감대를 형성하기 위한 시험으로 다음과 같은 특징을 갖고 있습니다.

0 한국사 학습능력을 측정할 수 있는 대표적인 시험입니다.

현재 한국사 지식을 검증하는 공인 시험은 오직 한능검뿐입니다.

1 응시자의 계층이 매우 다양합니다.

한국사능력검정시험은 입시생이나, 각종 채용시험과 같은 동일한 집단이 아니라, 다양한 연령층과 직업군을 가진 사람들이 응시하고 있습니다. 한국사에 대한 관심과 애정만 있다면 응시자의 학력수준이나 연령 등은 더욱 다양해질 것입니다.

2 국가기관인 국사편찬위원회가 주관합니다.

국사편찬위원회는 우리 역사에 대한 자료를 관장하고 있는 교육부 직속 기관입니다. 한국사능력검정시험은 우리나라 역사에 관란 자료를 조사 · 연구 · 편찬하는 국사편찬위원회가 주관 · 시행을 함으로써, 수준 높고 참신한 문항과 공신력 있는 관리를 통해 안정적인 시험 운영을 하고 있습니다.

3 참신한 문항 개발에 노력하고 있습니다.

매회 시험마다 단순 암기 위주의 보편적인 문항보다는, 다양한 영역에서 여러 접근 방법을 통해 풀 수 있는 참신한 문항을 새로 개발하고 있습니다. 또한 탐구력을 증진할 수 있는 문항 개발을 통해 기존 시험의 틀을 탈피하려고 노력하고 있습니다.

4 '선발 시험'이 아니라 '인증 시험'입니다.

합격의 당락을 결정하는 선발 시험의 성격이 아니라, 한국사의 학습 능력을 인증하는 시험입니다.

한국사능력검정시험의 출제유형

한국사능력검정시험의 문항은 역사교육의 목표 준거에 따라 다음의 여섯 가지 유형으로 구분됩니다.

역사 지식의 이해	역사 탐구에 필요한 기본적인 지식을 갖고 있는가를 묻는 영역입니다. 역사적 사실 · 개념 · 원리 등의 이해 정도를 측정합니다.
연대기의 파악	역사의 연속성과 변화 및 발전을 이해하고 있는지를 묻는 영역입니다. 역사 사건이나 상황을 시대 순으로 정확하게 이해하고 인과관계를 파악할 수 있는가를 측정합니다.
역사 상황 및 쟁점의 인식	제시된 자료에서 해결해야 할 구체적 역사 상황과 핵심적인 논쟁점, 주장 등을 찾을 수 있는가를 묻는 영역입니다. 문헌자료, 도표, 사진 등의 형태로 주어진 자료에서 해결해야 할 과제를 포착하거나 변별해내는 능력이 있는지를 측정합니다.
역사 자료의 분석 및 해석	자료에 나타난 정보를 해석하여 그 의미를 파악할 수 있는가를 묻는 영역입니다. 정보의 분석을 바탕으로 자료의 시대적 배경과 사회적 의미를 해석할 수 있는가를 측정합니다.
역사 탐구의 설계 및 수행	제시된 문제의 성격과 목적을 고려하여 절차와 방법에 따라 역사 탐구를 설계하고 수행할 수 있는 능력이 있는가를 묻는 영역입니다.
결론의 도출 및 평가	주어진 자료의 타당성을 판별하고, 여러 자료를 종합하여 결론을 도출할 수 있는가를 묻는 영역입니다.

시험관리 및 시행기관

- **시험 주관 및 시행 기관** : 국사편찬위원회
  - 기본계획 수립 및 업무처리지침 제작 배부
  - 홍보물 및 원서 제작 배포
  - 응시원서 교부 및 접수
  - 시험 문제 출제
  - 시험 실시 및 채점
  - 성적 및 인증서 관리

평가 및 활용

■ **평가등급 : 6개 등급(1~6급)**

시험구분		심화	기본
인증등급		1급(80점 이상)	4급(80점 이상)
		2급(70~79점)	5급(70~79점)
		3급(60~69점)	6급(60~69점)
문항수		50문항(5지 택 1형)	50문항(4지 택 1형)

- 47회 시험부터 고급, 중급, 초급으로 된 시험 종류가 심화와 기본으로 바뀝니다.
- 등급은 1급부터 6급까지로 동일하고 심화 시험에서 1~3급, 기본 시험에서 4~6급을 받을 수 있습니다.
- 급수별 합격 점수에 따라 인증 등급이 달라집니다.
- 배점: 100점 만점(문항별 1~3점 차등 배점)

■ **평가내용**

시험구분	평가등급	평가내용
심화	1, 2, 3급	한국사 심화 과정으로 차원 높은 역사 지식, 통합적 이해력 및 분석력을 바탕으로 시대의 구조를 파악하고, 현재의 문제를 창의적으로 해결할 수 있는 능력 평가
기본	4, 5, 6급	한국사 기본 과정으로 한국사에 대한 기본적인 이해를 바탕으로 한국사의 흐름을 대략적으로 이해할 수 있는 능력과, 전반적인 이해를 바탕으로 한국사의 개념과 전개 과정을 체계적으로 파악할 수 있는 능력 평가

■ **활용 및 특전**
- 2012년부터 한국사능력검정시험 2급 이상 합격자에 한해 인사혁신처에서 시행하는 5급 국가공무원 공개경쟁채용시험 및 외교관후보자 선발시험에 응시자격 부여
- 2013년부터 한국사능력검정시험 3급 이상 합격자에 한해 교원임용시험 응시자격 부여
- 국비 유학생, 해외파견 공무원, 이공계 전문연구요원(병역) 선발 시 국사시험을 한국사능력검정시험(3급 이상 합격)으로 대체
- 일부 공기업 및 민간기업의 사원 채용이나 승진 시 반영
- 2014년부터 한국사능력검정시험 2급 이상 합격자에 한해 인사혁신처에서 시행하는 지역인재 7급 수습직원 선발시험에 추천 자격요건 부여
- 일부 대학의 수시모집 및 육군 · 해군 · 공군 · 국군간호사관학교 입시 가산점 부여
- 2015년부터 공무원 경력경쟁채용시험에 가산점 부여
- 2018년부터 군무원 공개경쟁채용시험에서 국사 과목을 한국사능력검정시험으로 대체
- 2021년부터 국가 · 지방공무원 7급 공개경쟁채용시험에서 한국사 과목을 한국사능력검정시험
※ 인증서 유효기간은 인증서를 요구하는 각 기관에서 별도로 정함

신과함께 한능검! 합격의 지름길!

2주패스 전략일정 & 차례

아직 안 늦었어!

신과함께
—
한국사능력검정시험

Part I
우리 역사의 시작과 발전

구석기 · 신석기 시대

쏙쏙 키워드를 알려주지!

구석기: 뗀석기, 뼈도구, 사냥, 채집, 물고기잡이, 이동생활, 동굴, 막집
신석기: 간석기, 빗살무늬토기, 농경(조, 피), 수공업(가락바퀴, 뼈바늘), 족외혼, 원시신앙, 움집

---

① 선사시대와 역사시대

선사(先史) 시대
문자를 사용하지 못했던 구석기 시대와 신석기 시대를 말함

역사(歷史) 시대
문자를 사용한 청동기 시대 이후를 말함. 우리나라는 대략 철기 시대 이후 문자를 사용한 것으로 추정

② 빙하기의 동부아시아

빙하기 때는 북반구의 많은 부분이 얼음으로 덮여 있었기 때문에 해수면이 낮아져 중국, 한반도, 일본이 육지로 서로 연결되어 있었고 동해는 거대한 호수와 같은 형태였다.

③ 주요 구석기 유적지

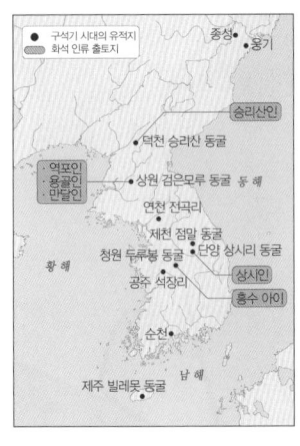

---

1 우리 민족의 기원

(1) 형성 시기 및 활동 무대

① 형성 : ㉠ 구석기 시대부터 한반도에 인류가 거주하기 시작
　　　　　　→구석기인은 한민족의 직계 조상이 아님
　　　　　㉡ 우리 민족의 형성–신석기 시대에서 청동기 시대를 거치면서 형성

② 활동 무대 : 만주와 한반도

(2) 특징 : 황인종, 알타이어계(중국인과 다른 계통), 동방문화권, 농경문화권

2 구석기 시대

(1) 구석기의 시작 : 70만 년 전 시작(단양 금굴 유적), 중국 · 한반도 · 일본이 육지로 연결

(2) 구석기 구분 : 석기를 다듬는 기법에 따라 전기 · 중기 · 후기로 나눔

① 전기 구석기 : 하나의 큰 석기(몸돌)를 다용도로 사용

② 중기 구석기 : 몸돌에서 떼어낸 돌조각(격지)으로 다양한 석기 제작→단일 용도 석기 등장
　　　　　　　　(도구의 다양화)

③ 후기 구석기 : 쐐기를 이용하여 형태가 같은 여러 개의 돌날격지를 제작, 슴베찌르개 사용
　　　　　　　　　　　　　　　　　　　　　　　　　　　　　└단양 수양개 유적
　　　　　　　　　　　　　　　　　　　　　　　　　　　　　　슴베찌르개가 달린 찌르개로 창의 기능을 함

(3) 구석기 시대의 생활

① 도구 : ㉠ 뼈 도구(골각기), 불, 언어 사용
　　　　　㉡ 뗀석기 : ⓐ 사냥용 도구–주먹도끼, 찍개, 찌르개, 팔매돌
　　　　　　　　　　　　ⓑ 조리용 도구–긁개, 밀개

② 주거생활 : 동굴, 바위 그늘, 강가의 막집→3~10명의 가족 단위 거주

③ 사회 및 경제생활 : ㉠ 평등한 공동체 생활(무리생활), 이동생활
　　　　　　　　　　　㉡ 채집과 고기잡이 생활(획득 경제)
　　　　　　　　　　　㉢ 지도자–경험이 많고 지혜로운 사람→권력자는 아님

④ 예술생활 : 석회암이나 뼈 등에 물고기 조각(공주 석장리, 단양 수양개)
　　　　　　　　→풍성한 사냥감을 비는 주술적 의미

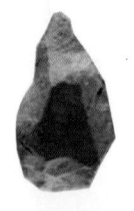 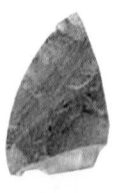  

　주먹도끼　　　　긁개　　　　　찍개　　　　슴베찌르개

단답형으로 확인하기

❶ 우리 민족이 형성된 시기는?

❷ 구석기 시대 주로 사용한 석기는?

❸ 구석기 시대 주거지는?

정답
❶ 신석기에서 청동기
❷ 뗀석기
❸ 막집

---

3 구석기 후기

도구 : 이음도구(잔석기) 사용→활 · 톱 · 창(슴베찌르개) · 작살 사용

4 신석기 시대

(1) **신석기의 시작** : 기원전 8000년경, 북방계 민족이 한반도로 이주, 우리 민족 형성

(2) **신석기 시대의 생활**

① **주요 유적** : 주로 강가나 바닷가에서 발견됨

② **도구**

　　㉠ 간석기 사용 : 돌보습 · 가락바퀴 · 갈돌(맷돌 기능) 등을 사용

　　　　　　　　→도구의 다양화 · 세련화

　　㉡ 토기 사용 : 음식 조리 및 곡식 저장용→잉여 생산물 존재, 농경생활

　　　　ⓐ 전기 신석기 : 이른 민무늬토기, 덧무늬토기, 눌러찍기무늬토기

　　　　　　　　　　→제주 한경 고산리, 고성 문암리, 양양 오산리, 부산 동삼동 출토

　　　　ⓑ 중기 신석기 : 빗살무늬토기

　　　　　　　ⅰ. 신석기의 대표적 토기→달걀이나 도토리 모양

　　　　　　　ⅱ. 뾰족 또는 둥근 밑과 빗살모양의 사선

　　　　　　　ⅲ. 바닷가나 강가(신석기 주거지)에서 발견

　　　　　　　ⅳ. 서울 암사동, 평양 남경, 김해 수가리 등

　　　　　　　　(전국적으로 출토)

③ **경제생활** : ㉠ 초기-채집경제(사냥, 고기잡이 병행)

　　　　　　　㉡ 후기-생산경제(농경과 목축생활 시작)→채집 병행

④ **농경생활** : ㉠ 신석기 후기에 시작(신석기 혁명)→봉산 지탑리, 평양 남경

　　　　　　　㉡ 강가 퇴적지나 텃밭의 소규모 경작

　　　　　　　　→사냥이나 고기잡이가 중요한 생산수단

빗살무늬토기　　조개껍데기 가면　　가락바퀴　　갈돌과 갈판　　간석기

① 신석기 유적지

② 신석기 시대의 생산 활동

신석기 후기에 농경생활이 시작되기는 했으나 생산량이 많지 않아서 사냥이나 고기잡이를 병행하였다.

③ 토기의 변천

●신석기
이른 민무늬토기
덧무늬토기　→　빗살무늬토기

●청동기　　　　●철기
민무늬토기　　　덧띠토기
미송리식 토기　→　검은 간토기

단답형으로 확인하기

❶ 신석기의 대표적인 토기는?
❷ 신석기 시대 농경과 목축의 시작을 무엇이라 부르는가?
❸ 신석기 시대 농경과 목축의 시작으로 벼농사가 시작되었다.(O/X)

정답

❶ 빗살무늬토기
❷ 신석기혁명
❸ X (신석기는 조, 피 재배, 벼농사는 청동기)

신석기 시대의 변화

신석기 시대 사람들은 씨족별로 대략 20~30명씩 무리를 이루어 사냥과 고기잡이, 채집 등을 행하며 공동체적인 삶을 영위하였다. 사냥과 고기잡이 도구와 기술이 뒤떨어졌기 때문에 공동 노동을 하였고, 채집생활도 함께 병행하는 것이 일반적이었다.

ⓒ 재배작물-탄화된 좁쌀(쌀이 아님)·조·피 재배
 └벼농사는 청동기(반달돌칼)
ⓓ 농기구-돌괭이, 돌삽, 돌보습, 돌낫, 굴지구(땅 파는 도구)
  → 일본이나 중국처럼 나무로 만든 농기구 사용 가능성
ⓜ 물고기 잡이와 사냥 활동: 활·창·그물·뼈 낚시 사용·조개잡이
ⓑ 원시 수공업 발달 : 가락바퀴(방직용 도구)나 뼈바늘(직조용 도구)
  → 그물이나 옷 제작

가락바퀴와 사용법　　　　　**굴지구**

⑤ **주거생활**
 ㉠ 강가나 바닷가의 움집 생활 : 농업용수, 생활용수, 고기잡이에 유리
 ㉡ 움집 모양과 구조·규모
  ⓐ 바닥 모양 : 원형 또는 모서리가 둥근 네모 모양·반 지하 형태
  ⓑ 구조 : 출입구 옆 내부 저장 구덩이 설치, 중앙화덕 설치, 남향 출입문
  ⓒ 규모 : 가족단위(4~5명) 생활공간

⑥ **사회생활**
 ㉠ 농경생활 시작→정착생활 시작
 ㉡ 혈연 중심의 씨족사회→족외혼을 통해 부족사회로 발전
 ㉢ 부족장 : 경험이 많은 연장자(권력자 아님)
 ㉣ 평등한 공동체 사회

⑦ **신앙생활 : 농경생활과 관련됨**

애니미즘	모든 자연 사물에 영혼이 깃들어있다고 믿는 신앙 →태양과 물 숭배가 가장 일반적임
토테미즘	부족의 기원을 특정 동물과 연결시켜 숭배하는 신앙 (예: 고조선의 곰, 동예의 호랑이, 신라의 말, 까치, 닭)
샤머니즘	무당이 인간과 하늘(영혼)을 연결시켜준다고 믿던 신앙 (예: 고조선의 단군, 삼한의 천군, 신라의 차차웅)
기타	영혼 숭배, 조상 숭배

⑧ **예술활동 : 주술적 성격을 띰**
 ㉠ 흙으로 빚은 얼굴이나 동물 모양을 새긴 조각품
 ㉡ 조개껍데기 가면(동삼동 유적, 인천 소야도)이나 장신구(치레걸이)
 ㉢ 빗살무늬토기의 사선

단답형으로 확인하기

❶ 신석기 시대의 생활상을 보여주는 유물은?
❷ 신석기인의 주거지는?
❸ 부족을 특정 동물과 연관시켜 숭배하는 신앙은?

정답
❶ 가락바퀴, 뼈바늘
❷ 움집
❸ 토테미즘

1 [44회 1번]

(가) 시대의 생활 모습으로 옳은 것은? [1점]

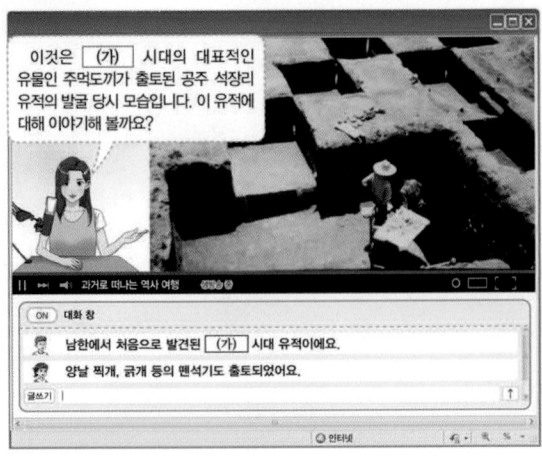

이것은 [(가)] 시대의 대표적인 유물인 주먹도끼가 출토된 공주 석장리 유적의 발굴 당시 모습입니다. 이 유적에 대해 이야기해 볼까요?

▮▮ ◄◄ ◄ 과거로 떠나는 역사 여행

ON 대화 창

남한에서 처음으로 발견된 [(가)] 시대 유적이에요.

양날 찍개, 긁개 등의 뗀석기도 출토되었어요.

글쓰기

인터넷

① 가락바퀴를 이용하여 실을 뽑았다.
② 빗살무늬 토기에 식량을 저장하였다.
③ 반달 돌칼을 사용하여 벼를 수확하였다.
④ 지배층의 무덤으로 고인돌을 축조하였다.
⑤ 주로 동굴에 살면서 사냥과 채집을 하였다.

2 [41회 1번]

(가) 시대의 생활 모습으로 옳은 것은? [1점]

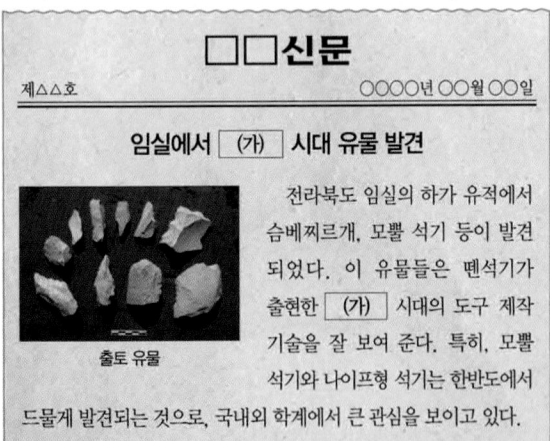

□□신문

제△△호 ○○○○년 ○○월 ○○일

임실에서 [(가)] 시대 유물 발견

전라북도 임실의 하가 유적에서 슴베찌르개, 모뿔 석기 등이 발견되었다. 이 유물들은 뗀석기가 출현한 [(가)] 시대의 도구 제작 기술을 잘 보여 준다. 특히, 모뿔 석기와 나이프형 석기는 한반도에서 드물게 발견되는 것으로, 국내외 학계에서 큰 관심을 보이고 있다.

출토 유물

① 소를 이용하여 농사를 지었다.
② 주로 동굴이나 막집에서 거주하였다.
③ 지배층의 무덤으로 고인돌을 축조하였다.
④ 반달 돌칼을 사용하여 곡식을 수확하였다.
⑤ 거푸집을 활용하여 비파형 동검을 제작하였다.

3 [35회 1번]

(가) 시기에 들어갈 유물로 옳은 것은? [1점]

제1강 (2) 한반도의 ○○○ 시대

1. 시작 시기: 기원전 8000년경
2. 생활 모습: 농경과 목축 시작, 정착 생활
3. 유물 사진

[(가)] ►

AM 10:30

①

②

③

④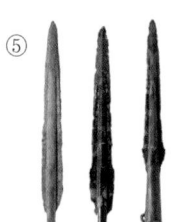

⑤

4 [45회 1번]

(가) 시대의 생활 모습으로 옳은 것은? [1점]

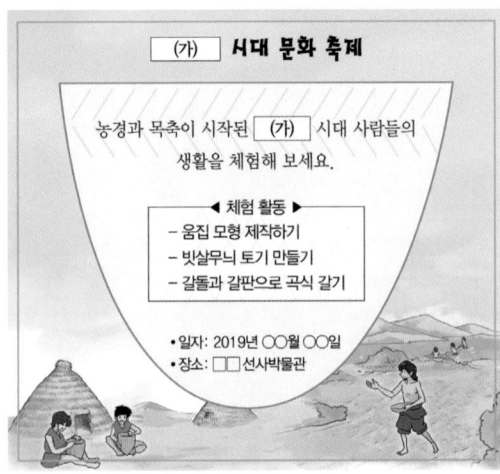

[(가)] 시대 문화 축제

농경과 목축이 시작된 [(가)] 시대 사람들의 생활을 체험해 보세요.

◄ 체험 활동 ►
– 움집 모형 제작하기
– 빗살무늬 토기 만들기
– 갈돌과 갈판으로 곡식 갈기

• 일자: 2019년 ○○월 ○○일
• 장소: □□선사박물관

① 우경이 널리 보급되었다.
② 철제 농기구를 이용하였다.
③ 거친무늬 거울을 사용하였다.
④ 가락바퀴를 사용하여 실을 뽑았다.
⑤ 거푸집을 이용하여 동검을 제작하였다.

1 정답 ⑤

정답 해설

공주 석장리는 대표적인 구석기 시대 유적지다. 구석기 시대는 주로 동굴에 살면서 사냥과 채집을 하였다.

오답 해설

① 가락바퀴를 이용하여 실을 뽑았던 것은 신석기 시대다.
② 빗살무늬 토기에 식량을 저장한 것은 신석기 시대다.
③ 반달 돌칼을 사용하여 벼를 수확한 것은 청동기 시대다.
④ 청동기 시대에는 지배층의 무덤으로 고인돌을 축조하였다.

3 정답 ①

정답 해설

제시된 자료의 시기는 신석기 시대다. 신석기는 기원전 8,000년경 시작되었으며, 농경과 목축의 시작되면서 비로소 정착생활이 가능해졌다. 이 시기에 조, 피, 수수 같은 농작물의 재배가 이루어졌으며, 벼농사는 청동기 시대에 가서야 가능해졌다. 대표적인 농기구로는 곡물의 껍질을 벗길 때 사용되었던 갈돌과 갈판이 있다.

오답 해설

② 중국 연나라 화폐 명도전(明刀錢)이 고조선의 옛터 여러 곳에서 출토되면서 철기 시대 중국과 한반도가 상업적으로 교류했음을 알게 되었다.
③ 수레바퀴토기는 가야의 대표적인 토기 형식이다.
④ 거친무늬거울은 청동기의 대표적인 유물의 하나로 이후 철기 초기에 가면 잔무늬거울로 발전하게 된다.
⑤ 세형동검은 철기 초기의 대표적인 유물로 북방계 비파형동검이 한반도로 넘어오면서 독자적인 청동기 형태로 변형 정착되었다.

2 정답 ②

정답 해설

자료의 슴베찌르개는 (후기) 구석기 시대의 대표적 유물로 뗀석기의 도구 제작 기술을 보여준다. 제시문에서도 설명한 바와 같이 모뿔 석기와 나이프형 석기는 한반도에서 드물게 발견되는 것으로, 국내외 학계에서 큰 관심을 보이고 있다.

오답 해설

① 소를 이용하여 농사를 지은 기록이 신라 지증왕 때 남아 있다.
③ 지배층의 무덤으로 고인돌을 축조한 것은 청동기 시대이다.
④ 반달 돌칼을 사용하여 곡식을 수확한 것은 청동기 시대이다.
⑤ 거푸집을 활용하여 비파형 동검을 제작한 것은 청동기 시대 이후이다.

4 정답 ④

정답 해설

농경과 목축이 시작된 (가) 시대는 신석기 시대로 빗살무늬 토기를 제작하였으며 가락바퀴를 사용하여 실을 뽑았다.

오답 해설

① 우경은 고려 시대 와서야 널리 보급되었다.
② 철제 농기구를 이용한 것은 철기 시대다.
③ 거친무늬 거울은 청동기 시대에 사용하였다.
⑤ 거푸집을 이용하여 동검을 제작한 것은 청동기 시대 및 철기 시대다.

CHAPTER 02

청동기 · 철기 시대

쏙쏙 키워드를 알려주지!

청동기: 비파형동검, 거친무늬거울, 미송리식 토기, 고인돌, 벼농사 시작

철기: 세형동검, 잔무늬거울, 명도전, 붓

---

① 청동기 시대의 청동

청동기 시대에 청동은 부족한 물질이었으므로 주로 지배층의 장신구나 제기(祭器), 무기 등을 제작하는 데 쓰였고, 일반 평민들이 사용하는 도구나 농기구는 나무나 석기로 만들었다.

② 반달돌칼: 곡식을 수확할 때 사용한 도구

③ 신석기 시대와 청동기 시대의 농경

신석기 시대에는 농경이 시작되었으나 그 생산량이 적어서 사냥이나 물고기 잡이 등을 병행하였고, 청동기 시대에는 농업 생산량이 증가하여 농업과 목축업만으로도 생계유지와 저장이 가능해졌다. 따라서 신석기 시대에는 농경이 주요 생산수단이 아니었지만 청동기 시대에 들어서면서 농경이 중심 생산수단이 되었다.

---

1 청동기 시대
청동은 재료가 귀하고 제작방법도 어려워 무기나 장신구로 사용되고 석기나 나무가 함께 사용되었다.

(1) 청동기 시대의 시작 : 러시아 아무르 강과 연해주 지방에서 들어 온 덧띠새김무늬토기 문화가 빗살무늬토기 문화와 500여 년간 공존한 후, 청동기 시대가 본격적으로 시작됨(기원전 2000년 ~1500년경)

(2) 특징 : ① 생산경제 발달　② 전문 장인 등장　③ 사유재산 제도 출현　④ 계급 발생, 권력자 출현→최초의 정치 사회

(3) 유적지 : 만주와 한반도에 걸쳐 분포

(4) 유물

① 농기구 : ㉠ 간석기로 제작(청동농기구×)

　　　　 ㉡ 반달돌칼, 바퀴날도끼, 홈자귀(물건을 다 듬는 기구)

② 청동기 도구 : 지배층이 사용하는 무기 · 제기 · 장신구 제작

　 ㉠ 비파형동검 · 거친무늬거울 : 주로 지배층의 무기와 의례용 도구로 이용

　 ㉡ 세형동검 · 잔무늬거울 : 한반도에서 독창적인 청동기 문화가 발달했음을 입증

　 ㉢ 거푸집(청동기 제작용 틀) : 한반도에서 청동기가 제작되었음을 입증

└ 독자적 청동기

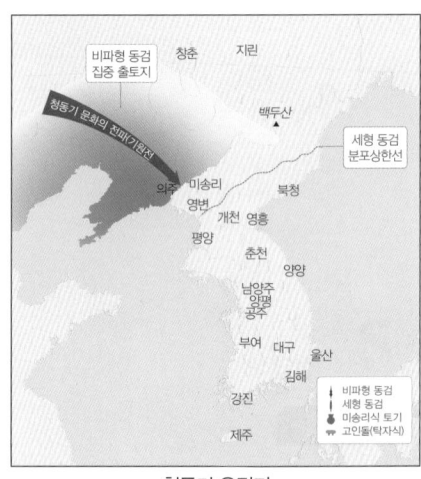

청동기 유적지

비파형동검

세형동검

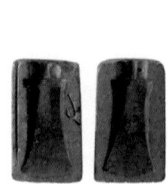
거푸집

거친무늬거울

단답형으로 확인하기

❶ 우리 역사에서 최초로 계급이 나타났던 시기는?

❷ 벼나 곡식을 수확할 때 주로 사용했던 도구는?

❸ 청동기 시대에는 비파형동검에서 (　　　)으로, 거친무늬거울에서 (　　　)로 발전하였다.

❹ 독자적 청동기 시대의 증거는?

정답

❶ 청동기 시대
❷ 반달돌칼
❸ 세형동검, 잔무늬거울
❹ 세형동검, 잔무늬거울, 거푸집

③ **토기** : 신석기 시대에 비해 형태와 종류가 다양함

미송리식 토기	의주 미송리에서 최초 발굴→청천강 이북 · 만주에서 발굴 비파형동검과 함께 발굴됨 모양: 밑이 납작하고 양쪽에 손잡이가 달린 항아리 형태 → 목이 넓게 올라가다 다시 안으로 오므라들고 표면에 무늬가 있음
민무늬토기	청동기 시대 대표적 토기, 지역에 따라 모양이 다양 적갈색을 띠며 화분형과 팽이형이 있음
붉은 간토기	중국의 영향을 받은 적갈색의 토기

미송리식 토기   민무늬토기   붉은 간토기

④ **무덤 양식**

ㄱ 청동기의 무덤 양식 : 고인돌, 돌널무덤, 돌무지무덤

ㄴ 고인돌 : ⓐ 북방식(탁자식)과 남방식(바둑판식), 개석식 등이 있음

ⓑ 북방식 고인돌: 고조선 지역에서 많이 발굴

ⓒ 껴묻거리에서 청동기 시대 유물 발굴

ⓓ 부족장의 권력과 경제력이 강했음을 알 수 있음

ⓔ 전라도(고창 · 화순)와 강화에서 집중 발굴→세계문화유산

청동기의 무덤양식

북방식 고인돌   남방식 고인돌   고인돌의 하부구조

2 철기 시대

(1) 철기 시대 시작 : 기원전 5세기경

(2) 철제 농기구와 무기 사용 : ① 농업 발달, 경제 기반 확대, 군사력 강화

② 강력한 중앙집권국가 등장

③ 청동기(세형동검 등)는 제사도구로 사용됨

(3) 토기 : 민무늬토기, 덧띠토기, 검은 간토기로 발전

단답형으로 확인하기

❶ 청동기 시대의 대표적인 토기는?

❷ 청동기 시대의 대표적인 무덤은?

❷ 고인돌, 돌널무덤

❶ 민무늬토기, 미송리식 토기

정답

청동기 시대의 띠고리장식

허리띠에 사용하던 사자 모양의 띠고리는 시베리아의 스키타이족이 사용하던 것과 유사한데, 이는 우리나라 청동기가 시베리아 지방으로부터 전래되었음을 보여주는 것이다.

(4) 무덤 형식 : 널무덤, 독무덤

> 청동기 : 고인돌, 돌널무덤
> 철기 : 널무덤, 독무덤

(5) 중국과의 활발한 교역

① **명도전(중국 전국시대의 화폐), 오수전(한나라 화폐), 반량전(진나라 화폐)**
② **경남 창원 다호리 유적 : 붓, 먹, 벼루 출토→한자 사용 입증**

철기 시대의 무덤양식

| 널무덤 | 독무덤 | 명도전 | 반량전 |

> 중국 화폐의 발견은 중국과 교류가 있었음을 알 수 있는 증거

3 청동기 · 철기 시대의 생활

(1) 농기구 개량(청동기 시대)
① **간석기의 다양화 · 세련화 :** 돌도끼, 홈자귀, 괭이, 나무 농기구(개간용)
② **반달돌칼 :** 이삭 자르는 농기구→생산력 증가

(2) 생산 활동(청동기 시대)
① 밭농사 발전(조 · 보리 · 수수)과 목축업 발달
② 일부 저습지에서 벼농사 시작
③ 사냥과 고기잡이→농경의 발달로 점차 비중 감소

(3) 주거생활(청동기 시대)
① **취락 형성 :** 야산 · 구릉지의 배산임수의 취락 형성→한반도 전역에서 발굴
② **집 모양 및 구조 :** 대체로 직사각형의 움집
    ㉠ 화덕이 벽 쪽으로 이동하고 주춧돌 사용, 저장구덩이는 집 외부에 설치
    ㉡ 4~8명 정도의 가족단위 거주용→지상가옥(온돌장치)으로 발전
    ㉢ 움집 용도의 다양화 : 주거용, 창고, 공동작업장, 집회소, 공공의식 장소
                →복잡한 사회조직과 계급 발생의 증거(제주 삼양동 유적)

(4) 사회생활(청동기 시대)
① **남녀 분업 등장 :** 여자는 가사를, 남자는 농경과 전쟁을 담당
② **사유재산, 무덤의 크기나 껴묻거리의 차이 발생→빈부격차와 계급 형성**

구분	신석기	청동기 · 철기
형태	원형 또는 모서리가 둥근 네모형	직사각형→지상가옥(철기)
화덕	중앙에 위치	한쪽 벽에 위치
작업대	없음(주거 기능)	있음(주거 기능 + 작업장 기능)
저장구덩이	출입문 옆(내부)	밖에 따로 설치

(5) 족장(군장)의 출현(청동기 시대)

① 배경 : 청동기 무기, 농업 생산력의 증가

② 선민사상 : 정치적·경제적으로 우월한 부족이 '하늘의 자손'이라는 선민사상을 바탕으로 주변지역 통합·정복·공물 요구

③ 족장의 등장 : 경제적·정치적으로 우월한 지배자→북부 지방부터 등장

④ 의의 : 지배층과 피지배층의 분화→평등사회에서 계급사회로 전환

　　　　　　　　　→정치사회가 시작됨

4 청동기·철기 시대의 예술

(1) 성격 : 종교적·정치적 의미가 결부된 예술 활동

(2) 예술 활동 : 주술적 의미와 풍요로운 생산을 기원하는 의미를 가짐

① **의식용 청동 도구 제작**

② **토우 제작, 동물의 사실적 조각, 기하학적 무늬 조각**

③ **바위그림 :** 사냥과 고기잡이, 풍요로운 생산 기원

　　㉠ 울주 반구대 : 거북, 사슴, 호랑이, 고래

　　㉡ 고령 양전동 알터 : 동심원(태양상징), 십자형, 삼각형 표현

울주 반구대 바위그림과 고령 양전동 바위그림

단답형으로 확인하기

❶ 철기 시대 대표적인 무덤 양식은?

❷ 명도전, 반량전, 붓의 사용에서 알 수 있는 사실은?

❸ 동심원이나 삼각형 모양이 기하학적으로 표현된 바위가 발견된 지역은?

정답

❶ 널무덤, 독무덤
❷ 중국과의 교류
❸ 고령

5 [39회 1번]

(가) 시대에 처음 제작된 유물로 옳은 것은? [2점]

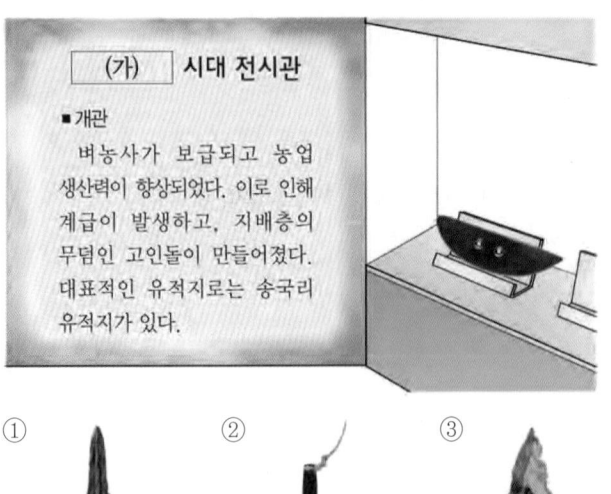

(가) 시대 전시관

■ 개관

벼농사가 보급되고 농업 생산력이 향상되었다. 이로 인해 계급이 발생하고, 지배층의 무덤인 고인돌이 만들어졌다. 대표적인 유적지로는 송국리 유적지가 있다.

① 　② 　③

④ 　⑤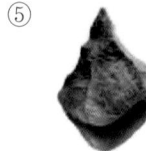

6 [36회 1번]

(가)시대의 생활 모습으로 옳은 것은? [1점]

이것은 강화 부근리에 있는 고인돌입니다. 고인돌은 (가) 시대에 처음 만들어졌으며, 권력을 가진 군장이 출현했음을 보여 줍니다.

① 빗살무늬토기를 제작하였다.
② 주로 동굴이나 강가의 막집에서 살았다.
③ 널무덤, 독무덤을 사용하였다.
④ 반달돌칼을 사용하여 곡물을 수확하였다.
⑤ 가락바퀴와 뼈바늘을 이용하여 옷을 만들었다.

7 [46회 1번]

밑줄 그은 '이 시대'의 모습으로 옳은 것은? [1점]

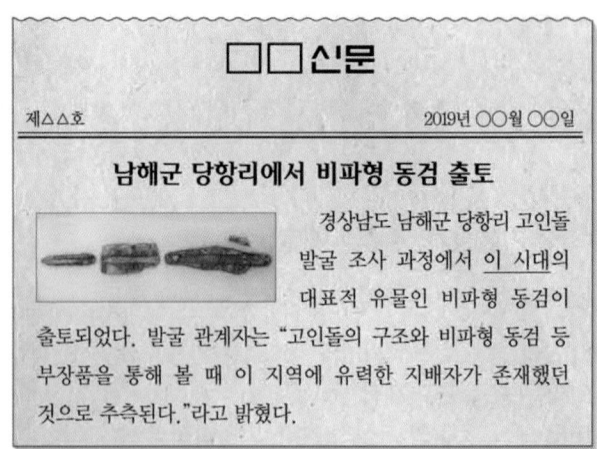

□□신문

제△△호　　　　　　　　2019년 ○○월 ○○일

남해군 당항리에서 비파형 동검 출토

경상남도 남해군 당항리 고인돌 발굴 조사 과정에서 이 시대의 대표적 유물인 비파형 동검이 출토되었다. 발굴 관계자는 "고인돌의 구조와 비파형 동검 등 부장품을 통해 볼 때 이 지역에 유력한 지배자가 존재했던 것으로 추측된다."라고 밝혔다.

① 우경이 널리 보급되었다.
② 철제 농기구를 제작하여 사용하였다.
③ 반달 돌칼을 이용하여 곡식을 수확하였다.
④ 주로 동굴에 살면서 사냥과 채집을 하였다.
⑤ 토기를 사용하여 식량을 저장하기 시작하였다.

8 [37회 1번]

(가)에 들어갈 내용으로 가장 적절한 것은? [1점]

○○○ 시대 1박 2일 체험 캠프

정착 생활과 농경이 시작된 ○○○ 시대로 떠나는
특별한 시간 여행!

1. 기간: 2017년 △△월 △△일~△△월 △△일
2. 장소: □□선사박물관
3. 일정
• 1일차: 전시실 관람, 움집 만들기
• 2일차: (가) , 빗살무늬 토기 빚기

① 가락바퀴로 실뽑기
② 철제 갑옷 입어보기
③ 소를 이용해서 밭갈기
④ 세형동검 주조용 거푸집 만들기
⑤ 거친무늬거울의 문양 따라 그리기

5 정답 ①

정답 해설

벼농사가 보급되고 농업생산력이 향상되었으며 계급이 발생하고 고인돌이 만들어진 (가)는 청동기 시대이다. 비파형 동검은 청동기 시대에 처음 제작된 유물이다.

오답 해설

② 이음낚시 바늘로 신석기 시대 유물이다.
③ 슴베찌르개로 (후기)구석기 시대 유물이다.
④ 빗살무늬토기로 신석기 시대 유물이다.
⑤ 주먹도끼로 구석기 시대 유물이다.

7 정답 ③

정답 해설

제시된 자료의 고인돌과 비파형 동검은 청동기 시대를 대표하는 유물이다. 청동기 시대에는 반달 돌칼을 이용하여 곡식을 수확하였다.

오답 해설

① 우경은 신라 지증왕 때 처음 시작된 기록이 있고, 고려 시대에 널리 보급되었다.
② 철제 농기구를 제작하여 사용한 것은 철기 시대다.
④ 구석기 시대에는 주로 동굴에 살면서 사냥과 채집을 하였다.
⑤ 신석기 시대는 토기를 사용하여 식량을 저장하기 시작하였다.

6 정답 ④

정답 해설

자료에 제시된 강화의 고인돌은 청동기의 대표적인 무덤 양식으로 만들어진 형식에 따라 북방식(탁자식)과 남방식(바둑판식)으로 구분할 수 있고, 그 규모나 크기에 따라 지배자의 힘과 권세의 범위를 파악할 수 있다. 청동기 시대에는 생산경제 발달, 전문 장인의 등장, 사유재산 제도의 출현, 계급의 발생, 권력자 출현을 통한 최초의 정치사회의 형성이 이루어졌고, 이를 바탕으로 한반도 최초의 국가인 고조선이 형성되었다. ④번 반달돌칼은 청동기 시대 벼를 수확할 때 사용하였던 도구이다.

오답 해설

① 빗살무늬토기는 신석기의 대표적 토기 양식이다.
② 동굴이나 강가의 막집은 구석기 시대의 주거지이다.
③ 널무덤과 독무덤은 철기시대 대표 무덤이다.
⑤ 가락바퀴와 뼈바늘은 신석기 시대 의(衣)생활을 말해주는 대표적인 증거이다.

8 정답 ①

정답 해설

(가) 시대는 신석기 시대로 이 시기 사람들은 주로 큰 강가나 바닷가에 지은 둥근 움집에서 정착 생활하였다. 또 신석기 시대에는 농경을 시작하면서 식량 저장 및 조리를 위해 토기를 사용하였는데, 대표적으로 빗살무늬토기가 있다. 신석기 시대 사람들은 가락바퀴로 실을 뽑아 뼈바늘로 옷을 지어 입거나 그물을 만들었다.

오답 해설

② 철기 시대에는 철제 농기구를 사용하면서 농업 생산량이 더욱 늘어났으며, 철제 갑옷 등 철제 무기를 사용하게 되면서 전쟁이 자주 일어났다.
③ 소를 농사에 이용한 것은 철기 시대 이후이며, 『삼국사기』에는 6세기 초 지증왕 때에 철제 농기구와 우경을 장려하였다고 전한다.
④ 초기 철기 시대에는 돌이나 흙으로 만든 거푸집에 청동을 녹여 세형동검을 만들었다.
⑤ 거친무늬거울은 청동기 시대에 사용되었다.

CHAPTER 03

고조선과 여러 나라의 성립과 발전

쏙쏙 키워드를 알려주지!

고조선: 청동기 문화에 기초를 둔 최초 군장(족장) 국가, 『삼국유사』, 중계무역(위만조선)
부여: 영고, 순장, 1책12법 / 고구려: 동맹, 국동대혈, 서옥제 / 옥저: 민며느리제, 골장제 / 동예: 무천, 족외혼, 책화 / 삼한: 제정분리 사회, 철 수출(변한), 계절제

단군의 건국 이야기

옛날, 하늘에 환인의 서자 환웅은 항상 뜻을 인간 세상에 두고 인간 세상을 구하고자 하였다. 아버지 환인이 아들의 뜻을 알고 천부인 3개를 주고 세상에 내려 보내서 세상 사람을 다스리게 하였다. 환웅은 3천 명을 데리고 태백산 신단수 밑에 내려와서 이를 신시라고 하였다. 그는 풍백, 우사, 운사를 거느리고 인간의 360여 가지 일을 맡아서 세상을 다스리고 교화하였다. 그때에 곰과 호랑이가 와서 환웅에게 사람이 되게 해달라고 빌거늘, 신령스러운 쑥과 마늘을 주고 말하되, '너희들이 이것을 먹고 100일 동안 햇빛을 보지 아니하면 곧 사람이 되리라' 하였다. 곰과 호랑이가 이것을 받아서 먹고 근신하였는데, 곰은 여자의 몸이 되고, 범은 실행하지 못하여 사람이 되지 못하였다. 웅녀(곰)는 그와 혼인해 주는 이가 없었는데 아기 갖기를 빌므로 환웅이 잠깐 변하여 결혼해서 아들을 낳으니, 이를 단군왕검이라고 하였고, 왕검이 평양성에 도읍하고, 비로소 조선이라 하였다.

※ 마늘, 쑥의 의미 : 악귀나 부정한 것을 쫓아준다고 믿음. 주술적 상징

1 단군과 고조선

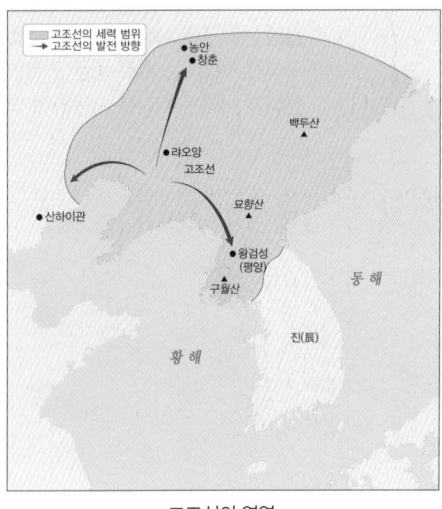

고조선의 영역

┌ 고조선의 세력범위 : 아래 유물이 발견 된 곳은 고조선의 영토였음

미송리식 토기   비파형동검

북방식 고인돌

(1) 성립 배경 : 청동기 문화의 발달로 군장세력의 강화→족장사회에서 국가로 발전
       → 우리 민족 최초의 국가

(2) 고조선 건국(기원전 2333년) : 요령 지방과 한반도 북부까지 발전
       →비파형동검과 북방식 고인돌, 미송리식 토기 출토 지역과 일치

(3) 단군의 건국 이야기 : 『삼국유사』(최초), 『제왕운기』, 『응제시주』, 『동국여지승람』
① **의의** : 고조선은 청동기 문화를 중심으로 환웅을 믿는 부족과 곰을 믿는 부족이 연합하여 세운 최초의 국가라는 역사적 사실을 나타냄
② **해석** : ㉠ '태백산 신단수'→청동기인들이 구릉지대에서 거주했음
       ㉡ '풍백, 우사, 운사'→고조선이 농경사회였음
       ㉢ '하늘의 자손, 환웅'→선민사상을 가지고 있었음
       ㉣ '단군왕검'→제정일치사회였음
       ㉤ '널리 인간을 이롭게 하다'→홍익인간 이념

(4) 고조선의 발전
① 요령 지방과 대동강 유역을 중심으로 발전→연나라와 대립
② 기원전 4세기 말: 연나라(진개)에 패하여 영토 상실
③ 기원전 3세기 말: 부왕·준왕 등 왕위 세습, 관직 마련(상·대부·장군)

단답형으로 확인하기

❶ 고조선의 세력 범위를 파악할 수 있는 유물은?

❷ 단군왕검을 통하여 유추할 수 있는 고조선의 정치 형태는?

❸ 하늘의 자손, 환웅을 통하여 알 수 있는 사상은?

❸ 선민사상
❷ 제정일치사회
❶ 미파형동검, 미송리식 토기

정답

(5) 위만조선의 성립

① 위만이 준왕을 축출하고 왕이 됨(기원전 194년)

② 철기의 본격 수용→농업과 철제 수공업 발달

③ 중앙정치체제를 갖추고 정복전쟁 전개

④ 진국과 한나라 사이의 중계무역 실시→한나라와 대립

(6) 고조선 멸망(기원전 108년)

① **한나라의 침입 원인** : 고조선의 성장과 중계무역, 사신 피살, 흉노족의 성장

② **경과** : 패수에서 대승을 거두고 1년여를 버팀

③ **결과** : 지배층의 내분→왕검성 함락→한군현(한사군) 설치(낙랑, 현도, 진번, 임둔)
→우리 민족의 저항→고구려의 공격으로 낙랑군 소멸(313년)

(7) 고조선 사회 : 8조법을 통해 추론할 수 있음

① 8조법(『한서』에 3개 조만 전함)

　㉠ 내용 : ⓐ 사람을 죽인 자는 사형에 처한다→생명 중시와 노동력 중시

　　　　　ⓑ 남에게 상해를 입힌 자는 곡물로써 배상한다→농경사회 입증

　　　　　ⓒ 남의 물건을 훔친 자는 노비로 삼고 용서받으려면 50만 전을 내야 한다. 비록 용서
받고 보통 백성이 되어도 혼인의 짝을 구할 수 없었고, 대문이 없었다→사유재산 존
중, 계급사회, 화폐경제사회, 선량한 미풍양속 입증

　㉡ 성격 : 원시 보복법적 성격

② 한군현 설치 후 법 조항이 60여 개로 증가→풍속이 각박해짐

『한서』에 나타난 고조선의 사회

> ……(고조선에서는) 백성들에게 금하는 법 8조를 만들었다. 그것은 대개 사람을 죽인 자는 즉시 죽이고, 남에게 상처를 입힌 자는 곡식으로 갚는다. 도둑질을 한 자는 노비로 삼는다. 용서받고자 하는 자는 한 사람마다 50만 전을 내야 한다. 비록 용서를 받아 보통 백성이 되어도 풍속에 역시 그들은 부끄러움을 씻지 못하여 결혼을 하고자 해도 짝을 구할 수 없다. 이러해서 백성들은 도둑질을 하지 않아 대문을 닫고 사는 일이 없었다. 여자들은 모두 정조를 지키고 신용이 있어 음란하고 편벽된 짓을 하지 않았다. 농민들은 대나무 그릇에 음식을 먹고, 도시에서는 관리나 장사꾼들을 본받아서 술잔 같은 그릇에 음식을 먹는다.

위만조선의 의미

위만은 고조선으로 들어올 때에 상투를 틀고 조선인의 옷을 입고 있었다. 그리고 왕이 된 뒤에도 나라 이름을 그대로 조선이라 하였고, 그의 정권에는 토착민 출신으로 높은 지위에 오른 자가 많았다. 따라서 위만의 고조선은 단군의 고조선을 정복한 것이 아니라 그대로 계승한 것으로 볼 수 있다.

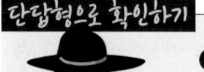

단답형으로 확인하기

❶ 위만조선이 역사 발전에 기여한 점은?

❷ 8조법을 통해 유추할 수 있는 고조선의 사회상은?

❸ 고조선 멸망 후 한나라에 의해 설치된 것은?

정답
❶ 철기의 본격적인 수용
❷ 생명 중시, 농경사회, 사유재산제, 계급사회 등
❸ 한군현(한사군)

2 부여(기원전 4세기~기원후 494년)

① 부여에 대한 기록

부여에는 구릉과 넓은 못이 많아서 동이 지역 가운데서 가장 넓고 평탄한 곳이다. 토질은 오곡을 가꾸기에는 알맞지만 과일은 생산되지 않았다. 사람들 체격이 매우 크고 성품이 강직 용맹하며 근엄하고 후덕하여 다른 나라를 노략질하지 않았다.
『삼국지위지동이전』

② 사출도와 5부

(1) 위치 : 송화강 유역 평야지역→말·주옥·모피 등의 특산물 생산

(2) 정치

① 왕호 사용(1세기 초), 중국(후한)과 외교관계

② 선비족과 고구려의 압박→5세기 말 고구려에 편입

(3) 관제 및 행정제도

① 관제 : ㉠  마가·우가·저가·구가 : 부족장 출신

ㄴ 사자·대사자 : 행정관리로, 왕뿐 아니라 대가(大加)들도 이들을 거느림

② 사출도와 5부족 연맹

㉠ 사출도 : 대가(大加)들이 수도를 중심으로 독립적으로 다스리던 각 부족의 영역

ㄴ 5부 : 사출도와 수도(왕이 통치)를 합한 행정 구역

ㄷ 왕 : 대가들에 의해 추대되었으며 왕권이 미약했음→흉년·가뭄·홍수 때 왕에게 책임을 물음→연맹왕국의 한계

(4) 사회 신분과 법 제도

① 사회 신분 : 상호(지배층), 하호(평민층), 노비

② 법 제도 : ㉠ 살인자는 사형에 처하고 그 가족은 노비로 삼음

ㄴ 절도를 한 자는 물건 값의 12배를 배상(1책12법)

ㄷ 간음하거나 투기한 부인은 사형에 처함

(5) 풍습

① 영고 : 제천행사, 매년 12월(→수렵사회의 전통), 가무를 즐김, 죄수 석방, 국중대회

② 전쟁이 발생하면 소를 죽여서 굽으로 점을 치던 풍습(우제점법)

③ 순장 풍습, 은력 사용

(6) 부여의 역사적 의의 : ① 연맹왕국에서 멸망, ② 고구려·백제 등이 계승함

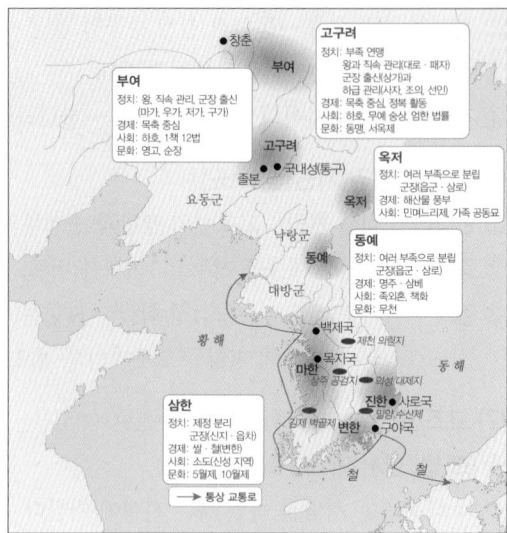

여러 나라의 성장

단답형으로 확인하기

❶ 부여의 제천행사는?
❷ 마가, 우가, 저가, 구가 등 가축의 이름을 딴 부족의 연맹체는?
❸ 부여의 풍습으로 남의 물건을 훔친 자에게 12배로 배상하게 하던 제도는?

정답
❶ 영고
❷ 사출도(사출도)
❸ 1책12법

3 고구려(기원전 37년~기원후 668년)

(1) 건국 : 부여 유이민(고주몽)과 압록강(동가강) 유역의 토착민이 졸본(환인) 지역에서 건국

(2) 성장 과정 : ① 평야지대로 진출하기 위해 국내성으로 천도
② 중국 · 선비족 · 한군현과 투쟁→요동 진출
③ 동예 · 옥저 정복(태조왕)→한반도 북동부 진출

(3) 행정제도 및 관제
① 5부족 연맹체 : 계루부(왕족), 소노부(전 왕족), 절노부(왕비족), 순노부, 관노부
② 왕 · 상가(귀족들의 우두머리) · 고추가(왕족에게 수여한 명예직) : 사자 · 조의 · 선인(행정관리)을 거느림

(4) 풍습 : ① 제가회의 : 중대한 범죄자 처벌과 국가 정책을 결정하던 귀족회의
② 서옥제(데릴사위제) : 신랑이 결혼 후에 신부 집에서 살다가 자식을 낳으면 집으로 돌아가던 혼인풍습→노동력 중시의 흔적
③ 제천행사 : 동맹(10월), 왕과 신하들이 국동대혈에 모여 제사를 지냄
④ 기타 : 조상신 제사, 동명왕 제사, 유화부인 제사, 형사취수제

부여와 고구려의 공통 풍습

· 1책12법
· 제가회의
· 우제점법
· 형사취수제

국동대혈

고구려의 도읍 동쪽에 있던 큰 동굴로 국내성(집안현 현성)에서 동쪽으로 17km 떨어진 높은 산중턱에 자리 잡고 있으며 대혈에서 남으로 압록강까지의 거리는 400m이다.

고구려의 건국 이야기

시조 동명성왕은 성이 고씨이고 이름은 주몽이다. 부여의 금와왕이 태백산 남쪽에서 한 여자를 만나게 되어 물은즉, 하백의 딸 유화라 하는지라. … 그녀는 잉태하게 되었고 마침내 알 하나를 낳았다. 한 사내아이가 껍데기를 깨고 나왔다. 기골과 모양이 뛰어나고 기이했다. 일곱 살에 의연함이 더하였고, 스스로 활을 만들어 쏘는데 백발백중이었다. 부여의 속어에 활 잘 쏘는 것을 주몽이라 하니 이로써 이름을 삼았다. 주몽의 어머니가 비밀을 알고 아들에게 "장차 이 나라 사람들이 너를 죽이고자 하니 너의 재간으로 어디 간들 못 살겠느냐? 지체하다가 욕을 당하지 말고 멀리 도망하여 큰일을 이루어야 한다"라고 타일렀다. 주몽은 그를 따르는 세 사람과 함께 도망하여 강가에 이르렀다. 그러나 다리가 없어 강을 건널 수 없었고 추격하는 부여 병사들이 뒤따라오고 있었다. 주몽이 강물에 고하여 '나는 천제의 아들이고 하백의 외손이다. 오늘 도망하여 여기까지 왔으나 추격병이 쫓아오고 있다. 어떻게 하면 좋겠는가'라고 외치자 물고기와 자라가 다리를 만들어 주니 주몽이 강을 건널 수 있었다. … 졸본천으로 갔다. 마침내 이곳에 도읍하기로 하였다. 나라 이름을 고구려라 하고 고를 그의 성씨로 삼았다.

4 옥저와 동예

(1) 옥저
① 위치 : 함흥평야 일대, 부여족의 한 갈래가 건국→선진문화의 수용이 늦음
② 산업 : 해산물과 소금 풍부, 농산물 풍부→고구려에 조공
③ 정치 : 왕은 없고 군장(거수 · 삼로 · 읍군 등)이 통치→고구려에 복속
④ 풍습 : ㉠ 민며느리제(예부제) : 신부가 결혼하기 전에 신랑의 집에 가서 살다가 성장하면 신랑이 신부의 집에 예물을 주고 혼인하던 풍습(매매혼 제도)
㉡ 골장제(가족공동묘) : 가족이 죽으면 시체를 매장했다가 나중에 뼈를 추려서 가족공동묘를 만듦→입구에 곡식이 든 항아리를 매달아 놓음(영혼불멸사상)

단답형으로 확인하기

❶ 고구려의 제천행사는?

❷ 고구려의 귀족회의는?

❸ 옥저의 결혼 풍습은?

❸ 민며느리제
❷ 제가회의
❶ 동맹

정답

(2) 동예

① **위치** : 영흥 지방(원산만 일대, 옥저의 남쪽), 부여족의 한 갈래가 건국

② **산업** : ㉠ 농경, 어로사회(해산물 풍부), 방직기술(명주와 삼베) 발달

　　　　 ㉡ 단궁(활), 반어피(바다표범 가죽), 과하마(말) 유명

③ **정치** : 군장사회, 왕은 없고 군장이 통치→정치세력이 약하여 고구려에 복속됨

④ **풍습** : ㉠ 제천행사 : 무천(매년 10월)

　　　　 ㉡ 족외혼 : 다른 부족과 혼인하던 제도

　　　　 ㉢ 책화 : 다른 부족의 지역 안에 들어가 사냥 등을 하다가 적발되면 말·소·노비로 변상
　　　　　　 하던 풍습→부족단위의 사유재산 보호

옥저와 동예에 대한 기록

㉮ 대군왕이 없고 삼로들이 있었다. 그 언어는 고구려와 비슷하고 고구려에 복속되었다.

㉯ 대군장이 없으며 후, 읍군, 삼로가 있어서 하호를 통치하였다.

㉰ 나라가 작아서 괴롭힘을 당하다가 마침내 고구려에게 복속되었다. 고구려는 그 나라 사람 가운데 대
인을 뽑아 사자로 삼아 토착 지배층과 함께 통치하게 했다. 또한 대가로 하여금 백포, 물고기, 소금,
해초류 등 조세를 한꺼번에 모아 천 리나 되는 거리를 져나르게 하였다. 또 옥저의 미녀를 보내게 하
여 종이나 첩으로 삼았으며, 옥저의 사람들을 노복과 같이 취급하였다.

㉱ 예의 풍속은 산천을 중요시하여 산과 내마다 구분이 있어 함부로 들어가지 못하였다. 동성끼리는 결
혼하지 않는다. 꺼리는 것이 많아서 병을 앓거나 사람이 죽으면 옛 집을 버리고 곧 다시 새 집을 지
어 산다.

동예의 철자형 집터

5 진국과 삼한

(1) 위치 : 한강이남 지역

(2) 진국 : 고조선의 준왕이 위만에게 나라를 빼앗기고 남하하여 건국한 나라

　　　　→한강 이남의 토착세력과 고조선 유이민이 결합하여 세움

(3) 삼한 성립

① **마한** : ㉠ 목지국을 중심으로 54개 소국으로 구성(삼한 중 가장 큼)

　　　　 ㉡ 목지국: 마한왕 또는 진왕이 되어 삼한을 주도함

단답형으로 확인하기

❶ 동예의 제천행사는?

❷ 동예의 결혼 풍습은?

❸ 동예의 풍습으로 다른 부족을 침입하면 소나 말 등으로
변상하던 제도는?

❸ 책화
❷ 족외혼
❶ 무천

정답

ⓒ 천안→익산→나주로 이동하였으며 백제(근초고왕 때)에 멸망

② 진한 : ㉠ 대구 · 경주 등 경상도를 중심으로 12개 소국으로 구성

　　　　 ㉡ 진한→사로국→신라로 발전함

③ 변한 : 김해 · 마산 등 낙동강 하류지역에 12개 소국 형성→구야국→6가야로 발전함

(4) 군장 : 마을의 크기에 따라 군장(신지 · 읍차)이 다스림

(5) 풍습 : ① 소도 : 천군이 다스리던 신성한 지역, 야산이나 구릉지에 위치(제정분리의 증거)

　　　　 ② 천군 : 제사를 주관하는 제사장

　　　　 ③ 범죄자가 소도로 도망가더라도 군장이 들어가서 잡지 못함

　　　　　 →제정분리 사회, 신구 문화(청동기와 철기)간의 충돌 방지 기능

　　　　 ④ 두레 : 삼한에서 벼농사를 짓기 위한 노동 공동체

　　　　 ⑤ 제천행사 : 5월 수릿날, 10월 계절제

　　　　 ⑥ 주거 : 초가지붕의 반움집과 귀틀집에 거주

(6) 산업 : ① 철기 농기구를 이용한 농경사회-벼농사 발달

　　　　 ② 변한 : 철이 풍부→ 중국이나 일본에 수출하고 화폐로도 사용

마한의 무덤(주구묘)

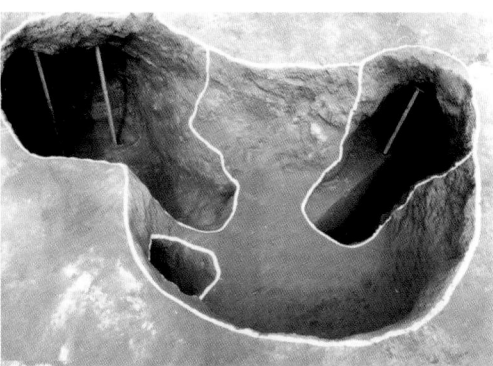

마한의 토실(주거)

① 마한 목지국

마한 목지국은 처음에 성환, 직산, 천안 지역을 중심으로 발달하였으나 백제가 성장함에 따라 남쪽으로 옮겨 익산 지역을 거쳐 마지막에 나주 부근(오늘날의 대인리, 덕산리, 신촌리, 복암리)에 자리잡았을 것으로 추정된다. 왕을 칭하던 국가 단계의 목지국이 언제 망했는지는 알 수 없으나 근초고왕이 마한을 병합하는 4세기 후반까지는 존속하였고, 이후에는 백제의 정치세력 하에 있는 토착세력으로 자리잡았을 것으로 추정된다.

② 삼한의 저수지

벽골제(김제), 수산제(밀양), 의림지(제천), 공검지(상주), 대제지(의성)

· 제정분리의 증거 : 소도 – 삼한
· 제정일치의 증거 : 단군왕검 – 고조선

9 [37회 2번]

(가)에 들어갈 내용으로 적절한 것은? [2점]

학술 대회 안내

우리 역사 최초의 국가인 ○○○에 대한 다양한
주제를 논의함으로써 우리나라 고대사를 새롭게
이해하고자 합니다. 많은 관심과 참여를 바랍니다.

◈ 발표 주제 ◈

• 단군 신화의 재해석
• 비파형 동검 문화권과 국가의 성립
• 위만의 이동과 집권 과정
• ___(가)___

■ 일시: 2017년 △△월 △△일 13:00~17:00
■ 장소: □□연구소 회의실
■ 주관: □□연구소

---

① 대동법 시행의 의미
② 별무반 편성의 배경
③ 사심관 제도의 실시 목적
④ 범금 8조에 나타난 사회상
⑤ 골품제를 통해 본 신분 제도의 특징

10 [34회 2번]

다음 자료에 해당하는 나라에 대한 설명으로 옳
은 것은? [2점]

위만이 망명하여 호복(胡服)을 하고 동쪽으로 패수를 건너 준왕에게
투항하였다. …… 준왕은 그를 믿고 총애하여 …… 백 리의 땅을
봉해 주어 서쪽 변경을 지키도록 하였다.

– 『삼국지』 동이전 –

---

① 하남 위례성에 도읍을 정하였다.
② 읍락 간의 경계를 중시한 책화가 있었다.
③ 사회 질서를 유지하기 위한 8조법이 있었다.
④ 제사장인 천군과 신성 구역인 소도가 있었다.
⑤ 제가회의에서 나라의 중요한 일을 결정하였다.

11 [43회 2번]

다음 발표에 해당하는 나라에 대한 설명으로 옳
은 것은? [2점]

① 신지, 읍차 등의 지배자가 있었다.
② 혼인 풍습으로 민며느리제가 있었다.
③ 읍락 간의 경계를 중시하는 책화가 있었다.
④ 여러 가(加)들이 별도로 사출도를 주관하였다.
⑤ 사회 질서를 유지하기 위해 범금 8조를 만들었다.

12 [35회 2번]

다음 자료에 해당하는 나라에 대한 설명으로 옳
은 것은? [2점]

12월 제천 행사 때에는 연일 크게 모여서 먹고 마시며 노래
하고 춤추니, 그 이름을 영고라 한다. 이때에는 형옥(刑獄)을
판단하여 죄수를 풀어 준다. 전쟁을 할 때에도 하늘에 제사를
지내고 소를 잡아서 그 발굽을 가지고 길흉을 점친다.

– 『후한서』 –

---

① 법금 8조로 사회 질서를 유지하였다.
② 소도라 불리는 신성지역이 존재하였다.
③ 읍락 간의 경계를 중시한 책화가 있었다.
④ 여러 가(加)들이 별도로 사출도를 다스렸다.
⑤ 특산물로 단궁, 과하마, 반어피 등이 있었다.

9 정답 ④

정답 해설

고조선은 청동기 시대의 문화를 배경으로 성립하여 그 세력이 점차 한반도까지 발전하였으며 대동강 유역의 왕검성을 중심으로 독자적인 문화를 이룩하였다. 고조선의 세력 범위는 미송리식 토기와 비파형동검, 북방식 고인돌 등의 유물을 통해 알 수 있다. 고조선은 가장 먼저 국가로 발전하였으며 왕 아래 상·대신·대부 등의 관직을 두었고 8조 금법을 통해 사회 질서를 유지하였다. 망명해 온 위만은 준왕을 몰아내고 왕이 되어 철기 문화를 적극적으로 수용하고 중국과 남방의 진 사이에서 중계 무역으로 이득을 보았다. 이후 기원전 108년에 한 무제에 의해 멸망하였다.

오답 해설

① 대동법은 조선 후기 공물을 대신하여 토지 결수에 따라 쌀, 삼베나 무명, 동전 등으로 바치게 한 제도이다.
② 고려 숙종 때 윤관의 건의로 여진 정벌을 위한 별무반을 편성하였다.
③ 신라는 사심관 제도를 시행하여 지방 세력을 견제하고자 하였다.
⑤ 골품제는 신라의 신분제도로 관직의 제한뿐만 아니라 일상생활에 대한 신분적 제약을 규정하였다.

11 정답 ④

정답 해설

12월에 영고라는 제천 행사를 열었고, 도둑질한 자는 12배로 배상하게 했으며 순장의 풍습이 있던 나라는 부여다. 부여에는 여러 가(加)들이 별도로 사출도를 주관하였다.

오답 해설

① 삼한에는 신지, 읍차 등의 지배자가 있었다.
② 옥저에는 혼인 풍습으로 민며느리제가 있었다.
③ 동예에는 읍락 간의 경계를 중시하는 책화가 있었다.
⑤ 고조선에서는 사회 질서를 유지하기 위해 범금 8조를 만들었다.

10 정답 ③

정답 해설

제시된 자료는 위만조선에 관련된 자료다. 위만은 진한교체기 우수한 철기 문화를 바탕으로 국경의 방비를 준왕으로 부여받았으나, 준왕의 왕위를 찬탈한 후 삼한 지역의 진과 한나라 사이의 중계무역을 통하여 이익을 취하였고 한반도에 철기 문화를 본격적으로 보급하기도 하였다.
※ 위만조선이 우리 민족인 이유: 조선의 옷을 입었고, 머리에 상투를 틀고 있었으며, 나라 이름(國號)을 그대로 '조선'이라고 유지하였다.

오답 해설

① 위례성은 백제의 건국과 관련이 있다.
② 책화는 동예의 풍습이다.
④ 천군과 소도는 삼한과 관련이 있다.
⑤ 제가회의는 고구려의 귀족회의이다.

12 정답 ④

정답 해설

제천(祭天, 하늘에 제사를 지냄) 행사는 풍요의 기원과 부족의 단결을 위해 이루어졌다. 부여는 12월에 영고라는 제천행사를 시행했는데, 이는 수렵사회의 전통을 계승한 것으로 볼 수 있고, 고구려는 동맹, 동예는 무천, 삼한은 5월과 10월의 상달제를 개최하였는데, 삼한은 특히 농경의 파종기와 수확기와 관련이 있다.

오답 해설

① 8조법금(八條法禁)은 고조선 때 법으로서, 기자(箕子)가 조선에 와서 인민을 교화시켰던 규범이다.
② 신성구역인 소도는 삼한에 존재했던 구역으로 범죄자라고 들어가면 벌할 수 없었다.
③ 책화(責禍)는 동예에서 공동체 지역의 경계를 침범한 측에게 과하던 벌칙이다.
⑤ 단궁, 과하마, 반어피 등은 동예의 유명한 특산물이다.

13 [37회 3번]

(가), (나) 나라에 대한 설명으로 옳은 것은? [3점]

(가) 혼인 풍속은 여자 나이 열 살이 되기 전에 혼인을 약속하고, 신랑 집에서는 여자를 맞이하여 장성하도록 길러 며느리로 삼는다.

－『삼국지』 동이전 －

(나) 그 나라의 풍속에 혼인을 할 때는 말로 미리 정한 다음, 여자 집에서는 본채 뒤에 작은 집을 짓는데 그 집을 서옥이라 부른다.

－『삼국지』 동이전 －

① (가) － 1책 12법이 있었다.
② (가) － 신성 지역인 소도가 존재하였다.
③ (나) － 동맹이라는 제천 행사를 열었다.
④ (나) － 철이 많이 생산되어 낙랑과 왜에 수출하였다.
⑤ (가), (나) － 신지, 읍차라고 불리는 군장이 지배하였다.

14 [46회 3번]

(가)에 들어갈 내용으로 옳은 것은? [2점]

퀴즈　다음 힌트를 종합해 알 수 있는 나라는?

읍군, 삼로라는 지배자가 다스렸다.	특산물로 단궁, 과하마, 반어피가 있었다.
읍락 간의 경계를 중시하는 책화가 있었다.	(가)

마지막 힌트를 공개하겠습니다.

① 제사장인 천군이 존재하였다.
② 서옥제라는 혼인 풍습이 있었다.
③ 10월에 무천이라는 제천 행사를 열었다.
④ 여러 가(加)들이 별도로 사출도를 주관하였다.
⑤ 가족의 유골을 한 목관에 안치하는 풍습이 있었다.

15 [45회 2번]

밑줄 그은 '이 나라'에 대한 설명으로 옳은 것은? [2점]

○ 이 나라는 크기가 작아 큰 나라 사이에서 핍박을 받다가 결국 고구려에 복속되었다. 고구려는 …… 대가(大加)로 하여금 이 나라의 조세(租稅)와 맥(貊), 포(布), 물고기, 소금 및 기타 해산물을 통괄하여 거두어 천 리 거리를 운반하게 하였다.

－『삼국지』 동이전 －

○ 이 나라의 혼인하는 풍속에서는 여자 나이 10세가 되면 혼인을 허락하고, 신랑 집에서는 여자를 맞이하여 장성하도록 키워 며느리로 삼는다. [여자가] 성인이 되면 친정으로 돌아가게 한다. …… 돈이 지불되면 신랑 집으로 돌아온다.

－『삼국지』 동이전 －

① 영고라는 제천 행사를 거행하였다.
② 화백 회의에서 중요한 일을 결정하였다.
③ 여러 가(加)들이 별도로 사출도를 주관하였다.
④ 사회 질서를 유지하기 위해 범금 8조를 만들었다.
⑤ 가족의 유골을 한 목곽에 모아 두는 풍습이 있었다.

16 [44회 2번]

밑줄 그은 '이 나라'에 대한 설명으로 옳은 것은? [2점]

이와 같은 솟대는 한반도 남부에 위치했던 이 나라의 신성 지역인 소도에서 유래한 것이라고도 해.

이 나라에는 신지, 읍차 등의 지배자가 있었어.

① 제사장인 천군이 존재하였다.
② 서옥제라는 혼인 풍습이 있었다.
③ 빈민 구제를 위해 진대법을 실시하였다.
④ 특산물로 단궁, 과하마, 반어피가 있었다.
⑤ 여러 가(加)들이 별도로 사출도를 다스렸다.

13 정답 ③

정답 해설

(가)는 옥저의 혼인 풍습인 민며느리제에 대한 내용이다. 옥저는 삼로·거수 등의 군장들이 다스렸고 가족 공동무덤인 목곽에 넣는 골장이 유행하였으며, 어물과 소금 등 해산물이 풍부하였다.

(나)는 고구려의 혼인 풍습인 서옥제에 대한 내용이다. 고구려는 5부족을 중심으로 성장하여 왕 아래 상가·고추가 등이 있었으며 제가회의를 통해 국가의 중대사를 결정하였다. 10월에는 시조신을 모시는 동맹이라는 제천행사를 열었다. 부여와 같이 도둑질한 자에게 12배를 배상하는 1책12법을 시행하였으며 무예를 중히 여겨 활쏘기와 말타기를 잘하였다.

오답 해설

① 1책 12법은 부여와 고구려의 풍속이다.
② 삼한에는 제사장인 천군과 신성 지역인 소도가 존재하였다.
④ 변한은 철이 많이 생산되어 낙랑과 왜에 수출하였다.
⑤ 삼한에는 신지·읍차라고 불리는 군장이 지배하였다.

14 정답 ③

정답 해설

지배자로 읍군, 삼로가 있었고, 특산물로 단궁, 과하마, 반어피가 있었으며 읍락 간의 경계를 중시하는 책화가 있던 나라는 동예이다. 동예에서는 10월에 무천이라는 제천 행사를 열었다.

오답 해설

① 삼한에는 제사장인 천군이 존재하였다.
② 고구려에는 서옥제라는 혼인 풍습이 있었다.
④ 부여는 여러 가(加)들이 별도로 사출도를 주관하였다.
⑤ 옥저에는 가족의 유골을 한 목곽에 안치하는 풍습이 있었다.

15 정답 ⑤

정답 해설

제시된 자료의 물고기, 소금 및 기타 해산물은 옥저의 특산물로 결혼 제도로 민며느리제가 있었다. 옥저에서는 가족의 유골을 한 목곽에 모아 두는 풍습(가족 공동 묘)이 있었다.

오답 해설

① 영고라는 제천 행사를 거행한 나라는 부여다.
② 화백 회의에서 중요한 일을 결정한 나라는 신라다.
③ 여러 가(加)들이 별도로 사출도로 주관한 나라는 부여다.
④ 고조선에서는 사회 질서를 유지하기 위해 범금 8조를 만들었다.

16 정답 ①

정답 해설

신지, 읍차 등의 지배자가 있던 나라는 삼한이다. 삼한에는 제사장인 천군이 존재하였고 신성 지역인 소도를 다스렸다.

오답 해설

② 고구려에는 서옥제라는 혼인 풍습이 있었다.
③ 고구려는 고국천왕 때 빈민 구제를 위해 진대법을 실시하였다.
④ 동예에는 특산물로 단궁, 과하마, 반어피가 있었다.
⑤ 부여에서는 여러 가(加)들이 별도로 사출도를 다스렸다.

PART I

출제 포인트

최근 3년간 출제 빈도를 살펴보면 전체 600문항 중 선사 시대는 28문항이 출제되어 전체 범위에서 5%를 차지합니다. 비중은 낮지만 유물과 유적을 중심으로 100% 득점이 가능한 부분입니다. 세부적으로 살펴보면, 구석기 유물을 중심으로 시대의 특징을 파악하는 문항이 3문항, 신석기의 농경사회 특징을 묻는 문항이 5문항, 청동기 및 철기 시대와 관련된 문제가 4문항, 고조선에 관련된 문항이 4문항, 여러 나라의 성장에서 11문항이 출제되었고, 통시대사로 울산의 반구대 바위그림을 묻는 문항이 1문항 출제되었습니다. 특징적으로 최근에는 고조선 문항에서 위만조선이나 한사군과 관련된 보기가 많이 출제되었고, 초기 국가에서는 부여, 고구려, 옥저, 동예, 삼한이 매회 번갈아가며 출제되므로 이에 대한 철저한 학습이 필요합니다.

● 구석기와 신석기 비교

구분	구석기 시대	신석기 시대
시기	약 70만 년 전	기원전 8000년 전
유적	동굴	해안이나 강가
유물	사냥도구(주먹도끼, 찍개), 조리 도구(긁개, 밀개), 뼈도구	• 간석기(돌보습, 돌괭이) • 가락바퀴, 뼈바늘 • 토기(빗살무늬토기)
경제	사냥, 어로, 채집경제	• 원시농경 : 조, 피→사냥, 어로가 여전히 큰 비중 • 원시적 수공업 : 가락바퀴, 뼈바늘
주거	동굴, 막집	움집(원형, 반지하, 중앙 화로)
사회	이동생활, 평등사회	족외혼(씨족 단위의 부족사회), 평등 사회
예술	동물의 뼈나 석회암을 이용한 조각품 제작	조개껍데기 가면, 흙으로 빚어 구운 얼굴, 동물 모양을 새긴 조각품, 치레걸이 등의 예술품
신앙	사냥감의 번성을 비는 주술적 신앙	조상숭배, 샤머니즘, 토테미즘, 애니미즘 출현

구석기 유물

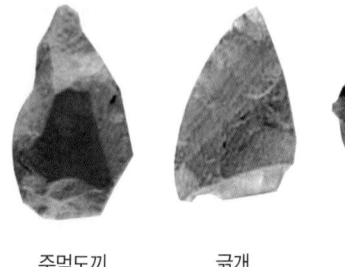

| 주먹도끼 | 긁개 | 찍개 | 찌르개 |

신석기 유물

빗살무늬토기　조개껍데기 가면　가락바퀴　갈돌과 갈판　간석기

● 청동기와 철기 시대

구분	청동기 시대	초기 철기 시대
경제	잉여 생산물 발생→사유재산 + 계급 발생	철제 농기구의 사용→경제 기반 확대
사회	• 권력과 경제력을 가진 지배자→군장의 출현 • 금속제 무기를 통해 정복 활동→선민사상	철제 무기를 통한 정복전쟁
유물	• 청동기 : 전문 장인의 출현 • 비파형동검, 거친무늬거울 • 반달돌칼, 바퀴날도끼, 홈자귀 • 미송리식 토기, 민무늬토기, 붉은 간토기 • 고인돌 : 군장의 권력 · 경제력 반영 • 돌널무덤	• 중국과의 교류 : 명도전, 오수전, 반량전, 붓(한자 사용의 증거) • 독자적 청동기의 발전(세형동검, 잔무늬거울, 거푸집) • 민무늬토기, 덧띠토기, 검은 간토기 • 널무덤과 독무덤

청동기 초기철기 유물과 유적

반달돌칼　　비파형동검　　세형동검　　거푸집　　청동거울　　미송리식 토기

명도전　　독무덤　　북방식 고인돌　　농경무늬 청동유물　　고령 바위그림　　청동기 움집터

고조선의 세력 범위를 알 수 있는 유물 : 비파형동검, 미송리식 토기, 북방식 고인돌

● 고조선 8조법

····· (고조선에서는) 백성들에게 금하는 법 8조를 만들었다. 그것은 대개 ① **사람을 죽인 자는 즉시 죽이고,** ② **남에게 상처를 입힌 자는 곡식으로 갚는다.** ③ **도둑질을 한 자는 노비로 삼는다.** 용서받고자 하는 자는 한 사람마다 50만 전을 내야 한다····· ④ **여자들은 모두 정조를 지키고** 신용이 있어 음란하고 편벽된 짓을 하지 않았다.　　　　　　　　　　　「한서」

① 생명과 노동력 중시　② 농경사회(곡물 배상)　③ 사유재산 중시 / 권력과 경제력 차이로 계급이 발생함 / 화폐 사용　④ 남성 중심의 사회(가부장제)

● 여러 나라의 성장

구분	부여	고구려	옥저	동예	삼한
위치	송화강 유역	졸본→국내성	함경도의 동해안	강원도 북부	한강 이남
정치	5부족 연맹(4출도)	5부족 연맹(제가회의)	군장 국가(왕 없음)		연맹왕국
군장	마가, 우가, 저가, 구가	대가(고추가, 상가)	삼로, 읍군	후, 읍군, 삼로	신지, 읍차
경제	반농반목 (말, 주옥, 모피)	약탈경제(부경)→ 정복활동	어물 · 소금 →고구려에 공납	• 방직기술 • 단궁, 과하마, 반어피 등	• 벼농사(저수지 축조) • 철의 수출(변한)→낙랑, 일본
제천행사	영고(12월)	동맹(10월)		무천(10월)	• 수릿날(5월) • 계절제(10월)
풍속	• 순장, 은력 • 1책12법	서옥제(데릴사위제)	• 골장제(가족공동묘) • 민며느리제	• 족외혼 • 책화(산천 중시)	제정분리 (천군, 소도)

일곱 컷 만화로 정리한 한민족 역사

신석기 시대 사람들은 움집에서 살았고

청동기 시대 사람들은 벼농사를 지었다지...

그 후 고주몽이 고구려를 세웠는데

활 잘 쏘는 사람을 주몽이라 불렀다나~

고려 때 일연이 쓴 삼국유사에도 고주몽의 신화가 수록되어 있어.

빙긋

수·당나라가 처들어오면

고구려 백성들은 용감히 싸워 나라를 지켰다는데

우리도 그 기백을 본받아야겠지?

신과 함께

한국사능력검정시험

Part II
고대 국가의
성립과 발전

CHAPTER 04

삼국의 성립과 체제 정비

쏙쏙 키워드를 알려주지!

고구려: 고국천왕(왕위 부자상속제 확립, 진대법), 소수림왕(율령 반포, 태학 설립, 불교 수용)
백제: 근초고왕(왕위 부자상속제 확립, 고구려 공격, 산둥·요서·규슈 지역 진출)
신라: 내물왕(마립간 칭호 사용, 고구려 도움으로 왜 격퇴, 호우명그릇)

① 율령(律令)

율(律)은 형법, 령(令)은 행정법을 말하며, 율령의 반포는 중앙집권국가 체제가 정비되었음을 의미한다.

② 고구려의 5부

계루부, 소노부, 절노부, 순노부, 관노부를 말한다. 이들은 처음에는 각기 독자적인 영역을 다스렸다.

③ 서안평(西安平)

서안평은 지금의 중국 랴오닝성 단둥시 동북쪽에 있었으며, 당시에는 낙랑군과 중국 본토를 연결하는 교통의 중심지였다.

④ 각 나라 국립대학

- 고구려 – 태학
- 통일신라 – 국학
- 발해 – 주자감
- 고려 – 국자감
- 조선 – 성균관

1 고대 국가의 성격

(1) 왕위 세습제, 불교 수용→왕권 강화
(2) 철제 무기 사용, 정복전쟁→영토의 확장
(3) 족장의 중앙귀족화, 관료체제 정비, 율령 반포→중앙집권체제 완성

2 삼국의 형성

(1) 고구려의 건국과 성장
① 배경
   ㉠ 건국(기원전 37년) : 부여 계통의 이주민과 압록강 유역의 토착민이 연합하여 졸본 지방에 건국
   ㉡ 국내성 천도 : 1세기 초(기원후 3년) 2대 유리왕 때 졸본에서 국내성으로 이동
② 성장

태조왕(53~146년)	• 중앙집권국가의 기초 마련 • 동예와 옥저 정복. 청천강 이북 진출. 요동 진출 시도 • 계루부 고씨의 왕위 독점, 5부 체제 확립
고국천왕(179~197년)	• 왕권 강화와 중앙집권화 강화 • 부족적 의미의 5부→행정적 의미의 5부로 정비 • 왕위 부자상속제 확립, 족장의 중앙귀족화→왕권 강화, 중앙집권화 강화 • 진대법 실시 — 봄에 빌려주고 가을에 돌려받는 빈민 구제정책(고려–의창, 조선–사창, 환곡)
동천왕(227~248년)	서안평 공격→위(관구검)의 공격으로 위기
미천왕(300~331년)	서안평 점령, 낙랑군 축출→요동과 한반도 북부로 진출
고국원왕(331~371년)	백제의 침입으로 위기→근초고왕(백제)에게 전사
소수림왕(371~384년)	• 중앙집권체제를 강화하여 고구려 도약의 기틀을 마련함 • 율령 반포 : 국가를 다스리고 사회 질서를 유지하기 위한 법령 제정 • 태학 설립 : 인재 양성, 유학 보급 • 불교 수용(372년) : 전진에서 불교를 받아들여 백성의 정신적 통일을 꾀하고 왕실의 권위를 높임

단답형으로 확인하기

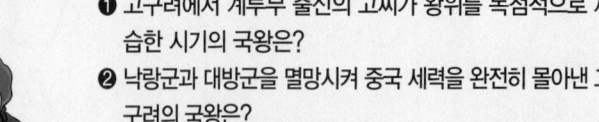

❶ 고구려에서 계루부 출신의 고씨가 왕위를 독점적으로 세습한 시기의 국왕은?
❷ 낙랑군과 대방군을 멸망시켜 중국 세력을 완전히 몰아낸 고구려의 국왕은?
❸ 고구려에서 불교를 수용하였으며, 태학을 설립하여 인재를 양성한 국왕은?

정답
❶ 태조왕
❷ 미천왕
❸ 소수림왕

(2) 백제의 건국과 성장

① **건국(기원전 18년)** : 고구려 유이민(온조)과 한강의 토착민이 연합하여 하남 위례성에 건국→마한의 소국 중 백제국으로 성장

고구려-백제 건국세력의 유사성

백제는 고구려 주몽의 아들 온조가 세웠다고 하는데, 이는 고구려 돌무지무덤인 장군총(왼쪽)과 백제 돌무지무덤인 석촌동 고분(오른쪽)의 무덤 양식이 비슷한 것을 통해 짐작할 수 있음

└ 고구려 장군총과 백제 석촌동 고분이 나오면 고구려 문화의 영향을 받은 증거

② 성장

고이왕(234~286년)	• 중앙집권국가 토대 마련 • 목지국 정복 : 한강 유역 장악→중국의 선진 문물 수용 • 정치체제 정비 : 6좌평, 16관등 및 공복 제정, 율령 반포
근초고왕(346~375년)	• 마한 정복 : 남해안까지 확장, 낙동강 유역 공격에 대한 지배권 행사 • 고구려와 대립 : 고구려 고국원왕 전사시킴 • 해외 진출 : 중국의 요서·산둥 지방과 일본의 규슈 지방 진출(칠지도) • 문화 : 일본에 문화 전파(아직기, 왕인), 고흥 『서기』 편찬
침류왕(384~385년)	• 불교 수용(동진의 마라난타)→백성의 정신통일

4세기 백제의 전성기(근초고왕)

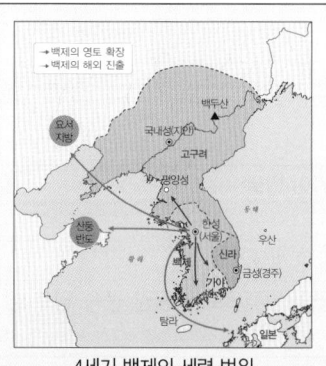

"그 나라(백제)는 본래 고구려와 함께 요동의 동쪽에 있었다. 진(晉)대에 고구려가 이미 요동을 차지하니 백제 역시 요서, 진평의 두 군의 땅을 차지하여 스스로 백제군을 두었다."

『양서』

| 4세기 백제의 세력 범위 | 백제의 요서 진출 | 칠지도 |

4세기 중반, 근초고왕 때 이르러 백제는 전성기를 맞아 남으로 마한 지역을 병합하고, 북으로는 고구려의 평양을 공격하여 고구려의 고국원왕을 전사시키기도 하였다. 백제는 중국의 요서 지역으로 진출하고,중국의 산둥 반도, 일본의 규슈 지역과 교류하여 중국과 왜를 잇는 동아시아 국제 교역의 중심지 역할을 하였으며, 칠지도는 이 무렵 백제와 왜 사이의 밀접한 교류를 보여주는 유물이다.

단답형으로 확인하기

❶ 백제에서 관등제를 정비하고 관복제를 도입한 시기의 국왕은?

❷ 중국의 요서 지방과 산둥 반도, 일본의 규슈 지방에까지 진출하여 고대 상업 세력권을 형성한 백제의 국왕은?

❸ 4세기경에 백제가 제작하여 왜왕에게 하사한 유물은?

정답
❶ 고이왕
❷ 근초고왕
❸ 칠지도

---

① 고구려와 백제 건국 신화의 관계

고구려를 건국한 주몽이 부여에서 내려왔고 백제를 건국한 온조는 고구려에서 내려온 유이민 집단이었다. 이것은 부여, 고구려, 백제가 같은 계통임을 보여주는 근거이다. 특히 부여가 멸망한 후 백제 성왕은 나라 이름을 남부여라 하여 부여 계승의식을 뚜렷이 했다.

② **백제의 지배체제 정비**

내신좌평을 두어 왕명 출납을, 내두좌평은 물자와 창고를, 내법좌평은 예법과 의식을, 위사좌평은 숙위 병사를, 조정좌평은 형벌과 송사를, 병관좌평은 지방의 군사에 대한 일을 각각 맡게 하였다. 6품 이상은 자주색 옷을 입고 은으로 된 꽃으로 관을 장식하며, 11품 이상은 붉은색 옷을, 16품 이상은 푸른색 옷을 입게 하라는 명령을 내렸다.

─『삼국사기』

→백제는 3세기 중엽 고이왕 때 한강 유역을 완전히 장악하고 정치체제를 정비하였다. 당시 백제는 6좌평의 관제를 마련하였으며, 관등제를 정비하고 관복제를 도입하는 등 지배체제를 정비하여 중앙집권국가의 토대를 형성하였다.

(3) 신라의 건국과 성장

① **건국(기원전 57년)** : 유이민(박혁거세)과 토착민(6촌)의 결합→경주에서 사로국 건국

② **성장**

　㉠ 초기 발전 과정 : 초기에는 박, 석, 김의 3성이 교대로 왕위 차지(왕권 미약)→점차 주변 지역을 정복하며 성장함. 유력 집단의 우두머리는 이사금(왕)으로 추대

　㉡ 내물왕(356~402년) : 왕권 강화, 중앙집권 국가체제 확립

　　ⓐ 영토 확장 : 낙동강 동쪽의 진한 통일

　　ⓑ 왕권 강화 : 김 씨 왕위계승

　　ⓒ 마립간의 칭호 사용 : '대군장'을 뜻하는 마립간으로 왕호 변경

　　ⓓ 고구려의 도움으로 왜군 격퇴 : 신라에 고구려군 주둔(호우명그릇)

　　ⓔ 고구려를 통해 중국에 사신 파견 및 중국 문화 수용

① 호우명그릇

경주의 호우총에서 발견된 그릇으로, 밑바닥에 광개토대왕의 묘호가 새겨져 있다. 이를 통해 5세기경 고구려와 신라의 관계를 짐작할 수 있다.

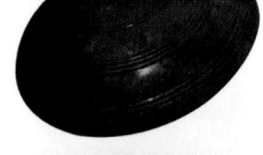

신라의 왕호

왕호	거서간 →	차차웅 →	이사금 →	마립간 →	왕
시기	박혁거세	남해	유리	내물	지증왕
의미	군장, 대인	제사장, 무당	계승자	대군장	한자식

신라의 왕호의 변화는 신라 사회의 성장과 밀접한 관계를 갖는다. 이사금에서 마립간으로, 마립간에서 왕으로 바뀐 것은 선거에 의한 군장 추대가 세습에 의한 군장제로 바뀌고, 왕권이 강화되어가는 정치적 발전 과정을 보여주는 것이다.

3 전기 가야연맹

② 가야의 발전

낙동강 하류의 변한 지역에서는 철기 문화와 농업 생산력을 토대로 소국들이 성장하였다. 이들은 3세기경 김해의 금관가야가 중심이 되어 연맹왕국으로 발전하였다(전기 가야연맹).

건국	낙동강 하류 변한 지역의 발달한 철기 문화를 바탕으로 6가야 발달 김해의 금관가야를 중심으로 연맹왕국으로 발전
특징	농경 발달, 풍부한 철과 해상교통을 이용하여 낙랑 및 왜와 중계무역
쇠퇴	왜의 군사를 동원하여 신라 공격→고구려·신라 연합군의 반격으로 낙동강 동쪽 영토 상실→금관가야 세력 약화

※ 전기 가야연맹 : 3세기경 금관가야 중심
※ 후기 가야연맹 : 5세기경 대가야 중심
※ 멸망 : 금관가야(법흥왕), 대가야(진흥왕)

단답형으로 확인하기

❶ 왕의 칭호로 '대군장'이란 뜻을 가진 마립간을 사용한 신라의 왕은?

❷ 풍부하게 생산되는 철과 해상교통을 이용하여 낙랑과 왜의 규슈 지방을 연결하는 중계무역으로 성장한 국가는?

정답
❶ 내물왕
❷ 가야

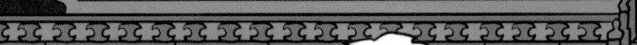
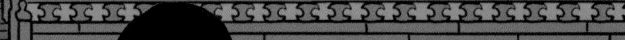

1 [36회 3번]

밑줄 그은 '왕'의 업적으로 옳은 것은? [2점]

○ 372년 전진 왕 부견이 사신과 승려 순도를 보내 불상과 경문(經文)을 주었다. 왕이 사신을 보내 사례하고 토산물을 바쳤다.
○ 373년 처음으로 율령을 반포하였다.

— 『삼국사기』

① 태학을 설립하였다.
② 평양으로 천도하였다.
③ 우산국을 정벌하였다.
④ 독서삼품과를 실시하였다.
⑤ 영락이라는 연호를 사용하였다.

2 [34회 5번]

(가)~(다) 학생이 발표한 내용을 일어난 순서대로 옳게 나열한 것은? [2점]

① (가) – (나) – (다)
② (가) – (다) – (나)
③ (나) – (가) – (다)
④ (나) – (다) – (가)
⑤ (다) – (가) – (나)

3 [35회 5번]

(가) 나라에 대한 설명으로 옳은 것은? [1점]

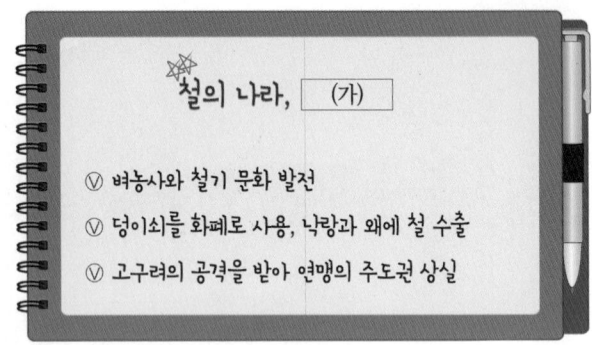

① 골품제라는 신분제가 있었다.
② 지방을 5도와 양계로 나누었다.
③ 한 무제의 공격으로 멸망하였다.
④ 정사암에 모여 국가의 중대사를 결정하였다.
⑤ 김수로왕의 건국 이야기가 『삼국유사』에 전해진다.

4 [24회 3번]

(가)에 들어갈 내용으로 옳은 것은? [3점]

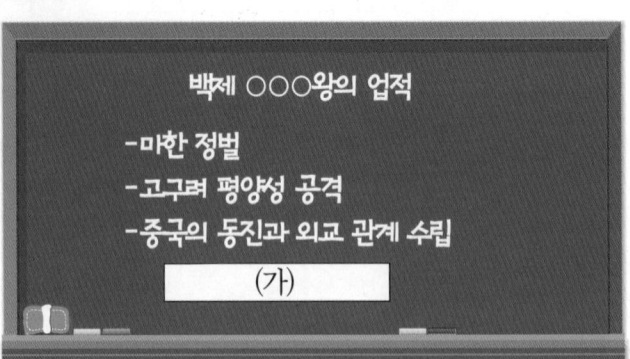

① 웅진 천도
② 불교 공인
③ 『서기』 편찬
④ 대가야 복속
⑤ 남부여로 국호 변경

1　정답 ①

정답 해설

4세기 후반에 고구려는 중국의 전연과 대립하였고, 백제의 침입으로 고국원왕이 전사하였다. 그러나 소수림왕이 등장하여 태학 설립, 율령 반포 등을 통해 중앙집권체제를 강화함으로써 발전의 계기를 마련하였다. 또한 전진으로부터 불교를 받아들여 백성들이 믿고 있던 다양한 사상을 하나로 통합하고, 왕실의 권위를 높이고자 하였다.

오답 해설

② 고구려 장수왕은 427년 수도를 평양으로 옮겼다.
③ 512년에 울릉도의 우산국(于山國)을 정복한 왕은 신라 지증왕이다.
④ 독서삼품과를 제정한 왕은 통일신라 원성왕이다.
⑤ '영락(永樂)'이라는 호를 사용한 왕은 고구려 광개토대왕이다. 영락은 우리나라에서 사용된 최초의 연호로 알려져 있다.

2　정답 ①

정답 해설

(가) 고구려는 고국원왕이 평양성에서 전사하면서 위기를 맞이하였으나, 4세기 후반 소수림왕은 율령을 반포하고 불교를 공인하였으며, 태학(太學)을 설립하는 등 체제를 정비하였다. (나) 신라 내물왕은 가야와 왜 연합군이 신라를 공격했을 때, 고구려 광개토대왕에게 지원을 요청함으로써 위기를 벗어날 수 있었다. 그 후 신라는 한동안 고구려의 간섭을 받게 되었다. (다) 고구려 장수왕은 수도를 국내성에서 평양으로 옮기고 백제를 공격하여 한강 유역을 확보하였으며, 당시에 분열·대립하고 있던 중국 남북조와 각각 교류와 견제를 하여 동아시아의 패권을 다투었다. 따라서 올바른 순서는 (가)-(나)-(다)의 순이다.
역사적 사건의 순서를 나열하는 이런 식의 문제가 종종 출제되고 있다. 평소 중요한 사건별로 순서를 숙지하는 게 이를 대비하는 바람직한 공부 방법이다.

3　정답 ⑤

정답 해설

철기 문화를 토대로 농업 생산력이 증대되자 낙동강 하류의 변한에서는 2세기 이후 여러 정치 집단이 등장하기 시작하였다. 3세기경에 이들 집단의 통합이 이루어지면서 김해의 금관가야가 중심이 되어 연맹왕국으로 발전하였다. 이를 전기 가야연맹이라고 부른다. 김수로가 건국한 것으로 전해지는 금관가야는 낙동강 하류에 있어 해상 활동에 유리하였을 뿐만 아니라 질이 좋은 철도 생산하였다. 철은 무기나 농기구를 만드는 데 사용되었고, 덩이쇠는 화폐처럼 사용되기도 하였다. 금관가야는 풍부하게 생산된 철을 낙랑군과 왜에 수출하였다. 4세기 말에서 5세기 초, 고구려 군이 왜를 격퇴하기 위해 내려오면서 전기 가야연맹은 거의 몰락했고, 가야는 낙동강 서쪽으로 축소되었다.

오답 해설

① 골품제가 있었던 나라는 신라다.
② 지방을 5도양계(五道兩界)로 나눈 나라는 고려다. 5도는 행정적으로 안찰사를 파견하였고, 양계는 국경선 부근에 북계와 동계를 설치하여 병마사를 파견하였다. 5도양계가 지속되다가 조선에 가서야 전국이 8도로 재편된다.
③ 고조선에 대한 설명이다.
④ 정사암(政事巖)에 모여 국사를 논의한 나라는 백제다. 백제 시대 재상인 좌평(佐平)을 선출할 때 모인 장소다.

4　정답 ③

정답 해설

백제는 4세기 근초고왕 때 전성기를 이룩하였다. 근초고왕은 마한의 잔여 세력들을 정복하고 평양성을 공격하여 고구려의 고국원왕을 전사시켰다. 또한 중국의 요서 지방과 산둥 지방, 일본의 규슈 지방에 진출하여 영향력을 확대하고 교류하였다. 근초고왕은 불안정하였던 왕권을 강화하고 왕위를 부자상속으로 전환하였고, 『서기』라는 역사서를 편찬하여 왕실의 위엄을 과시하였다.

오답 해설

① 웅진으로 도읍을 옮긴 왕은 백제 문주왕이다.
② 불교를 공인한 왕은 백제 침류왕이다. 그는 동진에서 넘어온 마라난타(摩羅難陀)를 궁궐로 맞이해 예우하고 공경하였는데, 이것이 백제에 불교가 전래된 최초의 사건으로 전해진다.
④ 대가야를 복속한 왕은 신라 진흥왕이다.
⑤ 남부여로 국호를 변경한 왕은 백제 성왕이다. 성왕은 538년 공산성(공주)에서 사비성(부여)으로 도읍을 옮기며 국호를 남부여로 고쳤다.

5 [24회 2번]

밑줄 그은 '이 나라'에 대한 설명으로 옳은 것은?
[2점]

> 이 나라는 5부족 연맹을 토대로 발전하였다. 왕 아래 상가, 고추가, 대로, 패자 등의 대가들이 있었고, 각 부의 대가들은 사자, 조의, 선인 등을 거느렸다. 전쟁이나 중대한 범죄의 처리 등 국가의 중대사는 제가 회의에서 의논하고 결정하였다.

① 무천이라는 제천행사가 있었다.
② 진한의 소국으로부터 성장하였다.
③ 졸본에서 국내성으로 도읍을 옮겼다.
④ 박, 석, 김 3성이 교대로 왕위에 올랐다.
⑤ 이차돈의 순교를 계기로 불교가 공인되었다.

6 [46회 4번]

(가) 왕의 업적으로 옳은 것은?
[2점]

① 율령을 반포하였다.
② 과거제를 도입하였다.
③ 수도를 사비로 옮겼다.
④ 영락이라는 연호를 사용하였다.
⑤ 관료전을 지급하고 녹읍을 폐지하였다.

7 [43회 3번]

교사의 질문에 대한 학생의 답변으로 옳은 것은?
[2점]

> 이것은 김해 대성동 고분군에서 출토된 판갑옷입니다. 이 문화유산을 남긴 나라에 대해서 말해 볼까요?

① 낙랑과 왜에 철을 수출했어요.
② 골품제라는 신분 제도가 있었어요.
③ 태학을 설립하여 인재를 양성했어요.
④ 향, 부곡, 소 등의 특수 행정 구역이 있었어요.
⑤ 정사암 회의에서 국가의 중대사를 결정했어요.

8 [30회 6번]

(가), (나) 사이의 시기에 백제에서 있었던 사실로 옳은 것은?
[3점]

> (가) 문주왕은 개로왕의 아들이다. …… 원년 겨울 10월에 웅진으로 도읍을 옮겼다.
> — 「삼국사기」 —
>
> (나) 성왕 16년 봄, 사비로 도읍을 옮기고, 나라 이름을 남부여라고 하였다.
> — 「삼국사기」 —

① 지방에 22담로를 두었다.
② 동진으로부터 불교가 전래되었다.
③ 고흥이 역사서인 『서기』를 편찬하였다.
④ 복신과 도침이 부여풍을 왕으로 추대하였다.
⑤ 신라를 공격하여 대야성 등 40여 성을 빼앗았다.

해설편

Chapter 04. 삼국의 성립과 체제 정비

Ⅰ. 우리 역사의 시작과 발전

Ⅱ. 고대 국가의 성립과 발전

Ⅲ. 중세의 성립과 발전

Ⅳ. 근세의 성립과 발전

5 정답 ③

정답 해설

고구려도 부여와 마찬가지로 5부족 연맹체였다. 왕 아래에는 상가, 고추가 등의 대가(大加)들이 있었는데, 이들은 각각 사자, 조의, 선인 등의 관리를 거느렸다. 중대한 범죄자는 제가회의를 통해 사형에 처하였고, 그 가족은 노비로 삼았다. 고구려는 처음에 압록강 지류인 훈장강 유역의 졸본에 자리 잡았다. 하지만 이곳은 산악지대였기 때문에 고구려는 주변의 소국들을 정복하고 평야지대로 진출하면서 도읍을 압록강변의 국내성으로 옮기게 되었다.

오답 해설

① 무천은 동예의 제천행사다.
② 진한의 소국으로부터 성장한 나라는 신라다.
④ 박, 석, 김 3성이 교대로 왕위에 오른 나라는 신라다.
⑤ 527년, 하급관리였던 이차돈(異次頓)의 순교를 계기로 불교가 공인된 나라는 신라다(신라는 전래 시기와 공인 시기가 다르다는 점을 명심할 것!).

※ 삼국의 불교 전래

고구려	소수림왕(372년) 때 순도(順道)
백제	침류왕(384년) 때 마라난타(摩羅難陀)
신라	눌지왕 때(572년) 묵호자(墨胡子)

6 정답 ①

정답 해설

4세기 후반 고구려는 고국원왕이 백제의 공격을 받아 평양성에서 전사하는 어려움을 겪고, 거듭되는 위기 속에 주변 국가에 대한 거시적 외교와 안정된 지배 질서 창출의 필요성을 절실히 느꼈다. 그리하여 고국원왕의 뒤를 이은 소수림왕은 위기를 극복하기 위해 체제 정비에 힘썼다. 먼저, 국립 교육기관인 태학을 설립하여 유능한 인재를 양성하는 한편, 율령을 반포하여 백성을 다스리고 국가를 운영할 기준을 마련하였다. 또한 불교를 받아들여 보편적 세계관에 의거하여 다양한 사상과 신앙을 통합해 나갔다.

오답 해설

② 과거제는 고려 광종 때 도입되었다.
③ 백제 성왕 때는 수도를 사비로 옮겼다.
④ 고구려 광개토 대왕은 영락이라는 연호를 사용하였다.
⑤ 통일신라 신문왕은 관료전을 지급하고 녹읍을 폐지하였다.

7 정답 ①

정답 해설

김해는 금관가야가 있던 곳으로 대성동 고분군에서는 지배계층의 무덤으로 보이는 대형 덧널무덤에서는 덩이쇠, 판갑옷, 큰 칼 등 많은 철기 유물이 출토되었다. 금관가야는 철을 생산하여 낙랑과 왜에 수출했다.

오답 해설

② 신라에는 골품제라는 신분 제도가 있었다.
③ 고구려는 소수림왕 때 태학을 설립하여 인재를 양성했다.
④ 특수 행정 구역인 향, 부곡, 소는 신라부터 조선 전기까지 존재하였다.
⑤ 백제는 귀족 합의 기구인 정사암 회의에서 국가의 중대사를 결정했다.

8 정답 ①

정답 해설

(가) 백제는 4세기 말부터 고구려의 공격으로 국력이 약화되기 시작하였으며, 5세기 문주왕 시기에는 고구려의 남진 정책으로 한강 유역을 상실하고 웅진(공주)으로 수도를 옮겼지만, 한동안 내분이 끊이지 않았다. 이런 상황에서 즉위한 동성왕은 신라 및 가야와의 군사 동맹을 강화하고 신진 세력을 많이 등용하였다. 이후 동성왕의 뒤를 이어 왕위에 오른 무령왕은 농업 생산 기반을 확충하였으며, 지방의 22담로에 왕족을 파견하여 지방 통제를 강화하였다. (나) 6세기 성왕은 백제 부흥을 위해 평야 지대인 사비성(부여)으로 천도하고 국호를 남부여로 바꾸었다.

오답 해설

② 백제는 4세기 침류왕 때 동진으로부터 불교를 수용하였다.
③ 백제에서는 4세기 근초고왕 때 고흥이 『서기』를 편찬하였다.
④ 7세기 때 백제 왕족인 복신과 승려 도침은 일본에 있던 의자왕의 아들 부여풍을 왕으로 추대하고 주류성에서 부흥 운동을 전개하였다.
⑤ 백제의 의자왕은 642년 신라의 대야성을 점령하였다.

CHAPTER 05

삼국 간의 항쟁과 통일

쏙쏙 키워드를 알려주지!

고구려: 광개토대왕(영토 확장, 영락 연호), 장수왕(평양 천도, 충주(중원)고구려비)

백제: 성왕(사비 천도, 중앙관제 22부 정비, 관산성에서 전사)

신라: 지증왕(왕 호칭, 신라 국호), 법흥왕(율령 반포, 불교 공인), 진흥왕(한강 유역 진출)

---

① 고구려의 전성기(5세기)

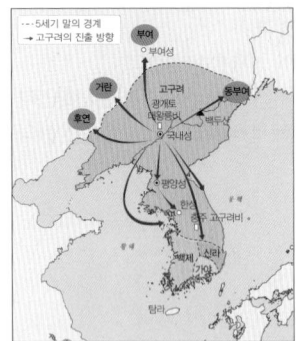

② 담로 제도

백제에서 22개의 담로를 설치하고 왕족 또는 귀족을 지방 장관으로 임명하여 통치하게 한 것으로, 지방 세력에 대한 통제가 강화되었다.

③ 신라의 전성기(6세기)

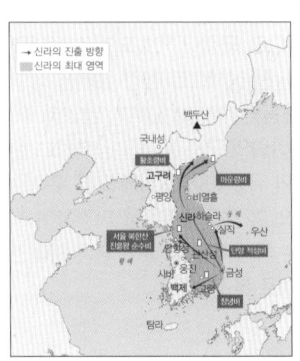

1 삼국의 발전과 항쟁

(1) 고구려의 대외적 팽창

① 광개토대왕(4세기 말~5세기 초)
  ㉠ 영토 확장 : 만주 대부분 차지, 백제를 공격하여 한강 이북 지역 확보
  ㉡ 신라에 침입한 왜구 격퇴 : 한반도 남부까지 세력 확대
  ㉢ 영락(연호) 사용 : 자주성과 국력 과시

② 장수왕(5세기)
  ㉠ 흥안령 일대의 초원 지대 장악, 중국 남북조와 각각 교류
  ㉡ 남하 정책 : 평양 천도(427년), 백제의 수도 한성 함락(475년)
  ㉢ 영토 확장 : 남양만~죽령~영일만 이북 확보(남한강 지역까지 진출)→광개토대왕릉비, 충주 고구려비

(2) 백제의 중흥

① 백제의 위축 : 한성 함락(개로왕 전사)→웅진(공주)으로 천도(475년)

② 웅진 시대
  ㉠ 동성왕 : 신라와 동맹 강화(혼인동맹)
  ㉡ 무령왕(6세기) : 22담로에 왕족 파견→지방통제 강화

③ 사비 시대 : 성왕(6세기)
  ㉠ 사비 천도(538년) : 오늘날 부여, '남부여'로 국호 변경
  ㉡ 국가 조직 정비 : 중앙관청(22부)과 지방제도(5방) 정비
  ㉢ 불교 진흥 : 일본에 불교를 전함
  ㉣ 한강 유역 일시적 확보 : 신라와 연합하여 한강 유역 일부 수복→신라에 빼앗기자 신라를 공격하다가 관산성에서 전사

(3) 신라의 발전

① 지증왕(6세기 초): 국호를 신라로, 왕호를 마립간에서 왕으로, 수도와 지방의 행정 구역 정리, 우산국(울릉도) 복속

② 법흥왕(6세기 초) : 병부 설치, 율령 반포, 공복 제정 등을 통한 통치 질서 확립, 골품제도 정비, 불교 공인, 독자적 연호(건원) 사용, 금관가야 정복

단답형으로 확인하기

❶ 신라에 침입한 왜를 격퇴함으로써 한반도 남부에까지 영향력을 발휘한 고구려의 국왕은?

❷ 고구려 장수왕 때 남진 정책을 추진하기 위해 수도를 옮긴 곳은?

❸ 대외 진출이 쉬운 사비로 천도하였으며 국호를 남부여로 고치고 중흥을 꾀한 백제의 국왕은?

정답

❶ 광개토대왕

❷ 평양

❸ 성왕

---

③ **진흥왕(6세기)**
　㉠ 배경 : 화랑도를 국가적인 조직으로 개편, 불교 교단을 정비, 황룡사 건립→사상적 통합
　㉡ 정복 활동 : 한강 유역 차지, 함경도 지역까지 진출, 고령의 대가야 정복→진흥왕순수비, 단양 적성비

(4) 후기 가야연맹
① **중심 세력** : 5세기 후반 이후 고령의 대가야가 연맹 주도
② **성장** : 주변 지역으로 세력 확대, 중국과 교류
③ **멸망** : 금관가야 투항(532년), 대가야 멸망(562년)

2 대외 항쟁과 신라의 삼국통일

(1) 고구려와 수·당의 전쟁
① **수와의 전쟁** : 수의 중국 통일→수문제와 양제의 침공→을지문덕의 살수대첩(612년)→수나라 멸망
② **고구려와 당의 전쟁** : 당 건국→고구려는 천리장성을 쌓고 방어체제를 강화→당 태종의 침략→안시성싸움(645년)에서 당군 격퇴

(2) 나당동맹(648년)
① **신라** : 백제 의자왕의 신라 40여 개성 함락→대야성이 함락되며 김춘추의 사위 김품석 사망→선덕여왕이 고구려에 도움을 요청하고자 김춘추를 파견(실패)→나당동맹 결성(648년)
② **당의 입장** : 고구려 침공 실패→고구려 정벌의 필요성

(3) 백제의 멸망(660년)
① **나당연합군의 공격** : 나당연합군의 백제 공격 → 김유신이 이끄는 신라군(무열왕)이 계백이 이끄는 백제군(의자왕)과의 황산벌 전투에서 승리 → 의자왕은 웅진성으로 피신 → 의자왕의 항복(660년)
② **부흥 운동** : 왕자 풍을 왕으로 추대→주류성(복신, 도침)과 임존성(흑치상지)을 거점으로 저항→왜의 수군이 백제 부흥군을 지원하기 위해 백강 입구까지 진출(백강전투)→결국 패배

(4) 고구려의 멸망(668년)
① **원인** : 거듭된 전쟁으로 인한 국력 쇠퇴, 연개소문의 사후 내부 분열
② **과정** : 당의 육·해로를 이용한 공격, 신라의 북상→평양성 함락
③ **고구려 부흥 운동** : 보장왕의 서자 안승을 왕으로 추대→고구려 유민을 모아 한성(황해도 재령, 검모잠, 안승)과 오골성(고연무)을 근거지로 부흥 운동 전개→실패

(5) 나당전쟁
① **당의 한반도 지배 야욕** : 웅진 도독부(백제 영토)와 안동 도호부(고구려 영토, 평양) 설치, 경주에 계림 도독부 설치
② **신라의 대응** : 고구려·백제의 유민과 연합, 매소성 전투·기벌포 해전 승리로 당 세력 완전 축출→삼국통일(676년)

(6) 삼국통일의 한계와 의의

의의	고구려와 백제 유민 포용, 민족 문화 발전의 기틀 마련
한계	외세(당)의 도움으로 통일, 영토가 대동강~원산만 이남에 한정

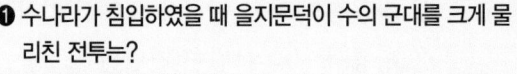
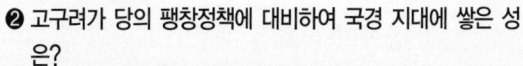

단답형으로 확인하기

❶ 수나라가 침입하였을 때 을지문덕이 수의 군대를 크게 물리친 전투는?
❷ 고구려가 당의 팽창정책에 대비하여 국경 지대에 쌓은 성은?
❸ 신라가 당군을 격파하여 삼국통일을 완성할 수 있었던 싸움은 매소성과 (　　) 전투다.

정답
❶ 살수대첩
❷ 천리장성
❸ 기벌포

---

① **을지문덕이 수의 장군 우중문에게 보내는 시**

신기한 책략은 하늘의 원리를 꿰뚫었고 기묘한 계책은 땅의 이치를 통달하였도다. 싸움에 이미 이겨 공이 높으니 만족함을 알고 그만두기를 바라노라.
→고구려 을지문덕은 평양으로 가는 길목의 식량을 없애고, 평양 근처까지 왔다가 퇴각하는 수의 군대를 살수(지금의 청천강)에서 크게 물리쳤다(살수대첩, 612년).

② **백제와 고구려의 부흥 운동**

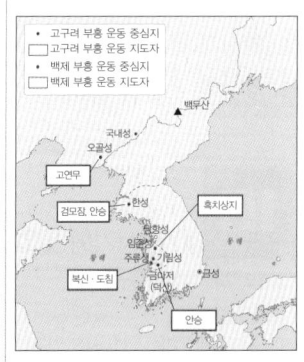

③ **나당전쟁과 삼국통일의 완성**

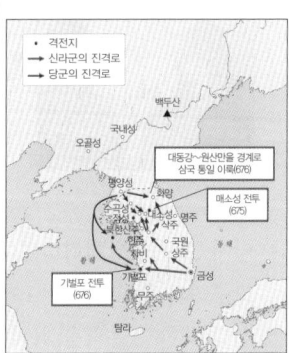

매소성과 기벌포에서 신라가 승리를 거둠으로써 신라는 대동강 이남에서 당을 완전히 몰아내고 통일을 완성하였다.

9 [36회 5번]

(가)에 들어갈 제목으로 가장 적절한 것은? [2점]

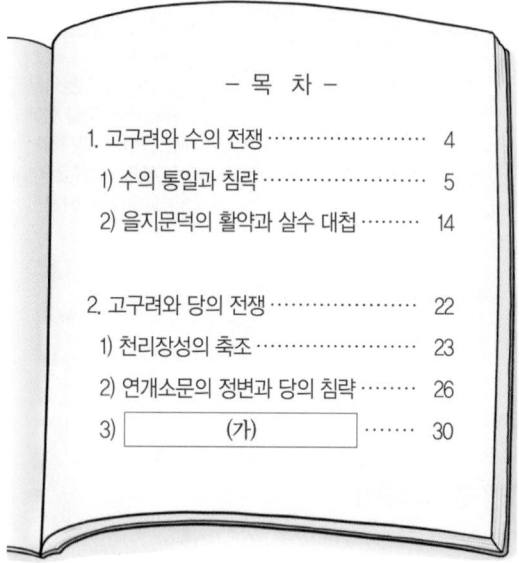

① 백강 전투의 영향　　② 기벌포 전투의 결과
③ 안시성 전투의 승리　　④ 한산도대첩의 의의
⑤ 황산벌 전투의 과정

10 [35회 4번]

(가) 시기에 있었던 사실로 옳은 것은? [3점]

이번에 우리 군대가 평양성을 공격했다는 소식을 들었는가?

고구려 왕을 전사시킬 정도로 크게 이겼다고 들었네.

(가)

며칠 전 고구려가 쳐들어와 한성이 함락되었네.

도읍을 빼앗기고 왕께서도 목숨을 잃었다니 큰일이야.

① 당이 고구려를 침략하였다.
② 고구려가 평양으로 천도하였다.
③ 신라가 한강 유역을 차지하였다.
④ 백제가 국호를 남부여로 칭하였다.
⑤ 대가야가 신라의 공격으로 멸망하였다.

11 [31회 2번]

지도와 같은 형세를 이룬 시기에 있었던 사실로 옳은 것은? [2점]

① 고구려가 중국의 서안평을 공격하였다.
② 고구려가 충주 고구려비를 건립하였다.
③ 백제가 동진으로부터 불교를 수용하였다.
④ 백제가 대야성 등 신라의 40여 성을 빼앗았다.
⑤ 신라가 기벌포 전투에서 당의 수군을 격파하였다.

12 [38회 5번]

다음 지역에 대한 탐구 활동으로 가장 적절한 것은? [2점]

① 성왕이 천도한 이유를 조사한다.
② 장군총의 축조 양식에 대해서 알아본다.
③ 황룡사 구층 목탑이 건립된 장소를 찾아본다.
④ 궁예가 국호를 바꾸고 도읍을 옮긴 배경을 살펴본다.
⑤ 김윤후가 몽골 장수 살리타를 사살한 전적지를 파악한다.

9 정답 ③

정답 해설

수의 멸망 이후 당 태종은 수의 고구려 침략의 실패를 교훈 삼아 국력을 축적하고 만반의 준비를 한 상태에서 고구려를 침공하였다. 고구려는 요동성이 함락되면서 위기를 맞았으나 안시성 성주 양만춘을 중심으로 군민이 합심하여 안시성에서 60여일 간이나 당군에 맞서 싸웠다(안시성 싸움, 645년).

오답 해설

① 백강 전투는 백제 부흥 운동과 관련된 전투이다.
② 매소성과 기벌포 전투는 나당전쟁과 관련된 전투이다.
④ 한산도대첩은 임진왜란과 관련된 전투이다.
⑤ 황산벌 전투는 삼국통일 과정에서 백제와 신라의 전투이다.

10 정답 ②

정답 해설

백제는 4세기 근초고왕 때 전성기를 이룩하였다. 근초고왕은 부자 상속의 왕위계승을 이루었으며, 마한의 잔여 세력을 정복하고 평양성을 공격하여 고구려의 고국원왕을 전사시켰다. 그 후 5세기 후반 고구려 장수왕은 중국 남북조와 각각 우호 관계를 맺고 본격적인 남하 정책을 펼쳤다. 도읍을 평양으로 옮기고 백제의 수도 위례성(한성)을 점령한 후 한강 유역을 차지하였다. 이 시기에 있었던 사건을 정답으로 골라야 한다. ②번 '고구려가 평양으로 천도하였다'가 정답이다. 반면 ① 당 태종이 고구려를 침략하였던 시기는 고구려 연개소문 때이다. ③ 신라가 한강 유역을 차지하였던 시기는 6세기 진흥왕 때이다. ④ 백제가 국호를 남부여로 칭하였던 건 성왕 때이다. ⑤ 대가야가 멸망한 시기는 신라의 진흥왕 때이다.

※ 삼국의 전성기 비교

백제	고구려	신라
4세기 근초고왕	5세기 장수왕	6세기 진흥왕

위 지도는 시험에 자주 출제되기 때문에 반드시 암기해야 한다

11 정답 ②

정답 해설

고구려의 전성기
출제된 지도는 고구려의 전성기 때 모습이다. 이 시기 장수왕은 중국 남북조와 우호 관계를 맺고 본격적인 남하 정책을 펼쳤다. 도읍을 평양으로 옮기고 한성을 점령한 후 한강 유역을 차지하였다. 이로 인해 백제는 수도를 웅진으로 옮기게 되었으며 왕권이 약화되고 지배세력의 교체가 나타나게 되었다. 이는 ②번 충주 고구려비를 통해 알 수 있다.

오답 해설

① 고구려가 중국의 서안평을 공격했던 건 미천왕 때였다.
③ 백제가 동진의 승려 마라난타에게서 불교를 수용한 시기는 침류왕 때이다.
④ 백제가 대야성 등 신라의 40여 성을 빼앗은 때는 의자왕 때이다.
⑤ 신라가 기벌포 전투에서 당의 수군을 격파했던 때는 삼국통일기의 내용이다.

12 정답 ①

정답 해설

지역에서 부소산성 및 능산리 및 정림사지 등은 충남 부여로 백제 성왕이 수도를 웅진에서 사비로 천도한 것과 관련된다. 이후 성왕은 국호를 남부여로 변경하여 체제를 정비하였다.

오답 해설

② 장군총의 축조 양식은 고구려 초기의 대표적인 돌무지무덤이다.
③ 황룡사 구층 목탑은 신라 선덕여왕 때 자장의 요청으로 건립되었다.
④ 후고구려를 건국한 궁예는 904년 국호를 마진으로 바꾸고 철원으로 도읍을 옮겼다.
⑤ 김윤후가 몽골 장수 살리타를 사살한 전적지는 처인성(용인)이다.

Ⅰ. 우리 역사의 시작과 발전

Ⅱ. 고대 국가의 성립과 발전

Ⅲ. 중세의 성립과 발전

Ⅳ. 근세의 성립과 발전

13 [33회 3번]

(가)~(다)를 일어난 순서대로 옳게 나열한 것은?
[3점]

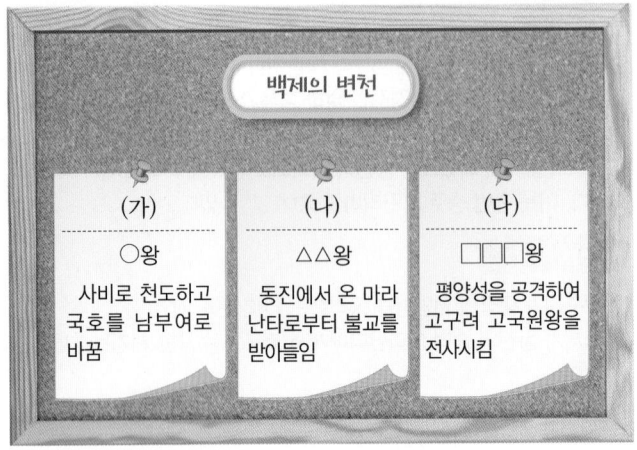

백제의 변천

(가)	(나)	(다)
○왕	△△왕	□□□왕
사비로 천도하고 국호를 남부여로 바꿈	동진에서 온 마라난타로부터 불교를 받아들임	평양성을 공격하여 고구려 고국원왕을 전사시킴

① (가) – (나) – (다) ② (가) – (다) – (나)
③ (나) – (가) – (다) ④ (나) – (다) – (가)
⑤ (다) – (나) – (가)

14 [34회 6번]

밑줄 그은 '왕'의 업적으로 옳은 것은? [3점]

역사신문

제△△호   553년 ○○월 ○○일

신라, 한강 유역을 차지하다

김무력이 이끄는 신라군은 백제군을 몰아내고 한강 하류 지역을 점령하였다. 이로써 신라는 백제와 함께 551년에 고구려를 공격해 한강 상류 10개 군을 장악한 지 2년 만에 한강 유역 대부분을 차지하게 되었다. 이에 <u>왕</u>은 점령한 지역에 신주(新州)를 설치하고 김무력을 군주(軍主)로 임명하였다.

① 김흠돌의 난을 진압하였다.
② 북한산에 순수비를 건립하였다.
③ 이사부를 보내 우산국을 복속시켰다.
④ 관료전을 지급하고 녹읍을 폐지하였다.
⑤ 매소성과 기벌포에서 당의 군대를 물리쳤다.

15 [39회 14번]

다음 상황이 나타난 시기를 연표에서 옳게 고른 것은? [3점]

우종주는 양반 별초(兩班別抄)를, 유홍익은 노군 잡류 별초(奴軍雜類別抄)를 이끌었다. 두 사람은 서로 시기하다가 몽골군이 다다르자 양반 등과 함께 모두 성을 버리고 달아나니 오직 노군(奴軍)과 잡류(雜類)만이 힘을 합하여 몽골군을 물리쳤다.
– 『고려사』 –

936	1009	1126	1170	1270	1359
(가)	(나)	(다)	(라)	(마)	
후삼국 통일	강조의 정변	이자겸의 난	무신 정변	개경 환도	홍건적 침입

① (가) ② (나) ③ (다) ④ (라) ⑤ (마)

16 [33회 4번]

(가) 인물의 활동으로 옳은 것은? [2점]

이 그림의 주인공은 (가) 입니다. 그는 영류왕을 제거한 뒤 대막리지가 되어 평양 부근 사수에 쳐들어온 당의 군대를 섬멸하였습니다. 이 장면은 당시의 전투 모습을 상상하여 그린 것입니다.

① 강동 6주를 획득하였다.
② 동북 9성을 개척하였다.
③ 당의 등주를 공격하였다.
④ 신라의 대야성을 빼앗았다.
⑤ 천리장성 축조를 주관하였다.

해설편

Chapter 05. 삼국의 성립과 체제 정비

I. 우리 역사의 시작과 발전

II. 고대 국가의 성립과 발전

III. 중세의 성립과 발전

IV. 근세의 성립과 발전

13 정답 ⑤

정답 해설

(다) 4세기 백제 근초고왕의 평양성 공격으로 고구려는 고국원왕이 전사하였다. (나) 한성 시기 침류왕은 동진에서 온 마라난타(摩羅難陀)로부터 불교를 받아들이고 불교 공인을 통하여 사상적으로 왕권 강화를 합리화하였다. (가) 수도를 웅진(공주)으로 옮긴 백제는 6세기 성왕 때 다시 수도를 사비(부여)로 옮기고 국호를 남부여로 바꾸며 백제의 중흥을 꾀하였다. 따라서 (다)-(나)-(가) 순이 바람직하다.

※백제의 흥망성쇠(연대순)

근초고왕	평양성 공격→고구려 고국원왕 전사
	중국 요서, 일본 규수 진출
	고흥이 『서기』 편찬
무령왕	중국 남조와 국교 강화
	지방에 22담로 설치
성왕	사비 천도, 국호를 남부여로 변경
	중앙 22부 설치→중앙집권체제 강화
	한강 일시적 회복→관산성 전투에서 전사
의자왕	신라 공격→대야성 점령
	나당연합군에 의해 멸망

14 정답 ②

정답 해설

제시된 자료는 신라 진흥왕의 업적에 대한 사실이다. 진흥 왕은 거칠부로 하여금 국사를 편찬하게 하였으며 화랑도를 개편 하여 삼국 통일을 기반을 닦았다. 소백산맥 이북으로 진출하였 고(단양적성비), 북한강 하류에 이르는 한강 유역을 점령하였다 (북한산순수비). 관산성 전투(554)에서 백제에게 승리한 후 중 국과 독자적인 외교권을 행사하였다. 대가야를 정복하여 낙동강 유역을 확보하였으며(창녕비), 함흥평야지역(황초령비, 마운령 비)까지 진출하였다.

오답 해설

① 김흠돌의 난을 진압한 왕은 신문왕이다.
③ 지증왕은 이사부를 보내 우산국을 복속하였다.
④ 신문왕은 관료전을 지급하고 녹읍을 폐지하였다.
⑤ 문무왕은 매소성과 기벌포에서 당의 군대를 물리쳤다.

15 정답 ④

정답 해설

제시된 상황은 삼별초의 항쟁으로 개경 환도를 앞둔 시점에서 삼별초의 지도자인 배중손 등이 몽골과의 항전을 결정하였다. 정부에 반기를 들고 왕온(왕족)을 왕으로 추대하였으며 진도로 이동하여 세력을 형성하게 된다.

16 정답 ⑤

정답 해설

연개소문은 정변을 일으켜 영류왕을 비롯한 여러 대신들을 제거하였다. 이후 연개소문은 보장왕을 후임 왕으로 세우고 자신은 대막리지가 되어 권력을 장악하였다. 구원을 요청한 신라의 김춘추를 억류하였고 신라 공격을 중지하라는 당의 요구도 거절하는 등 강경한 대외 정책을 추진하였다. 한편 연개소문은 당의 침입에 대비하여 천리장성 축조를 감독하면서 요동 지방의 군사력을 장악해 정권을 잡을 수 있었다.

오답 해설

① 서희는 외교담판으로 거란으로부터 강동 6주를 획득하였다(993).
② 윤관은 별무반을 이끌고 여진족을 공략하여 동북지방 일대에 9성을 축조하였다.
③ 발해 무왕은 장문휴로 하여금 산둥반도와 덩저우를 공격하였다.
④ 의자왕은 대야성 등 신라의 40여 성을 빼앗았다.

CHAPTER 06

남북국 시대의 성립과 발전

쏙쏙 키워드를 알려주지!

통일신라: 신문왕(김흠돌 모역 사건, 관료전 지급, 녹읍 폐지, 만파식적)
발해: 무왕(산둥반도 공격), 문왕(당과 친선, 상경 천도), 선왕(해동성국)

① 경주 문무대왕릉

문무왕의 능은 죽은 뒤에도 신라를 지키는 용이 되겠다는 유언에 따라 거대한 왕릉이 아닌 수중(水中)릉이 되었다.

② 김흠돌의 난

신문왕의 장인이었던 김흠돌이 파진찬 흥원, 대아찬 진공 등과 반역을 도모했다가 진압된 사건

③ 정전

정전에서 '정(丁)'은 경제 활동을 할 수 있는 연령에 도달한 사람을 의미한다. 따라서 정전을 문자 그대로 해석하면 성인이 된 백성에게 지급한 토지로 이해할 수 있다. 그러나 실제로 소유권을 인정해 준 것인지는 불분명하다.

④ 발해의 영역

⑤ 발해 왕의 연호

무왕 : 인안
문왕 : 대흥
선왕 : 건흥

1 통일신라의 발전

(1) 배경 : 통일 이후 강화된 경제력과 군사력→왕권 전제화의 토대

(2) 왕권의 전제화
① **무열왕(김춘추)** : 최초의 진골 출신 왕, 이후 무열왕계 직계자손이 왕위 세습, 상대등의 세력 약화 (상대등을 왕이 임명), 집사부 중시의 권한 강화
② **문무왕** : 통일전쟁의 승리로 삼국통일 완성(문무왕릉)
③ **신문왕** : 김흠돌의 모역사건을 계기로 귀족세력 숙청, 정치세력 재편, 9주5소경 체제 완비, 관료전 지급, 녹읍 폐지, 국학 설립, 만파식적
④ **성덕왕** : 백성에게 정전 지급
⑤ **경덕왕** : 불국사 창건, 녹읍 부활, 9주의 명칭을 중국식으로 변경

(3) 6두품 세력의 성장 : 학문 분야에서 뛰어난 성장, 중앙 행정 실무 담당, 왕의 정치적 조언자로 활약

(4) 전제왕권의 동요 : 국가 재정 위기(녹읍 부활, 사원의 면세전 증가), 농민 부담의 증가(지배층의 대토지 소유 확대)

2 발해의 건국과 발전

(1) 발해의 건국
① **건국** : 고구려 장군 출신 대조영이 길림성 동모산에서 건국(698년)
② **주민 구성** : 고구려 유민(지배층)과 말갈족(피지배층)으로 구성
③ **발해의 고구려 계승의식**
　㉠ 일본에 보낸 국서에 스스로를 '고려(고구려)왕'으로 표현
　㉡ 고구려 문화 계승: 온돌, 기와, 불상, 정혜공주묘(굴식 돌방무덤, 모줄임 구조)

(2) 발해의 발전
① **무왕(8세기 전반)**
　㉠ 당과 대립 : 장문휴의 수군으로 산둥 반도 공격, 요서 지역에서 격돌
　㉡ 외교 관계 : 돌궐-일본과 연결, 신라-당을 견제해 동북아시아에서 세력 균형을 유지
② **문왕(8세기 후반)**
　㉠ 신라-당과의 관계 개선 : 당의 문물 수용(체제 정비), 신라와 상설 교통로(신라도) 개설
　㉡ 체제 정비 : 수도 이전(중경→상경)

단답형으로 확인하기

❶ 통일 후 진골 귀족세력을 숙청하고 녹읍을 폐지하는 등 왕권을 강화한 국왕은?
❷ 통일신라 신문왕 때 유학 교육기관을 설립하여 『논어』 등의 유교 경전을 가르쳤던 곳은?
❸ 당과 친선관계를 수립하여 문물을 수용하고 체제를 정비한 발해의 국왕은?

❸ 문왕
❷ 국학
❶ 신문왕

정답

③ **선왕**(9세기 전반)
　㉠ 대부분의 말갈족 병합, 요동으로 진출, 지방제도 완비
　㉡ 발해의 전성기로 중국인들이 '해동성국'이라 부름
④ **멸망** : 9세기 후반부터 국력 약화→거란족의 침입으로 멸망

발해 역사의 편입-남북국 시대

"부여 씨가 망하고 고씨가 망한 다음, 김씨가 남방을 차지하고 대씨(발해)가 북방을 차지하고는 발해라 했으니, 이것을 남북국이라 한다. 남북국에는 남북국의 사서가 있었을 텐데, 고려가 편찬하지 않은 것은 잘못이다. 저 대 씨가 어떤 사람인가. 바로 고구려 사람이다. 그들이 차지하고 있던 땅은 어떤 땅인가. 바로 고구려 땅이다." 『발해고』
→ 고구려 멸망 이후 고구려 옛 땅은 대부분 당의 지배를 받고 있었다. 이후 당의 통제력이 약화되면서 고구려 장군 출신인 대조영을 중심으로 한 고구려 유민과 말갈인들은 동모산 기슭에 발해를 세웠다(698년). 발해의 건국으로 남쪽 신라와 북쪽 발해가 공존하는 남북국의 형세를 이루게 되었다.

※ 조선후기 실학자인 유득공이 『발해고』란 책에서 발해를 우리 역사에 포함시킴

3 남북국의 통치 체제

(1) 중앙 정치제도

구분	통일 신라	발해
특징	집사부 중시의 지위를 높임, 행정 업무(집사부, 위화부 등)	3성 6부: 정당성의 장관 대내상이 국정 총괄, 좌사정이 충 · 인 · 의부, 우사정이 지 · 예 · 신부를 각각 나누어 관할하는 이원적 통치체제
감찰 기구	사정부	중정대
국립 대학	국학	주자감

(2) 지방 통치제도

구분	신라	발해
지방 조직	• 9주 5소경 : 9주의 행정 기능 강화, 5소경 설치로 지방의 균형 발전을 꾀함→중앙집권체제로 재정비 • 특수 행정 구역 : 향, 부곡, 소 • 중앙집권 강화 : 외사정 파견(지방관 감찰), 상수리제도(지방 세력 견제)	• 5경 15부 62주 － 5경 : 전략적 요충지 － 15부 : 도독 파견, 지방 총괄 － 62주 아래 현 · 촌락 설치 － 촌락은 말갈족으로 구성, 촌주를 매개로 지배
군사(중앙)	• 9서당 : 고구려 · 백제 · 말갈족 포함→민족 융합 정책	• 10위 : 왕궁과 수도 경비 담당
군사(지방)	• 10정 : 각 주에 1정, 한주(국경)에 2정	지배 조직에 따라 지방군 편성, 요충지에는 독립 부대 설치

발해의 중앙 정치제도

정책의 집행을 담당한 6부는 나랏일을 실제로 맡아서 처리하는 곳으로, 당은 '이부 · 호부 · 예부 · 병부 · 형부 · 공부'라고 불렀으나 발해는 유교에서 강조하는 덕목인 '충 · 인 · 의 · 지 · 예 · 신'을 6부의 명칭으로 사용하였다.

- 충부(이부)
- 인부(호부)
- 의부(예부)

왕 － 정당성(성서성)
　　－ 선조성(문하성)
　　－ 중대성(중서성)

- 지부(병부)
- 예부(형부)
- 신부(공부)

- 중정대(어사대)
- 문적원(비서성)
- 주자감(국자감)

( ) 안은 당의 관제임

단답형으로 확인하기

❶ 신라가 통일 후 효율적으로 통치하기 위해 만든 지방 행정 조직은?
❷ 발해의 중앙 통치제도는?
❸ 고구려와 백제 사람은 물론 말갈족까지 포함되어 민족 융합을 꾀하기도 한 통일신라의 군사제도는?

정답
❶ 9주 5소경
❷ 3성 6부제
❸ 9서당

61

17 [36회 10번]

밑줄 그은 '이 국가에 대한 설명으로 옳은 것은?
[2점]

온돌 유적(연해주 크라스키노)

이것은 대조영이 세운 이 국가의 온돌 유적입니다. 온돌의 형태가 고구려식과 같아서 이 국가가 고구려를 계승했음을 알려 줍니다.

① 한의 침략을 받아 멸망하였다.
② 무왕 때 당의 등주를 공격하였다.
③ 도병마사에서 국방 문제를 논의하였다.
④ 지방 행정 구역으로 9주 5소경을 두었다.
⑤ 화백회의에서 국가 중대사를 결정하였다.

18 [40회 8번]

(가) 시기에 있었던 사실로 옳은 것은? [1점]

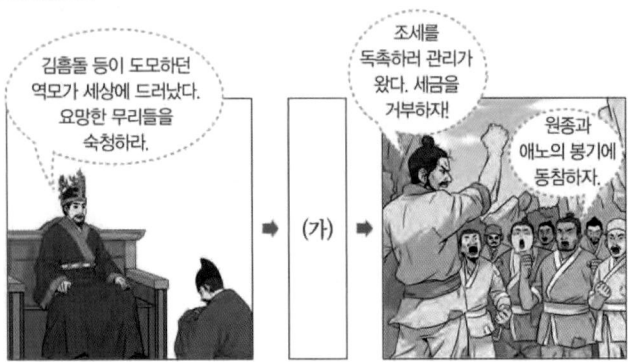

① 이차돈이 순교하였다.
② 왕건이 고려를 세웠다.
③ 나 · 당 전쟁이 발발하였다.
④ 김헌창이 반란을 일으켰다.
⑤ 이사부가 우산국을 정벌하였다.

19 [33회 6번]

(가) 왕의 업적으로 옳은 것은? [2점]

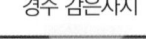

경주 감은사지

(가) 은/는 아버지 문무왕의 뜻을 이어 682년에 감은사를 완성하였습니다. 이후 그는 감은사 행차 길에서 얻은 대나무로 만파식적이라는 피리를 만들었다고 합니다.

① 이사부를 보내 우산국을 복속시켰다.
② 관료전을 지급하고 녹읍을 폐지하였다.
③ 대가야를 정복하여 영토를 확장하였다.
④ 이차돈의 순교를 계기로 불교를 공인하였다.
⑤ 관리 선발을 위하여 독서삼품과를 실시하였다.

20 [42회 6번]

(가) 국가에 대한 설명으로 옳은 것은? [2점]

> ○ (가) 의 세자 대광현이 무리 수만을 거느리고 투항하자, 성과 이름을 하사하여 왕계라 하고 종실의 족보에 넣었다.
> ―『고려사』―
>
> ○ 거란 동경의 장군 대연림이 대부승 고길덕을 보내 나라를 세웠음을 알리고 아울러 원조를 요구하였다. 대연림은 (가) 의 시조 대조영의 7대손으로 거란을 배반하여 국호를 흥요, 연호를 천흥이라 하였다.
> ―『고려사』―

① 교육 기관으로 성균관을 설립하였다.
② 국방력 강화를 위해 5군영을 설치하였다.
③ 특수 행정 구역인 향, 부곡, 소를 두었다.
④ 5경 15부 62주의 지방 행정 제도를 갖추었다.
⑤ 지방 세력 견제를 위해 상수리 제도를 실시하였다.

17 정답 ②

정답 해설

발해는 일본에 보낸 외교문서에서 자신들의 나라 이름을 '고려'라 하고, 왕을 '고려국왕'이라 하는 등 고구려를 계승하였음을 명백히 하였다. 또한 발해 유적에서 발견되는 온돌, 굴식 돌방무덤, 석등, 기와 등이 고구려와 비슷하여 발해는 고구려의 영향을 강하게 받은 나라임을 알 수 있다. 발해는 8세기 초, 무왕 때 동북쪽으로 영토를 더욱 확장하였고, 장문휴에게 수군을 이끌고 가서 당나라 등주를 공격하게 하였다. 이에 당은 신라에게 발해를 공격하도록 하고 요서 지방에서 발해군을 공격하기도 하였다. 문왕 때 당나라와 화친한 이후 문왕 때 해동성국(海東盛國)이라 불렸다.

오답 해설

① 한 무제의 침략을 받아 멸망한 나라는 고조선이다.
③ 도병마사(都兵馬使)에서 국방 문제를 논의하였던 나라는 고려이다. 도병마사는 고려의 국방회의기구였다.
④ 지방 행정 구역으로 9주 5소경을 두었던 나라는 통일신라이다. 신라는 통일 후 영토를 효율적으로 통치하기 위해 지방에 9주 5소경을 두고 지방관을 파견하였다.
⑤ 화백회의(和白會議)에서 국가 중대사를 결정한 나라는 신라였다. 화백회의는 신라시대 부족 대표들이 함께 모여 만장일치로 중요 사항을 합의하여 처리했다.

18 정답 ④

정답 해설

(가) 시기는 신라가 삼국을 통일하고 김흠돌이 난(681)을 일으킨 이후이며 신라 말 원종과 애노가 봉기를 일으키기(889년) 전이다. 이 시기에는 김헌창의 난(822)이 있었으며 헌덕왕 때 부친 김주원(무열왕계)이 왕이 되지 못하자 반란을 일으킨 사건이다.

오답 해설

① 이차돈의 순교는 신라 법흥왕 때로 528년이다.
② 왕건이 고려를 세운 것은 918년이다.
③ 나·당 전쟁이 발발한 것은 676년이다.
⑤ 이사부가 우산국을 정벌한 것은 신라 지증왕 때로 512년이다.

19 정답 ②

정답 해설

지문은 『삼국유사』에 수록된 만파식적(萬波息笛)에 대한 기록이다. 이 설화에는 통일신라 시대 흩어진 민심을 통합해 나라의 안정을 꾀하려 했던 호국사상이 담겨 있다. 설화 속의 신문왕은 대왕암이 잘 보이는 해변에 감은사를 짓고, 수시로 이곳에 와서 삼국통일을 완성한 문무왕을 그리워하였다고 한다. 신라는 이 시기에 관료전을 지급하고 녹읍을 폐지하는 등 왕권이 전제화되었다. 따라서 정답은 ②번이다.

오답 해설

① 이사부를 보내 우산국을 복속시킨 왕은 신라 지증왕이었다.
③ 대가야를 정복하여 영토를 확장한 왕은 신라 진흥왕이었다.
④ 이차돈의 순교를 계기로 불교를 공인한 시기는 신라 법흥왕이다.
⑤ 관리 선발을 위하여 독서삼품과를 실시한 때는 통일신라 원성왕이다.

20 정답 ④

정답 해설

대광현은 발해의 마지막 세자이고, 대연림은 발해의 시조인 대조영의 7대손으로 (가) 국가는 발해를 나타낸다. 선왕 때에는 전성기를 이루어 당으로부터 해동성국이라 불렸으며 5경 15부 62주의 지방 행정 조직을 갖추었다.

오답 해설

① 교육 기관으로 성균관을 설립한 것은 고려 때다.
② 국방력 강화를 위해 5군영을 설치한 것은 조선 후기다.
③ 특수 행정 구역인 향, 부곡, 소는 신라부터 조선 전기까지 존재하였다.
⑤ 지방 세력 견제를 위해 상수리 제도를 실시한 것은 신라 때이고 고려의 기인제도로 이어진다.

21 [32회 10번]

(가) 국가에 대한 설명으로 옳은 것은?   [3점]

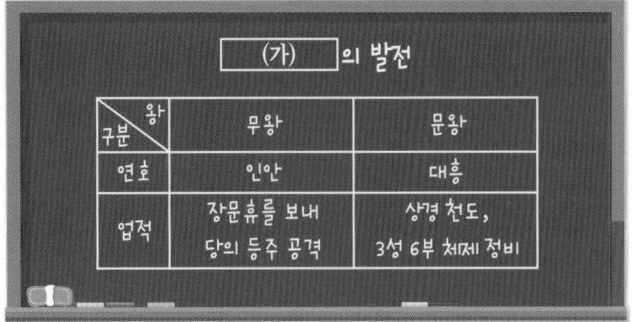

구분	무왕	문왕
연호	인안	대흥
업적	장문휴를 보내 당의 등주 공격	상경 천도, 3성 6부 체제 정비

(가)의 발전

① 기인제도를 실시하였다.
② 독서삼품과를 시행하였다.
③ 골품제라는 신분제가 있었다.
④ 2군 6위의 군사 조직을 두었다.
⑤ 전국을 5경 15부 62주로 나누어 다스렸다.

22 [34회 8번]

교사의 질문에 대한 학생의 답변으로 옳은 것은?   [2점]

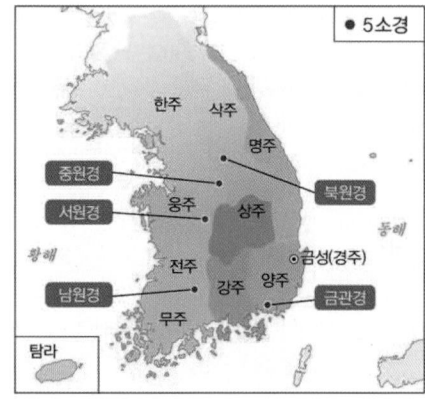

이 문화유산을 남긴 국가에 대해 발표해 볼까요?

이불병좌상   돌사자상

① 도병마사에서 국방 문제를 논의하였습니다.
② 정사암에 모여 국가 중대사를 결정하였습니다.
③ 전국을 9주로 나누고 5소경을 설치하였습니다.
④ 전성기에 당으로부터 해동성국이라 불리기도 하였습니다.
⑤ 지방세력을 견제하기 위해 상수리제도를 실시하였습니다.

23 [39회 7번]

밑줄 그은 '이 나라'에 대한 설명으로 옳지 않은 것은?   [2점]

정효 공주 묘지석에는 대흥이라는 독자적인 연호가 새겨져 있습니다. 이를 통해 이 나라가 당과 대등하다는 의식을 갖고 있었음을 알 수 있습니다.

…… 아아, 공주는 대흥 56년 여름 6월 9일 임진일에 사망하니, 나이는 36세였다. ……

정효 공주 묘지석

① 당의 산둥반도를 공격하였다.
② 전성기에 해동성국이라 불렸다.
③ 거란의 침략을 받아 멸망하였다.
④ 2성 6부의 중앙 통치 조직을 정비하였다.
⑤ 5경 15부 62주의 지방 행정 제도를 갖추었다.

24 [44회 9번]

지도와 같이 행정 구역을 편제한 국가의 군사 제도에 대한 설명으로 옳은 것은?   [2점]

● 5소경

한주   삭주   명주   중원경   서원경   웅주   상주   북원경   동해   황해   전주   금성(경주)   남원경   강주   양주   금관경   무주   탐라

① 중앙군으로 9서당을 편성하였다
② 왕의 친위 부대인 장용영을 설치하였다.
③ 국경 지대인 양계에 병마사를 파견하였다.
④ 삼수병으로 구성된 훈련도감을 운영하였다.
⑤ 좌·우별초와 신의군으로 삼별초를 조직하였다.

21 정답 ⑤

정답 해설

(가) 국가는 발해이다. 발해는 중국과 대등한 지위에 있음을 대외적으로 과시하기 위해 무왕 때는 인안, 문왕 때는 대흥이라는 독자적인 연호를 사용하였다. 9세기 전반 선왕 때에 이르러 발해는 말갈족 대부분을 복속시켰으며, 영토를 확장하여 요동 지역까지 이르렀다. 남쪽으로는 신라와 국경을 접할 정도였고, 지방 행정 체제도 완비하였다. 발해는 통치기구를 정비하여 중앙 정치 조직으로 3성 6부제, 지방 행정 기구로 5경 15부 62주를 두었고, 군사 조직으로 중앙에 10위가 있었다.

오답 해설

① 기인제도를 실시한 시기는 고려 시대이다.
② 독서삼품과를 시행한 시기는 신라 원성왕 때이다.
③ 신라에 골품제라는 신분제가 있었다.
④ 고려 시대 중앙군에 2군 6위의 군사 조직을 두었다.

22 정답 ④

정답 해설

발해는 역사뿐만 아니라 문화적 측면에서도 고구려를 계승하였다. 발해에서 많이 발견되는 이불병좌상은 고구려 후기 법화사상의 전통을 이은 대표적인 발해불상이다. 발해는 도읍지를 중심으로 많은 무덤이 남아 있는데 굴식 돌방무덤인 정혜공주묘에 보이는 모줄임천장 구조는 고구려의 굴식 돌방무덤에서도 볼 수 있다. 이곳에서 나온 돌사자상은 매우 힘차고 생동감이 있다.

오답 해설

① 도병마사는 고려의 독자적인 회의기구이다.
② 정사암제도는 백제 때 생겼으며, 정사암에 모여 국가 중대사를 결정하였다.
③ 9주 5소경 체제는 통일신라 시대에 완비되었다.
⑤ 상수리제도는 신라의 지방세력 통제제도이다.

23 정답 ④

정답 해설

정효 공주 묘지석이 제시된 '이 나라'는 발해로 ① 무왕 때는 장문휴를 시켜 당나라의 산둥반도를 공격하였다. ② 전성기인 선왕 때에는 해동성국이라 불렸으며 ⑤ 5경 15부 62주의 지방 행정 제도를 갖추었다. ③ 926년에 거란의 침략을 받아 멸망하였다.

오답 해설

④ 2성 6부의 중앙 통치 조직을 정비한 것은 고려이다.

24 정답 ①

정답 해설

통일신라는 중앙집권체제를 강화하기 위해 지방의 행정조직을 9주 5소경으로 정비하였다. 군사·행정상의 요지에 5소경을 설치하여 수도인 경주가 한쪽으로 치우쳐 있는 문제를 보완하고, 지방의 균형 있는 발전을 도모하였다. 또한 전국을 9주로 나누어 총관(원성왕 때 도독)을 파견하였고, 그 아래에는 군과 현을 두어 지방관을 파견하였다. 그보다 아래에는 촌이 있었는데, 삼국 시대와 마찬가지로 토착세력인 촌주가 다스렸다. 특수 행정구역으로는 향과 부곡을 설치하였다.

오답 해설

② 왕의 친위 부대인 장용영을 설치한 것은 조선 정조 때다.
③ 고려는 국경 지대인 양계에 병마사를 파견하였다.
④ 삼수병으로 구성된 훈련도감은 임진왜란 중에 설치하였다.
⑤ 삼별초는 고려 최씨 무신정권의 군사적 기반이었으며 대몽항쟁을 전개하였다.

CHAPTER 07

고대의 경제와 사회

쏙쏙 키워드를 알려주지!

삼국시대: 신라(화랑도, 6두품, 화백회의)
통일신라: 『민정문서』, 울산항(국제 무역항), 장보고(청해진)
발해: 발해관, 신라도

① 삼국의 경제 활동

1 삼국의 경제

(1) 수취제도의 정비 : 조세(곡물과 포 징수), 공물(특산물 부과), 역(15세 이상 남자 동원)

(2) 농민 안정책
① **생산력 증대 노력** : 철제 농기구를 보급하여 우경 장려, 황무지 개간 권장, 수리시설 정비
② **민생 안정책** : 흉년에 곡식 배급, 진대법 실시(고구려)

(3) 산업 정책
① **수공업** : 관청에서 필요한 물품 생산(관영수공업)
② **상업** : 경주에 시장 개설, 동시전(6세기 초, 시장 감독 관청) 설치
③ **무역** : 신라의 경우 한강 진출 후 당항성을 통해 중국과 직접 교역

(4) 귀족과 농민의 경제생활
① **귀족** : 자신의 토지와 노비, 국가가 준 녹읍 · 식읍 · 노비 소유
② **농민** : 자기 소유지나 부유한 자의 토지를 빌려 경작

2 삼국의 사회

(1) 신분제도의 확립 : 고대 국가로 성장하는 과정에서 엄격한 위계질서 확립
① **귀족** : 옛 부족장 세력의 중앙 귀족화, 귀족회의에서 국가 중대사 결정(고구려 : 제가회의, 백제 : 정사암회의, 신라 : 화백회의)
② **평민** : 대부분 농민, 조세 · 노동력 징발의 대상
③ **천민** : 주로 노비로 구성(전쟁 노비나 채무 노비가 대부분)

(2) 삼국의 사회 모습
① **고구려** : 엄격한 형법, 1책12법, 반역 · 살인자 사형, 진대법 실시, 혼인 풍습(형사취수제와 서옥제)
② **백제** : 반역 · 살인자 사형, 도둑질한 자는 귀양 보내고 2배 배상, 관리로서 재물을 받은 자와 남의 것을 도둑질한 자는 3배 징수, 평생 벼슬을 못하도록 명령
③ **신라**
　㉠ 골품제 : 개인의 정치 · 사회 활동의 범위(승진 상한선, 가옥 규모, 복색, 수레 등) 제한
　㉡ 화랑도 : 원시 사회의 청소년 집단에서 기원, 진흥왕 때 국가 조직으로 확대(세속오계), 계층 간의 대립과 갈등 완화
　㉢ 화백회의 : 만장일치, 국왕과 귀족의 권력 조절

② 진대법의 실시

"흉년으로 굶주린 사람들이 서로 잡아먹을 지경이었으므로 왕이 창고를 열어 구제하였다. …… 또 소속 관리에게 명하여 3월부터 7월까지 관청의 곡식을 내어 백성의 식구가 많고 적음에 따라 등급을 정하여 꾸어 주고 10월에 갚게 하는 규정을 만드니 내외가 크게 기뻐하였다."
　　　　　　　　　　－『삼국사기』

→고구려에서 시행된 진대법에 관한 기록으로, 빈궁한 백성을 구제하려는 조치였다.

단답형으로 확인하기

❶ 신라인의 정치 · 사회적 활동을 제한하였으며, 관등 승진의 상한선, 집의 규모 등을 규제한 신분제도는?
❷ 원시 사회의 청소년 집단에서 기원한 신라의 청소년 단체는?
❸ 만장일치로 신라의 국가의 중대사를 결정한 귀족회의는?

정답
❶ 골품제
❷ 화랑도
❸ 화백회의

골품제도

> 설계두는 신라 귀족 가문의 자손이었다. 일찍이 친구 네 사람과 함께 모여 술을 마시면서 각자 자기의 뜻을 말하였는데 계두는 다음과 같이 말하였다. "신라에서 사람을 등용하는데 골품을 따지기 때문에 진실로 그 족속이 아니면, 비록 큰 재주와 뛰어난 공이 있어도 그 한계를 넘을 수가 없다." – 『삼국사기』
> → 신라는 중앙집권 국가로 성장하면서 정복하거나 통합한 지역의 부족장을 중앙 귀족으로 편입시켰다. 이때 부족장의 세력에 따라 등급과 서열을 정하여 골품제라는 신분제도를 마련하였다.

3 남북국 시대의 경제

(1) 통일신라
① **토지제도** : 식읍을 제한, 관료전(신문왕)을 지급하고 녹읍 폐지, 농민에게 정전 지급→귀족에 대한 국왕의 권한 강화, 농민경제 안정 추구
② **수취제도** : 조세(생산량의 10분의 1 수취), 공물(특산물 징수), 역(군역과 요역 부과)
③ **민정문서** : 촌락의 토지 · 인구 · 가축 · 유실수를 3년마다 기록→조세 · 공물 수취와 부역 징발의 기준
④ **상업** : 농업 생산력 성장 · 경주 인구 증가→경주에 서시와 남시 추가 설치
⑤ **무역**
   ㉠ 당과의 무역 : 신라방 · 신라촌 등 설치(산둥 반도, 양쯔 강 하류 지역), 법화원(장보고)
   ㉡ 서역과의 무역 : 울산항(양탄자, 유리그릇, 향신료, 귀금속 등 귀족들의 사치품 수입)
   ㉢ 해상 무역 발달 : 9세기 전반 장보고가 완도에 청해진 설치→남해와 황해의 해상권 장악

(2) 발해의 경제 : 농업(밭농사 중심), 목축과 수렵, 산둥 반도 덩저우에 발해관 설치, 신라의 교류(신라도), 일본에 담비 가죽 수출

4 남북국 시대의 사회

(1) 통일신라
① **민족 통합 노력** : 백제, 고구려 옛 지배층에게 관등 부여, 군사조직인 9서당 편성(백제, 고구려, 말갈인 포함)
② **신분층의 동향** : 진골 귀족(중앙 관청의 장관 독점), 6두품(국왕 보좌하며 정치적 진출), 3~1두품(평민과 동등해짐)

(2) 발해의 주민 구성
① **지배층** : 왕족인 대 씨, 귀족인 고 씨 등 고구려계가 중앙과 지방의 중요 관직 차지
② **피지배층** : 말갈인이 다수 차지

단답형으로 확인하기

❶ 통일신라 시대 서원경 부근 4개 촌락의 경제 상황과 세무 행정 등을 알려 주는 자료는?
❷ 당이 발해 사람들이 이용할 수 있도록 산둥 반도의 덩저우에 설치한 숙소는?
❸ 장보고가 완도에 설치한 것으로, 해적을 소탕하고 서 · 남해의 해상교통을 장악했던 해상 요충지는?

❸ 청해진
❷ 발해관
❶ 『민정문서』

정답

① 화백(和白) 제도

귀족의 단결을 굳게 하고 국왕과 귀족 간의 권력을 조절하는 기능을 담당하였다. 진지왕은 "정치가 어지럽고 음란하다"는 이유로 화백회의에 의해 폐위되었다.

② 『민정문서』

1933년 일본 나라현 도다이사(東大寺) 쇼소인(正倉院)에서 발견된 통일신라 때의 문서로, 당시 촌락의 경제 상황과 국가의 세무 행정을 알 수 있는 자료이다. 『신라장적』, 『신라촌락문서』라고도 한다.

③ 발해관

당이 발해 사람들이 이용할 수 있도록 산둥 반도의 덩저우에 설치한 숙소이다.

I. 우리 역사의 시작과 발전

II. 고대 국가의 성립과 발전

III. 중세의 성립과 발전

IV. 근세의 성립과 발전

25 [36회 9번]

(가)~(마)에 들어갈 내용으로 적절하지 않은 것은? [3점]

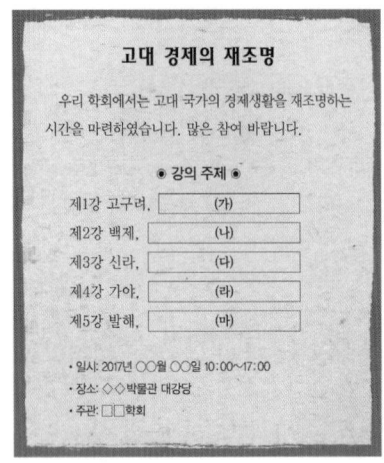

고대 경제의 재조명

우리 학회에서는 고대 국가의 경제생활을 재조명하는
시간을 마련하였습니다. 많은 참여 바랍니다.

◉ 강의 주제 ◉

제1강 고구려,	(가)
제2강 백제,	(나)
제3강 신라,	(다)
제4강 가야,	(라)
제5강 발해,	(마)

• 일시: 2017년 ○○월 ○○일 10:00~17:00
• 장소: ◇◇박물관 대강당
• 주관: □□학회

① (가) – 진대법으로 백성을 구휼하다
② (나) – 벽란도가 국제 무역항으로 번성하다
③ (다) – 금성에 동시를 설치하다
④ (라) – 덩이쇠를 화폐처럼 사용하다
⑤ (마) – 일본에 담비 가죽을 수출하다

26 [24회 7번]

교사의 질문에 대한 학생의 대답으로 옳은 것은? [3점]

등급	관등명	골품			
		진골	6두품	5두품	4두품
1	이벌찬				
2	이 찬				
3	잡 찬				
4	파진찬				
5	대아찬				
6	아 찬				
7	일길찬				
8	사 찬				
9	급벌찬				
10	대나마				
11	나 마				
12	대 사				
13	사 지				
14	길 사				
15	대 오				
16	소 오				
17	조 위				

신라의 고유한 신분제인 이 제도에 대해 말해 볼까요?

① 쌍기의 건의로 실시되었어요.
② 신분보다 능력을 중시하였어요.
③ 개인의 일상생활을 제한하였어요.
④ 귀족과 평민 간의 갈등을 완화하였어요.
⑤ 권문세족의 정치적 기반을 강화하였어요.

27 [33회 5번]

다음 검색창에 들어갈 문화유산으로 옳은 것은? [1점]

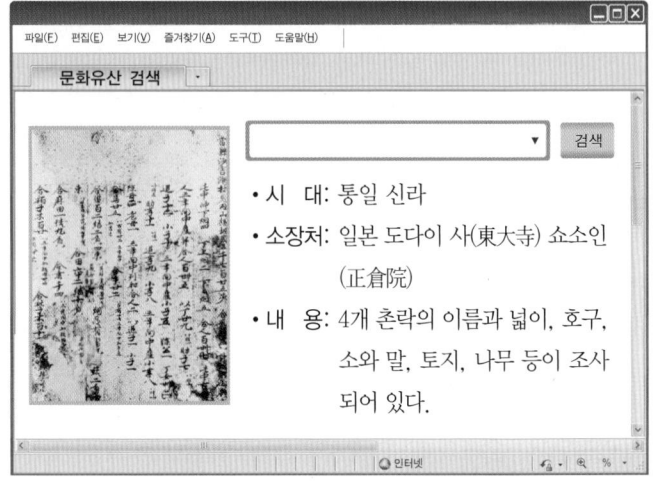

파일(F) 편집(E) 보기(V) 즐겨찾기(A) 도구(T) 도움말(H)

문화유산 검색 ▾

[검색]

• 시 대: 통일 신라
• 소장처: 일본 도다이 사(東大寺) 쇼소인
(正倉院)
• 내 용: 4개 촌락의 이름과 넓이, 호구,
소와 말, 토지, 나무 등이 조사
되어 있다.

① 지계   ② 홍패   ③ 공명첩
④『청금록』   ⑤『민정문서』

28 [33회 8번]

다음 퀴즈의 정답으로 옳은 것은? [2점]

퀴즈 한국사

제시된 단계별 힌트를 종합하여 알 수 있는 조직은 무엇일까요?

1단계	풍월도라고도 불림
2단계	대표적 인물로 김유신이 있음
3단계	진흥왕 때 국가적 조직으로 정비됨

① 도방   ② 중방   ③ 별기군   ④ 화랑도   ⑤ 속오군

25 정답 ②

정답 해설

① 진대법은 고구려 고국천왕 때 시행한 것으로 가난한 농민을 구제하기 위한 구휼(救恤)시책인데, 먹을거리가 부족한 봄에 곡식을 빌려 주었다가 가을에 추수한 것으로 되갚도록 한 제도였다. ③ 동시전(東市典)은 지증왕 때 설치된 기구로 담당 업무는 경주에 개설된 동시 감독이었다. ④ 덩이쇠는 가야의 풍부한 철 생산을 보여 주는 유물이다. 철은 무기나 농기구를 만드는 데 사용되었고, 덩이쇠는 화폐처럼 통용되기도 하였다. ⑤ 발해에서는 목축과 사냥도 큰 비중을 차지하여 말과 담비 가죽은 중요 수출품이었다.

오답 해설

② 벽란도는 고려 시대의 국제 무역항이다.

26 정답 ③

정답 해설

제시된 자료는 골품제에 대한 설명이다. 골품제는 정치나 사회 활동에 제약을 두었는데, 가령 6두품 출신에 능력이 뛰어나다 할지라도 진골 출신만이 오를 수 있는 관등을 차지할 수 없었다. 골품제는 골품에 따라 사회생활에도 제약을 받았는데, 가령 입을 수 있는 옷, 마차와 방의 크기 등에도 제한을 두었다.

오답 해설

① 쌍기의 건의로 실시된 건 고려 시대의 과거제다.
② 골품제는 능력보다 신분을 중시한 제도다.
④ 따라서 귀족과 평민 간의 갈등이 지속될 수밖에 없었다.
⑤ 권문세족은 고려 후기에 나타난 지배세력이다.

27 정답 ⑤

정답 해설

제시된 자료는 일본 도다이사(東大寺) 쇼소인(正倉院)에서 발견된 통일신라의 『민정문서』이다. 이 문서에는 촌의 이름과 넓이, 호, 인구, 우마, 토지 면적, 나무 등이 기재되어 있다. 인구는 신분별, 남녀별, 연령별로 구분되어 있어서 남녀의 비율과 노비의 수를 알 수 있고, 촌락의 경지 면적과 소와 말의 수도 알 수 있다. 『민정문서』에는 국가에서 촌락에 부과된 공물의 종류는 기록되어 있지 않다. 다만 뽕나무, 잣나무, 가래나무 등의 나무가 기록되어 있어서 이것이 지방의 특산물을 거두는 공물과 관련이 있을 것으로 추정하고 있다.

오답 해설

① 지계(地契)는 땅문서를 말한다. 대한제국 시대 지계아문(地契衙門)에서 발행하였다.
② 홍패(紅牌)는 조선 시대 과거시험에 합격했을 때 임금으로부터 받는 일종의 합격증서이다. 엄밀히 교지(教旨)이며 붉은 색을 띠었기 때문에 '홍패'라고 불렸다.
③ 공명첩(空名帖)은 조선 시대 임진왜란 이후 수취자의 이름을 따로 명기하지 않은 백지 임명장이다. 여기서 공명(空名)은 이름을 비워두었다는 뜻이다.
④ 『청금록』은 과거 조선 시대 유생이나 선비들의 명단이 기록되어 있는 책이다. 여기서 청금(靑襟)은 '푸른 옷소매'라는 뜻으로 당시 유생들을 지칭한 용어로 쓰였다.

28 정답 ④

정답 해설

화랑도는 청소년 수련단체였던 원화(源花)에서 출발하였다. 화랑도는 지도자인 화랑(花郞)과 수많은 낭도(郞徒)로 구성되었다. 진골 귀족의 자제 가운데 선발된 우두머리 화랑은 수백 명의 낭도를 이끌고 산천을 돌아다니며 무술을 연마하고 도덕과 의리를 나누었다. 낭도에는 귀족은 물론이고 평민까지 망라하여 여러 계층이 한 조직 안에서 활동하게 하면서 화랑도는 계층 간의 대립과 갈등을 조절하는 기능을 하였다. 화랑도는 진흥왕 때 국가 차원에서 그 활동을 장려하여 조직이 확대되었다.

오답 해설

① 도방은 고려 무신집권기의 사병 기관이고, ② 중방은 고려 무신집권기의 합의 기구, ③ 별기군은 조선 말 개항기의 신식 군대를, ⑤ 속오군은 조선 후기에 편성된 지방군이다.

29 [45회 6번]

(가)에 들어갈 제도로 옳은 것은? [1점]

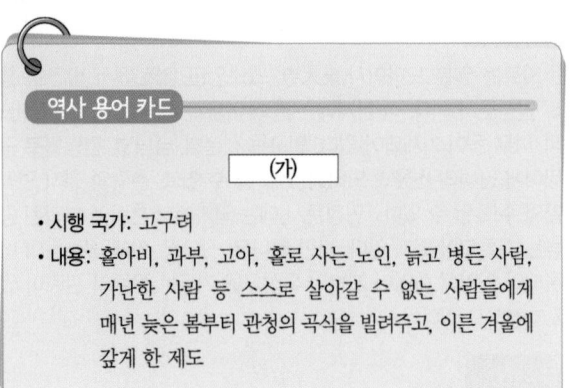

역사 용어 카드

(가)

· 시행 국가: 고구려
· 내용: 홀아비, 과부, 고아, 홀로 사는 노인, 늙고 병든 사람, 가난한 사람 등 스스로 살아갈 수 없는 사람들에게 매년 늦은 봄부터 관청의 곡식을 빌려주고, 이른 겨울에 갚게 한 제도

① 골품제　② 진대법　③ 직전법　④ 호패법　⑤ 호포제

31 [35회 18번]

(가)~(다) 학생이 발표한 정책을 시행한 순서대로 옳게 나열한 것은? [1점]

한국사 발표 대회
주제: 우리 역사 속 구휼 정책

봄에 곡식을 빌려주고 가을에 갚게 하는 진대법을 실시하였습니다.

기금을 모아 그 이자로 운영하는 제위보를 마련하였습니다.

사창(社倉)을 설치하여 향촌에서 자치적으로 운영하게 하였습니다.

(가)　　　(나)　　　(다)

① (가) - (나) - (다)　　② (가) - (다) - (나)
③ (나) - (가) - (다)　　④ (나) - (다) - (가)
⑤ (다) - (가) - (나)

30 [18회 8번]

지도와 같은 형세를 이룬 시대에 대한 설명으로 옳은 것은? [2점]

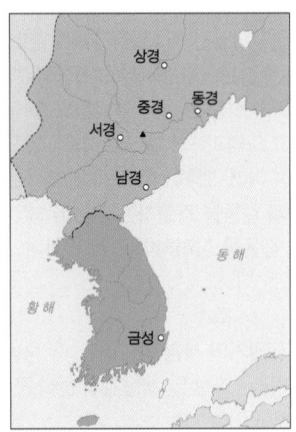

상경
중경　동경
서경
남경
동해
황해
금성

① 상평통보가 활발하게 유통되었다.
② 경시서가 시전을 관리 감독하였다.
③ 만상이 중국과의 무역을 주도하였다.
④ 벽란도가 국제 무역항으로 번성하였다.
⑤ 울산항에 아라비아 상인이 왕래하였다.

32 [6회 3번]

다음 대화의 질문에 대한 대답으로 옳은 것을 <보기>에서 고른 것은? [3점]

그래, 나라에서 재상을 뽑을 때 후보 3, 4명의 이름을 써서 상자에 넣고 봉해서 바위 위에 두었다가 얼마 후에 가지고 와서 열어 보고 그 이름 위에 도장이 찍혀 있는 사람을 재상으로 삼았대. 그래서, 정사암이라고 한 거야.

호암사에 정사암(政事巖)이라는 바위가 있었대.

그런 제도를 실시한 회의는 무엇일까?

〈보기〉

ㄱ. 왕권을 견제하는 제도적 장치로 마련해 둔 거야.

ㄴ. 유교 정치 이념을 적극 수용하여 합의제의 기능을 강화한 거지.

ㄷ. 고대 국가로 성장한 뒤에도 귀족 연합적 성격이 남아 있었던 거야.

ㄹ. 합리적인 의사 결정을 통하여 신분 간의 갈등을 완화하려고 한 거지.

① ㄱ, ㄴ　② ㄱ, ㄷ　③ ㄱ, ㄹ　④ ㄴ, ㄷ　⑤ ㄴ, ㄹ

해설편

Chapter 07. 고대의 경제와 사회

I. 우리 역사의 시작과 발전

II. 고대 국가의 성립과 발전

III. 중세의 성립과 발전

IV. 근세의 성립과 발전

29 정답 ②

정답 해설

스스로 살아갈 수 없는 사람들에게 관청의 곡식을 빌려주고, 이른 겨울에 갚게 한 제도는 고구려 고국천왕 때 실시한 진대법이다.

오답 해설

① 골품제는 신라에 있었던 신분제도다.
③ 직전법은 현직 관리에게만 수조권을 지급한 것으로 조선 세조 때 시행하였다.
④ 호패법은 조선 태종 때 시행한 신분제도다.
⑤ 호포제는 흥선대원군이 도입한 것으로 양반에게도 군포를 부과하였다.

30 정답 ⑤

정답 해설

지도는 남북국 시대로 5경의 지방 통치제도를 둔 나라는 발해이다. 또 통일 이후 신라는 당나라 장안성을 본떠 수도 금성을 바둑판처럼 반듯하게 구획하였는데, 대외 교류가 활발해지면서 금성에서 외래 물품의 거래가 활성화되어 동시 외에 서시와 남시를 더 설치하였다. 특히 통일신라 시대의 울산항은 이슬람 상인들이 와서 무역을 할 정도로 국제 무역항으로 발전하였다.

오답 해설

① 조선 후기이며, ② 경시서는 고려 · 조선 시대 시전을 관할하기 위해 설치한 기구이다. ③ 조선 후기, ④ 고려 시대에 해당된다.

31 정답 ①

정답 해설

고구려 고국천왕 때 진대법을 실시하여 백성들의 생활 안정을 추구하였다(가). 이후 고려 시대에는 태조 때 흑창을, 광종 때 제위보, 성종 때 의창, 상평창 등을 설치하여 빈민을 구제하였다(나). 조선 시대에는 환곡, 사창제 등의 진휼제도를 실시하였다(다). 시대별 구휼제도는 다음과 같다.

고구려	진대법
고려	상평창, 의창, 제위보, 구제도감, 구급도감
조선	환곡, 사창제

따라서 (가)–(나)–(다) 순이다.

32 정답 ②

정답 해설

삼국에는 각각 제가회의, 정사암회의, 화백회의라는 귀족회의가 존재하였다. 이 귀족회의에서는 귀족의 대표자를 뽑거나 국가의 중대사를 논의하여 결정하였다. 이는 왕이 귀족 세력과 연합하여 정치를 하고 있음을 보여 주는 것이다. 제시된 자료는 백제의 정사암회의이다. ㉠ 귀족회의는 왕권을 견제 하는 기능을 하였으며, ㉢ 중앙집권을 이룬 삼국이라 할지라도 여전히 귀족들의 정치적 발언권은 상당하였다. ㉡ 유교 정치 이념 수용은 왕권 강화와 관련이 있으므로 합의제와 관련이 없으며, ㉣ 신분 간의 갈등을 완화는 화랑도에 대한 설명이다.

CHAPTER 08

고대의 문화

쏙쏙 키워드를 알려주지!

삼국시대: 불교(왕권 강화의 이념적 토대), 신라(팔관회, 임신서기석, 황룡사 구층목탑), 고구려(「사신도」벽화), 백제(금동대향로, 사택지적 비문)

통일신라: 원효(화쟁사상), 의상(화엄사상, 「화엄일승법계도」), 선종불교

업설(業設)

왕과 귀족의 우월한 지위는 선한 공덕을 많이 쌓은 결과라는 해석이 가능하여 왕의 권위와 귀족의 특권을 인정하는 측면이 있다.

백제 미륵사지 석탑

백제 정림사지 오층석탑

신라 분황사 모전석탑

백제 금동대향로

---

1 삼국의 문화

(1) 삼국의 학문과 사상

① 불교
- ㉠ 고구려
  - ⓐ 수용 : 4세기 소수림왕 때 전진에서 전래
  - ⓑ 불교 문화재 : 연가칠년명금동여래입상
- ㉡ 백제
  - ⓐ 수용 : 4세기 침류왕 때 동진에서 전래
  - ⓑ 불교 문화재 : 서산 용현리 마애여래삼존상(백제의 미소), 익산 미륵사지 석탑, 부여 정림사지 오층석탑
- ㉢ 신라
  - ⓐ 수용 : 5세기 눌지왕 때 고구려에서 전래→6세기 법흥왕 때 공인(이차돈 순교)
  - ⓑ 불교 문화재 : 경주 배리 석불입상, 황룡사 구층목탑, 경주 분황사 모전석탑

| 고구려 연가칠년명 금동여래입상 | 백제 서산 용현리 마애삼존불 | 신라 배동 석조여래삼존입상 | 금동미륵보살 반가사유상 |

② 유교

구분	한자의 보급과 교육기관	역사서 편찬
고구려	• 태학 : 수도, 유교 경전·역사서 교육 • 경당 : 지방, 한학·무술 교육	이문진 『신집』 5권 편찬(영양왕)
백제	5경박사, 역박사, 의박사→유교 경전, 기술학 교육	고흥의 『서기』(근초고왕)
신라	임신서기석: 청소년들의 유교 경전 학습	거칠부의 『국사』(진흥왕)

③ **도교** : 산천 숭배나 신선사상과 결합, 귀족사회 중심으로 발달→백제(산수무늬벽돌, 백제 금동대향로, 사택지적 비문), 고구려(사신도)

단답형으로 확인하기

❶ 신라의 불교 공인이 이루어진 시기의 국왕은?
❷ 목탑에서 석탑으로 바뀌어 가는 과정을 보여 주는 백제의 석탑은?
❸ 신라의 두 화랑이 『시경』, 『상서』, 『예기』, 『춘추좌씨전』을 3년 안에 습득하기로 맹세한 내용이 새겨져 있는 신라의 비문은?

❸ 임신서기석
❷ 부여 정림사지
❶ 법흥왕

정답

---

(2) 고분 축조

구분	특징	대표 고분
고구려	돌무지무덤(장군총 등)→굴식 돌방무덤(벽과 천장에 벽화 제작)	장군총
백제	돌무지무덤(석촌동 고분, 고구려의 영향)→굴식 돌방무덤, 벽돌무덤 (중국 남조의 영향)	무령왕릉
신라	돌무지덧널무덤(천마도 등 많은 껴묻거리 출토)→굴식 돌방무덤	천마총

(3) 과학기술의 발달

① **고구려** : 천문도 · 고분 벽화의 별자리
② **백제** : 공예 기술 발달(칠지도, 금동대향로)
③ **신라** : 첨성대(선덕여왕, 천문대) 축조

(4) 삼국의 국제 교류

① **삼국 · 가야 문화의 왜 전파 :** 아스카 문화 형성에 기여

고구려	담징(종이와 먹의 제조법, 호류사 금당벽화), 혜자(쇼토쿠 태자의 스승), 혜관(불교 전파), 다카마쓰 고분벽화(고구려의 수산리 고분벽화와 유사)
백제	일본과 가장 밀접, 아직기(한자), 왕인(천자문, 논어), 노리사치계(불상, 불경)→고류사의 목조미륵보살반가사유상, 호류사의 백제관음상 제작, 백제 가람 양식
신라	조선술, 축제술 전파→일본 저수지에 '한인의 연못' 형성
가야	토기 제작 기술 전파(일본의 스에키 토기에 영향), 철기 문화 발달에 기여

② **서역과의 교류 :** 고구려 고분벽화에 서역 계통의 인물이 등장, 고분 내 유리그릇, 상감, 유리구슬, 황금장식보검 등 발견

일본의 다카마쓰 고분벽화

고구려의 수산리 고분벽화

고류사 목조 미륵보살반가사유상

삼국의 금동미륵보살반가사유상

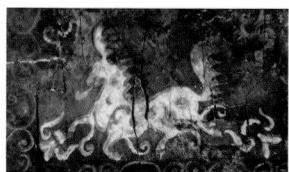
백제 무령왕릉

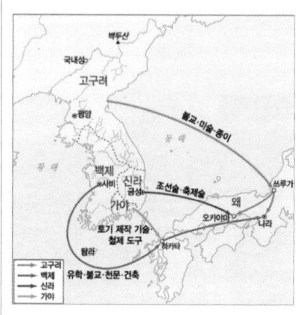
신라 천마도

삼국 문화의 일본 전파

경주 계림로 황금보검

단답형으로 확인하기

❶ 돌로 널방을 짜고 그 위에 흙으로 덮어 봉분을 만든 것으로 삼국에서 공통적으로 나타나는 무덤 양식은?
❷ 남조의 영향을 받은 백제의 대표적인 벽돌무덤은?
❸ 일본에 종이와 먹의 제조법을 전파한 고구려의 승려는?

❶ 굴식 돌방무덤
❷ 무령왕릉
❸ 담징

정답

① 아미타(阿彌陀佛) 신앙

아미타불이 있는 곳이 극락정토인데, 그곳에 가려면 '나무아미타불'이라는 염불을 열심히 외면 된다는 신앙이다.

② 관음(觀音) 신앙

자비로 중생의 괴로움을 구제한다는 불교의 관음보살을 믿는 신앙이다.

③ 빈공과(賓貢科)

당나라에서 재당 외국인을 위해 실시한 과거시험. 신라인과 발해인이 다수 합격하여 당의 관리가 되기도 하였고, 두나라 사람끼리 수석을 다투기도 하였다.

발해 석등

발해 돌사자상

발해의 이불병좌상

2 통일신라와 발해의 문화

(1) 불교

통일신라	교종	• 원효 : 일심사상을 바탕으로 분파 의식을 극복하기 위해 『십문화쟁론』(화쟁사상) 저술, 아미타신앙의 전파를 통해 불교 대중화에 기여 • 의상 : 화엄사상을 바탕으로 교단 형성, 부석사 등 사원을 건립하여 불교 문화의 폭 확대, 관음신앙으로 이끔, 「화엄일승법계도」 • 혜초 : 인도를 여행하고 『왕오천축국전』 저술
	선종	신라 말 유행, 구체적인 실천 수행을 통한 깨달음 중시, 지방 호족의 후원을 받아 성장→9산선문 설립
발해		고구려 불교 계승, 왕실과 귀족 중심으로 유행, 각지에 사원 건립

(2) 유학의 보급

① 통일신라 : 국학 설립, 독서삼품과 실시, 설총(이두 정리, 『화왕계』 저술), 최치원(당의 빈공과 급제, 『계원필경』 저술), 김대문(진골 출신, 『화랑세기』·『고승전』 저술)

② 발해 : 주자감 설립, 당에 유학생 파견(빈공과에 다수 합격), 높은 한문학 수준 보유

(3) 풍수지리설

① 신라 말기 도선 등 선종 승려들에 의해 전래→호족의 환영

② 산세와 수세를 살펴 도읍, 주택, 묘지 등을 선정하는 인문지리적 학설→경주 중심의 지리 개념에서 탈피

(4) 과학기술과 예술

① 통일신라

ㄱ 목판 인쇄술 : 『무구정광대다라니경』→현존 세계 최고(最古)의 목판 인쇄물, 불국사 삼층석탑에서 발견

ㄴ 불교 미술 : 불국사와 석굴암(불국토의 이상 반영), 석탑(2중 기단 위에 3층으로 쌓는 양식 등장→불국사 삼층석탑, 감은사지 삼층석탑 등), 승탑·탑비 제작(선종의 영향)

② 발해 : 당의 영향(상경 궁궐-당의 장안성 모방), 고구려의 전통 계승(온돌 장치, 연꽃무늬기와, 발해 석등, 이불 병좌상, 정혜공주묘의 모줄임천장 구조, 돌사자상 등)

석굴암 본존불

다보탑

불국사 삼층석탑

성덕대왕신종

단답형으로 확인하기

❶ 모든 존재가 상호 의존적인 관계에 있으면서 서로 조화를 이루고 있다는 화엄사상을 정립한 인물은?

❷ 인도를 여행하고 『왕오천축국전』을 저술한 통일신라의 승려는?

❸ 불국사 삼층석탑에서 발견된 세계에서 가장 오래된 목판 인쇄물은?

❸ 『무구정광대다라니경』
❷ 혜초
❶ 의상

정답

05
고대 기출문제로 마무리

문제편

33 [36회 4번]

(가)에 들어갈 문화유산으로 옳은 것은? [1점]

이 유물은 부여 능산리 고분군 근처의 절터에서 출토되었어.

도교와 불교 사상이 함께 반영된 백제의 뛰어난 문화유산이지.

① ② ③ ④ ⑤

34 [36회 6번]

(가)에 들어갈 문화유산의 사진으로 옳은 것은? [2점]

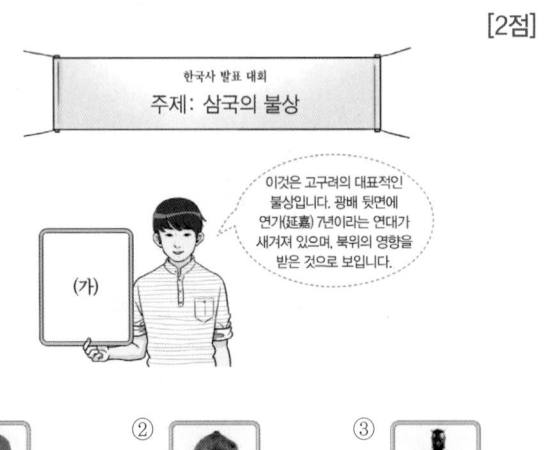

한국사 발표 대회
주제: 삼국의 불상

이것은 고구려의 대표적인 불상입니다. 광배 뒷면에 연가(延嘉) 7년이라는 연대가 새겨져 있으며, 북위의 영향을 받은 것으로 보입니다.

(가)

 ①  ②

 ④  ⑤

35 [38회 6번]

(가)에 들어갈 문화유산으로 옳은 것은? [2점]

삼국의 불상

(가)

이것은 신라의 대표적인 불상이며 보물 제63호로 지정되어 있습니다. 어린 아이와 같은 표정을 짓고 있어 온화하고 자비로운 불성을 표현한 것으로 유명합니다.

 ①  ②  ③

 ④  ⑤

36 [35회 6번]

다음 자료의 탑으로 옳은 것은? [2점]

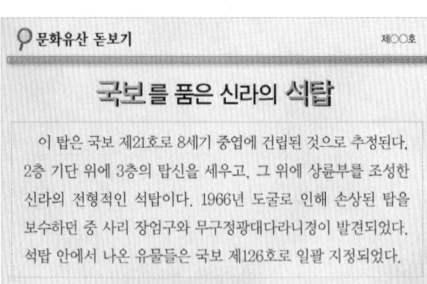

문화유산 돋보기 제○○호

국보를 품은 신라의 석탑

이 탑은 국보 제21호로 8세기 중엽에 건립된 것으로 추정된다. 2층 기단 위에 3층의 탑신을 세우고, 그 위에 상륜부를 조성한 신라의 전형적인 석탑이다. 1966년 도굴로 인해 손상된 탑을 보수하던 중 사리 장엄구와 무구정광대다라니경이 발견되었다. 석탑 안에서 나온 유물들은 국보 제126호로 일괄 지정되었다.

 ①
분황사 모전 석탑

② 불국사 삼층 석탑

 ③
감은사지 삼층 석탑

 ④
진전사지 삼층 석탑

 ⑤
화엄사 사사자 삼층 석탑

· 한국사능력검정시험

33 정답 ⑤

정답 해설

충남 부여 능산리 무덤 근처의 절터에서 발견된 백제의 금동대향로는 뚜껑에 신선이 산다는 삼신산이 조각되어 있는데 이는 신선들이 사는 이상 세계를 표현하고 있어 신선사상에 바탕을 둔 도교가 백제에서 유행했음을 보여 주고 있다.

오답 해설

① 대가야 금동관, ② 무령왕릉 진묘수, ③ 조선 전기 분청사기 음각어문 편병, ④ 가야의 수레바퀴 모양 토기이다.

34 정답 ②

정답 해설

고구려가 불교를 승인한 이후에는 불상이 많이 제작되었다. 금동연가칠년명여래입상은 6세기 말의 대표적인 고구려 불상이다. 광배 일부분이 손상되었으나 여전히 도금까지 남아 있는 희귀한 불상이다. 광배(光背) 뒷면에 남아 있는 연가(延嘉)라는 연호와 고려국이라는 글씨를 통해 539년 제작된 것으로 추정하며, 삼국 초기의 고구려 불상의 특징을 잘 보여 준다.

오답 해설

① 발해 이불병좌상, ③ 삼국 미륵보살 반가사유상, ④ 고려 춘궁리 철불, ⑤ 통일신라 석굴암 본존불이다.

35 정답 ⑤

정답 해설

신라의 대표적인 불상은 신라 경주 배동 석조여래 삼존입상으로 인간적인 정감이 넘치면서도 종교적 신비가 풍기는 것으로 평가된다.

오답 해설

① 발해의 이불병좌상으로 하나의 대좌 위에 부처님 두 분이 나란히 앉아 있는 모습으로 표현된 불상이다.
② 연가7년명 금동여래입상으로 중국 북위시대 불상양식의 영향을 받아들여 고구려의 독창성을 가미하였다.
③ 하남 하사창동 철조석가여래좌상으로 고려 초 지방 호족의 후원으로 제작된 철불로 지방 문화의 발달을 보여준다.
④ 고려의 논산 관촉사 석조미륵보살입상으로 18미터 높이의 거대 석불로 불균형한 인체 비례와 친근한 표현이 특징이다.

36 정답 ②

정답 해설

자료의 유물은 석가탑이라고도 불리는 불국사 삼층석탑이다. 통일신라에서는 불교의 보급으로 대량의 불경을 인쇄하기 위해 목판 인쇄술과 제지술이 발달하였다. 경주 불국사 삼층석탑에서 발견된 『무구정광대다라니경』은 현재까지 남아 있는 세계에서 가장 오래된 목판 인쇄물이다.

37 [31회 5번]

다음 무덤 양식에 대한 설명으로 옳은 것은?[1점]

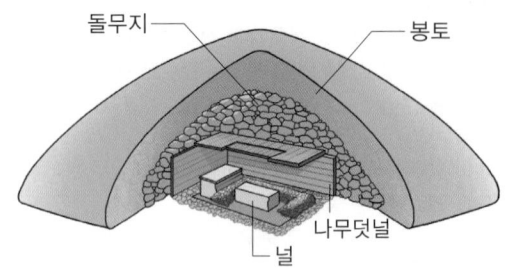

① 천장이 모줄임 구조로 되어 있다.
② 무늬를 새긴 벽돌로 널방을 쌓았다.
③ 내부의 천장과 벽에 그림이 그려져 있다.
④ 봉토의 둘레돌에 12지신상을 조각하였다.
⑤ 도굴이 어려워 금관 등 껴묻거리가 출토되었다.

39 [36회 8번]

다음 인물에 대한 설명으로 옳은 것은?　　[3점]

① 신라 화엄종을 개창하였다.
②『왕오천축국전』을 저술하였다.
③ 대각국사라는 시호를 받았다.
④ 정혜쌍수를 수행 방법으로 강조하였다.
⑤ 화랑도의 규범으로 세속5계를 제시하였다.

38 [33회 9번]

밑줄 그은 '그'에 대한 설명으로 옳은 것은? [2점]

①『십문화쟁론』을 저술하였다.
②『화엄일승법계도』를 지었다.
③ 해동 천태종을 개창하였다.
④ 수선사 결사를 제창하였다.
⑤ 유불일치설을 주장하였다.

40 [38회 9번]

다음 인물에 대한 설명으로 옳은 것은?　　[2점]

① 십문화쟁론을 지었다.
② 교관겸수를 주장하였다.
③ 화엄일승법계도를 남겼다.
④ 왕오천축국전을 저술하였다.
⑤ 정혜쌍수와 돈오점수를 강조하였다.

37 정답 ⑤

정답 해설

제시된 단면도는 신라의 대표적인 무덤 양식인 돌무지덧널무덤이다. 돌무지덧널무덤은 시신을 안치한 관 위에 돌무지를 쌓은 다음 그 위를 다시 흙으로 덮은 신라의 특징적인 고분 양식이다. 구조도에서 널은 시신을 넣은 관이고, 덧널은 이중관이라는 의미로 관을 둘러싼 넓은 공간이다. 굴식 돌방무덤이 돌로 방을 만들었다면 돌무지덧널무덤은 나무로 덧널을 만든 것이다. 이 무덤은 고구려나 백제의 돌무지무덤이나 굴식 돌방무덤과 달리 대개의 경우 부장품이 그대로 남아 있는 경우가 많다.

오답 해설

① 굴식돌방무덤, ② 벽돌무덤, ③ 굴식돌방무덤 또는 일부 벽돌무덤, ④ 통일신라 굴식돌방무덤이다.

38 정답 ①

정답 해설

통일 후 신라 불교를 대표하는 원효는 불교의 사상적 이해 기준을 확립하였다. 일심사상은 통일 신라의 원효가 그의 저서 『십문화쟁론』에서 제시한 사상으로 모든 것은 한마음에서 나온다는 사상이다. 이를 통해 원효는 불교계의 철학적 대립 문제를 해결하였다. 또 원효는 불경을 이해하지 못해도 '나무아미타불'이라는 염불만 외우면 극락에 왕생할 수 있다는 아미타 신앙을 직접 전도하며 불교 대중화의 길을 열었다.

오답 해설

② 통일신라의 의상, ③ 고려 중기의 의천, ④ 고려 후기의 지눌, ⑤ 고려 후기의 혜심이다.

39 정답 ①

정답 해설

의상은 「화엄일승법계도」를 저술하여, 모든 존재는 상호의존적인 관계에 있으면서 서로 조화를 이루고 있다는 화엄(華嚴) 사상을 정립하였다. 의상은 화엄종을 형성하여 많은 제자를 양성하였고, 부석사를 비롯한 여러 사원을 건립하여 불교문화의 폭을 확대하였다. 의상은 아미타신앙과 함께 현세의 고난을 구제받고자 하는 관음신앙을 통해 불교 대중화에도 이바지하였다.

오답 해설

② 혜초, ③ 대각국사 의천, ④ 보조국사 지눌, ⑤ 원광이다.

40 정답 ④

정답 해설

통일신라의 혜초는 인도, 중앙아시아, 아랍을 순례한 여행기로 『왕오천축국전』을 저술하였다.

오답 해설

① 십문화쟁론은 통일신라 원효의 사상으로 불교의 여러 가지 이론을 10문으로 분류하여 정리하였다.
② 교관겸수를 주장한 인물은 고려시대 의천으로 이론 연마와 수행을 함께 강조하였다.
③ 화엄일승법계도를 남긴 인물은 신라의 의상이다.
⑤ 돈오점수를 주장하며 수행 방법으로 정혜쌍수를 제시한 인물은 고려시대의 지눌이다.

신라 하대의 동요와 후삼국의 성립

쏙쏙 키워드를 알려주지!

원종과 애노의 난, 김헌창의 난, 장보고의 난, 최치원, 견훤, 궁예

① 지방의 반란

- 김헌창의 난(822년) : 웅주 도독 김헌창이 왕위계승에 불만을 품고 난을 일으킴→실패
- 장보고의 난(846년) : 신무왕의 즉위를 도움, 문성왕의 왕비 채택 문제로 살해당함

② 신라 말의 사회 혼란

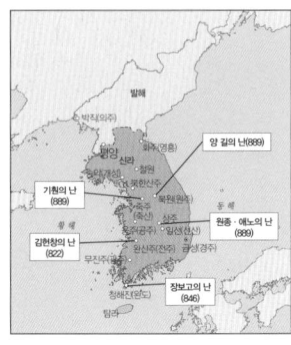

③ 촌주(村主)

신라 시대 말단 행정 단위인 촌의 우두머리로서, 지역 주민에 대한 세금 징수, 부역 동원 등의 임무를 담당하였다.

1 통일신라의 쇠퇴

(1) 신라 말기의 정치 변동

① **배경** : 8세기 후반 이후 진골 귀족의 경제 기반 확대, 사병을 거느리고 권력 쟁탈전 전개
② **왕위 쟁탈전** : 귀족들의 반란으로 혜공왕 피살(무열왕계의 왕위 세습 단절)→이후 150여 년 동안 20명의 왕 교체
③ **농민봉기의 발생**
   ㉠ 배경 : 잇따른 자연 재해, 왕실과 귀족들의 사치와 향락, 강압적 수취→농민의 몰락(노비·초적)→신라 정부에 대항(농민봉기 발생)
   ㉡ 최치원의 개혁안 : 진성여왕에게 개혁안 제시→받아들여지지 않음
   ㉢ 대표적 농민봉기 : 원종과 애노(상주)의 난

신라 말의 왕위 쟁탈전

(혜공왕 6년) 가을 8월에 대아찬 김융이 반란을 일으켰다가 사형당하였다. …… 11년 여름 6월에 이찬 김은거가 반란을 일으켰다가 사형당하였다. 가을 8월에는 이찬 염상과 시중 정문이 모반하였다가 사형당하였다. …… 16년 2월, (혜공) 왕이 어려서 즉위하여 …… 이찬 김지정이 반란을 일으켜서 무리를 모아 궁궐을 에워싸고 공격하였다. 4월에 상대등 김양상과 이찬 김경신이 병력을 일으켜 김지정 등을 죽였으나, 왕과 후비는 난병들에게 살해되었다. -『삼국사기』
→ 혜공왕이 피살되면서 시작된 진골 귀족들의 왕위 쟁탈전은 수없이 되풀이되었다. 신라 말기의 왕위 다툼으로 150여 년 동안 20명의 왕이 교체되었는데, 정변을 통해 왕위에 오른 사람이 6명, 피살된 왕이 5명이었다.

(2) 새로운 세력의 등장

① **호족세력의 성장**
   ㉠ 배경: 사회가 혼란해지면서 지방에서 호족이라 불리는 새로운 세력 성장
   ㉡ 세력 기반 : 중앙 정부의 통제에서 이탈, 반독립적인 세력으로 성장→지방을 직접 다스리고 관리를 두어 세금을 거둠, 성주나 장군 자칭, 자기 근거지에 성을 쌓고 군대를 보유
   ㉢ 출신 성분
      ⓐ 권력 투쟁에서 밀려나 지방에서 세력을 키운 몰락한 중앙귀족
      ⓑ 무역에 종사하면서 재력과 무력을 축적한 세력
      ⓒ 지방의 군사력을 기반으로 한 군진 세력

단답형으로 확인하기

❶ 신라 말에 지방의 행정권과 군사권·경제권을 장악하면서 독자적인 세력을 형성한 지방 세력은?
❷ 당 유학 후 진성여왕에게 개혁안 10여 조를 건의한 인물은?
❸ 신라 말 왕위계승에 불만을 품고 공주에서 난을 일으킨 인물은?

정답

❸ 김헌창
❷ 최치원
❶ 호족

ⓓ 지방의 토착세력인 촌주 출신 등

ⓔ 세력 확대 : 선종 승려와 6두품 지식인 포섭, 독자적인 세력으로 성장→신라 정부에 도전

② 6두품의 반(反)신라 세력화

㉠ 중앙 귀족이면서도 골품제로 인해 관직 승진 제한→진골 위주의 사회 체제에 반발

㉡ 국내에서는 주로 학문과 종교 분야에 종사, 당에 유학

㉢ 골품제의 모순 비판→새로운 사회 건설 추구(최치원 등)

② 후삼국의 성립

(1) 후백제의 건국(900년)

① **건국** : 견훤, 완산주(지금의 전주)에 도읍

② **영역** : 전라도와 충청도의 대부분 차지

③ **특징** : 중국에 사신 파견, 일본과의 교류 등 활발한 외교 활동

④ **한계** : 신라에 적대적, 과중한 조세 수취, 다른 호족세력 포섭에 실패

(2) 후고구려 건국(901년)

① **건국** : 궁예(신라 왕족 출신), 송악(지금의 개성)에 도읍

② **영역** : 강원도와 경기도 일대 장악

③ **특징** : 철원으로 천도, 국호를 태봉으로 고침, 9관등제 실시, 국정 총괄하는 광평성 설치

④ **한계** : 과중한 조세 수취, 미륵불을 자처하며 미륵 신앙을 이용한 전제 정치→궁예 축출

(3) 신라 : 중앙 정부의 지방 통제력 약화→경주 일대에서만 정치적 영향력 행사

① 후삼국의 성립

● 도읍

② 견훤의 왕궁터

견훤이 완산주(전주)에 도읍을 정하고 후백제의 왕궁터로 삼은 곳

견훤과 궁예

- 견훤은 상주 가은현(경북 문경 가은) 사람으로, 본래의 성은 이씨였는데, 후에 견으로 성씨를 삼았다. 아버지는 아자개이니, 농사로 자활하다가 후에 가업을 일으켜 장군이 되었다. …… 드디어 후백제 왕이라 스스로 칭하고 관부를 설치하여 직책을 나누었다. …… 『삼국사기』
- 궁예는 신라 사람으로, 성은 김씨이고, 아버지는 제47대 헌안왕 의정이며, 어머니는 헌안왕의 후궁이었다. …… 머리를 깎고 승려가 되어 스스로 선종(善宗)이라 이름하였다. …… 선종이 왕이라 자칭하고 사람들에게 이르기를 "이전에 신라가 당나라에 군사를 청하여 고구려를 격파하였기 때문에 옛 서울 평양은 오래 되어서 풀만 무성하게 되었으니 내가 반드시 그 원수를 갚겠다"라고 하였다. …… 『삼국사기』
→ 견훤은 전라도 지방의 군사력과 호족세력을 토대로 완산주(전주)에 도읍을 정하고 후백제를 세웠으며(900년), 신라 왕족의 후예인 궁예는 송악(개성)에 도읍을 정하고 독립하여 후고구려를 세웠다(901년).

단답형으로 확인하기

❶ 상주 출신의 군인으로 완산주를 기반으로 후백제를 건국한 인물은?

❷ 신라 왕족 출신으로 후고구려를 건국한 인물은?

❸ 신라 말 골품제를 비판하며 호족과 함께 새로운 사회 건설을 추구한 신분층은?

❸ 6두품
❷ 궁예
❶ 견훤

정답

41 [36회 7번]

(가)에 들어갈 내용으로 적절하지 않은 것은?[2점]

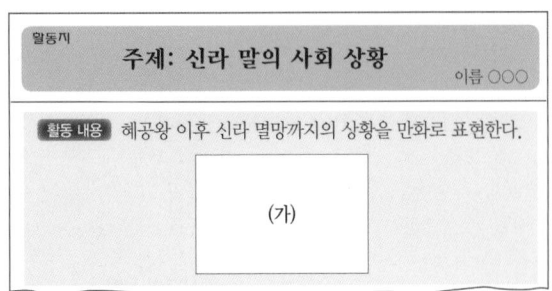

활동지

주제: 신라 말의 사회 상황

이름 ○○○

활동 내용 혜공왕 이후 신라 멸망까지의 상황을 만화로 표현한다.

(가)

①
진골만의 세상은 이제 그만!

②
나라 이름을 후백제로 하겠노라.

③
김흠돌의 난을 속히 진압하라.

④
원종과 애노의 봉기에 동참하세!

⑤
요즘에는 호족이 후원하는 선종이 유행한다네.

42 [32회 9번]

다음 자료에 나타난 상황 이후의 사실로 옳지 않은 것은? [2점]

혜공왕 16년 2월 …… 이찬 김지정이 반란을 일으켜 무리를 모아 궁궐을 에워싸고 공격하였다. 4월에 상대등 김양상과 이찬 김경신이 군사를 일으켜 김지정 등을 죽였고, 왕과 왕비는 반란군에게 살해되었다.

－「삼국사기」－

① 이차돈이 순교하였다.
② 김헌창이 반란을 일으켰다.
③ 견훤이 후백제를 건국하였다.
④ 장보고가 청해진을 설치하였다.
⑤ 최치원이 시무책 10여 조를 건의하였다.

43 [43회 7번]

밑줄 그은 '그'에 대한 설명으로 옳은 것은? [2점]

당, 신라, 일본을 잇는 해상 무역권을 장악했던 그의 이름을 딴 기념관이 완도에 만들어졌습니다. 기념관 내부에는 그가 설치했던 청해진이 모형으로 재현되어 있습니다.

청해진 모형 전시물

① 우산국을 정벌하였다.
② 강동 6주를 획득하였다.
③ 왕오천축국전을 저술하였다.
④ 산둥반도에 법화원을 건립하였다.
⑤ 안시성 전투에서 크게 승리하였다.

44 [34회 10번]

(가), (나) 인물에 대한 설명으로 옳은 것은? [3점]

○ 서쪽으로 순행하여 완산주에 이르니 주(州)의 백성들이 환영하였다. ▢▢(가)▢▢ 은/는 인심을 얻은 것에 기뻐하며 주위의 사람들에게 말하기를, "…… 이제 어찌 내가 완산에 도읍을 세워 의자왕의 쌓인 울분을 갚지 않겠는가?"라고 하였다.

－「삼국사기」－

○ ▢▢(나)▢▢ 이/가 스스로 왕이라 일컫고 사람들에게 말하기를, "지난날 신라가 당나라에 군사를 요청하여 고구려를 깨뜨렸다. …… 내가 반드시 그 원수를 갚겠다."고 하였다. …… 스스로 미륵불이라 칭하고 머리에는 금고깔을 쓰고 몸에는 가사를 둘렀다.

－「삼국사기」－

① (가) － 훈요10조를 남겼다.
② (가) － 귀주에서 거란의 침입을 물리쳤다.
③ (나) － 청해진을 설치하였다.
④ (나) － 후고구려를 건국하였다.
⑤ (가), (나) － 신라의 수도를 공격하였다.

해설편

Chapter 09. 신라 하대의 동요와 후삼국의 성립

I. 우리 역사의 시작과 발전

II. 고대 국가의 성립과 발전

III. 중세의 성립과 발전

IV. 근세의 성립과 발전

41 정답 ③

정답 해설

8세기 후반에 이르러 통일신라는 진골 귀족 간의 권력 다툼으로 혼란해졌다. 96각간의 난(九十六角干亂) 결과 혜공왕이 피살되고 선덕왕이 즉위하였는데 이 과정에서 왕위 쟁탈전이 벌어졌다. 이후 진골 귀족세력들 간에 왕위 쟁탈전이 치열하게 벌어졌는데 그 대표적인 사건이 김헌창의 난이며, 장보고의 난도 왕위계승과 연관되어 있다. 또한, 농민들에게 가혹한 세금 수취가 계속되면서 불만이 증가하여 9세기 말 진성여왕 때는 전국 곳곳에서 농민봉기가 일어났다. 당에 유학하였던 6두품 세력은 새로운 유교 정치 이념을 제시하며 골품제로 인한 사회 불만을 해결하고자 하였으나 좌절되었다. 이에 지방에서 새롭게 성장한 세력들과 손을 잡고 새로운 사회 건설을 주도하였다. 중앙 정부의 혼란과 지방에 대한 통제력 약화는 호족의 성장을 촉진시켰다. 호족은 광대한 토지와 막대한 사병을 거느리고 성주나 장군으로 자처하였다. 이러한 신라 말의 혼란을 틈타 지방에서 성장하던 견훤은 나주와 무진주(광주)를 차례로 점령한 후 완산주(전주)에 도읍을 정하고 후백제를 세웠다.

오답 해설

③ 신라 중대 진골 출신인 김흠돌은 신문왕의 장인으로 자신의 딸을 왕비로 삼아 권력을 장악하려 하였으나 실패하였다.

42 정답 ①

정답 해설

진골 귀족세력에 의해 무열왕의 마지막 직계 자손인 혜공왕이 살해된 이후 신라는 치열한 왕위 다툼으로 150여 년 동안 20여 명의 왕이 바뀌는 혼란이 지속되었다. 왕권은 크게 약화되고 진골 귀족세력은 왕위 쟁탈전에 빠져 백성들을 위한 정책을 추진하지 못하였다. 중앙 정부의 통제력이 약화되면서 김헌창의 난 등 반란이 발생하였다. 또한, 농민들에게 가혹한 세금 수취가 계속되면서 불만이 증가하여 9세기 말 진성여왕 때는 전국 곳곳에서 농민봉기가 일어났다. 이러한 신라 말의 혼란을 틈타 지방에서 성장하던 견훤은 나주와 무진주(광주)를 차례로 점령한 후 완산주(전주)에 도읍을 정하고 후백제를 세웠다. 또 당에 유학하였던 최치원 등 6두품 세력은 새로운 유교 정치 이념을 제시하며 골품제로 인한 사회 불만을 해결하고자 하였으나 좌절되었다.

오답 해설

신라는 법흥왕 때 이차돈의 순교를 계기로 불교를 공인하였다.

43 정답 ④

정답 해설

통일신라 시대 신라인이 집단으로 거류한 산둥 반도와 양쯔 강 하류 지역에는 집단 거주지인 신라방과 신라촌, 자치기구인 신라소, 숙박소인 신라관, 사찰인 신라원 등이 만들어졌다. 장보고가 산둥 반도의 적산촌에 세운 법화원은 대표적인 신라원이다. 일본과의 교역에서는 신라가 금속 제품과 직물류를 수출하였다. 신라는 중국과 일본을 잇는 중계무역을 활발하게 전개하였다. 장보고는 9세기 초 흥덕왕 때 완도에 청해진을 설치하고 해적을 소탕하여 남해와 황해의 해상 무역권을 장악하였다.

오답 해설

① 우산국은 신라 지증왕 때 이사부가 정벌하였다.
② 강동 6주는 고려 시대 서희가 획득하였다.
③ 왕오천축국전은 혜초가 저술하였다.
⑤ 고구려의 양만춘은 안시성 전투에서 크게 활약하였다.

44 정답 ④

정답 해설

지방에서 성장하던 (가) 견훤과 (나) 궁예는 신라 말의 혼란을 이용하여 독자적인 정권을 수립하였다. 견훤은 전라도 일대의 군사력과 호족세력을 토대로 완산주(전주)에 도읍을 정하고 후백제를 세웠다(900년). 신라 왕족의 후예였던 궁예는 처음에 북원(원주) 지방의 도적 집단인 양길 아래에 들어가 세력을 키웠다. 그 후 양길을 몰아낸 다음 송악(개성)에 도읍을 정하고 후고구려를 세웠다(901년). 이에 따라 신라는 지배권이 금성(경주) 일대로 축소되어 다시 삼국이 정립하는 후삼국 시대가 전개되었다. 견훤은 신라에 적대적이었고 농민에게 과도하게 조세를 수취하였으며, 호족을 포섭하는 데 실패하였다. 궁예는 도읍을 철원으로 옮기면서 국호를 마진, 태봉으로 바꾸었다. 또 국정을 총괄하는 광평성을 비롯한 여러 관서를 설치하고, 9관등제를 시행하는 등 골품제를 대신할 새로운 신분제도를 모색하였다. 그러나 조세를 지나치게 거두어들이고 미륵신앙을 이용하여 전제정치를 도모하는 등 한계를 드러냈다.

오답 해설

① 고려 왕건, ② 고려 강감찬, ③ 신라 장보고, ④ 궁예, ⑤ 견훤이다.

45 [46회 10번]

다음 대화가 이루어진 시기에 볼 수 있는 모습으로 가장 적절한 것은? [2점]

① 정사암에서 회의하는 좌평
② 당에서 돌아온 6두품 유학생
③ 안시성 전투에 참여하는 군인
④ 향교에서 주자학을 공부하는 학생
⑤ 팔만대장경판 제작에 참여하는 승려

46 [21회 9번]

다음 설화의 배경이 되는 시기를 연표에서 옳게 고른 것은? [2점]

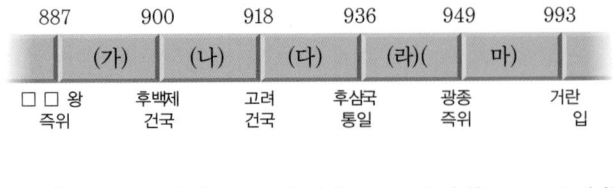

경순왕은 견훤에게 대항할 길이 없자, 군신 회의를 열고 왕건에게 항복할 것을 결정하였다. 그러나 태자는 천 년 사직을 하루 아침에 버릴 수 없다고 통곡하며, 마의(베옷)를 입고 개골산(금강산)으로 들어갔다.

887		900		918		936		949		993
	(가)		(나)		(다)		(라)(		마)	
□□왕 즉위		후백제 건국		고려 건국		후삼국 통일		광종 즉위		거란 입

① (가)　　② (나)　　③ (다)　　④ (라)　　⑤ (마)

47 [30회 12번]

(가)~(다) 학생이 발표한 사건을 일어난 순서대로 옳게 나열한 것은? [2점]

① (가) – (나) – (다)　　② (가) – (다) – (나)
③ (나) – (가) – (다)　　④ (나) – (다) – (가)
⑤ (다) – (가) – (나)

48 [28회 11번]

(가)에 들어갈 용어에 대한 설명으로 옳은 것은? [2점]

역사 용어 해설

(가)

신라 말 사회가 혼란해지면서 지방에서는 새로운 세력이 성장하였다. 그들은 해상 세력, 군진 세력, 토착 세력인 촌주, 낙향한 귀족 출신 등으로 성주 또는 장군이라 불리며 지방을 실질적으로 장악하였다.

① 향약을 통해 지방민을 교화하였다.
② 성리학을 이념적 기반으로 삼았다.
③ 왕건, 견훤 등이 대표적 인물이었다.
④ 도평의사사를 통해 권력을 장악하였다.
⑤ 홍건적과 왜구를 격퇴하며 성장하였다.

45 정답 ②

정답 해설

원종과 애노의 난은 진성여왕 때 발생한 농민 봉기로 신라 말의 상황을 나타낸다. 6두품 세력은 골품제를 비판하며 새로운 정치 이념을 제시하였다. 또한 지방 세력으로 성주 혹은 장군이라 불리며 호족이 성장하였다.

오답 해설

① 정사암 회의는 백제의 귀족 회의 기구다.
③ 안시성 전투는 당과 고구려의 싸움으로 당은 고구려의 안시성을 공격하였으나 실패하였다.
④ 향교에서 주자학을 공부하는 학생은 조선 시대의 모습이다.
⑤ 팔만대장경판 제작에 참여하는 승려는 고려 시대에 볼 수 있는 모습이다.

47 정답 ③

정답 해설

후삼국 통일 과정은 '고려 건국(918년)→고창 전투(930년)→견훤의 고려 귀순(935년)→신라 항복(935년)→후백제 멸망(936년)' 순이다. 군대를 정비한 왕건이 후백제를 치기 위해 직접 군대를 거느리고 고창(안동)으로 향하여 견훤의 후백제군을 크게 물리쳤다. 이 무렵 후백제에서는 왕위 계승을 둘러싼 다툼이 일어나 견훤이 고려에 귀순하였고, 후백제 백성과 호족들은 고려 쪽으로 마음이 기울었다. 견훤의 귀순 소식을 들은 신라 경순왕도 더 이상 나라를 보존할 수 없다고 판단하여 고려에 항복하였다. 고려는 일리천 전투에서 견훤의 아들 신검의 항복을 받아 마침내 후삼국 시대 최후의 승자가 되었다. 따라서 (나) – (가) – (다) 순이다.

46 정답 ③

정답 해설

태조는 신라를 적대시한 궁예와는 달리 신라에 대해 적극적인 우호 정책을 펼치고, 후백제와는 대립하는 정책을 취하였다. 이는 후백제를 고립시키고 신라인들을 회유하는 데 유용하였다. 태조는 후백제가 신라를 공격하자 신라를 도와 이들을 막아 냄으로써 신라인들의 신망을 얻었다. 얼마 후 후백제에 내분이 일어나 견훤이 고려에 귀순하였으며, 이어 신라 경순왕도 고려에 항복하였다. 이에 태조는 후백제의 신검을 공격하여 후삼국을 통일하였다(936년). 따라서 (다) 시기에 해당된다.

48 정답 ③

정답 해설

신라 말에는 중앙의 통치 질서가 흔들리고 사회 혼란이 계속되자 신라 사회에 불만을 품은 세력들이 새로운 세상을 꿈꾸기 시작하였다. 우선 지방에서는 중앙 정부의 통제력이 약화된 틈을 타서 호족세력이 성장하였다. 이들은 자신의 근거지에 성을 쌓고 군대를 양성하여 스스로 '성주' 또는 '장군'이라고 불렀다. 호족들은 정부의 통제에서 벗어나 독자적으로 세금을 거두고, 농민을 모아 군사적 기반을 확대하였다. 그 결과 지방 군·현의 대부분을 호족이 실질적으로 지배하게 되었다. 호족은 대부분 토착세력인 촌주 출신이었지만 중앙에서 내려온 귀족, 해상세력, 군진세력이 성장한 경우도 있었다.

오답 해설

① 조선 유향소, ② 고려 신진사대부, ④ 고려 권문세족, ⑤ 고려 신흥무인세력

PART II

출제 포인트

고대 시대는 최근 57문항 16.3%가 출제되었는데, 전근대사에서 놓고 보면 출제 빈도가 가장 높은 범위이다. 국가별 주요 왕의 업적을 철저히 파악해야 하고, 전성기를 이끈 왕들의 업적은 매년 어김없이 출제되고 있다. 특히 고대 시대는 다른 시대와 비교해서 문화사의 출제 빈도가 높은 곳으로 불상과 탑, 승려에 대해서 철저한 학습이 필요하다. 빈출 키워드로는 지증왕, 신문왕, 연개소문, 진흥왕, 발해(해동성국, 이불병좌상, 고구려 계승), 혜초, 의상, 장보고, 김춘추, 가야 철제 갑옷, 김수로 등이다.

● 고구려의 발전과 대외 항쟁

4세기	• 미천왕 : 낙랑 축출 • 소수림왕 : 불교 공인, 율령 반포, 태학 설립, 전진과 수교
5세기	• 광개토대왕 : 영토 확장(만주), 신라에 침입한 왜구 격퇴 • 장수왕 : 평양 천도, 한강 장악, 충주(중원) 고구려비 건립
6세기	• 백제와 연합하여 신라 공격 • 수와 대결 : 살수대첩
7세기	• 당과 대결 : 안시성 전투 • 나당연합군의 공격→멸망(668년)

● 백제의 발전과 대외 항쟁

4세기	• 근초고왕 : 고구려 공격, 마한 병합, 요서 · 산동 및 규슈 진출, 『서기』 편찬 • 침류왕 : 불교 공인
5세기	• 비유왕 : 나제동맹 • 문주왕 : 웅진 천도
6세기	• 무령왕 : 22담로 설치 • 성왕 : 사비 천도, 신라 공격 때 전사(관산성 전투)
7세기	• 나당연합군의 공격→황산벌 전투→멸망(660년)

● 신라의 발전과 삼국 통일

4세기	• 내물왕 : 김 씨 왕위 세습 체제 확립, 마립간 칭호
5세기	• 눌지왕 : 나제동맹 체결
6세기	• 지증왕 : 왕호 사용, 우경 보급, 우산국 복속 • 법흥왕 : 불교 공인, 율령 반포, 병부 설치 • 진흥왕 : 한강 장악 및 영토 확장, 단양 적성비 및 4개의 순수비 건립
7세기	• 나당동맹 체결→백제 멸망, 고구려 멸망 • 나당전쟁 : 매소성 · 기벌포 전투→신라의 승리 • 삼국 통일(676년)

● 가야의 발전

3세기	금관가야(김해) 중심의 가야연맹 성립
5세기	• 고구려의 침입으로 세력 약화 • 대가야(고령) 중심의 후기 가야연맹 성립
6세기	• 신라 법흥왕 때 금관가야 병합 • 신라 진흥왕 때 대가야 병합

● 삼국의 통치체제

구분	고구려	백제	신라
관등제	10여 관등	16관등	17관등
합의제	제가회의	정사암회의	화백회의
수상	대대로	상좌평	상대등
중앙관제		6좌평→22부	병부, 위화부, 집사부
지방통치	• 촌은 토착세력인 촌주가 행정 실무를 담당하였으며, 지방관을 보좌 • 중앙 정부 지방에 대한 통제력 미약		
군사	지방관은 군사와 행정을 동시에 담당하였으며 주민 통치는 군사적 지배의 성격을 띔		

● 통일신라

구분	중대 (654~780년)	하대(780~935년)
특징	전제 왕권의 확립	체제 혼란기
정치	•무열계 왕위 독점 •시중 강화, 상대등 약화 •국학 설립(유교 정치 이념 도입)	•내물계 왕위 다툼 •시중 약화, 상대등 강화 •호족 세력의 대두
경제	녹읍 폐지, 관료전 지급	•녹읍 부활 •귀족들의 농장 수탈
사상	불교의 융성	선종과 도교의 사상의 발달
6두품	전제 왕권에 협력(왕의 정치적 조언자 역할)	골품제도 비판(반–신라적 태도, 시무10조)

● 발해

성립 발전	•건국 : 고구려의 유민인 대조영 건국 •구성 : 고구려인(지배층) + 말갈족(피지배층)
고구려 계승 의식	•고구려 유민이 건국(대조영), 고구려인 지배층 •외교 문서(고려국왕이라 칭함) •고구려 문화 계승(굴식 돌방무덤, 온돌)
정치 체제	•독자적인 연호 사용(인안, 대흥) •3성6부 독자적(정당성이 국정 총괄, 유교적 명칭을 사용하는 6부)
대외 관계	•당 : 초기에는 대립 관계였으나 문왕 이후 친선 관계를 도모 •신라 : 활발한 교류는 없었으나, 때에 따라서 사신 교환, 신라도 개설 •일본 : 신라 견제를 목적으로 친선 관계 유지

● 남북국 시대 통치 조직의 비교

구분	통일신라	발해
중앙 조직	•집사부(시중) 중심 •위화부 등 13부(행정 업무) •사정부(관리 감찰) •국학(국립 대학)	•3성 6부(정당성–국정 총괄) •중정대(관리 감찰) •문적원(서적 관리) •주자감(국립 대학)
귀족회의	화백회의	정당성
지방 조직	•9주 5소경, 향·부곡 •외사정 파견, 상수리 제도	5경 15부 62주
군사 조직	•9서당(중앙군) •10정(지방군)	10위(중앙군, 왕궁과 수도 경비)

● 경제, 사회정책

민정 문서	•목적 : 조세, 공물, 부역의 원활한 징수 •내용 : 토지의 크기, 인구 수, 우마 숫자 등을 파악 •작성 : 3년마다 작성하고 이를 토대로 조세, 공물, 부역을 징수
토지제도의 변화	•신문왕 때 녹읍 폐지, 관료전 지급→왕권을 강화, 농민 경제 안정 •정전 지급 : 왕토 사상에 근거하여 백성들에게 지급
진대법	•고구려 고국천왕(춘대추납의 빈민구제 기구)

● 화백회의와 골품제도

화백 회의	초기 부족사회의 전통을 유지한 대표적인 제도로 귀족회의체적 성격을 지님, 왕권을 견제
골품 제도	•기원 : 신라가 중앙 집권 국가로 성장하는 과정에서 각 부족장의 혈연, 신분 또는 세력에 따라 중앙 귀족을 편입할 때 사회 진출에 대한 보장과 한계를 정해 놓은 데서 시작 •특징 : 골품에 따라 개인의 일상생활, 사회 활동과 정치 활동의 범위까지 엄격히 제안

● 불교의 발달

통일 신라	중대 (교종)	원효	•불교의 사상적 이해 기준 마련 : 『대승기신론소』, 『금강 삼매경론』 •종파융합 : 화쟁 사상·일심사상, 불교의 대중화 : 정토종(아미타신앙)
		의상	•화엄사상 : 「화엄일승법계도」→왕권 강화에 기여 •관음신앙 : 일반인에게도 불교 보급
		혜초 : 인도 구법승, 『왕오천축국전』	
	하대 (선종)	•전래 : 통일 전후 거래, 신라 말 크게 유행 •교리 : 참선 중시, 개인적인 정신세계 추구 •발전 : 지방의 호족과 6두품, 9산선문 성립→반신라적 경향	
발해		•고구려 불교 계승 •왕실과 귀족 중심으로 성행	

숨겨왔던 나의 소중한 교재 모두 네게 줄게!

신과 함께
———
한국사능력검정시험

Part III
중세

CHAPTER 10

중세 사회의 성립과 발전

쏙쏙 키워드를 알려주지!

사심관제도, 기인제도, 훈요10조, 노비안검법, 과거제도, 최승로의 시무28조, 귀족합좌기구(도병마사, 식목도감), 대간, 음서

고려의 재통일 과정

1. 후백제 건국(900년)
2. 후고구려 건국(901년)
3. 고려의 건국(918년)
4. 발해 멸망(926년)
5. 신라 항복(935년)
6. 후백제 멸망(936년)
   – 민족의 재통일

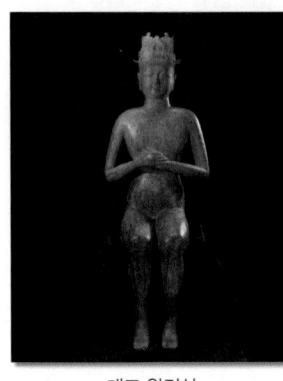

태조 왕건상

1 중세의 정치

(1) 고려의 건국(918년)과 민족의 재통일

① **왕건** : 송악 지방 호족 출신. 나주(금성) 지방과 한강 유역 점령
　　　→궁예의 실정을 계기로 박술희, 신숭겸 등의 도움으로 고려 건국

② **국호와 수도** : 철원궁의 포정전(布政殿)에서 즉위→고구려의 뒤를 잇는다는 뜻에서 국호를 고려라 함 (918). 천수라는 연호 사용. 고향이자 세력 근거지인 송악으로 수도 이전→개경이라 이름 붙임(919)

③ **민족의 재통일**
　㉠ 지방세력 흡수, 신라에 대해 우호정책
　㉡ 발해 유이민 흡수
　㉢ 후백제 정벌

(2) 왕건의 정책

① **취민 유도정책** : ㉠ 노비 해방, 조세 경감(1/10세 실시)
　　　　　　　　　㉡ 흑창제도 실시(공공부조의 성격을 지닌 빈민 구제제도)
　　　　　　　　　　　└진대법 계승. 성종 때 의창으로 바뀜

② **정치 안정을 위한 통치기반 강화정책**
　㉠ 태봉의 관제(중심) + 신라·당·송의 제도
　㉡ 개국 공신과 호족을 관리로 등용→역분전 지급　┌관리의 공훈과 인품에 따라 수조권 지급.
　　　　　　　　　　　　　　　　　　　　　　　　└전시과의 바탕이 됨
　㉢ 정략결혼, 사성정책, 호족의 향촌 지배권 인정 → 호족 통합정책 실시
　㉣ 사심관제도, 기인제도 실시→지방 통제정책 실시
　㉤ 『정계』·『계백료서』: 임금에 대한 신하의 도리, 훈요 10조 : 후대 왕들의 정책 방향 제시
　㉥ 북진정책 : 서경(평양) 중시, 청천강~영흥만까지 영토 확장

> ① **사심관제도**
> ㉮ 중앙에 있는 관리에게 출신지의 향리 임면권을 부여하고 조세 징수나 중앙과의 연락 등을 담당하게 하던 제도. 호족의 영향력을 인정해주면서 호족을 견제하는 제도이기도 했음
> ㉯ "태조 18년 신라왕 김부(경순왕)가 항복해 오니 신라를 없애고 경주라 하였다. 부로 하여금 경주의 부호장 이하의 임명을 맡게 하였다. 이에 여러 공신이 이를 본받아 각기 출신 지역에서 이와 같이 하였다. 사심관은 여기에서 비롯되었다.
> ② **기인제도**
> ㉮ 지방 호족이나 향리의 자식을 교육을 시킨다고 명목으로 개경에 머물게 하던 인질제도. 문종 이후에는 인질적 성격이 사라지고 지방과 중앙의 연락기관 역할을 담당함
> ㉯ 건국 초에 향리의 자제를 뽑아 서울에 볼모로 삼고, 또한 출신지의 일에 대하여 자문에 대비하게 하였는데, 이를 기인이라 한다. 『고려사』

단답형으로 확인하기

❶ 태조 왕건이 지방세력의 통제를 실시한 정책 두가지는?

❷ 태조가 후대 왕들에게 통치를 위한 방향을 제시한 것은?

❸ 태조 왕건이 실시한 정책을 3가지 이상 쓰시오.

정답
❶ 기인제도, 사심관제도
❷ 훈요10조
❸ 취민유도, 북진정책, 호족통합정책, 기인제도, 사심관제도 등

(3) 광종의 정책
① 혜종과 정종 때의 정치 혼란 : ㉠ 왕권이 약하여 호족 연합 정권이 유지됨
　　　　　　　　　　　　　　㉡ 정략결혼의 결과 왕위다툼 발생(왕규의 난)
② 광종의 개혁 정책 : 왕권 안정 및 중앙집권체제의 확립을 위해
　　㉠ 노비안검법 실시
　　　　ⓐ 내용 : 불법적으로 노비가 된 자를 평민으로 해방시키는 제도
　　　　ⓑ 목적 : 공신이나 호족의 경제력과 군사력 약화→왕권 강화, 국가 재정기반 강화
　　㉡ 과거제도 실시
　　　　ⓐ 과거제도 : 광종이 쌍기의 건의로 유교 학습능력에 따라 관리를 선발
　　　　ⓑ 목적 : 능력 중심의 관리 등용→집권세력 교체→왕권 강화
　　㉢ 공복제도 실시, 황제 칭호와 연호(광덕·준풍) 사용

└─ 연호 사용
광개토대왕(고구려) – 영락
진흥왕(신라) – 개국
법흥왕(신라) – 건원
무왕(발해) – 인안
문왕(발해) – 대흥

(4) 유교적 정치 질서의 강화(성종의 개혁 정책)
① 최승로(6두품 출신)의 시무28조
　　㉠ 목적 : 유교적 이념에 의한 국가 질서 실현을 추구
　　㉡ 내용 : ⓐ 유교 정치 이념에 의한 정치체제 확립
　　　　　　　ⓑ 고려 최초로 지방 행정제도 마련과 지방관 파견
　　　　　　　ⓒ 불교와 토속신앙에 대한 억제
② 성종의 개혁정치 : 최승로의 시무28조 수용
　　㉠ 지방세력 견제정책 : ⓐ 12목 설치와 지방관(목사) 파견 ──── 최초 지방관 파견
　　　　　　　　　　　　　ⓑ 지방 호족을 향리(호장, 부호장)로 임명
　　㉡ 유교 진흥정책 : 국자감과 향교 정비, 과거제도 정비
　　㉢ 중앙 통치기구 개편 : 2성 6부제를 중심으로 개편

시무28조 주요 내용　(현재는 22개조만 전해옴) ──유교 통치 이념 제시

㉮ 불교행사가 너무 많아서 백성을 수탈하는 경우가 많고 승려들 중에 죄 지은 자도 있습니다. 전하께서 잘 가려서 하소서. 광종 때의 지나친 불교행사 비판

㉯ 국왕이 백성을 다스림은 집집마다 가서 보는 것이 아닙니다. 그러므로 수령을 보내 백성을 보살피게 하소서. 우리 태조께서 군현에 수령을 두고자 하였으나 이를 시행할 겨를이 없었습니다. (중략) 청컨대 외관을 두소서. 한꺼번에 다 보낼 수 없다면 먼저 10여 곳의 주현에 1명의 외관을 두고 그 아래 관원을 두소서. └지방관 = 12목 설치

㉰ 중국 제도를 따르지 않을 수는 없습니다. 그러나 각 나라의 풍습이 다르므로 다 받아들이기는 어렵습니다. 사서의 가르침, 부자간의 관계, 군신간의 관계들은 당연히 중국을 본받아야하겠지만, 가마, 의복 등은 우리의 실정에 맞게 하여 사치와 검소함을 알맞게 할 것이며 구태여 중국과 같이 할 필요가 없습니다.

㉱ 불교를 행하는 것은 몸을 닦는 것이고 유교를 행하는 것은 나라를 다스리는 근본이니 몸을 닦는 것을 내세를 위한 것이며 나라를 다스리는 것은 현세의 일입니다. 가까운 일을 멀리하고 먼 일을 먼저 하는 것은 그릇된 일이 아니겠습니까? 불교는 수신의 도, 유교는 치국의 도

단답형으로 확인하기

❶ 광종이 공신이나 호족을 억압하고 왕권을 강화하기 위해 실시한 두 가지 정책은?
❷ 광종 때 사용했던 연호는?
❸ 성종 때 유교 통치 이념을 담은 시무28조를 건의 한 사람은?
❹ 성종 때 지방관을 최초로 파견하며 설치한 것은?

❹ 12목
❸ 최승로
❷ 광덕, 준풍
❶ 노비안검법, 과거제도

정답

---

① 고려 초기의 혼란

왕건이 여러 왕비를 두었기 때문에 왕자들이 많았다. 그래서 혜종과 정종 때는 외척들의 세력이 강화되어 왕규의 난이 발생하기도 하였다. 왕규의 난을 진압하고 왕위에 오른 정종은 왕권 강화와 거란의 침입에 대응하기 위해 서경 천도를 계획하였으나 실행하지 못했다.

② 노비환천제

광종 때 시행한 노비안검법에 따라 해방된 노비 중에서 반정부적 색채를 가진 자나 치안을 어지럽히는 자를 다시 노비로 신분을 강등시키던 제도로 최승로의 건의로 성종 때 실시되었다.

③ 성종

성종은 즉위 후 국가의 폐단을 없애고 국정을 쇄신하기 위해 중앙의 5품 이상의 관리들에게 건의안을 올리게 하였는데 6두품 출신인 최승로의 시무28조를 대부분 채택하여 중앙집권화를 강화하였다.

② 유교 이념에 따른 통치체제의 정비

(1) 중앙 통치 조직

① **2성 6부제** : 당의 3성 6부제를 받아들였으나 실정에 맞게 운영함

ㄱ 2성 : ⓐ 중서문하성(장관–문하시중)

재신(정책 결정과 심의, 2품↑)과 낭사(정책 비판, 3품↓)로 구성된 최고의 정책 결정 기구

ⓑ 상서성–6부를 두고 정책 집행

ㄴ 6부(상서성 소속) : 이부 · 병부 · 호부 · 형부 · 예부 · 공부

→ 행정의 세분화 · 전문화 추구

② **중추원(추부)** : 송나라의 영향
└ 왕의 비서기구, 조선의 승정원과 유사함

구성과 임무 : 추밀(국가기밀 관리, 2품 이상)과 승선(왕명 출납 담당, 3품 이하)

③ **어사대** : 관리 비리 감찰과 풍기 문란 행위 단속→사정기관

④ **삼사(송나라 영향)** : 화폐, 곡식의 출납과 회계 담당

⑤ **도병마사와 식목도감(고려 고유의 제도)** : 재신과 추밀이 주요 결정을 하던 회의기구→귀족 정치의 특징을 보여줌

⑥ **대간(=성대, 대성)**

ㄱ 구성 : 어사대의 관원과 중서문하성의 낭관(낭사)으로 구성됨

ㄴ 기능 : 간쟁 · 봉박 · 서경권→왕과 고위관리의 활동을 지원하거나 제약

ⓐ 간쟁 : 왕의 잘못을 비판하는 권한

ⓑ 봉박 : 잘못된 왕명을 되돌려 보내는 권한 ⎫ 왕권 견제
ⓒ 서경 : 관리임명 및 법령 개폐를 동의하던 권한 ⎭

6부

6부는 상서성에 소속되어 실무를 분장한 정치기구로서, 상서성의 지도 감독 아래에서 소관의 행정 사무를 관장하는 행정의 중추 기관이었다. 이부는 문관의 인사, 호부는 호구와 조세, 예부는 예의 · 외교 · 교육 · 과거, 병부는 무관의 인사와 군사 · 우역, 형부는 법률과 소송, 공부는 산택 · 공장 · 영조 등을 각기 맡고 있었다.

도병마사와 식목도감

㉮ 도병마사(도당)
양계의 병마사를 통제하던 임시회의 기구. 고려 후기에는 도평의사사라고 하였으며 국가 최고기구로 강화되었다.

㉯ 식목도감
법이나 각종 시행규칙을 만들던 임시회의기구

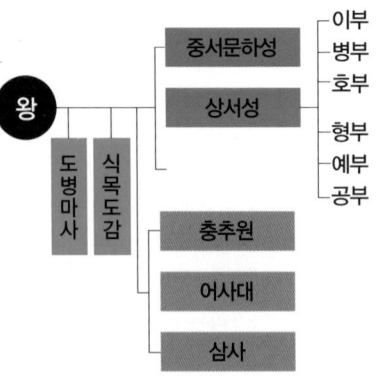

고려의 중앙 행정제도

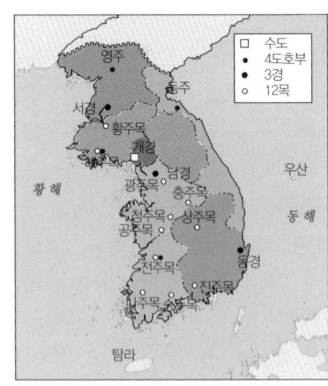

고려의 지방 행정제도

단답형으로 확인하기

❶ 고려 때 만들어진 우리나라 독자적 기구 두 가지는?

❷ 고려 때 비서기구 역할을 하였으며, 왕명 출납과 군사기밀을 담당했던 기구는?

❸ 고려의 중앙부서 운용은?

정답
❶ 도병마사, 식목도감
❷ 중추원
❸ 2성 6부

(2) 지방 행정제도

① **정비 과정** : 호족 자치(초기)→12목 설치(성종)

  →5도, 양계, 경기, 3경, 4도호부, 8목 체제(현종)

② **5도, 양계, 경기**

  ㉠ 5도-주·군·현

    ⓐ 특징 : 일반 행정 단위→안찰사(순찰직 관리) 파견

    ⓑ 주현(지방관이 파견되는 군현) + 속현(지방관이 파견되지 않은 군현)

      →고려는 주현(130여 개)보다 속현(370여 개)이 2배가량 많았음

    ⓒ **향·부곡·소(주현을 통하여 간접적으로 통제됨)** : 특수행정 구역으로 일반 군현보다 더 많은 조세 부담, 향과 부곡 → 농업 종사, 소 → 광업, 수공업 종사

    ⓓ 속현·향·소·부곡 : 향리가 통치하면서 가까운 주현의 통제를 받음

  ㉡ 양계-진(군사적 요충지에 설치) : 동계와 북계, 병마사(상주하는 관리)

  ㉢ 경기 : 개경부가 직접 통치하던 개경 부근의 행정 구역

③ **향리**

  ㉠ 특징 : 중소 호족 출신, 백성과 직접 접촉하는 지방행정의 실무자

    →향촌의 실질적 지배자, 외역전을 받음

  ㉡ 임무 : 행정 실무 처리(조세 징수, 공물 징수, 노동력 징발)

(3) 군역제도와 군사제도

① **중앙군(2원적 구성)** : ㉠ 2군(궁궐 수비) 6위(개경 방어와 전시에는 국경 수비)

    ㉡ 구성-직업군인(군인전 지급, 직역 세습)

② **지방군** : 군적에 오르지 않은 16세 이상의 농민(백정)군으로 구성

  ㉠ 양계 : 주진군-상비군, 국경 수비 담당, 좌군·우군·초군으로 구성

  ㉡ 5도 : 주현군-ⓐ 평시에는 생업에 종사, 전시에는 군대, 병농일치제

    ⓑ 지방관의 지휘를 받아서 치안, 노역, 외적 방어 담당

(4) 관리 등용 제도 : 과거제도와 음서제도

① **과거제도** : 유학적 지식(능력)에 따라 인재를 등용하던 제도-광종

  ㉠ 구성 : ⓐ 제술과(문학적 재능과 정책 제시 시험) ⓑ 명경과(유교 경전 시험) ⓒ 잡과(기술관 선발) ⓓ 승과(승직선발)

  ㉡ 응시자격 : ⓐ 원칙 – 양인이면 누구나 응시 가능

    ⓑ 제술과·명경과-귀족과 향리의 자제, 잡과-농민(백정)

② **음서제도**

  ㉠ 의미 : 고위 관리나 왕족 자손들 과거시험을 거치지 않고 관리가 되던 제도

    →귀족의 정치적 특권, 고려의 신분 중심적 성격을 보여줌

  ㉡ 대상 : 공신과 5품 이상 고위 관리의 아들·사위·동생·조카 등

① 고려시대 교육제도

② 고려와 조선의 과거 비교

고려	조선
문과 중심(제술과)	
무과 ×	무과 ○
승과 ○(교종선, 선종선)	승과 ×
잡과(국자감)	잡과(해당관청)
국자감	성균관
음서 5품	음서 2품

단답형으로 확인하기

❶ 5품 이상의 고위 관리의 자제가 무시험으로 관직에 진출하였던 제도는?

❷ 고려 시대의 중앙군은?

❸ 전쟁포로가 주로 거주하며 신분은 양인이지만 천민 대우를 받았던 곳은?

정답
❶ 음서제도
❷ 2군 6위
❸ 향, 소, 부곡

1 [35회 12번]

(가)에 들어갈 내용으로 옳은 것은?   [2점]

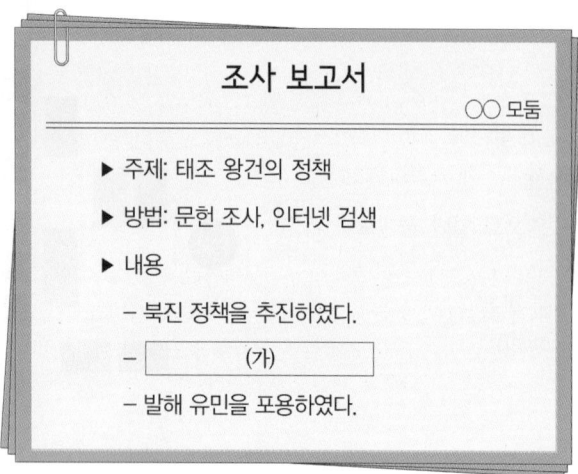

조사 보고서
○○ 모둠

▶ 주제: 태조 왕건의 정책
▶ 방법: 문헌 조사, 인터넷 검색
▶ 내용
　– 북진 정책을 추진하였다.
　– 　　　(가)
　– 발해 유민을 포용하였다.

① 만권당을 설치하였다.
② 4군 6진을 개척하였다.
③ 기인제도를 실시하였다.
④ 팔만대장경을 조판하였다.
⑤ 12목에 지방관을 파견하였다.

2 [46회 11번]

(가) 시기에 있었던 사실로 옳은 것은?   [2점]

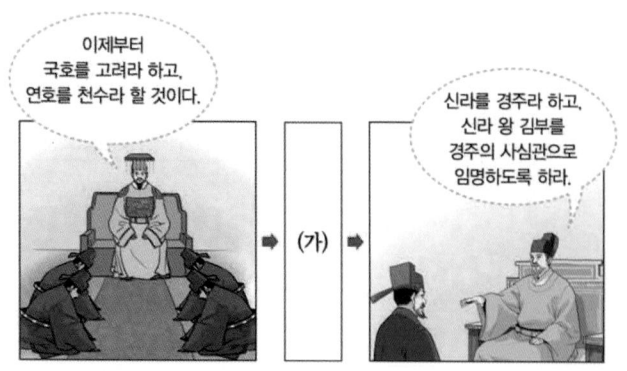

이제부터 국호를 고려라 하고, 연호를 천수라 할 것이다.

(가)

신라를 경주라 하고, 신라 왕 김부를 경주의 사심관으로 임명하도록 하라.

① 김헌창이 반란을 일으켰다.
② 궁예가 철원으로 천도하였다.
③ 연개소문이 권력을 장악하였다.
④ 안승이 보덕왕으로 임명되었다.
⑤ 왕건이 고창 전투에서 승리하였다.

3 [38회 10번]

다음 정책을 시행한 왕의 업적으로 옳은 것은?   [2점]

○ 명주의 순식이 무리를 이끌고 조회하러 오니, 왕씨 성을 내려주고 대광으로 임명하였으며, …… 관경에게도 왕씨 성을 내려주고 대승으로 임명하였다.
－『고려사절요』－

○ 가을 7월, 발해국의 세자 대광현이 무리 수만을 거느리고 와서 항복하자, 성명을 하사하여 '왕계(王繼)'라 하고 종실의 족보에 넣었다.
－『고려사』－

① 12목에 지방관을 파견하였다.
② 관학 진흥을 목적으로 양현고를 두었다.
③ 신돈을 등용하여 전민변정도감을 설치하였다.
④ 쌍기의 건의를 받아들여 과거제를 실시하였다.
⑤ 지방 호족을 통제하기 위하여 사심관을 임명하였다.

4 [36회 11번]

밑줄 그은 '국왕'의 업적으로 옳은 것은?   [1점]

오늘 최승로가 국왕께 시무 28조를 건의하였습니다. 불교 행사 축소 등 중요한 개혁 내용을 담고 있어 향후 국정 운영에 영향을 미칠 것으로 보입니다.

최승로, 시무 28조 건의

① 12목 설치　　　② 후삼국 통일
③ 몽골 풍속 금지　④ 노비안검법 시행
⑤ 전민변정도감 설치

1 정답 ③

정답 해설

고려를 건국(918년)한 태조 왕건은 신라와 후백제를 통합하여 통일을 이루었다(936년). 태조는 "취민유도"의 원칙을 세워 백성의 조세부담을 가볍게 해주고, 흑창을 설치하여 빈민구제에 힘썼다. 또한 『정계(政誡)』, 『계백료서(誡百寮書)』, 훈요10조(訓要十條)를 남겼으며, 평양을 서경으로 삼아 북진정책을 추진하였다. 한편 발해가 멸망한 이후 발해의 태자 대광현 등 발해 유민들을 적극적으로 포용하였다. 태조는 호족세력을 통제하기 위해 기인제도와 사심관제도를 시행하였다.

오답 해설

① 충선왕이 충숙왕에게 왕위를 물려준 뒤, 북경으로 가서 만권당이라는 연구기관을 설립하고 문화 교류에 힘썼다.
② 조선 세종 때 북진정책의 결과이다.
④ 팔만대장경은 무신집권기(최우)에 제작되었으며, 현재 유네스코 세계기록유산으로 등재되어 있다.
⑤ 성종은 최승로의 건의를 받아들여 12목을 설치하고, 지방관을 파견하였다.

2 정답 ⑤

정답 해설

왕건은 고구려의 뒤를 잇는다는 뜻에서 국호를 고려라 하였고(918), 천수라는 연호를 사용하였다. 930년 고창 전투에서는 호족들의 지원으로 후백제군을 격파하였다. 이후 935년 신라의 항복을 받음으로써 후삼국을 통일하였다(936).

오답 해설

① 김헌창이 반란을 일으킨 것은 신라 헌덕왕 때인 822년이다.
② 후고구려를 건국한 궁예는 904년 국호를 마진으로 바꾸고 철원으로 도읍을 옮겼다.
③ 연개소문은 624년부터 664년까지 고구려의 실권을 장악하였다.
④ 안승이 보덕왕으로 임명된 것은 고구려 멸망 이후 및 삼국 통일 전인 663년이다.

3 정답 ⑤

정답 해설

제시문은 고려 태조 왕건이 호족을 통합하기 위해 시행한 사성 정책이다. 왕건은 출신 지방의 관리를 지배, 감독하는 사심관 제도를 시행하고 흑창을 설치하였으며 북진 정책의 일환으로 서경을 중시하여 청천강에서 영흥만까지 국경선을 확장하였다.

오답 해설

① 12목에 지방관을 파견한 왕은 고려 성종이다.
② 관학 진흥을 목적으로 양현고를 둔 왕은 고려 예종이다.
③ 신돈을 등용하여 전민변정도감을 설치한 왕은 고려 공민왕이다.
④ 쌍기의 건의를 받아들여 과거제를 실시한 왕은 고려 광종이다.

4 정답 ①

정답 해설

제시된 지문은 성종 때 최승로에 의해 제기된 5대조 치적평중 시무28조에 관련된 내용이다. 최승로에 의한 시무책의 내용 중 불교의 폐단 지적과 유교 통치 이념의 제시는 고려를 고대적인 한계에서 벗어나게 해 주었고, 12목의 설치를 통해 호족에 의한 자의적인 통치보다 지방관의 파견을 통한 왕권 강화에 이바지하였다. 이밖에 연등회나 팔관회의 축소 등이 제기되었다.

오답 해설

② 후삼국의 통일은 936년 후백제의 멸망으로 인한 왕건의 민족 재통일을 의미한다.
③ 몽골풍속 금지는 몽고 간섭기 이후 지속적으로 제기되었으나 구체화시킨 것은 공민왕이다.
④ 노비안검법과 과거제도는 고려 광종에 의해 시행되었다.
⑤ 전민변정도감은 고려말 공민왕 때 신돈의 주장에 의해 설치되었다.

5 [35회 13번]

(가)에 들어갈 정치 기구로 옳은 것은? [1점]

역사 용어 카드

(가)

고려의 회의 기구로 중서문하성과 중추원의 고위 관료들이 모여 주로 국방과 군사 문제를 다루었다. 후에 그 기능과 역할이 확대되어 국정 전반의 중요 사항을 논의하였다. 충렬왕 때에 이르러 그 명칭이 도평의사사로 바뀌었다.

① 삼사   ② 비변사   ③ 상서성
④ 도병마사   ⑤ 군국기무처

6 [37회 11번]

(가) 국가의 군사 제도에 대한 설명으로 옳은 것은? [3점]

      (가) 의 도병마사와 식목도감은 중서문하성과 중추원의 고위 관료인 재신과 추밀로 구성된 회의 기구였다. 도병마사는 국방과 군사 문제를 논의하였고, 식목도감은 법의 제정이나 각종 시행 규정을 다루었다.

① 중앙군으로 2군 6위를 두었다.
② 국왕 친위 부대인 장용영을 조직하였다.
③ 개화 정책의 일환으로 별기군을 창설하였다.
④ 북벌 정책을 추진하기 위해 어영청을 확대하였다.
⑤ 포수, 사수, 살수로 구성된 훈련도감을 설치하였다.

7 [43회 11번]

(가) 왕의 정책으로 옳은 것은? [2점]

이것은 과거제를 도입한 (가) 에게 대사(大師) 법계를 받고 금광선원 등에서 활동한 승려 지종(智宗)의 탑비이다. (가) 은/는 승과를 통해 지종 등 여러 승려들을 선발하였는데, 그들 중 일부는 훗날 왕사 또는 국사의 지위에 올랐다.

① 삼국사기를 편찬하였다.
② 병부와 상대등을 두었다.
③ 9주 5소경을 설치하였다.
④ 노비안검법을 시행하였다.
⑤ 쌍성총관부를 수복하였다.

8 [8회 37번]

고려 시대 과거 시험에 대한 가상의 공고문이다. 이것을 읽은 당시 사람들의 반응으로 적절하지 않은 것은? [2점]

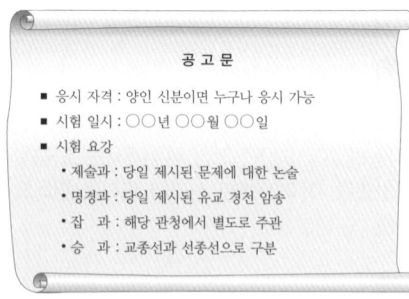

공고문

■ 응시 자격 : 양인 신분이면 누구나 응시 가능
■ 시험 일시 : ○○년 ○○월 ○○일
■ 시험 요강
　• 제술과 : 당일 제시된 문제에 대한 논술
　• 명경과 : 당일 제시된 유교 경전 암송
　• 잡　과 : 해당 관청에서 별도로 주관
　• 승　과 : 교종선과 선종선으로 구분

① 농민 : 과거에 응시하여 합격하면 관리가 될 수 있지만 '그림의 떡' 아니겠어.
② 승려 : 나도 열심히 부처님 말씀을 공부하여 승과에 응시해 최고의 승려가 될 거야.
③ 기술관 : 내 아들도 나라를 위해 일하는 기술관이 되도록 잡과에 응시시켜야 하겠군.
④ 하급 군인 : 왜 우리 같은 무인(武人)을 위한 과거 시험인 무과는 실시되지 않는 거야.
⑤ 귀족 자제 : 이제는 과거에 응시해야만 관리가 될 수 있다니 앞으로 열심히 공부해야겠어.

5 정답 ④

정답 해설

(가)–도병마사. 도병마사는 원래 양계에 파병된 병마를 관할하는 기구였으나, 현종 때 이르러 국방문제를 담당하는 임시기구로 완성되었다. 도병마사는 재신과 추밀이 합의하여(재추합좌) 의사를 결정하였고, 원 간섭 시기인 충렬왕 때 도평의사사(도당)로 개편되면서 최고 정무기구로 발전하였다.

오답 해설

① 고려 시대 삼사는 화폐와 곡식 출납을 담당하는 회계기구이다.
② 비변사는 1510년 삼포왜란을 계기로 처음 설치되었고, 1555년 을묘왜변을 계기로 상설기구가 되었다. 임진왜란 이후 고위 관원들이 합의하는 기구의 필요성이 증대되자 비변사의 구성원이 3정승을 비롯한 고위관원들로 확대되고 기능이 강화되었다.
⑤ 군국기무처는 제1차 갑오개혁 당시 설치된 초정부적 입법 및 정책기구이다.

7 정답 ④

정답 해설

자료의 (가)에 들어갈 '왕'은 고려 광종으로 쌍기의 건의를 받아들여 과거제를 시행하였다. 지금까지는 추천을 통해 공신과 호족의 자식들이 집안을 배경으로 관리가 되었다. 하지만 시험을 거쳐 유교 지식을 갖춘 인재를 선발하게 되어 왕에게 충성하는 지지 세력을 확보할 수 있었다. 또 백관의 공복 제정을 통해 지배층의 위계질서를 확립하고자 하였다. 그리고 황제를 칭하고 광덕, 준풍 등의 연호를 사용하였으며, 노비안검법을 실시하여 억울하게 노비가 된 사람들을 조사하여 양민 신분으로 되돌려 주었다. 이를 통해 공신과 호족의 노비 수를 줄여 경제 기반을 약화시키고 세금을 부담하는 양민을 확보하여 국가 재정을 확충하고자 하였다.

오답 해설

① 삼국사기는 고려 인종 때 김부식이 편찬하였다.
② 병부와 상대등을 설치한 것은 신라 법흥왕 때다.
③ 신라는 신문왕 때 9주 5소경의 지방 제도를 확립하였다.
⑤ 쌍성총관부는 고려 공민왕 때 수복한다.

6 정답 ①

정답 해설

도병마사와 식목도감은 고려의 독자적인 회의기구이다. 고려 군사 조직은 중앙의 2군 6위와 지방의 주현군 · 주진군으로 이루어졌다. 중앙군인 2군은 응양군과 용호군으로 구성되어 왕의 친위 역할을 하였으며 6위는 좌우위 · 신호위 · 흥위위 · 금오위 · 천우위 · 감문위로 수도 경비와 국경의 방어 임무를 가졌다. 지방에는 5도에 주현군을, 양계에 주진군을 배치하였다.

오답 해설

② 조선 정조는 국왕 친위 부대인 장용영을 조직하였다.
③ 별기군은 조선 후기 1881년에 설치된 신식군대이다.
④ 어영청은 조선 후기 중앙에 설치된 5군영 가운데 왕을 호위하던 군영이다.
⑤ 훈련도감은 임진왜란 도중에 설치된 군영으로 수도의 수비를 맡았다.

8 정답 ⑤

정답 해설

고려의 과거제도는 제술과와 명경과, 잡과로 나누어 실시하였다. 문관을 선발하는 과거 시험은 제술과와 명경과가 있었다. 제술과는 문학적 재능과 정책 등을 시험하고, 명경과는 유교 경전에 대한 이해 능력을 기준으로 선발하였다. 그리고 기술관을 선발하는 잡과는 법률, 회계, 의학, 천문학 등 실용 기술학을 시험하였다. 양인 이상의 신분이면 누구나 과거 응시 자격이 있었지만, 실제로 문관을 선발하는 시험은 주로 귀족과 향리의 자제가 응시하였다. 무과는 거의 시행되지 않았으므로 무신의 집안이나 군인 가운데 능력 있는 사람을 뽑아 무신으로 채용하였다. 한편, 과거에 응시하지 않고 관리가 될 수 있는 음서제도도 널리 시행되었다. 공신이나 종실, 5품 이상 고위 관료의 자제는 음서를 이용하여 관직에 나아갈 수 있었다. 음서는 고려 귀족 사회의 특징을 잘 보여주고 있다.

문벌 귀족 사회 동요와 후기의 정치변동

쏙쏙 키워드를 알려주지!

이자겸의 난, 묘청의 서경천도운동, 농민과 천민의 대규모 봉기, 봉사10조, 교정도감, 삼별초, 강동 6주(서희), 귀주대첩(강감찬), 동북9성(윤관), 금의 사대 요구(이자겸), 강화 천도, 삼별초, 정동행성, 쌍성총관부, 만권당, 전민변정도감

1 문벌 귀족 사회의 동요

(1) 문벌 귀족 사회의 성립
① 문벌 귀족 : 고려 전기에 여러 세대에 걸쳐 고위관직을 배출한 가문
    ㉠ 형성배경 : 성종 이후 호족과 6두품 출신들의 여러 대에 걸친 관직 독점
    ㉡ 특징 : 과거와 음서, 과전과 공음전, 폐쇄적 중첩혼을 통해 권력 독점

② 문벌 귀족 사회의 모순
문벌 귀족이 음서제도를 이용하여 정치권력 장악 + 공음전을 통해 경제력 독점
→이자겸의 난과 묘청의 서경천도운동 발생→문벌 귀족 사회의 동요

(2) 이자겸의 난과 묘청의 서경천도운동
① 이자겸의 난(1126년)
    ㉠ 원인 : ⓐ 경원 이씨의 7대(문종~인종) 80여 년 간 권력 독점
               ⓑ 이자겸 일파가 금나라의 사대 관계 요구 수용
    ㉡ 경과 : 인종의 측근 세력과 이자겸파의 대립→이자겸과 척준경이 난을 일으킴
    ㉢ 결과 : 인종의 지원을 받은 척준경에 의해 이자겸이 제거됨
        →문벌 귀족 사회의 붕괴 촉진

개경파와 서경파

	서경파	개경파
중심세력	서경세력, 신진관료	문벌 귀족
사상	풍수지리설, 불교	유교
대외정책	금나라 정벌, 칭제건원 →자주외교	사대주의
역사의식	고구려계승	신라계승

② 묘청의 서경천도운동
    ㉠ 원인 : 인종의 개혁정치 과정에서 개경파와 서경파의 대립
    ㉡ 경과 : 묘청이 풍수지리설을 바탕으로 서경에 대화궁을 짓고 수도를 옮기고 황제를 칭하며 금나라를 정벌할 것을 주장
        →김부식을 중심으로 한 개경파의 반대로 좌절
        →묘청·정지상 등이 서경에서 난을 일으킴(국호-대위국, 연호-천개)
    ㉢ 결과 : 김부식이 이끄는 개경파에게 진압됨→북진정책 좌절

신채호가 평가한 묘청의 서경천도 운동 평가

"그러면 조선 근세에 종교나 학술이나 정치나 풍속이나 사대주의의 노예가 됨은 무슨 사건에 원인하는 것인가... 나는 한마디 말로 회답하여 말하기를 고려 인종 13년 서경(평양) 천도운동, 즉 묘청이 김부식에게 패함이 그 원인으로 생각한다. .... 묘청이 패하고 김부식이 이겼으므로 조선사가 사대적, 보수적, 속박적 사상인 유교사상에 정복되고 말았다. 만약 김부식이 패하고 묘청이 이겼더라면 조선사가 독립적, 진취적으로 진전하였을 것이니 이것이 어찌 일천 년래 제 일대 사건이라 하지 아니하랴."

단답형으로 확인하기

❶ 고려 5품 이상의 귀족으로 음서와 공음전의 혜택을 누렸던 집단은?
❷ 신채호가 "조선사 1천 년 내 제 1대 사건"이라 칭했던 사건은?
❸ 중첩된 혼인관계로 인하여 문벌 귀족 사회의 동요를 촉발시킨 것은?

정답
❶ 문벌 귀족
❷ 묘청의 서경천도운동
❸ 이자겸의 난

---

(3) 무신정권의 성립

① 무신정변(1170년)

　ⓐ 원인 : ⓐ 지배층의 사치와 향락

　　　　　　ⓑ 문신과 무신의 차별

　　　　　　ⓒ 군인전을 제대로 받지 못한 하급 군인의 불만

　ⓒ 경과 : 이의방 · 정중부 등이 의종을 거제도로 귀양 보내고 명종 옹립

　ⓒ 결과 : 문신 중심의 지배체제 붕괴, 중방 중심의 정치, 전시과 체제의 붕괴

② 무신 정권의 전개: 이의방→정중부→경대승→이의민→최충헌→최우→최항→최의→김준→임연→임유무

③ 최씨 무신정권

　ⓐ 최충헌 : ⓐ 봉사10조 제시

　　　　　　ⓑ 교정도감(최씨 무신정권의 최고기관) 설치

　ⓒ 최우 : ⓐ 교정도감 장악 · 정방(인사 행정기구), 서방 설치

　　　　　　└ 문인들이 숙위하며 자문하던 기구

　　　　　ⓑ 삼별초(좌별초, 우별초, 신의군) 설치 · 강화도 천도

2 대외 관계의 변화

(1) 거란(요)의 침입과 격퇴

① 거란의 침입 배경 : ⓐ 송을 공격하기에 앞서 정안국 및 고려를 먼저 공격

　　　　　　　　　　ⓒ 고려의 북진정책과 친송배요 정책

② 거란의 침략 과정

　ⓐ 1차 침입 : ⓐ 원인 : 고구려 옛 땅 반환과 송과의 외교관계 단절 요구

　　　　　　　　ⓑ 경과 : 소손녕이 80만 대군으로 침입

　　　　　　　　ⓒ 결과 : 서희의 활약→강동 6주 확보, 송과 단교하고 거란과 교류할 것을 약속

　ⓒ 2차 침입 : ⓐ 원인 : 고려의 송과 관계 유지, 강조의 정변

　　　　　　　　ⓑ 경과 : 거란의 침입→개경 함락, 양규의 분전

　　　　　　　　ⓒ 결과 : 현종의 입조 조건으로 강화를 맺음

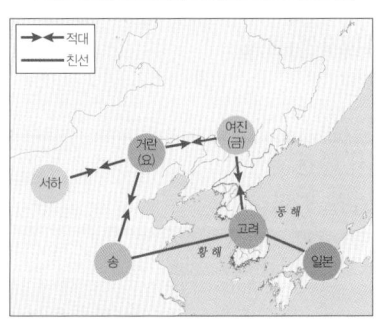

10~12세기 동아시아의 국제 관계

강동 6주(1차 침입-서희)

단답형으로 확인하기

❶ 최씨 정권의 최고 정권기반 역할을 했던 기구는?

❷ 거란의 1차 침입 후 서희의 활약으로 획득한 지역은?

❸ 강화도-진도-제주도로 옮기며 대몽항쟁을 벌였던 사병 기구는?

정답
❶ 교정도감
❷ 강동 6주
❸ 삼별초

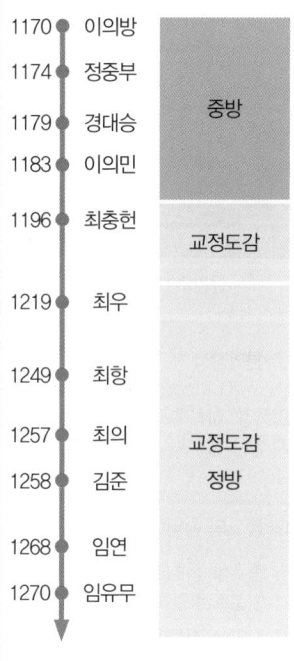

① 무신 정권기의 봉기

• 김보당, 조위총의 난(관료)
• 공주 명학소의 난(양민)
• 김사미, 효심의 난(양민)
• 만적의 난(천민)

② 무신정권기 주요 집권기구

1170	이의방	중방
1174	정중부	
1179	경대승	
1183	이의민	
1196	최충헌	교정도감
1219	최우	
1249	최항	교정도감 정방
1257	최의	
1258	김준	
1268	임연	
1270	임유무	

③ 중방

2군 6위의 상장군과 대장군들의 회의. 정중부~이의민까지 최고기관

④ 교정도감

원래는 최충헌 암살사건을 처리하기 위해 만든 기관이었으나 사건이 끝난 후에도 유지시킴

⑤ 최씨 정권의 군사적 기반

도방, 삼별초

⑥ 도방

본래 경대승이 자신의 호위를 위해 100여 명으로 만든 부대였으나 최충헌이 이를 2,000여 명으로 확대한 것임

ⓒ 3차 침입(1018년) : 소배압이 10만 대군으로 침입
→강감찬이 귀주(청천강 부근)에서 격퇴(귀주대첩)
ⓔ 거란 침입의 결과 : ⓐ 송 · 고려 · 거란 간의 다원적 세력 균형 유지
ⓑ 강감찬의 건의로 나성과 천리장성 축조

(2) 여진 정벌과 9성 개척

① **고려 전기의 여진족** : ㉠ 발해가 멸망 후 반독립 상태 유지
㉡ 고려의 정책 : ⓐ 회유책과 강경책 병행
ⓑ 여진족에게 농기구, 식량 등을 수여함
㉢ 12세기 초-완옌부(아구타)가 여진족 통일, 고려와 충돌

② **9성 축조**
㉠ 고려와 여진족의 충돌 : 고려군이 자주 패하여 특수군 편성이 필요
㉡ 윤관의 9성 축조 : 윤관이 별무반(신기군, 신보군, 항마군)을 이끌고 여진족을 토벌하고 동북지방에 9성을 쌓음(1107년)
㉢ 9성 반환 : ⓐ 개경으로부터 멀어서 방어 곤란, 여진이 조공을 조건으로 반환 요청
ⓑ 거란을 견제하기 위해 여진에게만 치중할 수 없었음

③ **여진족이 성장** : 금나라 건국(1115년)→고려에 군신관계(사대 관계) 요구
→경원 이씨가 정권 유지를 위해 수락함→북진정책 좌절

(3) 몽고와의 전쟁(13세기)

① **몽고족의 통일** : 유목민족인 몽고족은 13세기 초에 테무친이 통일
② **고려와 몽고의 만남** : 강동성에서 몽고와 동진국 · 고려군이 연합하여 거란족 격퇴(강동성 사건)→몽고의 공물 요구→고려의 거절
③ **몽고의 고려 침입** : 40여 년 동안 6차례 침입
㉠ 1차 침입
ⓐ 원인 : 몽고의 공물 요구에 대한 고려의 거절, 몽고사신(저고여) 피살
ⓑ 경과 : 박서의 항전(귀주)이 있었으나 이를 우회하여 개경 포위, 강화 성립, 서경에 다루가치 설치
㉡ 2차 침입
ⓐ 원인 : 고려의 강화도 천도와 항몽 의지 표현
ⓑ 경과 : 김윤후가 처인성에서 처인 부곡민을 이끌고 물리침(살리타 사살)
㉢ 고려의 몽고에 대한 저항 방법: 항전과 외교 병행, 팔만대장경 조판
㉣ 강화성립 : 최씨 무인정권이 붕괴→개경으로 환도
④ **몽고 침입의 결과** : 국토 황폐, 문화재(황룡사 구층탑, 초조대장경) 소실
⑤ **삼별초의 항쟁**
㉠ 배경 : 몽고와의 강화와 개경환도 반대
㉡ 과정 : 배중손의 지휘로 강화도에서 항쟁 시작→진도에서 항전
→김통정의 지휘로 제주도로 이동→여몽연합군에게 제주도 함락
㉢ 결과 : 고려인의 자주정신을 보여줌, 제주도에 탐라총관부 설치

윤관의 「척경입비도」

① **천리장성**
압록강 하류에서 동해안(도련포)까지 쌓은 성

② **몽고의 침입에 대항한 민중**
㉮ 충주성 전투(6차)에서 활약한 다인철소 주민
㉯ 처인성 전투에서 활약한 김윤후와 부곡민

③ **김윤후**
처인성 전투, 충주성 전투(5차)

삼별초의 항전

단답형으로 확인하기

❶ 윤관이 여진족의 정벌을 위해 새로이 만든 신기군, 신보군, 항마군으로 구성된 부대는?
❷ 몽골의 2차 침입시 처인성에서 부곡민을 이끌고 전투를 승리로 이끈 사람은?
❸ 거란의 3차 침입을 강감찬이 물리친 전쟁은?

❸ 귀주대첩
❷ 김윤후
❶ 별무반

윤근

3 고려 후기의 정치 변동

(1) 원의 내정 간섭
① **정치적 간섭** : ㉠ 관제 및 왕실 용어 격하
        ⓐ 왕실 격하: ·고려왕은 몽골 공주와 결혼함으로써 부마 대우를 받음→제후
         국으로 격하→왕위의 폐립을 원나라가 좌우 ·왕실의 호칭 격하
        ⓑ 관제 격하: ·2성 6부→1부 4사 ·중서문하성과 상서성을 합쳐 첨의부라 함
         ·도병마사→도평의사사로 개칭 ·4사: 전리사(이부·예부), 판도사(호부),
         군부사(병부), 전법사(형부), 공부 폐지
    ㉡ 쌍성총관부(철령 이북지방), 동녕부, 탐라총관부 설치
② **고려 감시기구 설치**
    ㉠ 정동행성 : 2차 일본 원정 때 설치한 기구였으나 일본 원정이 실패한 후에 내정간섭 최고기구
     화→공민왕 때 폐지
    ㉡ 다루가치 : 원나라가 고려를 감시하기 위해 서경에 설치한 감시기구
③ **사회 및 경제적 수탈** : 공녀 차출, 금·은·베·인삼·매(해동청) 등을 요구
④ **문화교류** : ㉠ 몽골풍 : 고려에서는 몽골 풍습 유행(변발, 호복, 족두리, 연지 등)
    ㉡ 고려양 : 원에서는 고려 풍습 유행(의복·신발·모자 등의 복식, 만두, 떡, 아청 등)
    ㉢ 성리학, 목화 등 새로운 문물 전래
⑤ **결과** : 고려의 자주성 훼손, 왕권의 약화와 통치체제 약화, 고려 정치의 왜곡

(2) 원 간섭기(13세기)의 고려 정치
① **지배계층의 변화** : 권문세족의 등장
   권문세족 : 문벌 귀족의 후예 + 무신세력의 후예 + 친원파 세력 등으로 구성된 고려 후기의 사회
    지배층, 도평의사사 등 고위관직 독점, 농장 확대
② **충선왕·충목왕의 개혁** : 권문세족의 저항, 지지세력의 약화 때문에 실패

(3) 공민왕의 개혁정치(14세기) : 반원 자주 정책, 왕권 강화
① **공민왕의 개혁정치의 배경** : 원·명 교체기, 권문세족의 횡포, 신진사대부의 성장
② **반원 자주정책** : ㉠ 친원파 숙청   ㉡ 정동행성(이문소) 폐지와 관제 복구
            ㉢ 몽고풍 폐지   ㉣ 쌍성총관부 회복과 요동 지방 공격
③ **내정개혁** : ㉠ 전민변정도감 설치(신돈 등용)→권문세족 억압
         ㉡ 정방 폐지→인사권 장악, 왕권 강화, 신진사대부 등용
         ㉢ 성균관을 순수 유교 교육기관으로 개편→유교정치 강화, 과거제도 정비
④ **결과** : 실패→원인 - ㉠ 원나라의 압력과 권문세족들의 저항 ㉡ 신진사대부세력 미약, 공민왕
    시해 ㉢ 왜구와 홍건적의 침입으로 대외정세 불리

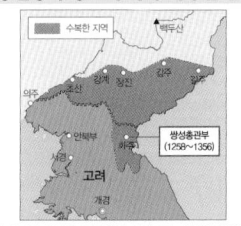

공민왕의 영토 수복과 국경선 변화

구분	권문세족	신진사대부
출신	친원세력	지방향리나 중소지주 출신
관직 진출 방법	음서	과거
사상	불교	성리학
경제력	대농장 소유	중소농장 소유
성향	보수적	개혁적

권문세족과 신진사대부의 비교

위 지도를 제시 후 공민왕의 업적 또는 사회상을 질문함

(4) 고려의 멸망
① **공민왕 시해 후의 고려** : 권문세족의 정치적·경제적 권력 독점 심화
② **신흥 무인세력의 대두** : 홍건적과 왜구 격퇴과정에서 성장→최영과 이성계의 대립
③ **조선 건국 과정** : 명의 철령 이북 땅 요구 →최영의 요동 정벌 주장과 이성계의 반대→위화도 회
    군과 최영 제거 : 신흥 무인세력의 정치권력 장악→과전법 실시 : 권문세족의
    약화, 신진사대부의 강화→정몽주 등 온건파 사대부 제거→조선 건국(1392년)

---

① **고려의 지배층 변화**

호족과 6두품
대토지+사병+지방세력

문벌 귀족
5품이상, 음서와 공음전

무신
교정도감, 정방, 중방, 강화 천도

권문세족
대농장, 친원, 불교

신진사대부
성리학, 개혁적, 중소지주

② **이성계의 4불가론**

소국이 대국을 치는 것을 불가하다. 지금과 같은 여름철에 군사를 동원하는 것도 불가하다. 전 병력을 동원하여 원정하면 허점을 노린 왜구의 침입이 걱정되니 또한 불가하다. 여름 장마철이라 활의 위력이 약해지고 전염병이 염려되니 불가하다. 마땅히 요동을 치고자 한다면 곡식이 들에 덮이는 겨울철을 기다려야 많은 군사의 식량이 해결될 것이며, 장마가 끝나면 군사들이 전진하기도 쉬워 승산이 있을 것이다. 그러나 지금의 싸움은 다만 화를 재촉할 뿐이다.

I. 우리 역사의 시작과 발전

II. 고대 국가의 성립과 발전

III. 중세의 성립과 발전

IV. 근세의 성립과 발전

9 [32회 11번]

(가), (나) 인물에 대한 설명으로 옳은 것을 〈보기〉에서 고른 것은? [2점]

○○ 토론

서경 임원역의 지세는 풍수지리에서 말하는 대화세입니다. 이곳으로 수도를 옮기면 천하를 아우를 수 있을 것입니다.

서경 천도에 대한 양측의 주장을 들어보겠습니다.

올해 여름에 대화궁 30여 곳에 벼락이 쳤습니다. 서경이 길지라면 그렇지 않았을 것입니다.

(가)   (나)

───── 〈 보 기 〉 ─────
ㄱ. (가) - 금국 정벌을 주장하였다.
ㄴ. (가) - 수선사 결사를 제창하였다.
ㄷ. (나) - 칭제건원에 반대하였다.
ㄹ. (나) - 중방을 기반으로 세력을 강화하였다.

① ㄱ, ㄴ   ② ㄱ, ㄷ   ③ ㄴ, ㄷ
④ ㄴ, ㄹ   ⑤ ㄷ, ㄹ

11 [30회 16번]

(가)에 들어갈 내용으로 옳은 것은? [2점]

무신 집권기 주요 기구

기구명	특징
중방	고위 무신들의 회의 기구
교정도감	국정을 총괄하는 최고 권력 기구
정방	(가)

① 법률과 소송을 관장한 기구
② 곡식의 출납 및 회계 담당 기구
③ 최우가 설치한 인사 행정 담당 기구
④ 역사서의 편찬과 보관을 담당한 기구
⑤ 수도 경비와 국경 방어를 담당한 군사 기구

10 [30회 14번]

(가) 인물에 대한 설명으로 옳은 것은? [2점]

[역사 인물 소개]
이달의 인물, (가)

본관은 경주로 1075년(문종 29) 태어났다. 1096년(숙종 1)에는 과거 급제하였다. 인종 때 감수국사로 왕명을 받아 『삼국사기』를 편찬하 영통사 대각국사비의 비문을 지었 1151년(의종 5)에 사망하였다.

① 만권당에서 원의 학자들과 교류하였다.
② 왜구의 근거지인 대마도를 정벌하였다.
③ 『불씨잡변』을 통해 불교 교리를 비판하였다.
④ 묘청 등이 서경에서 일으킨 난을 진압하였다.
⑤ 화통도감을 설치하고 화약과 화포를 제조하였다.

12 [39회 14번]

다음 상황이 나타난 시기를 연표에서 옳게 고른 것은? [3점]

우종주는 양반 별초(兩班別抄)를, 유홍익은 노군 잡류 별초(奴軍雜類別抄)를 이끌었다. 두 사람은 서로 시기하다가 몽골군이 다다르자 양반 등과 함께 모두 성을 버리고 달아나니 오직 노군(奴軍)과 잡류(雜類)만이 힘을 합하여 몽골군을 물리쳤다.

– 『고려사』 –

936	1009	1126	1170	1270	1359
	(가)	(나)	(다)	(라)	(마)
후삼국 통일	강조의 정변	이자겸의 난	무신 정변	개경 환도	홍건적 침입

① (가)   ② (나)   ③ (다)   ④ (라)   ⑤ (마)

9 정답 ②

정답 해설

제시된 자료의 (가)는 서경 천도와 금 정벌을 주장한 묘청이고, (나)는 개경파인 김부식의 설명이다.

개경파	서경파
• 보수적 문벌 귀족	• 신진 관료 세력
• 금에 사대 외교	• 금국 정벌 주장, 서경 천도
• 신라 계승의식	• 고구려 계승의식
• 유교, 보수적·사대적	• 풍수지리설, 자주적 전통 사상

- 전개 : 묘청의 서경 천도 주장→김부식 등의 반대→서경에서 '대위국' 일으킴→관군에 의해 진압
- 결과 : 귀족 사회의 폐단과 모순 심화→무신정변의 배경이 됨

오답 해설

ㄴ. 지눌은 불교계의 타락을 비판하며 수선사 결사를 주장하였다.
ㄹ. 중방은 고려 중기 상장군과 대장군이 모여 만든 무신 회의기구로 무신 정변 초기까지 무신들의 중추 기능을 수행하였다.

10 정답 ④

정답 해설

제시된 자료는 김부식에 관련된 설명으로 문벌 귀족세력의 대표격인 김부식은 개경파로서 묘청의 서경천도운동을 진압하였으며, 『삼국사기』를 편찬하여 젊은이들에게 우리 역사의 중요성을 일깨워 주려 하였다.

오답 해설

① 만권당에서 원나라 학자들과 교류한 사람은 이제현에 대한 설명이다. ② 원의 근거지인 대마도를 정벌한 사람은 고려 때 박위와, 조선의 이종무가 있다. ③ 『불씨잡변』은 여말선초의 정도전이 불교를 비판하며 지은 책이다. ⑤ 화통도감은 최무선이 설치한 관청이다.

● 고려 유학의 흐름

구분	성격	특징
고려 초기	자주적, 주체적	최승로의 시무28조
고려 중기	보수적, 사대적	김부식 『삼국사기』
원 간섭기	전통 의식 강조	성리학 수용
고려 말	성리학적 가치관 중시	성리학 발달

11 정답 ③

정답 해설

무신집권기에는 국왕 중심의 2성 6부 체제가 정지되고 무신들에 의한 임의적인 기구들이 만들어진다. 원래부터 있던 대장군과 상장군 중심의 회의 기구인 중방, 개인 사병 집단인 도방, 최충헌 때 최씨 정권 최고기구의 역할을 담당했던 교정도감, 최우 때 인사행정을 담당했던 정방 등이 그것이다.

오답 해설

① 식목도감, ② 삼사, ③ 춘추관, ④ 2군 6위이다.

● 무신 집권기 주요 사항

배경	• 의종의 실정과 문벌 귀족 사회의 모순 심화 • 무신에 대한 차별, 하급 관리에 대한 낮은 대우
경과	정중부(중방) → 경대승(도방) → 이의민(중방)
최씨 정권	• 최충헌 : 교정도감(최고 집정부), 도방(사병 기구) • 최우 : 정방(인사권 장악), 삼별초(군사 기구), 문신 등용
사회 모습	• 무신들의 권력 쟁탈전으로 인한 사회 혼란 • 농민과 천민들의 대규모 봉기 발생 : 망이·망소이의 난, 김사미·김효심의 난, 만적의 난 등

12 정답 ④

정답 해설

제시된 상황은 삼별초의 항쟁으로 개경 환도를 앞둔 시점에서 삼별초의 지도자인 배중손 등이 몽골과의 항전을 결정하였다. 정부에 반기를 들고 왕온(왕족)을 왕으로 추대하였으며 진도로 이동하여 세력을 형성하게 된다.

13 [35회 16번]
(가) 인물의 활동으로 옳은 것은? [3점]

몽골군이 쳐들어와 70여 일간 충주성을 포위하니 군량이 거의 바닥났다. 　(가)　 이/가 군사들을 북돋우며 말하기를, "너희들이 힘을 다해 싸운다면 귀천을 가리지 않고 모두 관작을 제수할 것이다."라고 하였다. 그러고는 관노(官奴) 문서를 불사르고, 소와 말도 나누어 주었다. 이에 모두 죽음을 무릅쓰고 싸워 몽골군을 물리쳤다.

① 처인성에서 적장 살리타를 사살하였다.
② 별무반을 조직하여 동북 9성을 개척하였다.
③ 외적의 침입에 대비하여 천리장성을 축조하였다.
④ 화통도감을 설치하고 화약과 화포를 제조하였다.
⑤ 쌍성총관부를 공격하여 철령 이북의 땅을 수복하였다.

15 [32회 16번]
다음 사건 이후에 전개된 사실로 옳은 것은?[2점]

12월 정묘. 홍건적 우두머리로 평장(平章)을 사칭한 모거경이 무리 40,000명을 거느리고 얼어붙은 압록강을 건너와 의주를 함락시킨 후 부사(副使) 주영세와 백성 1,000여 명을 살해하였다.
– 「고려사」 –

① 최우가 정방을 설치하였다.
② 강감찬이 귀주에서 승리하였다.
③ 서희가 강동 6주를 획득하였다.
④ 이성계가 위화도에서 회군하였다.
⑤ 윤관의 건의로 별무반을 편성하였다.

14 [44회 15번]
밑줄 그은 '왕'의 정책으로 옳은 것은? [2점]

역사 신문

제△△호　　　　　　　　　　1356년 ○○월 ○○일

고려군, 옛 영토를 되찾다

왕의 명에 따라 쌍성총관부를 공격한 고려의 군사들이 승전보를 전했다. 고려군은 화주·등주·정주·장주·예주·고주·문주·의주 및 선덕진·원흥진·영인진·요덕진·정변진 등지를 원으로부터 되찾았다고 조정에 알렸다. 이는 상실했던 옛 영토를 100여 년 만에 되찾은 것이다.

① 별무반을 편성하여 여진을 정벌하였다.
② 쌍기의 건의로 과거 제도를 도입하였다.
③ 신돈을 등용하고 전민변정도감을 운영하였다.
④ 빈민 구제를 위해 흑창을 처음으로 설치하였다.
⑤ 인재 선발을 목적으로 독서삼품과를 시행하였다.

16 [35회 17번]
다음 왕의 정책으로 옳은 것은? [2점]

왕이 즉위하기 전에는 총명하고 인자하면서 중후하여 백성들의 기대가 모두 그에게 돌아갔다. 즉위함에 이르러 온 힘을 다하여 정치에 힘쓰니, 중앙과 지방에서 크게 기뻐하면서 태평 시대를 기대하였다. 노국 공주가 죽은 뒤로는 지나치게 슬퍼하다가 뜻을 잃고 정치를 신돈에게 위임하여 공이 있는 신하와 어진 신하를 내쫓고 죽었다.
– 『고려사절요』 –

① 과전법을 시행하였다.
② 『칠정산』을 편찬하였다.
③ 상평통보를 발행하였다.
④ 전민변정도감을 설치하였다.
⑤ 과거제도를 처음 도입하였다.

13 정답 ①

정답 해설

제시된 사료는 몽골의 5차 침략 당시 충주성 전투에 대한 내용이며, (가)는 김윤후이다. 김윤후는 몽골의 2차 침략 시기(1232년) 처인성에서 적장 살리타를 사살하였다.

② 고려 숙종은 윤관의 건의를 받아들여 별무반(신기군, 신보군, 항마군)을 조직하였다. 이후 예종 때에는 윤관이 별무반을 동원하여 여진족을 토벌하고 동북 지방에 9성을 축조하였다(1107년).

③ 고려 천리장성은 거란의 세 차례의 침략을 물리친 후 북방민족의 침략을 대비하기 위해 압록강~도련포까지 축조되었다.

④ 최무선의 건의로 화약 및 화기의 제조를 담당하는 화통도감이 1377년 우왕 때 설치되었다.

⑤ 공민왕 시기에는 원이 직접 지배했던 쌍성총관부를 공격하여, 철령 이북의 땅을 수복하였다.

14 정답 ③

정답 해설

제시된 자료는 공민왕을 나타낸 것으로 쌍성총관부를 공격하여 철령 이북의 땅을 수복하였다. 공민왕은 신돈의 건의로 전민변정도감을 설치하여 권문세족들이 불법으로 겸병한 토지를 원소유자에게 환원, 억울하게 노비가 된 사람들을 해방하였다.

오답 해설

① 고려 숙종 때는 별무반을 편성하여 여진을 정벌하였다.
② 쌍기의 건의로 과거 제도를 도입한 것은 고려 광종 때다.
④ 고려 태조 왕건은 빈민 구제를 위해 흑창을 처음으로 설치하였다.
⑤ 인재 선발을 목적으로 독서삼품과를 시행한 것은 통일 신라 원성왕 때다.

공민왕의 개혁 정치	• 배경 : 원·명 교체기 이용 • 반원 자주 정책 : 쌍성총관부 탈환, 관제 복구, 몽골풍 금지, 친원파 제거, 정동행성 이문소 폐지, 요동 공략 • 왕권 강화 정책 : 정방 폐지(권문세족 억압→신진사대부 기용), 전민변정도감 설치(신돈 등용, 권문세족의 토지와 노비 몰수), 과거제도 정비, 요동 공략 • 결과 : 원의 압력과 권문세족의 반대, 신진사대부의 세력 미약, 공민왕 피살

15 정답 ④

정답 해설

일단 주어진 문제에서 제시문 이후의 사건으로 옳은 것을 찾으라는 의미는 가장 나중에 나온 것을 묻는다 하여도 문맥상의 변화는 없다. 제시문에서 파악할 수 있는 것은 홍건적과 의주이다. 홍건적과 왜구의 침입을 물리치는 과정에서 고려 말 신흥 무인세력인 이성계와 최영 등이 성장하였고, 이성계 일파는 이후 위화도 회군을 거쳐 조선을 건국하는 세력으로 등장하게 된다.

거란	• 1차 침입 : 서희의 외교 담판→강동 6주 획득 • 2차 침입 : 양규의 활약 • 3차 침입 : 강감찬의 귀주대첩(1019년) • 결과 : 고려·송·요의 세력 균형 유지, 나성과 천리장성
여진	• 윤관의 여진 정벌 : 별무반 조직→동북 9성 축조→반환 • 결과 : 여진족의 세력 강화→금 건국(1115년)→고려에 사대 관계 요구→이자겸의 사대 수락→북진 정책의 쇠퇴와 내분 격화
몽고	• 최씨 정권의 강화 천도, 민중의 저항(다인철소·처인부곡의 승리) • 몽고와의 강화 : 최씨 정권의 붕괴, 개경 환도→삼별초의 항쟁(강화→진도→제주도)
홍건적과 왜구	신흥 무인세력의 활약(최영, 이성계)

16 정답 ④

정답 해설

제시된 사료에서 '노국공주'와 '신돈'을 확인할 수 있다. 따라서 사료의 왕은 '공민왕'임을 알 수 있다. 공민왕은 신돈을 등용하여 전민변정도감을 통해 권문세족이 불법적으로 빼앗은 토지를 주인에게 돌려주고, 불법적으로 노비가 된 자를 양인으로 해방시켜 백성들의 지지를 획득하였다(1366년).

오답 해설

① 과전법은 신진사대부의 경제적 기반을 확보하고, 농민생활 안정을 통해 국가 재정을 확충하려는 목적으로 실시되었다.
② 조선 세종 때 편찬된 『칠정산』은 한양을 기준으로 만든 최초의 역법서이다.
③ 상평통보는 숙종 시기 전국적으로 유통되었다.
⑤ 과거제도를 처음 도입한 왕은 광종이다.

CHAPTER 12

중세의 경제와 사회

쏙쏙 키워드를 알려주지!

공음전, 의창(흑창), 상평창, 소수공업, 관영상점, 소금전매제, 건원중보, 활구(은병), 벽란도, 향도, 몽골풍

1 중세의 경제

(1) 농업 중심의 산업 발전
① **중농정책** : 개간지 면세, 농번기 부역동원 금지, 자연재해 때 세금 감면
② **농민안정책** : 고리대금 이자 제한, (흑창→)의창 실시
③ **상업** : 시전 설치(개경), 국영점포 설치, 금속화폐 유통
④ **수공업** : 관청에서 생산하고 일반 농민에게 보조하게 함. 소(所) 수공업 발달→상업과 수공업 부진

(2) 토지 소유제도와 전시과 제도
① **고려의 토지제도 변화**
   ㉠ 역분전 : 왕건이 인품 · 공로에 따라 공신에게 지급한 토지
   ㉡ 전시과 제도
      ⓐ 의의 : 관리를 18등급으로 나누어 전지(토지)와 시지(임야)를 지급하는 제도(노동력 착취 불가능–통일신라의 녹읍이나 식읍과의 차이점)
      ⓑ 전시과 제도의 변천
      시정전시과(경종) : 인품과 관직을 고려하여 토지 지급
      개정전시과(목종) : 전 · 현직 관리를 관직에 따라 토지 지급
      경정전시과(문종) : 현직 관리에게만 지급하고 공음전도 지급함

시기		등급	1	2	3	4	5	6	7	8	9	10	11	12	13	14	15	16	17	18
경종	(가)	전지	110	105	100	95	90	85	80	75	70	65	60	55	50	45	42	39	36	33
		시지	110	105	100	95	90	85	80	75	70	65	60	55	50	45	40	35	30	25
목종	(나)	전지	100	95	90	85	80	75	70	65	60	55	50	45	40	35	30	27	23	20
		시지	70	65	60	55	50	45	40	35	33	30	25	22	20	15	10			
문종	(다)	전지	100	90	85	80	75	70	65	60	55	50	45	40	35	30	25	22	20	17
		시지	50	45	40	35	30	27	24	21	18	15	12	10	8	5				

(가)는 시정전시과, (나)는 개정전시과, (다)는 경정전시과로 시간이 지남에 따라 현직 관료위주로 수조량이 전체적으로 감소하는 특징이 있다.

   ⓒ 전시과의 운영 원칙 : 소유권을 준 것이 아니라 <u>수조권 지급</u>. 원칙적으로 세습 불가능
      지급 받은 토지에 조세를 거둘 권리
   ⓓ 전시과 제도의 붕괴 : 무신 정권기에는 생활보장책으로서의 기능 상실 → 조세를 거둘 수 있는 토지 부족 → 녹과전 지급(원종, 1271)

② **고려 시대 토지의 유형**
   ㉠ 과전 : 전시과에 따라 문 · 무반 관리들에게 지급되던 토지로서 원칙상 세습이 불가
   ㉡ 공음전(공신전) : 고려 문종 때 5품 이상의 귀족들에게 지급되던 신분적 성격의 토지. 세습가능→귀족의 경제적 특권
   ㉢ 한인전 : 6품 이하의 하위관리의 자제 중 관직이 없는 자
   ㉣ 군인전 : 군인들에게 지급하던 토지, 원칙적으로 세습 불가능하지만 직역이 세습됨으로써 실질적으로 세습됨

---

① 의창

고구려의 진대법을 계승한 고려의 빈민구제제도로서 봄에 곡식을 대여했다가 가을에 이자를 붙여 받음

② 소

관청이나 궁궐에서 필요로 하는 수공업품을 만들어서 납품하던 특수부락. 고려 때 생김

③ 호적

부부를 중심으로 이루어진 가족을 등재하되 때에 따라서는 여러 세대의 가족이 한 호적에 기록되기도 함

④ 고려의 토지제도

태조	역분전 논공행상적 성격
광종	공복 제정
경종	시정 전시과 인품과 공복을 기준으로 지급
성종	통치 체제 기틀 마련
목종	개정 전시과 관직의 높낮이에 따라 지급
문종	경정 전시과 현직 관리 중심으로 지급

단답형으로 확인하기

❶ 태조 왕건이 공훈에 따라 4등급으로 나누어 지급하였던 토지는?
❷ 전시과에서 관리에게 땅의 소유가 아닌 곡물에 대한 세금을 부과할 수 있는 권리를 준 것은?
❸ 5품 이상의 관리에게 지급되었고, 세습이 가능하였던 토지는?

❸ 공음전
❷ 수조권
❶ 역분전

정답

ⓓ 민전 : 농민의 사유지, 소유권이 보장되어 매매 · 상속 · 임대 등이 가능→대부분의 경작지는
민전이었으나 관청 소유지도 있었음

2 경제 활동

(1) 귀족의 경제생활
① **경제 기반** : 상속받은 토지 · 노비 · 과전 · 녹봉 · 공음전 · 공신전 등
　　㉠ 과전 : 원칙적 세습 불가능, 수확량의 1/10 징수
　　㉡ 공음전, 공신전 : 세습 가능, 수확량의 1/2 징수
　　㉢ 녹봉 : 현직에 근무하는 동안 녹패를 제시하면 1년에 2회 수급
② **경제 기반의 확대** : 고리대나 권력을 이용하여 농민 토지 탈취 · 개간 · 매입→농장 경영
③ **귀족의 화려한 생활** : 누각 · 별장소유 · 중국산 비단옷이나 차(茶)를 소비

(2) 농민의 경제생활
① **경제적 기반** : 민전 경작, 소작, 품팔이, 비단 짜기(방직) 등
② **농업 기술** : ㉠ 소를 이용한 심경법(깊이갈이) 일반화, 시비법(퇴비법, 녹비법)의 발달, 『농상집
　　　　　　　요』 보급→연작 가능, 휴경지 감소(통일신라와의 차이점) 고려 말 : 농상집요(이암)
　　　　　　　㉡ 호미와 보습 개량, 2년 3작 윤작법 보급, 수리시설(벽골제 등) 조선 세종 : 농사직설(정초)

농업기술의 발달

고대 사회	• 신석기 : 농경 시작(후기), 조 · 피 · 수수　　• 청동기 : 벼 · 보리 · 콩(반달돌칼) • 철기 : 철제 농기구 사용, 저수지 축조　　• 신라 : 우경 시작(지증왕)
중세 사회	• 우경에 의한 심경법 · 2년 3작 윤작법 보급, 시비법 대두, 목화 재배(공민왕) • 이암이 원의 『농상집요』를 소개
근세 사회	• 일부 남부 지방에 모내기법 · 이모작 보급, 2년 3작(조 · 보리 · 콩), 시비법 발달 • 『농사직설』(정초), 『금양잡록』이 저술됨

(3) 수공업자의 활동
① **고려 수공업 활동** : 전기–공장안에 의한 관청 수공업, 소(所) 수공업 중심
　　　　　　　　　　　후기–민간수요 증가→사원 수공업, 민간 수공업 발달
② **관청 수공업** : 공장안에 기록된 수공업자가 수공업품 생산
③ **소 수공업** : 금, 은, 철, 구리, 실, 옷감, 종이, 먹, 차, 생강 등을 생산

(4) 상업 활동 : 자급자족 경제체제였으므로 상업은 대체로 부진
① **고려 전기**
　　㉠ 특징 : 농민의 상업 활동 참여 부진→도시 중심의 상업 발달
　　㉡ 도시 : ⓐ 시전과 관영 상점(서적점, 약점, 주점, 다점) 설치
　　　　　　ⓑ 경시서 설치–매점매석에 의한 물가 폭등을 방지하는 관청 시장 감시와 관리
　　㉢ 지방 : 관아 근처의 임시 시장, 행상활동, 사원의 상업행위
② **고려 후기** : 전기보다 상업 발달
　　㉠ 개경 인구 증가, 관청 수요 증가→시전 규모 확대, 업종별 전문화
　　㉡ 국가 재정 확충을 위해 소금 전매제 실시(충선왕)
　　㉢ 벽란도 등 항구 : 교통과 상업의 중심지로 발달
　　㉣ 지방 상업 : 행상의 활동이 두드러짐→조운로나 원을 중심으로 한 상업

단답형으로 확인하기

❶ 관리의 등급에 따라 문무관에 지급되었던 토지로 원칙적
으로 세습이 불가능했던 것은?
❷ 전시과의 완성 형태인 경정전시과의 특징은?

❶ 과전　❷ 현직 관리에게만 지급
정답

고려의 농업 장려 정책

㉮ 임금이 명령을 내리기를 "……몰
락한 사람들에게 조세를 면제해
주고 농업을 권장하지 않으면 어
찌 집집마다 넉넉하며 사람마다
풍요로울 수 있으랴. 백성에게 3
년 동안의 조세와 부역을 면제해
주고 사방으로 떠돌아다니는 자
는 농토로 돌아가게 하며 곧 대사
면을 하여 함께 휴식하게 하라"고
하였다. 『고려사절요』

㉯ 진전을 개간하여 경작하는 자는
사전의 경우 첫 해에는 수확의 전
부를 가지고 2년 째부터 경작지의
주인과 수확량을 반반씩 나누고 4
년 째부터 법에 따라 조(租)를 바
친다. 『고려사』

(5) 화폐의 발행과 고리대의 유행
① 화폐의 발행
  ㉠ 목적 : 정부의 경제활동 장악과 국가재정 확충
  ㉡ 최초의 화폐 : 성종, 건원중보→널리 유통되지 못함
  ㉢ 숙종 때 의천의 건의에 따라 주전도감 설치(1101) : 해동통보, 삼한통보, 해동중보 등의 동전과 활구(은병)라는 은전 주조 → 화폐유통 부진(일반적인 거래는 베와 곡식 사용)

고려의 화폐

(6) 무역 활동 왕실과 귀족 위주의 무역
① 무역항 : 벽란도(예성강 하구)-아라비아 상인도 왕래함
② 대송 무역 : ㉠ 가장 큰 비중을 차지함→선진문화를 받아들이는 통로
             ㉡ 귀족과 왕실의 소비품 수입
             ㉢ 종이 · 먹 · 인삼 등 토산물 수출
③ 거란과 여진 무역 : 은을 수입하고 농기구 · 식량 수출
④ 일본 무역 : 수입품-수은, 유황, 수출품-식량, 인삼, 서적
⑥ 아라비아(대식국)와의 무역 : 수은, 향료, 산호 등 수입→ 고려 이름이 서양에 '코리아' 알려짐

고려의 대외무역

3 고려의 신분제도

(1) 고려의 신분제도 : 귀족 · 중류(지배층), 양민 · 천민(피지배층)

옆 여백 이미지들:

① 고려 시대 최대 철 생산지인 다인철소 유적지

② 통도사 장생표(경남 양산)

통도사 소유지 수조권 지역과 민간인 소유의 수조권 지역의 구분을 위해 세운 표지석

③ 고려 시대 조운선 복원모형

단답형으로 확인하기

❶ 고려 시대 최대의 무역항은?
❷ 고려 시대의 화폐로 무게를 달아 그 가치를 측정했던 것은?
❸ 고려의 화폐가 널리 보급되지 못한 이유는?

❸ 거래시 베와 곡식을 사용하였기 때문에
❷ 은병
❶ 벽란도

정답

(2) 귀족
① **범위 :** 왕족이나 5품 이상의 고위관료
② **고려 전기 문벌 귀족의 사회적 지위**
  ㉠ 음서나 공음전 혜택을 이용하여 고위관직과 경제력 독점
  ㉡ 개경에 거주하지만 죄를 범하면 낙향(귀향형)
  ㉢ 왕실 등과 중첩혼인을 통해 권력장악
③ **고려 중기의 지배세력 :** 무신정변을 계기로 무신세력의 집권
④ **고려 후기의 권문세족**
  ㉠ 무신정권이 붕괴되면서 등장→권력 세습 + 불법적 토지와 노비
  ㉡ 신진사대부와 대립함

문벌 귀족, 권문세족, 신진사대부 비교

구분	문벌 귀족	권문세족	신진사대부
주도시기	고려 전기	고려 후기	고려 말
정계진출	과거와 음서	음서, 원나라의 지원	과거
사상	불교	불교	성리학
특성	중첩혼인관계	친원파, 도평의사사 독점	조선 건국 참여

(3) 중류층
① **중류층 :** ㉠ 구성 : 서리 · 남반(궁중 실무 관리) · 향리 · 하급군관(군반) · 잡류 · 역리
     ㉡ 역할 : 지배 기구의 말단 행정직을 담당하여 중간역할을 하는 지배층
② **향리 :** ㉠ 지방의 실질적 지배층→무신정변 이후 신진사대부로 성장
    ㉡ 호족 출신 향리 : 호장이나 부호장이 되고 문무관료로 진출 가능

(4) 양민
① **양민 :** 주 · 부 · 군 · 현에 거주하며 농업이나 상공업에 종사하는 계층. 농민(백정)
② **구성 :** 백정(농민), 상인, 수공업자, 향 · 소 · 부곡민, 역과 진의 주민
  ㉠ 백정(농민) : 양민, 조세 · 공납 · 역 부담, 거주 이전의 자유 없음
  ㉡ 향 · 소 · 부곡민 : ⓐ 전쟁포로나 반역의 무리들로 구성됨
         ⓑ 신분상 양민이지만 가혹한 수취의 대상이며 거주 이전 금지됨
         ⓒ 향 · 부곡(농업), 소(수공업품이나 광업품 생산)

(5) 천민 : 대표적 천민은 노비임
① **노비의 사회적 지위 :** 매매 · 증여 · 상속의 대상→재산과 같은 존재
② **소유 주체에 따른 노비의 유형**
  ㉠ 공노비 : ⓐ 관청이나 공공기관이 소유한 노비
     ⓑ 입역노비 : 관청이나 궁궐에서 잡역을 담당 급료를 받던 노비
  ㉡ 사노비 : ⓐ 개인이나 사원의 소유한 노비
     ⓑ 솔거노비 : 주인집에 살면서 잡역 종사
    외거(납공)노비 : 따로 살면서 농업에 종사하며 신공을 납부

고려의 신분제도

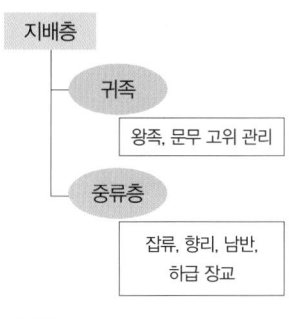

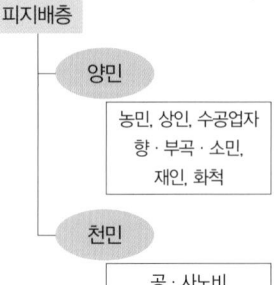

백정

고려 시대에는 백정이 평민을 뜻하였으나, 조선 시대에는 가축 도살자(천민)를 뜻하였다.

단답형으로 확인하기

❶ 평민이었으나 천민 대우를 받았던 특수 행정 구역은?
❷ 고려 시대가 귀족사회였음을 알 수 있는 증거 2가지는?
❸ 고려말 성리학을 수용하여 개혁성향을 지니며 신흥 무인
  세력과 결탁해 조선을 건국한 세력은?

정답
❸ 신진사대부
❷ 음서제, 공음전
❶ 향, 소, 부곡

4 백성들의 생활 모습

(1) 농민의 공동조직 : 향도(매향 활동을 하는 무리)
① **초기 :** 매향 활동이나 불상·사찰 건립 때 주도적 역할(불교의 공동노동 조직)
② **후기 :** 노역이나 혼례·상례·장례 등을 공동으로 하던 농민조직으로 발전

(2) 사회 시책과 사회제도
① **사회 시책 :** ㉠ 목적 : 농민 안정과 국가체제 유지
    ㉡ 내용 : ⓐ 농번기 잡역 면제, 재해 시 조세와 부역 감면
        ⓑ 고리대금의 이자 제한, 개간한 경우 조세 면제
② **사회제도 :** ㉠ 의창 : 춘대 추납의 빈민 구제제도, 고구려 진대법 계승
    ㉡ 상평창 : 성종 때, 서경·개경·12목에 설치한 물가조절 기관
    ㉢ 동·서대비원 : 무료 진료와 빈민 구제
    ㉣ 제위보 : 기금을 조성하여 이자로 빈민 구제하기 위한 기금

(3) 법률·풍속
① **법률 :** ㉠ 당률을 참고한 법률을 제정하여 시행, 대부분 관습법을 따름
    ㉡ 지방관이 중요 사건 이외에는 재량권 행사
    ㉢ 형벌의 유형 : 태(볼기 치기), 장(곤장형), 도(징역형), 유(유배형), 사(교수형, 참수형)
② **풍속 :** ㉠ 장례와 제사 : 민간에서는 대개 토착신앙·불교·도교를 따름
    ㉡ 명절 : 정월 초하루, 삼짇날, 단오(격구·그네뛰기·씨름), 유두, 추석

(4) 혼인과 여성의 지위
① **혼인 풍속 :** ㉠ 일부일처제 원칙, 왕실에서 근친혼 성행
    ㉡ 연령 : 여자−18세 전후, 남자−20세 전후
② **여성의 지위 :** ㉠ 남녀 균등 상속과 출생 순서대로 호적에 기록
    ㉡ 아들이 없으면 딸이 제사 가능
    ㉢ 여성 재가의 일반화, 재혼녀 자식에 대한 차별 없음
    ㉣ 사위의 처가 입적 가능과 사위와 외손의 음서혜택 가능

호적을 통해서 본 고려 시대 여성의 지위

호적 1		호적 2		여주 이씨 족보(1333년)	
호주	박송(61세)	호주	김다식(70세)	호주	낙랑군 부인 최씨
처	소사(58세)	처	사가이(60세)	장남	윤배(32세)
장녀	소사(37세)	장남	김해(20세)	차남	윤성(28세)
사위	황문(40세)	차남	현기(4세)	삼남	윤방(24세)
장남	박성(30세)	김해의 동모이부형	이단(30세)	사남	혜근(19세)
며느리	기질구지(?)	김해의 처	녹장(30세)		
차남	구질달(29세)				
며느리	지단(24세)				

분석 : ㉮ 고려 시대에는 대가족이 일반적이었음, ㉯ 고려 시대에는 여성의 재혼이 허용, ㉰ 고려 시대에는 출생순서대로 호적이 기재되었음, ㉱ 고려 시대에는 재혼녀의 자녀는 호적의 맨 끝에 기재되었음, ㉲ 고려 시대에는 여자도 호주가 될 수 있었음

단답형으로 확인하기

❶ 불교의 공동 노동조직이었으나 이후 농민조직으로 발전
  하였던 것은?
❷ 고려 때 있었던 춘대추납의 빈민 구제제도는?
❸ 성종 때 설치한 물가조절 기관은?

❸ 상평창
❷ 의창
❶ 향도

요점정리

사천 매향비

여성의 지위

• 고려 : 대체로 평등
• 조선 초 : 여성 지위 하락
• 양란 후 : 여성 지위 극도 하락

5 고려 후기의 사회변화

(1) 무신집권기의 하층민의 봉기
① 배경 : 신분제도의 동요, 백성에 대한 통제력 약화, 수탈강화
② 조위총의 난에 농민 가세, 공주 명학소의 난, 김사미(운문)와 효심(초전)의 난
③ 최광수의 난(고구려 부흥), 이비 패좌의 난(신라 부흥), 이연년의 난(백제 부흥)
④ <u>만적의 난</u> : 만적은 최충헌의 노비로서 신분해방 주장
    └ 개경에서 일으킴

만적의 난

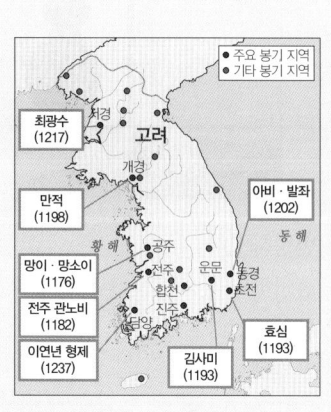

만적 등 6인이 북산에서 나무를 하다가 공·사노비를 불러 모아 "국가에서 경계년(무신정변) 이후 천한 무리에서 높은 관직에 오르는 경우가 많으니 장군과 재상의 종자가 어찌 따로 있으랴? 때가 오면 누구나 할 수 있는 것이다. 어찌 우리만 고달프게 일하고 채찍아래 곤욕을 당할 수 있겠느냐?" 하니 노비가 모두 그렇게 여겼다...... 약속된 날에 모두 모였으나 무리가 수백에 지나지 않으므로 일을 이루지 못할까 두려워하여 다시 보제사에 모이기로 약속하고 명령하기를 "이를 비밀로 하지 않으면 성공하지 못할 것이니 삼가여 누설치 말라" 하였다. 이때 한충유의 노비 순정이 이를 주인에게 밀고하니 한충유가 최충헌에게 고하였고 최충헌은 만적 등 100여 명을 잡아 강에 던졌다.

(2) 몽골의 침입과 백성의 생활
① 몽골에 대한 저항 : 왕실은 강화도로 천도하고 백성들은 산성과 섬에서 투쟁→충주 다인철소(지광수)와 처인 부곡(김윤후) 싸움
② 백성의 생활 : 몽골군의 살육과 일본원정에 식량을 징집당하고 동원됨

(3) 원 간섭기의 사회 변화
① 빈번한 신분 상승 : 역관·환관·몽골귀족과 혼인관계를 맺거나 몽골어에 능숙한 경우 신분 상승하여 권문세족으로 성장
② 문물의 교류 : 고려에서는 몽골풍 유행. 몽골에서는 고려양이 나타남
③ 원의 공녀 요구 : 결혼도감 설치→조혼 풍습 형성

(4) 홍건적과 왜구의 출몰(14세기 중반 이후 극심)
① 배경 : 원의 간섭으로 국방력을 갖추기 어려워서 효과적인 대응이 어려웠음
② 왜구 : 경상도, 전라도, 강화도, 개경 부근까지 출몰→해안지방 황폐화
③ 홍건적 : 원 말에 나타난 한족 농민군으로서 개경을 함락하기도 함 (공민왕은 복주로 피신)
④ 왜구와 홍건적의 침입은 <u>신흥 무인세력 성장의 계기</u>가 됨
          └ 이성계, 최영

단답형으로 확인하기

❶ 최충헌의 사노비로 "왕후장상의 씨가 따로 있나?"를 주장하며 신분해방을 주장했던 사람은?
❷ 홍건적과 왜구의 침입을 격퇴하는 과정에서 새로이 성장한 세력은?
❸ 몽고침략기 변발, 몽고식 복장, 만두 등이 유행했던 것을 무엇이라 하는가?

정답
❶ 만적
❷ 신흥 무인세력
❸ 몽고풍

17 [35회 15번]

교사의 질문에 대한 학생의 답변으로 옳은 것은? [2점]

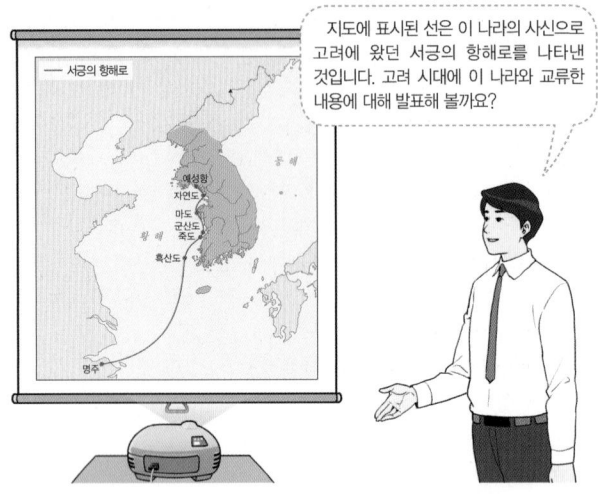

지도에 표시된 선은 이 나라의 사신으로 고려에 왔던 서긍의 항해로를 나타낸 것입니다. 고려 시대에 이 나라와 교류한 내용에 대해 발표해 볼까요?

① 의주의 만상이 중계무역을 하였습니다.
② 기유약조를 맺고 교역을 재개하였습니다.
③ 연행사를 정기적으로 파견하여 교류하였습니다.
④ 청해진을 중심으로 활발한 해상 교역이 이루어졌습니다.
⑤ 비단, 서적 등을 수입하고 종이, 인삼 등을 수출하였습니다.

18 [31회 14번]

교사의 질문에 대한 학생의 답변으로 옳은 것은? [2점]

이것은 은병이라는 화폐로 활구라고도 불렸어요. 이 화폐를 처음 제작했던 국가의 경제 상황에 대해 말해 볼까요?

① 벽란도가 국제 무역항으로 번성하였어요.
② 인삼, 담배를 상품 작물로 널리 재배하였어요.
③ 시장을 감독하기 위해 동시전을 설치하였어요.
④ 덕대가 물주에게 자금을 받아 광산을 경영하였어요.
⑤ 공납의 폐단을 시정하기 위해 대동법을 시행하였어요.

19 [38회 15번]

다음 화폐를 처음 발행한 국가의 경제 상황으로 옳은 것은? [1점]

지금 보시는 유물은 은병입니다. 기록에 따르면 처음에는 은 1근으로 만들었는데, 나중에는 이것처럼 작게 제작하였다고 합니다.

① 벽란도가 국제 무역항으로 번성하였다.
② 덕대가 광산을 전문적으로 경영하였다.
③ 관수품을 조달하는 공인이 활동하였다.
④ 담배, 면화 등이 상품 작물로 재배되었다.
⑤ 일본의 요청을 받아들여 3포가 개항되었다.

20 [46회 15번]

다음 상황 이후에 있었던 사실로 옳은 것은? [3점]

> 명학소의 망이가 무리를 모아 공주를 공격하여 함락하자, 조정에서는 명학소를 충순현으로 승격시키고 현령과 현위를 두어 달래었다. 그 후 망이의 무리가 항복하였다가 다시 반란을 일으키자 곧 이 현을 폐지하였다.
>
> -『고려사』-

① 묘청이 서경에서 난을 일으켰다.
② 김부식이 삼국사기를 편찬하였다.
③ 만적이 개경에서 반란을 도모하였다.
④ 신숭겸이 공산 전투에서 전사하였다.
⑤ 이자겸이 금의 사대 요구 수용을 주장하였다.

해설편

Chapter 12. 중세의 경제와 사회

I. 우리 역사의 시작과 발전

II. 고대 국가의 성립과 발전

III. 중세의 성립과 발전

IV. 근세의 성립과 발전

17 정답 ⑤

정답 해설

서긍은 12세기 인종 때 고려에 온 송의 사신이었다. 서긍은 『고려도경』에서 고려청자의 아름다움을 극찬했던 인물이다. ⑤ 고려는 송으로부터 비단, 서적 등을 수입하고 종이, 인삼 등을 수출하였다. ① 조선 후기 의주의 만상은 청과의 무역을 주도했던 상인이다. ③ 조선은 청에 연행사를 정기적으로 파견하여 교류하였다. ④ 신라 하대 장보고는 청해진을 설치하여 당–신라–일본을 잇는 해상무역을 전개하였다.

18 정답 ①

정답 해설

제시된 자료는 활구(은병)으로 고려 시대 사용되었던 화폐이다. 고려 때는 성종의 건원중보를 시작으로 몇 차례 화폐가 발생되었으나 자급자족적인 경제구조 때문에 널리 보급되지는 못하였다. 벽란도는 고려 때 최고의 무역항으로 지리적으로 예성강 하구에 위치하므로 개경과 중국에 인접해 있었고, 당시 아라비아 상인들도 왕래가 빈번하여 Corea라는 이름이 널리 알려지는 계기가 되었던 항구이다.

오답 해설

② 인삼, 담배 등 상품작물이 널리 보급된 것은 조선 양란 이후, ③ 시장을 감독하기 위한 동시전은 신라 지증왕 때 만들어졌다. ④ 덕대가 물주에게 자금 받아 광산을 경영하는 전문화된 협업적 관리체계는 조선 후기에 발달하게 된다. ⑤ 대동법이 시행된 것 역시 조선 후기이다.

19 정답 ①

정답 해설

고려 숙종 때인 1101년에는 의천의 건의에 따라 주전도감을 설치하고 해동통보, 삼한통보, 해동중보 등의 동전과 활구(은병)라는 은전을 주조하였으나 화폐 유통은 부진하였다. 이 시기 벽란도는 예성강 하구에 위치한 국제 무역항으로 송나라와 가장 활발히 교류하였다.

오답 해설

② 덕대가 광산을 전문으로 경영한 것은 조선 후기이다.
③ 관수품을 조달하는 공인이 활동한 것은 조선 후기이다.
④ 담배, 면화 등이 상품 작물로 재배된 것은 조선 후기이다.
⑤ 일본의 요청을 받아들여 3포가 개항된 것은 조선 초인 세종 때이다.

20 정답 ③

정답 해설

망이·망소이의 난(1176)은 최씨 무신 정권기에 특수행정구역인 공주 명학소의 차별에 반발하여 일어난 봉기다. 비슷한 시기 최충헌의 노비인 만적이 신분 해방 운동을 주도하였다(1182).

오답 해설

① 묘청이 서경에서 난을 일으킨 것은 1135년이다.
② 김부식이 삼국사기를 편찬한 것은 인종 때인 1145년이다.
④ 신숭겸이 공산 전투에서 전사한 것은 후삼국 통일 전인 927년이다.
⑤ 문벌귀족인 이자겸이 금의 사대 요구 수용을 주장한 것은 서경 천도 운동 전이다.

21 [41회 12번]

다음 대화에 나타난 제도가 시행된 국가의 경제 상황으로 옳은 것은? [3점]

이번에 새로운 토지 제도가 시행된다고 하네.

관직 복무 등에 대한 대가로 지급한다는군.

전지와 시지로 구분하여 토지를 나누어 준다네.

① 일본의 요청으로 3포가 개항되었다.
② 벽란도가 국제 무역항으로 번성하였다.
③ 담배, 고추 등의 상품 작물이 재배되었다.
④ 청해진을 중심으로 해상 무역이 전개되었다.
⑤ 시장을 감독하기 위해 동시전을 설치하였다.

22 [44회 18번]

다음 상황이 나타난 시기를 연표에서 옳게 고른 것은? [2점]

> 도평의사사에서 과전을 지급하는 법을 정할 것을 청하니, 그 의견을 따랐다. …… 경기는 사방의 근본이므로 마땅히 과전을 두어 사대부를 우대하고, 무릇 수도에 거주하며 왕실을 시위(侍衛)하는 자에게는 현직인지 산직(散職)인지를 논하지 않고 각각 과(科)에 따라 받게 하였다.

1232		1270		1359		1388		1453		1498
	(가)		(나)		(다)		(라)		(마)	
강화 천도		개경 환도		홍건적 침입		위화도 회군		계유 정난		무오 사화

① (가)   ② (나)   ③ (다)   ④ (라)   ⑤ (마)

23 [31회 12번]

다음과 같은 비석을 세운 사회 조직에 대한 설명으로 옳은 것을 〈보기〉에서 고른 것은? [2점]

사천 흥사리 매향비

…… 이에 빈도*와 여러 사람들은 한마음으로 발원하여 향나무를 묻고 …… 나라가 태평하고 백성이 평안하기를 기원합니다.

*빈도: 승려가 자기를 낮추어 이르는 말

─〈보 기〉─
ㄱ. 불교 신앙을 바탕으로 조직되었다.
ㄴ. 중앙에서 교수나 훈도가 파견되었다.
ㄷ. 상호 부조를 위한 공동체로 발전하기도 하였다.
ㄹ. 선현에 대한 제사와 양반 자제의 교육을 담당하였다.

① ㄱ, ㄴ   ② ㄱ, ㄷ   ③ ㄴ, ㄷ
④ ㄴ, ㄹ   ⑤ ㄷ, ㄹ

24 [37회 15번]

다음 글이 작성된 당시의 상황으로 옳은 것은? [2점]

> 엎드려 보건대, 적신(賊臣) 이의민은 성품이 사납고 잔인하여 윗사람을 업신여기고 아랫사람을 능멸하였습니다. 임금 자리를 흔들고자 하니, 재앙의 불길이 커져 백성이 살 수 없으므로 신(臣) 최충헌 등이 폐하의 위령(威靈)에 힘입어 일거에 소탕하였습니다. 원컨대 폐하께서는 옛 정치를 고쳐 새로운 정치를 도모하시고, 태조의 바른 법을 행하여 빛나게 중흥하소서. 삼가 봉사 10조를 올립니다.

① 무신이 권력을 장악하였다.
② 6두품이 국왕을 보좌하였다.
③ 호족이 고려 건국을 주도하였다.
④ 친원 세력이 대농장을 경영하였다.
⑤ 사림이 동인과 서인으로 나뉘었다.⑤ 윤관이 별무반을 이끌고 여진을 정벌하였다.

21 정답 ②

정답 해설

관직 복무에 대한 대가로 지급한 토지 제도로 전지(田地; 곡물 재배)와 시지(柴地; 땔감 확보)로 구분한 것은 고려의 전시과이다. 고려 때 예성강 하구에 위치한 벽란도는 국제 무역항으로 송나라와 가장 활발히 교류하였고 아라비아 상인과도 교류하였다.

화폐주조	• 목적 : 국가 재정의 확충과 경제 활동의 장악 의도 • 화폐 : 건원중보(성종), 삼한통보, 해동통보, 활구(은병) 등 • 한계 : 자급자족의 경제 구조로 널리 유통되지 못함
무역	• 특징 : 공무역 발달, 대송 무역 중심, 벽란도의 번성 • 송 : 수입(왕실과 귀족의 수요품), 수출(종이·인삼 등) • 거란·여진 : 수입(은·모피·말), 수출(농기구·식량) • 아라비아 상인 : 수은, 향로 등을 판매→고려(Corea)의 이름이 서방에 알려짐

오답 해설

① 조선 세종 때는 부산포, 제포(내이포), 염포의 3포를 개항하여 세견선 50척, 세사미두 200석으로 무역을 허락하였다.

③ 담배, 고추 등의 상품 작물이 재배된 것은 조선 후기 때이다.

④ 청해진 중심의 해상 무역을 전개한 인물은 장보고이며 통일신라 때이다.

⑤ 신라 지증왕 때는 경주 동쪽에 시장(동시)을 설치하였고(509년) 동시의 업무를 관리하기 위한 기관으로 동시전을 설치하였다.

22 정답 ④

정답 해설

제시된 자료는 고려 말 시행된 과전법을 설명한 것으로 신진 사대부의 경제적 기반을 마련하고 국가 재정을 확보하기 위함이었다(공양왕, 1391). 지급 대상 토지는 경기 지역에 한정했으며 전·현직 관리에게 과전을 지급하여 수조권을 행사하였다.

23 정답 ②

정답 해설

불교 신앙의 하나로 위기가 닥쳤을 때를 대비하여 향나무를 바닷가에 묻어 두었다가 묻어 두었던 향나무를 통해 미륵을 만나 구원받고자 하는 것을 매향이라고 한다. 그리고 이 활동을 하는 무리를 향도라고 한다.

오답 해설

ㄴ. 조선 시대 향교에 대한 설명이다.
ㄹ. 조선 시대 서원에 대한 설명이다. 서원은 사림들에 의해 지방에 건립되었으며, 선현에 봉사, 후진 양성, 학문 연구 등의 기능을 수행하였으나 중대를 거치면서 붕당의 근거지 역할을 하기도 한다.
※ 매향 활동의 조직이었던 향도가 농민 조직으로 발전. 마을의 일상 의례 등 공동체 생활을 주관하는 기능을 가지고 있다.

24 정답 ①

정답 해설

제시된 자료는 최충헌이 올린 봉사10조의 내용이다. 최충헌은 이의민을 제거하고 정권을 잡은 후 토지 겸병 금지, 조세 제도 개혁 등의 내용으로 봉사 10조를 상소하였다. 교정도감을 설치하고 장관인 교정별감이 되어 권력을 장악하였다. 또한 도방을 부활하여 신변을 보호하고자 하였으며 명종, 희종 등의 국왕을 축출하였다. 최충헌 이후 최우, 최항, 최의의 최씨 가문 4대가 약 60여 년간 집권하였다.

오답 해설

② 신라 중대에는 6두품 출신들이 정치적 활동을 활발히 하며 국왕의 정치적 조언자가 되었다.
③ 고려를 건국한 태조 왕건은 송악 지역을 중심으로 한 호족이었다.
④ 고려 후기 친원 세력인 권문세족은 대농장을 경영하였다.
⑤ 조선 선조 때 사림은 이조전랑 자리를 두고 동인과 서인으로 나뉘었다.

115

13

중세의 문화

쏙쏙 키워드를 알려주지!

국자감, 서적포, 7재, 양현고, 『삼국사기』, 『삼국유사』, 『제왕운기』, 청자

① 문헌공도

최충이 세운 9재 학당에 다니는 학생들을 그의 시호를 따서 부르던 이름. 12도 중에서도 가장 명성이 높았다.

② 기전체

사마천이 『사기』를 서술한 방식으로 본기, 세가, 지, 열전, 연표 등으로 구성된다. 동양의 대부분 정사는 기전체로 서술되었다.

1 유학의 발달과 역사서의 편찬

(1) 유학의 발달

① **고려의 사상** : '유교는 치국의 도, 불교는 수신의 도'(최승로의 시무28조)
② **고려 초기 유학** : 자주적, 주체적 성격→유교 주의적 정치와 교육 기틀 마련
③ **고려 중기 유학** : 보수·귀족적 성격으로 변함→유교 경전에 대한 이해 심화
　㉠ 최충 : 해동공자, 9재 학당 설립→훈고학적 고려 유학에 철학적 성격
　㉡ 김부식 : 보수적·현실적 성격의 유학 대표, 『삼국사기』 집필

(2) 교육기관

① **태조** : 개경에 최고 교육기관으로 국학 설립
② **초기(성종)** : 유교 교육 진흥의 필요성에 따라 교육제도 정비
　㉠ 국학을 국자감으로 정비 ㉡ 향교 : 지방에 설치되어 지방 관리나 서민의 자제들에게 유학 교육
③ **중기**
　㉠ 사학의 발달 : 9재(문헌공도)를 비롯한 12도 융성→사학이 과거합격자를 많이 내면서 관학 위축
　㉡ 관학 진흥책 : ⓐ 숙종: 서적포 설치(서적 발행)
　　　　　　　　　 ⓑ 예종 : 국자감에 전문 강좌(7재) 설치, 양현고

(3) 역사서의 편찬 고려의 역사편찬은 시기적 상황에 따라 이루어짐

① **편찬 배경** : 유학 발달과 유교적 역사 서술 체계의 확립
② **초기** : ㉠『고려왕조실록』: 거란의 침입 때 소실→현전하지 않음 ㉡ 7대실록 : 전하지 않음→ 거란의 침입 때 소실
③ **중기** : 『삼국사기』 편찬 문벌 귀족 전성기
　㉠ 고려 인종 때 김부식이 편찬→현존하는 우리나라 최고(最古)의 역사책
　㉡ 구삼국사를 바탕으로 하여 유교적 합리주의 역사관에 의해 기전체로 서술
　㉢ 신라를 중심으로 서술→신라 계승의식
④ **후기** : 무신정변 이후
　㉠ 특징 : ⓐ 몽고 침입으로 위기였으므로 자주의식과 전통문화 이해 강조함
　　　　　　ⓑ 신진사대부들을 중심으로 성리학적 유교사관의 대두
　㉡『해동고승전』: 각훈이 쓴 삼국시대 승려(30명)들의 일대기
　㉢『동명왕편』: 동명성왕 일대기→고구려 계승의식 표현
　㉣『삼국유사』: 충렬왕 때 승려 일연이 쓴 책으로 불교사 중심 → 고대 민간 설화 및 단군의 건국 이야기 기록
　㉤『제왕운기』: ⓐ 이승휴가 씀, 단군부터 서술 ⓑ 중국과 우리나라가 대등하다는 역사의식이 나타남
　㉥『사략』: 이제현이 쓴 역사서, 성리학적 유교사관에 의한 서술

단답형으로 확인하기

❶ 고려 시대의 국립대학은?
❷ 현존하는 최고(最古)의 역사책으로 합리주의적 사관으로 기전체로 쓰여진 것은?
❸ 일연이 쓴 책으로 단군신화가 최초로 기록된 책은?

❸ 『삼국유사』
❷ 『삼국사기』
❶ 국자감(국학)

정답

(4) 성리학의 전래

① 성리학의 전래 : ㉠ 최초 전래: 충렬왕 때 안향
    ㉡ 안향→이제현→이색→정몽주, 길재, 정도전 등에게 전수
② 성리학의 영향 : ㉠ 신진사대부들에 의해 수용→고려사회 개혁의 사상적 바탕
    ㉡ 권문세족과 불교 비판→조선의 건국이념이 됨

2 불교 사상과 신앙

(1) 불교의 통합운동과 천태종

① 고려 중기 : 대각국사 의천의 불교 통합 운동
  ㉠ 교단 통합운동 : 화엄종을 중심으로 교종은 통합한 후에 다시 교종을 중심으로 교종과 선종을
     통합하기 위해 국청사를 세우고 천태종 창시
  ㉡ 교관겸수 : 이론과 실천의 양면 중시, 내외겸전 : 내적, 외적 수양을 모두 중시

(2) 결사운동과 조계종

① 무신정변 이후의 불교계의 변화 : 수선사(지눌)·백련결사(요세)
② 지눌 : ㉠ 불교 타락을 바로잡고자 송광사를 중심으로 수선사를 조직함
    ㉡ 선종을 중심으로 교종 통합→조계종 창시
    ㉢ 돈오점수, 정혜쌍수→참선과 불경 연구를 동시에 추구
③ 혜심 : 유교와 불교가 사상적으로 차이가 없음(유불일치설)→성리학 수용의 토대 마련

(3) 대장경 조판

① 초조대장경 : 현종 때 거란 퇴치를 위해 만들어서 대구 부인사에 보관→ 몽골의 침입으로 소실,
     인쇄본 일부 전래
② 속장경(교장) : 의천이 교장도감을 설치하고 불경을 모아 만든 불경 해설서
③ 재조대장경(팔만대장경) : ㉠ 몽골 격퇴를 위해 강화도에 대장도감을 설치하고 제작한 대장경(호국
     불교의 상징)→해인사 보관
    ㉡ 팔만대장경과 장경판전이 함께 세계문화유산으로 지정

(4) 도교와 풍수지리설

① 도교의 발달 : ㉠ 특징-불로장생과 현세구복 추구
    ㉡ 도교 행사-ⓐ 초제(하늘에 제사) 실시, 도교사원 건립
        ⓑ 팔관회 실시(불교+도교+민간 신앙적 요소)
② 풍수지리설 : 영향-ⓐ 서경 길지설의 근거→서경천도운동, 북진정책
        ⓑ 한양 명당설의 근거(→남경 설치)

3 과학 기술의 발달

(1) 인쇄술과 제지술의 발달

① 초기 : 목판 인쇄술(대장경)
  후기 : 금속활자 인쇄술→『상정고금예문』(1234년, 현전하지 않음), 『직지심체요절』(1377년, 최고
     (最古)의 금속활자본으로 공인됨)
     └ 청주(서원경) - 흥덕사지
       프랑스에 보관
② 제지술 : 닥나무 재배 권장, 종이 제작 관청 설치→중국으로 수출
③ 서적포 설치(숙종) : 서적 간행 담당

단답형으로 확인하기

❶ 현존하는 세계 최고의 금속활자로 찍은 책은?
❷ 유불일치설을 주장하여 성리학이 수용될 수 있는 바탕을
   마련한 사람은?
❸ 교종 중심으로 선종을 통합한 의천에 의해 만들어진 종
   파는?

정답
❶ 『직지심체요절』
❷ 혜심
❸ 천태종

---

① 돈오점수

인간의 마음이 곧 부처의 마음임을 깨달(돈오)은 후에 계속 수행하여 깨달은 바를 실천(점수)하여 해탈에 이르러야 한다는 지눌의 사상

② 정혜쌍수

선과 교학은 하나이므로 선을 중심으로 교학을 표용하자는 이론

고려의 첨성대(개경)

③ 『상정고금예문』

12세기 인종 때 최윤 등이 지은 의례서. 강화도로 천도할 때 예관이 가지고 오지 못하여 최우가 보관하던 것을 강화도에서 금속활자로 28부 인쇄하였다고 함. 현재 전하지 않음

『직지심체요절』

4 귀족문화의 발달

(1) 건축과 조각

① 건축 : ㉠ 궁궐과 사찰 중심

　　　　㉡ 경사면에 건물을 계단식으로 배치하여 웅장한 느낌을 줌

　　　　㉢ 고려 전기 : 주심포식 건물 유행

　　　　　　ⓐ 지붕 무게를 기둥에 전달하면서 건물을 치장하는 공포가 기둥 위에만 짜여진 건축양식→기둥의 수가 줄어들며 아랫부분이 불룩한 기둥 사용

　　　　　　ⓑ 안동 봉정사 극락전 : 맞배지붕, 주심포 양식으로 초석 위에는 배흘림기둥을 세움→ 1200년대 건립한 것으로 추정되며 우리나라에서 가장 오래된 목조 건물로 평가

　　　　　　ⓒ 영주 부석사 무량수전 : 팔작지붕, 주심포 양식 → 1376~1377(우왕) 건립 추정

　　　　　　ⓓ 예산 수덕사 대웅전 : 맞배지붕, 주심포 양식으로 백제적 곡선을 보이고 있으며 1308년 건립

　　　　㉣ 고려 후기 : 다포식 건물, 성불사 응진전

① 광주 춘궁리 철불

봉정사 극락전　　　　수덕사 대웅전　　　　공포

② 석탑 ㉠ 신라 양식 + 독자적 조형 감각-개성 불일사 오층석탑, 개성 현화사 칠층석탑

　　　㉡ 송 영향 : 다각 다층탑-월정사 팔각구층석탑

　　　㉢ 원 영향 : 경천사 십층석탑

③ 승탑(부도) : 고달사지 승탑(팔각 원당형, 신라의 양식 계승), 법천사 지광국사현묘탑

④ 불상 : ㉠ 지역에 따라 다양한 모습을 나타나지만 신라에 비해 조형미 퇴보

　　　　㉡ 광주 춘궁리 철불(10세기), 부석사 소조아미타여래좌상(신라계승, 고려 초기)

② 경천사 십층탑

경기도 개풍군 광수리 부소산 경천 사터에 있던 것을 경복궁에 옮겨 세 웠다가 국립중앙박물관에 세운 것이 다. 한말에 일본 궁내대신 다나카 미 쓰아키가 불법으로 해체하여 일본으 로 반출한 후 반환되었다.
석탑의 형식은 당시 새롭게 등장한 다각 석탑의 유형을 따르지 않고 신 라의 형식을 이은 평면직사각형으로 이루어져 있다. 초층 옥신의 이맛돌 에 새겨진 조탑명 "至正八年戊子三 月日(지정팔년무자삼월일)"이란 기 록에서 그 건립 연대가 1348년(충목 왕 4년)임을 알 수 있다. 따라서 당시 의 상황으로 보아 원나라의 영향을 받은 것으로 짐작된다.

③ 관촉사 석조미륵보살 입상

고려 시대의 탑

 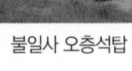   

불일사 오층석탑　　　무량사 오층석탑　　　월정사 팔각구층석탑　　　경천사 십층석탑

단답형으로 확인하기

❶ 고려 후기 원나라의 영향을 받아 축조된 탑으로 일본으로 반출된 후 다시 반환된 탑은?

❷ 고려 초기의 대표적인 철불은?

❸ 현존하는 가장 오래된 건축물로 주심포 양식이 사용된 것은?

❶ 경천사 십층석탑　❷ 광주 춘궁리 철불　❸ 봉정사 극락전

정답

(2) 청자와 공예

① 자기공예 : ㉠ 귀족의 생활도구와 불교의식에 이용, 특히 자기공예 발달
ㅤㅤㅤㅤㅤ ㉡ 신라 + 발해 + 송의 기술→독자적 경지(11세기, 비색 순청자)
ㅤㅤㅤㅤㅤ ㉢ 상감청자 : ⓐ 12세기~13세기 중엽까지 발달
ㅤㅤㅤㅤㅤㅤㅤㅤㅤ ⓑ 생산지 : 전라도 강진(최고급 자기) · 부안
ㅤㅤㅤㅤㅤㅤㅤㅤㅤ ⓒ 13세기 이후 : 가마 기술 도입, 청자 쇠퇴
ㅤㅤㅤㅤㅤ ㉣ 분청사기(고려 말~조선 초) : 북방의 영향, 소박함
② 은입사공예 : ㉠ 불교 도구를 중심으로 은입사 기술 발달
ㅤㅤㅤㅤㅤㅤ ㉡ 청동 향로, 청동 정병
③ 나전칠기공예 : 경합, 화장품갑, 문방구→현재까지 전래됨

고려 시대의 자기들

고려 시대의 공예품들

ㅤ청자 상감 운학무늬 매병ㅤㅤㅤ청자 상감 주전자ㅤㅤㅤㅤㅤ나전 국당초문 염주함ㅤㅤㅤ청동제 은입사 포류수금문 정병

(3) 글씨, 그림과 음악

① 서예 : ㉠ 고려 전기 : 구양순체(유신), 왕희지체(탄연)ㅤㅤㅤ㉡ 고려 후기 : 송설체(이암)
② 회화 : ㉠ 전기 : ⓐ 전문 화원의 그림과 문인화 유행
ㅤㅤㅤㅤㅤㅤㅤㅤ ⓑ 이령(「예성강도」) · 이광필→전해오는 그림 없음
ㅤㅤㅤㅤㅤ ㉡ 후기 : ⓐ 사군자 중심의 문인화(전해오는 그림 없음)와 불화 유행
ㅤㅤㅤㅤㅤㅤㅤㅤ ⓑ 「천산대렵도」 : 공민왕, 원대 화풍의 영향
ㅤㅤㅤㅤㅤㅤㅤㅤ ⓒ 불화 : 혜허의 「관음보살도」(일본에 있음)
③ 음악 : ㉠ 아악 : 송에서 수입된 대성악이 궁중 음악으로 발전
ㅤㅤㅤㅤㅤ ㉡ 향약(속악) : 우리 고유 음악 + 당악의 영향, 동동 · 대동강 · 한림별곡

 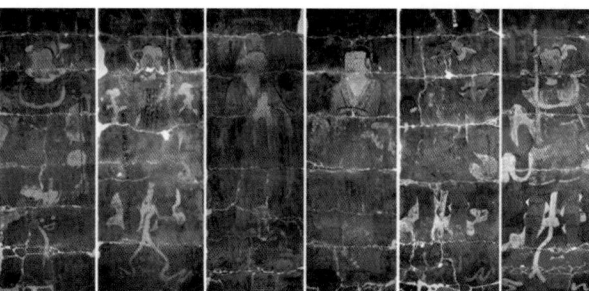

ㅤㅤ「천산대렵도」ㅤㅤㅤㅤㅤㅤㅤㅤㅤ부석사 조사당 벽화

---

① 상감법

나전칠기나 은입사 공예에서 응용된 것으로 그릇 표면을 파낸 자리에 백토, 흑토를 메워 무늬를 내는 방법

② 은입사

주로 철제 용기의 문양을 강조하여 표현할 때 사용하는 기술. 예리한 끌을 사용하여 그릇 표면에 나타내고자 하는 문양의 모양을 홈을 만들고 은실을 얇게 꼬거나 넓게 펴서 홈에 대고 두들기는 기법으로 특히 우리나라에서 발달하였다.

③ 관음보살도(수월관음도)

단답형으로 확인하기

❶ 고려의 대표적인 자기로 그릇 표면을 파낸 자리에 백토,
ㅤ흑토를 메워 무늬를 내는 방법을 사용했던 것은?
❷ 공민왕이 원대 화풍의 영향을 받아 그린 작품은?

ㅤㅤㅤㅤㅤㅤㅤㅤㅤㅤㅤㅤㅤㅤㅤㅤㅤ「천산대렵도」❷
ㅤㅤㅤㅤㅤㅤㅤㅤㅤㅤㅤㅤㅤㅤㅤㅤㅤㅤ상감청자 ❶

ㅤㅤㅤㅤㅤㅤㅤㅤㅤㅤㅤㅤㅤㅤㅤㅤㅤㅤㅤㅤ정답

25 [38회 16번]

다음 문화유산에 대한 설명으로 옳은 것은? [2점]

외국에 있는 우리 문화유산

직지심체요절

• 간행 시기: 1377년(우왕 3)
• 소개: 불교 교리의 주요 내용을 정리한 것으로, '직지심체'는 사람의 마음을 직관하여 부처의 깨달음에 도달한다는 의미이다.
• 소장처: 프랑스 국립 도서관
• 특징: 2001년에 유네스코 세계 기록 유산으로 등재되었다.

① 주자소에서 인쇄되었다.
② 신미양요 때 약탈당하였다.
③ 대각 국사 의천에 의해 간행되었다.
④ 현존하는 가장 오래된 금속 활자본이다.
⑤ 몽골의 침략을 물리치기 위해 제작되었다.

26 [45회 16번]

(가)에 들어갈 내용으로 옳은 것은? [2점]

《2019년 인문학 특강》

고려 불교사의 이해

이번 특강에서는 고승들의 행적을 통해 고려 불교사의 흐름을 다루고자 합니다.

◆ 주제 ◆

제1강 대각국사 의천, 천태종을 개창하다
제2강 보조국사 지눌, ___(가)___
제3강 진각국사 혜심, 유불 일치설을 주장하다
제4강 원묘국사 요세, 백련사 결사를 주도하다

• 일시: 2019년 ○○월 ○○일 ~ ○○월 ○○일 매주 목요일 오후 1시
• 장소: □□대학교 대강당
• 주최: △△학회

① 불국사를 건립하다
② 삼국유사를 편찬하다
③ 수선사 결사를 제창하다
④ 화엄일승법계도를 남기다
⑤ 왕오천축국전을 저술하다

27 [35회 11번]

(가) 지역에서 있었던 사실로 옳지 않은 것은? [2점]

특별 사진전

___(가)___의 문화유산

우리 박물관에서는 유네스코 세계유산에 등재된 '___(가)___'의 역사 기념물과 유적' 사진을 모아 특별전을 마련하였습니다. 관심 있는 분들의 많은 관람 바랍니다.

만월대   고려 성균관   선죽교

• 기간: 2017년 ○○월 ○○일~○○월 ○○일
• 장소: △△박물관 기획 전시실

① 주세붕이 백운동서원을 설립하였다.
② 정몽주가 이방원 세력에 의해 피살되었다.
③ 만적이 신분 해방을 위해 난을 도모하였다.
④ 조선 후기 송상이 근거지로 삼아 활동하였다.
⑤ 남북한 경제 협력 사업의 일환으로 공단이 건설되었다.

28 [32회 13번]

다음 보고서의 사진 자료로 옳지 않은 것은? [2점]

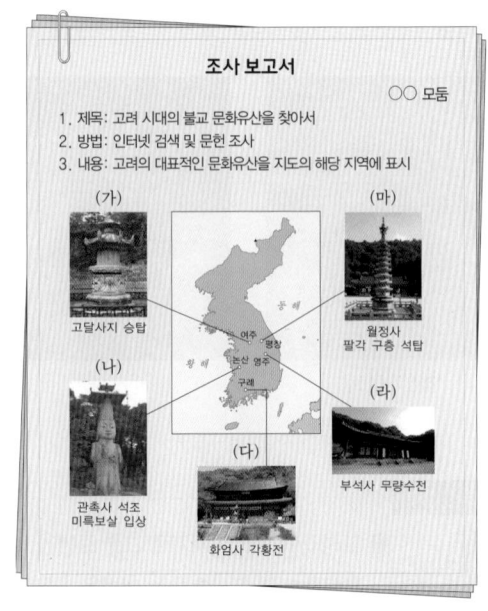

조사 보고서

○○ 모둠

1. 제목: 고려 시대의 불교 문화유산을 찾아서
2. 방법: 인터넷 검색 및 문헌 조사
3. 내용: 고려의 대표적인 문화유산을 지도의 해당 지역에 표시

(가) 고달사지 승탑
(마) 월정사 팔각 구층 석탑
(나) 관촉사 석조 미륵보살 입상
(라) 부석사 무량수전
(다) 화엄사 각황전

① (가)   ② (나)   ③ (다)   ④ (라)   ⑤ (마)

25 정답 ④

정답 해설

제시된 문화유산은 『직지심체요절(直指心體要節)』로 정식 명칭은 『백운화상초록불조직지심체요절(白雲和尙抄錄佛祖直指心體要節)』로 현존하는 금속활자로 인쇄된 책 중 가장 오래된 책이며, 백운 화상이 석가모니의 가르침에서 중요한 내용을 뽑아 청주 흥덕사에서 펴냈다. 현재 파리 국립 도서관에 보관되어 있으며, 유네스코 세계 기록 유산으로 지정되었다.

오답 해설

① 조선 태종 때는 주자소를 설치하고 계미자를 주조하였다.
② 신미양요 때는 어재연 부대의 '수'자기를 약탈당하였다.
③ 대각국사 의천에 의해 간행된 것은 『속장경』이다.
⑤ 몽골의 침략을 물리치기 위해 제작된 것은 팔만대장경이다.

26 정답 ③

정답 해설

보조국사 지눌은 불교계를 개혁하기 위해 수선사 결사를 제창하였다. 돈오점수(깨달음)를 주장하며 수행 방법으로 정혜쌍수를 제시하였다.

오답 해설

① 불국사는 경덕왕 때 김대성이 창건을 시작하였다.
② 삼국유사는 일연이 편찬하였다.
④ 의상은 화엄일승법계도를 남겼다.
⑤ 혜초는 왕오천축국전을 저술하였다.

27 정답 ①

정답 해설

(가)는 개성이다. 만월대는 고려 시대의 궁궐터로 919년(태조 2년)에 태조가 송악산 남쪽 기슭에 도읍을 정하고 궁궐을 창건한 이래, 1361년(공민왕 10년) 홍건적의 침입으로 소실될 때까지 고려왕의 주된 거처였다. 고려 성균관은 개성에 있었던 고려 시대 최고의 교육기관이었다.

오답 해설

① 백운동서원은 경북 영주시에 있다.
② 고려 말 정몽주는 이방원의 세력에 의해 개성 선죽교에서 피살되었다.
③ 최충헌의 노비였던 만적이 난을 일으킨 곳은 개성이다.
④ 조선 후기 송상은 개성을 근거지로 전국적으로 활동하였다.
⑤ 남북한 경제협력사업의 일환으로 공단이 설립된 곳은 개성으로 현재는 폐쇄된 상태이다.

28 정답 ③

정답 해설

(가) 고달사지 승탑은 국보 제 4호이다. 전형적인 팔각 원당형으로 신라양식을 계승한 고려 초기 승탑이다.
(나) 관촉사 석조미륵보살 입상은 보물 제218호로 지정되어 있으며, 높이는 17.8m로 고려 시대 세워진 우리나라 최대의 석불이다.
(다) 화엄사 각황전은 전남 구례에 위치하고 있으며, 국보 제 67호이다. 신라 때 조성되었으나 임진왜란 때 불에 탔고, 조선 숙종 때에 중건되었다.
(라) 영주에 있는 부석사 무량수전은 고려 시대를 대표하는 목조 건축물로서 국보 제 18호로 주심포 계열 건물이다.
(마) 월정사 팔각구층탑은 강원도 평창에 위치하고 있는 고려 시대 탑으로 중국 송나라의 영향을 받았다.
따라서 (다)만 조선 시대 문화재이다.

29 [35회 14번]

다음 편지의 소재가 된 문화유산으로 옳은 것은?

[2점]

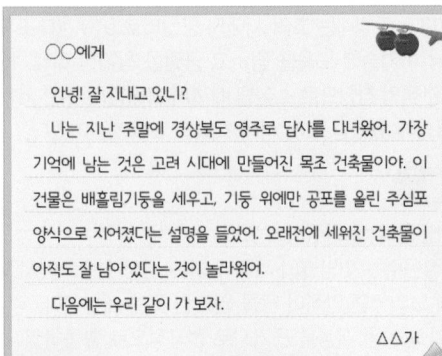

○○에게

안녕! 잘 지내고 있니?

나는 지난 주말에 경상북도 영주로 답사를 다녀왔어. 가장 기억에 남는 것은 고려 시대에 만들어진 목조 건축물이야. 이 건물은 배흘림기둥을 세우고, 기둥 위에만 공포를 올린 주심포 양식으로 지어졌다는 설명을 들었어. 오래전에 세워진 건축물이 아직도 잘 남아 있다는 것이 놀라웠어.

다음에는 우리 같이 가 보자.

△△가

①  개암사 대웅전

②  금산사 미륵전

③ 무량사 극락전

④  화엄사 각황전

⑤  부석사 무량수전

30 [32회 15번]

다음 퀴즈의 정답으로 옳은 것은? [1점]

이 인물은 고려 후기의 문신이자 학자로 호는 목은입니다. 이제현의 제자로 고려에 성리학을 보급하고 발전시키는 데 공헌하였으며 정몽주, 정도전 등의 신진 사대부를 길러내기도 하였습니다. 이 인물은 누구일까요?

①  이색

②  이이

③  이황

④  정약용

⑤  최승로

31 [37회 16번]

(가)에 들어갈 문화유산으로 옳은 것은? [3점]

문화유산 카드

(가)

• 종목: 국보 48-1호
• 소재지: 강원도 평창군
• 소개: 고려 시대에 다각형의 다층 석탑이 유행하면서 세워진 탑이다. 2단의 기단 위에 탑신부와 상륜부를 세웠으며, 탑 앞에는 공양하는 모습의 석조 보살 좌상이 있다.

①  불국사 삼층 석탑

②  감은사지 삼층 석탑

③  정림사지 오층 석탑

④  월정사 팔각 구층 석탑

⑤  화엄사 사사자 삼층 석탑

32 [37회 13번]

다음 자료에 해당하는 역사책으로 옳은 것은? [2점]

폐하께 아룁니다.

옛날 여러 나라들은 제각기 사관을 두어 기록을 남겼습니다. 폐하께서도 "오늘날의 학자들이 중국의 경전과 역사에는 능통하나, 우리나라 역사는 잘 알지 못하니 걱정스러운 일이다."라고 말씀하셨습니다. 이에 신(臣) 김부식이 감수국사로 명을 받아 본기 28권, 연표 3권, 지 9권, 열전 10권을 찬술하여 올리나이다.

①  고려사

②  발해고

③  동국통감

④  삼국사기

⑤  삼국유사

29 정답 ⑤

정답 해설

제시문에서 주어진 키워드 단어는 고려, 영주, 배흘림양식 등이다. 이를 통하여 영주 부석사에 해당하는 설명임을 파악 할 수 있다.

오답 해설

① 부안 개암사는 백제 말~통일신라 초기에 창건. 개암사 대웅전은 1636년(인조 14년)에 중건되었다(보물 제 292호). ② 금산사 미륵전은 1635년(인조 13년)에 지은 목조건물이며, 국보 제 62호로 지정되어 있다. ③ 무량사 극락전은 충청남도 부여군 무량사에 있는 17세기 건축물이며, 보물 제 356호로 지정되었다. ④ 화엄사 각황전은 조선 시대 건물이며, 국보 67호이다.

30 정답 ①

정답 해설

목은 이색은 고려 후기의 관료이면서 학자로 성리학의 보급과 발전에 기여하였고, 제자로는 정몽주, 정도전 등이 있다.

오답 해설

이황과 이이는 각각 조선 중기 주리론과 주기론을 발달시킨 조선의 성리학자, 정약용은 조선 후기 중농학파 실학을 집대성하고 『목민심서』를 저술하였다. 최승로는 고려 성종 때 시무28조를 건의함으로 유교 통치 이념의 방향을 제시하였다.

31 정답 ④

정답 해설

고려 전기의 석탑은 다각 다층탑이 유행하였다. 평창 월정사 팔각구층석탑은 기단이나 탑신이 팔각형이고 여러 층으로 이루어진 점 등에서 고려 시대에 유행한 다각 다층 석탑의 대표적인 예로 유명하다.

오답 해설

① 신라 경덕왕 때 건립된 불국사 삼층석탑은 조화와 균형의 미를 추구한 전형적인 통일신라의 석탑으로 신라 중대에 만들어졌으며, 우리에게 석가탑(釋迦塔)으로 알려져 있다. 그 안에서 「무구정광대다라니경」이 발견되었다.
② 통일신라 신문왕이 건립한 감은사지 삼층석탑은 불국사 삼층석탑과 함께 이중 기단에 3층의 탑신을 쌓은 전형적인 신라 석탑의 모습을 보여 준다.
③ 부여 정림사 터에 남아 있는 백제 정림사지 오층석탑은 목탑의 모습을 많이 지니고 있는 석탑이다.
⑤ 구례 화엄사 사사자삼층석탑은 8세기 중엽에 만들어진 이형(異形) 석탑으로 이중 기단과 탑신 사이에 네 마리의 사자가 있는데 이 네 마리 사자가 탑신부 전체를 떠받치고 있는 독특한 형상이다.

32 정답 ④

정답 해설

인종 때 김부식 등이 편찬한 『삼국사기』는 현존하는 우리나라에서 가장 오래된 역사서로 유교적 합리주의 사관에 기초하여 서술되었다. 삼국사기는 본기, 열전, 지, 연표 등을 갖춘 기전체 역사서이다. 고려는 건국 초부터 고구려 계승의식을 표방하였으나 중기에 이르러 신라 계승의식이 강화되었는데, 『삼국사기』에는 이처럼 신라 계승 의식이 많이 반영되어 있다.

오답 해설

① 『고려사』는 세종~단종 때(15세기 중반) 김종서와 정인지가 세종의 명을 받아 본기, 세가, 열전, 지(서), 표의 구성으로 만든 기전체 역사서이다.
② 유득공은 『발해고』에서 신라의 통일은 불완전한 것이고, 북쪽에 발해가 있었으므로 이를 '남북국'이라 불러야 한다고 주장하였다.
③ 『동국통감』은 서거정 등이 고조선부터 고려 말까지의 역사를 정리한 편년체 통사이다.
⑤ 일연이 쓴 『삼국유사』는 불교사를 중심으로 고대의 민간 설화나 전래 기록을 수록하는 등 우리의 고유문화와 전통을 중시하였다.

PART III

중세 시대는 최근 44문항 12.57%가 출제되었는데, 초기 태조, 광종, 성종의 업적과 정치제도의 특징, 거란, 여진, 몽골, 홍건, 왜구 등 이민족에 대한 침략을 물리치는 과정, 중대에 이자겸의 난과 묘청의 서경천도운동, 무신정변기 하층민의 난, 주요 기구들, 하대에는 공민왕의 개혁정치와 신진사대부의 성장 등이 출제되어왔기 때문에 이 부분을 중점적으로 학습한다.

● 고려 초기의 체제 정비

태조의 체제 정비	• 민생 안정 : 취민 유도 표방, 흑창 실시 • 호족 통합 : 혼인 정책, 사성 정책, 사심관제도, 기인제도 • 북진 정책 : 서경(평양) 중시-옛 고구려의 영토 회복 의지, 태조 말년 청천강~영흥만까지 영토를 확장함
광종의 왕권 강화	• 배경 : 혜종 · 정종 때 왕자들과 외척들 사이에 왕위계승 다툼 발생, 왕규의 난 • 노비안검법 실시 : 호족의 경제적 · 군사적 기반 약화, 왕권 강화 및 국가 재정 기반 확대 • 과거제도 시행, 주현 공부법, 백관의 공복 제정, 황제 칭호, 독자적 연호 사용(광덕 · 준풍)
성종의유교 정치질서	• 최승로의 「시무28조」 채택 : 통치체제 정비, 유교적 정치 강화, 불교 행사 억제 • 중앙 : 2성 6부제, 중추원과 삼사 설치, 도병마사와 식목도감 설치 • 지방 : 12목에 지방관 파견, 향리 제도 마련 • 교육 : 국자감 정비(중앙)

● 문벌 귀족 사회의 동요

이자겸의 난	• 왕실 외척인 경원 이씨가 왕위를 쟁탈하려 함 • 문벌 귀족 사회 붕괴의 발단이 됨	
묘청의 서경천도 운동	• 개경파와 서경파의 대립	
	개경파	서경파
	• 보수적 문벌 귀족 • 금에 사대 외교 • 신라 계승 의식 • 유교, 보수적 · 사대적	• 신진 관료세력 • 금국 정벌 주장, 서경 천도 • 고구려 계승 의식 • 풍수지리설
	• 전개 : 묘청의 서경천도 주장→김부식 등의 반대→서경에서 봉기→관군에 의해 진압 • 결과 : 귀족 사회의 폐단과 모순 심화→무신정변의 배경이 됨	

● 무신정변

배경	• 의종의 실정과 문벌 귀족 사회의 모순 심화 • 무신에 대한 차별
경과	정중부(중방)→경대승(도방)→이의민
최씨 정권	• 최충헌 : 교정도감(최고 집정부), 도방(사병 기구) • 최우 : 정방(인사권 장악), 삼별초(군사 기구)
사회 모습	• 농민과 천민들의 봉기 발생 : 명학소의 망이 · 망소이의 난, 김사미 · 김효심의 난, 만적의 난 등

● 고려 지배층의 변화

문벌 귀족	중앙의 고위 관직 차지, 중첩된 혼인을 통해 지위를 강화, 음서와 공음전의 특권을 누림
무신	무신정변(1170년)으로 권력 장악
권문세족	무신정권이 붕괴하면서 등장, 대규모 농장 소유, 도평의사사 등 정계 요직 장악, 음서로 신분 세습
신진사대부	중소 지주 출신, 성리학적 학문 기반, 과거로 관직 진출(권문세족과 대립)

● 고려 후기의 정치 변동

원 간섭기	• 내정 간섭 : 왕실 호칭과 관제 격하, 정동행성 • 영토 상실 : 쌍성총관부(철령 이북), 동녕부(자비령 이북), 탐라총관부(제주도) • 경제 수탈 : 공녀 차출, 특산물 징발, 응방 설치(매 징발) • 풍속 변질 : 몽고어 사용, 몽고식 의복
공민왕의 개혁정치	• 반원 자주 정책 : 쌍성총관부 탈환, 관제 복구, 몽고풍 금지, 친원파 제거, 정동행성 폐지, 요동 공략 • 왕권 강화 정책 : 정방 폐지(권문세족 억압→신진사대부 기용), 전민변정도감 설치(신돈 등용, 권문세족의 토지와 노비 몰수), 과거제도 정비, 요동 공략

고려 멸망 (1392년)	• 위화도 회군(1388년) : 급진개혁파와 신흥 무인세력 정치적, 군사적 실권 장악
	• 전제 개혁(과전법) 단행 : 경제적 실권 장악→새 왕조 개창(1392년)

● 고려의 대외 관계

거란	• 1차 침입 : 서희의 외교 담판→강동 6주 획득 • 2차 침입 : 양규의 활약
	• 3차 침입 : 강감찬의 귀주대첩 • 결과 : 고려 · 송 · 요의 세력 균형 유지, 나성(개경)과 천리장성
여진(12세기)	• 윤관의 여진 정벌 : 별무반 조직→윤관의 여진 토벌→동북 9성 축조(1107년)→반환
	• 결과 : 여진족의 세력 강화→금 건국(1115년)→고려에 사대 관계 요구→이자겸의 사대 수락
몽고(13세기)	• 최씨 정권의 강화 천도, 민중의 저항(다인철소 · 처인부곡의 승리)
	• 몽고와의 강화 : 최씨 정권의 붕괴, 개경 환도→삼별초의 항쟁(강화→진도→제주도)
홍건적과 왜구	신흥 무인세력의 활약(최영, 이성계)

사천 매향비
불교 신앙의 하나로 위기가 닥쳤을 때를 대비하여 향나무를 바닷가에 묻어 두었다가 묻어두었던 향나무를 통해 미륵을 만나 구원받고자 하는 것을 '매향'이라고 한다. 그리고 이 활동을 하는 무리를 '향도'라고 한다.

● 고려 시대의 승려

중기 (천태종)	의천	• 불교 통합 운동 : 교종을 중심으로 선종을 통합하고자 함. 천태종 창시
		• 교리 : 교관겸수(이론의 연마와 실천을 아울러 강조)
지방 조직	지눌	• 수선사 결사 운동 : 불교계의 타락 비판
		• 교리 : 정혜쌍수, 돈오점수→선종을 중심으로 교종을 포용하고자 함. 선교 일치 사상
	혜심	유불일치설 주장(성리학 수용의 사상적 기반 마련)

● 인쇄술과 농업 기술의 발달

인쇄술	목판(『고려대장경』), 금속활자(『상정고금예문』, 『직지심체요절』→세계 최초의 금속활자)
농업	• 농업 기술 : 시비법 발달, 이앙법 보급(일부 남부 지방), 2년 3작의 윤작법, 소를 이용한 깊이갈이

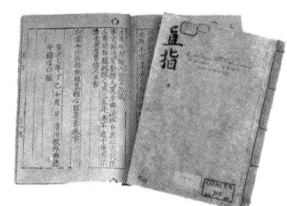

『직지심체요절』

불일사 오층석탑   무량사 오층석탑   월정사 팔각구층석탑   경천사 십층석탑

조선(朝鮮), 고운 아침의 나라

고려의 해가 지고
조선의 해가 뜨면서

백성들은 새 국가의
아침을 맞이했어.

조선은 양반의 나라였고

정도전은 민본 사상을 강조했어.

세종대왕은 과학 기술에
관심이 많았고

특히 의학에도 관심이 있었어.

선조 때는 왜란이 발생해서

국가 전체가 전쟁에
시달리기도 했지

신과함께
―
한국사능력검정시험

Part Ⅳ
근세의 성립과 발전

CHAPTER 14

조선의 건국과 통치 체제의 정비

쏙쏙 키워드를 알려주지!

정도전, 과전법, 6조 직계제, 의정부 서사제, 『경국대전』, 3사(고려와 구분), 교육제도, 유향소

---

① 6조 직계제와 의정부 서사제

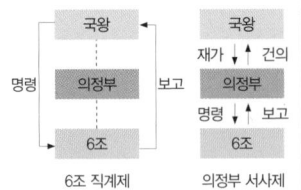

6조 직계제   의정부 서사제

② 호패

16세 이상의 모든 남자에게 발급한 신분증명패로, 조세징수와 군역부과에 이용되었다.

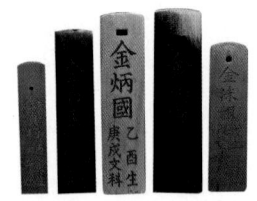

③ 경연

국왕과 신하들이 한자리에 모여 학술과 정책을 토론하는 제도

④ 사가독서제

젊은 문신들에게 휴가를 주어 독서와 학문 연구에 전념할 수 있도록 한 제도

---

1 조선의 건국과 발전

(1) 조선의 건국

① **조선의 건국 과정** : 명이 철령 이북 땅을 요구→최영의 요동 정벌 추진→이성계의 위화도 회군(1388년)→최영을 제거하고 실권 장악

② **신진사대부의 분화**
- ㉠ 온건개혁파 : 이색 · 정몽주 중심, 대토지 소유 시정 주장, 고려왕조 유지 주장
- ㉡ 급진개혁파 : 정도전 · 조준 중심, 사전혁파 주장, 역성혁명 주장

③ **과전법 실시(1391년)** : 권문세족의 불법 소유 토지 몰수, 신진 관료에게 토지 지급→신진사대부의 경제적 기반 마련

④ **조선 건국(1392년)** : 급진개혁파(정도전, 조준 등)가 온건개혁파(정몽주 등)를 제거→이성계의 조선 건국

(2) 건국 초기의 통치 기반 마련

① **태조(이성계)**
- ㉠ 한양 천도 : 교통과 국방의 중심지, 경복궁 등 궁궐 · 종묘 · 사직 · 관아 · 학교 등 건설→도읍의 기틀을 마련
- ㉡ 정도전의 문물제도 정비 : 민본적 · 재상중심의 정치 주장, 『불씨잡변』 저술→성리학을 통치 이념으로 확립, 『조선경국전』 저술

② **태종(이방원)**
- ㉠ 왕자의 난을 거쳐 즉위→정도전 등 개국공신 세력 축출
- ㉡ 왕권 강화 : 사병 혁파(군사권 장악), 6조 직계제 실시, 호패법과 양전사업 실시, 신문고 설치

(3) 유교 정치의 실현과 문물제도의 정비

① **세종**
- ㉠ 유교 정치 실현 : 집현전 설치(학문과 정책 연구기관), 경연 활성화, 의정부 서사제→왕권과 신권의 조화 추구
- ㉡ 문물 정비 : 훈민정음 창제 · 반포, 편찬 사업 활발
- ㉢ 국방 정책 : 여진을 정벌하고 4군(최윤덕), 6진(김종서) 개척, 쓰시마(대마도) 정벌

② **세조(수양대군)** : 단종을 몰아내고 왕위에 오름(계유정난), 6조 직계제 시행, 집현전 폐지, 사가독서제와 경연제도 폐지, 『경국대전』 편찬 시작

③ **성종**
- ㉠ 문물제도의 정비 : 『경국대전』 완성 · 반포→조선 통치체제 확립
- ㉡ 경연 강화 : 집현전을 계승한 홍문관을 설치

단답형으로 확인하기

❶ 6조 판서들이 국왕에게 직접 보고하고 명을 받아 업무를 처리하게 하는 제도는?

❷ 왕명의 출납을 담당하던 국왕의 비서실은?

❸ 조선 시대의 3사는?

❸ 사헌부, 사간원, 홍문관
❷ 승정원
❶ 6조 직계제

정답

---

2 통치체제의 정비

(1) 중앙 정치조직의 정비
① **목표** : 성리학 이념의 유교 정치 실현
② **3사의 기능 강화→권력의 독점과 부정 방지**

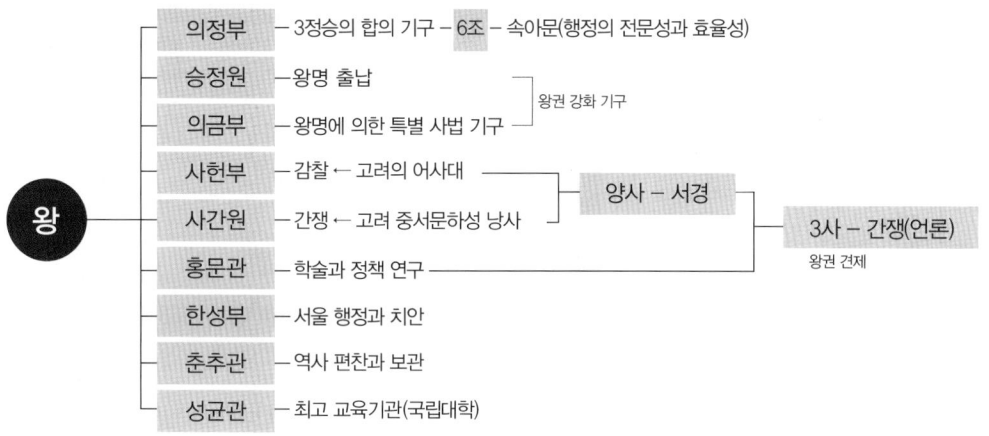

- 의정부 — 3정승의 합의 기구 — 6조 — 속아문(행정의 전문성과 효율성)
- 승정원 — 왕명 출납 ┐
- 의금부 — 왕명에 의한 특별 사법 기구 ┘ 왕권 강화 기구
- 사헌부 — 감찰 ← 고려의 어사대 ┐ 양사 – 서경
- 사간원 — 간쟁 ← 고려 중서문하성 낭사 ┘ 3사 – 간쟁(언론) 왕권 견제
- 홍문관 — 학술과 정책 연구
- 한성부 — 서울 행정과 치안
- 춘추관 — 역사 편찬과 보관
- 성균관 — 최고 교육기관(국립대학)

(왕)

(2) 지방 행정제도
① **행정 구역 정비** : 전국을 8도로 구분하고 모든 군현에 수령 파견, 속현과 향·부곡·소 소멸, 주민을 국가가 직접 지배
② **지방 통치** : 8도에 관찰사 파견(수령 지휘 및 감독), 수령(모든 군현에 파견, 국왕의 대리인−지방의 행정권·사법권·군사권을 가짐), 향리(지방 관아에 소속되어 행정 실무 담당, 지위 격하)
③ **유향소** : 지방 사족으로 구성된 향촌 자치기구, 수령을 보좌하고 향리의 비리를 감시함
└─향청

(3) 군사제도와 교통·통신제도
① **군역** : 16세 이상 60세 미만의 양인 남자에게 부과함(양인 개병제)
② **군사 조직** : 중앙군인 5위는 궁궐과 수도를 수비함→정군, 갑사, 특수병 구성
③ **교통·통신 조직 정비** : 봉수제(비상 통신), 역참(물자 수송과 통신)→중앙집권체제 강화

(4) 관리 등용제도와 교육제도
① **관리 등용 방법**
  ㉠ 과거 : 양인 이상이면 응시 가능, 3년마다 시행 원칙, 천민 응시 불가, 문과·무과·잡과(기술)로 나뉨
  ㉡ 특별 채용 : 천거(주로 기존 관리 대상), 음서(고려에 비해 대상 축소)
② **교육제도**
  ㉠ 성균관 : 한성에 설치된 최고 교육기관으로 유학 교육을 실시함
  ㉡ 향교 : 지방 군현에 설치되어 유학 교육을 담당함
  ㉢ 서당 : 한문과 초보적 유학 교육을 실시함
  ㉣ 기술 교육 : 각 해당 관청에서 담당

[지도: 함경도, 평안도, 황해도, 강원도, 경기도, 충청도, 경상도, 전라도, 제주도 / 동해, 황해, 남해, 울릉도, 독도 / ---- 도의 경계]

단답형으로 확인하기

❶ 조선 시대 전국 8도에 파견되어 도의 행정을 책임지는 자는?
❷ 조선 시대 지방의 유력한 사족으로 구성된 향촌 자치기구는?
❸ 조선 시대 한성에 설치된 최고 교육기관은?

❶ 관찰사
❷ 유향소(향청)
❸ 성균관

정답

---

① **3사**

사헌부, 사간원, 홍문관을 일컫는 말. 이들은 관리의 비리를 감찰하고, 정사를 비판하며 문필활동을 하면서 언론활동을 담당하였다. 3사의 언론은 고관은 물론 왕이라도 함부로 막을 수 없었고, 이를 위한 여러 규정이 관행으로 받아들여졌다.

② **양인 개병제**

양인이면 누구나 군역이 부과되어 군사훈련을 받아야 했다. 그러나 실제 양반 등 관료들은 군역에서 면제되었으며, 주로 농민들이 군대에 나가 복무하였다.

③ **과거 응시 자격**

천인을 제외하고 특별한 제한이 없었으나, 문과의 경우 탐관오리의 아들, 재가한 여자의 아들과 손자, 서얼에게는 응시를 제한하였다.

1 [39회 20번]

다음 인터넷 방송의 소재가 된 왕의 정책으로 옳은 것은? [2점]

생방송 중 | 실시간 채팅방

오늘의 주인공은 사냥에 나갔다가 말에서 떨어진 왕이에요. 낙마하자 좌우를 살피며 사관이 이 사실을 알게 하지 말라고 했던 일화가 실록에 남아 있어요. 이 왕이 했던 일들에 대해 이야기해 볼까요?

두 차례 왕자의 난을 일으켜 권력을 장악했어요.

사병을 혁파하여 권력을 강화했어요.

신문고를 설치하기도 했어요.

보내기

① 대동법을 시행하였다.
② 훈민정음을 창제하였다.
③ 경국대전을 반포하였다.
④ 삼정이정청을 설치하였다.
⑤ 6조 직계제를 실시하였다.

2 [37회 19번]

다음 검색창에 들어갈 인물의 활동으로 옳은 것은? [2점]

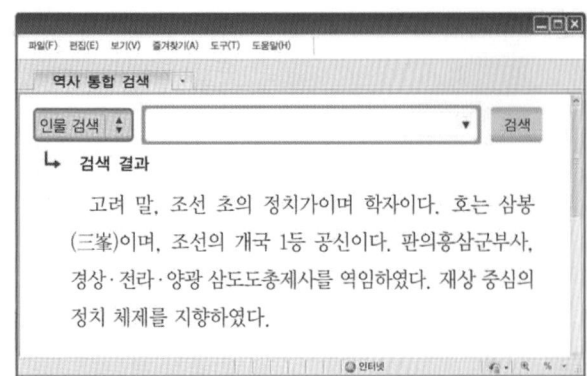

파일(F) 편집(E) 보기(V) 즐겨찾기(A) 도구(T) 도움말(H)

역사 통합 검색

인물 검색 | | 검색

↳ 검색 결과

고려 말, 조선 초의 정치가이며 학자이다. 호는 삼봉(三峯)이며, 조선의 개국 1등 공신이다. 판의흥삼군부사, 경상·전라·양광 삼도도총제사를 역임하였다. 재상 중심의 정치 체제를 지향하였다.

① 몽유도원도를 그렸다.
② 거중기를 설계하였다.
③ 불씨잡변을 저술하였다.
④ 동국지도를 제작하였다.
⑤ 현량과 실시를 건의하였다.

3 [42회 20번]

(가)에 들어갈 왕이 추진한 정책으로 옳은 것은? [2점]

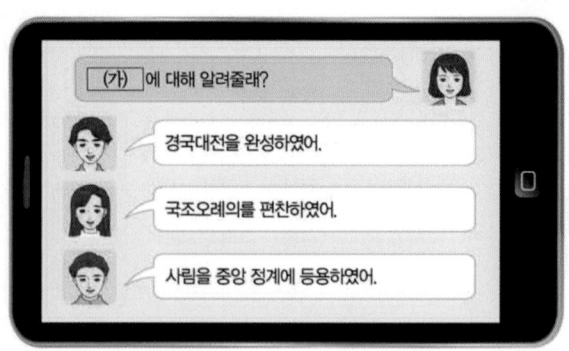

(가) 에 대해 알려줄래?

경국대전을 완성하였어.

국조오례의를 편찬하였어.

사림을 중앙 정계에 등용하였어.

① 영정법을 시행하였다.
② 한양으로 천도하였다.
③ 훈민정음을 창제하였다.
④ 나선 정벌을 단행하였다.
⑤ 관수 관급제를 실시하였다.

4 [43회 18번]

(가)에 들어갈 내용으로 옳은 것은? [3점]

이것은 조카인 단종을 몰아내고 즉위한 왕의 초상화로 알려져 있습니다. 그는 왕권을 강화하기 위해 경연을 폐지하고 (가)

합천 해인사에 보관된 초상화

① 속대전을 반포하였습니다.
② 2군 6위를 설치하였습니다.
③ 수원 화성을 건설하였습니다.
④ 6조 직계제를 부활하였습니다.
⑤ 팔만대장경판을 제작하였습니다.

1 정답 ⑤

정답 해설

두 차례 왕자의 난을 거쳐 왕위에 오른 태종은 왕권을 강화하는 정책을 폈다. 6조 직계제를 시행하고 양전과 호구 파악에 힘을 기울여 호패법을 실시하였다. 6조 직계제는 6조 판서들이 국왕에게 직접 보고하고 명을 받아 업무를 처리하는 제도이다. 태종과 세조는 국왕의 권한을 강화하고 재상을 견제하기 위한 목적으로 6조 직계제를 실시하였다. 또 호패는 16세 이상의 모든 남자에게 패용하게 하여 국역을 수취하는 데 이용되었다. 이외에도 태종은 신문고를 통해 백성의 고충을 들어주었다.

오답 해설

① 대동법을 시행한 것은 광해군 때이다.
② 훈민정음을 창제한 것은 세종 때이다.
③ 경국대전을 반포한 것은 성종 때이다.
④ 삼정이정청을 설치한 것은 철종 때이다.

2 정답 ③

정답 해설

정도전은 고려 말, 조선 초의 정치가이며 학자로, 호는 삼봉이다. 조선왕조 개창 이후 한양의 주요 건축물의 위치나 이름을 정하였고, 조선경국전 · 경제문감 등을 지어 문물 제도를 정비하였다. 불교를 말살하고 성리학을 통치 사상으로 삼고자 불씨잡변, 심기리편을 저술하고 문집인 삼봉집을 남겼다. 1398년 1차 왕자의 난 때 이방원에 의해 죽임을 당하였다.

오답 해설

① 몽유도원도는 안견이 그린 15세기 대표적인 회화 작품이다.
② 거중기는 무거운 물건을 들어 올리는 데 사용하던 기계로, 정조 때 정약용이 고안한 것이다.
④ 동국지도는 영조 때 정상기가 제작한 우리나라 최초의 축척이 표시된 지도이다.
⑤ 현량과는 중종 때 조광조의 건의에 따라 시행된 관리등용 제도이다.

3 정답 ⑤

정답 해설

조선 성종은 훈구(勳舊)와 사림(士林) 세력의 조화와 협력을 추구하면서 문물 정비 사업을 마무리 지었다. 성종은 경연을 활성화하여 합리적인 정책 결정이 이루어지도록 하였다. 집현전을 계승하여 홍문관(弘文館)을 두고 관원 모두가 경연관을 겸하게 하고 간쟁(諫諍: 국왕의 잘못을 공개적으로 비판하는 제도) 기능까지도 부여하였으며, 정승을 비롯한 주요 관리도 경연에 참여하게 하였다. 또 관수관급제 등 통치체제를 정비하고, 조선왕조의 기본 법전인 『경국대전(經國大典)』을 편찬하여 발표하였다. 이로써 조선은 합리적인 유교 이념을 바탕으로 왕권과 신권이 조화를 이루는 통치체제가 완비되었다. 그리고 국가의 여러 행사에 필요한 의례를 정비하여 『국조오례의(國朝五禮儀)』를 편찬하였으며, 『악학궤범(樂學軌範)』이 편찬되어 궁중 음악이 집대성되었다.

오답 해설

① 영정법은 인조 때 시행하였다.
② 한양으로 천도한 것은 태조 이성계.
③ 훈민정음을 창제한 것은 세종 때다.
④ 효종 때 청나라의 요청으로 조총부대를 파견하여 나선 정벌을 단행하였다.

4 정답 ④

정답 해설

세종 이후 문종이 일찍 죽고 어린 단종이 즉위하면서 왕권이 크게 약화되었다. 이에 김종서, 황보인 등 재상에게 정치적 권한이 넘어가자, 수양대군이 정변을 일으켰다. 세조는 강력한 왕권을 행사하기 위해 통치체제를 다시 6조 직계제로 고치고, 언관(言官: 사헌부와 사간원을 통틀어 임금에게 간언하는 관원)의 활동을 억제하기 위해 집현전을 폐지하였다. 또한 경연을 열지 않았으며, 종친들을 등용하기도 하였다. 세조는 국가의 통치체제를 확립하기 위해 『경국대전』을 편찬하기 시작하였다. 사찰과 승려에 대해서는 억압정책을 폈으나, 불교는 왕실의 안녕을 비는 행사를 통해 명맥을 유지하였다.

오답 해설

① 속대전을 반포한 것은 영조 때다.
② 2군 6위는 고려의 군사제도다.
③ 수원 화성은 정조 때 건설하였다.
⑤ 팔만대장경판을 제작한 것은 고려 때다.

5 [40회 19번]

(가)에 들어갈 기구로 옳은 것은? [1점]

이번에 (가) 의 장령에 임명되셨다고 들었습니다. (가) 의 업무에 대해 소개해주세요.

관리들의 비리를 규찰하고, 풍속을 바로잡으며, 백성들의 억울한 사정을 풀어주는 일 등을 담당합니다.

① 사헌부   ② 승정원   ③ 의정부
④ 춘추관   ⑤ 한성부

6 [44회 21번]

다음 퀴즈의 정답으로 옳은 것은? [1점]

이것은 조선 시대 향촌의 양반들로 구성되어 수령을 보좌하고 향리를 감찰하는 역할을 하였습니다. 좌수와 별감 등의 향임직을 두었던 이것은 무엇일까요?

①
향교

②
향도

③
경시서

④
유향소

⑤
집강소

7 [46회 29번]

다음 발표에 해당하는 교육 기관으로 옳은 것은? [1점]

〈주제: 조선 시대 최고 교육 기관〉

입학 자격은 소과에 합격한 생원, 진사 등에게 주어졌어요.

주요 건물로는 대성전과 명륜당이 있어요.

영조 때에는 이곳의 입구에 탕평비가 세워졌어요.

① 서당   ② 동문학   ③ 성균관
④ 4부 학당   ⑤ 육영 공원

8 [27회 14번]

(가)에 들어갈 내용으로 옳지 않은 것은? [2점]

파일(F) 편집(E) 보기(V) 즐겨찾기(A) 도구(T) 도움말(H)

한국사 묻고 답하기   답변:12 조회:85

질문 조선 시대의 관리 선발 제도에 대해 알려주세요.

↳ 답변

↳ 법적으로 양인은 과거에 응시할 수 있었습니다.

↳ (가)

인터넷

① 독서삼품과가 시행되었습니다.
② 중종 때 현량과가 실시되었습니다.
③ 무관을 선발하는 무과가 있었습니다.
④ 잡과를 통해 기술관을 선발하였습니다.
⑤ 식년시는 원칙적으로 3년마다 치러졌습니다.

5 정답 ①

정답 해설

(가)는 관리들의 비리를 규찰하고, 풍속을 바로잡으며, 백성들의 억울한 사정을 풀어주는 일 등을 담당하는 기구로 조선의 사헌부이다.

오답 해설

② 승정원은 왕명 출납을 담당하던 왕의 비서기관이다.
③ 의정부는 영의정, 좌의정, 우의정의 3정승 합의체로 운영하던 국정 총괄 기관이다.
④ 춘추관은 역사서(실록)를 편찬, 보관 및 관리하던 기관이다.
⑤ 한성부는 수도의 행정과 치안을 담당하였다.

7 정답 ③

정답 해설

조선 시대에는 관리 양성을 목적으로 교육제도도 마련하였는데, 주로 문관 양성을 위한 유학 교육을 강조하였다. 서울에는 최고 학부인 성균관을 비롯하여 4부 학당이 있었고, 각 지방의 군현에는 향교가 있었다. 또한 사립 초등 교육기관인 서당이 있어 이곳에서 한문과 초보적인 유학을 가르쳤다.

오답 해설

① 서당은 초등 사립 교육 기관이다.
② 동문학은 통역관을 양성하기 위해 정부에 설립한 교육 기관이다.
④ 4부 학당은 서울에 건립한 관립 중등 교육 기관이다.
⑤ 육영 공원은 최초의 근대식 공립학교로 헐버트, 길모어 등 외국인 교사를 초빙하였다.

6 정답 ④

정답 해설

(가)에 들어갈 용어는 향임이 좌수와 별감이라는 내용으로 보아 유향소(留鄕所)임을 알 수 있다. 유향소는 향소(鄕所)나 향청(鄕廳)으로도 불렸는데, 이는 조선 시대 지방에 관청과는 별도로 지방 양반들로 구성되어 있었다. 유향소의 기능은 수령을 보좌하고 향리를 감찰하며 향촌 사회의 풍속을 바로잡는 일이었다.

오답 해설

① 향교는 조선 시대의 교육 기관으로, 제사 공간인 대성전과 교육 공간인 명륜당으로 구성되었으며 군현의 규모에 따라 학생 수를 배정하였다.
② 향도는 매향 활동을 하던 불교의 신앙 조직이다.
③ 경시서는 시전에 대한 관리 감독 및 불법적 상행위를 규제하는 기관이다.
⑤ 집강소는 동학농민군이 호남지방의 각 군형에 설치하였던 자치기구다.

8 정답 ①

정답 해설

조선의 관리는 과거(科擧), 취재(取才), 음서(蔭敍), 천거(薦擧) 등을 통해 선발되었다. 과거에는 문관을 뽑는 문과(文科)와 무관을 뽑는 무과(武科), 기술관을 뽑는 잡과(雜科)가 있었다. 문과에는 3년마다 정기적으로 시행하는 식년시와 부정기 시험인 증광시, 알성시 등이 있었다. 중종 때 등용된 조광조는 과거제도의 폐단을 인지하고 여러 가지 개혁을 추진하였다. 언론 활동을 활성화하고, 도교 기관인 소격서를 없앴으며 현량과를 실시하여 지방의 유능한 인물을 과거시험 없이 관리를 등용시켰다.

오답 해설

① 독서삼품과는 신라 원성왕 때에 마련된 관리 등용 제도이다.

CHAPTER 15

사림의 성장과 붕당정치의 전개

쏙쏙 키워드를 알려주지!

훈구파와 사림파, 무오사화, 기묘사화, 조광조, 서원, 향약, 이황, 이이, 「성학십도」, 「성학집요」

---

1 사림의 성장과 사화

① 사림의 계보

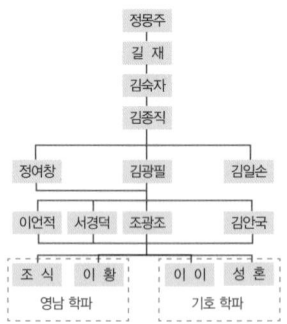

정몽주
길 재
김숙자
김종직

정여창 · 김굉필 · 김일손

이언적 · 서경덕 · 조광조 · 김안국

조 식 · 이 황 (영남 학파)
이 이 · 성 혼 (기호 학파)

② 현량과

학문과 덕행이 뛰어난 인재를 천거 받아 간단한 시험을 통해 등용하는 제도

③ 조광조의 개혁정치

향약 실시, 소격서(도교 제천행사) 폐지, 현량과(무시험 추천제), 소학교육 강화, 위훈 삭제(훈구파 공신 등급 낮춤)

④ 향약의 4대 덕목

- 덕업상권 : 착한 일은 서로 권한다.
- 과실상규 : 잘못된 것은 서로 규제한다.
- 예속상교: 좋은 풍속은 서로 나눈다.
- 환난상휼 : 어려울 때는 서로 돕는다.

(1) 훈구와 사림

구분	훈구파	사림파
성립	급진개혁파 사대부, 관학파 학풍 계승	온건개혁파 사대부, 사학파 학풍 계승
성장	세조 집권 이후 공신으로 실권 장악	15세기 중반 이후 영남과 기호 지방을 중심으로 성장
특징	부국강병 추구, 고위 관직 독점, 대지주층, 성리학 이외의 사상에 관대, 사장 중시	왕도 정치 · 향촌 자치 추구, 중소 지주층, 성리학 이외의 사상 배격, 경학 중시

(2) 사림의 성장 : 성종 때 중앙 정계에 대거 진출→주로 3사 언관직에 등용→훈구세력 비판→두 세력 간 갈등 심화

(3) 사화의 발생

연산군	• 무오사화 : 연산군 때 훈구 세력이 김종직이 쓴 「조의제문」을 문제 삼아 사림을 공격함 • 갑자사화 : 연산군의 생모 폐비 윤 씨의 죽음 문제
중종	• 조광조 등 사림 중용→조광조의 개혁정치 • 조광조의 개혁 실시 : 3사의 언론활동 활성화, 소격서 폐지, 현량과 실시, 위훈 삭제 등 • 기묘사화 : 조광조의 급진적 개혁에 대한 공신(훈구파)의 반발→조광조 등 사림 제거
명종	을사사화: 인종과 명종의 왕위계승을 둘러싼 외척들의 대립

(4) 사림의 세력 기반 : 서원과 향약을 기반으로 향촌 사회에서 세력 확대

구분	서원	향약
특징	• 기능 : 선현에 대한 제사와 교육기능 담당, 사림의 결속 강화 • 주세붕이 최초로 백운동서원 설립	• 의미 : 전통적 공동조직에 유교 윤리를 가미한 향촌의 자치규약이자 조직 • 시행 : 사림 세력의 보급 주장 이후 향촌 사회에 확산
영향	성리학과 지방 문화의 발전, 붕당의 근거지가 됨	유교적 사회 질서 확립에 기여, 사림의 향촌에 대한 통제력 강화

단답형으로 확인하기

❓

❶ 세조의 집권 이후에 공신으로서 정치적 실권을 장악하고 막대한 토지를 소유한 대지주층 정치 세력은?

❷ 중종 때 조광조가 중용되면서 실시한 천거제의 일종은?

❸ 조선 시대 사림의 세력 기반 2가지는?

정답
❶ 훈구파
❷ 현량과
❸ 서원과 향약

2 붕당의 성립과 전개 과정
· 사화 : 사림 ↔ 훈구
· 붕당 : 사림 ↔ 사림

(1) 원인 : 선조 때 척신정치의 잔재 청산과 이조 전랑직을 둘러싸고 기성 사림과 신진 사림으로 나뉘어 대립

(2) 동인과 서인

구분	출신	성향	학통
동인	김효원을 중심으로 한 신진 사림	척신정치의 과감한 개혁과 사림정치의 실현 주장	이황, 조식, 서경덕의 학문 계승
서인	심의겸을 중심으로 한 기성 사림	척신정치 청산에 소극적	이이와 성혼의 문인

(3) 붕당의 성격 : 정파와 학파 성격을 함께 가짐

(4) 붕당 정치의 전개 과정

선조	정여립 모반사건 등을 계기로 동인이 남인과 북인으로 나뉨
광해군	북인이 정국을 주도하였으나, 서인 주도의 인조반정으로 폐위
인조	서인이 남인 일부와 연합하여 정국을 운영
현종	두 차례 예송 발생→서인과 남인의 대립 심화

3 성리학의 연구와 발달

(1) 성리학적 사회 질서의 보급

① **성리학적 가족제도 정착** : 남자 집에서 생활, 장자 중심의 상속, 과부의 재가 금지, 서얼 차별, 부계 중심의 가족제도 강화

② **성리학적 윤리의 보급** : 윤리서 간행, 가묘 건립, 족보 편찬, 향사례 · 향음주례 실시, 향약을 통해 향촌 사회 교화

(2) 성리학의 발달

① **이기론** : 서경덕(기[氣] 중심, 불교와 노장사상에 개방적), 조식(학문의 실천성 강조, 노장사상에 포용적), 이언적(리[理] 중심의 이론 전개)

② **이황과 이이**

　㉠ 이황 : 인간의 심성 중시, 근본적이며 이상주의적인 성격, 『성학십도』를 저술하고 일본 성리학 발달에 영향을 줌
　　└성인군자

　㉡ 이이 : 기(氣) 강조, 현실적이며 개혁적인 성격(통치체제 정비, 수취제도 개혁 등), 『동호문답』 『성학집요』를 저술함
　└군주

단답형으로 확인하기

❶ 같은 학풍과 성향을 가진 사림의 무리로, 선조 때 동인과 서인으로 나뉘어 서로 비판하고 견제하는 기능을 하였던 것은?

❷ 삼사의 관리들에 대한 인사권을 가지고 있어, 붕당간의 대립을 격화시켰던 관직은?

❸ 조선 시대에 권선징악과 상부상조의 목적으로 마련하였던 향촌의 자치 규약은?

❶ 붕당
❷ 이조 전랑
❸ 향약

정답

---

① **이조 전랑**

이조의 정랑과 좌랑을 통칭하는 말. 당하관 이하 관원에 대한 인사권을 행사하였다.

② **붕당의 형성과 분화**

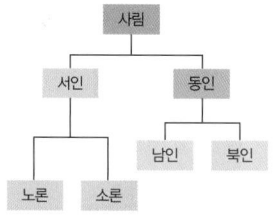

③ **향음주례**

향촌에 있는 선비, 유생들이 노인을 봉양하고 학덕 높은 이를 존경하는 뜻으로 연회를 베풀며 행하는 의례를 말한다.

④ **『성학십도』와 『성학집요』**

『성학십도』에서는 군주 스스로가 성학에 따를 것을 제시한 반면, 『성학집요』에서는 현명한 신하가 성학을 군주에게 가르쳐 그 기질을 변화시켜야 한다고 주장하였다.

9 [41회 20번]

(가) 인물에 대한 설명으로 옳은 것은? [2점]

이 시는 (가) 이/가 죽음을 앞두고 지은 시입니다.

그는 반정 공신의 위훈 삭제 등을 주장하다가 결국 기묘사화 때 사사되었습니다.

임금 사랑하기를 어버이 사랑하듯 했고,
나라 걱정을 내 집 걱정하듯 했노라.
밝은 해가 이 세상을 내려다보고 있으니,
내 충성된 마음을 환히 비추리라.

① 혼천의를 제작하였다.
② 성학집요를 저술하였다.
③ 조의제문을 작성하였다.
④ 백운동 서원을 건립하였다.
⑤ 현량과 실시를 건의하였다.

11 [36회 25번]

(가) 인물의 활동으로 옳은 것은? [3점]

죽으면서 한 말 생각할 때마다
눈물이 저절로 흐르는데
지금 선생의 글을 읽으니
도덕이 뛰어남을 더욱 알겠네
조정 관리들은 성취를 기다렸고
시골 아낙들도 존경을 바쳤다네
여가에 익힌 솜씨
필세조차 굳세어라

－ 숙종이 「정암집」을 읽고 쓴 시 －

이 시는 (가) 의 죽음을 애절하게 표현하였습니다. 소격서 폐지 등의 개혁을 추진한 (가) 은/는 기묘사화 때 사사되었습니다.

① 여전론을 주장하였다.
②『성학집요』를 저술하였다.
③ 강화학파를 형성하였다.
④ 백운동서원을 건립하였다.
⑤ 현량과 실시를 건의하였다.

10 [25회 21번]

교사의 질문에 대한 답으로 옳은 것은? [2점]

김종직이 지은 조의제문을 빌미로 훈구 세력이 사림 세력을 공격한 사건입니다. 이 사건은 무엇일까요?

① 갑술환국 ② 계유정난 ③ 무오사화

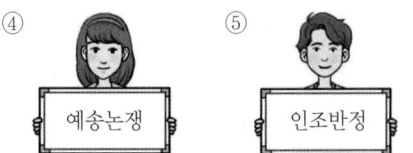

④ 예송논쟁 ⑤ 인조반정

12 [31회 19번]

다음 퀴즈의 정답으로 옳은 것은? [1점]

이것은 원래 송에서 향촌 사회를 교화할 목적으로 만든 것입니다. 조선에서는 중종 때 전국적인 실시를 추진하였고, 이황과 이이 등은 우리나라 실정에 맞게 만들기도 하였습니다. 이것은 무엇일까요?

① 태학 ② 향약 ③ 경재소

④ 국자감 ⑤ 집강소

9 정답 ⑤

정답 해설

(가) 인물은 조광조로 경연 강화, 현량과 실시, 소격서 폐지, 위훈 삭제, 소학 보급, 언론 활성화를 주장하였다. 위훈 삭제에 반발하는 훈구 세력과 사림들의 급진적 태도에 반감을 갖게 된 중종에 의해 조광조를 비롯한 사림 세력이 제거되었다(기묘사화, 1519).

오답 해설

① 혼천의는 조선 때 천체 관측을 위해 제작되었다.
② 『성학집요』를 저술하여 군주가 수양해야 할 덕목을 제시한 인물은 이이이다.
③ 김종직이 쓴 조의제문을 김종직 사후에 김일손이 성종실록 사초에 올림으로써 김종직은 부관참시를 당했고, 김일손 등 사림 세력은 참수당했다(무오사화, 1498).
④ 백운동 서원은 풍기 군수 주세붕이 세운 최초의 서원이다. 퇴계 이황의 건의로 소수서원으로 지정되어(1549) 국가로부터 편액과 서적 등을 지원 받았다.

10 정답 ③

정답 해설

제시된 자료는 김종직의 『조의제문』이 문제가 되어 발생한 무오사화에 대한 설명이다. 조선 성종은 훈구세력을 견제하기 위해 김종직을 비롯한 사림을 적극 등용하였다. 이를 계기로 중앙 정치에 본격적으로 진출한 사림은 주로 3사에서 언론과 학술을 담당하며 훈구세력의 독주와 비리를 견제하였다.

오답 해설

① 갑술환국(1694년, 숙종 20년)은 1694년 폐비민씨 복위운동을 반대하던 남인이 화를 입어 실권하고 소론과 노론이 재집권하게 된 사건이다.
② 계유정난(1453년, 단종 1년)은 수양대군이 왕위를 빼앗기 위하여 일으킨 사건이다.
④ 현종 시대의 예송논쟁은 서인과 남인 사이에서 발생하였다. 예송논쟁은 현종 때 인조의 계비인 조대비의 복상 문제를 둘러싸고 서인과 남인 사이에 크게 논란이 된 두 차례의 예법에 관한 논쟁이다.
⑤ 서인은 인조반정을 일으켜 광해군을 쫓아내고 정권을 장악하였다.

11 정답 ⑤

정답 해설

자료에 나타난 인물은 조광조로 중종의 신임을 바탕으로 대대적인 정치 개혁을 시행한 인물이다. 성리학적 원칙에 투철한 도학 정치를 내세워 급진적인 개혁을 추진했다고 평가받는다. 현량과를 이용하여 사림을 정계에 진출시킴으로써 지지 기반을 확대하고 급진적인 개혁을 추진하여 훈구세력과 마찰을 빚었다. 특히 중종 반정 공신의 4분의 3에 해당하는 76인의 위훈 삭제를 요구하였는데, 이는 훈구세력이 반격하는 빌미를 제공하였다. 결국 중종은 '조광조 세력이 당파를 만들어 조정을 문란하게 하였다.'는 훈구세력의 탄핵 요구를 받아들여 조광조를 사사하였다.

오답 해설

① 정약용, ② 이이, ③ 정제두, ④ 주세붕이다.

12 정답 ②

정답 해설

퀴즈의 정답은 조선 시대 향약(鄕約)이다. 조선 초기부터 군현 단위로 유향소의 조직과 권능을 규정한 향규(鄕規)와 재난과 어려운 일을 당했을 때 서로 돕는 각종 계(契)가 있었다. 이러한 전통적 향촌 규약을 계승하고, 유교 질서에 입각한 '삼강오륜(三綱五倫)'의 윤리를 더하여 향촌 교화의 규약으로 발전시킨 것이 향약이었다. 향약은 중종 때 조광조 등이 보급에 힘썼으나 성공하지 못하고 각지에서 개별적으로 시행되었다. 이후 사림세력이 중앙 정계에 자리 잡은 16세기 후반부터 널리 보급되었는데, 그 후 이황과 이이 등에 의해서 전국적으로 확산되었다.

13 [45회 17번]

밑줄 그은 '이것'에 대한 설명으로 옳은 것은? [2점]

최근 이것이 유네스코 세계 유산으로 등재되었다고 합니다. 자세한 소식 전해 주시기 바랍니다.

이것은 조선 시대에 주세붕이 설립한 것을 시초로 지방 곳곳에 세워졌습니다. 이후 흥선 대원군에 의해 정리되고 47곳이 남았었는데, 이 중 대표적인 9곳이 유네스코 세계유산으로 선정되었습니다.

① 의학 교육을 관장하였다.
② 중앙에서 훈도가 파견되었다.
③ 선현의 제사와 성리학 교육을 담당하였다.
④ 유학부와 기술학부를 편성하여 교육하였다.
⑤ 외국어 통역관 양성을 주된 목적으로 삼았다.

14 [30회 21번]

(가)에 대한 설명으로 옳은 것은? [1점]

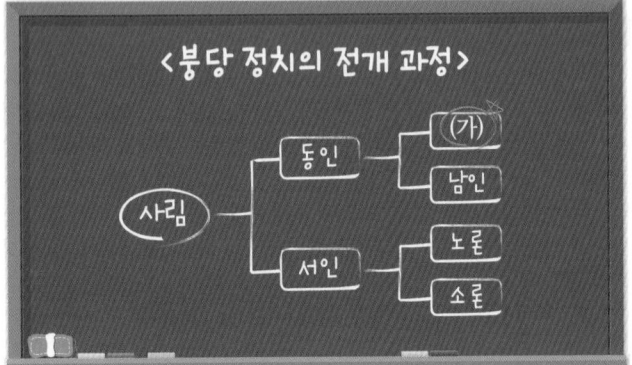

<붕당 정치의 전개 과정>

사림 — 동인 — (가) / 남인
사림 — 서인 — 노론 / 소론

① 기사환국으로 집권하였다.
② 광해군 때 정국을 주도하였다.
③ 위훈 삭제를 주장한 조광조 일파를 축출하였다.
④ 자의대비 복상기간에 대해 3년 설을 주장하였다.
⑤ 송시열을 중심으로 결집하여 대의명분을 중시하였다.

15 [35회 19번]

다음 자료에 해당하는 책으로 옳은 것은? [2점]

역사 선생님이 추천하는 5월의 도서

군주의 덕목을 제시한 책, ○○○○

율곡 이이가 선조에게 바친 책으로 임금이 배워야 할 덕목과 지식이 담겨 있어요. "이 책은 비록 임금의 학문에 주안점을 두었지만 실상은 상하에 모두 통합니다."라는 내용이 서문에 실려 있어요.

① 『동국통감』   ② 『목민심서』   ③ 『반계수록』
④ 『성학집요』   ⑤ 『제왕운기』

16 [40회 17번]

(가)에 들어갈 내용으로 옳은 것은? [3점]

탐구 활동 계획서

이름 ○○○

1. 주제: 조선 성리학의 발전에 기여한 이황
2. 탐구 방법: 문헌 조사, 인터넷 검색 등
3. 탐구 내용
   가. [(가)]
   나. 기대승과의 사단 칠정 논쟁
   다. 일본에서 '동방의 주자'로 불린 이유
4. 결과: 보고서 작성

① 지전설 주장의 배경
② 여전론과 정전론 비교
③ 강화학파의 주요 인물
④ 성학십도의 저술 목적
⑤ 대동여지도의 제작 과정

13 정답 ③

정답 해설

사림은 지방에서 지주 경영을 통해 자신들의 경제생활을 유지하고, 서원(書院)을 토대로 학문적 기반을 구축하였다. 중종 때 주세붕이 세운 백운동서원을 시작으로 각 지방에 많은 서원이 설립되었는데, 서원은 각기 다른 선현(先賢: 지혜롭고 어진 조상)을 모시고 있어서 학파와 붕당을 결속시키는 구심점이 되었다. 또한 개성 있는 학문을 발달시켰으며 지방 유학자들의 사회적 위상을 높여 주었다. 국가에서는 백운동서원 등 주요 서원을 사액서원(賜額書院: 임금으로부터 현판을 하사받아 권위가 인정된 서원)으로 정하여 토지, 노비, 서적 등을 지급하고 세금을 면제해 주었다.

오답 해설

① 조선에서 의학 교육을 관장한 기관은 전의감이다.
② 중앙에서 훈도가 파견된 것은 향교다.
④ 유학부와 기술학부를 편성하여 교육한 것은 고려의 국자감이다.
⑤ 외국어 통역관 양성을 주된 목적으로 삼은 것은 동문학이다.

14 정답 ②

정답 해설

(가)에 들어갈 붕당은 북인(北人)이다. 서인(西人)은 정여립 모반사건을 계기로 정치적 실권을 갖게 되었다. 그런데 정철이 선조에게 광해군을 왕세자로 책봉하라는 건의를 올렸다가 선조의 미움을 사는 바람에 서인이 정계에서 쫓겨났다. 정권을 되찾은 동인은 서인에 대한 처리를 놓고 강경파인 북인과 온건파인 남인으로 나뉘었다. 처음에는 남인이 정국을 주도하였으나 임진왜란이 끝난 뒤에는 북인이 집권하여 광해군 때 정국을 주도하였다. 북인은 서인과 남인을 배제한 채 정권을 독점하려 하였다. 그러나 광해군과 북인은 서인이 주도한 인조반정으로 몰락하였다.

오답 해설

① 남인, ③ 훈구파, ④ 남인, ⑤ 서인이다.

15 정답 ④

정답 해설

이황과 함께 이이는 16세기의 대표적인 성리학자로 알려져 있다. 이이는 리(理)보다는 기(氣)의 역할을 강조하였으며, 그에 따라 현실적이고 개혁적인 성향을 보였다. 이이는 『성학집요』를 저술하여 현명한 신하가 왕의 수양을 도와주어야 한다고 주장하였다. 『동호문답』에서는 통치체제의 정비와 수취제도의 개선에 관한 내용이 실려 있다.

오답 해설

① 『동국통감』은 서거정이 지은 역사책, ② 『목민심서』는 정조 때 정약용이 지은 지방의 목민관이 지녀야 될 마음가짐에 관해 저술, ③ 『반계수록』은 조선 전기 유형원이 지은 통치제도의 개혁안에 관한 책, ⑤ 『제왕운기』는 고려 말 이승휴가 지은 중국과 한국의 역사를 운율시 형태로 지은 책이다.

16 정답 ④

정답 해설

퇴계 이황은 기대승과 유명한 사단칠정(四端七情) 논쟁을 벌였다. 이황은 도덕적 행위의 근거로 리(理)의 능동적 역할을 중시하였기 때문에 근본적이며 이상주의적인 성향이 강하였다. 이황은 『성학십도』, 『주자서절요』 등을 편찬하여 주자의 이론을 조선의 현실에 맞게 반영하여 독자적인 체계를 세우려고 하였다. 『성학십도』에서는 군주 스스로 인격과 학식을 수양하기 위해 노력해야 함을 강조하였다. 이황의 사상은 남인 학자들에게 계승되었고, 임진왜란 이후 일본에 전해져 일본의 성리학 발전에도 크게 이바지하였다.

오답 해설

① 지전설은 조선 후기 홍대용이 주장하였다.
② 여전론과 정전론은 조선 후기 실학자인 정약용이 주장하였다.
③ 18세기 초 정제두가 양명학을 연구하며 강화학파를 형성하였다.
⑤ 김정호는 10리마다 눈금을 표시하여 대동여지도를 제작하였다(1861).

CHAPTER 16

조선 전기의 대외관계와 양 난

쏙쏙 키워드를 알려주지!

무역소, 4군 6진, 사민정책, 대마도 정벌, 계해약조, 을묘왜변, 한산도대첩, 중립외교, 북벌 운동

---

① 사대교린(事大交隣)

큰 나라를 섬기고 이웃 나라와 화평하게 교류하는 정책이다. 조선은 명에 조공을 바치는 한편, 일본과는 교류 관계를 맺었다. 동시에 류큐(오키나와)나 대마도(쓰시마), 여진의 각 부족에게 조공을 받기도 하였다. 이는 선진 문물을 수용하고 국제 정세를 안정적으로 유지하기 위한 실리적 외교정책이었다.

② 사민정책

4군과 6진을 설치하며 개척한 북방 지역에 남쪽 지방 사람들을 이주시킨 정책이다.

③ 을묘왜변

3포를 개항한 이후 왜인들이 약조를 지키지 않고 자주 소란을 피웠는데 특히 1555년(명조 10)에는 왜인이 70여 척의 배를 몰고 전라남도 연안 지방을 습격한 사건이다.

④ 대표적 의병장

· 정문부(함경도 길주)
· 조헌, 영규(충청도 금산)
· 고경명, 김천일(전라도)
· 곽재우, 정인홍(경상도)
· 휴정(서산대사, 묘향산)
· 유정(사명대사, 금강산)

⑤ 왜란의 3대첩

· 한산도대첩(이순신)
· 행주대첩(권율)
· 진주대첩(김시민)

---

1 조선 전기의 대외 관계

(1) 명과의 관계 : 사대정책
① **건국 초기** : 태조 때 정도전이 요동 정벌을 추진하여 한때 갈등
② **친명 정책** : 태종 이후 교류 활발, 매년 사절 교환, 조공 무역 실시→명의 선진 문물 흡수를 위한 문화 외교

(2) 여진, 일본, 동남아 : 교린정책
① **회유책**
  ㉠ 일본 : 3포(부산포, 제포, 염포) 개항, 제한된 무역 허용(계해약조)
  ㉡ 여진 : 귀순 장려(관직, 토지 지급), 국경 지역(경성, 경원)에 무역소 설치
② **강경책**
  ㉠ 일본 : 쓰시마 토벌(세종 때 이종무)
  ㉡ 여진 : 4군과 6진 개척(세종 때 최윤덕, 김종서)
③ **동남아시아** : 류큐, 시암(타이), 자바(인도네시아) 등과도 교류

2 임진왜란

(1) 왜란의 배경
① **왜란 전 정세** : 일본의 무역 확대 요구, 조선 정부의 통제→3포왜란, 을묘왜변 발생
② **배경** : 일본이 전국시대 혼란을 수습, 명의 침략통로 요구→20만 대군으로 조선 침략(임진왜란, 1592년)

(2) 왜란의 전개와 극복
① **경과** : 부산포 함락→왜군 북상→신립의 충주 탄금대전투 패배→선조의 의주 피난, 명에 원군 요청
② **수군 승리** : 왜군의 작전 좌절, 곡창지대인 전라도 지방을 지킴
③ **의병의 활약** : 전직 관료, 사림, 승려 등이 자발적으로 조직→지리에 밝은 이점을 활용하여 왜군 격퇴, 관군에 편입
④ **전세 역전** : 한산도대첩(이순신)→진주대첩(김시민)→명군 참전→조명연합군의 평양 탈환, 행주산성에서 왜군 격퇴(권율)→일본이 휴전 요청, 조선의 훈련도감 설치·속오법 실시
⑤ **정유재란(1597년)** : 왜군의 재침→조명연합군의 직산 전투 승리, 이순신의 명량대첩·노량해전 승리→왜군 철수

단답형으로 확인하기

❶ 일본과 여진에 대해 실시한 강경책은?

❷ 임진왜란 때 수군을 이끌고 옥포에서 첫 승리를 거두고, 이어 사천·당포·한산도 앞 바다 등 여러 곳에서 승리를 거둔 사람은?

정답
❶ 쓰시마 토벌, 4군 6진 개척
❷ 이순신

(3) 왜란의 결과와 영향
① **조선** : 토지대장과 호적 소실, 경복궁 · 불국사 · 실록 등의 소실
② **명** : 왜란 참전으로 막대한 전쟁 비용을 소비하여 국력이 쇠퇴함
③ **여진** : 명이 쇠약한 틈을 타 급속히 성장→명 · 청 왕조 교체
④ **일본** : 도쿠가와 이에야스의 에도 막부 성립, 조선에서 약탈한 문화재와 납치한 학자 · 기술자를 통해 성리학과 도자기 문화가 발전함

3 광해군의 중립 외교

(1) 정국의 변화와 광해군의 전후 복구 정책
① **정국 변화** : 북인의 집권→북인의 지지로 광해군 즉위
② **전후 복구사업** : 토지대장과 호적 정리, 성곽 수리와 군사 훈련, 허준의 『동의보감』 편찬, 대동법 실시 등

(2) 광해군의 중립 외교
① **배경** : 후금 건국(1616년), 후금과 명의 충돌→명의 원군 요구
② **중립(실리) 외교** : 강홍립 파병, 신중한 대응과 항복
(3) 인조반정(1623년) : 광해군(북인 정권)의 중립 외교에 대한 반발→서인 주도로 광해군 축출

4 호란의 발발

(1) 정묘호란(1627년) : 서인 정권의 친명배금 정책, 이괄의 난→후금의 침입→화의('형제관계')
(2) 병자호란(1636년)
① **배경** : 후금이 국호를 '청'으로 교체→조선에 '군신관계' 요구→조선에서 주화론과 주전론 대립→주전론 우세, 청의 요구 거부
  _{최명길} _{김상헌}
② **전개** : 청의 조선 침략→인조가 남한산성에서 항전했으나 청에 항복(삼전도의 굴욕)
③ **결과** : 청과 '군신관계'가 체결됨

5 양 난 이후의 대외 관계

(1) 청과의 관계
① **북벌 운동** : 청에 굴복한 수치심을 씻기 위해 청을 정벌하자는 주장 제기→효종이 서인(송시열)과 함께 추진
② **북학론** : 청의 국력과 문화 발전, "청의 문물도 우리에게 이로운 것은 배우자!"
③ **간도 문제** : 조선과 청의 국경 분쟁 발생→백두산 정계비(1712년, 숙종) 건립으로 국경 확정(동쪽 토문강~서쪽 압록강)

(2) 일본과의 관계
① **국교 재개** : 에도 막부의 요청→기유약조(국교 재개, 제한된 무역 허용, 광해군)
② **통신사 파견** : 에도 막부 쇼군의 요청으로 파견→조선의 선진 문화를 일본에 전파
③ **안용복의 영토 수호 활동(숙종)** : 안용복이 울릉도에 침입한 일본 어민을 축출함→일본에 건너가 에도 막부로부터 울릉도와 독도가 조선 영토임을 확인받음

단답형으로 확인하기

❶ 광해군이 전란 중 질병으로 인명 손실이 많았던 경험을 되살려 허준으로 하여금 편찬하게 한 의학서는?
❷ 후금이 국호를 청으로 고치고 조선에 대한 군신의 예를 요구하며 침략한 사건은?
❸ 왜란 후 일본의 요청에 의해 파견되어, 우리의 선진 학문과 기술을 전해주었던 외교 사절단은?

❸ 조선통신사
❷ 병자호란
❶ 『동의보감』

답안

---

① **『동의보감』 – 허준(광해군)**

동아시아의 대표적인 의학서로 평가받는데, 2009년 유네스코 세계기록유산으로 지정되었다.

② **병자호란**

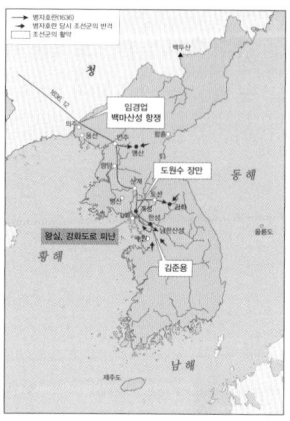

③ **백두산 정계비**

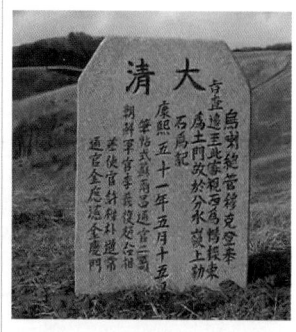

압록강과 토문강을 경계로 국경을 확정한다는 내용을 담고 있으나 19세기에 토문강의 해석을 둘러싸고 갈등이 발생하였다.

④ **조선통신사**

03
근세 기출문제로 마무리　문제편

17 [32회 18번]

밑줄 그은 '이 나라'에 대한 조선의 대외 정책으로 옳은 것은? [2점]

「해동제국기」는 신숙주가 <u>이 나라</u>에서의 사행(使行) 경험을 바탕으로 외교 관례를 정리하여 왕명으로 편찬한 책이다. 3포 개항과 계해약조 이후 <u>이 나라</u>로부터 왕래하는 사람들의 수가 급증함에 따라 통교 체제와 규정을 정비할 필요에서 편찬되었다.

해동제국기

① 동북 지방에 9개의 성을 쌓았다.
② 동지사, 성절사 등 사절단을 보냈다.
③ 강경책의 일환으로 4군 6진을 개척하였다.
④ 무역소를 설치하여 국경 무역을 허락하였다.
⑤ 이종무로 하여금 대마도를 정벌하게 하였다.

19 [36회 21번]

다음 왕의 재위 기간에 있었던 사실로 옳은 것은? [2점]

① 과전법 실시　　　　② 별기군 설치
③『경국대전』반포　　④『동의보감』완성
⑤ 수원 화성 축조

18 [46회 22번]

밑줄 그은 '이 전쟁' 시기에 있었던 사실로 옳은 것은? [2점]

이곳은 일본 교토의 귀무덤으로, 코무덤이라고도 불립니다. 도요토미 히데요시가 일으킨 <u>이 전쟁</u> 당시 일본군이 전쟁의 공적을 증명하고자 베어 온 조선인들의 귀와 코가 이곳에 묻혀 있습니다.

① 이종무가 대마도를 정벌하였다.
② 곽재우가 의병장으로 활약하였다.
③ 임경업이 백마산성에서 항전하였다.
④ 최영이 홍산에서 왜구를 격퇴하였다.
⑤ 강감찬이 귀주에서 크게 승리하였다.

20 [45회 19번]

밑줄 그은 '이 전쟁' 중에 있었던 사실로 옳은 것은? [2점]

이순신 장군은 <u>이 전쟁</u> 중 옥포, 한산도, 명량 등에서 큰 승리를 거두고 저기 보이는 노량 앞바다에서 전사하였습니다. 남해 관음포 이충무공 유적에는 이곳 첨망대뿐만 아니라 이순신 장군의 유허비 등이 있습니다.

① 임경업이 백마산성에서 항전하였다.
② 강감찬이 귀주에서 대승을 거두었다.
③ 을지문덕이 살수에서 적군을 물리쳤다.
④ 최무선이 진포에서 왜구를 격퇴하였다.
⑤ 권율이 행주산성에서 크게 승리하였다.

17 정답 ⑤

정답 해설

『해동제국기』는 1471년(성종 2년) 신숙주가 일본의 지세와 국정, 교빙내왕의 연혁, 사신관대예접의 절목을 기록한 책이다. 왜구의 약탈이 계속되자 조선 세종 때 이종무는 왜구의 근거지인 대마도를 토벌하였다. 이후 조선의 국력과 국방력이 강화되고, 일본 내의 정치적 혼란이 수습되면서 왜구의 침략은 현저히 줄어들었다. 조선은 대마도 영주가 수시로 토산품을 바치면서 무역을 간청하자 계해약조를 맺고 제한된 조공 무역을 허락하였다. 이에 따라 일본의 세견선(歲遣船: 조선 시대, 쓰시마 도주의 간청으로 조선과 공식적으로 교역할 수 있는 허가를 받은 일정한 수의 무역선)이 왕래하면서 교역이 이루어졌다.

오답 해설

① 고려 시대 윤관, ② 조선 시대에 중국에 보내던 사신, ③ 조선 세종 때 최윤덕과 김종서, ④ 조선 시대 여진과 교역하기 위해 만든 기관이다.

18 정답 ②

정답 해설

임진왜란 때 조명연합군은 평양성을 탈환하였고, 이순신의 수군은 한산도 등지에서 일본군을 격파하고 제해권(制海權: 해상을 제어할 수 있는 권리)을 장악하여 전라도를 보존하였다. 그리고 김시민은 진주에서, 권율은 행주산성에서 큰 승리를 거두었으며, 홍의장군 곽재우, 사명대사, 고경명 등의 의병이 왜군과 맞서 싸웠다.

오답 해설

① 이종무가 대마도를 정벌한 것은 임진왜란 전인 1419년이다.
③ 임경업이 백마산성에서 항전한 것은 병자호란 때이다.
④ 최영이 홍산에서 왜구를 격퇴한 것은 고려 말인 1376년이다.
⑤ 강감찬이 귀주에서 크게 승리한 것은 고려에 대한 거란의 3차 침입 때인 1019년이다.

19 정답 ④

정답 해설

광해군은 임진왜란 때 명의 도움을 받았기 때문에 명의 후금 공격 요구를 거절할 수 없었지만, 그렇다고 새롭게 성장하는 후금과 적대 관계를 맺을 수도 없었다. 이에 강홍립을 도원수로 삼아 군대를 이끌고 명을 지원하게 하되 적극적으로 나서지 말고 상황에 따라 대처하도록 명령하였다. 한편, 국내에서는 경제적 개혁으로 대동법을 실시하여 국가 재정을 확충하고, 농민의 부담을 경감시키고자 하였다. 임진왜란을 겪은 후 광해군은 허준에게 『동의보감』을 편찬하게 하였는데, 2009년에 의학서적으로는 처음으로 유네스코 세계기록유산으로 등재되는 쾌거를 거뒀다.

오답 해설

① 고려 말 공양왕 때, ② 개항 이후, ③ 조선 성종, ⑤ 조선 후기 정조의 업적이다.

20 정답 ⑤

정답 해설

일기를 쓴 인물은 이순신 장군이다. 『난중일기』는 임진왜란 당시 충무공 이순신의 일기로 이를 통해 전쟁의 과정을 잘 알 수 있다. 임진왜란 당시 이순신이 이끄는 조선 수군은 남해안 여러 곳에서 왜군을 크게 물리쳤다. 특히 한산도에서는 학익진 전법을 펼쳐 크게 승리하였는데, 이를 한산도 대첩이라고 한다.

오답 해설

① 임경업이 백마산성에서 항전한 것은 병자호란 때다.
② 고려의 강감찬은 거란의 3차 침입 때 귀주에서 대승을 거두었다.
③ 고구려의 을지문덕은 살수에서 전군을 물리쳤다.
④ 최무선이 진포에서 왜구를 격퇴한 것은 고려 말인 1380년이다.

21 [46회 25번]

(가) 왕의 재위 기간에 있었던 사실로 옳은 것은? [3점]

이곳은 영창 대군의 무덤입니다. 그는 왕권을 공고히 하고자 했던 이복형 (가) 에 의해 어린 나이에 죽임을 당했고, 어머니 인목 대비는 서궁에 유폐되었습니다. 이 사건을 구실로 서인 세력은 (가) 을/를 몰아내는 인조반정을 일으켰습니다.

① 장용영이 창설되었다.
② 훈민정음이 반포되었다.
③ 동의보감이 편찬되었다.
④ 노비안검법이 시행되었다.
⑤ 백두산정계비가 건립되었다.

22 [39회 26번]

밑줄 그은 '이 전쟁'의 계기로 적절한 것은? [3점]

역사 신문

제△△호   ○○○○년 ○○월 ○○일

삼전도에 비석을 세우다

청의 침략으로 인조 때 발발한 이 전쟁은 남한산성에서 있었던 45일간의 항전에도 불구하고 조선의 패배로 끝이 났다. 그로부터 3년이 지나 인조가 항복의 예를 올린 자리에 비석이 세워졌다. 청의 강요로 만들어진 이 비석은 치욕의 역사를 되새기게 할 것으로 보인다.

① 최영이 요동 정벌을 주장하였다.
② 송시열 등이 북벌론을 내세웠다.
③ 서인 정권이 친명배금 정책을 추진하였다.
④ 몽골 사신 저고여가 귀국길에 피살되었다.
⑤ 나선 정벌을 위해 조총 부대를 파견하였다.

23 [29회 21번]

다음 대화와 관련 있는 전쟁의 영향으로 옳은 것은? [1점]

청군이 남한산성을 포위하고 있는 지금, 계속 싸운다면 백성들의 고통이 더욱 심해질 것입니다. 청과 화의를 맺어야 합니다.

오랑캐와 군신 관계를 맺을 수 없습니다. 목숨을 걸고 싸워야 합니다.

① 북벌론이 대두되었다.
② 비변사가 창설되었다.
③ 천리장성이 축조되었다.
④ 쌍성총관부가 설치되었다.
⑤ 전국 각지에 척화비가 건립되었다.

24 [46회 30번]

(가)에 들어갈 정치 기구로 옳은 것은? [2점]

이 그림은 (가) 에 소속된 실무 담당 관리들의 모임 장면을 그린 것입니다. (가) 은/는 비국, 주사라고도 불렸으며, 양 난 이후 국방뿐만 아니라 외교, 재정 등 국가의 중요한 업무를 총괄하였습니다.

오늘 알아볼 그림에 대해 설명해 주세요.

① 비변사 ② 어사대 ③ 춘추관 ④ 한성부 ⑤ 홍문관

21 정답 ③

정답 해설

(가)는 광해군으로 영창 대군을 살해하고 인목왕후를 폐위시켰다. 이를 구실로 서인 세력은 인조반정을 일으켜 광해군을 몰아냈다. 동의보감은 선조 때부터 편찬하여 광해군 때(1610) 완성된 의서로 유네스코 세계기록유산으로 등재되었다.

오답 해설

① 장용영은 정조 때 창설되었다.
② 훈민정음은 세종 때 반포되었다.
④ 노비안검법은 고려 광종 때 시행되었다.
⑤ 백두산정계비는 숙종 때 건립되었다.

22 정답 ③

정답 해설

제시된 전쟁은 병자호란(1636년)이며 후금이 나라 이름을 청으로 바꾸고 군신 관계를 요구하였다. 인조는 남한산성으로 피신하여 항전하지만 결국 청에 항복하였다. 한편 이에 앞서 서인 세력은 반정을 일으켜 광해군과 북인 세력을 축출하고 친명배금 정책을 실시하였다. 이에 정묘호란(1627)이 발발하였다.

오답 해설

① 최영이 요동 정벌을 주장한 것은 조선 건국 전이다.
② 송시열 등이 북벌론을 내세운 것은 병자호란 이후다(1649).
④ 몽골 사신 저고여가 귀국길에 피살된 것은 고려 때이다.
⑤ 나선 정벌을 위해 조총 부대를 파견한 것은 병자호란 이후이다(1654, 1658).

23 정답 ①

정답 해설

세력이 더욱 강해진 후금은 나라 이름을 청(淸)으로 바꾸고 조선에 군신 관계를 강요하였다. 조선이 끝까지 청의 요구를 거부하자, 청 태종이 직접 10만 대군을 이끌고 조선을 침략하였다(병자호란, 1636년). 병자호란으로 청과 군신관계를 맺은 조선에서는 청에 당한 치욕을 씻고 명에 대한 의리를 지키자는 북벌론(北伐論)이 제기되었다. 이에 효종은 송시열과 송준길을 중용하고, 국방력을 강화하여 북벌을 준비하였다. 그러나 청이 강성하였고 효종이 죽음으로 인해 끝내 실천에 옮기지는 못하였다.

24 정답 ①

정답 해설

제시된 자료는 조선 후기 최고 정치 기구로 인식된 비변사에 대한 설명이다. 비변사는 조선 시대 군국기무를 관장하는 임시 문무합의기구였다가 점차 상설화되었다. 왜란을 겪은 이후 군사 및 일반 행정까지 전담하게 되었다. 비변사는 3정승과 공조를 제외한 5조 판서 · 각 군영 대장 · 강화 유수 · 대제학 등으로 구성되었다. 흥선대원군 때 비변사를 혁파하고 의정부 기능을 회복하였다.

오답 해설

② 어사대는 관리의 비리를 규찰하고 탄핵을 담당하는 고려의 기구다.
③ 춘추관은 역사서 편찬, 보관 및 관리를 담당하는 조선의 기구다.
④ 한성부는 수도의 행정과 치안을 담당한 조선의 기구다.
⑤ 홍문관은 궁중의 서적 관리, 왕에 대한 고문 역할을 했던 조선의 기구다.

CHAPTER 17

근세의 경제와 사회

쏙쏙 키워드를 알려주지!

직전법, 관수관급제, 연분 9등법·전분 6등법, 경시서, 조운제도, 조선통보, 서얼, 환곡제도

① 수신전

과전을 받는 관리가 죽은 후 재혼하지 않은 부인에게 지급된 토지(수조권)

② 휼양전

과전을 받는 관리 부부가 다 죽고 자녀가 어릴 때, 그 자녀에게 지급된 토지(수조권)

③ 조선 시대의 조운제도

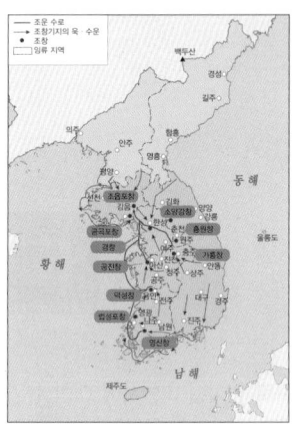

④ 방납

공물을 대신 납부하고 이자를 붙여 받은 일이다.

⑤ 육의전

시전 중에서 비단, 무명, 명주, 종이, 모시, 어물을 파는 점포가 가장 번성하였는데, 이를 육의전이라 하였다.

1 조선 전기의 경제

(1) 토지제도의 변화
고대 : 녹읍, 식읍, 관료전(신문왕)
중세 : 역분전, 과전법

과전법 (고려 말 이후)	경기 지방의 토지 지급, 죽거나 반역을 하면 국가에 반환, 토지 중 일부를 수신전, 휼양전으로 세습
직전법 (세조)	토지의 세습으로 새 관리에게 지급할 토지 부족→현직 관리에게만 수조권 지급, 수신전·휼양전의 폐지
관수관급제 (성종)	수조권을 가진 양반 관료가 과다하게 수취→지방 관청이 조를 거두어 관리에게 나누어 주는 방식(국가의 토지 지배권 강화)
직전법 폐지 (명종)	16세기 중엽에 관리에게 수조권을 지급하는 제도가 소멸되고 녹봉만 지급

(2) 수취 체제의 정비
① **전세(조세)** : 과전법의 경우 수확량의 1/10(1결당 최대 30두, 풍흉에 따라 조정)→세종 때 전분 6등법(토지 질에 따라)·연분 9등법 시행(1결당 4~20두 징수)
② **조세 운반**
　세금을 강이나 바다로 운반
　㉠ 조운제도 : 군현에서 쌀, 콩 등으로 조세 징수→조창(강가나 바닷가에 위치)→경창
　㉡ 잉류 지역 : 평안도, 함경도의 조세미는 군사비, 사신 접대비로 현지에서 사용
③ **공납** : 각 지역의 토산물을 현물로 징수 ──조세는 걷으나 운반하지 않고 현지에서 사용함
④ **역** : 호적에 등재된 16세 이상의 정남에게 부과

(3) 16세기 수취 체제의 문란
① **공납** : 방납의 폐단 발생→이이·유성룡 등이 수미법을 주장하였으나 받아들여지지 않음
② **군역** : 농민의 요역 동원 기피로 군역의 요역화→대립과 방군수포가 성행함
③ **결과** : 농민 생활 악화로 유민 증가, 유민의 일부가 도적으로 전락(명종 때 임꺽정이 대표적)

(4) 조선 전기의 산업
① **수공업** : 관청에 소속된 장인을 동원하여 물품을 제작하는 관영 수공업이 발달함
② **시전 상인** : 왕실이나 관청에 물품 공급의 대가로 특정 상품에 대한 독점 판매권 부여→육의전 번성
　└금난전권
③ **장시 발달** : 15세기 후반 지방에 등장→16세기 이후 전국적인 장시 형성

단답형으로 확인하기

❶ 조선 시대 관직 수행의 대가로 경기 지방의 토지에 대한 수조권을 전·현직 관리에게 지급한 토지제도는?
❷ 조세와 공물을 한강의 수로나 연안의 해로를 통하여 한양으로 운반하는 제도는?
❸ 조선 시대에 명주, 종이, 어물, 모시, 삼베, 무명에 대한 독점 판매권을 갖고 가장 번성했던 시전 상인은?

❸ 육의전
❷ 조운제
❶ 과전법

정답

④ 화폐 발행 : 저화, 조선통보→유통 부진으로 화폐 대신 쌀과 무명 사용

⑤ 경시서 : 불법적인 상행위 감독

2 조선 전기의 사회

(1) 조선의 신분제도

① 양천제 : 양인과 천인으로 구분

 ㉠ 양인 : 자유민, 과거 응시 자격, 조세와 국역의 의무, 과거 응시가 가능함

 ㉡ 천민 : 비자유민, 개인이나 국가에 소속, 천역 담당

② 신분 질서의 확립(반상제)

양반	관료(문반과 무반), 국역 면제, 신분적 특권, 유학 교육
중인	• 직업적 전문성(직역 세습) • 서리, 향리, 기술관(역관, 의관 등), 서얼(첩의 자손)
상민	• 농업, 수공업, 상업 등 생산 활동에 종사함, 조세와 국역의 의무를 부담함 • 신량역천 : 양인 중 천역을 담당하는 계층, 수군, 조례(관청의 잡역 담당), 나장(형사 업무 담당), 일수(지방 관아 잡역), 봉수군, 역졸, 조졸(조운 업무 담당) 등
천민	노비(매매·상속·양도·증여의 대상), 백정·광대 등

조선 시대의 중인

• 사헌부 대사헌 채수가 아뢰었다. "어제 전지를 보니 통역관, 의관을 권장하고 장려하고자 능통하고 재주가 있는 자는 동서 양반에 발탁하여 쓰라고 특별히 명령하셨다니 듣고 놀랐습니다. …… 의관, 역관 무리는 모두 미천한 계급 출신으로서 사족이 아닙니다." 『성종실록』

• 서얼의 자손은 문과, 생원·진사시에 응시할 수 없다. 『경국대전』

■ 중인은 전문 기술이나 행정 실무를 담당하였기 때문에 나름대로 행세할 수 있었다. 또한, 서얼 중에서도 우수한 인재들이 많아 문화 발전에 기여하기도 하였다.

(2) 사회 정책과 사회 시설

① 농본주의 정책 : 민생 안정을 위해 기본 산업인 농업을 중시하는 정책을 추진함(양반 지주의 토지 겸병 억제, 농번기 잡역 동원 금지 등)

② 환곡제 : 국가가 운영, 의창·상평창(물가 조절) 등 설치

③ 사창제 : 향촌의 양반 지주 중심으로 자치적으로 운영

④ 의료 시설 : 혜민국과 동서대비원(수도권 서민 환자의 구제, 태종 때 동서활인서로 개칭), 제생원 (서울과 지방 빈민의 구호 및 진료)

(3) 법률 제도 : 『경국대전』과 대명률 중심, 관습법도 적용

① 중앙 : 사헌부·의금부·형조(관리의 잘못과 중대 사건 재판)·한성부(수도 치안)·장례원(노비의 장부와 그 소송 담당)

② 지방 : 관찰사·수령이 사법권 행사

단답형으로 확인하기

❶ 조선 시대 사회 신분을 양인과 천민으로 구분하여 법제화한 것은?

❷ 신분은 양인이었으나 천역을 담당하였던 계층을 일컫는 말은?

❸ 조선 시대 양반의 첩에서 태어난 자손으로 문과 응시가 금지되었던 신분층은?

정답
❶ 양천제
❷ 신량역천
❸ 서얼

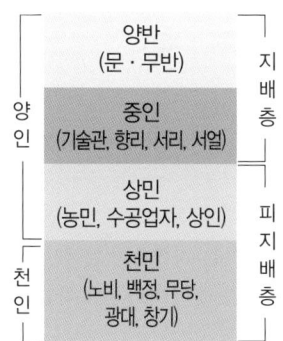

① 조선의 신분 구조

양반 (문·무반)	지배층
중인 (기술관, 향리, 서리, 서얼)	지배층
상민 (농민, 수공업자, 상인)	피지배층
천민 (노비, 백정, 무당, 광대, 창기)	피지배층

(왼쪽: 양반~상민은 "양인", 천민은 "천인")

② 서얼

서얼이란 첩의 자식인 서자(庶子)와 얼자(孼子)를 말한다. 이때 본처 자식은 적자(嫡子)가 된다. 첩의 신분이 양인이면 서자가 되고, 첩의 신분이 천민이면 얼자가 된다. 서얼은 양반의 자손일지라도 가족과 사회에서 차별대우를 받았으며, 문과 응시가 금지되고 양반계층에 속하지 못하여 중인 대우를 받았다.

③ 환곡제

춘궁기에 양식과 종자를 빌려 준 뒤 추수기에 회수하는 제도. 본래 의창에서 담당하였지만, 의창은 빌려준 원곡만을 받았기 때문에 곧 원곡이 부족해졌다. 그리하여 상평창에서는 모곡이라 하여 원곡의 소모분을 감안한 10%의 이자를 거두었다.

25 [44회 18번]

다음 상황이 나타난 시기를 연표에서 옳게 고른 것은? [2점]

> 도평의사사에서 과전을 지급하는 법을 정할 것을 청하니, 그 의견을 따랐다. …… 경기는 사방의 근본이므로 마땅히 과전을 두어 사대부를 우대하고, 무릇 수도에 거주하며 왕실을 시위(侍衛)하는 자에게는 현직인지 산직(散職)인지를 논하지 않고 각각 과(科)에 따라 받게 하였다.

1232		1270		1359		1388		1453		1498
	(가)		(나)		(다)		(라)		(마)	
강화 천도		개경 환도		홍건적 침입		위화도 회군		계유 정난		무오 사화

① (가)   ② (나)   ③ (다)   ④ (라)   ⑤ (마)

26 [33회 23번]

밑줄 그은 '이 법'에 대한 설명으로 옳은 것은? [3점]

역사신문

제△△호   ○○○○년 ○○월 ○○일

수신전과 휼양전 부활 주장 대두

수신전과 휼양전의 지급이 중단되고 이 법이 실시되면서 죽은 남편과의 의리를 지키려고 하는 여자들이나 부모의 제사를 모시려는 자손들이 때때로 경제적으로 어려운 처지에 놓이게 되었다. 이에 따라 일각에서는 수신전과 휼양전을 부활시키자는 주장이 대두되고 있다.

① 현직 관리에게만 수조권을 지급하였다.
② 노동력의 징발을 법적으로 보장하였다.
③ 인품과 공로를 토지 지급 기준으로 삼았다.
④ 부족한 재정을 보충하기 위해 결작을 부과하였다.
⑤ 선혜법이라는 이름으로 경기도에서 처음 시행되었다.

27 [36회 17번]

밑줄 그은 '이들'에 대한 설명으로 옳은 것은? [2점]

이들은 조선 정부가 종로에 만든 상점가에서 물품을 팔았습니다.

그렇습니다. 이들은 왕실이나 관청이 필요로 하는 물품을 공급하였는데, 육의전 상인이 가장 대표적입니다.

① 각지에 송방이라는 지점을 두었다.
② 의주에 근거지를 두고 청과 교역하였다.
③ 금난전권을 통해 사상(私商)을 억압하였다.
④ 여러 장시를 하나의 유통망으로 연계시켰다.
⑤ 주로 포구에서 중개·금융·숙박 등의 영업을 하였다.

28 [38회 18번]

(가) 인물의 업적으로 옳은 것은? [2점]

그림과 함께 보는 압구정 옛 이야기

경교명승첩 중 '압구정'(정선)

이 작품은 조선 시대 압구정의 모습을 그린 것이다. 압구정은 계유정난으로 정권을 잡고 단종을 몰아낸 (가) 을/를 도와 공신이 된 한명회가 지은 정자이다.

① 정방을 폐지하였다.
② 집현전을 설립하였다.
③ 직전법을 실시하였다.
④ 교정도감을 설치하였다.
⑤ 대전회통을 편찬하였다.

25 정답 ④

정답 해설

고려 말 공양왕 때 만들어진 과전법은 국가 재정 기반과 신진사대부 세력의 경제적 기반을 확보하기 위한 것이다. 과전법에 따라 전·현직 관리는 경기 지방의 토지를 과전으로 받았는데, 받은 사람이 죽거나 반역하면 국가에 반환하도록 규정하였다. 그러나 죽은 관료의 가족들이 생계를 유지할 수 있도록 하기 위해 재혼하지 않은 부인에게는 수신전, 20세 미만의 자녀에게는 휼양전이라는 명목으로 과전 가운데 일부를 다시 지급하여 세습이 가능하도록 하였다.

27 정답 ③

정답 해설

조선 정부는 종로 거리에 점포를 지어 상인에게 대여하고 점포세와 상세를 징수하였다. 또한 시전 상인들에게 국역을 부과하고 그 대신 특정 상품에 대한 독점 판매권을 부여하였다. 그리고 정부는 시전 상인의 불법적인 상행위를 감독하기 위해 경시서를 설치하였다. 시전 상인은 조선 후기에 금난전권을 가지고 도성과 그 부근에서 난전의 활동을 단속하였다. 정조는 육의전을 제외한 나머지 시전의 금난전권을 철폐하였다.

오답 해설

① 조선 후기 송상, ② 조선 후기 민상, ④ 조선 후기 보부상, ⑤ 조선 후기 객주나 여각이다.

26 정답 ①

정답 해설

제시된 내용에서 수신전·휼양전을 폐지했다는 내용을 토대로 직전법이라는 것을 알 수 있다. 과전법에서는 전·현직 관리에게 토지를 지급하고 일부 토지가 수신전·휼양전의 명목으로 세습되었기 때문에 시간이 지나면서 새로운 관리에게 지급할 토지가 부족해졌다. 이에 세조 때에는 현직 관리에게만 과전을 지급하는 직전법을 실시하였다.

오답 해설

② 신라 녹읍, ③ 고려 시정전시과, ④ 영조, ⑤ 광해군 대동법이다.

28 정답 ③

정답 해설

(가) 제도는 전시과이며 공신과 관직에 있는 사람에게 18등급으로 토지를 나누어 주던 제도로, 이때 지급된 토지는 수조권만 갖는 토지이다. 곡물을 수취할 수 있는 전지(田地)와 땔감을 얻을 수 있는 시지(柴地)로 구성되며 관직에 대한 대가이므로 죽거나 관직에서 물러날 경우 국가에 반납하도록 하였다.

오답 해설

① 과전법은 신진 사대부의 경제적 기반을 마련하고 국가 재정을 확보하기 위해 시행되었다.
② 역원제는 공문서를 신속하게 전달하기 위한 제도이다.
④ 호포제는 국가의 재정 확충을 위해 양반에게도 군포를 부과하던 제도이다.
⑤ 관수관급제는 관리들이 수조권을 직접 행사하며 생기는 폐단을 해결하기 위해 국가가 일괄적으로 수조권을 행사하고, 관리들에게는 녹봉만을 지급하기로 한 제도이다.

29 [29회 23번]

다음 사극에서 볼 수 있는 장면으로 가장 적절한 것은? [2점]

사극 기획안

▶제목: 임꺽정의 눈물

▶시대 배경: 조선 명종 재위 시기

▶기획 의도

명종 때에는 을사사화가 일어나 정치가 혼란스러웠고 관리들의 부패로 수취 체제가 문란해졌다. 이런 상황 속에서 일어난 임꺽정의 난을 통해 당시 사회 모습을 실감나게 그려본다.

① 나선정벌에 동원된 군인

② 규장각 검서관에 등용되는 서얼

③ 방납의 폐단으로 고통 받는 농민

④ 광혜원에서 환자를 진료하는 의사

⑤ 품삯을 받고 화성 축조에 참여한 백성

30 [33회 29번]

(가)에 대한 설명으로 옳은 것을 〈보기〉에서 고른 것은? [3점]

(가) 은/는 양반 사대부의 자손이지만, 첩의 자식이라 하여 아버지를 아버지라 부르지 못하고 가문의 대를 이을 수도 없었다. 관직에 나아간다 해도 승진할 수 있는 품계가 제한되어 있었다. 이로 말미암아 (가) 에 대한 차별 철폐 요구는 조선 시대 내내 이어졌다.

〈 보 기 〉

ㄱ. 호족 세력과 연계하여 사회 개혁을 추구하였다.

ㄴ. 정조 때 규장각 검서관으로 발탁되기도 하였다.

ㄷ. 청요직 진출을 주장하는 통청 운동을 전개하였다.

ㄹ. 사회적 차별을 타파하고자 조선 형평사를 조직하였다.

① ㄱ, ㄴ   ② ㄱ, ㄷ   ③ ㄴ, ㄷ

④ ㄴ, ㄹ   ⑤ ㄷ, ㄹ

31 [26회 21번]

(가)에 대한 설명으로 옳은 것은? [1점]

무릇 (가) 을/를 매매할 때는 관청에 신고하여야 하며 사사로이 합의하여 매매한 경우에는 관청에서 (가) 와/과 대가로 받은 물건을 모두 몰수한다.

나이 16세 이상 50세 이하는 가격이 저화 4천 장, 15세 이하 51세 이상은 3천 장이다.

– 「경국대전」 –

① 향리직을 세습하였다.

② 서얼이라 불리기도 하였다.

③ 최하층인 천인 신분이었다.

④ 법적으로는 과거에 응시할 수 있었다.

⑤ 직역의 대가로 국가로부터 토지를 지급받았다.

32 [32회 19번]

(가)에 들어갈 내용으로 옳은 것은? [1점]

조선 시대에 민생 안정을 위해 실시한 구휼 정책에 대해 이야기해 보자.

가난한 백성에게 양식이나 종자 등을 빌려주는 의창을 운영하였어.

질병 치료를 위한 의료 시설로 (가)

① 흑창을 두었어.

② 서빙고를 만들었어.

③ 혜민서를 설치하였어.

④ 양현고를 설립하였어.

⑤ 상평창을 운영하였어.

해설편

Chapter 17. 근세의 경제와 사회

I. 우리 역사의 시작과 발전

II. 고대 국가의 성립과 발전

III. 중세의 성립과 발전

IV. 근세의 성립과 발전

29 정답 ③

정답 해설

인종이 재위 8개월 만에 죽고, 이어 어린 나이에 명종이 왕위에 오르게 되자 어머니인 문정 왕후가 수렴청정하고 외척 윤원형이 세력을 잡았다. 윤원형 등은 인종의 외척 세력을 제거하였다(을사사화). 명종 때에는 윤원형 등 중신들의 부패가 극심하여 임꺽정과 같은 도적 떼들이 나타나기도 하였다. 또 16세기에 이르러 지주 전호제가 확산되면서 소작농이 증가하고, 공납, 군역, 환곡 등 수취 체제 전반이 문란하였다.

오답 해설

① 효종, ②, ⑤ 정조, ④ 고종 때이다.

30 정답 ③

정답 해설

자료의 첩의 자식이라는 문장으로 보아 (가)에 들어갈 용어는 '서얼'이다. 조선 후기에는 사회 변동이 심해지는 가운데 서얼들도 꾸준히 왕에게 상소를 올려 양반처럼 누구나 고위 관직에 나갈 수 있게 되었다. 정조 때에는 유득공, 박제가, 이덕무 등 서얼 출신이 규장각 검서관으로 활약하기도 하였다. 이때에 서얼에게 문과에 응시할 자격이 주어졌기 때문이다(서얼허통).

오답 해설

ㄱ. 신라 말 6두품의 일부는 지방의 호족세력과 뜻을 함께하여 신라 사회를 개혁하고자 하였다. ㄹ. 조선형평사를 조직한 사람들은 백정들이다.

31 정답 ③

정답 해설

조선 시대 천민 중에서 대부분을 차지하는 것은 노비였다. 노비는 비자유민으로 교육받거나 벼슬길에 나아갈 길이 막혀 있었다. 노비는 재산으로 취급되었으므로 매매, 상속, 증여의 대상이었다. 노비는 국가에 예속된 공노비와 개인에게 예속된 사노비로 나뉘었다. 사노비에는 주인과 함께 살며 허드렛일을 하거나 토지를 경작하는 솔거노비와 주인과 따로 살며 주인의 땅을 경작하는 외거노비가 있었다. 외거노비는 매년 주인에게 신공으로 포와 곡식을 바쳤다. 외거노비는 재산을 소유할 수 있었고, 가족을 구성할 수도 있었기 때문에 일반 농민과 비슷한 생활을 하는 것이 가능하였다.

32 정답 ③

정답 해설

조선 시대에는 각종 재해를 당한 농민에게는 조세를 덜어 주기도 하였다. 이러한 시책에도 불구하고 농민의 생활이 자주 어려움을 당하자 국가에서는 의창, 상평창 등을 설치하고 환곡제를 실시하여 이들을 구제하였다. 의료 시설로는 고려 시대에도 있었던 혜민국, 동서대비원, 제생원 등이 있었다. 혜민국과 동서대비원은 한성에 거주하는 서민들의 구제를 담당하였다. 제생원은 서울과 지방 빈민들의 진료를 담당하였다.

근세의 문화

쏙쏙 키워드를 알려주지!

『훈민정음』, 『조선왕조실록』, 『동국통감』, 『고려사』, 「혼일강리역대국도지도」, 「삼강행실도」, 『국조오례의』, 『경국대전』, 『칠정산』, 원각사지 십층석탑, 측우기, 「농사직설」, 『향약집성방』, 갑인자, 동문선, 분청사기, 「몽유도원도」, 「고사관수도」

---

① 사고(史庫)

국왕이 죽은 후 편찬한 역사서인 실록을 보관하기 위하여 만들었다. 춘추관과 충주, 전주, 성주에 설치되었다가 임진왜란 후 태백산, 정족산, 적상산, 오대산에 설치되었다.

② 기전체(紀傳體)

역사를 본기, 세가, 연표, 지, 열전 등으로 나누어 서술하는 방식이다.

③ 「혼일강리역대국도지도」

동양 최초의 세계 지도로 우리나라가 실제보다 크게 그려져 있다.

④ 『(신증)동국여지승람』

군현의 연혁, 지세, 인물, 풍속, 산물, 교통 등을 자세히 수록하였다.

---

1 민족 문화의 융성

(1) 조선 전기의 문화

① 15세기 : 민생 안정과 부국강병 추구, 훈민정음 창제, 편찬 사업 활발(역사서, 지리서, 의례서 등), 과학 기술의 발달

② 16세기 : 사림의 정계 진출로 양반 문화 발달, 성리학 발달, 서원 건축 유행

(2) 훈민정음 창제

① 창제 : 세종과 집현전 학자들이 창제(1443년)

② 보급 : 한글로 간행(용비어천가 · 월인천강지곡, 불경 · 농서 · 윤리서 · 병서), 서리 채용에 한글 시험

③ 의의 : 일반 백성들의 문자 생활, 문화 민족의 긍지, 민족 문화의 기반 마련

(3) 편찬 사업

① 역사서

  ㉠ 『조선왕조실록』의 편찬 : 세계기록유산으로 등재, 실록청에서 사초와 시정기를 기반으로 하여 편년체로 편찬, 4대 사고에 보관

  ㉡ 고려사 정리 : 『고려사』(김종서 · 정인지 등, 기전체), 『고려사절요』(김종서 등, 편년체)

  ㉢ 『동국통감』(서거정) : 고조선~고려 말, 역사 정리

  ㉣ 『동국사략』(박상), 『기자실기』(이이) : 사림의 정치의식이 반영된 새로운 역사서

  ㉤ 『승정원일기』 : 승정원에서 임금의 일과를 매일 기록

② 윤리 · 의례서 · 법전

  ㉠ 윤리서 : 『삼강행실도』(세종, 충신 · 효자 · 열녀 행적을 그림과 함께 설명), 『이륜행실도』 · 『동몽수지』(16세기)

  ㉡ 의례서 : 『국조오례의』(성종, 국가의례 정비)

  ㉢ 『경국대전』(세조~성종) : 이전, 호전, 예전, 병전, 형전, 공전의 6전으로 구성, 조선의 기본 법전, 유교적 통치 질서와 문물제도의 완비 └ 조선의 법전 순서 경국대전(성종) → 속대전(영조) → 대전통편(정조) → 대전회통(대원군)

③ 지도 · 지리지

  ㉠ 지도 : 「혼일강리역대국도지도」(태종), 「팔도도」, 「동국지도」(세조), 「조선방역지도」(명종)

  ㉡ 지리지 : 『신찬팔도지리지』(세종), 『동국여지승람』(성종), 『신증동국여지승람』(중종)

2 불교와 도교, 민간 신앙

(1) 불교 정책 : 사원 소유 토지와 노비 회수 · 도첩제 실시, 교단 정리(세종), 세조의 원각사지 십층석탑 건립

단답형으로 확인하기

❶ 국왕이 죽은 후 왕의 재위 시에 있었던 사실을 편년체로 쓴 역사서로 사고에 보관하던 것은?

❷ 서거정 등이 고조선부터 고려 말까지의 역사를 정리하여 편찬한 편년체 통사는?

❸ 태종 때 만들어진 현존하는 동양 최고의 세계지도는?

❸ 「혼일강리역대국도지도」
❷ 「동국통감」
❶ 「조선왕조실록」

정답

(2) **도교** : 도교 행사 축소, 소격서 설치(마니산 참성단에서 초제 거행)

(3) **풍수지리설** : 한양 천도에 반영, 사대부의 묘지 선정에 영향

3 과학 기술의 발달

(1) 천문학과 역법

① **천문학** : 『천문도』(태조, 「천상열차분야지도」), 『칠정산』(세종, 서울을 기준으로 만든 역법서)

② **천문학, 농업 관련 각종 기구 발명 제작** : 천체 관측(혼의, 간의), 시간 측정(자격루, 앙부일구), 강우량 측정(측우기, 세계 최초), 토지 측량(인지의, 규형)

(2) 인쇄술

① **활자 인쇄술** : 태종 때 주자소 설치(계미자 주조→세종 때 갑인자 주조, 밀랍 대신 식자판 조립 방법 창안)

② **제지술** : 조지소(종이를 전문적으로 생산하는 관청) 설치

(3) 농학, 의학과 무기 제조 기술의 발달

① **농업 기술**

　ㄱ『농사직설』: 우리 풍토에 알맞은 농부들의 영농 경험 수록

　ㄴ『금양잡록』: 시흥 지방의 농업 기술 기록

② **의학**

　ㄱ『향약집성방』: 우리 풍토에 맞는 약재와 치료 방법 정리

　ㄴ『의방유취』: 의학 백과사전

③ **무기 제조 기술 발달** : 화포 개량(최해산), 신기전과 화차, 거북선 제조 등

4 문학과 예술의 발달

(1) 문학 : 서거정의 『동문선』(삼국 시대~조선 초까지 빼어난 글을 골라 편찬)

(2) 건축

① **15세기** : 무위사 극락전(소박하고 단정한 특징), 해인사 장경판전(당시 과학과 기술을 집약), 원각사지 십층석탑(세조 때, 대리석)

② **16세기** : 옥산서원, 도산서원

③ **경복궁**

　ㄱ 왕이 거처하는 궁궐로 정궁, 법궁 등으로 불림

　ㄴ 경복궁의 왼쪽에는 역대 왕과 왕비의 위패를 모신 종묘를 설치

　ㄷ 경복궁의 정문인 광화문 앞 육조 거리에는 의정부와 6조 등 주요 관청이 위치

(3) 예술

① **자기 공예** : 분청사기(15세기, 청자에 백토의 분을 칠한 그릇)→백자(16세기, 선비 취향)

② **그림**

　ㄱ 15세기 : 안견의 「몽유도원도」(현실 세계와 이상 세계를 조화롭게 묘사), 강희안의 「고사관수도」(인물의 내면을 잘 묘사) 등

　ㄴ 16세기 : 사군자 유행, 신사임당의 「초충도」

③ **음악** : 정간보(악보) 제작, 아악 정리, 『악학궤범』 간행

단답형으로 확인하기

❶ 우리나라 역사상 최초로 서울을 기준으로 천체 운동을 정확하게 계산한 역법서는?

❷ 조선 전기 우리 풍토에 알맞은 약재와 치료 방법을 개발, 정리한 의학서는?

❸ 조선 초기 주로 사용된 청자에 백토의 분을 칠한 도자기는?

정답 ❶ 『칠정산』 ❷ 향약집성방 ❸ 분청사기

① 간의

② 『칠정산』

칠정산 내편은 원나라 수시력을 참고로 서울을 기준으로 천체 운동을 계산한 것이고, 외편은 아라비아의 회회력을 참고로 만든 것이다.

화차

원각사지 십층석탑

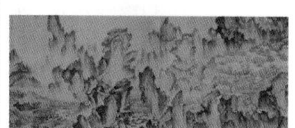
분청사기

「몽유도원도」

강희안의 고사관수도

33 [31회 22번]

밑줄 그은 '책'으로 옳은 것은? [2점]

자네, 들었는가? 왕명에 따라 우리 풍토에 맞는 농법을 정리한 책을 처음으로 만든다고 하더군.

아, 그래서 얼마 전 관리가 찾아와 좋은 씨앗 고르는 방법 등 이것저것을 물었던 것이군.

① 『금양잡록』
② 『농가집성』
③ 『농사직설』
④ 『농상집요』
⑤ 『산림경제』

34 [46회 19번]

(가)에 해당하는 책으로 옳은 것은? [1점]

수행 평가 보고서
○○모둠

⊙ 주제: 조선의 기본 법전, (가)

⊙ 개요
  1. 편찬 과정: 세조 때 시작하여 성종 때 완성
  2. 체제: 이전(吏典), 호전(戶典) 등 6전으로 구성
  3. 내용: 국가 조직, 재정, 의례, 군사 제도 등 통치 전반에 걸친 법령과 규정을 수록
     ⋮

① 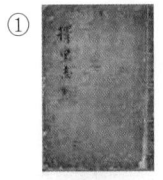 택리지
②  경국대전
③  동국통감
④  목민심서
⑤ 금석과안록

35 [33회 22번]

다음과 같은 과정을 거쳐 제작된 책에 대한 설명으로 옳은 것은? [2점]

춘추관에 실록청 설치

자료 수집

편찬

완료 후 사고(史庫) 보관

① 세가, 지, 열전 등으로 구성되었다.
② 시정기와 사초를 바탕으로 제작되었다.
③ 현존하는 우리나라 최고(最古)의 역사서이다.
④ 불교사 중심으로 고대 민간 설화 등을 수록하였다.
⑤ 고조선부터 고려 말까지의 역사를 편년체로 서술하였다.

36 [26회 22번]

밑줄 그은 '이 책'으로 옳은 것은? [2점]

이 책은 백성들이 유교 윤리를 쉽게 알 수 있도록 우리나라와 중국의 효자, 충신, 열녀들의 모범 사례를 모아 편찬되었다. 글을 모르는 사람도 이해할 수 있도록 글과 함께 그림으로 되어 있다.

① 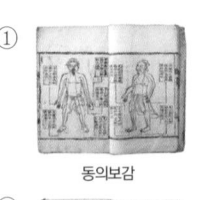 동의보감
②  악학궤범
③  의방유취
④  삼강행실도
⑤ 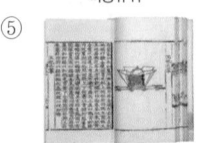 국조오례의

33 정답 ③

정답 해설

대화속의 내용은 세종 때 편찬된 『농사직설』이다. 이 책은 중국 농법을 수용하면서 우리나라 농부들의 경험을 모아 우리 실정에 맞는 독자적인 농법을 정리한 것으로, 농업 생산력을 높이기 위해 편찬하였다.

※시험에 자주 출제 되는 책이기 때문에 특별히 잘 알아두자.

오답 해설

① 조선 전기 강희맹이 사계절의 농사와 농작물에 대한 필요사항을 기술한 농서이다.
② 조선 후기 신속이 『농사직설』, 『금양잡록』, 『사시찬요초』의 부록으로 쓴 농서이다. 우리나라의 풍토와 고유 기술이 많이 언급되어 있다.
④ 고려 말 이암이 원나라로부터 수입해 온 농서이다.
⑤ 조선 후기 홍만선이 엮은 농서겸 가정생활서이다.

34 정답 ②

정답 해설

조선 왕조는 개국 직후부터 독자적인 통치 규범을 만들고 이를 표준으로 하여 정치를 운영했다. 개국 공신 정도전이 '주례'의 통치 규범을 참고하여 지은 『조선경국전』과 『경제문감』이 표준이 되어 이를 다시 조정해서 만세의 헌전(憲典)으로 만든 것이 『경국대전』이다. 이전, 호전, 예전, 병전, 형전, 공전의 6전으로 구성되어 있는 『경국대전』은 조선 왕조의 기본 법전으로 조선 말기까지 이 법전의 기본 정신이 유지되었다. 『경국대전』의 편찬은 법제적 통치 질서를 존중하는 유교 문화를 상징하는 것이다.

오답 해설

① 택리지는 이중환이 현지답사를 바탕으로 각 지역의 풍속, 인심, 자연환경 등을 서술한 책이다.
③ 동국통감은 서거정, 이극돈 등이 왕명을 받아 편찬한 역사서로 단군조선부터 고려 말까지의 역사를 다루고 있다.
④ 목민심서는 정약용이 쓴 책으로 지방관이 지켜야 할 지침 및 지방행정 개혁 방안을 담고 있다.
⑤ 김정희는 금석과안록을 저술하여 북한산비가 진흥왕 순수비임을 밝혔다.

35 정답 ②

정답 해설

조선 왕조는 한 왕대의 역사를 후대에 남기기 위해 『실록』을 편찬하고 사고를 지어 보관하였다. 왕이 죽으면 춘추관을 중심으로 실록청을 설치하고, 사관이 기록한 사초(史草), 각 관청에서 작성한 시정기 등을 종합, 정리하여 연대순으로 서술하는 편년체로 『실록』을 편찬하였다. 오늘날까지 전해 오는 『조선왕조실록』은 유네스코 세계기록유산에 등록되어 전 세계에 그 가치를 인정받고 있다.

오답 해설

① 『고려사』, ③ 『삼국사기』, ④ 『삼국유사』, ⑤ 『동국통감』이다.

36 정답 ④

정답 해설

성리학은 조선 건국의 사상적 바탕이자 국가 운영의 기본 원리였다. 그래서 조선 건국 이후 성리학은 나라를 다스리는 통치 원리로서 강조되었다. 정부는 성리학적 규범을 널리 확산하기 위해 윤리와 의례에 관한 책을 활발하게 편찬하였다. 세종 때 모범이 될 만한 충신, 효자, 열녀 등의 행적을 그림으로 그리고 설명을 붙여 『삼강행실도』를 편찬하였다. 성종 때에는 『국조오례의』를 편찬하여 국가의 여러 행사에 필요한 의례를 정비하였다.

37 [41회 19번]

(가)에 들어갈 책으로 옳은 것은? [2점]

이달의 책

(가)

우리나라 역사상 최초로 한양을 기준으로 천체 운동을 계산한 역법서이다. 세종의 명으로 정인지, 정초 등이 원의 수시력 등을 참고하여 편찬하였다. 그 결과 일식과 월식, 날짜와 계절의 변화 등을 이전보다 정확하게 알 수 있게 되었다.

①
농사직설

② 동의보감

③ 육전조례

④ 칠정산 내편

⑤ 직지심체요절

38 [22회 20번]

다음 문화유산에 대한 설명으로 옳은 것을 〈보기〉에서 고른 것은? [2점]

이 책은 한양을 기준으로 천체 운동을 계산한 역법서로, 이를 통해 일식과 월식 및 날짜와 계절의 변화 등을 보다 정확하게 알 수 있게 되었습니다.

칠정산내편

〈보 기〉
ㄱ. 지전설이 소개되어 있다.
ㄴ. 정약용에 의해 편찬되었다.
ㄷ. 조선 세종 대에 간행되었다.
ㄹ. 수시력을 참고하여 제작되었다.

① ㄱ, ㄴ
② ㄱ, ㄷ
③ ㄴ, ㄷ
④ ㄴ, ㄹ
⑤ ㄷ, ㄹ

39 [28회 19번]

다음 기획전에 전시될 그림으로 적절한 것은? [1점]

🎨 특별 기획전
15~16세기 그림으로 보는
조선 전기 회화와의 만남

• 기간: 2015년 ○○월 ○○일~○○월 ○○일
• 장소: □□박물관 특별 전시실

①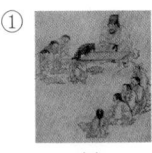
서당도

②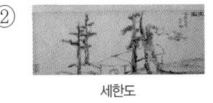
세한도

③
대장간도

④
고사관수도

⑤
인왕제색도

40 [20회 21번]

다음 자료에 해당하는 문화유산으로 옳은 것은? [2점]

이 도자기는 주로 14세기 후반부터 16세기 중엽까지 제작되었다. 거친 질감과 소박하고 천진스러운 무늬가 조화를 이루어 우리의 멋을 잘 나타내고 있다. 1930년대에 고유섭은 청자에 분을 발라 장식한 자기라는 뜻으로 '분장회청사기'라는 이름을 붙였다.

①

②

③

④

⑤

37 정답 ④

정답 해설

『칠정산 내편』은 우리나라 최초로 한양을 기준으로 천체 운동을 계산한 역법서이다. 세종의 명으로 정인지, 정초 등이 원의 수시력 등을 참고하여 편찬하였다. 그 결과 일식과 월식, 날짜와 계절의 변화 등을 이전보다 정확하게 알 수 있게 되었다.

오답 해설

① 『농사직설』은 조선 세종 때 우리 풍토에 맞는 농법을 기록한 책이다.
② 『동의보감』은 광해군 때 허준이 편찬한 의학서이다.
③ 『육전조례』는 정조 때 『대전통편』을 보완하여 육조의 행정법규와 사례를 편집하였다.
⑤ 『직지심체요절』의 정식 명칭은 『백운화상초록불조직지심체요절』 (1377)이며 현존하는 금속활자로 인쇄된 책 중 가장 오래된 책이며, 백운화상이 석가모니의 가르침에서 중요한 내용을 뽑아 청주 흥덕사에서 펴냈다.

38 정답 ⑤

정답 해설

한양을 기준으로 천체 운동을 계산한 역법서는 『칠정산』이다. 『칠정산』은 조선 초 세종 때 중국의 수시력(授時曆)과 아라비아의 회회력(回回曆)을 참고로 만든 역법서로 조선 전기에 편찬되었다.

오답 해설

ㄱ. 조선 후기에는 김석문이 처음 지전설을 주장한 이후 홍대용도 과학 연구에 관심을 가지고 지전설을 주장하였다. ㄴ. 『목민심서』, 『흠흠신서』, 『경세유표』 등이 정약용의 저서이다.

39 정답 ④

정답 해설

15세기의 그림으로는 안견의 「몽유도원도」와 강희안의 「고사관수도」 등이 유명하다. 현실 세계와 이상 세계를 조화롭게 묘사한 「몽유도원도」에는 신선이 사는 이상 세계가 그려져 있고, 인물의 내면을 잘 묘사한 「고사관수도」에는 선비가 수면을 바라보며 무념무상에 잠긴 모습이 과감한 필치로 그려져 있다.

오답 해설

① ③ 조선 후기 김홍도의 풍속화, ② 조선 후기의 김정희의 문인화, ⑤ 조선 후기 정선의 진경산수화이다.

40 정답 ②

정답 해설

조선 초기에 궁중이나 관청에서는 그릇 표면에 흰 흙을 발라 여러 가지로 장식한 분청사기나 흰 흙으로 형태를 만들고 투명한 백색 유약을 입힌 백자를 널리 사용하였다. 고려 말에 나타난 분청사기는 16세기 이후 백자가 본격적으로 생산되면서 점차 그 생산이 줄어들었다. 조선 백자는 깨끗하고 담백하며 순백의 고상함이 선비의 취향과 잘 어울렸기 때문에 널리 이용되었다. ② 분청사기 조화어문 편병이다.

오답 해설

① 16세기 순백자병, ③ 12세기 청자 칠보 투각향로, ④ 17~18세기 청화백자 매죽문호, ⑤ 12세기 청자 상감 운학무늬매병이다.

PART IV

출제 포인트

근세 시대는 최근 7회 동안 43문항 12.3%가 출제되어 학습해야 하는 분량에 비해 출제 빈도는 낮은 편이다. 하지만 정치체제의 틀이 완벽히 갖추어진 조선 사회이기 때문에 결코 소홀히 할 수 없는 부분이다. 주된 출제 부분은 태종과 세종의 업적, 주요 정치기구의 역할, 사화에서 특히 기묘사화와 조광조, 서원 등은 주요 출제 포인트이다. 이 밖에 임진왜란의 영향과 조선통신사 등 일본에의 문화 전파도 최근 출제 빈도가 높아지고 있다.

● 온건파와 급진파 사대부의 비교

구분	온건개혁파	급진개혁파
주요 인물	길재, 이색, 정몽주	정도전, 조준
입장	고려 왕조의 유지(점진적 개혁)	고려 왕조의 교체(역성 혁명)

● 조선 전기 주요 왕들의 업적

태조	• 정도전→유교(성리학)적 통치 규범 마련, 재상 중심의 정치 주장
태종	• 호패법 실시 : 세금과 군역 확보 목적　　　• 사병 폐지 : 군사권 장악 • 신문고 설치 : 백성의 억울함을 호소하게끔 함　• 6조 직계제
세종	• 집현전 설치 : 학문 연구 장려　• 훈민정음 창제 · 반포　• 의정부 서사제 • 조세제도 : 그 해의 풍흉과 토지의 비옥도에 따라 조세의 액수를 다르게 정함(전분 6등법, 연분 9등법) • 4군 6진(최윤덕, 김종서)　　　• 『칠정산』, 『농사직설』, 측우기, 자격루
세조	• 직전법 실시 : 국가 재정 확충(현직 관료만 지급)　• 6조 직계제 • 군사제도 정비 : 국방 강화　　　　　　　　• 집현전과 경연 폐지
성종	• 유교 정치를 바탕으로 한 통치 조직의 정비　• 홍문관 설치, 『경국대전』 완성

● 조선 시대 지방 행정 조직의 특징(중앙집권체제 강화)

① 전국을 8도로 구획
② 고을의 크기에 따라 지방관 등급 조정 : 부/목/군/현
③ 특수 행정 구역(향, 부곡, 소) 소멸→일반 군현으로 승격
④ 모든 군현에 수령 파견→지방 세력, (향리)의 지위 약화

● 조선의 과거제도

문과	• 정기 시험(3년) : 식년시　　• 부정기 시험 : 별시, 증광시, 알성시 • 초시(각 도의 인구 비례로 선발)→복시(33명 선발)→전시(왕 앞에서 실시, 순위 결정)
무과	문과와 같은 절차, 최종 선발 인원은 28명
잡과	기술관 선발, 3년마다 실시

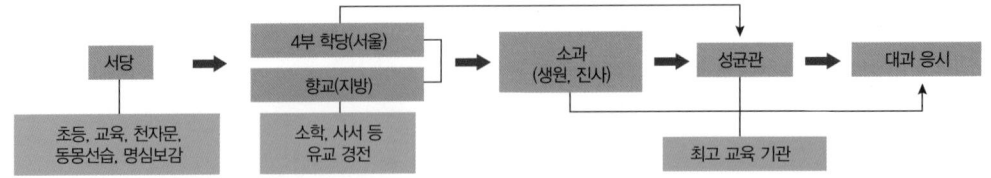

● 사화(사림↔훈구)

연산군	무오사화(1498년)	김종직의 『조의제문』을 구실로 훈구세력이 사림 세력을 공격한 사건
	갑자사화(1504년)	연산군의 생모인 폐비 윤 씨의 폐위를 조사하면서 사림이 화를 입은 사건
중종	기묘사화(1519년)	조광조의 개혁정치에 대한 반발로 조광조를 비롯한 사림이 화를 입은 사건
명종	을사사화(1545년)	외척 윤 씨 간의 대립으로 정치적 혼란 심화

※ 조광조의 개혁정치

㉮ 향약 실시 ㉯ 미신 타파, 불교 규제, 도교 규제→소격서 폐지 ㉰ 현량과 실시→사림파 발탁

㉱ 삼사 중심의 언론 정치 ㉲ 방납의 폐단 시정

㉳ 『주자가례』, 『소학』 등 보급 ㉴ 위훈삭제: 훈구파들의 공신 등급을 낮춘 사건→기묘사화의 원인

● 서원

기능	• 선현에 대한 제사, 학문 연구, 제자 양성(양반 자제 교육) • 사림의 세력 기반으로 작용
시초	• 중종 때 주세붕이 영주에 세운 백운동서원
발전	이황의 건의로 백운동서원이 '소수서원'으로 사액됨→국가에서 토지, 노비, 서적 등을 지급하였으며, 면세의 특권을 부여함(이후 사림의 학문적 기반)
확대	영남 지방을 중심으로 전국적으로 확산
장단점	• 장점 : 학문과 교육 발전에 기여 • 단점 : 자기 당파의 결속 강화→붕당의 토대

● 임진왜란 결과와 영향

조선	• 전염병 및 기근과 질병 확산→인구 급감, 농토의 황폐화(경지 면적이 1/3로 축소)
	• 신분제의 동요 : 노비문서 소실, 양반의 위신 추락, 납속책 실시, 공명첩
	• 문화재의 소실 : 경복궁 · 불국사 · 사고 등 소실, 활자 · 서적 · 도자기(이삼평) 등을 약탈당함
일본	• 정권의 교체 : 도쿠가와 이에야스의 에도 막부 시작
	• 문화 발전 : 조선에서 데려간 유학자, 기술자들에 의해 성리학과 도자기 제조 기술 발달
명	• 국력 약화→만주에서 여진족(후금)의 세력 강화→이후 청에 의해 멸망

● 15세기의 회화

① 중국 역대 화풍을 선택적으로 수용→독자적 화풍 개발
② 대표자
- 안견의 「몽유도원도」 : 현실 세계와 이상 세계 표현
- 강희안의 「고사관수도」 : 인물의 내면 묘사

● 16세기의 회화

① 다양한 화풍, 선비들의 정신세계를 사군자로 표현
② 대표자
- 이상좌 : 노비 출신으로 화원 발탁, 「송하보월도」로 유명
- 신사임당 : 풀과 벌레를 소박하고 섬세하게 표현

합격 기준은 어떤 책과 강의로 공부하냐지!

신과함께
한국사능력검정시험

Part V
근대 태동기

CHAPTER 19

근대 태동기

쏙쏙 키워드를 알려주지!

비변사, 훈련도감, 진관체제, 제승방략체제, 북벌 운동, 예송논쟁, 환국, 균역법, 『속대전』, 규장각, 장용영, 초계문신제, 신해통공, 『대전통편』, 삼정의 문란, 백두산 정계비

1 통치체제의 변화

(1) 정치구조의 변화

① 비변사의 기능 강화
- ㉠ 확대 : 임진왜란 후 모든 중요 정책을 결정하는 국가 최고기관이 됨
- ㉡ 결과 : 왕권 약화, 의정부와 6조의 기능 약화

② 3사의 언론 기능 강화 : 공론 대변→임진왜란→자기 붕당의 이익 대변

③ 이조 전랑과 병조 전랑의 기능 강화 : 중하위 관리 인사권, 후임 추천권 행사
- →자기 붕당의 세력 확대와 상대 붕당 비방에 주력
- →조선 후기의 3사와 병조·이조 전랑 : 자기 세력 확대 추구

(2) 군사제도의 변화

① 중앙군 : ㉠ 조선 초: 5위(의무병 중심) 중심→5군영 체제 완성
- ㉡ 5군영 : ⓐ 구성─i) 훈련도감(임진왜란 중 설치, 삼수병 양성)
  - ii) 어영청(북벌 계획 추진), 총융청(북한산성), 수어청(남한산성 경비), 금위영(궁궐 수비)
  - ⓑ 역할 : 국방 강화, 서인 정권의 군사적 기반 역할

② 지방군 : ㉠ 방어체제의 변화: 진관체제(15세기)→제승방략체제→진관체제(임란 중)
- ㉡ 속오군 : 양천혼성군, 평상시에는 생업에 종사하면서 유사시에 전투 동원

2 붕당정치의 전개와 탕평정치

(1) 예송논쟁(현종)

① 배경 : 효종의 왕위계승에 대한 정통성 문제(자의대비 조씨의 상복 기간에 대한 남인─서인 간의 입장차)

② 과정 : 1차 예송(서인 우세)→2차 예송(남인 우세)→경신환국

(2) 환국

① 계기 : 경신환국(1680년)→붕당 사이의 견제와 균형 붕괴, 상대 세력 존재 부정

② 환국 : 정국 주도 붕당과 견제 붕당의 빈번한 교체→정국의 급격한 전환

③ 서인의 노론·소론으로 분화, 남인 축출 후 노론·소론 대립

(3) 북벌 운동의 전개

① 병자호란 이후의 대청 정책 : 표면적으로 사대정책, 실질적으로 북벌 준비

② 효종의 북벌 : 송시열, 송준길, 이완 등을 등용하여 군대 양성, 성곽 수리

③ 숙종의 북벌 : 윤휴를 중심으로 준비→현실적으로 실행되지 못함

단답형으로 확인하기

❶ 국방문제를 담당하는 임시기구였으나 임란 이후 최고기구가 된 기구는?

❷ 조선 후기 군사제도로 임시응변 모병제로 구성된 것은?

❸ 17세기 후반 효종의 정통성에 관한 복상 문제가 원인이 되어 두 차례 발생한 대립은?

❶ 비변사
❷ 훈련도감
❸ 예송논쟁

정답

---

① 비변사

비변사는 원래 삼포왜란 후에 왜구의 침입을 대비하기 위해 설치한 임시회의기구였으며 초기에는 국방문제만을 다루는 기구였다. 비변사에 참여하는 사람은 3정승, 공조판서를 제외한 6조판서, 5군영의 대장들, 4유수(개성, 경기, 강화, 화성), 대제학 등이었다. 그러나 을묘왜변 후에는 왜구의 침입이 잦아지면서 상설기구화 되었다. 조선후기에 최고 국정기관이었던 비변사는 고종 때 흥선대원군에 의해 폐지된다.

② 군역제의 변화

15세기 말: 군역 기피현상 발생 방군수포제 등장
16세기: 대립제와 방군수포제 유행
17세기: 군적수포제 정착

③ 훈련도감

왜군의 조총부대에 대항하기 위해 살수, 사수, 포수로 구성함. 직업군인으로 구성. 훈련도감을 운영하기 위해 국가에서는 삼수미라는 세금을 거둠

④ 예송논쟁

기해예송(1차) : 효종 사후 서인은 1년상 주장, 남인은 3년상 주장

갑인예송(2차) : 효종의 비 사후 서인은 9개월상 주장, 남인은 1년상 주장

④ 북벌론의 한계
• 주전론으로 패전의 책임이 있는 서인이 정권을 계속 유지하기 위한 수단
• 북벌 주장은 서인 정권의 정당성 옹호

붕당정치의 전개

시기	16세기 중반	16세기 말	17세기 초 (인조반정)		17세기 중반		17세기 말	
							2차례 예송	3차례 환국
		붕당 형성 - - - - - - - - → 건전한 붕당정치 전개 - - - - - - - - → 붕당정치의 변질(상대 당 존재 부정) - - - - - - - - →						
왕		선조		광해군	인조	효종	현종	숙종
주요 사건		이조 전랑직		중립외교	친명 배금	북벌론	예송	환국
붕당 관계	서림 집권	이조 전랑직 문제						

① 탕평비의 내용

周而弗比 乃君子之公心
比而弗周 寔小人之私意

신의가 있고 아첨하지 않는 것은 군자의 마음이요.
아첨하고 신의가 없는 것은 소인의 사사로운 마음이다.

② 초계문신제

신진 관리나 중하급 관리 중에서 총명한 자를 선발하여 규장각에서 재교육하는 제도→정조의 개혁정치를 이념과 사상적으로 뒷받침하게 함

③ 규장각

규장각은 본래 역대 왕의 글과 책을 수집·보관하기 위한 왕실 도서관의 기능을 갖는 기구로 설치되었다. 그러나 정조는 여기에 비서의 기능과 문한 기능을 통합적으로 부여하고, 과거 시험의 주관과 문신 교육의 임무까지 부여하였다.

영조의 탕평책

탕평책	• 탕평비 건립 • 탕평파 육성 • 산림의 존재를 인정하지 않음 • 서원 대폭 정리 • 이조 전랑의 3사 관리 선발권과 후임자 천거권 폐지→후임자 천거권은 정조 때 완전히 폐지됨 • 국왕의 영향력 및 권력 강화. 『속대전』 편찬 • 한계 : 붕당의 다툼을 일시적으로 억제
수취 체제 개편	• 균역법 실시 : 백성들의 군역 부담을 줄여주기 위해 실시(1년에 군포 2필→1필) • 국가 재정 개혁
형벌 제도 개선	사형수에 대한 삼심제 시행, 악형 금지

정조의 탕평책

• 규장각 육성 : 강력한 정치기구로 육성
• 초계문신제 시행 : 신진 인물, 중·하급 관리 중에서 유능한 인사를 선발하여 재교육
• 장용영 설치 : 친위부대→왕권을 뒷받침하는 군사 기반
• 숙종·영조의 탕평론을 이어받아 왕정체제 강화
• 수원 천도 : 화성을 건설하여 정치적·군사적 기능 부여
• 개혁정책 : 신해통공(금난전권 폐지), 서얼 출신 등용
• 『대전통편』 편찬
• 지방 통치 개편 : 수령의 권한 강화

탕평채   탕평비   수원 화성

단답형으로 확인하기

❶ 숙종~영조 때 왕권의 힘으로 붕당 간의 힘의 조절을 하려고 시행했던 정책은?
❷ 정조가 설치한 학술 연구기구는?
❸ 정조 때 편찬된 법전은?

정답 ❶ 탕평책 ❷ 규장각 ❸ 「대전통편」

3 세도정치의 전개

(1) 세도정치의 전개

① **세도정치** : 왕이 특별히 신임하거나 왕실과 혼인관계를 맺은 특정 가문이나 특정인이 권력을 독점하는 현상

② **특징** : 붕당정치의 파탄, 유교적 관료정치의 허구화

③ **과정** : 정순왕후(신유박해, 장용영 혁파, 훈련도감 정상화 및 군권 장악)→안동 김씨(순조)→풍양 조씨(헌종)→안동 김씨(철종)

(2) 세도정치 시대의 권력 구조

① **정치집단의 폐쇄화** : 새로운 정치세력의 성장을 억제함→지역차별

② **권력 구조의 변화** : ㉠ 정2품 이상 고위관리(세도가문이 독점)에 권력 집중

　　　　　　　　　　　㉡ 비변사에 권력 집중→국가기관 유명무실화

(3) 세도정치의 폐단

① **정치 기강의 문란** : ㉠ 삼정(전정, 군정, 환정) 문란

　　　　　　　　　　　㉡ 수령을 견제할 세력이 소멸되어 탐관오리 횡포 심화

　　　　　　　　　　　㉢ 인사행정 문란(매관매직)

② **삼정의 문란**

주요 농민봉기

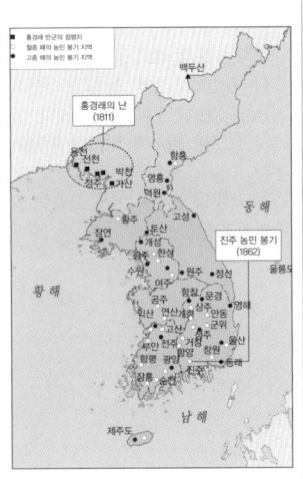

배경	19세기 세도정치기 탐관오리의 부정과 탐학, 삼정의 문란으로 농촌사회 피폐화, 농민들의 사회의식 성장
형태	소청 · 벽서 · 괘서→농민봉기
홍경래의 난 (1811)	• 발생원인 : 세도정치, 평안도 지역에 대한 차별대우 • 주도세력 : 몰락 양반 홍경래 + 신흥 상공업세력 · 농민 · 광부 등 • 전개 : 청천강 이북의 여러 고을 점령→정주성 싸움에서 패배 • 의의 : 정부에 큰 타격, 농민들이 각성하는 계기가 됨
임술 농민봉기 (1862)	• 탐관오리와 토호의 탐학(백낙신), 삼정의 문란에 저항하여 진주에서 시작→전국으로 확대→삼정이정청을 설치하여 삼정문란을 시정하고자 노력하였으나 2개월 만에 폐지

세도정치의 폐단

㉮ 가을에 한 늙은 아전이 대궐에서 돌아가서 처자식에게 "요즘 이름 있는 관리들이 하루 종일 일하여도 나라 일에 대한 계획이나 백성을 위한 일은 전혀 하지 않는다. 오로지 각 고을에서 보내오는 뇌물의 많고 적음과 좋고 나쁨에만 관심이 있다. 이름 있는 관리들이 이러하니 백성의 조세가 증가함은 마땅하다. 이러니 어찌 나라가 망하지 않겠는가?" 하며 한탄하였다.

㉯ 박종경(순조의 외숙)은 어떤 인물이기에 관직을 홀로 거머쥐고 "내 아니면 아무도 안 된다"고 하며 일이 권한에 관계된 것이면 자기의 물건으로 여기고 한 몸으로 모두 담당하려 합니까? 모든 권한을 한 손에 쥐고 왼손에는 칼자루, 오른손에는 저울대를 쥐어 거리낌이 없습니다.　　　　　　　　　　『순조실록』

단답형으로 확인하기

❶ 조선 후기 3대 60여 년간 특정 가문이 권력을 독점한 정치 형태는?

❷ 임술 농민봉기의 원인은?

정답
❶ 세도정치
❷ 삼정의 문란

4 대외 관계의 변화

(1) 청과의 관계

① **조선 후기** : 조선인의 만주 지방 이주 증가→국경 분쟁 발생

② **숙종 때** : 청나라의 요청으로 조선 대표와 청나라 대표(목극등) 간에 백두산 정계비 건립(1712년)

③ **백두산 정계비의 내용** : 서쪽의 경계선은 압록강, 동쪽의 경계선은 토문강

④ **백두산 정계비 해석 문제**로 조선과 청나라 간 충돌 발생

⑤ **서쪽 국경선**은 압록강으로 일치를 보았으나, 동쪽 국경선에 대해 청나라는 '두만강'으로, 조선은 '토문강'으로 해석함

⑥ **간도의 청나라 귀속** : 일본이 을사조약에 근거하여 청나라와 **간도협약**을 맺고 만주철도(안봉선) 건설권을 받는 대가로 간도를 청나라 영토로 인정

백두산 정계비

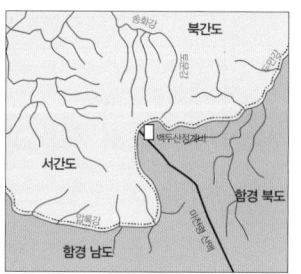
간도

백두산 정계비문(해석)

오라총관 목극등이 국경을 조사하라는 교지를 받들어 이곳에 이르러 살펴보고 서쪽은 압록강으로 하고 동쪽은 토문강으로 경계를 정하여 강이 갈라지는 고개 위에 비석을 세워 기록하노라.

(2) 일본과의 관계

① **외교관계 회복** : 사명당의 활약(포로를 귀환시킴)→에도 막부의 요청으로 기유약조(1609년) 체결 →부산에 왜관 설치

② **조선 통신사 파견** : 일본정부의 요청으로 파견→1607년부터 1811년까지 12회 파견→조선의 선진 문화 전파

③ **울릉도와 독도** : ㉠ 조선 초기 : 공도 정책(태종)

㉡ 조선 후기 : 안용복이 일본에 가서 울릉도가 조선의 영토임을 확인받음→울릉도에 군을 설치하고 독도 관할

조선통신사의 행렬도

단답형으로 확인하기

❶ 조선과 청 사이에 간도 지방의 경계선을 획정한 비석으로 숙종 때 세워진 것은?

❷ 간도가 일본에 의해 청으로 넘어간 이유는?

❸ 조선의 선진 문물 전달 받기 위해 일본의 요구로 12차례 파견된 조선의 사절단은?

❸ 조선통신사
❷ 간도협약 체결
❶ 백두산 정계비

정답

1 [35회 21번]

다음 검색창에 들어갈 군사 조직으로 옳은 것은? [1점]

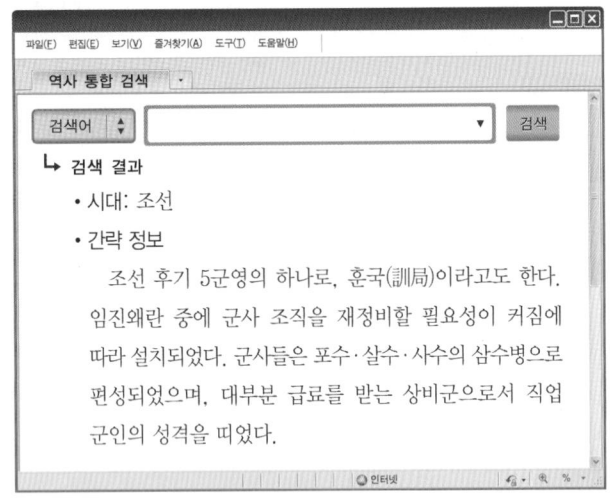

① 속오군   ② 어영청   ③ 장용영

④ 진위대   ⑤ 훈련도감

2 [36회 27번]

다음 퀴즈의 정답으로 옳은 것은? [2점]

①  보빙사

②  수신사

③  연행사

④  조사 시찰단

⑤  조선 통신사

3 [36회 28번]

다음 가상 뉴스에서 보도하고 있는 사건이 일어난 시기를 연표에서 옳게 고른 것은? [2점]

홍경래가 서북 지역 차별 등에 반발하여 난을 일으켰습니다. 그는 스스로 '평서대원수'라고 칭하고, 청천강 이북 지역에서 세력을 확장하고 있습니다.

홍경래, 평안도에서 난 일으켜

1636		1680		1728		1800		1863		1894
	(가)		(나)		(다)		(라)		(마)	
병자호란		경신환국		이인좌의 난		순조 즉위		고종 즉위		동학 농민 운동

① (가)   ② (나)   ③ (다)   ④ (라)   ⑤ (마)

4 [36회 29번]

(가) 인물에 대한 설명으로 옳은 것은? [3점]

이곳은 경기도 여주에 있는 강한사로 (가) 을/를 제향하기 위해 세운 사우입니다. (가) 은/는 남인 세력과 치열한 예송을 벌였으며, 숙종 때에는 노론의 영수가 되었습니다. 문집으로 송자대전(宋子大全)이 있습니다.

① 북벌을 주장하였다.

② 거중기를 설계하였다.

③ 「대동여지도」를 제작하였다.

④ 성리학을 처음 소개하였다.

⑤ 훈련도감 설치를 건의하였다.

해설편

Chapter 19. 근대 태동기

V. 근대 태동기

VI. 국제 질서의 변동과 근대 국가 수립 운동

VII. 일제 강점기

VIII. 대한민국 현대 사회의 발전

1 정답 ⑤

정답 해설

조선 후기의 군사제도(훈련도감)
자료의 검색어는 훈련도감이다. 훈련도감은 임진왜란 중에 설치된 중앙 군사 조직으로 직업적 상비군의 성격을 지닌 삼수병을 훈련시켰다. 삼수병은 포수, 사수, 살수로 구성되었는데 일정한 급료를 받는 상비군이었다. 훈련대장은 각 군영 대장과 함께 비변사 회의에 참석하였다.

오답 해설

① 조선 시대의 속오군은 일종의 예비군으로 양반에서부터 노비에 이르기까지 편제하고, 평상시에는 생업에 종사하다가 외적의 침입이 있을 때에 전투에 동원되었다.
② 어영청은 후금(청)의 침략에 대비하여 만든 중앙군으로 효종의 북벌 운동과 관련이 있다.
③ 정조는 장용영을 설치하여 왕권을 뒷받침하는 군사적 기반을 갖추었다.
④ 진위대는 갑오개혁 때 지방과 변경의 질서 유지와 수비를 목적으로 설치된 근대적 지방 군대이다.

2 정답 ③

정답 해설

조선 시대의 대외사절단(연행사)
연행(燕行)은 연경행의 줄임말이며, 연경(燕京)은 원·명·청의 수도였던 베이징(북경)의 옛 이름이다. 조선 후기에 베이징을 다녀오는 사절단을 일컬어 연행사(燕行使)라고 하였으며, 사절단이 오간 길은 연행로(燕行路)라 하였다. 연행사와 수행원들은 청에 다녀온 후 보고 들은 것을 보고서로 남겼다. 보고서 외에도 사행에 참가한 사람이 개인적으로 남긴 기록물이 상당하였는데, 현재 알려진 것만 해도 100여 종이 넘는다. 이러한 글들을 총칭하여 '연행록'이라 하는데, 널리 알려진 『열하일기』도 연행록의 일종이다.

오답 해설

① 1882년 조·미 수호통상조약이 체결되자 답례로 사절단을 파견하였는데 이를 보빙사라 한다.
② 강화도조약 이후 일본에 수신사가 파견되었다.
④ 조사 시찰단은 강화도조약 체결 이후 일본에 파견된 외교 사절단이다.
⑤ 조선통신사는 임진왜란 이후 일본의 요청으로 파견한 외교 사절로, 일본에 선진 문화를 전파하는 문화 사절의 역할도 하였다.

3 정답 ④

정답 해설

조선 후기의 농민봉기(홍경래의 난)
자료는 홍경래의 난(1811년)과 관련된 것이다. 평안도 지역에서 지역 차별과 순조 재위 이후의 세도정치에 저항하여 몰락 양반 홍경래를 중심으로 일어난 농민봉기는 19세기에 일어난 대규모 농민봉기의 시작이었다. 당시 평안도 지역은 중국 무역의 통로로 상공업이 크게 발달하였다. 이에 신흥 상공업자가 증가하고, 광산촌에는 토지를 잃고 떠돌아다니던 농민들이 모여들었다. 이러한 상황에서 정부가 평안도민을 차별하고 수탈을 늘리자 이 지역 주민들의 불만이 커졌다. 몰락 양반 홍경래와 서얼 출신 우군칙 등은 광산 노동자 등을 모아 평안도 가산에서 봉기하였다. 관군에게 패한 후 정주성에서 저항하였으나 5개월 만에 진압되었다. 따라서 (라) 시기이다.

4 정답 ①

정답 해설

조선 시대의 인물(송시열). (가) 인물은 숙종 때 노론의 영수였던 송시열이다. 송시열은 주자 중심의 의리 명분론을 강화하면서 성리학을 절대화하려고 하였던 인물이다. 그리하여 병자호란 당시에는 명에 대한 의리를 주장하며 주전론을 주장하였으며, 병자호란이 끝난 뒤에는 북벌론을 제기하여 청에 당한 치욕을 씻고자 하였다. 그는 숙종이 남인계 후궁인 장희빈이 낳은 왕자(경종)를 세자로 책봉할 것을 고집하는 상소를 비판하다 유배당하여 죽었고, 그를 기리는 강한사가 세워졌다(기사환국[己巳換局]). 송시열은 1차 예송논쟁 때 자의 대비 복상에 대해 효종의 정통성을 부정하여 1년설(기년설)을 주장하였다.

오답 해설

② 조선 정조 때 정약용은 과학기술에 관심을 가져 배다리를 설계하고, 거중기를 고안하였다.
③ 조선 후기 김정호의 「대동여지도」는 도로 위에 10리마다 방점을 찍어 거리를 알 수 있게 하였으며, 지도표라는 범례를 만들어 기호를 사용하였다.
④ 고려 말 안향이 성리학을 우리나라에 처음 소개하였다.
⑤ 훈련도감은 유성룡의 건의로 왜란 중에 설치되었다.

5 [36회 30번]

(가)에 들어갈 내용으로 옳은 것은?   [2점]

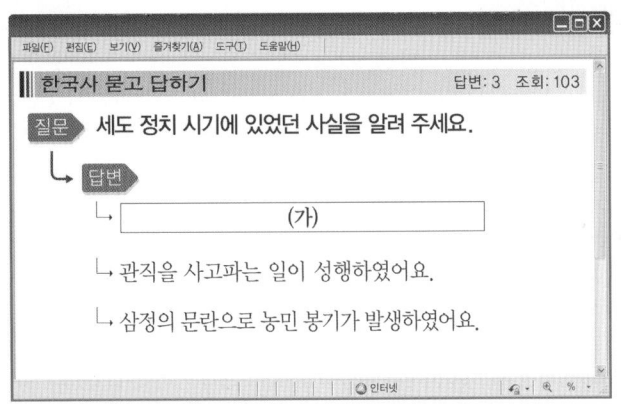

① 나선정벌이 단행되었어요.
② 6조 직계제가 처음 실시되었어요.
③ 사림이 동인과 서인으로 나뉘었어요.
④ 외척 간의 다툼으로 을사사화가 일어났어요.
⑤ 안동 김씨 등 소수의 가문이 권력을 독점하였어요.

6 [41회 25번]

다음 대화의 상황이 나타난 시기를 연표에서 옳게
고른 것은?   [3점]

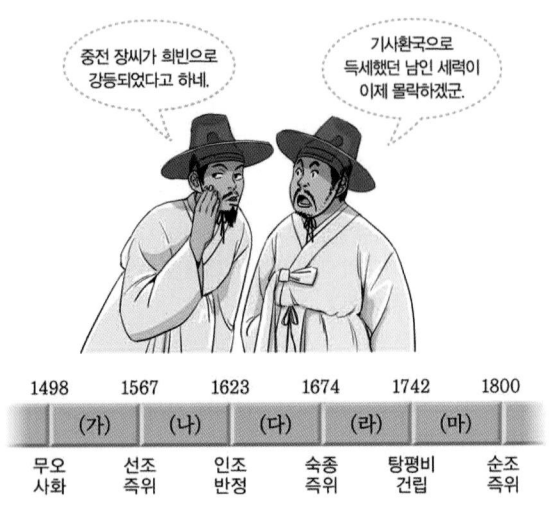

① (가)   ② (나)   ③ (다)   ④ (라)   ⑤ (마)

7 [44회 27번]

(가) 왕의 정책으로 옳은 것은?   [2점]

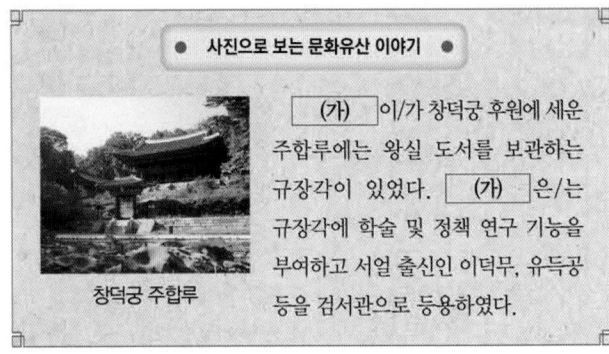

① 한양으로 천도하였다.
② 집현전을 설치하였다.
③ 척화비를 건립하였다.
④ 직전법을 실시하였다.
⑤ 초계문신제를 시행하였다.

8 [35회 28번]

밑줄 그은 '소동'에 대한 설명으로 옳은 것은?   [2점]

① 삼정이정청 설치의 계기가 되었다.
② 전주화약이 체결되어 일단락되었다.
③ 김부식이 이끄는 관군에게 진압되었다.
④ 지역 차별에 반발한 홍경래가 주도하였다.
⑤ 청의 내정 간섭이 심화되는 결과를 가져왔다.

5　정답 ⑤

정답 해설

순조―헌종―철종의 3대 60여 년간 왕실과 혼인관계를 맺은 안동 김씨나 풍양 조씨 등 몇몇 가문이 정권을 장악하면서 특정 가문이 권력을 독점하는 정치 형태인 세도정치가 전개되었다. 이 시기는 정치 기강이 문란해져 과거시험에서 부정이 발생하였고, 매관매직(정부 직책을 돈으로 사고파는 행위)이 성행하였으며, 탐관오리들의 횡포가 극에 달하면서 삼정이 문란해졌다. 특히 환곡은 관리들이 환곡미(還穀米)를 강제로 빌려주고 높은 이자를 받거나 환곡미에 이물질을 섞어 빌려주는 등 문제가 많았다. 또 군포 징수 과정에서 죽은 이에게 군포를 부과하는 백골징포와 갓난아기를 군적에 올리는 황구첨정, 인징과 족징의 폐단이 심해져 생활이 어려워진 농민들은 곳곳에서 농민봉기를 일으키기도 하였다.

오답 해설

① 조선 효종 때 러시아군과 교전한 나선정벌이 추진되었다.
② 조선 태종 때 6조 직계제가 처음 실시되었다.
③ 선조 때 이조 전랑 임명 문제로 사림 세력은 동인과 서인으로 나뉘어 붕당을 형성하였다.
④ 을사사화는 명종의 외척인 윤원형을 비롯한 소윤이 인종의 외척인 대윤에게 타격을 가한 사건으로 사림들이 피해를 입었다.

6　정답 ④

정답 해설

대화에서 거론된 시기는 기사환국으로 1689년의 일이다. 희빈 장씨 소생의 아들인 '윤'(훗날 경종)을 원자로 책봉한 것이 발단이 되었다. 송시열 등 서인의 반대에 왕은 송시열을 제주도로 귀양 보내고 사사하였으며 이때 서인이 몰락하고 남인이 집권하는 계기가 되었다.

7　정답 ⑤

정답 해설

(가) 왕은 정조로 학술 연구 및 국왕의 정책 뒷받침을 위해 규장각을 설치하였고, 문신에 대한 재교육을 위해 초계문신제를 실시하였다. 국왕 직속의 친위 부대인 장용영 설치, 수원 화성 건립 또한 정조 때 일이다.

오답 해설

① 한양으로 천도한 것은 태조 때다.
② 집현전을 설치한 것은 세종 때다.
③ 척화비는 고종 때 흥선대원군이 건립하였다.
④ 직전법은 세조 때 실시하였다.

8　정답 ①

정답 해설

19세기 후반에는 농민봉기가 전국으로 확산되었다. 가혹한 수탈에 불만을 품은 농민과 부민들이 소청운동을 주도하고 향반이나 잔반이 이에 합세하였다. 이들은 뜻을 이루지 못하면 수령이나 지주, 고리대금업자 등을 공격하였다. 철종 말년에 병사 백낙신의 수탈에 저항하여 일어난 진주 농민봉기가 가장 대표적이다. 이를 계기로 봉기가 전국으로 확산되었다(임술 농민봉기, 1862년). 이에 정부에서는 안핵사(按覈使)를 파견하여 조사하는 한편, 봉기의 원인이 삼정 문란에 있음을 파악하고 삼정이정청을 설치하여 개혁 방안을 논의하였다. 그러나 안타깝게도 근본적인 대책은 강구하지 못하였다.

오답 해설

② 외국 군대의 파병 소식을 접한 동학농민군은 전주에서 정부군과 휴전을 하고 '전주화약'을 체결한 후 해산하였다.
③ 묘청의 서경천도운동은 개경 귀족들의 반대로 서경 천도가 중단되자 반란을 일으켰으나, 김부식이 이끈 관군에게 결국 진압되었다(1135년).
④ 조선 후기 홍경래 등은 세도정권의 수탈과 서북 지역 차별에 반대하여 난을 일으켰다.
⑤ 임오군란 이후 청의 내정 간섭이 더욱 심화되었다.

조선 후기 경제와 사회 변화

쏙쏙 키워드를 알려주지!

영정법, 대동법, 균역법, 이앙법(모내기법), 도조법, 광작, 상품작물, 송상, 전황, 서얼허통, 소청운동, 향전, 요호부민, 『정감록』, 인내천사상

1 수취제도의 개편

① 대동법의 시행

대동법의 시행
- 1608년 실시
- 1623년 실시
- 1651년 실시
- 1658년 실시
- 1677년 실시
- 1708년 실시

(1) 수취제도 개편의 배경

① 양란 후 인구 감소, 경작지 감소, 과중한 조세부담

② 지배층이 민생문제를 등한시→전세·공납·군역제도 등 수취제도의 개편

(2) 수취제도 개편 내용

① **전세제도의 개편 : 전세의 정액화**

　⊙ 배경 : 임진왜란의 영향으로 농경지 황폐

　ⓛ 정부의 대책 : ⓐ 개간 권장하기 위해 개간지 3년 간 면세

　　　　　　　　　　ⓑ 20년 마다 토지를 조사하고 양안 작성

　　　　　　　　　　ⓒ 은결(양안에 빠진 토지)을 찾아내서 과세함

② **영정법(인조, 1635년)**

　⊙ 내용 : 풍흉에 관계없이 토지 1결당 4~6두씩 징수→전세가 정액화 됨

　ⓛ 실시결과 : ⓐ 지주나 자영농은 일시적으로 부담 감소

　　　　　　　　　ⓑ 수수료·운송비·잡세 증가→농민 부담이 다시 증가

② 조선의 전세 변화

과전법: 수확량의 1/10 징수
↓
연분 9등법: 1결당 20두~4두
↓
영정법(17세기): 1결당 4~6두

③ **공납제도의 개편 : 공납의 전세화(대동법)**

　⊙ 배경 : ⓐ 방납의 폐단이 심화되어 농민 경제가 파탄되고 농민의 유랑 증가

　　　　　　　ⓑ 공물의 수납·운반·저장 상의 불편

　ⓛ 공납제의 개편 내용 : 대동법 실시→선혜청에서 담당

③ 공납의 유형

- 상공 : 매년 정기적으로 징수하던 공물, 대동법 실시 후 폐지됨
- 별공 : 부정기적으로 국가의 필요에 따라 부과하던 공물, 대동법 실시 후에도 폐지 안 됨

　　ⓐ 목적 : 농민의 부담 경감, 국가의 재정 확보

　　ⓑ 내용 : 공물(상공)을 폐지하고 토지 소유 결수에 따라 대동미·대동포(베)로 징수(1결당 12두)→별공이나 진상을 계속 실시

　　ⓒ 실시 과정(광해군~숙종)

　　　i) 시초 : 이이의 대공수미법 주장→수용 안 됨

　　　ii) 광해군 때 : 경기도(방납의 폐단이 가장 심함, 이원익)에서 처음

　　　iii) 강원도(인조)→충청·전라도(효종)→경상도·황해도(숙종)

단답형으로 확인하기

❶ 풍흉에 상관없이 1결당 4~6두로 전세를 정액화하여 받던 제도는?

❷ 공납제도의 개편으로 특산물을 납부하던 것을 쌀, 옷감, 동전으로 징수하던 제도는?

❸ 대동법의 실시 결과 등장한 상인은?

정답
❶ 영정법
❷ 대동법
❸ 공인

ⓓ 대동법 실시 결과 및 영향

　　ⅰ) 토지소유 결수에 따라 대동미를 부과함에 따라 공납이 전세화 됨

　　ⅱ) 양반 지주의 부담은 증가하고 농민 부담은 일시적으로 감소

　　ⅲ) 공인 등장과 공인 자본 형성→상품 화폐경제 발달

　　ⅳ) 국가 재정 수입의 증가

ⓔ 대동법의 한계

　　ⅰ) 양반 지주와 방납인의 반대가 심하여 평안도와 함경도를 제외한 전국적으로 실시되는데 약 100여 년이 걸림

　　ⅱ) 농민의 부담은 일시적으로 감소했으나 곧 다시 증가함

④ **군역제도의 개편 : 균역법 실시**

　㉠ 실시 배경 : ⓐ 양란 후 형성된 모병제 체제(5군영제) 때문에 수포군 증가

　　　　　　　ⓑ 각 군영과 병영이 각각 군포 징수→농민의 부담 증가

　　　　　　　ⓒ 납속책이나 공명첩 때문에 농민의 수 감소

　　　　　　　ⓓ 군역의 폐단 심화 : 황구첨정, 백골징포, 족징, 인징

　㉡ 군역의 개편 과정

　　　　ⓐ 숙종 때 : 양역 환원론, 호포론 제기→양반의 반대로 실패

　　　　ⓑ 영조 때 : 균역법 실시

　　　ⅰ) 내용 : 군포를 2필에서 1필로→ 백성의 부담 감소, 국가재정 감소

　　　ⅱ) 감소된 국가 재정 보충 : ⅰ. 선박세 · 어장세 · 염세 · 선무군관포 징수

　　　　　　　　　　　　　　　　ⅱ. 결작(1결당 2두) 징수

　㉢ 결과 : 농민의 부담 일시 경감

2 서민 경제의 발전

(1) 농민 경제의 변화

① **농민의 생활** : 수취제도 개혁으로 부담 감소→근본적인 대책이 못됨

② **농민의 대응책** : ㉠ 진전개간, 농기구와 시비법 개량

　　　　　　　　　㉡ 영농기술 개량 : 논농사-직파법→이앙법(모내기법), 밭농사-농종법→견종법

③ **모내기법의 전국적 보급** : ㉠ 제초 노동력이 절약되어 광작 유행

　　　　　　　　　　　　　　㉡ 보리의 재배 증가(보리는 소작료를 내지 않음)

④ **상품작물의 재배** : 쌀 · 면화 · 채소 · 담배 · 약초 · 생강 · 모시 · 고구마 등→쌀의 상품화 현상 발생→밭을 논으로 전환

⑤ **소작쟁의 활발** : ㉠ 소작권 인정(소작지의 영구경작 보장), 소작권 매매 양도

　　　　　　　　　㉡ 소작료의 정액화(도조법) 및 금납화(도전법)→농민의 지위와 소득 향상

⑥ **농민층의 분화** : ㉠ 원인 : 조세부담 증가, 고리대금 유행, 광작의 유행으로 지주의 소작지 회수

　　　　　　　　　㉡ 결과 : 소수의 부농과 대다수의 빈농으로 분화→빈농 : 농촌 이탈, 상공업 종사, 광산 · 포구의 임노동자화

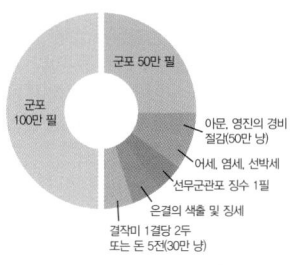

① 균역법의 시행

군포 50만 필
군포 100만 필
아문, 영진의 경비 질감(50만 냥)
어세, 염세, 선박세
선무군관포 징수 1필
은결의 색출 및 징세
결작미 1결당 2두 또는 돈 5전(30만 냥)

② 공인

대동법 실시 후 국가가 필요한 물품을 구입하여 국가에 납품하던 중개 상인(어용상인)
이들은 대개 방납인이었으며 조선 후기 민족자본주의 형성과 상품 화폐경제 발달에 기여함

③ 대동법의 실시

영의정 이원익이 말하기를 "각 고을의 진상과 공물이 방납인에 의해 저지되어 한 물건 값이 수백 배까지 되어 그 해가 극심하고 특히 경기지방이 더 심합니다. 지금 마땅히 별도의 1청을 두어 매년 봄, 가을로 백성에게 쌀을 거두되 토지 1결마다 2번에 걸쳐서 8두씩 거두어 본청에 수납하고 본청은 그 때의 물가 시세를 보아 쌀로써 방납인에게 지급하여 수시로 납부하게 하소"라고 하니 임금이 이에 따랐다. 이때 왕의 교지 중에서 선혜라는 말이 있어서 이로써 청의 이름으로 삼았다. 『광해군일기』

단답형으로 확인하기

❶ 대동법이 시행되는데 100여 년이 걸린 이유는?

❷ 조선 후기 생산력의 급증을 가져온 모판에서 키운 벼를 옮겨 심는 방법은?

❸ 군포를 2필에서 1필로 축소하여 농민 부담을 경감시켜 주려 영조 때 실시한 정책은?

❸ 균역법
❷ 이앙법
❶ 양반 지주의 반대

① 선대제

수공업 자본이 형성되기 전에 물주가 수공업자들에게 자본을 미리 주고 그들의 요구에 따라 수공업품을 만들게 하던 생산 방식. 물주의 간섭을 받게 됨

② 신해통공

정조 때 6의전을 제외하고 금난전권을 폐지한 정부의 조치인데, 이는 당시 시전 상인을 배경으로 경제력을 독점하던 노론을 견제하기 위해 남인과 정조가 실시한 정책

③ 물주와 덕대

• 물주 : 상업 자본가
• 덕대 : 광산 주인과 계약을 맺고 광물을 채굴하여 광산을 운영하는 전문가

④ 포구 상업

"우리나라는 삼면이 바다이므로 배가 통하지 않는 곳이 없다. 배에 물건을 싣고 오가면서 장사하는 장사꾼은 반드시 바다가 이어지는 곳에서 이득을 얻는다. 전라도 영산포, 법성포, 사진포, 전주의 사탄은 비록 작은 강이지만 바다로 통하므로 장삿배가 온다. 충청도 강경포는 육지와 바다 사이에 있어서 바다사람과 내륙사람이 교역한다. 매년 봄, 여름 생선을 잡고 해초를 뜯을 때는 비린내가 마을을 넘치고 배들이 포구에 줄서 있다." 『택리지』

(2) 민영 수공업의 발달
① **민영 수공업 발달 배경** : ㉠ 대동법 이후 관수품 수요 증가, 도시 인구 증가
  ㉡ 상품 화폐경제 발달, 공장안과 금난전권 폐지
② **결과** : ㉠ 민간 수공업자들이 장인세를 납부하고 수공업품 생산 판매→관영 수공업품보다 우수한 물건 생산
  ㉡ 농촌 수공업 변화 : 자급자족 체제→판매용 전문적 수공업품
  ㉢ 생산방식 : 17세기, 선대제 수공업 발달→18세기, 독립 수공업

(3) 민영 광산 증가
① **17세기 중엽** : 정부가 민간인의 광산 채굴을 허용하고 세금 징수
② **조선 후기 광업 경영 발달**
  ㉠ 배경 : ⓐ 민영 수공업 발달 때문에 광물 수요 급증
    ⓑ 청나라와의 무역 대금 때문에 은(銀) 수요 급증
  ㉡ 결과 : ⓐ 물주와 덕대의 분업적 협업관계 형성
    ⓑ 잠채(몰래 채굴하는 불법적 광산) 성행

3 상품 화폐경제의 발달

(1) 사상(私商, 자유 상인)의 대두
① **배경** : ㉠ 농업 및 수공업 생산 활발 ㉡ 부세 및 소작료의 금납화
  ㉢ 도시 인구 증가→수요 증가 ㉣ 농민층의 분화→상인층 형성
  ㉤ 금난전권의 폐지(정조 때 신해통공, 1791년)
② **사상의 활동(18세기 이후)** ※ 17세기에는 공인이 상업 활동을 주도함
  ㉠ 사상의 활동 : 한양(칠패·송파)과 개성·평양·의주·동래 등에서 활동
  ㉡ 송상(개성상인) : 송방 설치, 인삼 재배 판매→대외 중개 무역
  ㉢ 경강상인 : 선상으로서 한강을 왕래하며 운수업 뿐 아니라 선박의 건조
  ㉣ 기타 : 만상(의주상인), 유상(평양상인), 내상(동래상인)

(2) 장시의 발달
① **장시의 형성과 증가** : ㉠ 형성 : 15세기 말, 남부 지방(전라도 지방)
  ㉡ 발달 : 18세기 중엽, 전국에 1000여 곳 생김. 대부분 5일장으로 정착, 일부는 상설 시장이 됨
② **주요 장시** : 송파장·강경장·원산장·마산장 등→전국적 상업망 형성
③ **보부상** : ㉠ 지방 장시를 연결시켜 주고 소비자와 생산자를 연결
  ㉡ 보상(봇짐장수) + 부상(등짐장수)→보부상단 조직

(3) 포구에서의 상업 활동
① **포구 기능 변화** : 세곡이나 소작료 운송기지→상업의 중심지화(18세기)→포구의 상거래는 장시의 거래 규모보다 큼
② **선상·객주·여각 등이 활동** : ㉠ 선상 : 선박을 이용한 상업 활동, 경강상인
  ㉡ 객주와 여각 : 포구에서 중개·보관·숙박

단답형으로 확인하기

❶ 조선 후기 발달하였고, 상업과 오락, 정보 교환의 역할을 담당하였던 곳은?
❷ 한양의 상인으로 주로 미곡 운수를 담당하였던 상인은?
❸ 조선 후기 청과의 교역으로 수요증가, 물주와 덕대 등 자본주의적 요소가 가장 발달했던 것은?

❸ 은광
❷ 경강상인
❶ 장시

정답

(4) 조선 후기의 대외무역 발달

① 대청 무역(17세기 중엽부터 발달)

    ㉠ 무역의 형태 : 국경지대를 중심으로 개시무역(공무역)과 후시무역(사무역)

    ㉡ 교역품 : ⓐ 수입품: 비단, 약재, 문방구   ⓑ 수출품: 은, 종이, 무명

② 대일 무역 : 기유약조(1608년) 후 재개 됨

    ㉠ 무역 형태 : 왜관 개시, 청과 일본 사이의 중계무역

    ㉡ 교역품 : ⓐ 수입품 : 은, 구리, 황, 후추   ⓑ 수출품 : 인삼, 쌀, 무명

③ 무역상인 : 유상, 만상, 내상, 송상(만상과 내상을 중개하여 이득을 봄)

(5) 조선 후기의 화폐 유통

① 배경 : 상공업의 발달, 조세와 소작료의 금납화

② 화폐 보급 과정 : ㉠ 인조 때 : 동전 주조, 개성을 중심으로 사용

                  ㉡ 18세기 이후 : 상평통보가 널리 사용됨

③ 화폐의 기능 변화 : 유통의 수단에서 재산축적 수단으로 변화→전황(동전 부족 현상) 발생→실학 자들의 폐전론 주장

상평통보

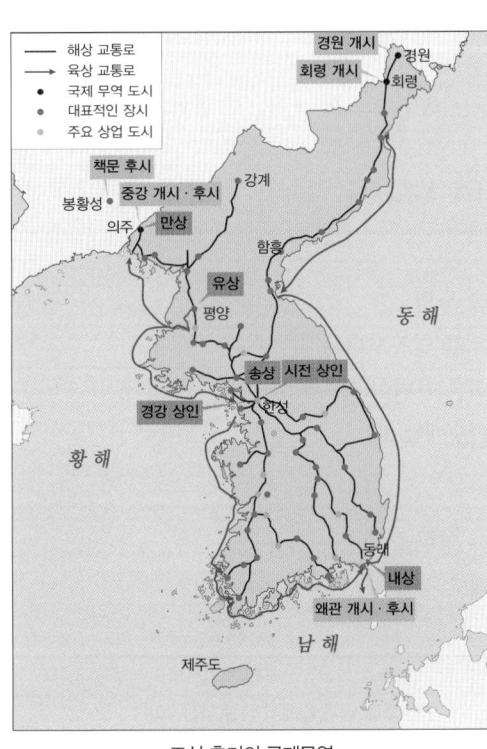

조선 후기의 국제무역

❶ 조선 후기 전국적으로 유통된 대표적인 화폐는?

❷ 조선 후기 청과 왜 사이의 중계무역과 인삼 판매를 담당했 던 대표적인 무역상은?

❷ 송상

❶ 상평통보

정답

① 소청운동

중인들의 신분 상승 운동을 소청운동이라고 한다. 이들의 소청운동은 실패했지만 전문직 기술자의 중요성을 사회적으로 부각시키는 역할을 함

② 노비 신분 결정법

고려 시대 – 일천즉천법
조선 전기 – 일천즉천법
조선 후기 – 노비종모법

4 근대 태동기의 사회

(1) 신분제의 동요

① **양반층의 분화** : 붕당정치가 일당 전제화되면서 권력을 잡은 일부 양반을 제외하고는 향반 · 잔반으로 전락

② **양반계층의 급증** : 족보 위조 또는 매입, 납속책 · 공명첩 제도 실시→양반 수 급증, 상민과 노비의 수 감소

(2) 중간계층의 신분 상승 운동

① **조선 후기** : 서얼과 중인 등 중간계층의 역할 증가

② **서얼의 신분 상승 노력**

  ㉠ 조선 전기의 사회적 지위 : 중인 대우를 받고 사회적 정치적 활동 제한됨

  ㉡ 임진왜란 후 : 사회적 차별 완화, 납속책 · 공명첩 실시

  ㉢ 영 · 정조 때 : 집단 상소(통청운동, 18세기)→규장각 검서관 진출(이덕무, 유득공, 박제가)

③ **중인의 신분 상승 노력**

  ㉠ 사회적 위치 : 양반층과 상민층의 중간 계층, 이서층이라고 함→재산과 경험 축적, 행정실무 담당, 고위관직 진출 제한

  ㉡ 역관 : 서학 등 외래문화 수용 주도→새로운 사회 추구

(3) 노비의 해방

① **배경** : ㉠ 군공 · 납속 · 도망 등으로 인한 신분 상승 노력

  ㉡ 공노비 : 국가 재정 보충을 위해 입역노비를 납공노비로 전환

  ㉢ 아버지가 노비라도 어미가 양민이면 자식은 양민이 됨(노비종모법)

② **공노비 해방(1801년, 순조), 사노비 해방(1894년, 갑오개혁 때)**

(4) 가족제도의 변화와 혼인

① **조선의 가족제도** : 조선 전기 – 부계와 모계가 함께 영향을 끼치는 가족제도

  조선 후기 – 부계 중심의 가족제도 강화

② **가족제도의 변화**

시기	조선 전기	조선 후기
내용	㉮ 혼인 후에 남자가 여자 집에서 생활하는 경우가 있음 (처가살이) ㉯ 아들과 딸이 동일하게 상속하고 대를 잇는 자식에게만 1/5을 더 줌 ㉰ 제사는 형제들이 돌아가면서 지내거나 책임을 분담함	㉮ 혼인 후에 남자 집에서 생활(시집살이) ㉯ 장남이 제사를 지냄 ㉰ 재산 상속은 적장자 우선, 딸 제외 ㉱ 아들이 없으면 양자를 들임 ㉲ 부계 위주의 족보 작성, 동성마을 ㉳ 개인의 능력보다 종중이 중요함

단답형으로 확인하기

❶ 조선 후기 중국과의 교류를 통해 서양 문물 도입에 앞장섰으며, 신분 상승을 주도한 계층은?

❷ 중인들의 신분 상승 운동은?

❸ 조선 후기 노비의 신분 결정법은?

정답
❶ 중인
❷ 소청운동
❸ 노비종모법

③ 성리학적 질서 유지를 위해 가족윤리 강조 : 효와 정절 · 과부의 재가 금지
④ 혼인풍습 : ㉠ 원칙적으로 일부일처제지만 남자에게 첩을 허용
　　　　　　㉡ 부인과 첩의 차별→서얼 차별(문과 응시 금지, 상속권 차별)

5 향촌 질서의 변화

(1) 양반의 향촌 지배력 약화

① **배경** : 부농층(요호부민)의 성장, 양반 중에서 임노동자나 전호로 몰락(잔반)
② **양반층의 동향** : 촌락 단위의 동약 실시, 족적 결합의 강화 족보 작성→ 동족 마을 형성, 서원이나 사우 건립

자리 짜기(잔반의 생활)

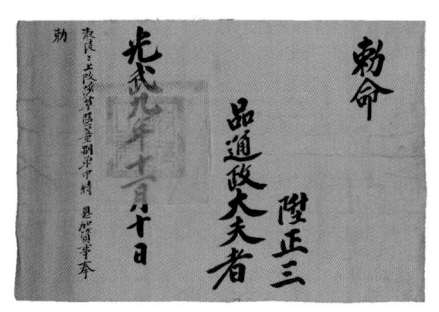

공명첩

(2) 농민층의 분화

① **배경** : 양난 후 신분제도 동요와 새로운 사회적 분위기 형성
② **농민층의 분화**
　　㉠ 소수의 부농층 : ⓐ 납속책 · 공명첩 · 향직 매매 등으로 신분 상승
　　　　　　　　　　 ⓑ 향회 참여(향임 담당), 정부의 조세징수에 협력
　　　　　　　　　　 ⓒ 수령들과 타협하여 향촌 사회에서 일정한 지배력 확보
　　　　　　　　　　 ⓓ 모든 부농층이 향촌 지배력을 강화한 것은 아님
　　㉡ 다수의 빈농→상업에 종사하거나 임노동자로 전락
　　㉢ 임노동자 : ⓐ 국가나 관청으로부터 성 쌓기나 도로 공사에 동원됨
　　　　　　　　 ⓑ 부농층에 고용되어 품팔이가 됨

① **납속책**

임진왜란 후 국가가 부족한 재정을 보충하기 위해 돈이나 곡식을 받고 신분을 상승시키거나 벼슬을 주던 제도

② **공명첩**

임진왜란 후 국가의 부족한 재정을 보충하기 위해 곡식이나 돈을 내면 관직을 내린 임명장. 실제로 벼슬을 준 것이 아니라 명예직을 준 것이다.

단답형으로 확인하기

❶ 몰락한 양반으로 일을 해야만 생계를 유지 할 수 있었던 양반 계층은?
❷ 임진왜란 후 국가의 부족한 재정을 보충하기 위해 곡식이나 돈을 내면 관직을 내리던 제도는?
❸ 조선 후기 신향(부농층)과 구향(기존 사족층)의 향촌 주도권 다툼은?

❸ 향전
❷ 납속책
❶ 잔반

① 최초의 천주교 전래

광해군 때 이수광이 『지봉유설』에 마테오 리치가 쓴 『천주실의』를 실으면서 소개됨

② 『정감록』

조선 중기 이후 유행하던 예언서. 조선(이씨)이 조상이라는 이심과 조선이 멸망 후 나타날 정씨의 조상이라는 정감이 대화를 나누는 형식으로 구성된 책. 주요 내용은 이씨 왕조의 운명이 다했으므로 정도령이 나타나서 계룡산에 정씨 왕조를 세울 것이라는 것.

(3) 관권의 강화

① **배경** : 향촌에서 사족(구향)의 힘은 약화되었으나 새로운 향촌 세력(신향)이 강해진 것은 아님

② **조선 후기 관권 강화의 결과**
　㉠ 수령과 아전에 의한 농민 수탈 강화
　㉡ 향회는 수령의 과세 자문기구로 변질
　㉢ 사족을 대신하여 관권이 향촌 장악

6 사회 변혁의 움직임

(1) 사회 불안의 심화(조선 후기 18세기 이후)

① **사회 동요 원인** : ㉠ 세도정치(근본적인 원인)와 탐관오리의 착취 심화
　　　　　　　　　　㉡ 신분제 동요와 농민의식 성장
　　　　　　　　　　㉢ 서양 이양선 출몰, 전염병과 자연재해 빈발

② **사회 동요의 결과** : ㉠ 전국적인 농민 항거, 화적, 수적, 도적떼 발생
　　　　　　　　　　㉡ 비기, 도참 등의 예언사상과 새로운 종교 등장

(2) 예언사상(『정감록』 등) · 무격신앙(샤머니즘) · 미륵신앙의 유행

(3) 천주교 전파

① **천주교 전래(17세기)** : 사신들에 의해 학문(서학)으로 자발적인 수용

② **천주교의 신앙화(18세기 후반)** : 남인(실학자들)에 의해 신앙화→최초의 세례자(이승훈) 탄생

③ **천주교 박해**
　㉠ 원인 : ⓐ 제사 거부(유교적 사회질서 거부)
　　　　　　ⓑ 천주교의 평등사상→양반 중심의 신분제 부정
　　　　　　ⓒ 피지배층 사이에 확산되어 사회적 불안 조성
　㉡ 천주교 박해 : ⓐ 정조 때 : 시파가 집권하여 천주교에 대해 관대
　　　　　　　　　ⓑ 순조 때 : 벽파가 집권하여 천주교 탄압(신유박해, 1801년)→실학자와 양반
　　　　　　　　　　　계층이 천주교로부터 이탈
　　　　　　　　　ⓒ 세도정치기 중 일부 시기는 탄압 완화→조선교구 설정, 서양 신부 입국

④ **교세확장** : 세도정치, 인간평등사상, 내세신앙→피지배층 사이에 확산

(4) 동학 발생

① **창시** : 1860년, 경주 지방에서 최제우(몰락한 양반)에 의해 창시

② **교리와 사상** : 반봉건적 · 반외세적 성격
　㉠ 교리 : 유 · 불 · 선 사상 + 민간신앙(주문, 부적)
　㉡ 사상 : 시천주(侍天主)사상, 인내천사상, 평등사상, 후천개벽사상
　㉢ 주장 내용 : 외세 배격, 노비제도 폐지, 어린이와 여성의 인격 보호

③ **탄압** : 세상을 현혹시키고 백성을 선동한다는 죄(혹세무민)로 최제우 사형

④ **교세 확장** : 최시형(2대 교주): 교단정비, 『동경대전』과 『용담유사』 편찬

⑤ **영향** : 동학농민운동과 외세 배격운동의 바탕이 됨

단답형으로 확인하기

❶ 천주교가 박해를 받았던 이유는?

❷ 서학에 반대한다는 의미로 경주지방의 몰락한 양반인 최제
우에 의해 창시된 것은?

정답
❶ 평등사상, 제사 거부 부정, 내세
사상
❷ 동학

9 [35회 22번]

밑줄 그은 '이 법'에 대한 설명으로 옳은 것은? [2점]

선혜법이라고도 불린 이 법에 대해 이야기해 보자.

공물을 대신 납부하고 많은 이득을 취하던 방납의 폐단을 해결하기 위해 만들었대.

광해군 때 경기도에서 처음 시행되었지.

① 양반에게도 군포를 징수하였다.
② 결작을 부과하는 계기가 되었다.
③ 1결당 쌀 4~6두로 납부액을 고정시켰다.
④ 육의전을 제외한 시전 상인의 특권을 폐지하였다.
⑤ 관청에 물품을 조달하는 공인이 등장하는 배경이 되었다.

11 [34회 24번]

다음 자료에 나타난 시기의 경제 상황으로 옳지 않은 것은? [2점]

> 진안의 담배밭, 전주의 생강밭, 임천과 한산의 모시밭, 안동과 예안의 왕골밭은 우리나라에서 으뜸이다. 이것들은 부유한 이들이 이익을 독차지하는 물자이다. …… 부유한 상인이나 큰 장사꾼은 한곳에 앉아서 물건을 파는데, 남쪽으로는 일본과 통하고 북쪽으로는 청의 연경과 통한다. 몇 년 동안 천하의 물자를 실어다 팔아서 수백만 금의 재물을 모은 자도 있다.
> — 『택리지』 —

① 모내기법이 널리 확산되었다.
② 건원중보와 해동통보가 주조되었다.
③ 덕대가 광산을 전문적으로 경영하였다.
④ 독점적 도매상인인 도고가 성장하였다.
⑤ 국가에 관수품을 조달하는 공인이 활동하였다.

10 [36회 23번]

다음 폐단을 해결하기 위해 실시한 정책으로 옳은 것은? [2점]

> 50만 호가 져야 할 양역을 10여만 호가 감당해야 하니 한 집안에 남자가 4, 5명이 있어도 모두 군역에서 벗어나지 못합니다. 그리고 한 사람의 신포(身布) 값이 4, 5냥이니 한 집안의 4, 5명에 모두 소용되는 비용은 20여 냥이나 됩니다. …… 비록 날마다 매질을 하여도 그것을 마련할 수 없어 마침내는 죽지 않으면 도망을 가게 됩니다.
> — 『영조실록』 —

① 개경과 서경에 상평창을 마련하였다.
② 토지 1결당 쌀 4두를 납부하게 하였다.
③ 흑창을 개편하여 의창으로 운영하였다.
④ 1년에 2필씩 걷던 군포를 1필로 줄였다.
⑤ 향촌에서 자치적으로 운영하는 사창을 설치하였다.

12 [38회 22번]

밑줄 그은 '법'에 대한 설명으로 옳은 것은? [2점]

전하, 방납의 폐단이 극심하여 백성들이 고통 받고 있습니다. 현물로 내던 공물을 쌀로 납부하게 하는 법을 시행해야 할 것입니다.

그렇다면 우선 경기부터 실시토록 하시오.

광해군

이원익

① 지주에게 결작을 부과하였다.
② 관청에서 조세를 거두어 관리에게 지급하였다.
③ 어장세, 선박세 등으로 재정 부족분을 보충하였다.
④ 풍흉과 토지 비옥도에 따라 조세를 차등 부과하였다.
⑤ 공납의 부과 기준을 가호에서 토지 결수로 바꾸었다.

9 정답 ⑤

정답 해설

제시된 대화에서 설명하는 제도는 대동법(大同法)이다. 대동법은 광해군 때 이원익의 건의로 경기도에서 처음 시작되었다. 대동법은 농민 집집마다에 부과하여 토산물을 징수하였던 공물 납부 방식을 토지의 면적에 따라 쌀, 삼베나 무명, 동전 등으로 납부하게 하는 제도로 선혜청(宣惠廳)에서 담당하였다. 또 대동법의 실시로 과세의 기준은 종전의 가호에서 토지의 결수로 바뀌었다. 그리고 대동법이 실시되면서 공인(貢人)이란 어용상인들이 나타났다. 이들은 관청에서 공가를 미리 받아 필요한 물품을 사서 납부하였다. 공인들이 시장에서 많은 물품을 구매하였으므로 상품 수요가 증가하였다. 농민들도 대동세를 내기 위하여 토산물을 시장에 내다 팔아 쌀, 베, 돈을 마련하였다. 이와 같이 물품의 수요와 공급이 증가하면서 상품 화폐경제가 한층 발전하였다.

오답 해설

① 흥선대원군은 호포제(戶布制)를 시행하였는데, 종래 상민에게만 거두어들이던 군포를 양반에게도 징수하여 세금 부담을 공평히 하기 위한 목적이었다.
② 조선 후기 정부는 균역법의 실시로 인해 감소한 만큼의 군포 수입을 보충하기 위해 결작(結作)이라고 하여 토지 소유자에게 1결당 미곡 2두를 거두어 들였다.
③ 조선 후기에는 영정법(永定法)을 시행하여 전세를 풍년이건 흉년이건 관계없이 토지 1결당 미곡 4~6두로 고정시켰다.
④ 정조 때 정부는 시전 상인이 난전을 단속할 수 있는 금난전권을 폐지하는 조치를 취하였다.

10 정답 ④

정답 해설

문제에서 '군역에서 벗어나지 못합니다'라는 내용을 통해 균역법임을 알 수 있다. 임진왜란과 병자호란 이후 농민의 군포 부담이 과중해지자 여러 개혁 방안이 논의되었고, 그 결과로 균역법이 시행되었다. 정부는 1년에 부담해야 하는 군포를 2필에서 1필로 줄여 농민의 부담을 감소시키고자 하였다. 군포를 줄여 부족해진 재정은 지주에게 결작을 징수하거나 어장세, 염세, 선박세 또는 각 지방의 토호 등에게 1년에 1필씩 선무군관포를 징수하여 보충하였다.

오답 해설

① 고려 시대 개경과 서경 및 각 12목에는 상평창을 두어 물가의 안정을 꾀하여 백성들이 안심하고 생업에 종사할 수 있도록 하였다.
② 영정법은 조선 인조 때 풍흉에 관계없이 전세를 토지 1결당 4두로 고정시킨 것이었다.
③ 태조 때 설치되었던 흑창을 고려 성종 때 의창으로 바꾸어 운영하였다.
⑤ 흥선대원군은 환곡의 문란과 관련하여 사창제를 실시하였다.

 11 정답 ②

정답 해설

조선 후기 논농사에서는 모내기법(이앙법移秧法)이 전국적으로 보급되어 쌀 생산량이 크게 늘고, 벼와 보리의 이모작이 가능해졌다. 일부 농민은 인삼, 담배, 목화, 약초, 마늘, 채소 등 상품 작물을 재배하여 높은 수익을 올렸다. 광산 경영에 있어서는 경영 전문가인 덕대가 물주에게 자본을 조달 받아 채굴업자와 제련 노동자 등을 고용하여 광물을 채굴하고 제련하였다. 또 도고(都賈)는 조선 후기에 상품을 매점매석하여 가격 상승과 매매 조작을 노리던 상행위의 한 형태로서, 그러한 상행위를 하던 상인과 상인 조직 역시 도고라 불렀다. 그리고 대동법이 실시되면서 공인이란 어용상인들이 등장했다.

오답 해설

② 고려 시대에는 상업 활동이 활발해지자 국가는 건원중보, 삼한통보, 해동통보 등의 화폐를 발행하였다.

12 정답 ③

정답 해설

동전에 인물과 함께 별무반을 이끌고 여진을 정벌한 명장이라고 소개된 내용을 통해 고려 때의 윤관임을 알 수 있다. 12세기 초 여진족과 충돌한 고려는 두 차례 패배를 겪으며 윤관의 건의에 따라 별무반을 편성하였다. 천리장성을 넘어 여진을 정벌 후 동북지방 일대 9성을 축조하였다.

오답 해설

① 4군 6진을 개척한 것은 조선 세종 때 최윤덕과 김종서이다.
② 강동 6주를 획득한 인물은 고려 서희이다.
④ 쓰시마섬을 토벌한 인물은 고려 말 박위이다.
⑤ 쌍성총관부를 수복한 인물은 공민왕 때 유인우이다.

13 [36회 22번]

(가)~(다) 화폐를 처음 발행된 순서대로 옳게 나열한 것은? [1점]

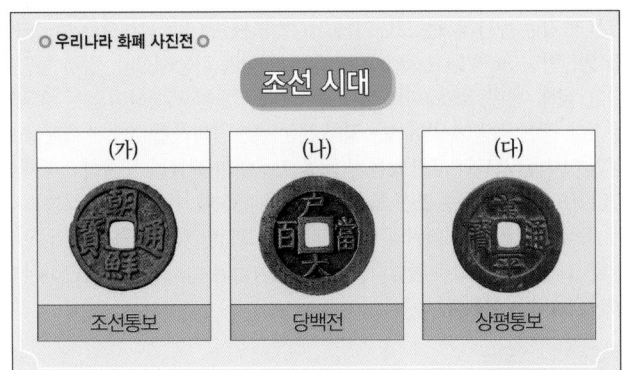

◎ 우리나라 화폐 사진전 ◎

조선 시대

(가) 조선통보   (나) 당백전   (다) 상평통보

① (가) - (나) - (다)
② (가) - (다) - (나)
③ (나) - (가) - (다)
④ (나) - (다) - (가)
⑤ (다) - (나) - (가)

14 [33회 26번]

(가)에 들어갈 역사적 용어로 옳은 것은? [2점]

조선 후기 지주나 대상인 등이 동전을 재산으로 간주하여 이를 간직해두고 사용하지 않음으로써 발생하는 동전 유통량의 부족 현상을 무엇이라 할까요?

한국사 스피드 퀴즈

(가)

① 광작   ② 방납   ③ 잠채   ④ 전황   ⑤ 향전

15 [32회 27번]

다음 화폐가 유통된 시기의 경제 상황으로 옳지 않은 것은? [2점]

조선 시대 법정 화폐로 동전 또는 엽전이라 불렸다. 인조 때 처음 발행되었으나 널리 통용되지 못하였다가, 숙종 때 다시 주조되면서 전국적으로 유통되었다. 물품 구입이나 세금 납부에 사용되었으며, 재산 축적 수단으로 이용되기도 하였다.

① 덕대가 광산을 전문적으로 경영하였다.
② 인삼, 담배 등이 상품 작물로 재배되었다.
③ 시장 감독 관청으로 동시전을 설치하였다.
④ 수리시설의 확충으로 모내기법이 확산되었다.
⑤ 송상, 만상이 청과의 무역으로 부를 축적하였다.

16 [35회 29번]

(가) 종교에 대한 설명으로 옳은 것은? [2점]

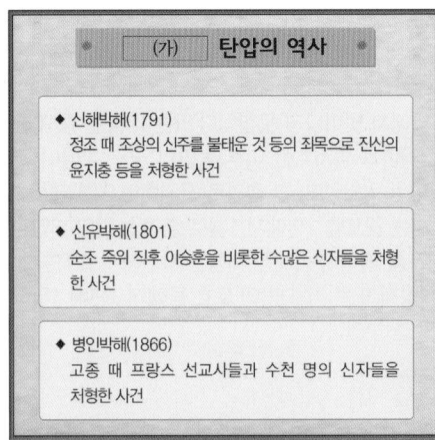

(가) 탄압의 역사

◆ 신해박해(1791)
정조 때 조상의 신주를 불태운 것 등의 죄목으로 진산의 윤지충 등을 처형한 사건

◆ 신유박해(1801)
순조 즉위 직후 이승훈을 비롯한 수많은 신자들을 처형한 사건

◆ 병인박해(1866)
고종 때 프랑스 선교사들과 수천 명의 신자들을 처형한 사건

① 『동경대전』을 경전으로 삼았다.
② 『만세보』를 발간하여 민중 계몽에 힘썼다.
③ 단군 숭배 사상을 통하여 민족의식을 높였다.
④ 미륵불이 내려와 세상을 구제한다고 주장하였다.
⑤ 중국에 다녀온 사신들에 의하여 서학으로 소개되었다.

해설편

Chapter 20. 조선 후기 경제와 사회 변화

V. 근대 태동기

VI. 국제 질서의 변동과 근대 국가 수립 운동

VII. 일제 강점기

VIII. 대한민국 현대 사회의 발전

13 정답 ②

정답 해설

(가) 조선 전기에는 조선통보를 발행하였으나 널리 유통되지는 못하였다. (다) 상평통보는 조선 인조 때 처음 발행되었으며, 1678년(숙종 4년)에 허적(許積)의 건의에 따라 상평통보를 국가의 유일한 법화로서 주조 유통하게 되었다. (나) 당백전, 당오전은 경복궁 중건을 위해 발행되었다. 따라서 순서대로 배열하면, (가)-(다)-(나) 순이다.

14 정답 ④

정답 해설

조선 후기에는 상공업이 발달함에 따라 교환의 매개로써 금속 화폐, 즉 동전(상평통보)이 자연스럽게 전국적으로 유통되었다. 특히 18세기 후반 이후 동전의 원료인 구리를 생산할 수 있는 동광의 개발이 활발하게 추진되면서 공급이 쉬워지고, 정부도 각 기관으로 하여금 동전의 발행을 권장하였다. 그 결과 18세기 후반부터는 세금과 소작료도 동전으로 대납할 수 있게 하였다. 그리하여 누구나 동전인 상평통보만 가지면 물건을 살 수 있었다. 그러나 동전 발행에 대한 통제가 해이해지면서 사적으로 주조하는 경우도 있었으며, 지주나 대상인들이 화폐를 고리대 및 재산 축적에 이용하여 발행량이 늘어도 유통이 제대로 되지 않는 동전 부족 현상인 전황(錢荒)이 발생하였다. 이로 인해 화폐 가치는 증가하고 물가 가치는 하락하는 디플레이션 현상이 발생하였다.

오답 해설

① 이앙법이 널리 보급되면서 같은 양의 노동력으로 더 넓은 토지를 경작하는 것을 말한다.
② 백성의 공납을 방해하여 중간에서 착복하는 것을 말한다.
③ 광산 채굴을 정부 몰래하는 것을 말한다.
⑤ 기존 사족층과 일부 부농층이 향회의 주도권을 놓고 대립하는 것을 말한다.

15 정답 ③

정답 해설

조선 후기에는 농업과 상공업의 발달로 상평통보가 널리 유통되었다. 그러나 지주나 대상인들이 화폐를 고리대 및 재산 축적에 이용하여 발행량이 늘어도 유통이 제대로 되지 않는 동전 부족 현상인 전황(錢荒)이 발생하였다. 또 조선 후기에는 담배, 인삼, 목화 등 상품 작물 재배와 상공업 발달로 5일장이 일반화 되었다. 그리고 수공업에서는 공인이나 사상 등 상인 자본의 지원을 받아 제품을 만드는 선대제가 활발해졌으며, 광업에서는 광산 개발 전문 경영인인 덕대가 등장하여 상인 물주로부터 자금을 받아 광산을 운영하였다. 또 조선 후기에는 모내기법이 확대되며 노동력이 절감되고, 이모작이 가능해지면서 농업 생산력이 증가하였다. 그리고 한성의 경강상인, 개성의 송상, 의주의 만상, 동래의 내상 등이 대표적인 사상으로 이들은 18세기 이후 서울을 비롯한 각지에서 활발한 활동을 벌였다.

오답 해설

③ 지증왕은 6세기 초에 시장을 감독하는 관청인 동시전을 설치하였다.

16 정답 ⑤

정답 해설

신해박해(정조 15년, 1791년)는 전라도 진산에서 천주교 신자인 윤지충, 권상연 등이 모친상을 당하여 신주를 불사르고 천주교 식으로 장례를 치르자 이를 문제 삼아 윤지충을 사형에 처한 사건(진산사건)이다. 신유박해(순조 원년, 1801년)는 순조가 즉위하여 노론 벽파에 의한 박해로 이승훈(최초의 세례 교인), 이가환, 정약종 등이 사형을 당하고 정약용, 정약전 등은 유형을 당한 사건이다. 그리고 흥선대원군의 천주교에 대한 탄압이 병인박해이다. ⑤ 천주교는 17세기 청을 다녀온 사신들에 의해서 서학(西學)이란 학문으로 소개되었고, 18세기 후반에 신앙으로 받아들여지면서 교세가 확장되었다.

오답 해설

① 『동경대전』과 『용담유사』는 동학의 사상을 정리해 놓은 책이다.
② 「만세보」(1906년)는 천도교의 기관지이다.
③ 대종교는 단군 숭배 사상을 널리 전파하여 민족의식을 높이고자 하였다.
④ 미륵신앙은 멀지 않은 장래에 미륵(彌勒)이 나타나 자신들을 구원해 준다는 사상이다.

CHAPTER 21

근대 태동기의 문화

쏙쏙 키워드를 알려주지!

중화사상, 대명의리론, 윤휴, 박세당, 정제두(강화학파), 유형원, 이익, 정약용, 『목민심서』, 홍대용, 박지원, 박제가, 『동사강목』, 『대동여지도』, 『동국지도』, 『동의보감』, 김정희

① 유형원의 균전론

"토지는 천하의 근본이다. 그 근본이 확립되면 온갖 법도가 하나도 어긋나는 것이 없다. 무릇 백 보를 1무라 하고 백 무를 1경이라 한다. 농부 1명당 1경을 받게 하고 농지 4경당 병사 1명을 내게 한다. 선비로서 처음으로 지방 학교에 입학한 자는 농지 2경을 주고 사학(四學)에 입학한 자에게는 4경을 주고 병역을 면제한다. ...... 토지를 받은 자가 죽으면 토지를 국가에 반납하되 자손에게 물려줄 수 있는 자는 당연히 그 토지를 자손이 받고 남은 토지는 타인이 받는다."

② 이익의 한전론

이익의 한전론은 생활을 유지하는데 필요한 적정 규모(하한선)의 토지를 영업전으로 규정하고, 영업전은 법으로 매매를 금지하며 나머지 토지만 매매를 허용하도록 주장한 법이다. 이는 토지의 하한선을 책정해 놓음으로 농민 몰락의 문제점을 애초부터 막겠다는 뜻으로 풀이된다.

1 실학의 발달

(1) 실학의 등장 : 조선 후기의 대표적 사상적 변화
① 의미 : 17~18세기 사회 모순의 해결책을 구상하는 과정에서 나타난 사회개혁론
② 등장 배경 : ㉠ 조선 후기 사회적 모순 심화에 대한 성리학의 해결능력 부재
　　　　　　 ㉡ 고증학과 서양 과학의 영향
③ 태동 : ㉠ 이수광 : 『지봉유설』 저술→『천주실의』 전래
　　　　 ㉡ 한백겸 : 『동국지리지』 서술→우리나라의 역사지리 고증
④ 발전 : ㉠ 농업 중심의 개혁론(→중농학파=경세치용학파)
　　　　 ㉡ 상공업 중심의 개혁론(→중상학파=이용후생학파)
　　　　 ㉢ 국학 연구로 확산→18세기에 가장 활발히 전개
⑤ 성격 : 민생 안정과 부국강병 추구→실증적 · 민족적 · 실사구시적 · 근대지향적 · 현실개혁적 학문으로 발전

(2) 농업 중심의 개혁론(18세기 전반의 중심적 실학사상, 경세치용학파=중농학파)
① 성향 : 농촌 사회의 안정을 위해 토지제도 등 각종 제도 개혁 추구
② 학자 : ㉠ 유형원(17세기 후반) : 균전론 주장, 신분에 따라 차등 있게 토지 재분배 주장
　　　　 ㉡ 이익(18세기 전반, 성호)
　　　　　 ⓐ 제자 양성(성호학파), 『성호사설』 저술, 한전론 주장
　　　　　 ⓑ 좀먹는 여섯 가지 폐단 : 노비제도, 과거제도, 문벌제도, 사치와 미신, 승려, 게으름
　　　　 ㉢ 정약용(18세기 후반, 다산, 여유당) : 실학의 집대성
　　　　　 ⓐ 전라도 강진에 유배(다산 초당)→500여 권 저술
　　　　　 ⓑ 대표 저서 : 『목민심서』(지방 행정제도와 목민관에 대한 개혁론)
　　　　　 ⓒ 토지제도 개혁 주장 : 여전론(초기)→정전제(후기)
　　　　　 ⓓ 과학기술과 상공업 발달에도 기여 : 거중기 발명

정약용의 여전론

> 　농사를 짓는 사람이 토지를 갖게 하고 농사를 짓지 않는 사람이 토지를 가지지 못하게 하려면 여전제를 실시하여야 한다. 1여에는 여장을 두며 무릇 1여의 인민이 공동으로 경작하도록 한다......내 땅 네 땅 구분이 없고 여장의 명령에만 따른다. 여민이 농경하는 경우 여장은 매일 개인의 노동량을 장부에 기록해 둔다. 가을이 되면 수확량 중에서 조세와 여장의 봉급을 빼고 나머지는 장부에 적힌 노동량에 따라 분배한다.

단답형으로 확인하기

❶ 조선 후기 성리학의 한계점을 극복하기 위해 서학과 고증학의 영향을 받아 등장한 학문은?

❷ 중농학파 실학자는?

❸ 중농학파 실학을 집대성하였으며, 『목민심서』를 저술한 사람은?

정답

❶ 실학
❷ 유형원, 이익, 정약용
❸ 다산 정약용

(3) 상공업 중심의 개혁론(18세기 후반의 실학사상, 이용후생학파=북학파)

① **성향** : 청의 선진 문물 수용하여 상공업의 진흥과 기술 혁신 주장→부국강병과 이용후생을 주장하여 19세기 후반 개화사상으로 계승

② **학자** : 대부분 서울의 노론 양반 출신

    ㉠ 유수원(18세기 초) : ⓐ『우서』저술→상공업 진흥과 기술 혁신 주장

                            ⓑ 사농공상은 인정하되 직업적 평등과 전문화 추진

    ㉡ 홍대용(18세기 후반) : ⓐ 기술 혁신, 문벌 철폐, 성리학 극복 주장

                            ⓑ 지전설 주장→중국 중심의 세계관 비판

    ㉢ 박지원(18세기 후반) : ⓐ『열하일기』저술

                            ⓑ 상공업 진흥, 수레와 선박 이용, 화폐 유통의 중요성

    ㉣ 박제가(18세기 후반) : ⓐ『북학의』저술

                            ⓑ 상공업 진흥, 수레와 선박 이용, 소비의 중요성(우물에 비유)

박제가의 사상

> 대체로 재물은 샘물과 같은 것입니다. 퍼내면 차고 버려두면 말라버립니다. 그러므로 비단옷을 입지 않아서 나라에 비단 짜는 여공이 쇠퇴하고 찌그러진 그릇을 싫어하지 않으면 나라의 장인들이 도야하는 일이 없을 것입니다. 결국 사농공상 모두가 곤궁해질 것입니다.

(4) 국학 연구의 확대

① **배경** : 민족적 전통과 현실에 대한 관심이 고조되면서 국학 연구가 활발해짐

② **국사 연구** : ㉠ 중국 중심의 사관에서 탈피하여 주체적인 국사 인식 강조

                ㉡ 안정복 : 이익의 제자, 『동사강목』(고조선~고려 말까지의 역사), 마한 정통론 저술

                ㉢ 이긍익 : 『연려실기술』(조선 시대의 정치와 문화 정리) 저술

                ㉣ 한치윤 : 『해동역사』(고조선~고려까지 역사, 중국 및 일본의 역사서 500여 종 참고)

                ㉤ 유득공 : 『발해고』(발해사를 편입해 남북국 시대로 명명) 저술

③ **지리 연구** : ㉠ 조선 후기에는 우리나라 중심의 지리관 형성됨

                ㉡ 지리지 : 『동국지리지』(한백겸), 『택리지』(이중환)

                ㉢ 지도 : ⓐ 중국에서 「곤여만국전도」 등 서양식 지도 전래

                        ⓑ 「대동여지도」 : 김정호, 10리마다 눈금, 목판 제작

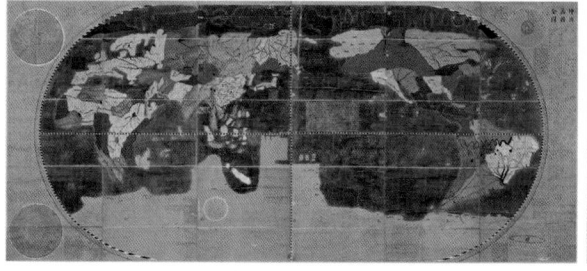 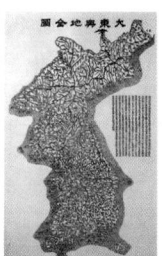

「곤여만국전도」   「대동여지도」

④ **언어 연구** : 『훈민정음운해』(신경준), 『언문지』(유희)

⑤ **백과사전 편찬** : 『지봉유설』(이수광), 『성호사설』(이익), 『청장관전서』(이덕무)

단답형으로 확인하기

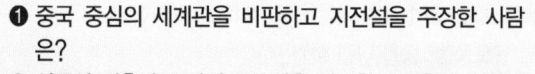

❶ 중국 중심의 세계관을 비판하고 지전설을 주장한 사람은?

❷ 상공업 진흥과 소비의 중요성을 강조한 중상학파 실학자는?

정답
❶ 홍대용
❷ 박제가

---

① **유득공과 이종휘**

고대사의 연구시야를 만주 지방까지 확대시켜서 한반도 중심의 사관을 극복하려 함

② **홍대용의 혼천의**

「인왕제색도」

「금강전도」

조선 후기의 3원

• 단원 김홍도
• 혜원 신윤복
• 오원 장승업

2 성리학의 변화

(1) 성리학의 절대화 : 인조반정 이후 집권하게 된 서인(송시열)은 조선 중화사상과 대명의리론을 내세워 국가의 정체성과 사회질서를 유지하려 함

(2) 성리학의 상대화
① 17세기 후기부터 주자 중심의 성리학을 상대화하고 6경과 제자백가 등에서의 모순을 해결하기 위해 사상적 기반을 찾으려 함
② **윤휴 :** 서경덕의 영향으로 유교 경전에 대하여 독자적인 해석을 함(원시 6경 중시)
③ **박세당 :** 양명학과 노장사상의 영향으로 주자의 학설을 비판함(『사변록』 저술)
④ **결과 :** 서인 세력이 정통시하는 주자의 학설을 비판했다는 명목으로 사문난적으로 몰림

(3) 서인의 분열
① 숙종 때 환국을 거치면서 노론과 소론으로 분화
② **소론 :** 절충적인 성격을 지닌 성혼의 사상 계승, 양명학과 노장사상을 수용하는 등 성리학 이해에 탄력성을 보임

(4) 노론의 분열(호락논쟁)

구분	호론	낙론
주장	인간과 사물의 본성이 다르다-인물성이론(人物性異論)	인간과 사물의 본성이 같다-인물성동론(人物性同論)
기반	충청 노론	서울, 경기 노론
계통	화이론 사상	북학 사상
영향	위정척사파	북학파, 개화파

(5) 양명학의 수용
① 지행합일, 심즉리, 치양지를 바탕으로 실천성을 강조하며, 성리학의 절대화를 비판
② 서경덕 학파와 왕실 종친에 확산, 17세기 후기부터 소론에 의해 본격적으로 수용
③ **정제두 :** 양명학을 체계적으로 연구하여 강화학파로 발전, 일반민을 도덕 실천의 주체로 인정하고, 이에 따라 양반 중심의 신분제를 폐지해야 한다고 주장

3 문학의 새 경향

(1) 서민문화의 발달
① **배경 :** 상품 화폐경제 발달, 서당 교육 널리 보급, 서민의 지위 향상
② **향유 계층 :** 역관·서리 등 중인층과 부농층, 상인, 광대 등 참여

(2) 판소리와 탈놀이 : 조선 후기의 가장 인기 있는 분야, 서민 문화의 중심으로 발달, 본래는 열두 마당이었으나 신재효가 여섯 마당으로 정리

(3) 한글 소설과 사설시조
① **한글 소설 :** ㉠『홍길동전』(허균): 최초의 한글 소설, 적서차별 비판

단답형으로 확인하기

❶ 소탈하고 익살스러운 필치로 서민 생활 모습 묘사하고 「서당도」, 「씨름도」를 그린 화가는?
❷ 부녀자들이 생활, 남녀 간의 애정을 해학적으로 묘사하고 「미인도」, 「단오풍정」 등을 남긴 화가는?
❸ 「인왕제색도」, 「금강전도」 등을 그렸고 우리 산을 우리 식으로 묘사한 진경산수를 완성한 사람은?

❸ 정선
❷ 신윤복
❶ 김홍도

정답

ⓒ 『춘향전』(신분차별 비판), 『심청전』, 『장화홍련전』, 『토끼전』 등
② **사설시조** : 격식에 구애됨이 없이 남녀 간의 사랑이나 현실 비판 표현
③ **한문 소설** : 박지원(『양반전』, 『허생전』, 『호질』, 『민옹전』)→문체혁신 주장, 사회 부조리와 양반의 위선에 대한 비판

(4) 진경산수화와 풍속화 : 조선 후기 그림에서 가장 두드러진 특징
① **진경산수화** : ㉠ 우리의 고유 정서와 자연을 표현하려는 예술 운동
　　　　　　　 ㉡ 정선 : 「인왕제색도」, 「금강전도」→선(바위)과 묵(흙산)으로 표현
② **풍속화** : ㉠ 당시 사람들의 일상생활 모습을 그린 그림
　　　　　 ㉡ 김홍도 : 소탈하고 익살스러운 필치로 서민 생활 모습 묘사→「서당도」, 「씨름도」, 「추수」, 「밭갈이」, 「대장간」 등
　　　　　 ㉢ 신윤복 : ⓐ 부녀자들이 생활, 남녀 간의 애정을 해학적으로 묘사
　　　　　　　　　　 ⓑ 「단오풍정」, 「그네 뛰는 여인」, 「술파는 여자」, 「빨래하는 여인」
③ **강세황** : 서양의 명암법 도입(18세기)
④ **문인화의 재등장(19세기)** : 김정희의 「세한도」, 장승업의 「군마도」
⑤ **민화** : 민중들의 미적 감각, 소박한 정서 표현→생활공간 장식
⑥ **서예** : 김정희의 추사체 창안

김홍도의 「씨름도」

신윤복의 「단오풍정」

민화 「까치와 호랑이」

(5) 건축의 변화
① **특징** : ㉠ 부농이나 상공업자들의 지원을 받은 사원이 많이 건축됨
　　　　 ㉡ 정치적 필요에 의해 건축물 건립(근정전, 경회루 등)
② **17세기 건축물** : ㉠ 규모가 큰 다층 건물로서 내부는 하나로 통하는 구조임
　　　　　　　　 ㉡ 불교의 사회적 지위향상과 양반지주층의 경제적 성장 반영
　　　　　　　　 ㉢ 금산사 미륵전, 화엄사 각황전, 법주사 팔상전
③ **18세기 건축물** : ㉠ 부농과 상인층의 지원을 받은 장식성이 강한 사원 건축물
　　　　　　　　 ㉡ 논산 쌍계사, 부안 개암사, 안성 석남사 등
　　　　　　　　 ㉢ 수원 화성 : 방어와 공격을 겸한 성곽으로서 최초의 계획도시(정조의 통치 이념의 결집체)
④ **19세기 건축물** : ㉠ 왕실의 권위와 왕권 강화를 위한 정치적 목적의 건축물 건축
　　　　　　　　 ㉡ 경복궁 근정전, 경회루 등

(6) 백자 · 생활 공예와 음악 : 조선 후기에 경제가 발전함에 따라 공예 발달, 백자가 민간에까지 널리 사용, 청화백자가 널리 유행, 서민층에서는 옹기를 주로 사용

김정희의 「세한도」

김정희의 「죽로지실」 (추사체)

법주사 팔상전

수원 화성

경회루

청화 백자 매죽문호

청화 백자 잉어문 항아리

185

17 [36회 26번]

다음 검색창에 들어갈 인물로 옳은 것은?　[1점]

조선 후기 실학자로 양반전 등을 지어 양반의 위선과 무능을 비판하였다. 청에 다녀온 후 저술한 열하일기에서 수레와 선박의 이용 및 화폐 유통의 필요성 등을 강조하였다.

① 이익　　② 박제가　　③ 박지원
④ 유형원　　⑤ 홍대용

18 [35회 26번]

(가) 인물에 대한 설명으로 옳은 것은?　[2점]

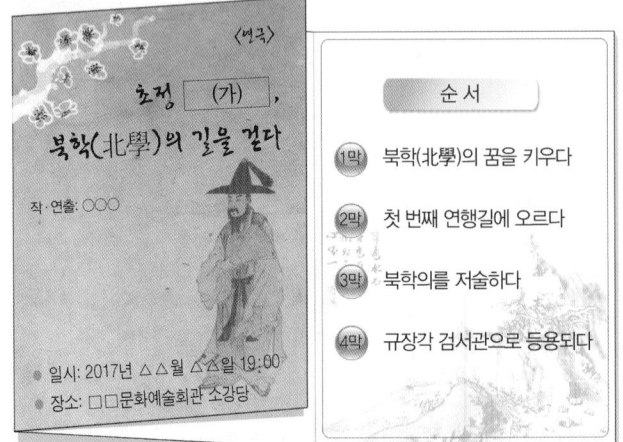

① 양명학을 연구하여 강화학파를 형성하였다.
② 토지제도 개혁안으로 여전론을 제시하였다.
③ 100리 척을 이용하여 「동국지도」를 제작하였다.
④ 소비를 촉진하여 생산을 늘릴 것을 주장하였다.
⑤ 『양반전』을 지어 양반의 허례와 무능을 비판하였다.

19 [37회 22번]

다음 인물에 대한 설명으로 옳은 것은?　[3점]

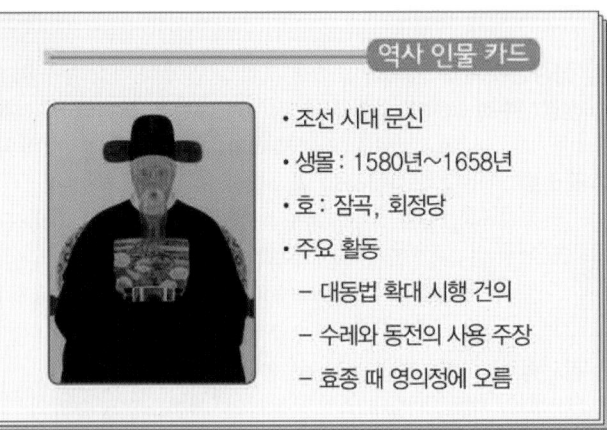

역사 인물 카드

• 조선 시대 문신
• 생몰 : 1580년~1658년
• 호 : 잠곡, 회정당
• 주요 활동
　– 대동법 확대 시행 건의
　– 수레와 동전의 사용 주장
　– 효종 때 영의정에 오름

① 『양반전』을 저술하였다.
② 추사체를 창안하였다.
③ 「대동여지도」를 제작하였다.
④ 소격서 폐지를 건의하였다.
⑤ 시헌력 도입을 주장하였다.

20 [38회 25번]

다음 퀴즈의 정답으로 옳은 것은?　[1점]

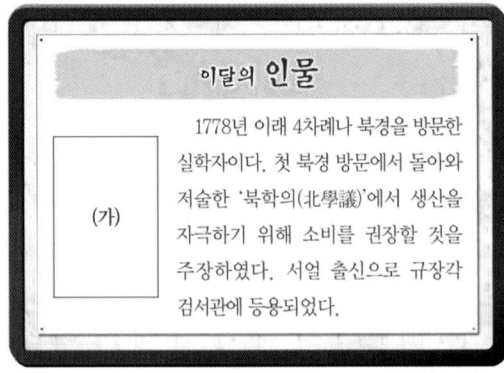

이달의 인물

　1778년 이래 4차례나 북경을 방문한 실학자이다. 첫 북경 방문에서 돌아와 저술한 '북학의(北學議)'에서 생산을 자극하기 위해 소비를 권장할 것을 주장하였다. 서얼 출신으로 규장각 검서관에 등용되었다.

①

이익

②
박제가

③
박지원

④

정약용

⑤

홍대용

17 정답 ③

정답 해설

박지원은 중상주의 실학자로서 서울에서 태어났는데, 청나라에 다녀온 후 『열하일기』를 저술하여 청의 문물을 소개하였다. 상공업의 진흥을 강조하면서 수레와 선박의 이용 및 화폐 유통의 필요성을 주장하고, 양반 문벌제도의 비생산성을 비판(『양반전』, 『호질』)하였다. 이러한 북학파의 개혁사상은 농업에만 치우친 유교적 이상국가론에서 탈피하여 부국강병을 위한 보다 적극적인 방안을 제시하였다는 점에서 의의가 크다. 북학파 실학사상은 19세기 후반에 개화사상으로 이어졌다.

오답 해설

① 이익은 토지 소유의 점진적인 평등을 위해 영업전 이외의 토지만 매매를 허용하는 한전론을 제시하였다.
② 박제가는 『북학의』를 저술하여 청의 문물을 적극적으로 수용할 것을 주장하였다.
④ 조선 후기 유형원은 『반계수록』에서 신분에 따라 차등 있게 토지를 분배하자는 균전론을 내세웠고, 자영농 육성을 위한 토지제도의 개혁을 주장하였다.
⑤ 홍대용은 지전설과 무한우주론을 주장하며 중국 중심의 세계관에서 탈피할 것을 주장하였다.

18 정답 ④

정답 해설

조선 후기에는 서얼 출신인 유득공, 박제가 등은 규장각 검서관으로 등용되기도 하였다. 특히 박제가는 연행 경험을 바탕으로 『북학의』를 저술하고, 상공업을 육성하고 선박, 수레, 벽돌 등 발달된 청의 기술을 적극적으로 수용하자고 제안하였다. 또 생산력을 높이고자 소비를 권장해야 한다고 주장하였다. 아울러 서구의 상선들이 청에 왕래하는 것처럼 조선도 대형 선박을 건조하여 국제 무역에 적극 나서야 한다고 강조하였다.

오답 해설

① 양명학은 18세기 초 정제두에 의해 체계적으로 연구되면서 그를 따랐던 제자들이 모여들어 강화학파가 형성되었다.
② 실학을 집대성한 정약용은 토지를 공동 소유하여 경작한 뒤 노동량에 따라 소득을 분배하는 여전론을 주장하였다.
③ 조선 후기 정상기는 「동국지도」에서 100리척을 처음 사용하였다.
⑤ 박지원은 『양반전』, 『허생전』, 『호질』 등의 한문 소설을 써서 양반 사회의 허구성을 적나라하게 지적하였다.

19 정답 ⑤

정답 해설

조선은 두 차례의 전란으로 입은 피해를 복구하기 위해 개간을 장려하고 양전을 추진하였으며, 조세제도를 개편하였다. 이 과정에서 김육은 집집마다 부과하여 토산물을 징수하던 공물 납부 방식을 토지의 결수에 따라 쌀, 삼베나 무명, 동전 등으로 납부하게 하는 대동법이 백성을 구제하고 국가 재정을 확보하는 데 도움이 되는 시책이라고 생각하여 대동법의 확대 실시를 강력히 요구하였다. 이러한 그의 노력으로 대동법은 충청도 지역까지 확대되었고, 그의 사후 전라도 지역까지 실시되었다. 또 조선 후기에는 김육 등의 노력으로 시헌력이 어렵게 도입되었다. 이는 서양 선교사인 아담 샬이 중심이 되어 만든 것으로 청나라에서 사용되고 있었는데 종전의 역법보다 한 걸음 더 발전한 것이었다. 조선에서는 약 60여 년간의 노력 끝에 시헌력을 채용하였던 것이다.

오답 해설

① 박지원은 『양반전』, 『허생전』, 『호질』 등의 한문 소설을 써서 양반 사회의 허구성을 지적하였다.
② 추사 김정희는 독창적인 글씨체인 추사체를 만들었다.
③ 조선 후기 김정호는 이전까지의 지도 제작 성과를 바탕으로 산맥, 하천, 포구, 도로망 등을 자세히 표시한 「대동여지도」를 완성하였다.
④ 조광조는 도교의 행사를 집행하는 기구인 소격서 폐지를 주장하였다.

20 정답 ②

정답 해설

4차례나 북경을 방문한 실학자로 『북학의』를 통해 소비를 권장하였으며 서얼 출신으로 규장각 검서관에 등용된 인물은 박제가이다.

오답 해설

① 이익은 『성호사설』을 저술하여 토지 문제 해결에 관심을 보였다.
③ 박지원은 『열하일기』를 저술하여 수레와 선박, 화폐의 필요성을 강조하였다.
④ 정약용은 조선 후기의 실학자로 지방관이 지켜야 할 지침 및 지방행정 개혁을 담은 『목민심서』(1818)를 저술하였다. 토지의 공동 소유와 공동 경작인 여전론을 주장하였으며 배다리 및 거중기(수원 화성 축조에 활용)를 설계하였다.
⑤ 홍대용은 천체의 운행과 위치를 측정하는 혼천의를 제작하였다.

21 [31회 26번]

다음 특별전에서 볼 수 있는 작품으로 적절하지 않은 것은? [1점]

① 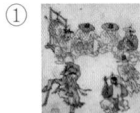 ②

③  ④

⑤

22 [34회 23번]

다음 퀴즈의 정답으로 옳은 것은? [1점]

조선 후기 실학자인 이 인물은 농민 생활의 안정을 중시하여 자신의 저서인 반계수록에서 균전론을 주장하였습니다. 이 인물은 누구일까요?

①  이익 ②  박제가 ③  박지원

④  유형원 ⑤  홍대용

23 [34회 25번]

다음 그림이 그려진 시기에 볼 수 있는 모습으로 적절하지 않은 것은? [2점]

① 『홍길동전』을 읽는 여성
② 흥보가를 부르는 소리꾼
③ 청화 백자를 만드는 도공
④ 장시에서 탈춤을 공연하는 광대
⑤ 황룡사 구층목탑 건립에 참여하는 목수

24 [44회 30번]

(가)에 해당하는 작품으로 옳은 것은? [2점]

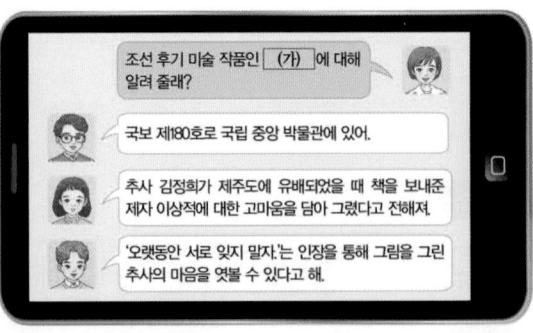

조선 후기 미술 작품인 (가) 에 대해 알려 줄래?

국보 제180호로 국립 중앙 박물관에 있어.

추사 김정희가 제주도에 유배되었을 때 책을 보내준 제자 이상적에 대한 고마움을 담아 그렸다고 전해져.

'오랫동안 서로 잊지 말자.'는 인장을 통해 그림을 그린 추사의 마음을 엿볼 수 있다고 해.

①  몽유도원도 ②  세한도

③  인왕제색도 ④  영통동구도

⑤  고사관수도

21 정답 ⑤

정답 해설

조선 후기 그림에서는 우리나라의 산천을 사실적으로 표현한 진경산수화와 백성의 생활 모습을 생동감 있게 표현한 풍속화가 등장하였다. 특히 정선은 중국의 것을 모방하던 기존의 산수화에서 벗어나 새로운 묘사 기법을 활용하여 「금강전도」와 「인왕제색도」 등의 진경산수화를 그렸다. 또한 이외에도 풍속화 민화 등이 유행하였는데 특히 풍속화의 대표적인 화가로 김홍도와 신윤복을 들 수 있다. 김홍도는 정감어린 풍속화를 그린 것으로 유명한데, 그는 작품에서 자신의 일에 몰두하는 사람들의 특징을 소탈하고 익살스러운 필치로 묘사하였다. 신윤복은 주로 양반과 부녀자의 생활과 유흥, 남녀 사이의 애정 등을 감각적이고 해학적으로 묘사하였다. 그리고 이 시기의 대표적인 문인화로 김정희의 「세한도」를 들 수 있다.

오답 해설

① 김홍도의 「무동」, ② 신윤복의 「월하정인도」, ③ 김득신의 「파적도」, ④ 김정희의 「세한도」, ⑤ 조선 전기 안견의 「몽유도원도」이다.

22 정답 ④

정답 해설

농업 문제의 해결을 중시하는 실학자들을 중농학파라고 한다. 여기에 속한 학자로는 유형원, 이익, 정약용 등이 있다. 농업 중심 개혁론의 선구자는 17세기 후반에 활약한 유형원이었다. 그는 농촌에 묻혀 살면서 학문 연구에 몰두하고 『반계수록』을 저술하였다. 이 책에서 그는 신분에 따라 차등 있게 토지를 분배하자는 균전론을 내세웠고, 자영농 육성을 위한 토지제도의 개혁을 주장하였다.

오답 해설

① 이익은 토지 소유의 점진적인 평등을 위해 영업전 이외의 토지만 매매를 허용하는 한전론을 제시하였다.
② 박제가는 『북학의』를 저술하여 청의 문물을 적극적으로 수용할 것을 주장하였다.
③ 박지원은 수레와 선박의 이용, 화폐의 적극적 유통 등을 강조하였다.
⑤ 홍대용은 지전설과 무한 우주론을 주장하며 중국 중심의 세계관에서 탈피할 것을 주장하였다.

23 정답 ⑤

정답 해설

제시된 그림은 김득신의 「파적도」와 김홍도의 「대장간」으로 조선 후기 유행한 풍속화는 당시 사람들의 생활 모습을 사실적으로 생동감 있게 표현하여 회화의 폭을 확대하였다. 조선 후기의 문학에는 한글로 쓰인 문학 작품이 많이 나타났다. 최초의 한글 소설로 알려진 허균의 『홍길동전』은 서얼에 대한 차별 철폐, 탐관오리의 응징을 통한 이상 사회의 건설을 묘사하는 등 당시의 현실을 날카롭게 비판하였다. 또한 「춘향가」, 「심청가」, 「흥부가」, 「적벽가」 등은 매우 인기가 높은 판소리 작품으로, 조선 후기 서민의 문화생활을 풍요롭게 하는 데 이바지하였다. 그리고 탈놀이와 판소리는 노래를 통해 서민의 감정을 솔직하게 표현하고 장시 등에서 공연되어 많은 호응을 얻었다. 또 조선 후기에 유행한 도자기는 흰 바탕의 백자에 푸른 색깔로 그림을 그린 청화백자이다.

오답 해설

⑤ 황룡사 구층목탑은 신라 선덕여왕 때에 조성된 목탑으로 고려 후기에 몽골 침입으로 소실되었다.

24 정답 ②

정답 해설

추사 김정희는 제주도 유배 중에도 쉬지 않고 붓을 잡아 그리고 쓰는 일에 매진하여 지조 있는 선비의 이념 세계를 표현한 문인화인 「세한도」를 그렸다. 그리고 『금석과안록』을 지어 그간 무학대사비로 알고 있던 북한산비가 진흥왕이 세운 순수비임을 고증하였다. 또 아버지를 따라 청에 갔을 때 청나라 학자들과의 교류를 통해 왕희지, 구양순으로 대표되는 여러 서체뿐만 아니라 예서체를 알게 되어 독창적인 글씨체인 추사체를 만들었다.

오답 해설

① 몽유도원도는 안견이 안평 대군의 꿈 이야기를 듣고 그린 작품이다.
③ 인왕제색도는 정선이 우리나라의 산천을 사실적으로 묘사한 진경산수화 중 하나다.
④ 영통동구도는 강세황의 진경산수화다.
⑤ 고사관수도는 강희안이 깎아지른 절벽을 배경으로 한 선비가 바위에 기대어 물을 바라보고 있는 모습을 그린 그림이다.

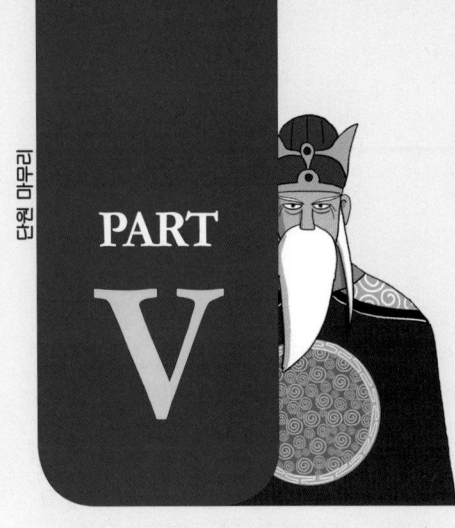

PART V

출제 포인트

근대 태동기는 최근 37문항 10.57%가 출제되었다. 비변사와 훈련도감, 북벌과 예송환국, 영–정조의 업적은 매번 출제되는 포인트이다. 특히 이 부분에서는 근대지향적인 경제의 움직임과 수취제도의 변화(이앙법, 상품 화폐경제, 영정법, 대동법, 균역법), 중인들의 신분 상승 운동, 서민문화의 발달, 실학, 동학과 서학 등 중요 주제가 다양하게 분포하고 있는 단원이다. 시대 흐름과 역사적 사실을 철저하게 이해해야 할 단원이다.

● 비변사의 기능 강화

기능	임진왜란 이후 최고 합의 기구로 확대되어 국정 전반을 총괄
구성	3정승, 5판서, 군영 대장, 유수, 대제학 등
결과	의정부의 유명무실화, 왕권의 약화

● 군사 조직의 개편

중앙군	• 5군영(직업 군인) 설치, 서인의 군사적 기반 강화　• 훈련도감(삼수병 양성)
지방군	• 속오군(양반에서 노비까지 모두 편제)　• 평시(향촌 방어), 농한기(훈련), 유사시(전투 동원)
방어체제	진관체제(15세기)→제승방략체제(16세기)→속오군체제(왜란 계기)

● 수취 체제의 개편

영정법(전세)	• 배경 : 농경지 황폐화, 농민의 유망, 토지제도의 문란 • 영정법 : 풍흉에 관계없이 전세를 토지 1결당 미곡 4두→전세율의 하락 • 결과 : 부가세 징수(여러 명목의 수수료, 운송비 등)로 농민의 부담은 증가
대동법(공납)	• 배경 : 방납의 폐단→국가 재정 확보와 농민의 공납 부담을 경감하기 위해 실시 • 대동법 : 토지 결수에 따라 부과(1결당 미곡 12두), 쌀 · 삼베 동전 등 납부 • 결과 : 농민 부담의 일시적 경감, 지주 부담의 증가, 공인의 등장→상품 화폐경제의 발달
균역법(군역)	• 배경 : 군역 재원의 감소, 군포 부담의 불균등→농민 부담의 가중 • 균역법 : 1년에 군포 2포에서 1필로 경감 • 군액 보충 : 결작(1결 2두) · 선무군관포 · 잡세(어장세, 염세, 선박세 등) 부족한 재정을 보충 • 결과 : 농민 부담의 일시 경감→지주가 결작을 농민에게 전가→군적 문란, 농민의 부담 가중

● 양란의 극복

중립 외교	• 명과 후금 사이에서 실리 외교(중립 외교)　• 내정 개혁 : 양안과 호적 작성, 국방력 강화
호란의 발발	• 서인의 친명배금 정책→호란 유발(정묘 · 병자호란)　• 호란의 영향 : 북벌론 대두
청과의 관계	• 17세기 : 북벌 정책　• 백두산 정계비 건립(1712년)→간도 귀속 문제→간도 협약(1909년)
왜와의 관계	• 통신사 파견 : 조선의 선진 문물 전파　• 울릉도 · 독도 : 안용복이 일본 유이민 축출→독도 관할

● 농민 경제의 변화

농업 기술의 발달	• 논농사 : 이앙법의 보급으로 이모작 가능, 수확량 증가, 노동력 절감에 따라 광작 가능 • 밭농사 : 견종법 등 농업 기술의 발달로 수확량 증가, 상품 작물의 재배
지대 변화	타조법(생산량의 1/2)→도조법(소작료를 일정 액수로 고정)
상품 작물	• 쌀을 비롯해 목화, 채소, 담배, 약초 등을 재배　• 밭을 논으로 바꾸는 현상 활발
지주 직영	광작이 가능해져 노비를 늘리거나 임노동자를 고용하여 경작→농민이 농토에서 유리됨
농민 계층 분화	• 부농 : 일부 농민들은 양반으로 신분 상승을 도모함 • 임노동자 : 대다수의 농민은 농토에서 유리되어 광산 또는 포구의 임노동자로 전락

● 가족제도 변화와 혼인

구분	조선 초기 · 중기	조선 후기
가족제도	부계 · 모계의 영향을 모두 받음	• 부계 위주 가족제도 확립 • 부계 위주의 족보 편찬 • 동성 마을 형성 • 효와 정절 강조
혼인	남자가 여자 집에 사는 것이 일반	• 친영 제도 • 서얼 차별(문과 제한, 제사 · 재산 상속 차별)
상속	자녀 균분 상속	장자 우대
제사	자녀가 제사의 책임을 분담	• 장자가 제사를 책임짐 • 양자 입양 보편화

● 사회 변혁의 움직임

천주교의 전파	• 전개 : 서학으로 소개→18세기 남인 계열의 실학자들에 의해 신앙으로 수용 • 탄압 : 유교 질서 부정, 제사 거부→신유박해
동학	• 창시 : 1860년 경주의 몰락 양반인 최제우가 창시 • 기본교리 : 유 · 불 · 선의 주요 사상 반영, 시천주와 인내천의 인간 존중과 평등사상 • 탄압 : 혹세무민을 이유로 최제우 처형
농민의 항거	• 홍경래의 난(1811년) : 정치 부패와 서북민에 대한 차별이 원인, 몰락 양반의 주도하에 영세농 · 중소 상인 · 광산 노동자 · 농민 등이 가세 • 임술 농민봉기(1862년) : 진주에서 시작하여 전국으로 확대, 탐관오리와 토호의 탐학에 저항

● 실학의 발전

구분	중농학파(경세치용학파)	중상학파(이용후생학파)
주장	• 토지제도의 개혁 중요시 • 토지 개혁을 통한 자영농 육성	• 상공업 진흥 : 수레와 선박의 이용 확대, 화폐 유통, 소비 권장
학자	유형원, 이익, 정약용	유수원, 홍대용, 박지원, 박제가
성격과 한계	민족적, 근대 지향적 국가 정책에 반영되지 못함(사회적 토대 미약)	

● 농업 중심의 개혁론

실학자	통일신라	발해
유형원	『반계수록』	• 균전론 : 관리, 선비, 농민 등에게 토지를 차등적으로 분배
이익	『성호사설』	• 한전론 : 토지 소유의 점진적 평등을 주장 • 나라를 좀먹는 여섯 가지 폐단 지적
정약용	『목민심서』	목민관의 근무 지침서, 지방 행정 개혁 주장
		여전론(마을단위 공동 생산, 공동 소유)과 정전론 주장

● 상공업 중심의 개혁 사상

실학자	저서	내용
유수원	『우서』	• 상공업 진흥, 신분제 폐지 주장 • 사농공상의 직업적 평등화와 전문화를 주장
홍대용	『임하경륜』	• 성리학의 극복이 부국강병의 근본이라고 주장 • 중국 중심의 세계관 비판
박지원	『열하일기』	• 청의 다녀온 기행문 • 청의 문물 소개 • 수레와 선박 이용 • 화폐 이용 주장
박제가	『북학의』	• 상공업 육성, 배와 수레 이용을 강조 • 생산을 자극하기 위한 소비 강조

● 서민문화의 대두

그림	• 진경산수화 : 회화의 토착화 · 정선의 「인왕제색도」, 「금강전도」 • 풍속화 : 서민들의 일상생활 · 김홍도, 신윤복 • 민화 : 민중의 기복적 염원, 미적 감각 표현
기타	강세황(서양화 기법 사용), 장승업(강렬한 필법)

문화재는 사진으로 정리하자!

신과함께
—
한국사능력검정시험

Part Ⅵ
국제 질서의 변동과 근대 국가 수립 운동

CHAPTER 22

서구 열강의 접근과 조선의 대응

쏙쏙 키워드를 알려주지!

『대전회통』, 경복궁 중건, 당백전, 척화비, 병인양요, 신미양요, 강화도조약, 최혜국 대우

① 이양선

서양의 배가 조선의 배와 모양이 달라서 붙여진 이름이다.

② 사창제

마을에 곡물을 대여하는 사창을 두고 마을 주민 중에서 이를 관리하는 사수를 선발하여 아전의 관여를 막고 마을 주민들이 자치적으로 운영하게 하였다.

③ 만동묘

임진왜란 때 조선에 원군을 보내준 명의 신종을 제사지내는 사당으로 괴산 화양동에 송시열의 제자들이 세웠다. 1865년 대원군은 조정에서 대보단을 세워 명나라 황제들을 제사지내므로, 개인적으로 제사지낼 필요가 없다는 이유로 만동묘를 철폐하였다.

당백전

1 흥선대원군의 개혁정치

(1) 흥선대원군 집권 당시 국내외 정세
① **국내** : 세도정치의 폐단 심화, 농민봉기의 발생, 동학과 천주교의 확산
② **국제** : 이양선의 잦은 출몰, 러시아의 연해주 차지 → 서양 열강의 침략적 접근에 따른 사회 불안이 고조됨

(2) 흥선대원군의 내정 개혁
① **목표** : 세도정치로 인해 실추된 왕권 강화, 민생 안정
② **정치 개혁**
㉠ 세도정치 타파 : 안동 김씨 가문 배제, 부패 관리 척결, 능력에 따른 인재 등용
㉡ 관제 개혁 : 비변사 축소·폐지 → 의정부(정치), 삼군부(군사)의 기능 부활
㉢ 법전 편찬 : 『대전회통』, 『육전조례』 등
③ **삼정 개혁**

전정	양전 실시로 은결 색출, 지방관과 토호의 겸병 금지 → 국가 재정 확충
군정	호포제 실시(양반에게도 군포 징수) → 공평한 조세 부담 지향
환곡	사창제 실시 → 농민 부담 경감

④ **서원 철폐와 경복궁 중건**
㉠ 서원 철폐
　ⓐ 목표 : 붕당의 근거지 척결, 국가 재정 확충(토지와 노비 몰수), 백성 보호(일부 양반 유생들의 횡포 방지)
　ⓑ 내용 : 만동묘 철폐, 47개소의 사액서원 이외는 모두 철폐 → 유생들의 반발 초래
㉡ 경복궁 중건
　ⓐ 과정 : 부역 동원, 당백전 발행, 양반에게 원납전 징수, 백성의 노역 징발, 양반의 묘지림 벌목
　　　　　　　　　　　　　　└기부금
　ⓑ 결과 : 유통 경제 혼란, 양반과 백성들의 원성 고조

(3) 의의와 한계
① **의의** : 국가 기강의 확립과 민생 안정에 기여
② **한계** : 전제 왕권 강화를 목적으로 한 전통 체제 내에서의 개혁 근대화를 지연시킴

단답형으로 확인하기

❶ 흥선대원군이 양반에게도 군포를 부담하게 한 군역 제도는?
❷ 흥선대원군이 통치 규범을 재정비하기 위해 편찬한 법전은?
❸ 흥선대원군이 경복궁 중건을 위한 공사비 마련을 위해 발행안 고액 화폐는?

❸ 당백전
❷ 대전회통
❶ 호포제

정답

2 통상 수교 거부 정책과 양요

(1) **배경** : 이양선 잦은 출몰, 서양 세력의 통상 요구→서양 세력에 대한 경계심 고조

(2) **병인양요(1866년)**
① **원인** : 병인박해(1866년), 프랑스 선교사 9명을 포함한 천주교 신도 8천여 명 처형
② **경과** : 병인박해를 구실로 프랑스군의 강화도 침입→한성근 부대(문수산성)·양헌수 부대(정족산성)의 격퇴
③ **결과** : 프랑스군의 퇴각, 외규장각 도서 약탈

(3) **오페르트의 남연군묘 도굴사건(1868년)** : 독일 상인 오페르트의 통상 요구를 조선 정부가 거절→대원군 아버지인 남연군 무덤을 도굴하려다 실패→통상수교 거부 의지 강화

(4) **신미양요(1871년)**
① **배경** : 미국이 제너럴셔먼호 사건에 대한 배상금 지불과 통상조약 체결 요구→대원군의 거부
② **경과** : 미군의 강화도 침략→초지진과 덕진진 점령→광성보 공격(어재연 부대의 분전)→미군 퇴각
③ **영향** : 서양 세력에 대한 자신감 고조, 전국 각지에 척화비 건립(서양과의 수교 거부 의지를 널리 천명)

사건 순서

병인박해 → 제너럴셔먼호 사건 → 병인양요 → 오페르트 도굴사건 → 신미양요

---

3 개항과 서양 열강에 대한 문호 개방

(1) **강화도조약의 체결(1876년, 조·일 수호조규)**
① **체결 배경** : 흥선대원군의 하야, 통상개화론의 대두, 세계문제 발생, 운요호 사건(1875년)
② **강화도조약의 내용** : 외국과 맺은 최초의 근대적 조약, 불평등 조약
　㉠ 자주국 규정 : 조선에 대한 청의 종주권 배제 의도
　㉡ 3개 항구 개항 : 부산·원산·인천 개항→정치·경제·군사적 침략 거점 확보
　㉢ 해안 측량권 허용 : 연안의 자원과 항로 확보, 유사시 군사 작전에 이용→주권 침해, 불평등 요소
　㉣ 치외법권 인정 : 조선에 대한 주권 침해, 불평등 요소
③ **부속조약의 체결(1876년)**
　㉠ 조·일 무역규칙 : 일본의 수출입 상품에 대한 무관세, 양곡의 무제한 유출 허용
　㉡ 조·일 수호조규 부록 : 일본인 거류지 설정, 일본 화폐 유통 허용

(2) **조·미 수호통상조약의 체결(1882년)**
① **체결 배경** : 『조선책략』의 유포→미국과의 수교 주장 대두, 청의 조약 체결 알선
② **내용** : 최혜국 대우 인정, 거중 조정, 치외법권, 협정 관세
③ **성격** : 서양과 맺은 최초의 근대적 조약, 불평등 조약

(3) **서양 각국과 수교** : 영국·독일(1883년), 러시아(1884년, 직접 수교), 프랑스(1886년, 천주교 포교권 인정)와 조약 체결→모두 불평등 조약

단답형으로 확인하기

❶ 병인양요의 원인으로 프랑스 선교사와 수많은 천주교도들을 체포하여 처형한 사건은?
❷ 미국 상선 제너럴셔먼호가 평양 관민에 의해 불탄 사건을 구실로 미국 함대가 강화도를 침입한 사건은?
❸ 두 차례의 양요 이후 서양과의 통상 수교 반대 정책을 널리 알리기 위해 전국 각지에 세운 비석은?

❶ 병인박해
❷ 신미양요
❸ 척화비

정답

---

① **제너럴셔먼호 사건**

미국의 상선 제너럴셔먼호가 대동강을 거슬러 올라와 평양까지 침입하여 약탈을 감행하자, 분노한 평양 관민이 합세하여 배를 불태워 버린 사건이다.

② **어재연 수자기(장군기)**

신미양요 당시 미국군이 탈취한 어재연 장군의 수자기(帥字旗)로 2007년에 장기 대여 형식으로 돌려받았다.

③ **척화비**

흥선대원군은 프랑스와 미국의 침략을 격퇴한 후 척화의 의지를 높이기 위해 전국 각지에 '서양 오랑캐가 침범하는 데도 싸우지 않으면 화친하는 것이요, 화친을 주장하는 것은 나라를 파는 것이다'라는 글을 새긴 비석을 세웠다.

④ **최혜국**

어떤 나라가 조약을 체결한 여러 나라 가운데 가장 특혜를 주는 나라를 최혜국이라고 한다.

⑤ **거중조정**

3자가 분쟁 당사국 간의 대화를 촉구하고 분쟁해결을 도움

1 [35회 32번]

(가) 인물이 실시한 정책으로 옳은 것은? [1점]

> _(가)_ 은/는 먼저 만동묘를 없애고, 또 서원이 폐를 끼치는 것을 미워하여 각 도에 서원을 철폐하도록 명하였다. 선비들 수만 명이 대궐 앞에 엎드려 만동묘와 서원을 다시 세울 것을 청하자 _(가)_ 이/가 크게 노하여 법사(法司)의 하인과 병졸들에게 그들을 한강 밖으로 몰아내도록 하였다.
>
> － 『대한계년사』 －

① 어사대를 설치하였다.
② 소격서를 폐지하였다.
③ 척화비를 건립하였다.
④ 수원 화성을 축조하였다.
⑤ 쓰시마 섬을 정벌하였다.

2 [44회 31번]

다음 상황이 전개되던 시기의 사실로 옳은 것은? [1점]

> 어제와 오늘 이틀 사이에 모인 원납전이 10만 냥에 달하고 종친들이 보조한 돈도 몇 만 냥이 넘는다고 한다. …… 도성의 백성들이 원납한 것도 이러하다고 하니 지방 사람의 마음이라고 해서 어찌 그와 다를 리 있겠는가. 의정부에서 전국 각지에 공문을 보내어 모든 마을의 부유한 백성들에게 일일이 잘 일러 주도록 하라.

① 속대전을 편찬하였다.
② 4군 6진을 개척하였다.
③ 강동 6주를 획득하였다.
④ 훈민정음을 창제하였다.
⑤ 경복궁 중건을 추진하였다.

3 [46회 33번]

(가) 사건의 결과로 옳은 것은? [2점]

> 6월에는 미국의 상선 서프라이즈호가 황해도 연안에서 난파되었는데 …… 반외세 움직임이 극도에 이르렀을 때임에도 불구하고 이들은 인도적인 대우를 받아서 귀환했다.
> 그런데 다른 사례로 _(가)_ 도 있었다. 이를 야기한 배는 …… 경고와 위협에도 불구하고 대동강을 거슬러 올라 평양까지 갔다. …… 그리하여 격침 명령이 내려졌고, 배는 불덩어리를 실은 뗏목과 함께 타 버렸으며 선원들은 육지에 오르자마자 목숨을 잃었다.
>
> － 『대한제국멸망사』 －

① 천주교가 전래되었다.
② 훈련도감이 설치되었다.
③ 신미양요가 발발하였다.
④ 강화도 천도가 단행되었다.
⑤ 임술 농민 봉기가 발생하였다.

4 [36회 31번]

밑줄 그은 ㉠에 대한 탐구 활동으로 가장 적절한 것은? [1점]

> 이미 서양의 나라와 수호를 맺은 이상 서울과 지방에 세워 놓은 ㉠척양(斥洋)에 관한 비들은 시대에 맞는 조처가 아니니 모두 뽑아 버리도록 하라. 너희 사민(士民)들은 각기 이러한 뜻을 잘 알라. 그리고 의정부는 이를 게시하여 8도(道)와 4도(都)에 알리도록 하라.
>
> － 『고종실록』 －

① 임진왜란의 결과를 알아본다.
② 『금석과안록』의 내용을 살펴본다.
③ 독립문을 세운 단체를 검색한다.
④ 삼전도비의 건립 배경을 찾아본다.
⑤ 흥선대원군의 대외 정책을 조사한다.

1 정답 ③

정답 해설

흥선대원군은 서원을 전국에 47개소만 남기고 600여 개소를 혁파하였다. 서원은 서원전을 중심으로 면세의 혜택을 누렸고, 주변의 농민들을 수탈하였으므로 서원 철폐는 농민의 환영을 받았다. 서원 철폐에 그치지 않고 명의 신종 사당인 만동묘도 폐지하였다. ③ 신미양요 직후 흥선대원군은 통상수교 거부 의지를 널리 알리기 위해 전국에 척화비를 건립하였다.

오답 해설

① 고려의 어사대는 정치의 잘잘못을 논하고 관리의 비리를 감찰하는 임무를 맡았다.
② 소격서는 임진왜란이 발발했던 1592년에 폐지되었다.
④ 수원 화성은 정조가 군사적 기능과 상업적 기능을 함께 고려하여 축조한 성곽이다.
⑤ 조선은 왜구의 약탈이 계속되자 세종 때 이를 강력히 응징하기 위해 왜구의 근거지인 대마도(쓰시마)를 토벌하였다.

2 정답 ⑤

정답 해설

흥선대원군은 세도정치 시기에 실추된 왕실의 위엄을 회복하기 위해 경복궁을 중건하였는데, 부족한 경복궁 중건 비용을 마련하기 위해 원납전을 강제 징수하고 당백전을 발행하였다. 또 전국에서 거목과 거석을 징발하고 양반의 묘지림을 베어냈으며, 백성들을 강제로 동원하였다.

오답 해설

① 속대전은 영조 때 편찬하였다.
② 4군 6진을 개척한 것은 세종 때다.
③ 강동 6주를 획득한 것은 고려 성종 때다.
④ 훈민정음을 창제한 것은 세종 때다.

3 정답 ③

정답 해설

(가) 사건은 제너럴 셔먼호 사건으로 미국 상선 제너럴 셔먼호가 대동강을 침입하여 통상을 요구하자 평안 감사 박규수와 평양 군민들이 이를 격침시킨다. 미국의 로저스 제독은 제너럴 셔먼호 사건의 구실과 통상으로 조건으로 강화도를 침입하는데 이를 신미양요(1871)라고 한다.

4 정답 ⑤

정답 해설

두 차례에 걸친 양요를 겪은 흥선대원군은 서양과의 통상수교를 반대하는 정책을 백성에게 널리 알리기 위해 한성 종로 거리와 전국 각지에 척화비를 세웠다. 척화비에는 "洋夷侵犯 非戰則和 主和賣國 戒我萬年子孫 丙寅作 辛未立", 즉 "서양 오랑캐가 침범하였을 때 싸우지 않는 것은 곧 화의하는 것이요, 화의를 주장하는 것은 나라를 파는 것이다. 우리들 자손 만대에 경계하노라. 병인년(1866년)에 짓고 신미년(1871년)에 세우다"라는 문구가 새겨져 있었다. 흥선대원군의 통상수교 거부 정책은 외세의 침략을 막으려고 한 자주적인 성격을 지니고 있으나, 서양의 새로운 문물을 받아들이는 시기가 늦어지는 결과도 가져왔다.

01 근대 기출문제로 마무리 　문제편

5 [41회 31번]
밑줄 그은 '이 사건'에 해한 탐구 활동으로 가장 적절한 것은? [2점]

이곳은 이 사건의 격전지였던 강화 광성보의 손돌목 돈대입니다. 미국 함대의 침입으로 시작된 이 사건에서 어재연 장군이 이끄는 조선군은 미군에 맞서 격렬한 전투를 벌였습니다.

① 임오군란의 결과를 알아본다.
② 한성 조약의 내용을 분석한다.
③ 병인박해가 일어난 계기를 찾아본다.
④ 제너럴 셔먼호 사건의 영향을 조사한다.
⑤ 삼국 간섭 이후의 상황에 대해 살펴본다.

6 [22회 36번]
다음 자료에 나타난 사건으로 옳은 것은? [1점]

　　너희 나라와 우리 나라 사이에는 원래 왕래도 없었고, 은혜를 입거나 원수를 진 일도 없다. 이번 덕산 묘지에서 저지른 사건은 사람으로서 차마 할 수 있는 일이겠는가? 또한, 방비가 없는 것을 엿보아 몰래 들이닥쳐 소동을 일으키며, 무기를 빼앗고 백성들의 재물을 강탈하는 것도 사리로 볼 때 어찌 할 수 있는 일이겠는가?
　　　　　　　　　　　　　　　　－ 「고종실록」 －

① 병인양요
② 신미양요
③ 운요호 사건
④ 오페르트 도굴사건
⑤ 제너럴셔먼호 사건

7 [44회 32번]
다음 상황이 나타난 배경으로 옳은 것은? [2점]

왜란 이후 통신사를 보내고 왜관에서 교역해 왔으니, 지금 일본 측에서 요구하는 수호 통상 조약에 대해 협상을 진행하는 것이 좋겠사옵니다.

윤허하노니, 이러한 조정의 뜻을 강화에 가 있는 접견대관 신헌에게 알리도록 하라.

① 보빙사가 파견되었다.
② 통감부가 설치되었다.
③ 갑오개혁이 추진되었다.
④ 조선책략이 유입되었다.
⑤ 운요호 사건이 일어났다.

8 [40회 31번]
(가)에 들어갈 내용으로 옳은 것은? [2점]

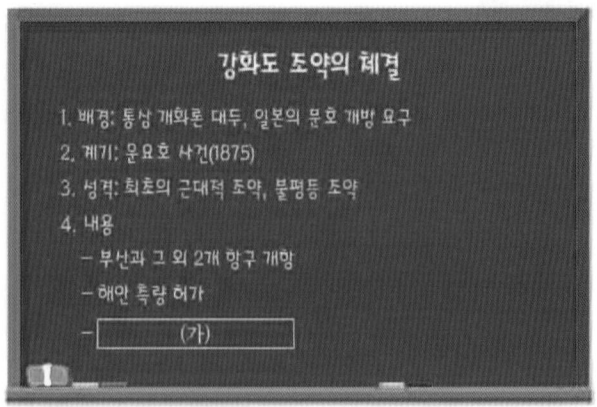

강화도 조약의 체결
1. 배경: 통상 개화론 대두, 일본의 문호 개방 요구
2. 계기: 운요호 사건(1875)
3. 성격: 최초의 근대적 조약, 불평등 조약
4. 내용
　- 부산과 그 외 2개 항구 개항
　- 해안 측량 허가
　- 　　(가)

① 배상금 지불 규정
② 최혜국 대우 적용
③ 내지 통상권 허용
④ 외국인 고문 초빙
⑤ 영사 재판권 인정

5 정답 ④

정답 해설

제시된 사건은 신미양요(1871)를 나타낸다. 그에 앞서 제너럴셔먼호 사건(1866)이 있었는데 미국 상선 제너럴셔먼호가 대동강을 침입하여 통상 요구를 해왔다. 평안 감사 박규수와 평양 군민들이 이를 격침하는 사건이 발생한다. 제너럴셔먼호 사건의 구실과 통상을 조건으로 미국의 로저스 제독이 강화도에 침입하였고 초지진과 덕진진을 점령하였다. 어재연은 광성보 전투에서 활약했으나 전사하였고 어재연 부대의 '수'자기를 약탈당했다.

오답 해설

① 임오군란(1882)은 구식 군인에 대한 차별(13개월 치 녹봉미 미지급, 군제 개혁에 따른 실직) 및 개화 정책에 대한 반발이 원인이었다.
② 한성조약은 갑신정변 당시 일본 공사관이 공격 받은 것에 대해 일본에 대한 배상금 지불, 일본 공사관 신축 비용 부담 등을 규정하였다.
③ 병인박해(1866)는 프랑스 선교사 12명 중 9명과 8,000여 명의 천주교도가 처형된 사건이다.
⑤ 삼국간섭은 청일 전쟁에서 승리한 일본이 1895년 4월 23일 강화 조약인 시모노세키 조약 서명을 통해 요동 반도를 차지하게 되자 러시아, 프랑스, 독일이 외교적 개입을 통해 일본 제국의 철수를 요구하여 관철한 사건이다.

6 정답 ④

정답 해설

제시된 자료는 오페르트 도굴사건과 관련된 것이다. 미국은 독일 상인 오페르트를 앞세워 통상을 요구하였다. 오페르트는 흥선대원군의 아버지인 남연군의 유골을 미끼로 조선 정부와 통상조약을 체결하고자 충남 덕산에 있는 남연군의 묘를 도굴하려고 하였다(1868년). 하지만 오페르트는 지역 주민들의 저항에 부딪혀 도굴에 실패하였다. 오페르트 도굴사건 때문에 조선에서는 서양인을 배척하는 분위기가 더욱 팽배해졌고, 흥선대원군은 통상수교 거부 정책을 더욱 강화하게 되었다.

7 정답 ⑤

정답 해설

조선에 개항을 요구하던 일본은 운요호 사건(1875년)을 일으켜 조선에 개항 조약 체결을 강요하였고, 이를 계기로 강화도조약이 체결되었다(1876년). 강화도조약은 조선이 외국과 체결한 최초의 근대적 조약이라는 의의를 지니지만, 일본에 해안 측량권과 영사 재판권(치외 법권) 등을 허용한 불평등 조약이다.

오답 해설

① 조 · 미 수호 통상 조약의 체결로 보빙사가 파견되었다.
② 통감부는 을사조약이 체결되면서 설치되었다.
③ 갑오개혁은 1894년~1895년 추진되었다.
④ 조선책략이 유입된 것은 1880년이다.

8 정답 ⑤

정답 해설

일본의 강요와 개항을 주장하는 세력의 의견에 따라 1876년 조선은 일본과 강화도조약(조 · 일 수호조규)을 체결하고 문호를 개방하였다. 강화도조약은 우리가 외국과 맺은 최초의 근대적인 조약이었지만 일본에 유리한 불평등 조약이었다. 강화도조약은 총 12개조로 구성되어 있다. 제1조에서 조선은 일본과 동등한 권리를 가진 자주국임을 선언하였는데, 이는 조선에 대한 청의 영향력을 배제하기 위한 것이다. 부산 외에 인천과 원산을 개항한다는 내용이 수록된 제4조에는 통상 교역의 목적을 넘어 정치 · 군사적 거점을 마련하려는 의도가 숨겨져 있다. 이에 따라 원산과 인천을 차례로 개항하였다. 제7조는 해안측량권, 제10조는 치외법권(영사재판권)을 규정하고 있다. 이 두 조항은 강화도조약의 불평등성을 보여 주는 것이다.

오답 해설

① 일본은 임오군란의 피해보상 명분으로 공사를 파견하여 제물포 조약을 체결하였고 조선 정부의 배상금 지불을 규정하였다.
② 외국에 대한 최혜국 대우를 처음으로 규정한 것은 1882년의 조 · 미 수호통상조약이다.
③ 1882년의 조 · 청 상민수륙무역장정에는 외국 상인의 내지 통상권을 최초로 규정함에 따라 청 상인은 양화진에 점포를 개설할 권리를 처음으로 인정받았다.
④ 제1차 한 · 일 협약(1904. 8)은 러 · 일 전쟁 중 일본에 의해 강제로 체결되었다. 재정 및 외교 고문을 두는 조항을 규정함에 따라 일본인 메가타를 재정고문으로, 미국인 스티븐스를 외교고문으로 파견하였다.

CHAPTER 23

문호 개방과 개화 정책의 추진

쏙쏙 키워드를 알려주지!

통리기무아문, 조사시찰단, 영선사, 보빙사, 동도서기론, 입헌군주제, 왜양일체론, 영남만인소, 조·청 상민수륙무역장정, 제물포조약, 톈진조약, 거문도사건, 중립화론

신식 군대인 별기군

① 보빙사

미국과 수교한 이후 미국에 파견된 사절로 일부는 유럽을 거쳐 귀국하였으나, 유길준은 미국에 남아 유학하였다.

② 최익현

1873년 흥선대원군을 탄핵하는 상소를 올려 흥선대원군을 실각시켰으며, 일본과 서양이 같다는 왜양일체론을 내세워 개항을 반대하였다. 을사늑약 체결에 항거해 항일 의병을 일으켰다가 쓰시마로 끌려가 그곳에서 순절하였다.

1 개화 정책 추진

(1) 정부의 개화 정책의 추진

① 정치 : 통리기무아문(1880년 설치)과 그 산하에 12사 설치→개화 정책 총괄
    └ 최초의 근대적 행정기구
② 군제 개편
    ㉠ 구식 군대 : 종래 5군영을 무위영·장어영 등 2영으로 편제
    ㉡ 신식 군대 : 사관생도 양성을 위해 별기군 설치→일본인 교관 고용, 근대적 군사 훈련
③ 근대 시설 : 기기창(1883년, 무기제조공장), 박문국(1883년, 한성순보 발행), 전환국(1883년, 화폐 주조)

(2) 외교 사절과 시찰단 파견

┌ 조선책략(황준헌·주일·청 영사 지음)
├ 러시아 남하에 대한 조선의 대응책
├ 친 중국, 결 일본, 연 미국
└ 고종이 강제 보급

① 수신사
    ㉠ 강화도조약 체결 이후 일본에 공식적 외교 사절로 파견됨
    ㉡ 제1차 김기수(1876년), 제2차 김홍집(1880년, 황준헌의 『조선책략』을 들여옴)이 파견됨
② 조사 시찰단(1881년) : 일본의 정치·경제·사회·군사·문화 등 다양한 방면에서의 발전상 시찰→정부의 개화 정책에 반영
③ 영선사(1881년) : 김윤식을 중심으로 청나라에 파견, 근대적 무기 제조법 습득→귀국 후 기기창 설치(1883년)
④ 보빙사(1883년) : 조·미 수호통상조약 체결 후 공사 파견에 대한 답례로 민영익·홍영식·서광범 등 파견

2 개화 정책에 대한 반발

(1) 위정척사 운동

① 성격 : 성리학 이외의 모든 종교 및 사상을 배격한다는 사상적 흐름, 보수적 유생층 주도
② 주도 : 보수적 양반 유생인 이항로, 기정진→제자들에게 계승
③ 전개 과정

시기	내용	중심 인물
1860년대	통상 반대 운동, 척화주전론	이항로, 기정진 등
1870년대	개항 반대 운동, 왜양일체론	최익현 등
1880년대	『조선책략』 유포에 부정적, 영남 만인소	이만손, 홍재학 등

④ 의의 및 한계
    ㉠ 의의 : 외세의 침략성 파악→반침략·반외세의 자주 운동 추구
    ㉡ 한계 : 조선 왕조의 봉건적 체제 유지 목적→정부의 개화 정책 추진 지연

단답형으로 확인하기

❶ 개항 이후 정부가 개화 정책을 추진하기 위해 설치한 기구는?
❷ 정부가 개화 정책을 추진하면서 새로 조직한 신식 군대는?
❸ 정부의 개화 정책에 반대하여 유생들이 중심이 되어 전개한 운동은?

❸ 위정척사 운동
❷ 별기군
❶ 통리기무아문

정답

(2) 임오군란의 발생(1882년)

① 배경 : 개화 정책에 대한 보수파의 반발, 별기군(신식 군대)에 비해 구식 군인 차별 대우

② 전개 : 구식 군인들의 봉기, 도시 빈민 가세→구식 군인들이 정부 고관 습격, 일본인 별기군 교관 살해, 일본 공사관 습격→궁궐 습격(명성황후 피신)→흥선대원군 재집권→민씨 정권의 파병 요청으로 청군 파견→청군이 흥선대원군을 청으로 납치→민씨 정권 재집권

③ 결과

　㉠ 제물포조약(1882년) 체결 : 일본 공사관 경비를 위한 군대 주둔 허용, 배상금 지불

　㉡ 청의 내정 간섭 : 서울에 청군 주둔, 마젠창과 묄렌도르프를 내정 및 외교 고문으로 파견, 민씨 정권의 친청 경향 심화, 조·청 상민수륙무역장정 체결(1882년, 청 상인의 내륙 진출 허용)

③ 개화파의 분화와 갑신정변(1884년)

(1) 개화파의 분화

구분	온건개화파	급진개화파
중심 인물	김홍집, 어윤중, 김윤식 등	김옥균, 박영효, 홍영식, 서광범
정치적 입장	친청 사대 정책, 민씨 정권과 결탁	청의 간섭 반대, 민씨 정권에 비판적, 입헌 군주제 추구
개혁 방안	동도서기론, 청의 양무운동 모방, 점진적 개혁 추진	일본의 메이지유신 모방, 급진적 개혁 추진

(2) 갑신정변(1884년)

① 배경 : 청의 내정 간섭 강화, 일본의 급진개화파에 대한 군사적·재정적 지원 약속, 청·프 전쟁의 발발로 청군 일부 철수

② 전개 : 우정국 개국 축하연에서 정변 발발→민씨 정권 요인 살해→개화당 정부 수립→14개조 개혁정강 발표→청군의 군사 개입→김옥균 등 급진개화파 인사들의 일본 망명

③ 14개조 개혁 정강 발표

정치	청에 대한 사대 관계 청산, 내각 중심 정치 실시→입헌 군주제 지향
경제	모든 재정의 호조 관할(재정의 일원화), 지조법 개정, 혜상공국 폐지
사회	문벌 폐지, 인민 평등권 확립→신분제 타파

④ 결과

　㉠ 한성조약(조선·일본) 체결 : 조선이 일본에 배상금 지불, 일본 공사관 신축 비용 부담 등

　㉡ 톈진조약(청·일본) 체결 : 청·일 양국 군대의 동시 철수, 향후 조선 파병 시 상호 통보, 청·일전쟁의 원인

(3) 갑신정변 이후 국내외 정세

① 거문도사건 : 러시아의 남하를 견제한다는 구실로 영국군이 거문도 불법 점령(1885~1887년)

② 한반도 중립화론 : 열강의 대립 격화→독일 부영사 부들러와 유길준이 제기

단답형으로 확인하기

❶ 신식 군인들에 비해 차별을 받던 구식 군인들이 반발하여 일으킨 사건은?

❷ 임오군란의 결과 조선과 일본이 맺은 조약은?

❸ 개화당이 정부의 소극적 개화 정책의 추진에 반발하여 우정국 개국 축하연을 이용하여 일으킨 사건은?

❸ 갑신정변
❷ 제물포조약
❶ 임오군란

---

① 구식 군인의 봉기

구식 군인은 별기군이 아닌 2영의 병사들이다. 신식 군대와의 차별과 오랜 기간 봉급을 받지 못한 불만으로 민씨 세력에 대한 반감을 표출하였다.

② 개화 사상의 형성

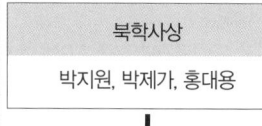

북학사상
박지원, 박제가, 홍대용

통상 개화론
박규수, 오경석, 유홍기

↓

개화사상
김옥균, 박영효, 김윤식, 김홍집

③ 갑신정변의 주역들

일본 망명 시기의 모습으로, 왼쪽부터 박영효, 서광범, 서재필, 김옥균이다.

9 [41회 32번]

(가)에 들어갈 기구로 옳은 것은? [1점]

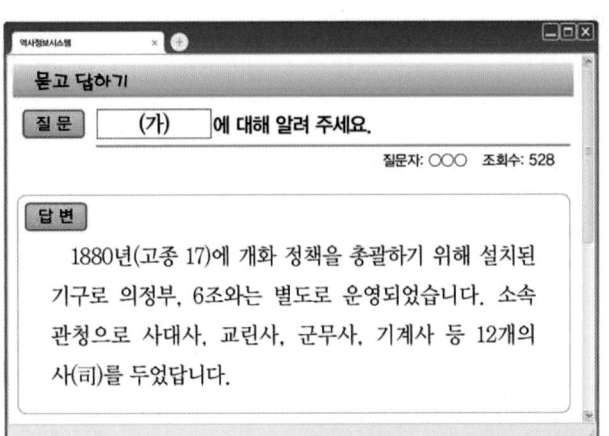

역사정보시스템

묻고 답하기

질문 | (가) |에 대해 알려 주세요.

질문자: ○○○　조회수: 528

답변

1880년(고종 17)에 개화 정책을 총괄하기 위해 설치된 기구로 의정부, 6조와는 별도로 운영되었습니다. 소속 관청으로 사대사, 교린사, 군무사, 기계사 등 12개의 사(司)를 두었답니다.

① 박문국　　　② 승정원　　　③ 원수부
④ 탁지아문　　⑤ 통리기무아문

10 [28회 37번]

다음 자료에 해당하는 시찰단에 대한 설명으로 옳은 것을 〈보기〉에서 고른 것은? [2점]

> 동래부 암행어사 이헌영은 들어보아라.
>
> 일본의 조정여론·정세·풍속·인물·교빙·통상 등의 대략을 시찰하고 오는 것이 좋겠다. 반드시 이 점을 염두에 두고 일본 배를 빌려 타고 그 나라로 건너가 해관이 관장하는 사무를 비롯한 그 밖의 크고 작은 일들을 보고 듣고 …… 그것을 별도의 문서로 보고하라.
>
> – 고종의 봉서

〈보 기〉

ㄱ. 에도 막부의 요청으로 파견되었다.
ㄴ. 박정양, 어윤중, 홍영식 등이 참여하였다.
ㄷ. 조선 책략을 처음으로 국내에 소개하였다.
ㄹ. 개화 반대 여론을 의식하여 비밀리에 보내졌다.

① ㄱ, ㄴ　　　② ㄱ, ㄷ　　　③ ㄴ, ㄷ
④ ㄴ, ㄹ　　　⑤ ㄷ, ㄹ

11 [33회 31번]

(가), (나)에 들어갈 내용으로 옳은 것은? [3점]

TV 역사 채널
역사 논쟁 시리즈 제○회
서양의 통상 요구, 조선의 선택은?
찬성 측　　　반대 측
박규수　　　이항로
활동: (가)　　　활동: (나)

① (가) – 『북학의』를 저술하였다.
② (가) – 갑신정변에 참여하였다.
③ (나) – 척화주전론을 내세웠다.
④ (나) – 삼정이정청 설치를 주장하였다.
⑤ (가), (나) – 항일 의병장으로 활약하였다.

12 [41회 34번]

(가)에 해당하는 책에 대한 설명으로 옳은 것은? [2점]

> 영남의 유생 이만손 등 만 명이 올린 연명 상소의 대략에, "방금 수신사 김홍집이 가지고 온 황준헌의 (가) 이/가 유포된 것을 보니, 저도 모르게 머리털이 곤두서고 가슴이 떨렸으며 이어서 통곡하면서 눈물을 흘렸습니다."라고 하였다.
>
> – 『고종실록』 –

① 식민 사관에 의해 편찬되었다.
② 양반의 무능과 허례를 비판하였다.
③ 동물들의 입을 빌려 인간 사회를 풍자하였다.
④ 천국을 향해 가는 순례자의 여정을 묘사하였다.
⑤ 조선이 미국과 외교 관계를 맺어야 한다고 제안하였다.

9 정답 ⑤

정답 해설

1880년 민씨 정권으로부터 개화의 주도권을 넘겨받은 김홍집은 청의 총리아문을 본떠 군사와 외교를 총괄하는 통리기무아문을 설치하고, 그 밑에 실무를 담당하는 12사를 두었다. 1881년에는 조선 정부가 신식 군대인 별기군을 창설하고 일본인 장교를 초빙하여 신식 군사 훈련을 시행하였고, 그해 말에는 군제 개혁의 하나로 구식 군대인 5군영을 무위영과 장어영의 2영으로 개편하였다.

오답 해설

① 박문국은 개화정책의 일환으로 1883년 설치되었으며 한성순보를 간행하였다.
② 승정원은 왕명 출납을 맡은 왕의 비서 기관이다.
③ 원수부는 대한 제국 수립(1897) 후 국방력 강화를 위해 광무개혁의 일환으로 설치하였다.
④ 탁지아문은 1차 갑오개혁 때 재정 일원화를 위해 설치된 기구이다.

11 정답 ③

정답 해설

(가)는 개화사상으로 흥선대원군이 통상수교 거부 정책을 추진하던 1860년대 무렵 양반 출신인 박규수, 중인 출신인 오경석과 유홍기 등 개화사상가들은 근대화를 추구하기 위해 문호를 열고 서양 제도나 문물을 받아들여야 한다고 주장하였다. 특히 박지원의 손자인 박규수의 주변에는 오경석, 유홍기는 물론이고 김옥균, 박영효, 김홍집, 서광범 등은 개화에 뜻을 같이하는 젊은 양반 자제들이 모여들었다. 개항 직후 박규수와 오경석이 잇달아 사망하자 김옥균을 비롯한 개화에 뜻을 둔 청년들은 유홍기의 지도를 받았고, 이들은 훗날 개화파로 성장하였다. (나) 위정척사 운동은 1866년 병인양요 당시에 일어났다. 이항로, 기정진 등은 서양의 무력 침략에 대항하여 척화주전론(斥和主戰論)을 주장하며 대원군의 쇄국정책을 지지하는 상소를 올렸다. 이어 정부가 강화도조약을 체결하려고 할 때 위정척사 운동이 다시 일어났다. 최익현을 비롯한 유생들은 일본이 서양 오랑캐와 같다는 왜양일체론(倭洋一體論)을 주장하며 개항 반대 운동을 전개하였다. 최익현은 이 사건으로 유배되었다.

10 정답 ④

정답 해설

1880년대 초 통리기무아문을 설치하고 개화 정책을 추진하던 조선 정부는 외국에 사절단을 파견하여 외국의 발전된 산업을 시찰하여 개화 정책에 도움을 주고자 하였다. 이러한 사절단으로 청에 파견된 영선사와 일본에 파견된 조사 시찰단이 있다. 조사 시찰단은 고종의 밀지를 받고 몰래 일본에 파견되었다. 조사 시찰단은 일본의 정부 기관뿐만 아니라 각종 학교와 조선소 등의 근대 시설을 시찰하고 돌아왔다. 이들은 각기 담당하였던 분야에 관한 보고서를 제출하여 정부의 개화 정책 추진을 뒷받침하였으며, 조사 시찰단에 참여하였던 박정양·홍영식·어윤중 등은 정부의 개화정책 추진에 중요한 역할을 담당하였다.

오답 해설

ㄱ. 임진왜란 이후 에도 막부의 요청으로 통신사를 파견하였다.
ㄷ. 2차 수신사로 파견된 김홍집이 귀국하면서 황쭌센이 쓴 『조선책략』을 들여왔다.

12 정답 ⑤

정답 해설

(가)는 청의 황쭌셴[黃遵憲]이 쓴 조선책략(朝鮮策略)으로 러시아의 남하를 견제하기 위해 "중국과 친하고 일본과 맺고, 미국과 연결해야 한다."는 내용을 담고 있다. 영남 만인소는 조선책략이 유포되면서 이만손을 중심으로 한 영남 유생들이 올린 상소문이다.

오답 해설

① 일제는 식민지 한국사상을 구축하기 위한 조선 총독부의 국사 연구 기관으로 조선사편수회를 조직하였다(1925). 조선사를 편찬(1938)하여 한국사를 왜곡하였다.
② 박지원은 『양반전』, 『허생전』 등의 한문 소설을 저술하여 양반의 무능과 허례를 풍자하였다.
③ 동물들의 입을 빌려 인간 사회를 풍자한 것은 안국선의 『금수회의록』(1908)이다.
④ 천국을 향해 가는 순례자의 여정을 묘사한 책은 『천로역정』으로 17세기 영국 소설을 1895년 선교사 제임스 스카스 게일(James Scarth Gale)이 번역하고, 김준근이 판화를 그려 상하 2책으로 간행하였다.

13 [34회 34번]

다음 사건에 대한 설명으로 옳은 것은? [3점]

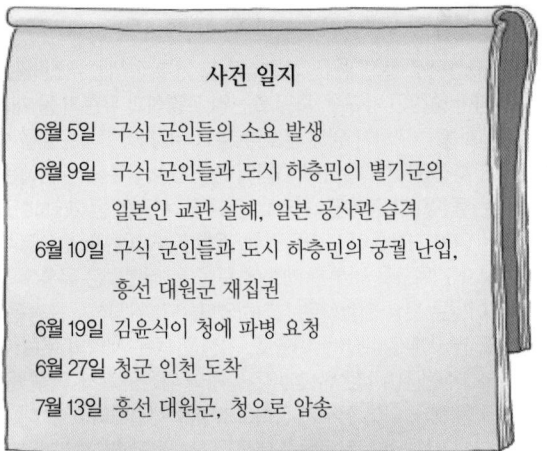

사건 일지

6월 5일 구식 군인들의 소요 발생
6월 9일 구식 군인들과 도시 하층민이 별기군의 일본인 교관 살해, 일본 공사관 습격
6월 10일 구식 군인들과 도시 하층민의 궁궐 난입, 흥선 대원군 재집권
6월 19일 김윤식이 청에 파병 요청
6월 27일 청군 인천 도착
7월 13일 흥선 대원군, 청으로 압송

① 김옥균, 박영효 등이 주도하였다.
② 제물포 조약이 체결되는 계기가 되었다.
③ 평양에서 시작되어 전국으로 확산되었다.
④ 외규장각 도서가 약탈되는 결과를 가져왔다.
⑤ 서북인에 대한 차별이 원인이 되어 발생하였다.

15 [26회 33번]

(가) 사건의 결과로 옳은 것은? [2점]

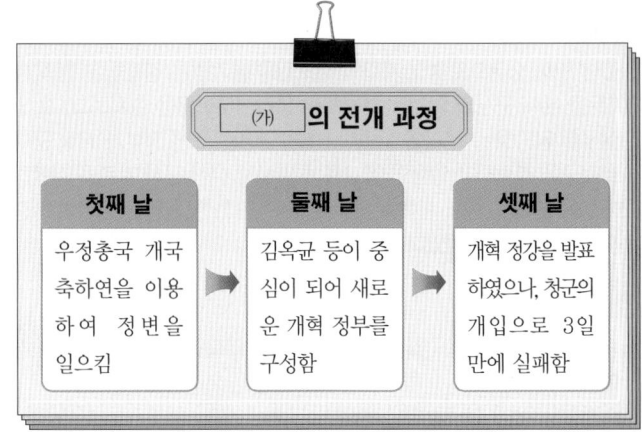

(가) 의 전개 과정		
첫째 날	**둘째 날**	**셋째 날**
우정총국 개국 축하연을 이용하여 정변을 일으킴	김옥균 등이 중심이 되어 새로운 개혁 정부를 구성함	개혁 정강을 발표하였으나, 청군의 개입으로 3일 만에 실패함

① 교정청이 설치되었다.
② 한성 조약이 체결되었다.
③ 미국에 보빙사가 파견되었다.
④ 부산, 원산, 인천이 개항되었다.
⑤ 흥선대원군이 청에 납치되었다.

14 [35회 33번]

밑줄 그은 '개혁 정강'의 내용으로 옳은 것을 〈보기〉에서 고른 것은? [3점]

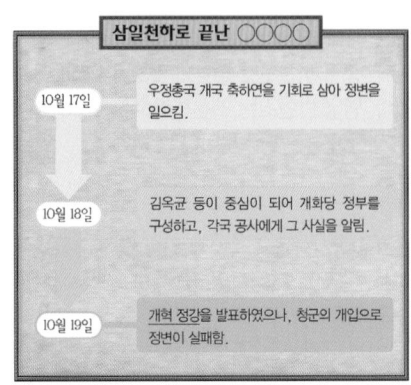

삼일천하로 끝난 ○○○○

10월 17일 우정총국 개국 축하연을 기회로 삼아 정변을 일으킴.

10월 18일 김옥균 등이 중심이 되어 개화당 정부를 구성하고, 각국 공사에게 그 사실을 알림.

10월 19일 개혁 정강을 발표하였으나, 청군의 개입으로 정변이 실패함.

───〈보 기〉───
ㄱ. 전제 황권을 공고히 한다.
ㄴ. 청에 조공하는 허례를 폐지한다.
ㄷ. 왜와 내통한 자는 엄벌에 처한다.
ㄹ. 문벌을 폐지하여 인민 평등의 권리를 세운다.

① ㄱ, ㄴ   ② ㄱ, ㄷ   ③ ㄴ, ㄷ
④ ㄴ, ㄹ   ⑤ ㄷ, ㄹ

16 [37회 32번]

다음 인물에 대한 설명으로 옳은 것은? [2점]

○○○ 연보

• 1851년 공주에서 출생
• 1872년 문과에 장원 급제
• 1883년 호조 참판에 오름
• 1884년 갑신정변 실패 후 일본으로 망명
• 1894년 홍종우에게 피살

① 황준헌이 지은 『조선책략』을 조선에 소개하였다.
② 평양 군민을 지휘하여 제너럴셔먼호를 격침시켰다.
③ 박영효, 홍영식 등과 함께 급진개화파를 형성하였다.
④ 13도 창의군을 이끌고 서울 진공 작전을 전개하였다.
⑤ 인내천사상을 내세워 인간의 존엄성과 평등을 강조하였다.

13 정답 ②

정답 해설

자료의 내용은 1882년에 발생한 임오군란의 경과를 보여주고 있다. 임오군란은 군제 개편에 따른 구식 군인들의 불만에서 비롯된 사건이었다. 임오군란을 계기로 조선에 출병한 3,000명의 청군은 이후 청·프 전쟁이 임박하자 절반이 돌아갔으나 여전히 1,500명이 주둔하고 있었다. 임오군란 이후 난을 진압한 청은 조선에 군대를 주둔시키고 조선의 내정을 간섭하고 있었고, 일본은 제물포조약을 체결하고 일본 공사관에 경비병을 주둔시켰다. 청군과 일본군이 조선에서 물러난 것은 1884년의 갑신정변 이후 체결한 톈진조약에 따라 이루어졌다.

오답 해설

① 급진개화파는 갑신정변을 일으켜 정부를 구성한 뒤 개혁정강을 발표하였으나 청군의 개입으로 3일 만에 실패하였다.
③ 물산장려운동은 1920년대 전반에 전개된 토산품 애용 및 민족 산업 보호 운동이었다.
④ 외규장각은 강화도에 있던 도서관으로 병인양요 당시 프랑스는 외규장각에 있던 우리의 문화재를 탈취해 갔다
⑤ 홍경래의 난은 개항 이전인 1811년에 일어났다.

14 정답 ④

정답 해설

김옥균·박영효 등 급진개화파는 1884년 우정국 개국 축하연을 이용하여 정변을 단행하였다. 이어 14개조 정강을 마련하여 청나라에 대한 종속 관계를 청산하고, 인민 평등권의 제정과 능력에 따른 인재 등용을 표방하였다. 그러나 갑신정변은 청군의 개입으로 3일만에 실패로 끝났다.

오답 해설

ㄱ. 독립협회의 헌의 6조, ㄷ. 동학농민운동의 폐정 개혁 12개조의 내용이다.

15 정답 ②

정답 해설

(가)에 들어갈 사건은 갑신정변이다. 김옥균은 개화 정책에 필요한 재정을 마련하기 위하여 일본에서 차관을 도입하려 하였으나, 실패하자 신변의 위협을 느끼게 되었다. 이에 김옥균은 정변을 계획하고 일본의 지원을 받는 한편, 청이 일부 병력을 철수한 것을 계기로 정변을 일으켰다. 우정국 개국 축하연을 계기로 정변을 일으킨 개화당은 개화당 정부를 수립한 뒤 14개조의 개혁 정강을 발표하고 근대적 국가 수립을 위한 개혁을 추진하였다. 그러나 갑신정변은 청의 신속한 군사적 개입으로 3일 만에 막을 내렸다. 결국, 정변을 주도한 김옥균·박영효 등의 개화당 인사들은 해외로 망명하였으며, 이들을 지원한 일본 공사관은 성난 군중들의 습격을 받았다. 이에 일본은 조선에 한성조약의 체결을 강요하여 공사관 신축 경비 부담 및 배상금 지불을 요구하였다.

16 정답 ③

정답 해설

제시된 연표의 인물은 김옥균으로 급진개화파의 핵심 인물이었다. 김옥균은 박규수, 오경석, 유홍기의 영향을 받아 개화사상을 가지게 되었고, 1880년대 초반 일본을 다녀온 후 박영효, 홍영식, 서광범 등과 나라의 개혁방안을 의논하였다. 그를 비롯한 급진개화파는 갑신정변을 통해 근대 국가를 수립하려고 하였다. 하지만 일본에 의존하고 지나치게 급진적 방식을 택하여 백성과 관료층의 지지를 받지 못하였고, 결국 청의 개입으로 3일 만에 실패하였다(삼일천하).

오답 해설

① 김홍집이 제2차 수신사로 일본에 갔다가 가져온 책이 『조선책략』이다.
② 미국 상선 제너럴셔먼호가 대동강을 거슬러 평양까지 들어가 통상을 요구하며 횡포를 부리자 분노한 평양 관민들은 평안 감사 박규수의 지휘 아래 배를 불태워 침몰시키기도 하였다(제너럴셔먼호 사건).
④ 이인영은 정미의병 당시 13도 창의군을 결성하여 서울 진공 작전을 전개하였다.
⑤ 경주의 몰락 양반 최제우가 창시한 동학에서는 인내천(人乃天)사상을 내세워 인간의 존엄성과 평등을 강조하였다.

CHAPTER 24

근대 국가 수립 운동의 전개

쏙쏙 키워드를 알려주지!

보은집회, 폐정 개혁안, 군국기무처, 은본위제, 홍범14조, 관민공동회, 구본신참, 지계

① 교조신원운동

동학을 창시한 교조 최제우가 억울한 누명을 쓰고 처형당했으니 그 누명을 풀어 달라는 운동이다. 처음에는 교조 신원과 동학에 대한 탄압 중지를 호소했으나 점차 내정 개혁과 외세 배척을 주장하였다.

② 집강소

동학농민군이 전라도 53개 군현에 설치한 일종의 민정기구로 폐정 개혁을 실행에 옮기려 하였다.

③ 군국기무처 회의 모습

군국기무처는 입법과 정책 결정 기관의 기능을 수행하였는데, 김홍집, 어윤중 등 온건 개화파 인사들이 주도하였다.

1 동학농민운동(1894년)

(1) 개항 이후 농촌 사회의 동요
① 방곡령 : 개항이후 일본으로 쌀 대량 유출→일부 지역에서 방곡령 실시→일본에 배상금 지불
② 교조 신원 운동 : 삼례 집회(1892년), 경복궁 복합 상소(1893년), 보은 집회(1893년)가 열림
  └정치적 성격을 지니게 됨

(2) 동학농민운동의 전개
① 고부 농민봉기(1894년 1월) : 고부 군수 조병갑의 수탈→농민들이 전봉준의 지휘 아래 봉기
② 제1차 봉기(1894월 3월) : 안핵사 이용태의 봉기 주도자 탄압에 반발→고부 백산 봉기→황토현 · 황룡촌 전투에서 승리→전주성 점령
③ 전주화약(1894년 5월)
  ㉠ 경과 : 농민군 진압을 위해 정부가 청에 원병을 요청함→청군과 일본군이 조선에 출병함(톈진 조약 발효)→정부와 농민군이 전주 화약을 체결함
  ㉡ 집강소 설치 : 폐정 개혁안 실천(탐관오리 처벌, 조세 개혁, 신분 차별 철폐)
④ 제2차 봉기(1894년 9월) : 일본군의 경복궁 점령→전봉준, 손병희의 남 · 북접 합세(논산 집결)→공주 우금치 전투(전봉준) 패배→전봉준 등 농민군 지도부 체포

(3) 동학농민운동의 의의 및 영향
① 의의 : 반봉건(내정 개혁 추구) · 반외세(외세의 침략 반대) 운동
② 영향 : 이후 항일 의병 운동으로 이어짐, 개혁요구 중 일부는 갑오개혁에 반영

2 갑오 · 을미개혁

(1) 갑오개혁(1894년)

구분	1차 개혁	2차 개혁
배경	일본의 경복궁 점령→내정 간섭	일본이 청 · 일 전쟁에서 승기를 잡음 →내정 간섭 본격화
중심 내각	김홍집 내각(군국기무처 설치)	김홍집 · 박영효 연립 내각
주요 내용	• 정치 : 왕실 사무(궁내부)와 정부 사무(의정부) 분리, 6조를 8아문으로 개편, 과거제 폐지, 개국 연호 사용 • 경제 : 재정 일원화(탁지아문), 조세의 금납화, 도량형 통일, 은본위제 화폐 제도 실시 • 사회 : 신분제 철폐, 조혼 금지, 연좌법 폐지, 과부 재가 허용 등 실시	• 정치 : 내각제 시행, 23부 개편 • 사회 : 사법권과 행정권 분리 • 기타 : 훈련대 설치, 독립서고문과 홍범14조 발표

단답형으로 확인하기

❶ 일제의 경제적 침략으로 쌀이 부족해지자 지방관들이 곡물의 유출을 막기 위해 내린 조치는?
❷ 동학농민군이 전주화약을 체결한 후 전라도 각 지역에 설치한 자치적 행정 기구는?
❸ 갑오개혁을 추진하기 위해 새 내각을 구성하고 설치한 임시 기구는?

❶ 방곡령
❷ 집강소
❸ 군국기무처

정답

(2) 삼국 간섭과 을미사변

① **삼국 간섭(1895년)** : 청·일 전쟁에서 승리한 일본이 청의 랴오둥 반도를 차지함→러시아, 프랑스, 독일이 일본으로 하여금 랴오둥 반도를 청에 돌려주게 함→러시아의 영향력 강화, 일본 세력 약화

② **을미사변(1895년)** : 삼국 간섭 이후 조선 정부가 친러시아 정책 추진→일본이 명성황후를 시해

③ **을미개혁(1895년)** : 태양력 사용, 소학교 설치, 단발령 시행, 친위대·진위대 설치, 연호 제정(건양)

④ **아관파천(1896년)** : 고종이 러시아 공사관으로 거처를 옮김, 열강의 이권 침탈 심화

3 독립협회와 대한제국

(1) 독립협회의 활동

① **창립** : 서재필 귀국→「독립신문」 창간(1896년 4월)→정부 고관과 개화 지식인들이 중심이 되어 조직(1896년)

② **활동**

　　㉠ **자주 국권 운동** : 고종의 환궁 요구, 한·러 은행 폐쇄, 절영도 조차 요구 저지

　　㉡ **자유 민권 운동** : 언론·출판·집회·결사의 자유 확보 노력, 국민 참정권 운동

　　㉢ **자강 개혁 운동** : 의회 설립 운동→관민 공동회 개최(헌의 6조 결의→의회식 중추원 관제 반포)

　　㉣ **민중 계몽 운동** : 영은문 터 부근에 독립문 건립, 강연회·토론회 개최, 「독립신문」 발간, 만민 공동회 등 대중 집회 개최

③ **해산** : 보수세력의 모함→고종의 해산 명령(황국협회와 군대를 동원하여 강제 해산)

(2) 대한제국(1897년)

① **대한제국의 수립**

　　㉠ 고종이 러시아 공사관에서 경운궁(현 덕수궁)으로 환궁(1897년 2월)

　　㉡ 국호 : 대한제국

　　㉢ 연호 : 광무, 황제 칭호 사용

　　㉣ 원구단에서 황제 즉위식 거행

② **광무개혁**

　　㉠ 기본 방향 : 점진적 개혁 추구, 구본신참

　　㉡ 주요 개혁

정치	전제 황권 강화→대한국 국제 제정(황제의 절대권 규정)
경제	• 양전 사업 실시 : 양지아문 설치(1898년), 지계아문 설치(1901년)→재정 수입 증대, 근대적 토지 소유권 보장 노력(지계 발급) • 섬유, 운수, 광업, 금융, 철도 등의 분야에서 근대적 기업 설립
군사	원수부를 설치하여 황제가 군대를 통솔하게 함, 친위대와 진위대의 강화
교육	기술과 실업 교육을 강조하고 유학생을 파견함

③ **한계** : 집권층의 보수성, 열강의 간섭으로 성과를 거두지 못함

상투를 자르는 모습(단발령)

박정양 내각

「독립신문」

① 황국협회

홍종우 등이 보부상과 연계하여 만든 단체로, 황실과 정부의 정책을 지지하고 독립협회와 대립하였다.

황궁우와 환구단

② 근대적 토지 소유 증명서 지계

대한제국은 지계 발급을 통해 조세 수입을 정확히 파악하여 재정을 확보하고자 하였다.

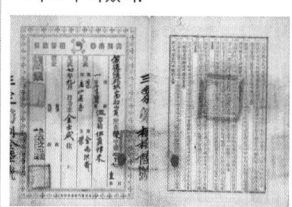

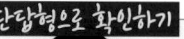
단답형으로 확인하기

❶ 고종이 러시아 공사관으로 거처를 옮긴 사건은?

❷ 서재필이 발행한 최초의 민간 신문은?

❸ 대한제국이 발행한 근대적 토지 소유 증명서는?

정답
❶ 아관파천
❷ 「독립신문」
❸ 지계

17 [34회 36번]

(가) 시기에 전개된 동학농민군의 활동으로 옳지 않은 것은? [2점]

고부 농민 봉기

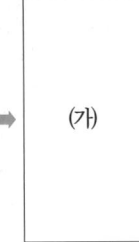
(가)

전봉준 압송

① 전주에서 정부와 화약을 맺었다.
② 우금치에서 일본군과 전투를 벌였다.
③ 황토현에서 관군에게 승리를 거두었다.
④ 농민 자치 기구인 집강소를 설치하였다.
⑤ 삼례에서 교조 신원을 위한 집회를 열었다.

18 [26회 36번]

다음 자료가 발표된 시기를 연표에서 옳게 고른 것은? [2점]

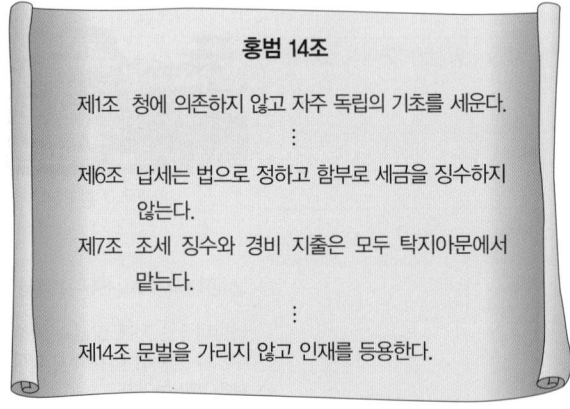

홍범 14조

제1조 청에 의존하지 않고 자주 독립의 기초를 세운다.
⋮
제6조 납세는 법으로 정하고 함부로 세금을 징수하지 않는다.
제7조 조세 징수와 경비 지출은 모두 탁지아문에서 맡는다.
⋮
제14조 문벌을 가리지 않고 인재를 등용한다.

1876	1882	1889	1896	1904	1910
(가)	(나)	(다)	(라)	(마)	
강화도 조약	임오 군란	방곡령 사건	아관 파천	러·일 전쟁	국권 피탈

① (가)　② (나)　③ (다)　④ (라)　⑤ (마)

19 [34회 31번]

(가)에 들어갈 내용으로 옳은 것은? [2점]

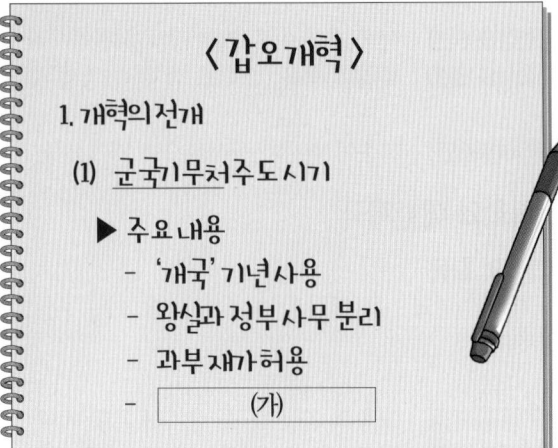

① 과거제 폐지
② 어영청 설치
③ 영선사 파견
④ 영정법 제정
⑤ 호포제 실시

20 [40회 34번]

(가)에 들어갈 내용으로 옳은 것은? [1점]

① 지계 발급
② 신분제 폐지
③ 태양력 사용
④ 호포제 실시
⑤ 대한국 국제 제정

17 정답 ⑤

정답 해설

고부 농민봉기 이후 전봉준은 고부 백산에서 다시 봉기하였고, 농민군 4대 강령을 발표하였다. 이로써 동학농민군의 제1차 봉기가 시작되었다. 농민군은 황토현과 황룡촌에서 잇따라 관군을 격파하고 전주성을 점령하였다(1차 봉기). 1894년 4월 하순 동학농민군에 의해 전주성이 함락되자 정부는 청에 원병을 요청하였다. 그런데 정부의 의도와 달리 청군뿐만 아니라 일본군까지 출병하였다. 이에 정부는 일본군 개입의 명분을 제거하고자 전주화약을 체결하였다. 이후 동학농민군은 전라도 각지에 자치적 개혁 기구인 집강소를 설치하고 폐정 개혁을 실시하였다. 그러나 일본이 경복궁을 점령하고 청·일 전쟁을 일으켰다. 이후 농민군이 재차 봉기하였다. 농민군은 논산에서 남접과 북접이 합세하여 북상하였는데, 공주 우금치에서 일본군에게 패배하였다. 이후 전봉준을 비롯한 농민군의 지도자들이 체포되면서 동학농민운동은 실패로 끝났다.

오답 해설

⑤ 교조신원운동은 동학농민운동이 발생하기 이전의 내용이다.

18 정답 ③

정답 해설

청·일 전쟁에서 승기를 잡은 일본은 박영효를 내각에 참여하도록 하였다. 이로써 김홍집·박영효의 연립 내각이 구성되었고, 제2차 갑오개혁이 추진되었다. 이때 고종은 종묘에 나가 독립서고문을 바치면서 청과의 전통적인 사대 관계를 청산하고 자주독립하겠다는 의지를 담은 홍범 14조를 반포하였다. 따라서 연표의 (다)시기에 해당된다.

19 정답 ①

정답 해설

군국기무처는 갑오개혁의 추진 기구이다. 1894년 일본의 위협 속에 흥선대원군을 섭정으로 하는 제 1차 김홍집 내각이 성립되었다. 그리고 이들을 중심으로 군국기무처를 설치하고 궁내부 설치, 과거 제도 폐지, 신분제와 공사 노비 제도 폐지, 과부의 재가 허용 등 정치·사회·경제 부분에서 많은 개혁을 단행하였는데, 이를 갑오개혁이라 한다.

오답 해설

②, ④ 인조, ③ 1881년(청에 파견), ⑤ 흥선대원군 때이다.

20 정답 ②

정답 해설

대화는 제1차 갑오개혁을 나타내는 것으로 정치적으로는 개국 연호 사용, 왕실 사무와 정부 사무 분리, 6조를 80아문으로 개편, 과거제 폐지를 규정하고 있다. 경제적으로 재정 일원화(탁지아문), 은본위 화폐 제도 시행, 조세 금납제 시행, 도량형을 통일하였다. 사회적으로는 신분제(공·사 노비 제도) 폐지, 조혼 금지, 과부의 재가 허용, 고문과 연좌법 폐지를 담고 있다.

오답 해설

① 지계는 대한 제국 수립(1897) 이후 광무개혁의 일환으로 발급된 토지 소유권 증명서이다.
③ 태양력을 사용한 것은 을미개혁 때이다.
④ 흥선대원군은 호포제를 실시하여 양반에게도 군포를 부과하였다.
⑤ 대한 제국 수립 후 구본신참의 개혁 원칙을 표방한 대한국 국제를 제정하였다(1899).

21 [42회 34번]

다음 가상 인터뷰의 (가)에 들어갈 내용으로 옳은 것은? [1점]

내각 총리대신 김홍집과의 대담

이번에 새롭게 실시하는 개혁의 주요 내용은 무엇입니까?

태양력과 건양 연호 사용, (가) 등이 있습니다.

① 지계 발급
② 단발령 시행
③ 박문국 설치
④ 대전회통 편찬
⑤ 원산 학사 설립

22 [32회 35번]

(가) 단체에 대한 설명으로 옳은 것은? [2점]

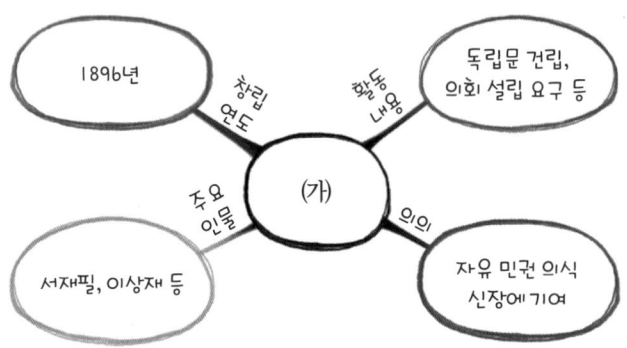

1896년 / 창립 연도 / 활동 내용 / 독립문 건립, 의회 설립 요구 등 / (가) / 주요 인물 / 의의 / 서재필, 이상재 등 / 자유 민권 의식 신장에 기여

① 만민공동회를 개최하였다.
② 신흥무관학교를 설립하였다.
③ 2 · 8 독립선언서를 발표하였다.
④ 파리 강화회의에 김규식을 파견하였다.
⑤ 일본의 황무지 개간권 요구를 철회시켰다.

23 [28회 35번]

(가)에 들어갈 내용으로 옳지 않은 것은? [2점]

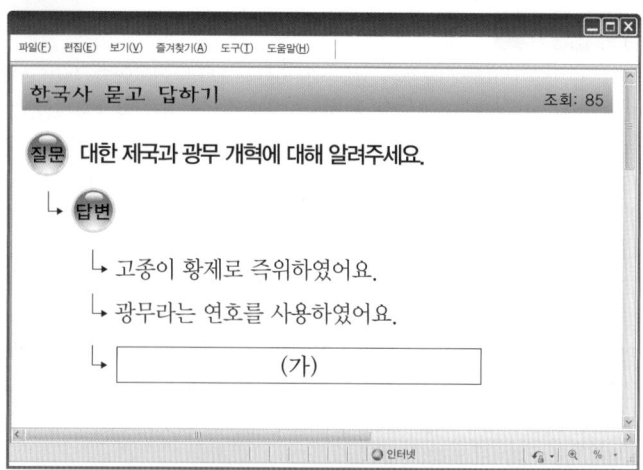

파일(F) 편집(E) 보기(V) 즐겨찾기(A) 도구(T) 도움말(H)

한국사 묻고 답하기 조회: 85

질문 대한 제국과 광무 개혁에 대해 알려주세요.

답변

↳ 고종이 황제로 즉위하였어요.
↳ 광무라는 연호를 사용하였어요.
↳ (가)

① 지계를 발급하였어요.
② 원수부를 설치하였어요.
③ 실업 학교를 설립하였어요.
④ 대한국 국제를 반포하였어요.
⑤ 재정을 호조로 일원화하였어요.

24 [34회 32번]

밑줄 그은 '대한국' 시기에 있었던 사실로 옳지 않은 것은? [2점]

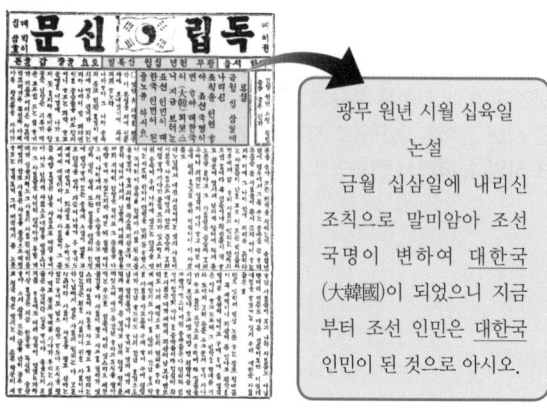

광무 원년 시월 십육일
논설
금월 십삼일에 내리신 조칙으로 말미암아 조선 국명이 변하여 대한국(大韓國)이 되었으니 지금부터 조선 인민은 대한국 인민이 된 것으로 아시오.

① 지계가 발급되었다.
② 원수부가 설치되었다.
③ 실업 학교가 설립되었다.
④ 대한국 국제가 반포되었다.
⑤ 통리기무아문이 신설되었다.

21 정답 ②

정답 해설

을미사변으로 친러 내각이 붕괴되고 친일파 관료 중심의 제4차 김홍집 내각이 수립되어 급진적이고 친일적 성격의 개혁이 추진되었다. 이를 을미개혁(제3차 갑오개혁)이라고 한다. 기존의 개국 연호 대신 건양이라는 연호를 사용하였고, 태양력을 채택하였다. 한성에는 친위대를, 지방에는 진위대를 설치하고 단발령과 종두법을 시행하였다. 특히 상투를 자르는 단발령에 유생과 백성들의 반발이 아주 심하여 최초로 의병 투쟁(을미의병)이 일어나게 되었다.

오답 해설

① 지계는 대한제국 수립 이후 지계아문에서 지역의 토지 측량조사를 실시하였고, 1901년에 발급하였다.
③ 박문국은 개화정책 추진의 일환으로 1883년에 설치하였다.
④ 대전회통은 고종(1865) 때 흥선대원군이 편찬하였다.
⑤ 원산학사는 최초의 근대적 사립학교로, 1883년에 설립되었다.

22 정답 ①

정답 해설

제시된 자료에서 독립문 건립, 의회 설립 요구 등의 내용을 통해 독립협회의 활동에 대한 내용임을 알 수 있다. 서재필 등의 주도로 창립된 독립협회는 개화사상 보급을 통해 민중의 정치의식을 고취하려고 하였다. 이러한 목적에 따라 모금 운동을 통한 독립문 건립, 강연회·토론회 개최, 의회 설립 운동 등을 추진하였다. 하지만 독립협회의 적극적인 정치 활동에 위협을 느낀 보수 세력이 독립협회가 공화정을 추구한다고 모함하였고, 결국 정부의 탄압으로 강제 해산당하였다.

오답 해설

② 신민회, ③ 일본 도쿄에서 이루어진 2·8 독립선언은 3·1 운동에 영향을 끼쳤다. ④ 신한청년당, ⑤ 보안회이다.

23 정답 ⑤

정답 해설

1897년 고종은 덕수궁으로 돌아와 국호를 '대한제국', 연호를 '광무'로 정하고 환구단에서 황제 즉위식을 거행하였다. 대한제국은 정치적으로 전제 황권을 강화하였고, 경제적으로 점진적인 개혁을 추진하였는데, 이를 광무개혁이라 한다. 정부는 일부 지역에서 양전사업을 실시하여 토지 소유자들에게 근대적 토지 소유권을 인정한 지계를 발급하였다. 이와 함께 산업 발전을 위하여 적극적으로 상공업 진흥책을 실시함에 따라 섬유·철도·운수·광업·금융 분야에서 근대적인 공장과 회사들이 설립되었다. 그리고 과학 기술을 진흥시키기 위하여 각종 실업학교와 기술 교육 기관을 설립하고, 근대적 산업 기술을 습득하기 위하여 외국에 유학생을 파견하였다. 또한, 우편·전보망을 전국적으로 확충하였으며, 전화를 가설하고, 전차 선로를 부설하는 등 교통·통신·전기·의료 등의 분야에서도 근대적인 시설을 늘렸다.

오답 해설

⑤ 갑신정변 당시 급진개화파는 지조법을 주장하였고, 호조로 재정을 일원화하고자 하였다.

24 정답 ⑤

정답 해설

제시된 자료는 대한제국 때의 광무개혁의 내용 중 일부이다. 대한제국은 '옛 제도를 근본으로 하고 새로운 제도를 참작한다'는 구본신참(舊本新參)의 시정 방향을 토대로 양전사업을 실시하고 지계를 발급하여 근대적 토지 소유 제도를 마련하였고, 상공업 진흥책을 추진하였다. 그러나 이러한 개혁 정책도 집권층의 보수적 성향과 열강의 간섭으로 큰 성과를 거두지는 못하였다.

오답 해설

⑤ 통리기무아문은 1880년에 개화 정책을 총괄하기 위해 설치되었다.

일제의 국권 침탈과 국권 수호 운동의 전개

쏙쏙 키워드를 알려주지!

한일의정서, 제1차 한일협약, 가쓰라-태프트밀약, 제2차 영일동맹, 을사늑약, 한일신협약, 헤이그 특사, 을사의병, 정미의병, 신민회

1 일제의 침략과 국권 피탈

(1) 러 · 일 전쟁(1904~1905년)

① 러 · 일 전쟁과 열강의 한국 지배 승인

ⓐ ㉠ 러 · 일 전쟁 : 한반도를 둘러싼 러시아와 일본의 대립이 격화됨→대한제국이 국외 중립을 선 언함→일본이 전쟁을 일으킴

㉡ 러 · 일 전쟁 중 일제가 강요한 조약

ⓐ 한일의정서(1904년) : 일본이 러시아를 기습 공격하고 한반도 내에서 군사적 요충지를 확 보하기 위해 체결을 강요함

ⓑ 제1차 한일협약(1904년) : 재정(메가타) · 외교(스티븐스) 고문에 일본이 추천한 사람을 임 명함

㉢ 열강의 한국 지배 승인

ⓐ 가쓰라-태프트밀약(1905년 7월) : 미국은 일본의 한국 지배 승인, 일본은 필리핀을 침략하 지 않을 것임을 약속

ⓑ 제2차 영일동맹(1905년 8월) : 영국은 일본의 한국 지배 인정, 일본은 영국의 인도 지배 옹호

ⓒ 포츠머스조약(1905년 9월) : 러시아의 대한제국에 대한 일본의 독점적 지배권 승인

② 을사늑약(1905년 11월)

㉠ 내용 : 일본이 대한제국의 외교권을 박탈하고 통감부를 설치함→초대 통감으로 부임한 이토 히 로부미가 대한 제국의 내정 전반을 장악함

㉡ 을사늑약에 대한 저항

고종 황제의 활약	• 을사조약이 자신의 서명 없이 강제로 체결된 조약임을 선언 • 미국에 헐버트 파견 : 조 · 미 수호통상조약의 거중 조정 규정에 근거 • 헤이그 특사 파견 : 만국평화회의에 이상설, 이준, 이위종 파견
자결	민영환
애국 논설	장지연이 「황성신문」에 논설 '시일야방성대곡' 게재
의거 및 의병	나철, 오기호의 '5적암살단', 을사의병

③ 고종의 강제 퇴위와 한일병합

㉠ 고종 강제 퇴위 : 일본이 헤이그 특사 파견을 구실로 고종을 강제로 퇴위시킴

㉡ 한일신협약 체결(1907년) : 정미7조약, 행정 각 부에 일본인 차관 임명, 대한제국 군대 해산, 보안법과 신문지법 제정

㉢ 기유각서(1909년) : 대한제국의 사법권 및 감옥 사무권 박탈

㉣ 한일병합 조약(1910년) : 국권 강탈, 조선총독부 설치

왼쪽 여백

① 러 · 일 전쟁

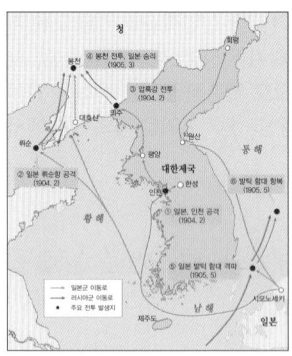

② 일제의 고문 파견

제1차 한일협약에 따라 재정 고문에 메가타, 외교 고문에 미국인 스티븐 스가 취임하였다. 이들은 재정과 외 교의 실권을 장악하고 일본의 이익 을 위해 활동하였다.

③ 헤이그 특사

왼쪽부터 이준, 이상설, 이위종

단답형으로 확인하기

❶ 일본이 러시아를 기습 공격하고 한반도 내에서 군사적 요 충지를 확보하기 위해 강요한 조약은?

❷ 을사늑약 이후 파견된 최초의 통감은?

❸ 고종이 헐버트의 건의에 따라 1907년 제2차 만국평화회의 에 파견한 사절은?

❶ 한일의정서
❷ 이토 히로부미
❸ 헤이그 특사

(2) 독도와 간도
① 간도 귀속 문제 : 백두산 정계비의 '토문강'에 대한 해석 문제로 발생
    ㉠ 대한제국의 정책 : 간도 관리사 파견(이범윤), 간도를 함경도 행정 구역에 편입
    ㉡ 간도협약(1909년) : 일제가 남만주 철도 부설권을 얻는 대가로 간도를 청의 영토로 인정
② 독도
    ㉠ 연혁 : 숙종 때 안용복이 우리 영토임을 확인→독도를 울릉도에 편입(1900년)
    ㉡ 일제의 독도 강탈 : 러·일 전쟁 중 일본이 시마네 현 고시를 통해 불법적으로 자국 영토에 편입(1905년)

2 항일 의병 운동과 의거 활동

(1) 항일 의병 운동의 전개

구분	배경	특징
을미의병(1895)	을미사변, 단발령 실시	• 친일관리 처단, 지방관청·일본군 공격(이소응, 유인석) • 단발령 철회, 고종의 의병 해산 권고 조칙 발표로 해산
을사의병(1905)	을사조약 체결	유생 의병장(민종식, 최익현 등), 평민 출신 의병장(신돌석) 활동
정미의병(1907)	고종 강제 퇴위, 군대 해산	• 다양한 계층 참여, 해산 군인의 참여로 전투력 강화 • 연합 전선 : 전국 연합 의병인 13도 창의군 결성 • 서울 진공 작전 : 선발대가 서울 근교까지 진격 • 각국 영사관에 통문을 보내 의병을 국제법상의 교전 단체로 인정해 줄 것을 요구

(2) 의거 활동
    ㉠ 국내 : 이재명(이완용 저격), 나철·오기호(5적암살단 조직)
    ㉡ 국외 : 안중근(이토 히로부미 사살), 전명운·장인환(스티븐스 사살)

3 애국 계몽 운동

(1) 애국 계몽 운동의 의미
    ㉠ 의미 : 교육과 산업 등에서 민족의 실력을 양성하여 국권을 회복하자는 운동
    ㉡ 사상 : 약육강식과 적자생존을 정당화하는 사회 진화론을 바탕으로 함

(2) 애국 계몽 운동 단체들의 활동

보안회	일본의 황무지 개간권 요구에 대한 반대 운동 전개→일본의 철회
헌정연구회	근대적 입헌 의회 제도를 중심으로 한 정치개혁 주장
대한자강회	지회 설치, 월보 간행, 고종의 강제 퇴위 반대 운동 전개→보안법에 의해 강제 해산

신민회	• 결성 : 안창호, 양기탁, 이회영 등을 중심으로 조직된 비밀 결사
	• 목표 : 국권 회복과 공화정체의 국가 수립
	• 활동
	  – 민족 교육 실시 : 대성학교, 오산학교 설립
	  – 민족 산업 육성 : 태극서관, 자기 회사 설립
	  – 국외 독립운동 기지 건설 : 남만주 삼원보에 신흥 강습소 설립
	• 해산 : 일제가 날조한 105인사건에 의해 와해(1911년)

국내에서는 장기적으로 교육과 산업의 진흥, 해외에서는 무장 독립운동 기지 건설

└─ 데라우치 총독 암살 미수사건

사이드바

① 간도 관리사

대한제국에서 간도의 주민들을 관리하기 위해 파견한 관리이다. 1902년 정부는 이범윤을 시찰관으로 파견하여 호구를 조사하게 하였다가 1903년 이범윤을 간도에 주재시키고 간도 관리사라 칭하였다.

② 신돌석

평민 의병장 신돌석은 '태백산 호랑이'로 불리며 크게 활약하였다. 그의 부대는 많은 사람들로부터 큰 호응을 얻었다.

③ 항일 의병 투쟁의 전개

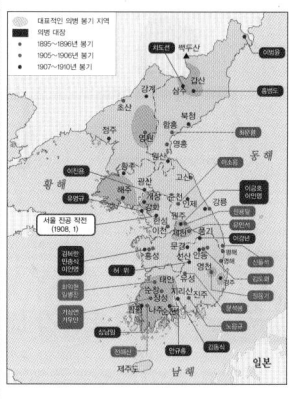

④ 대성학교

대성학교는 안창호가 민족 교육을 위해 평양에 세운 학교이다. 1912년 일본에 의해 폐교당하였다.

단답형으로 확인하기

❶ 일본이 독도를 자국의 영토로 강탈한 시기는 어느 사건 중인가?
❷ 평민 출신 의병장으로서 평해를 근거지로 활동한 인물은?
❸ 1907년 국권 회복과 공화정에 입각한 독립 국가 수립이라는 목적을 가지고 비밀리에 조직된 단체는?

❸ 신민회
❷ 신돌석
❶ 러·일 전쟁

우측 세로 탭
V. 근대 태동기
VI. 국제 질서의 변동과 근대 국가 수립 운동
VII. 일제 강점기
VIII. 대한민국 현대 사회의 발전

25 [38회 32번]

다음 퀴즈의 정답으로 옳은 것은?   [1점]

일본의 황무지 개간권 요구에 반대하여 1904년 결성된 단체입니다. 맹렬한 시위를 전개하여 마침내 일본의 요구를 철회시킨 이 단체의 이름은 무엇일까요?

①  보안회
②  신민회
③  근우회
④  송죽회
⑤  독립 협회

26 [34회 22번]

(가)에 들어갈 내용으로 가장 적절한 것은?   [2점]

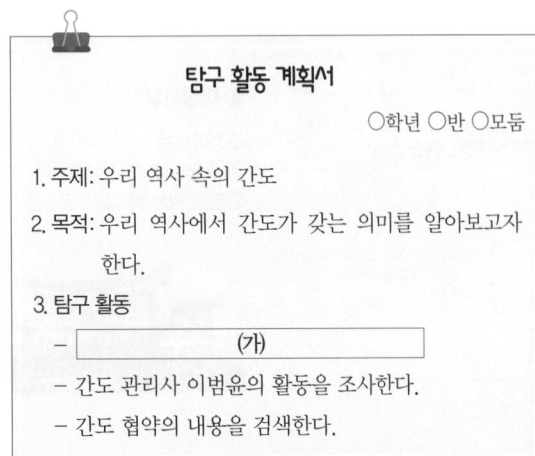

탐구 활동 계획서

○학년 ○반 ○모둠

1. 주제: 우리 역사 속의 간도
2. 목적: 우리 역사에서 간도가 갖는 의미를 알아보고자 한다.
3. 탐구 활동
   - _____(가)_____
   - 간도 관리사 이범윤의 활동을 조사한다.
   - 간도 협약의 내용을 검색한다.

① 안용복의 활동을 정리한다.
② 3포 왜란의 발생 원인을 살펴본다.
③ 백두산정계비문의 내용을 찾아본다.
④ 제너럴 셔먼호 사건의 배경을 파악한다.
⑤ 보빙사를 미국에 파견한 목적을 알아본다.

27 [46회 34번]

교사의 질문에 대한 학생의 답변으로 옳은 것은?   [2점]

이 기록에 따르면 고종은 양위가 아닌 대리의 뜻을 밝혔습니다. 그러나 일제는 고종을 강제 퇴위시켰습니다. 그 후에 일어난 사실에 대해 말해 볼까요?

짐은 이제 군국(軍國)의 대사(大事)를 황태자로 하여금 대리(代理)하게 하노니, 의식 절차는 궁내부 장례원에서 마련하여 거행하게 하라.

고종 실록

① 별기군이 창설되었어요.
② 청일 전쟁이 일어났어요.
③ 을사늑약이 체결되었어요.
④ 아관 파천이 단행되었어요.
⑤ 대한 제국의 군대가 해산되었어요.

28 [44회 35번]

밑줄 그은 '조약'에 대한 저항으로 옳지 <u>않은</u> 것은?   [2점]

이토 히로부미 후작의 강압으로 대궐에서 회의가 소집되었다. 대신들은 조약에 찬성할 것을 강요당하였고, 그런 다음에 가장 강하게 반대하던 세 명의 대신이 일본 장교들에 의해 한 명씩 끌려 나갔다. …… 일본이 세계에 공표한 것과는 달리, 이 조약은 황제가 결코 서명하지 않았고 합법적으로 조인되지도 않았다.

① 민영환, 조병세 등이 자결하였다.
② 고종이 헤이그에 특사를 파견하였다.
③ 최익현, 신돌석 등이 의병을 일으켰다.
④ 이만손이 주도하여 영남 만인소를 올렸다.
⑤ 나철 등이 5적 처단을 위해 자신회를 결성하였다.

25 정답 ①

정답 해설

보안회는 일본의 황무지 개간권 요구를 철회시킨 단체로 1904년에 결성되었다.

오답 해설

② 신민회는 안창호, 양기탁 등이 국권 회복과 공화정체의 근대 국민 국가 건설을 목표로 조직한 비밀 결사이며 1907년 결성되었다.
③ 근우회는 신간회의 자매단체 성격의 조직으로 여성 계몽 활동과 여성 지위 향상을 위한 활동을 하였다.
④ 송죽회는 평양에서 조직된 항일 비밀여성단체로 1913년 결성되었다.
⑤ 독립 협회는 의회 설립 운동을 추진하였으며 중추원 관제 개편을 발표하였다. 한편 민중 계몽을 위해 토론회와 강연회를 개최하고 만민 공동회와 관민 공동회를 개최하기도 하였다

26 정답 ③

정답 해설

간도는 고구려와 그 뒤를 이은 발해의 땅으로 오랜 기간 우리 민족의 활동 무대였다. 조선 숙종 때 백두산정계비를 설치하였는데(1712) 후에 그 해석을 둘러싸고 조선과 청 간의 분쟁이 일어났다. 19세기 중반 이후 어윤중을 서북경략사로 임명하여 청의 요구에 대처하도록 하였고 1900년 이범윤을 북변 간도 관리사로 임명하였다. 을사늑약 이후 외교권이 박탈된 상태에서 일제는 청과 직접 간도 협약(1909)을 체결하여 일본이 만주의 안봉선 철도 부설권을 확보하는 대신 간도를 청의 영토로 인정하였다.

오답 해설

① 18세기 초 조선 숙종 때 안용복이 불법 조업을 일삼는 일본 어민들을 울릉도로부터 축출하여 울릉도가 조선 영토임을 확인하였다.
② 삼포왜란은 중종 때 부산포 · 내이포 · 염포 등 삼포에 거주하던 왜인들이 일으킨 난이다.
④ 제너럴 셔먼호 사건은 1866년 미국 제너럴 셔먼호가 평양 대동강에서 격침된 사건이다.
⑤ 보빙사는 1882년 조선에서 미국에 파견한 외교 사절단이다.

27 정답 ⑤

정답 해설

고종은 을사늑약(1905)의 무효를 알리기 위해 네덜란드 헤이그 만국 평화회의에 특사를 파견하는데, 이를 이유로 일제는 고종을 강제로 퇴위시킨다(1907). 이어, 일제는 순종으로 하여금 군대해산 조칙을 내림으로써 대한 제국의 군대가 해산된다.

오답 해설

① 별기군은 임오군란 전인 1881년 창설되었다.
② 청일 전쟁은 1894년 일어났다.
③ 을사늑약은 고종의 강제 퇴위 전에 체결되었다.
④ 아관파천은 1896년 단행되었다.

28 정답 ④

정답 해설

제시문은 을사조약(을사늑약, 1905)을 설명한 것으로 일제는 덕수궁 중명전에서 강제로 조약을 체결하였다. 이에 대한 저항으로 ① 민영환, 조병세 등은 자결로 항거하였고, ② 고종은 이상설, 이준, 이위종을 헤이그에 특사로 파견하였다. ③ 최익현, 신돌석 등이 의병을 일으켰으며(을사의병), ⑤ 나철, 오기호 등은 5적 처단을 위해 자신회를 결성하였다.
이만손 등은 조선책략의 유포에 따른 미국과의 수교에 반대하며 영남 만인소를 올렸다.

오답 해설

④ 이만손 등은 조선책략의 유포에 따른 미국과의 수교에 반대하며 영남 만인소를 올렸다.

29 [45회 35번]

밑줄 그은 '이 부대'의 활동으로 옳은 것은? [3점]

□□신문

제△△호   2018년 ○○월 ○○일

해외 거주 독립 유공자 후손 31명, 대한민국 국적 취득

해외 거주 독립 유공자 후손 31명이 대한민국 국적을 취득하였다. 취득 대상자 중에는 건국 훈장(대한민국장)을 받은 의병장 허위의 후손이 포함되어 있다. 허위는 1907년 대한 제국 군대가 강제 해산된 후, 이인영의 주도로 각 도의 의병이 모여 조직한 이 부대에 참여하였다. 당시 의병들은 자신들의 활동이 독립 전쟁이므로 국제법상 교전 단체로 인정되어야 한다고 주장하였다.

① 독립 공채를 발행하였다.
② 서울 진공 작전을 전개하였다.
③ 공화정 수립을 목표로 하였다.
④ 국채 보상 운동을 추진하였다.
⑤ 정부에 헌의 6조를 건의하였다.

30 [34회 44번]

밑줄 그은 '이 인물'로 옳은 것은? [1점]

2월 14일에는 잊지 말아야 할 역사가 가려져 있습니다.
1/3

바로 이날은 하얼빈에서 이토 히로부미를 사살한 이 인물이 사형 선고를 받은 날
2/3

초콜릿만 주고받기에는 이날의 의미가 무겁게 다가옵니다.
3/3

① 김구   ② 김좌진   ③ 백남운   ④ 신채호   ⑤ 안중근

31 [29회 36번]

교사의 질문에 대한 학생의 답변으로 옳은 것은? [2점]

다음 단체들의 공통점에 대해 발표해 볼까요?

• 헌정 연구회
• 대한 자강회
• 신민회

① 위정척사 운동을 전개하였어요.
② 항일 무장 투쟁을 전개하였어요.
③ 애국 계몽 운동을 전개하였어요.
④ 민족유일당운동을 전개하였어요.
⑤ 국외에 독립군 기지를 건설하였어요.

32 [34회 33번]

다음 검색창에 들어갈 단체에 대한 설명으로 옳은 것은? [2점]

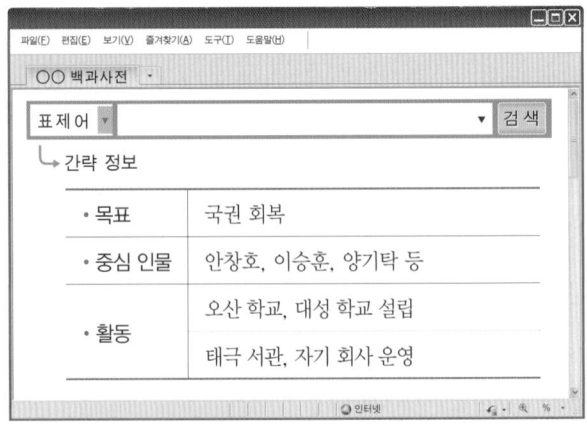

파일(F) 편집(E) 보기(V) 즐겨찾기(A) 도구(T) 도움말(H)

○○ 백과사전

표제어   검색

└ 간략 정보

• 목표	국권 회복
• 중심 인물	안창호, 이승훈, 양기탁 등
• 활동	오산 학교, 대성 학교 설립
	태극 서관, 자기 회사 운영

① 105인사건으로 해체되었다.
② 기관지로 「근우」를 발행하였다.
③ 한글 맞춤법 통일안을 발표하였다.
④ 조선혁명선언을 활동 지침으로 삼았다.
⑤ 일제의 황무지 개간권 요구를 철회시켰다.

29 정답 ②

정답 해설

해산 군인이 의병에 참여하고 의병 전쟁이 전국적으로 확산되자 의병 부대 상호 간에 연합 전선이 형성되었다. 의병 지도자들은 전국의 의병을 연합하여 서울 진공 작전을 시도하였다. 관동 의병장 이인영은 전국의 의병장들에게 격문을 보내어 경기도 양주에 집결하도록 호소하였다. 또한, 서울의 각국 영사관에 통문을 보내어 의병을 국제법상 교전 단체로서 인정할 것을 요청하였다. 이는 의병이 정당한 독립군임을 대외적으로 밝히기 위한 조치였다. 1907년 겨울 전국 각지에서 경기도 양주에 모인 1만여 명의 의병들은 의병 연합 부대인 13도 창의군을 결성하고 이인영을 총대장, 허위를 군사장으로 추대하였다. 13도 창의군은 선발대가 서울을 향해 진격하였으나, 일본군의 우세한 전력에 밀려 더 이상 전진하지 못하고 실패하였다.

오답 해설

① 대한민국 임시정부는 독립 공채를 발행하였다.
③ 신민회는 공화정 수립을 목표로 하였다.
④ 국채보상기성회는 국채 보상 운동을 추진하였다.
⑤ 독립협회는 정부에 헌의 6조를 건의하였다.

30 정답 ⑤

정답 해설

제시된 내용은 독립운동가 안중근에 대한 설명이다. 안중근은 삼흥학교를 세우는 등 인재양성에 힘썼다. 1909년 10월 26일 하얼빈 역에 잠입하여 이토 히로부미를 사살하고 체포되어 뤼순의 일본 감옥에 수감되었다. 이듬해 2월 14일, 재판에서 사형이 선고되었으며 3월 26일 형이 집행되었다. 옥중에서 동양평화론을 집필하였다.

오답 해설

① 김구는 대한민국임시정부 조직에 참여하고 한인애국단 등을 이끌었다.
② 김좌진은 1920년 북로군정서를 이끌고 청산리 전투에서 크게 승리하였다.
③ 백남운은 사회경제 사학자로 조선 사회경제사 등을 통해 일제의 정체성론을 비판하였다.
④ 신채호는 민족주의 역사학의 기반을 마련하였고 조선상고사, 독사신론 등을 저술하였다.

31 정답 ③

정답 해설

독립협회가 해산된 뒤에도 여러 사회단체가 설립되어 구국 운동을 전개하였다. 개화파의 명맥을 잇고 있던 계몽 운동가들은 을사조약 체결을 전후하여 민중에 대한 계몽 활동을 전개하였다. 1904년 보안회는 일제의 황무지 개간권 요구에 반대하여 이를 저지하는 데 성공하였지만, 일본의 탄압으로 해산되었다. 1905년에는 애국 계몽 운동가들이 헌정연구회를 조직하여 의회 제도를 중심으로 한 입헌 정치의 수립을 목표로 활동하였다. 을사조약 이후에는 대한자강회, 대한협회, 신민회 등의 단체들이 국권 회복을 위한 계몽 운동을 전개하였다.

32 정답 ①

정답 해설

통감부의 억압이 날로 심해져 합법적인 활동이 어려워지자, 1907년에 이승훈, 양기탁, 이회영, 안창호 등이 주도하여 비밀 결사 형태로 신민회를 조직하였다. 사회 여러 계층의 800여 명 회원을 가진 신민회는 국권 회복과 공화정 체제의 국민 국가 건설을 목표로 삼았다. 신민회는 실력 양성 운동을 전개하여 민족 교육의 추진, 민족 산업의 육성에 중점을 두고 활동하였다. 안창호는 평양에 대성학교를, 이승훈은 정주에 오산학교를 설립하여 인재를 양성하였다. 신민회 인사들은 평양에 자기 회사를, 대구에 교과서와 서적을 보급하기 위한 태극서관을 설립하여 경제적 실력 양성에도 힘썼다. 나라가 국권 상실의 위기에 처하자 신민회의 일부 간부들은 국내에서 실력 양성 운동을 전개하기 어렵다고 판단하고, 만주로 망명하여 무장 투쟁을 준비하였다. 그리하여 서간도 지역의 삼원보, 밀산부의 한흥동에 한인들의 집단 거주 지역이자 독립운동 기지를 개척하고 신흥무관학교를 설립하였다. 안창호는 미국으로 건너가 흥사단을 조직하여 민족운동을 계속하였다. 그러나 국내에 남아 있던 신민회 회원들은 105인 사건을 계기로 와해되었다.

오답 해설

② 근우회, ③ 조선어학회, ④ 의열단, ⑤ 보안회이다.

CHAPTER 26

개항 이후의 경제 · 사회 · 문화

쏙쏙 키워드를 알려주지!

화폐 정리 사업, 국채보상운동, 우편, 광혜원, 「독립신문」, 「대한매일신보」, 명동성당, 독립문, 덕수궁 석조전, 원산학사, 육영공원, 교육입국조서, 독사신론, 국문연구소 설립, 원각사, 유교구신론

1 열강의 경제 침탈과 경제적 구국 운동

(1) 열강의 이권 침탈

광산 채굴권	미국이 운산 금광 채굴권 차지, 러시아 · 영국 · 독일 등도 가담
산림 채벌권	러시아가 압록강, 두만강, 울릉도의 삼림 채벌권 차지
철도 부설권	경인선(미국→일본), 경의선(프랑스→일본), 경부선(일본)
기타	러시아의 절영도 조차 시도, 한 · 러 은행 설립(러시아)

① **열강의 이권 침탈**
아관파천시기 가장 심함

(2) 일본의 이권 침탈
① **토지 약탈** : 경부선, 경의선 철도 부지 확보를 명목으로 토지 약탈→동양척식주식회사(1908년) 설립→국가 소유의 미개간지와 역둔토 약탈
② **금융 · 재정 지배**
　㉠ 화폐 정리 사업(1905년) : 재정 고문 메가타, 조선의 백동화와 엽전을 일본 제일 은행권과 교환, 조선 상인 파산, 금본위 화폐제 실시
　㉡ 차관 강요 : 화폐 정리와 시설 개선 명목

② **백동화**

1892년부터 전환국에서 주조 · 유통시킨 화폐이다. 일본은 1905년 화폐 정리 사업을 실시하여 백동화를 일본 제일 은행권으로 교환하게 하였다.

(3) 경제적 구국 운동
① **방곡령 사건** : 함경도(1889년), 황해도(1889, 1890년)에서 관찰사가 방곡령 선포
② **독립협회**가 러시아의 절영도 조차 요구를 저지함, 한 · 러 은행 폐쇄
③ **보안회(1904년)** : 일본의 황무지 개간권 요구 저지
④ **국채보상운동**
　㉠ 배경 : 일본의 차관 제공(화폐 정리 사업, 시설 개선)→대한제국의 경제적 예속화 목적
　㉡ 전개 : 대구에서 시작하여 전국적으로 확산(대한매일신보의 지원을 받음)→국채보상기성회 조직→금연, 패물 수합 등을 통한 모금 운동→일제의 탄압으로 실패(양기탁의 의연금 횡령 혐의 조작)

③ **경제 자주권 수호 운동**

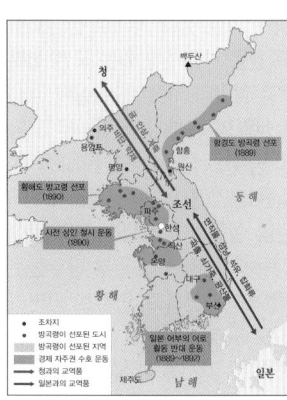

2 근대 의식의 성장과 근대 문물의 수용

(1) 민권 의식의 성장
① 1801년 : 공노비 해방
② 1886년 : 노비 세습제 철폐

단답형으로 확인하기

❶ 일제가 국가 소유의 미개간지와 역둔토를 약탈하기 위해 설치한 기구는?
❷ 1905년 백동화와 상평통보를 일본 제일 은행권으로 교환한 사건은?
❸ 1907년 2월 김광제, 서상돈 등은 일본에서 빌려온 차관을 갚아 국권을 회복하자는 목적으로 추진한 구국 운동은?

정답 ❶ 동양척식주식회사
❷ 화폐 정리 사업
❸ 국채보상운동

③ **갑신정변과 동학농민운동** : 신분제 폐지 주장

④ **갑오 · 을미개혁** : 신분제 폐지, 봉건적 신분 세습 타파

(2) 근대적 사회의식의 성장 : 독립협회는 자유 민권 운동 전개, 의회 설립 운동 추진

(3) 근대 시설의 도입

전신	경인전신, 경의전신(1885년)
전화	궁궐 안에 최초로 가설(1898년)→점차 서울 민가로 확대(덕진풍, 득률풍이라고 부름)
우편	우정국 설치(1884년)→갑신정변으로 폐지→을미개혁으로 부활(우체사 설치)
전기	경복궁에 전등 가설(1887년)
철도	• 경인선(1899년, 노량진~제물포), 경부선(1905년) · 경의선(1906년) 개통 • 전차 : 한성전기회사(1898년, 콜브란과 황실의 합작), 서대문~청량리(1899년)
의료	• 종두법 : 지석영, 천연두의 예방과 치료 • 광혜원(1885년, 제중원) : 최초의 근대식 병원, 알렌 경영
건축	독립문(1897년), 명동성당(1898년), 덕수궁 석조전(1910년)

(4) 언론의 발달

① **「한성순보」** : 우리나라 최초의 신문(정부 발행), 박문국에서 10일에 한 번씩 발행

② **「독립신문」** : 최초의 민간 신문, 영문판 간행

③ **「제국신문」** : 순한글, 서민층과 부녀자들이 주된 독자층

④ **「황성신문」** : 국한문 혼용, 장지연의 논설 '시일야방성대곡' 게재

⑤ **「대한매일신보」** : 양기탁 · 베델(영국인) 등이 운영, 강한 항일논조, 의병투쟁에 호의적, 국채보상 운동 적극 지원
└─ 영국인이라 영일동맹 이후에는 활동이 비교적 자유로웠으나 이후 신문지법 제정으로 탄압

(5) 근대 교육의 전개

① **원산학사(1883년)** : 함경도 덕원 주민들 중심, 최초의 근대식 사립학교, 근대 학문과 외국어 · 무술 교육 실시

② **동문학(1883년)** : 외국어 통역관 양성을 위해 정부에서 설립

③ **육영공원(1886년)** : 상류층 자제에게 근대 학문 교육, 헐버트 · 길모어 등의 미국인 교사 초빙

④ **근대식 교육 제도 마련** : 교육입국조서 발표(1895년)→소학교, 중학교, 사범 학교, 외국어 학교 등 관립 학교 설립, 근대식 교과서 편찬

(6) 국학 연구

① **국어 연구** : 정부 내 국문 연구소 설립(1907년), 주시경이 『국어문법』 저술

② **역사** : 신채호(『독사신론』, 민족주의 역사학의 연구 방향 제시), 위인전 저술(『이순신전』, 『을지문덕전』)과 외국 흥망사 소개

(7) 종교계의 변화 : 천주교 · 개신교(각종 사회사업을 통한 포교), 유교(박은식 『유교구신론』), 불교(한용운 『조선불교유신론』 저술), 동학(손병희가 '천도교'로 개칭, 「만세보」, 학교 설립), 대종교(나철, 오기호가 창시(1909년), 단군 신앙 기반)

(8) 문예의 새 경향

① **신소설** : 이인직(『혈의 누』), 이해조(『자유종』), 안국선(『금수회의록』) 등

② **연극** : 신극 운동→원각사(1908년, 최초의 서양식 극장)에서 「은세계」, 「치악산」 등 공연

경인선 개통식(1899년)

전차

「한성순보」

단답형으로 확인하기

❶ 우리나라 최초의 근대식 병원은?

❷ 우리나라 최초의 신문으로 박문국에서 발행한 것은?

❸ 나철과 오기호가 단군 신앙을 부활해 민족의 정기를 되살리기 위해 창시한 종교는?

❶ 광혜원(제중원)
❷ 「한성순보」
❸ 대종교

정답

33 [29회 34번]

(가)~(마)에 들어갈 사실로 옳지 않은 것은? [3점]

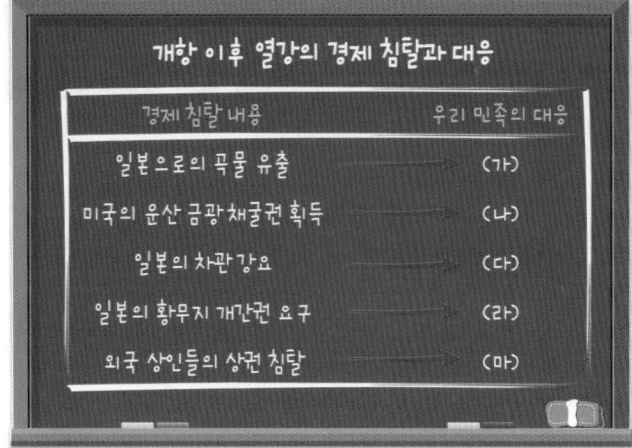

개항 이후 열강의 경제 침탈과 대응

경제 침탈 내용	우리 민족의 대응
일본으로의 곡물 유출	(가)
미국의 운산 금광채굴권 획득	(나)
일본의 차관 강요	(다)
일본의 황무지 개간권 요구	(라)
외국 상인들의 상권 침탈	(마)

① (가) – 방곡령 선포
② (나) – 조선 광업령 제정
③ (다) – 국채보상운동 전개
④ (라) – 보안회의 저지 운동
⑤ (마) – 시전 상인들의 철시 투쟁

34 [33회 32번]

밑줄 그은 '이 조치'에 대한 탐구 활동으로 가장 적절한 것은? [2점]

1905년 이 조치에 따라 상평통보, 백동화 등 기존 화폐 대신 일본의 제일 은행에서 발행한 화폐의 사용이 정식으로 공인되었다. 이를 통해 일본은 대한 제국의 금융과 재정을 장악해갔다.

상평통보   백동화   제일 은행권(견본)

① 보안회 설립의 목적을 파악한다.
② 재정 고문 메가타의 활동을 조사한다.
③ 묄렌도르프의 내정 간섭 결과를 찾아본다.
④ 동양척식주식회사의 주요 업무를 알아본다.
⑤ 독립협회의 이권 수호 운동 과정을 살펴본다.

35 [35회 34번]

다음 자료의 민족 운동에 대한 설명으로 옳은 것은? [2점]

지금 국채 1,300만 원은 우리 대한의 존망과 관계되는 것입니다. …… 현재 국고의 상태로는 이를 갚기 어렵습니다. …… 2,000만 명이 3개월만 금연하여 그 대금으로 한 사람에게서 매달 20전씩 거둔다면 1,300만 원을 모을 수 있습니다.

① 집강소 설치의 계기가 되었다.
② 연통제를 통해 자금을 모았다.
③ 「대한매일신보」의 지원을 받았다.
④ 조선 혁명 선언을 활동 지침으로 삼았다.
⑤ 러시아의 절영도 조차 요구를 반대하였다.

36 [28회 34번]

다음 인물에 대한 설명으로 옳은 것은? [1점]

역사 인물 카드

연보

• 1876년   황해도 봉산 출생
• 1894년   배재학당 입학
• 1896년   독립신문 창간 참여
• 1910년   '국어문법' 발간
• 1914년   서울에서 별세

① 조선어연구회를 조직하였다.
② 국문 연구소에서 활동하였다.
③ 잡지 「한글」 간행에 참여하였다.
④ 조선어학회 사건으로 투옥되었다.
⑤ '한글 맞춤법 통일안' 제정을 주도하였다.

33 정답 ②

정답 해설

① 개항 이후에 일본으로 곡물이 대량으로 유출되어 식량 사정이 악화되자, 함경도와 황해도 등지의 지방관이 조·일 통상장정(1883년)에 의거하여 방곡령을 선포하였다. ③ 일제는 막대한 차관을 강제로 제공한 후 대한 제국의 재정을 일본에 예속시키려고 하였다. 이에 대구에서 서상돈 등에 의해 백성의 힘으로 경제적 주권을 지키자는 국채보상운동이 1907년 시작되었다. ④ 일제의 이권 침탈 시도였던 황무지 개간권 요구에 대한 반대 운동은 1904년에 보안회를 중심으로 전개되었다. ⑤ 조·청 상민수륙무역장정 체결 이후 외국 상인들이 내륙으로 진출하면서 상권 침탈이 심하였으며, 이에 상권 수호 운동이 전개되었다.

오답 해설

② 아관파천 이후 제국주의 열강은 조선의 금광을 비롯한 지하자원 채굴권을 약탈해 갔는데 미국은 평안도 운산의 금광권을 차지하였다. 조선 광업령은 한일병합 이후인 1915년 제정되었다.

34 정답 ②

정답 해설

제시된 자료의 '이 조치'는 1905년에 실시된 화폐 정리 사업이다. 일본은 재정 고문으로 들어와 있던 메가타를 내세워 화폐 정리 사업을 실시하였다. 즉, 일제는 기존에 통용되던 엽전과 백동화를 거두어들이는 대신에 일본 제일 은행권을 본위 화폐로 삼고, 조선 정부의 이름으로 새로운 보조 화폐를 발행하였다. 특히, 가장 문제가 되었던 것이 백동화인데, 백동화를 갑·을·병종으로 구분하여 차등 있게 교환하였다. 그리하여 많은 조선 상인과 농민들이 몰락하였고, 대한제국의 재정이 일본에 종속되는 계기가 되었다.

오답 해설

① 황무지 개간권 요구에 대한 반대운동을 펼쳤다.
③ 임오군란 이후 청의 간섭이 심해졌다.
④ 토지 약탈이 주 목적이었다.
⑤ 한·러 은행 폐쇄, 절영도 조차 요구 저지 등의 활동을 하였다.

35 정답 ③

정답 해설

제시된 자료에서 '1천 300만원', '국고' 등의 내용을 통해 이 운동은 국채보상운동임을 알 수 있다. 국채보상운동은 1907년 대구에서 출발하여 전국으로 확산되었는데, 이 운동의 확산에 있어 당시 언론들이 많은 도움을 주었다. 당시 여러 계몽 운동 단체와 「대한매일신보」, 「황성신문」 등 언론 기관이 주도하는 가운데 부녀자, 어린이, 기생 등 각계각층이 담배 끊기, 금반지 헌납 등 다양한 방법으로 이 운동에 참여하였다. 그러나 일제는 이 운동의 확산을 막기 위해 이 운동을 이끌었던 양기탁을 횡령 혐의로 체포하였다. 결국 이 운동은 실패로 돌아갔다.

오답 해설

① 동학농민운동, ② 대한민국 임시정부, ④ 의열단, ⑤ 독립협회와 관련된 내용이다.

36 정답 ②

정답 해설

연보의 인물인 주시경은 국어학자로, 우리말과 한글의 전문적 이론 연구와 후진 양성으로 한글의 대중화와 근대화에 큰 역할을 하였다. 특히 주시경은 지석영 등과 함께 정부가 학부 아래 세운 국문 연구소에서 국어의 발음과 맞춤법 통일 등 우리말 체계를 잡기 위해서 노력하였다.

오답 해설

① 1921년에 주시경의 영향을 받은 임경재, 장지영 등은 조선어연구회를 만들었다.
③ 조선어연구회는 한글날의 시초가 된 '가갸날'을 제정하고 기관지 「한글」을 만들고 각종 강연회, 연구 발표회를 개최하여 한글 보급에 힘썼다.
④ 조선어학회 사건으로 이윤재, 한징은 옥사하였으며, 조선어학회는 강제로 해산되었다.
⑤ 조선어학회는 한글 맞춤법 통일안과 표준어, 외래어 표기법을 제정하였다.

37 [34회 35번]

다음 기획전에 전시될 사진으로 적절하지 않은 것은? [1점]

초대합니다

사진으로 보는 개화기 신문물

우리 박물관에서는 개항부터 국권 피탈까지 신문물 수용의 역사를 담은 사진들을 모아 특별 기획전을 마련하였습니다. 많은 관람 부탁드립니다.

● 기간: 2017년 ○○월 ○○일 ~ ○○월 ○○일
● 장소: □□ 박물관 기획 전시실

①
경인선 개통

②
광혜원 개원

③
명동 성당 건립

④
한성 전기 회사 설립

⑤
경성 제국 대학 개교

38 [31회 37번]

다음 가상 뉴스 보도 이후에 있었던 사실로 옳은 것은? [2점]

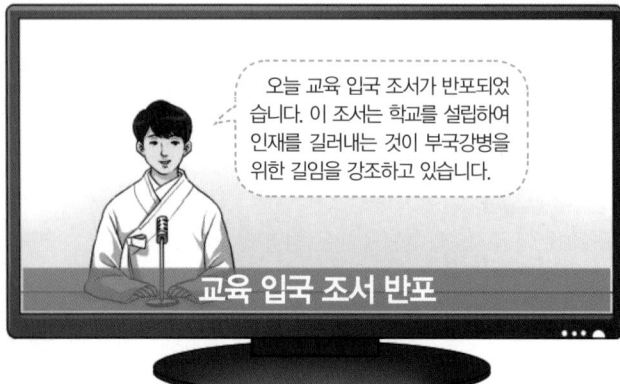

오늘 교육 입국 조서가 반포되었습니다. 이 조서는 학교를 설립하여 인재를 길러내는 것이 부국강병을 위한 길임을 강조하고 있습니다.

교육 입국 조서 반포

① 여성 교육기관인 이화학당이 세워졌다.
② 통역관 양성을 위한 동문학이 설립되었다.
③ 덕원 관민에 의해 원산학사가 설립되었다.
④ 교원 양성을 위한 한성사범학교가 개교하였다.
⑤ 최초의 관립 근대식 학교인 육영공원이 세워졌다.

39 [30회 34번]

밑줄 그은 '이 신문'으로 옳은 것은? [2점]

사진은 서울 양화진 외국인 선교사 묘원에 위치한 영국인 베델의 묘비이다. 베델은 양기탁과 함께 이 신문을 창간하여 일제의 국권 침탈을 비판하고, 국채 보상 운동을 전국으로 확산시키는 데 기여하였다.

①
한성순보

②
독립신문

③
제국신문

④
황성신문

⑤
대한매일신보

40 [35회 35번]

(가)에 대한 설명으로 옳은 것은? [2점]

정부가 고위 관료의 자제 등을 대상으로 영어, 수학 등을 가르치기 위해 1886년에 세운 근대 학교는 무엇일까요?

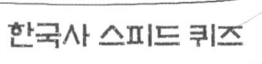
한국사 스피드 퀴즈

(가)

① 여성 교육 확대를 위하여 세워졌다.
② 조선총독부의 탄압으로 폐교되었다.
③ 헐버트 등 외국인이 교사로 초빙되었다.
④ 삼원보에 만들어진 민족 교육기관이다.
⑤ 소학교 교사 양성을 위하여 설립되었다.

37 정답 ⑤

정답 해설

강화도조약(1876) 이후 정부는 신문물 도입을 적극적으 로 추진하였다. 1883년 박문국, 기기창, 전환국 등의 근대 시설을 갖추었고 이후 전등과 전차, 전화 등이 개설되기 시작하였 다. 1885년에는 최초의 근대식 병원인 광혜원이 설립되었으며 덕수궁 석조전(1910), 명동성당(1898) 등 서구식 건축물이 세워졌다.

정답 분석

⑤ 경성제국대학은 일제강점기 때인 1924년에 일제가 서울에 설립한 대학이다.

오답 해설

① 경인선 철도는 제물포와 노량진 구간을 잇는 노선으로 1899년에 최초로 개통되었다.
② 광혜원은 1885년 선교사 알렌에 의해 세워진 최초의 근대식 병원이다.
③ 1898년에 완성된 대표적인 서양식 건축물인 명동성당(고딕 양식)이다.
④ 한성전기회사는 1898년 1월에 세워진 최초의 전기회사이다.

38

정답 ④

정답 해설

우리나라는 갑오개혁으로 근대식 교육제도가 마련되었다. 교육을 담당하기 위한 학무아문(학부)이 설립되고, 과거제도가 폐지되었다. 이어 반포된 교육입국조서(2차 갑오개혁)는 교육이 국가 발전의 기반이 됨을 밝히고, 세계의 부강한 국가들이 교육을 통하여 이를 이룩하였으니 교육은 국가보존의 중요한 방법이라며 교육의 중요성을 내세웠다. 이는 종래 일부 계층에 제한되어 관리 등용의 수단으로 이용되고, 또는 특수 계층의 신분 유지를 위한 성격이 강했던 교육이 국가와 민족의 자주 독립을 이룩하는 근본이라고 인식하게 된 것으로서 교육관의 일대 변화를 의미하는 것이다.

오답 해설

① 1886년, ② 1883년, ③ 1883년, ⑤ 1886년이다.

39 정답 ⑤

정답 해설

1904년에는 양기탁이 영국인 베델을 발행인으로 초청하여 「대한매일신보」를 발행하였다. 「대한매일신보」는 신채호, 박은식 등이 쓴 애국적인 논설을 통해 항일의식을 고취하였다. 항일 의병 운동에 대해 호의적인 기사를 싣기도 하였고, 황무지 개간권 요구 반대 운동과 국채보상운동에도 앞장섰다. 이에 1907년 통감부는 신문지법을 제정하여 언론의 반일 논조를 탄압하였다.

오답 해설

① 1883년 정부는 박문국을 설립하고 「한성순보」를 발간하였다.
② 서재필은 1895년에 귀국하여 독립문 건립을 제안하였고, 1896년에 정부로부터 자금을 받아 우리나라 최초의 민간 신문인 「독립신문」을 발행하였다.
③ 1898년에 창간된 「제국신문」은 하층민과 부녀자들을 주된 독자층으로 삼은 순한글 신문이었다.
④ 1898년에 창간된 「황성신문」은 을사늑약이 체결되자 주필이었던 장지연이 '시일야방성대곡'을 싣기도 하였다.

40 정답 ③

정답 해설

육영공원은 1886년 국가가 주도하여 세운 최초의 근대적 학교이다. 주로 상류층 자제들을 대상으로 헐버트, 길모어 등 외국인 교사를 초빙하여 교육이 이루어졌다.

오답 해설

① 개신교는 배재학당과 이화학당 등을 설립하였다.
② 육영공원은 조선 총독부가 설립되기 전인 1894년에 폐교되었다.
④ 만주의 독립군을 양성하기 위해 삼원보에 설립된 것은 신흥무관학교이다.
⑤ 한성사범학교는 교육입국 조서에 따라 교원 양성을 위해 1895년 설립되었다.

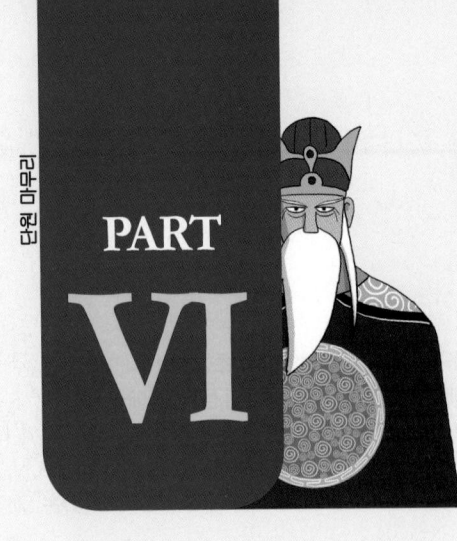

출제 포인트

근대 시대는 최근 49문항 14%가 출제되었다. 흥선대원군의 업적, 개화파 인물들, 강화도조약, 동학의 내용과 전개 과정, 갑오개혁과 아관파천 등 이 단원은 역사적 사건에 대한 개별적인 이해와 함께 시기를 나누고 구분하는 문제가 자주 출제되어왔다. 연도를 정밀하게 암기할 필요는 없으나, 인물에 대한 이해와 조약의 내용, 사건의 선후관계 등을 통해 해당 시기를 찾아내거나 특정 사건의 순서를 정할 수 있어야 한다.

● 흥선 대원군의 개혁정치

왕권 강화	• 인사 정책 : 능력에 따른 인재 등용 • 정치 개혁 : 비변사 축소, 의정부와 삼군부의 부활 • 법전 정비 : 『대전회통』, 『육전조례』 편찬 • 서원 정리 : 47개의 사액서원을 제외한 모든 서원 철폐 • 경복궁 중건 : 실추된 왕실의 위엄 회복→원납전 강제 징수
삼정의 문란 시정	• 전정 : 은결 색출, 지방관과 토호의 토지 겸병을 금지 • 군정 : 호포법 실시(양반에게도 군포 징수) • 환곡 : 사창제로 개편→농민의 부담 경감
의의 및 한계	• 의의 : 국가의 기강을 바로잡고 왕권 강화와 민생 안정에 기여 • 한계 : 전통 체제 내 개혁

● 통상수교 거부 정책과 양요

병인양요	• 병인박해(1866년) : 프랑스 선교사와 신도 처형 • 병인양요(1866년) : 프랑스의 침입→한성근 부대(문수산성)와 양헌수 부대(정족산성)
오페르트 도굴사건	미국이 독일 상인 오페르트를 내세워 남연군의 묘를 파헤침
신미양요	• 배경 : 제너럴셔먼호 사건(1866년)–제너럴셔먼호가 평양에서 불타 침몰된 사건 • 신미양요(1871년) : 미국이 강화도의 초지진과 광성보 공격→어재연 부대의 항전
척화비 건립	• '서양 오랑캐가 침범하였을 때 싸우지 않는 것은 곧 화의하는 것이요, 화의를 주장하는 것은 나라를 파는 것이다.'
의의 및 한계	• 의의 : 서양 열강의 침략을 막아내는데 기여 • 한계 : 우리나라의 근대화를 지연시킴

● 강화도조약 및 추가 조약

배경	• 흥선대원군 하야 : 고종의 친정 발표 • 통상 개화론 대두 • 일본의 포함 외교 : 운요호 사건을 구실로 문호 개방을 강조
강화도조약 (1876년)	• 자주국 규정: 조선에 대한 청의 종주권 부인의도 • 부산·인천·원산 개항 : 일본의 정치적·군사적 침략 거점 마련 • 치외법권과 해안 측량권을 인정: 불평등 조약
성격	• 조선이 외국과 맺은 최초의 근대적 조약 • 불평등 조약
추가 조약	조·일 수호조규부록(1876년) : 개항장 10리 이내에서 무역 허가 조·일 수호통상장정(1876년) : 일본의 수출입품에 대한 무관세 규정, 양곡의 무제한 유출 허용

● 해외 사찰단 파견

수신사(일본)	1차(김기수), 2차(김홍집, 『조선책략』 소개)
조사시찰단(일본)	일본의 발전상 시찰
영선사(청)	무기 제조법 습득→기기창 설치
보빙사절단(미국)	민영익·홍영식·서광범 등 최초의 구미 사절단

● 위정척사사상

구분	중심인물	배경	내용
1860년대	이항로	병인양요	척화주전론, 통상 반대 운동
1870년대	최익현	강화도조약	왜양일체론, 개항 불가론
1880년대	이만손	『조선책략』 유포	개화 반대론, 영남 만인소
1890년대 이후	유인석	을미사변, 단발령	항일 의병 운동으로 계승

● 임오군란(1882년)

원인	• 개화와 보수 세력의 대립 • 흥선대원군과 민씨 세력의 갈등 • 별기군 우대와 구식 군대에 대한 차별 대우
경과	구식 군인들의 봉기→일본 공사관 습격, 민씨 정권의 고관 살해→민중들까지 구식 군대에 동조하여 합세(군란의 규모 확대)→대원군 재집권→청군의 개입, 흥선대원군 압송→민씨 일파의 재집권
결과	• 청의 내정 간섭 심화(마젠창, 묄렌도르프를 고문으로 파견) • 조·청 상민수륙무역장정 체결 • 일본과 제물포조약 체결 : 배상금 지불, 공사관 경비병

● 갑신정변(1884년)

배경	• 청의 내정 간섭 심화로 인한 개화 정책의 후퇴 • 일본의 군사적·재정적 지원 약속
경과	우정국 개국 축하연을 이용하여 정변 단행(사대당 요인 살해)→개화당 정부 수립(14개조 정강 발표)→청의 개입으로 3일만에 실패
주요 개혁안	• 정치 : 청에 대한 사대 관계 청산, 입헌 군주제 지향 • 경제 : 지조법 개혁, 재정의 일원화 • 사회 : 문벌 폐지, 인민 평등권 확립
결과	• 청과 일본의 대립 격화 : 한성 조약, 톈진 조약 • 거문도사건(1885년) • 조선 중립화론 대두(부들러)
의의	• 근대적 국민 국가 건설을 목표 • 갑오개혁·독립 협회 활동·애국 계몽 운동으로 계승
한계	• 민중의 지지 없는 위로부터의 개혁 • 외세의존적(일본) • 군사·토지 문제에 소홀

● 동학농민운동(1894년)

배경	• 동학 교세의 확장 : 교조신원 운동 • 지배층의 수탈 • 일본의 경제적 침탈
교조신원운동	• 삼례집회(1892년) • 보은집회(1893년) 정치 운동으로 전환
1차 농민봉기	• 배경 : 고부 군수 조병갑의 학정 • 전개 : 전봉준을 비롯한 농민 지도자들이 고부 관아를 점령, 아전 처벌→전봉준 등 농민들의 무장 봉기, 4대 강령과 격문 발표→황토현 전투에서 정부군 격파→전주성에 입성
전주 화약체결	• 배경 : 정부가 청에 원병 요청→청군의 아산만 상륙→일본도 톈진 조약 구실로 군대 파견 • 전주화약의 성립 : 청과 일본에 내정 간섭의 빌미를 주지 않기 위해 정부와 농민군이 전주화약을 맺고 폐정 개혁을 약속함→농민군은 집강소를 설치하여 폐정 개혁을 실시
폐정 개혁안	• 탐관오리 엄징 • 노비문서는 불태워 버릴 것 • 관리의 채용은 지벌을 타파하고 인재를 등용할 것 • 왜적과 통하는 자는 엄징할 것 • 토지는 평균으로 분작하게 할 것
2차 농민봉기	• 배경 : 일본군의 경복궁 침입, 청·일 전쟁의 반발→일본의 내정 간섭에 맞서 농민군 봉기 • 전개 : 농민군의 집결과 서울로의 진격→공주 우금치에서 정부와 일본의 연합군에게 패배
의의	• 반봉건·반외세 민족운동, 근대 지향적 운동 • 갑오개혁에 영향, 반침략 항일 투쟁의 기반
한계	근대 국가 건설을 위한 구체적 방안을 제시하지 못함

● 갑오·을미개혁(1894~1895년)

전개	• 1차 갑오개혁 : 일본군의 경복궁 점령→김홍집 내각 구성, 군국기무처 중심의 개혁 추진 • 2차 갑오개혁 : 청·일 전쟁 후 조선에 대한 내정 간섭 본격화→홍범14조 반포 • 을미개혁 : 삼국 간섭 후 일본 세력 약화→을미사변→을미개혁 추진(단발령)
내용	• 정치 : 개국 연호, 왕의 전제권 제한, 과거제 폐지, 사법과 행정의 분리 • 경제 : 재정의 일원화, 은본위 화폐 제도, 조세 금납화, 도량형 통일 • 사회 : 신분제 철폐, 조혼 금지, 과부의 재가 허용, 고문과 연좌법 폐지
의의	• 개화 세력과 농민 운동의 요구를 반영 • 봉건적 전통 질서를 타파한 근대적 개혁
한계	• 일본의 침략적 의도가 담긴 강요된 개혁(군사 개혁 미흡) • 민중과 유리된 위로부터의 개혁

● 독립협회의 활동

민중 계몽운동	• 「독립신문」 발간, 강연회와 토론회 개최 • 독립의식 고취(독립문 건립)
자주 국권운동 (민족주의 사상)	• 만민공동회 개최(1898년) : 최초의 근대적 민중 대회, 개화 세력과 민중의 결합 • 열강의 내정 간섭, 이권 및 토지 조차 요구 저지
자유 민권운동 의회 설립운동	• 국민 참정권 운동 : 의회 설립운동 추진, 박정양 진보 내각 수립에 기여 • 관민공동회 개최 : 헌의6조 결의→의회식 중추원 관제 반포

● 대한제국

배경	독립협회와 여론의 환궁 요구, 러ㆍ일 간의 세력 균형→경운궁 환궁(1897년)
성립	• 칭제 건원: '광무' 연호, '황제' 칭호, '대한제국' 국호 • 대한국 국제 반포(1899년): 전제 정치와 황제권의 무한성을 규정함

광무개혁

배경	• 구본신참 : 복고주의적 • 갑오ㆍ을미개혁의 급진성을 비판하고 점진적 개혁을 추구
정치ㆍ국방 외교	• 전제 군주제 강화 • 국방력 강화 : 원수부 설치(황제의 군권 장악), 시위대와 진위대 강화 • 간도 관리사 파견 : 블라디보스토크와 간도의 이주 교민 보호
경제 교육	• 양전사업 실시, 지계(근대적 토지 소유 인증서) 발급 • 공업 진흥 : 근대적 공장과 회사 설립, 민간인 회사의 설립 지원
의의	경제ㆍ교육ㆍ시설 면에서 근대화와 국력 증강을 위한 노력
한계	집권층의 보수적 성향과 열강의 간섭으로 성과 미흡

● 항일 의병 전쟁

을미의병 (1895년)	• 원인 : 을미사변과 단발령 • 주도 : 위정척사파 유생(유인석ㆍ이소응) • 해산 : 아관파천 이후 단발령 철회, 고종의 해산 권고
을사의병 (1905년)	• 원인 : 을사조약의 체결 • 의병 활동의 전개 : 유생 의병장(민종식ㆍ최익현), 신돌석 • 을사조약 폐기 운동 : 상소 운동, 자결, 오적암살단 조직, 장지연의 '시일야방성대곡'
정미의병 (1907년)	• 원인 : 고종 황제의 강제 퇴위와 군대 해산 • 주도 : 해산된 군인과 각계각층(농민ㆍ노동자ㆍ광부 등) 참여 • 서울 진공 작전의 전개(13도 연합 의병 부대) : 의병을 국제법상 교전 단체로 승인해 줄 것을 요구 • 의병 활동의 위축 : 일본의 남한 대토벌 작전(1909년) 이후 세력 약화

● 애국 계몽 운동의 전개

보안회(1904년)	일제의 황무지 개간권 요구를 철회시킴
헌정연구회(1905년)	입헌 정체의 수립을 요구함
대한자강회(1906년)	• 교육과 산업의 진흥을 통한 실력 양성 운동 전개 • 대한자강회 월보 「산행」, 강연회 개최
신민회(1907년)	• 비밀 결사(안창호, 양기탁) • 주권 회복과 민주 공화 정체의 국민 국가 건설을 목표로 함 • 경제 활동 : 평양에서 자기 회사를 운영 • 교육 활동 : 대성학교, 오산학교 설립 • 독립군 기지 건설: 간도 삼원보(신흥 무관 학교) • 해산 : 105인 사건으로 와해됨(1911년)

● 경제적 침략 저지 운동 전개

국채보상운동 (1907년)	• 전개 : 대구를 시작으로 국채 1,300만 원을 국민 모금으로 상환하자는 운동 전개→국채보상기금회 조직(서울)→거족적 경제 구국 운동으로 발전 • 결과 : 일제의 탄압으로 실패 「대한매일신보」에서 보도

● 국학 연구

국사 연구	• 신채호 : 「독사신론」, 민족주의 역사학의 연구 방향 제시
국어 연구	• 국문연구소(1907년), 국어학연구소(1906년) : 지석영, 주시경 등이 우리말의 체계 정립

● 일제의 침략과 국권 피탈 과정

1904년	러·일 전쟁	한반도를 둘러싼 러·일의 협상 무산→전쟁 발발
	한일의정서	군사적 요충지와 시설 점령, 타국과 조약 체결 금지
	제1차 한일협약	외국인 고문을 통한 외교와 재정의 실권 장악(고문 정치)
1905년	가쓰라-태프트밀약	미국의 필리핀, 일본의 한반도 지배 상호 인정
	제2차 영일동맹	영국의 인도, 일본의 한반도 권익을 상호 인정
	을사조약	외교권 박탈, 통감부 설치
1907년	헤이그 만국평화회의에 특사 파견 → 고종 강제 퇴위	
	한일신협약(정미7조약)	통감의 권한을 확대, 일본인 차관 임명(차관 정치)
	군대 해산, 신문지법·보안법의 제정	
1909년	기유각서	한국의 사법권과 감옥 사무를 일본 정부에 위탁
1910년	한일병합	일본의 식민지로 전락, 총독부 설치

● 대원군의 개혁정치

삼정의 문란 시정, 호포제(양반에게도 군포 부과)
서원정리(국가 재정 확보, 붕당 근거지 해소)
경복궁중건, 당백전, 원납전, 묘지림 벌목
인재등용(남인 등용), 통상수교 거부 정책, 척화비 건립

경복궁   당백전

● 병인양요와 신미양요

병인양요 - 병인박해가 원인, 프랑스군 침입
           한성근(문수산성), 양헌수(정족산성) 외규장각 약탈
신미양요 - 제너럴셔먼호사건이 원인
           광성보 전투(어재연), 어재연 장군기(신미양요)

● 갑신정변

김옥균 박영효, 홍영식등 급진개화파
혁신정강14개조(지조법 개혁, 신분제 철폐)
입헌군주제, 한성조약, 톈진조약(공동 파병, 공동 철수)

김옥균   박영효   홍영식

● 동학농민운동

만석보 사건(조병갑)의 폭정으로 전봉준 봉기 황토현 전투 이후 전주성 점령, 전주화약으로 집강소 설치, 폐정 개혁안(신분제 폐지, 토지제도 개혁), 청·일 전쟁으로 2차 봉기, 우금치전투에서 패배, 반봉건 반외세의 자주적 민족운동으로 안으로는 갑오개혁, 밖으로는 청일전쟁에 영향

 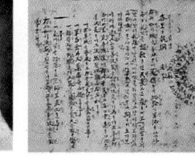

전봉준   사발통문

● 원구단과 황궁우

대한제국은 아관파천 이후 고종이 이곳 원구단과 황궁우에서 전제황권의 강화를 전제로 하는 대한국 국제를 반포한다. 이후 광무개혁을 통하여 지계를 발급하고, 교육과 상공업 진흥을 통한 부국강병을 추진하게 된다.

2주 승부

2주 안에 모두 끝내야 편해요...

만일 그렇게 못하면!

다음 시험까지 적게는 두 달에서 많게는 세 달까지 기다려야 하는 지루한 싸움이 될 겁니다.

지난 3년간의 기출문제를 살펴보았죠.

빈출 유형만 잘 봐도 시험을 깰 비기가 있다는 사실을 알게 되었습니다.

우리의 1차 목표!

"2주 안에 끝낸다"

명심하세요!

그 내용이 전부 이 책에 들어가 있어요

신과함께
한국사능력검정시험

Part VII
일제 강점기

CHAPTER 27

일제의 식민통치와 민족의 수난

쏙쏙 키워드를 알려주지!

태형, 즉결처분, 105인사건, 토지 조사 사업, 회사령, 산미 증식 계획, 국가총동원령, 공출

---

1 일제의 식민통치와 민족의 수난

(1) 일제의 식민통치기구

① **조선총독부** : ㉠ 일왕 직속으로 일본 내각의 통제조차도 거의 받지 않음
　　　　　　　　㉡ 총독 : ⓐ 일본군 육군이나 해군 대장 중에서 임명
　　　　　　　　　　　　　　ⓑ 입법 · 행정 · 사법 및 군대 통수권 장악

② **중추원** : ㉠ 총독부 자문기구→한국인 관료의 정치 참여를 홍보하려고 설치
　　　　　　㉡ 실제는 3 · 1 운동까지 10년간 단 한 차례의 회의도 소집되지 않음

조선총독부 건물(1926년)

(2) 헌병경찰통치(1910년대)

① **무단통치 실시** : 헌병 경찰을 동원한 강압적 통치 실시

② **헌병경찰제도** : ㉠ 헌병이 일반 경찰 업무를 수행하도록 함
　　　　　　　　　㉡ 헌병의 권한-즉결처분권, 태형령 집행권

③ **통치 내용** : ㉠ 관리와 교원들도 제복을 입고 칼을 차게 함
　　　　　　　　㉡ 민족 신문 폐간과 애국 계몽 운동단체 해산
　　　　　　　　㉢ 갑오개혁 때 폐지한 태형령과 연좌제 부활

④ **105인사건** : 신민회와 평안도 지역의 반일 기독교단체를 해산시키기 위해 데라우치 총독 암살 사건(안악사건)을 조작하여 신민회 등을 탄압(1912년)

(3) 민족분열통치(1920년대) : 문화통치

① **배경** : 3 · 1 운동과 일본의 식민통치에 대한 국제적 여론 악화

② **기만적인 '문화통치' 선언**
　㉠ 목적 : 국제적 비난 여론 회피, 민족 내부의 분열 유도, 친일파 육성
　㉡ 내용 : ⓐ 육군이나 해군 대장만 총독에 임명되던 제한을 철폐하여 문관도 총독으로 임명될 수 있도록 함→광복 때까지 문관 총독이 임명된 적 없음
　　　　　　ⓑ 헌병경찰제를 보통경찰제로 전환→i) 경찰과 경찰서 숫자 증가
　　　　　　　　　　　　　　　　　　　　　　ii) 고등경찰제 실시

---

① 국권 피탈 과정

한일의정서
→ 제1차 한일협약
→ 을사조약(제2차 한일협약)
→ 헤이그 특사 사건
→ 고종 퇴위
→ 정미7조약(한일신협약)
→ 군대 해산
→ 사법권 박탈
→ 경찰권 박탈
→ 국권 피탈

② 한일병합조약(1910년 8월)

제1조 한국 황제 폐하는 한국 정부에 관한 모든 통치권을 완전 또는 영구히 일본 황제 폐하에게 양여한다.

제5조 일본국 황제 폐하는 훈공 있는 한국인으로서 특히 표창에 적당하다고 인정된 자에게 영작을 수여하고 또 은급도 부여한다.

제8조 본 조약은 일본국 황제 폐하 및 한국 황제 폐하의 재가를 받은 것으로서 공포일로부터 시행한다.

③ 105인사건

㉮ 일제가 안악사건을 조작하여 신민회가 안명근을 조종하여 총독을 암살하려고 했다고 날조한 사건

㉯ 당시 일제는 황해도와 평안도 지방의 기독교단체들을 탄압할 목적으로 이 사건을 날조함

㉰ 신민회 간부를 비롯하여 600여 명이 체포되고 105명이 기소되었으나 실제 실형을 받은 사람은 극소수였으며 그것도 안악사건 때문이 아니고 다른 사소한 이유로 기소됨

단답형으로 확인하기

❶ 한국인 관리의 정치 참여를 홍보하기 위하여 설치된 것으로 형식적인 자문기구 역할을 한 1910년대의 기구는?

❷ 무단통치에서 문화통치로 넘어가는 계기가 된 사건은?

❸ 신민회 해산의 계기가 된 사건으로 데라우치 총독의 암살 미수 사건은?

정답
❶ 중추원
❷ 3 · 1 운동
❸ 105인사건

ⓒ 언론 · 출판 · 집회 · 결사의 자유를 제한적으로 허용 →치안유지법 제정(1925년)→노동자 · 농민 · 학생의 운동 탄압

ⓓ 「조선일보」와 「동아일보」등 창간 허용

ⓔ 지방제도 개정→도평의회와 부 · 면협의회 설치(자문기관에 불과함)→일부 부유층 선거권 부여

문화통치 때의 언론 탄압: 기사가 삭제된 신문들

(4) 민족말살통치(1930년대 이후)

① **배경** : 일본 본토와 식민지를 하나로 묶어서 경제블록을 형성하여 경제공황을 극복하고 대륙 침략을 위한 물자 조달을 위해 실시함

② **병참기지화정책** : 한반도를 대륙 침략을 위한 병참기지로 삼음

③ **황국신민화정책**

㉠ 목적 : 조선인을 일본인으로 동화시켜서 인적 · 물적 수탈을 강화하기 위해

㉡ 일제 구호 : 내선일체, 일선동조론, 황국신민화

㉢ 민족말살정책 : ⓐ 우리말과 우리 역사 교육 금지
　　　　　　　ⓑ 관공서에서의 우리말 사용 금지(1938년)
　　　　　　　ⓒ 일본식 성명으로 개조 강요(창씨개명, 1939년)
　　　　　　　ⓓ 각 지역에 신사 건립과 참배 강요

㉣ 언론 탄압 : 민족 신문이나 잡지 폐간(1940년)

내선일체　　　황국신민서사를 외우는 학생들　　　황국신민서사비　　　신사참배

① 황국신민서사 (아동용)

㉮ 우리들은 대일본 제국의 신민(臣民)입니다.
㉯ 우리들은 마음을 합하여 천황 폐하에게 충의를 다합니다.
㉰ 우리들은 인고단련(忍苦鍛鍊)하고 훌륭하고 강한 국민이 되겠습니다.

② 황국신민서사 (성인용)

㉮ 우리는 황국신민이다. 충성으로써 군국(君國)에 보답하련다.
㉯ 우리 황국신민은 신애협력(信愛協力)하여 단결을 굳게 하련다.
㉰ 우리 황국신민은 인고단련 힘을 길러 황도를 선양하련다.

③ 미나미 총독의 내선일체론

내선일체는 반도 통치의 최고 지도 목표이다. 내가 항상 역설하는 것은 내선일체가 서로 손을 잡는다든가 형태가 융합한다든가 하는 그런 미적지근한 것이 아니다. (중략) 형태도, 마음도, 피도, 육체도 모두 일체가 되지 않으면 안 된다. 내선 일체의 강화 구현이야말로 동아 신건설의 핵심을 이루는 것이고 그것이 아니고서는 만주국을 형제의 나라로 하고 중국과 제휴하는 어떠한 것도 말할 수 없다.

단답형으로 확인하기

❶ 일제에 의해 자행된 1930~45년의 통치 방식을 무엇이라 하는가?

❷ 황국신민화 정책에 따라 일제가 내건 구호는 무엇인가?

❶ 민족말살통치　❷ 내선일체, 일선동조론

① 일제시대 경제적 수탈 과정

1910년대 : 회사령
　　　　　토지조사 사업,어업령,
　　　　　삼림령, 광업령
1920년대 : 산미 증식 계획
　　　　　회사령 철폐
　　　　　관세장벽 철폐
　　　　　신은행령
1930년대 : 남면북양정책
　　　　　병참기지화정책
1940년대 : 미곡공출제도
　　　　　전쟁물자 수탈
　　　　　인적 수탈

② 토지조사령의 주요 내용

1. 토지 소유권은 조선 총독 또는 그 권한을 위촉받은 자가 결재 확정한다.
2. 소유권의 주장에는 신고주의를 원칙으로 한다.
3. 불복자에게는 증거주의 채택한다.

2 경제 수탈과 민중의 생활

(1) 1910년대의 경제적 수탈

① 토지 약탈 : 토지조사 사업의 실시(1912~1918년)

ⓖ 목적 : ⓐ 지세의 안정적 확보와 일본인의 토지 침탈을 쉽게 할 목적
　　　　ⓑ 일본인의 토지소유의 합법화와 친일파 지주 육성
　　　　ⓒ 일본의 실업자들에게 조선 토지를 불하하려고 함

ⓛ 실시과정 : ⓐ 토지조사국 설치(1910년), 토지조사령 발표(1912년)→소유권 조사, 토지가격 조사, 지형과 지목 조사
　　　　　ⓑ 신고제-기한 내에 신고해야만 소유권을 인정함-신고기간이 짧고 절차가 복잡하여 미신고지 발생

ⓒ 결과 : ⓐ 미신고 토지 약탈-전 국토의 40%가 총독부 소유화 됨
　　　　ⓑ 농민의 몰락-토지 소유권과 경작권, 입회권, 도자권 박탈
　　　　　→기한부 계약제 소작농이나 화전민으로 전락
　　　　　→농민의 해외 이주 증가(만주, 연해주, 일본 등)
　　　　ⓒ 지주의 토지 점유율 증가→친일지주를 육성

동양척식주식회사

② 회사령 (1910년)

ⓖ 내용 : 일제가 민족 산업의 발전을 막기 위해 모든 회사를 설립할 때는 총독부의 허가를 받도록 한 법령

ⓛ 결과 : ⓐ 민족 산업 붕괴, 일본 대기업의 조선 진출 촉진
　　　　ⓑ 1920년에는 일본기업의 조선 진출에 방해가 되었으므로 폐지함

③ 산림자원의 수탈 : 산림령(1911년)→임야조사 사업(1918년) 실시

④ 어업령(1911년), 광업령(1915년)

(2) 1920년대의 경제적 수탈

① 곡식 약탈 : 산미 증식 계획(1920~1934년)

ⓖ 배경 : 일본에서 부족한 식량을 우리나라에서 식량을 조달하려 함

ⓛ 내용 : ⓐ 1920년부터 15년간의 계획으로 쌀 생산 증대 계획 추진
　　　　ⓑ 쌀 증산을 위해 토지 개량 사업 실시, 수리시설 확충, 종자 개량

ⓒ 결과 : ⓐ 식량이 일부 증산되었으나 증산량보다 훨씬 많은 식량을 일본으로 공출→국내에 쌀이 부족하여 만주에서 잡곡(옥수수, 감자)을 수입함

단답형으로 확인하기

❶ 지세의 안정적인 확보와 토지 약탈을 통한 민족 자본의 성장을 억제하기 위해 시행된 것은?

❷ 1910년대 민족 자본의 성장을 억제하기 위해 회사 설립을 신고제에서 허가제로 전환한 것은?

❸ 1920년대 수리시설 개선, 비료사용, 품종개량 등을 통하여 쌀 생산을 증가시키고 증가분을 수탈하려고 시도되던 정책은?

❸ 산미 증식 계획
❷ 회사령
❶ 토지조사 사업

정답

  ⓑ 수리조합비, 증산에 투입된 운반비 때문에 농민 생활 악화
  ⓒ 미곡 중심의 단작 농업 형성→불균형적 농업 형성

일본으로 공출되는 쌀

② 회사령 철폐(1920년)
 ㉠ 목적 : 일본 자본의 원활한 조선 진출을 위해
 ㉡ 내용 : 회사 설립을 허가제에서 신고제로 전환
 ㉢ 결과 : ⓐ 일본 기업은 20년대 중반부터 중공업에 투자
    ⓑ 김성수의 경성방직 등 일부 조선 기업 성장
③ 관세장벽 철폐(1923년) : 일본 상품의 관세는 철폐함

(3) 1930년대의 경제 수탈
① 일제의 경제정책 변화 배경—만주사변(1931년), 중일전쟁(1937년) 발생
② 남면북양정책
 ㉠ 배경 : 경제공황의 영향으로 선진자본주의 국가들의 보호무역정책 실시→원료공급 부족에 대비하기 위해
 ㉡ 내용 : 남부지방에서는 면화(면방직의 원료)재배, 북부지방에서는 양 사육
③ 병참기지화정책
 ㉠ 배경 : 한반도 북부를 대륙침략을 위한 병참기지로 만들려 함
 ㉡ 내용 : 한반도 북부에 공업도시(청진, 함흥 등) 수풍발전소 건설
 ㉢ 결과 : ⓐ 중화학공업 중심의 발전 ⓑ 남부는 농업 위주, 북부는 공업 위주

(4) 일제 말기의 전시 경제적 수탈
① 국가총동원령(1938년)
 ㉠ 국가총동원령 : 중일 전쟁(1937년)이후 국가 총동원법 제정
 ㉡ 산미 증식 계획 재개
 ㉢ 미곡공출제도(1930년대) : 식량 배급제 실시, 마을 단위로 강제 공출
 ㉣ 전쟁물자 수탈 : 태평양 전쟁(1941년) 이후 금속제 그릇·농기구·식기·제기·교회와 사원의 종까지 징발함
② 인적 수탈
 지원병제, 징용제, 징병제, 정신대 근무령

위안부로 끌려간 소녀들   일제의 물자 수탈

단답형으로 확인하기

❶ 원료 부족에 대비하기 위해 남쪽에는 면화, 북쪽에는 양을 사육하려 했던 정책은?
❷ 전시체제 하에서 미곡 공출과, 배급, 징용, 징병이 실시되었던 시기 일제의 정책은?

❷ 논? 기울어논?
❶ 다급히곡육양정책

정답

일제의 인적 물적 수탈을 노래한 '화물차 가는 소리'

신고산이 우루루 화물차 가는 소리에 / 지원병 보낸 어머니 가슴만 쥐어뜯고요. 어랑 어랑 어허야 / 양곡 배급 적어서 콩깻묵만 먹고 사누나 / 신고산이 우루루 화물차 가는 소리에 정신대 보낸 어머니 딸이 가엾어 울고요. 어랑 어랑 어허야 / 풀만 씹는 어미소 배가 고파서 우누나 / 신고산이 우루루 화물차 가는 소리에 금붙이, 쇠붙이, 밥그릇마저 모조리 긁어 갔고요. 어랑 어랑 어허야 / 이름 석 자 잃고서 족보만 들고 우누나.

1 [37회 42번]

(가)에 들어갈 용어로 옳은 것은? [1점]

역사 용어 카드

(가)

일제가 조선을 자국의 식량 공급 기지로 삼기 위해 추진한 것이다. 1920년부터 시작되어 1934년 중단되었다가, 1937년 일제가 중·일 전쟁을 일으키면서 1940년 다시 추진되었다.

① 미곡 공출제   ② 산미 증식 계획
③ 농촌 진흥 운동   ④ 토지 조사 사업
⑤ 병참 기지화 정책

2 [36회 39번]

다음 제도가 시행된 시기에 볼 수 있는 모습으로 적절한 것은? [1점]

일제는 조선 경찰 사무를 처리하기 위하여 경무 총감부를 설치하고, 헌병 사령관을 경무 총장에 임명하였다. 헌병이 경찰 업무까지 맡아 경시, 경부 등 경찰 자격을 겸하도록 하였다.

경무부와 헌병대 간판이 나란히 걸려 있는 모습

① 제복을 입고 칼을 찬 교사
② 영화 「아리랑」을 제작하는 감독
③ 원산 총파업에 동참하는 부두 노동자
④ 조선민립대학기성회에 성금을 내는 상인
⑤ 근우회가 개최한 강연회에서 연설하는 여성

3 [35회 39번]

다음 일제의 식민 통치 방침이 마련된 배경으로 옳은 것은? [2점]

- 총독은 문·무관 어느 쪽이라도 임용될 수 있는 길을 열고, 나아가 헌병 경찰 제도를 바꿔 보통 경찰 제도를 채택할 것이다.
- 핵심적 친일 인물을 골라 그 계급과 사정에 맞게 각종 친일적 단체를 조직하게 한다.

① 브나로드운동이 전개되었다.
② 암태도 소작 쟁의가 발생하였다.
③ 광주학생항일운동이 일어났다.
④ 3·1 운동이 전국적으로 확산되었다.
⑤ 충칭에서 한국 광복군이 창설되었다.

4 [36회 45번]

밑줄 그은 '시기'에 있었던 사실로 옳지 않은 것은? [3점]

이 돌에는 황국 신민 서사의 내용이 쓰여 있습니다. 일제는 중·일 전쟁 이후 황국 신민화 정책을 추진하던 시기에 일왕에 대한 충성을 강요하면서 이 서사를 암송하게 하였습니다.

① 징병제가 실시되었다.
② 신사참배가 강요되었다.
③ 조선태형령이 시행되었다.
④ 국민징용령이 공포되었다.
⑤ 여자정신근로령이 제정되었다.

1 정답 ②

정답 해설

(가)의 설명은 일제의 산미증식계획에 대한 내용이다. 일본은 제1차 세계대전을 계기로 공업이 발달하고 도시 인구가 급격히 증가하면서 심각한 식량 문제에 부딪혔다. 그에 따라 부족한 식량을 한반도에서 착취하기 위해 산미증식계획을 실시하였다. 이 과정에서 일본인 대지주의 성장과 조선인 중소 지주의 몰락을 초래하였다. 무엇보다 증산량을 초과한 많은 식량을 일본 본토로 반출하였다.

오답 해설

① 미곡공출제는 일제가 전쟁에 사용할 식량을 확보하기 위해 1937년 중·일 전쟁 이후 실시한 농산물 수탈정책이다.
③ 농촌진흥운동은 1932~1940년 사이 농촌사회 제어를 위한 목적으로 조선총독부의 주도로 진행된 관제 농민운동이다.
④ 일제는 1912년 토지조사령을 발표하고 토지조사사업을 실시하였다.
⑤ 일제는 1937년 중·일 전쟁을 일으켜 중국 침략을 강행하면서 본격적으로 한반도를 대륙 침략의 병참 기지로 삼았다

2 정답 ①

정답 해설

1910년대에 일제는 관리와 교원들에게 제복과 칼을 착용하게 하였으며, 헌병경찰을 앞세운 강압적인 무단통치를 실시하였다. 전국에 배치된 헌병경찰은 정식 재판 없이도 벌금, 태형 등을 가할 수 있는 즉결처분권을 가지고 있었다. 또 우리의 모든 정치활동을 금지하고, 집회와 결사의 자유를 박탈했으며 애국 운동 단체들을 해산시켰다. 「황성신문」과 「대한매일신보」 등 민족신문의 발행이 금지되고 많은 애국지사들이 체포되거나 투옥되었다.

오답 해설

② 「아리랑」은 1926년 나운규가 발표한 일제강점기 민족의 아픔을 그린 영화이다.
③ 전국적인 노동운동단체인 조선노동총동맹을 중심으로 전개된 사건으로 원산 총파업(1929년)이 있다.
④ 조선민립대학기성회는 대학 설립을 위해 '한민족 1천만이 한 사람이 1원씩'이라는 구호를 내걸고 모금운동을 전개하였다.
⑤ 민족주의 계열과 사회주의 계열로 나누어져 있던 여성단체들은 1927년 신간회의 창립을 계기로 통합 단체인 근우회를 결성하였다.

3 정답 ④

정답 해설

자료는 조선 총독 사이토 마코토가 부임하면서 발표한 시정 방침으로 1919년 3·1 운동 이후 무단통치의 한계를 자각하면서 나타난 민족분열통치의 내용이다. 이 시정 방침을 통해 일제는 이른바 문화통치의 실시를 내세웠다. 1920년대 일제는 문관 총독의 임명을 가능하도록 하였다. 또한 한국인의 언론·출판의 자유를 일부 인정하여 「조선일보」, 「동아일보」 등 한글신문의 발행을 허가하였다. 그러나 실제 문관 총독은 임명되지 않았으며, 경찰력이 이전보다 증가하고 치안유지법이 만들어져 독립운동에 대한 탄압이 강화되었다. 또한 일제는 언론에 대한 검열을 강화하여 신문 기사를 삭제하거나 신문을 정간하였으며, 친일파와 친일 단체를 육성하여 민족운동을 분열시키려고 하였다.

오답 해설

① 「동아일보」는 1931년부터 브나로드운동을 전개하였다.
② 암태도 소작쟁의는 1923년에 발생하였다.
③ 광주학생항일운동은 1929년에 일어났다.
⑤ 일제의 대륙 침략이 본격화된 이후 임시정부는 무장 부대의 필요성을 느끼게 되었고, 충칭에 정착한 후 한인 무장 세력을 규합하여 1940년 9월 지청천을 총사령관으로 하는 한국광복군을 창설하였다.

4 정답 ③

정답 해설

제시된 자료에서 '황국신민의 서사', 암송 등의 내용으로 민족말살통치기의 상황임을 알 수 있다. 이 시기 일제는 신사참배와 황국신민의 서사 암기, 창씨개명 등 민족말살정책을 실시하였다. 뿐만 아니라 전시 체제하에서 인적·물적 자원의 수탈을 강화하였다. 군량 확보를 위하여 산미 증식 계획을 다시 시작하였으며, 소비 규제를 목적으로 식량 배급을 실시하고 미곡을 정부에 바치게 하는 등 공출제도를 시행하였다. 또한 지원병제, 징병제로 한국의 젊은이를 전쟁을 위한 노동자로 동원하였다. 그리고 정신대 근로령을 내려 여성들까지도 강제로 동원하였다. 이들은 군수 공장에서 일하기도 하였으나, 중국과 동남아시아의 전쟁터로 끌려가 군 위안부로 희생된 경우도 있었다.

오답 해설

③ 조선태형령은 1910년대 무단통치 시기이다.

5 [35회 41번]
다음 법령이 공포된 시기를 연표에서 옳게 고른 것은? [2점]

> 제1조 국가 총동원이란 전시(전시에 준할 경우도 포함)에 국방 목적을 달성하기 위하여 국가의 전력을 가장 유효하게 발휘하도록 인적 및 물적 자원을 통제 운용하는 것을 말한다.
> ⋮
> 제4조 정부는 전시에 국가 총동원상 필요할 때에는 칙령이 정하는 바에 따라 제국 신민을 징용하여 총동원 업무에 종사하게 할 수 있다. 단, 병역법의 적용을 방해하지 않는다.

1910	1919	1925	1931	1937	1945
	(가)	(나)	(다)	(라)	(마)
국권 피탈	2·8 독립 선언	미쓰야 협정	만주 사변	중·일 전쟁	8·15 광복

① (가) ② (나) ③ (다) ④ (라) ⑤ (마)

6 [35회 45번]
밑줄 그은 '시기'에 볼 수 있는 모습으로 적절한 것은? [3점]

이 그릇에는 '공출보국(供出報國)'이라는 글자가 쓰여 있습니다. 여기에서 공출이란 일제가 태평양 전쟁을 전개하던 시기에 전쟁 물자 확보를 위해 미곡, 금속 등을 강제로 거두어 간 것을 말합니다.

① 원각사에서 은세계를 관람하는 청년
② 원산 총파업에 동참하는 부두 노동자
③ 만민공동회에서 연설을 듣고 있는 상인
④ 황국신민서사를 암송하는 국민학교 학생
⑤ 토지조사 사업에 따라 토지를 측량하는 기사

7 [36회 38번]
(가)에 들어갈 내용으로 가장 적절한 것은? [2점]

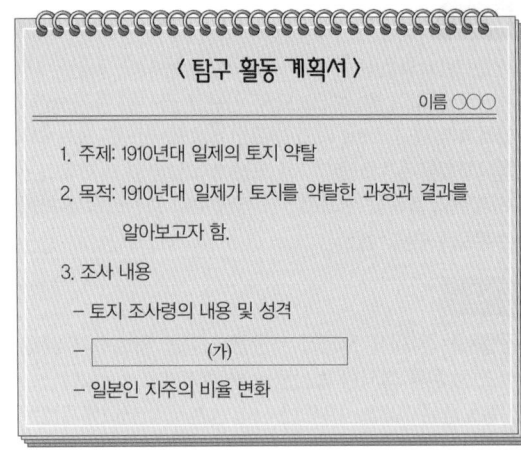

〈 탐구 활동 계획서 〉
이름 ○○○
1. 주제: 1910년대 일제의 토지 약탈
2. 목적: 1910년대 일제가 토지를 약탈한 과정과 결과를 알아보고자 함.
3. 조사 내용
 – 토지 조사령의 내용 및 성격
 – (가)
 – 일본인 지주의 비율 변화

① 백두산 정계비문 분석
② 방곡령 실시 지역 분포
③ 군국기무처의 기능과 역할
④ 공출제와 금속 공출량 통계
⑤ 동양척식주식회사의 주요 사업

8 [44회 42번]
밑줄 그은 '계획'이 실시되던 시기에 있었던 사실로 옳은 것은? [2점]

이 그림은 '배꼽이 배의 열 배!'라는 신문 만평으로, 과도한 수리 조합비 징수를 풍자한 것이다.
일본 각지에서 쌀 폭동이 일어나는 등 식량 위기가 발생하자, 조선 총독부는 쌀 생산을 대폭 늘리겠다는 계획을 실시하면서, 관개 시설을 확충한다는 명목으로 수리 조합을 조직하고 농민들을 가입시켰다. 많은 농민들은 조합비를 비롯한 경제적 부담의 증가로 토지를 상실하고 도시나 국외로 이주하기도 하였다.

① 함경도에서 방곡령이 선포되었다.
② 지계아문이 설치되어 지계가 발급되었다.
③ 증산량보다 많은 쌀이 일본으로 반출되었다.
④ 메가타의 주도로 화폐 정리 사업이 실시되었다.
⑤ 회사 설립을 허가제로 하는 회사령이 제정되었다.

5 정답 ⑤

정답 해설

중·일 전쟁 발발 이후 일제는 국가 총동원법을 제정(1938년)하여 인적·물적 자원의 수탈을 강화하였다. 특히, 징병제를 통해 한국 남성들을 일제의 침략 전쟁에 동원하고 징용을 통해 광산, 군수 공장 등에 끌고 가 혹사시켰다. 또한 전쟁 무기를 만들기 위해 학교 철문, 농기구, 놋그릇, 수저까지 강제로 공출하였다. 그리고 이 시기 일제는 '황국신민화'의 구호를 내세워 신사참배와 황국신민서사 외우기를 강요하였으며, 우리말과 우리 역사 교육을 금지하고 일본어만 사용하도록 하였다. 또 다수의 한글신문과 잡지를 폐간하고 민족운동단체를 강제로 해산하였다. 그리고 우리의 성과 이름도 일본식으로 바꾸도록 강요하였다(창씨개명).

7 정답 ⑤

정답 해설

제시된 자료는 토지조사 사업(1910~1918년)을 설명하고 있다. 토지조사 사업은 일제가 근대적 토지 소유를 확립한다는 명분 아래 전국적으로 벌인 대규모 토지 조사였다. 그 결과 일제가 전국 농토의 40%를 차지하였고, 총독부는 이 토지를 동양척식주식회사 등에 넘겼다. 그리고 동양척식주식회사는 헐값에 넘겨받은 토지를 일본인 이민자들에게 불하하여 농업 이민과 일인 지주가 증가하였다. 토지조사 사업의 결과 조선 후기 이래 인정된 농민들의 관습상 경작권이나 영구 임대 소작권 같은 소작 농민의 권리는 무시되었고, 토지에 대한 지주의 소유권만 인정되었다. 또 일제가 지세를 확실하게 거둘 수 있는 기초를 만들어 식민지 지배에 필요한 재정을 마련할 수 있었다.

오답 해설

① 숙종 때 조선은 청과의 국경분쟁 문제를 해결하기 위하여 백두산에 정계비를 설치하였다.
② 방곡령 시행 절차는 1883년의 조·일 통상장정에 규정되어 있다.
③ 군국기무처는 갑오개혁 당시 초정부적인 회의 기구였다.
④ 일제는 1938년 공포된 국가 총동원법에 따라 학교 철문, 농기구, 놋그릇, 수저까지 강제로 공출하였다.

6 정답 ④

정답 해설

중·일 전쟁을 도발한 일제는 먼저 군량미 조달을 위해 산미 증식 계획을 재개하였고, 미곡의 시장 유통을 금지하는 공출제와 식량 배급제를 실시하였다. 또한, 무기와 전쟁 물자를 조달하기 위해 가정과 학교, 종교 시설 등에서 금속류를 강제로 공출하였다. ④ 민족말살통치 시기 일제는 한국인과 일본인은 하나라는 내선일체를 내세웠으며, 황국신민서사를 어린 학생들에게 강제로 외게 하였다.

오답 해설

① 원각사는 1908년에 설립되어 「은세계」 등을 공연하였으며 1909년에 폐지되었다.
② 1929년 원산에서는 일본인이 한국인 노동자를 구타한 사건을 계기로 원산 총파업이 일어났다.
③ 1898년 독립협회는 최초의 근대적 민중집회인 만민공동회를 개최하였다.
④ 토지조사 사업은 1910년대에 실시되었다.

8 정답 ③

정답 해설

자료의 (가)는 산미 증식 계획이다. 일제는 공업화 정책을 추진하면서 자국의 식량이 부족해지자, 산미 증식 계획을 추진하였다. 일제는 이 사업을 실시하면서 쌀의 증산을 위해 각지에 수리 조합을 조직하고 토지 개량 사업을 벌였다. 산미 증식 계획의 무리한 강행으로 한국의 농업 구조는 쌀농사 중심으로 바뀌었고, 증산에 투입된 비용을 지주가 소작인에게 전가하는 일이 빈번히 일어났다. 또한 증산량보다 많은 쌀이 일본으로 반출되어 한국인의 식량 사정은 극도로 악화되어, 만주에서 들여온 조·수수 등의 잡곡으로 끼니를 연명해야 했다. 그리하여 토지를 상실하고 화전민이 되거나 아예 해외로 이주하는 농민들이 많아졌다.

오답 해설

① 함경도에서 방곡령이 선포된 것은 1890년이다.
② 지계아문이 설치되어 지계가 발급된 것은 1901년이다.
④ 메가타의 주도로 화폐 정리 사업이 실시된 것은 1905년이다.
⑤ 회사 설립을 허가제로 한 회사령이 제정된 것은 1910년이다.

CHAPTER 28

3·1 운동과 무장독립투쟁

쏙쏙 키워드를 알려주지!

대한광복회, 신흥무관학교, 서전서숙, 3·1 운동, 연통제, 국민대표회의, 청산리전투, 조선의용대, 건국강령 발표, 한국광복군, 조선혁명선언, 윤봉길

1 3·1 운동 이전의 민족운동 (1910년대 항일운동)

(1) 1910년대 국내의 항일운동

① 특징 : ㉠ 1915년 채응언을 <u>마지막으로</u> 국내에서의 의병활동이 침체됨 ── 마지막 의병

　　　　　㉡ 일본의 탄압으로 비밀 결사 조직과 활동으로 전환함

　　　　　㉢ 애국지사들의 해외 망명 증가→독립군 활동으로 전환

② 대한독립의군부(1912년)

　　㉠ 조직 : 임병찬이 고종의 밀명을 받아 조직

　　㉡ 구성원 : 보수적 유생 중심→복벽주의 지향 ── 이전의 왕조(고종)가 돌아옴

　　㉢ 국권 반환 요구서를 조선 총독에게 보내 국권을 회복시킬 계획을 세웠으나 지도부 인사들이 체포당함으로써 해체

③ 대한광복회(1915년)

　　㉠ 조직 : 채기중 · 박상진 · 김좌진 등을 중심

　　㉡ 강령 : ⓐ 부호의 의연금 및 일본인이 불법 징수하는 세금을 압수하여 무장을 준비한다.

　　　　　　ⓑ 만주에 사관학교를 설치하여 독립전사를 양성한다.

　　㉢ 활동 : ⓐ 공화정 지향, 친일파 처단, 만주의 독립운동 단체와 연계

　　　　　　ⓑ 독립기지 건설(만주)과 사관학교 설립을 위한 군자금 모집 시도

(2) 1910년대 국외 독립운동

① 배경 : 국권 피탈 간도 · 연해주 · 만주를 중심으로 독립운동 기지 설립이 활발함

② 만주의 주요 독립운동 기지

　　㉠ 유하현 삼원보(서간도) : 신민회가 경학사(부민단), 신흥무관학교 설립

　　㉡ 북간도 : ⓐ 간민회 · 중광단 등의 항일단체 활동

　　　　　　　ⓑ 명동학교(명동, 김약년) · 서전서숙(용정, 이상설)

　　㉢ 밀산부(북만주) : 중국과 러시아 국경지대인 밀산부에 한흥동(한인 자치마을) 건설

③ 연해주 지역의 독립운동 기지 : 신한촌(블라디보스토크), 광복회, 권업회, 대한광복군 정부(→대한국민의회로 발전)

④ 미주 지역의 활동 : 대한인국민회(박용만, 이승만) · 흥사단(안창호), 대조선국민단(하와이, 박용만)

2 3·1 운동의 전개

(1) 3 · 1 운동의 태동(배경)

① 레닌의 식민지 민족 해방지원 선언과 민족자결주의 선언

채응언

임병찬

단답형으로 확인하기

❶ 임병찬이 고종의 밀지를 받아 설립하고 복벽주의를 지향한 단체는?

❷ 1915년 채기중, 김좌진이 설립한 독립운동 단체로 공화정을 지향했던 것은?

❷ 대한광복회
❶ 대한독립의군부

정답

② 대한독립선언서(무오독립선언, 1918년) 발표→무장독립투쟁 노선 주장

③ 일본 유학생(조선청년독립단)들의 2 · 8 독립선언(1919)

(2) 3 · 1 운동의 시작 (1단계)

① **독립선언의 준비** : 종교계 대표와 학생들이 고종의 국장일에 만세운동 추진

② **독립선언서의 낭독** : 민족 대표 33인이 태화관에서 기미독립선언서를 낭독

③ **만세 시위의 전개** : 탑골공원에서 학생과 시민 중심으로 독립선언식을 열고, 만세 시위를 벌임

④ **일제의 탄압** : 일제의 무자비한 유혈 진압(수원 제암리 학살 사건 등 발생)

(3) 3 · 1 운동의 확산

① **도시로의 확산(2단계)** : 학생들과 상인, 노동자들이 참여하여 도시 간 확산

② **농촌으로의 확산(3단계)** : 농민들이 합세하고 무력적 저항운동으로 전개

③ **해외로의 확산**

(4) 3 · 1 운동의 역사적 의의

① **국제 여론의 변화** : 일제의 식민지 지배에 대한 비판적 국제여론 형성

② **민족의 독립 의지 성장** : 우리 민족의 자주독립 의지와 역량을 세계에 알림

③ **독립운동 방향의 변화**

　㉠ 독립운동 참여 주체와 기반 확대

　㉡ 다양한 독립운동의 방법론 등장 : 무장독립론 · 사회주의 · 실력 양성 운동

　㉢ 3 · 1 운동의 실패를 각성하고 독립운동의 조직적 지휘 필요성 인식→대한민국 임시정부 수립
　　의 계기가 됨

④ **영향** : ㉠ 중국의 5 · 4 운동, 인도의 비폭력 · 무저항운동 등에 자극을 줌

　　　　㉡ 일제 식민통치 방식의 변화: 헌병경찰통치→문화통치

3 대한민국 임시정부의 수립(1919년 10월)

(1) 임시정부의 수립

① **배경** : 3 · 1 운동의 계기로 독립운동 중심세력의 필요성 인식

② **주요 정부** : 상하이 임시정부(1919년 3월), 한성정부(1919년 4월), 대한국민의회

(2) 임시정부의 통합

① **임시정부의 중심지를 둘러싼 갈등**

　㉠ 외교독립론자 : 상하이　㉡ 무장투쟁론자 : 만주

② **임시정부 통합** : 한성정부를 계승하고 대한국민의회를 흡수하여 상하이에 대한민국 임시정부 수
　립→의정원에서 초대 대통령 이승만 선출

③ **대한민국 임시정부의 정치 형태**

　㉠ 삼권 분립에 바탕을 둔 최초의 민주공화정체의 정부 탄생

　㉡ 입법권은 임시 의정원 · 행정권은 국무원 · 사법권은 법원이 담당

단답형으로 확인하기

❶ 고종의 인산일 무단통치로 인한 민족적 분노가 저항으로
　표출되었던 것은?

❷ 우리나라 최초의 민주공화정체이며, 삼권분립을 지향하며,
　외교 중심지인 상해에 수립된 정부는?

정답 ❶ 3 · 1 운동 ❷ 대한민국 임시정부

---

① **기미독립선언서**

㉠ 작성

본문은 최남선이 작성하고 공약삼장은 한용운이 씀. 특히 최남선은 기미독립선언서를 쓰기는 했지만 민족대표 33인에는 포함되지 않음

㉯ 내용

오등은 이에 우리 조선의 독립국임과 조선인의 자주민임을 선언하노라. 이로써 세계만방에 고하여 인류 평등의 대의를 극명하고 이로써 자손만대에 고하여 민족자존의 정권을 영유하게 하노라. 반만 년 역사의 권위를 의지하여 이를 선언하며 2천만 민중의 힘을 합하여 이를 포명하며 민족의 항구여일한 자유발전을 위하여 이를 주장하며 인류적 양심에 기인한 세계 개조의 대기운에 순응병진하기 위하여 이를 제기함이니……

② **임시정부의 위치에 대한 논쟁**

㉠ 안창호의 상하이 안
첫째, 상하이와 러시아령에서 설립한 정부들을 일체 해소하고 오직 국내에서 13도 대표가 창설한 한성정부를 계승할 것이니 국내의 13도 대표가 민족 전체의 대표임을 인정함이다.
둘째, 정부의 위치는 아직 상하이에 둘 것이니 각기의 연락이 비교적 편리하기 때문이다.
셋째, 정부의 명칭은 대한민국 임시정부라 할 것이니 독립선언 이후에 각지를 원만히 대표하여 설립한 역사적 사실을 살리기 위함이다.

㉯ 문창범의 상하이 반대안
만주나 연해주처럼 국내와 인접해있는 지역에서도 연락을 충분히 할 수 없으며, 또 마음대로 활동할 수 없는데 상하이와 같은 원격지이며 타국의 영토 안에 있으면 어떤 일을 할 수 있으리라고 생각되지 않는다.

임시정부의 지도체제 변화

대통령 중심제
→1925년 국무령 중심의 내각책임제
→1927년 국무위원 중심의 집단지도체제
→1944년 주석 중심의 단일체제

(3) 대한민국 임시정부의 활동

① 비밀 행정 조직망

ㄱ 연통제(임시정부의 지방 행정기관)

　　ⓐ 임시정부가 국내외의 독립운동 지휘를 위해 만든 비밀 행정조직

　　ⓑ 총판(서울), 독판(각 도), 군감(군), 면감(면) 등의 조직을 가짐

ㄴ 교통국(통신기관) : 정보 수집 및 분석과 교환 업무를 담당함

② 군자금 모금

ㄱ 백산상회(부산, 안희제)와 이륭양행(만주, 영국인 루이스 쇼) 등을 중심으로 군자금 모금

ㄴ 애국공채 발행 · 국민의연금 모집 등으로 조성된 독립자금은 연통제와 교통국을 통해 전달

③ 군사 활동 : ㄱ 각종 군사에 관한 법령을 제정하였으나 중국에 있어서 한계

　　　　　　　ㄴ 광복군사령부 · 광복군총영 · 육군주만참의부 등 직할 군대로 삼음

④ 외교 활동 : ㄱ 파리 강화회의에 김규식 파견→독립의 당위성 역설

　　　　　　　ㄴ 구미위원부(미국)–한국 독립 문제에 대한 국제여론화 조성

⑤ 문화 활동 : 「독립신문」 간행(→독립의식을 고취시킴)

　　　　　　　사료편찬소(→한일관계 사료집 간행→역사왜곡에 대항)

(4) 대한민국 임시정부의 진통

① 대한민국 임시정부의 분열 위기(1920년대)

ㄱ 연통제와 교통국 조직망이 와해되면서 국민적 기반 상실

ㄴ 독립운동의 방법을 둘러싼 무장투쟁론과 외교독립론 사이의 대립 지속

② 국민대표회의의 소집(1923년)

ㄱ 목적 : 신채호 등이 외교독립론자 이승만 불신임 건의

ㄴ 대립의 격화 : 창조파 – 임시정부를 해체하고 새로운 정부 수립을 주장

　　　　　　　　개조파 – 임시정부의 조직 개혁을 주장함

ㄷ 결과 : 창조파의 임시정부 탈퇴→임시정부 위기→김구의 자구노력(한인애국단)

③ 대한민국 임시정부의 변화

ㄱ 이승만의 위임통치 청원서 사건으로 이승만 파면(1921년)→2대 대통령 박은식

ㄴ 대통령제를 국무령제로 전환함→내각 구성에 어려움을 겪음

ㄷ 일제의 중국 침략 이후 : 국민당 정부를 따라 충칭(중경)에 정착(1940년)

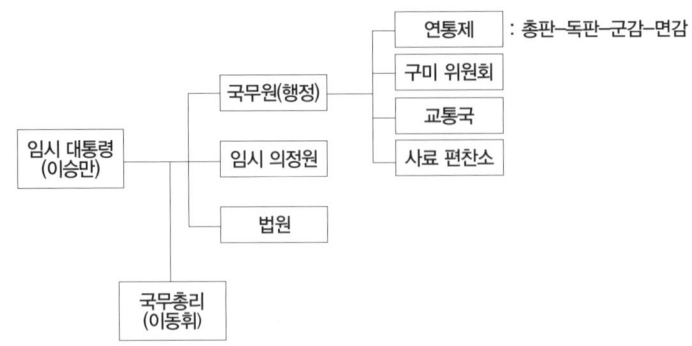

단답형으로 확인하기

❶ 임시정부의 기관으로 국내외를 연결하는 비밀행정 조직망 역할을 하였던 것은?

❷ 임시정부의 위기를 타개하기 위해 개최되었던 회의는?

❸ 임시정부의 통신기관으로 정보 수집과 첩보 수집을 담당했던 곳은?

정답

❶ 연통제
❷ 국민대표회의
❸ 교통국

4 1920년대 무장독립전쟁

(1) 독립군 단체의 결성

① 배경 : 3·1 운동을 계기로 무장독립전쟁의 조직적 전개 필요성을 인식함

② 주요 무장독립운동 단체

　　㉠ 신흥무관학교 : 신민회가 지청천 등을 교관으로 영입하여 무관 교육

　　㉡ 서로군정서 : 신흥무관학교 출신이 중심이 되어 조직 결성함

　　㉢ 대한독립단 : 삼원보(서간도)에서 박장호, 조맹선 등 의병장 중심→1920년에 '대한광복군총영'
　　　으로 개편 임시정부에 소속됨

(2) 봉오동전투(1920년 6월)

① 원인 : 만주 독립군들이 국내 진공 작전으로 국경 지방의 일본군 기습 공격→일본군은 추격 대대
편성하여 봉오동 지역 공격

② 전개 과정 : 대한독립군(홍범도), 국민회군(안무) 등이 일본군 157명을 사살

(3) 청산리대첩(1920년 10월)

① 배경 : 봉오동 전투 패배에 훈춘 사건을 일으킴 → 일본군의 만주 진입

② 전개 과정 : 북로군정서(김좌진), 대한독립군(홍범도) 등이 6일간의 전투 끝에 승리→독립전쟁 사
상 최대의 승리

(4) 독립군의 시련

① **간도참변(1920년 10월)** : 봉오동전투와 청산리전투에서 패한 일본군이 독립군은 물론 만주에 사
는 조선인 양민을 학살한 사건

② **대한독립군단의 조직(1921년)** : 간도참변 후 독립군들이 밀산부에 집결하여 대한독립군단 편성

③ **자유시참변(1921년)** : 소련의 적색군에 먼저 가입해 있던 고려 혁명군 측이 군지휘권을 장악하고
자 독립군의 무장해제를 요구하고 공격

④ **3부의 결성**

　　㉠ 3부: 참의부(1923년), 정의부(1924년), 신민부(1925년)

　　㉡ 3부의 활동: ⓐ 입법부·사법부·행정부로 구성된 자치행정기구

　　　　　　　　ⓑ 독립군의 훈련과 작전을 맡는 군정기관도 설치함

　　　　　　　　ⓒ 주권·국민·영토·군사력을 갖춘 실질적 자치정부

⑤ **미쓰야협정(1925년)** : 독립군 탄압을 위해 일제와 만주 군벌이 독립군을 소탕하고 체포된 독립군
은 일본군에 인도한다는 협정→독립전쟁 약화

미쓰야협정

> 1. 한국인이 무기를 가지고 다니거나 한국으로 침입하는 것을 엄금하며 위반자는 검거하여 일본 경찰
> 에 넘긴다.
> 2. 만주에 있는 한인단체를 해산시키고 무장을 해제하며 무기와 탄약을 몰수한다.
> 3. 일본이 지명하는 독립운동가를 체포하여 일본 경찰에 인도한다.

단답형으로 확인하기

❶ 홍범도의 대한독립군을 중심으로 일본군을 기습 공격하
여 승리를 거둔 전투는?

❷ 김좌진의 북로군정서군과 홍범도의 대한독립군이 중심이
되어 일제 강점기 최고의 승리를 거둔 전투는?

❷ 청산리대첩
❶ 봉오동전투

정답

훈춘사건 (1920년 10월)

일본군이 중국 마적 두목과 내통하여 훈춘을 공격할 것을 사주하여 그 해 10월 2일 400여 명의 마적단이 훈춘성을 공격하였다. 일본군은 이 사건을 구실로 3개 사단을 출동시켜 심문 없이 무조건 잡아 일렬로 세운 후 총살하고 불태우는 등 대학살을 저질렀다. 3개월에 걸쳐 일본군이 간도 일대에서 학살한 조선인 수는 3만여 명에 이르렀다. 훈춘사건은 간도 참변의 서곡이었다.

① 3부의 통합운동

1920년대 후반 민족유일당운동이 일어나 국내에서는 신간회가 결성되었다. 이와 같은 맥락으로 만주에서도 3부를 통합하자는 의견의 일치를 보았으나 그 방법이 서로 달랐다. 이 문제는 누가 주도권을 잡을 것인가와 관련되어 있었는데 끝내 합의를 이루지 못하였다. 결국 1929년 개인 중심의 통합을 주장하는 세력들은 혁신의회를 조직했고 단체중심의 통합을 주장하는 세력은 국민부를 조직하였다. 그러나 끝내 국민부와 혁신의회를 통합한 민족유일당 설립은 이루지 못하였다.

② 조선민족혁명당의 강령

• 민주공화국 수립
• 토지국유화
• 민주적 권리 보장

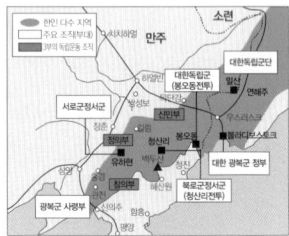

1920년대의 독립운동단체

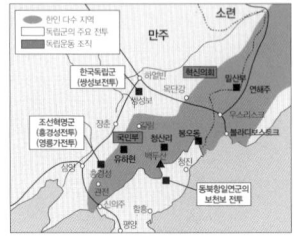

1930년대 무장독립전쟁

(5) 독립군 부대의 통합(1928년)

① 3부의 통합 운동 : 국민부와 혁신의회 탄생→통합실패
  ㉠ 국민부 : 조선혁명당과 조선혁명군이 결성됨
  ㉡ 혁신의회 : 북만주에서 김좌진·김동삼·지청천 등을 중심으로 결성→후에 한국독립당과 한국독립군으로 개편됨

5 1930년대 무장독립전쟁

(1) 한중 연합 작전의 전개

① 배경 : 일제가 만주에 만주국 수립(1931년, 만주사변)
② 한국독립군(지청천)의 활약
  ㉠ 중국 호로군과 연합 작전 전개→쌍성보 전투·대전자령 전투에서 대승
  ㉡ 일제 공격으로 한국독립군 해산→중국으로 이주하여 한국광복군에 합류
③ 조선혁명군(양세봉)의 활약
  ㉠ 중국 의용군과 연합 작전 전개→영릉가 전투·홍경성 전투에서 승리
  ㉡ 양세봉이 일제에 의해 살해당한 뒤로 점차 세력 약화(1934년)

(2) 만주 지역의 항일 유격 투쟁

① 사회주의 사상의 전파 : 만주 일대에 항일 유격대가 결성됨
② 동북인민혁명군(1933년) : 중국 공산당 유격대와 연합
③ 동북항일연군(1936년) : 동북인민혁명군이 개편된 조국광복회의 산하 조직

(3) 조선의용대와 조선의용군

① 조선의용대
  ㉠ 민족혁명당(1935년) : 민족주의와 사회주의 단체들이 민족유일당 건설을 목표로 결성한 조직→조선민족혁명당으로 개칭(1937년, 김원봉)→조선의용대 조직(1938년)
  ㉡ 조선의용대
    ⓐ 조선민족혁명당이 중심이 된 조선민족전선연맹의 군사 조직
    ⓑ 중국 국민당 정부와 대일전에 참여(호가장 전투)
    ⓒ 분열(1940년 이후)
      −사회주의 계열 : 옌안으로 이동하여 김두봉 등이 조선독립동맹 결성→조선의용군 결성→팔로군과 연합
      −김원봉 계열(조선의용대지휘부) : 충칭으로 이동, 한국광복군에 합류

6 대한민국 임시정부와 한국광복군

(1) 임시정부의 강화

① 한국독립당의 결성(1940년) : 충칭(중경)에서 김구 중심으로 한국독립당 조직
② 건국강령 발표(1941년) : '삼균주의'(조소앙)

단답형으로 확인하기

❶ 지청천이 중심이 되어 중국의 호로군과 연합 작전을 펼친 부대는?
❷ 민족혁명당의 산하 조직으로 김원봉 계열은 이후 충칭에서 한국광복군과 합류하게 되는 부대는?
❸ 의열단을 조직하였고, 조선민족혁명당을 이끌었던 사람은?

❶ 한국독립군
❷ 조선의용대
❸ 김원봉

(2) 한국광복군의 창설과 활동
① **창설(1940년)** : 김구 · 지청천이 충칭에서 신흥무관학교 학생을 중심으로 창설→김원봉의 조선의용대 흡수 통합
② **태평양 전쟁 발발 직후 대일 선전 포고(1941년)**
③ **활동** : ㉠ 영국군과 연합 작전 전개→인도 · 미얀마 전선에 파견(1943년)
　　　　 ㉡ 국내 진입작전 준비→미국 전략정보처(OSS)의 도움으로 국내 정진군(1945년) 특수훈련 실시→일본의 항복으로 실행하지 못함

7 의열단과 한인애국단의 활동

(1) 의열단(1919년)의 활동
① **배경** : 3.1운동의 한계 절감→조직적 실력투쟁과 무장투쟁의 필요성 대두
② **조직** : 김원봉 등이 만주에서 결성
③ **활동 지침** : 조선혁명선언(신채호)
　 ㉠ 의열단 선언문(의열단의 행동 지침)
　 ㉡ 민중 혁명을 통한 독립 주장
④ **주요 활동** : 박재혁(1920년, 부산경찰서에 폭탄 투척)
　　　　　　　 김익상(1921년, 조선총독부에 폭탄 투척)
　　　　　　　 김상옥(1923년, 종로경찰서에 폭탄 투척)
　　　　　　　 나석주(1926년, 동양척식주식회사에 폭탄 투척)
⑤ **의열활동의 방향 전환**
　 ㉠ 배경 : 개별적인 의열활동의 한계 인식과 조직적 투쟁의 필요성 절감
　 ㉡ 방향 전환 : 간부양성(조선혁명간부학교 설립)

(2) 한인애국단의 활약
① **배경** : 국민대표회의(1923년) 이후 임시정부의 침체를 타파하기 위해 조직함
② **한인애국단의 결성(1926년, 김구)**
　 ㉠ 주요 활동 : ⓐ 이봉창의 일왕 폭살 기도→상하이 사변의 원인
　　　　　　　　 ⓑ 윤봉길의 상하이 홍커우 공원 폭탄 투척 사건(1932년 4월)
　　　　　　　　　 →국민당 정부가 대한민국 임시정부를 지원해 주는 계기
　　　　　　　　　 →중국 군관학교에 한국 청년들을 위한 특별반 설치
　 ㉡ 의의 : 한반도 문제에 대한 국제적 관심이 고조, 독립운동의 의지가 고양

단재 신채호

백암 박은식

이봉창

김구와 윤봉길

① **이봉창의 선서문**
"나는 참된 정성으로 조국의 독립과 자유를 회복하기 위하여 한인애국단의 일원이 되어 적국의 수괴를 도륙하기로 맹세하나이다."
대한민국 13년 12월 13일

② **기타 의거활동**
㉮ 강우규(1919년) : 사이토 총독에게 폭탄 투척
㉯ 박열 : 일본 왕족 암살 시도
㉰ 조명하 : 타이완에서 일본 왕족 살해

③ **윤봉길의 홍커우 의거(1932년)**
1932년 상하이를 점령한 일본은 홍커우공원에서 전승기념식을 가졌다. 윤봉길은 그해 4월 29일 폭탄장치를 한 도시락을 들고 일본인으로 가장, 식장에 들어가 오전 11시 40분경 폭탄을 던졌다. 이로 말미암아 일본군 사령관 대장 시라카와와 거류민 단장 가와바타가 즉사하였다. 윤봉길은 자결하려 했으나 시간적 여유가 없어 체포된 후, 일본의 오사카로 이송되어 위수형무소에서 사형되었다. 한편 이 사건을 계기로 만보산 사건(1931년)으로 한때 악화되었던 중국 거류 한국인과 중국 관민과의 감정이 호전되고, 한국의 임시정부는 중국정부로부터 후대를 받게 되었다. 장제스는 "중국의 100만 대군이 못하는 일을 한국의 한 의사가 능히 하니 장하다"고 격찬하고 임시정부를 지원하였다.

단답형으로 확인하기

❶ 김구와 지청천을 중심으로 김원봉의 조선의용대 흡수하여 1940년대 민족운동을 주도했던 부대는?
❷ 한인애국단 단원으로 상해 홍커우 공원에서 폭탄을 투척한 사람은?

❷ 한국광복군
❶ 이봉창

정답

9 [36회 40번]

(가) 운동에 대한 설명으로 옳은 것은? 　[1점]

대한민국 헌법

전문

　유구한 역사와 전통에 빛나는 우리들 대한국민은 　(가)　으로 대한민국을 건립하여 세계에 선포한 위대한 독립정신을 계승하여…… 이 헌법을 제정한다.

> 1948년 7월 17일 제정된 헌법 전문입니다. 각계각층이 참여한 우리 민족 최대 규모의 독립 운동이었던 　(가)　의 정신을 강조하였습니다.

① 동아일보사가 주도하여 일어났다.
② 진주에서 시작하여 전국으로 확산되었다.
③ 러시아의 절영도 조차 요구를 저지하였다.
④ 일제의 무단통치가 바뀌는 계기가 되었다.
⑤ 순종의 인산일에 학생들의 주도로 전개되었다.

11 [36회 35번]

다음 검색창에 들어갈 학교로 옳은 것은? 　[2점]

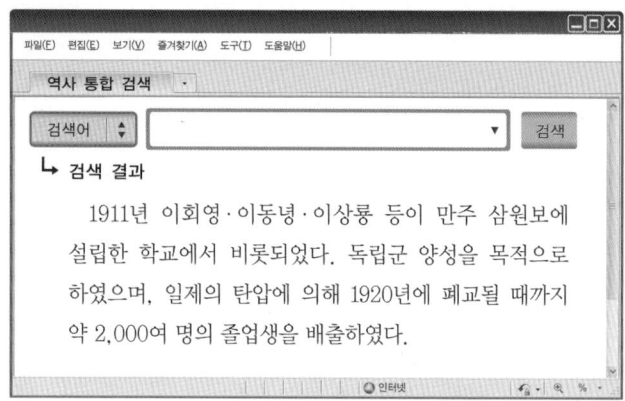

역사 통합 검색

검색어 ⇕

검색

↳ 검색 결과

　1911년 이회영·이동녕·이상룡 등이 만주 삼원보에 설립한 학교에서 비롯되었다. 독립군 양성을 목적으로 하였으며, 일제의 탄압에 의해 1920년에 폐교될 때까지 약 2,000여 명의 졸업생을 배출하였다.

① 서전서숙
② 명동학교
③ 배재학당
④ 오산학교
⑤ 신흥무관학교

10 [36회 43번]

밑줄 그은 '조직'으로 옳은 것은? 　[2점]

S#11. 함흥 지방 법원 법정

재판장: (증거 문서를 들어 보이며) 이 서류 중 적(敵)이라 함은 누구를 가리킴인가?
피고인: 물론 일본이오.
재판장: 여기 적힌 조직을 설치하였는가?
피고인: 그렇소. 도에 감독부, 군에 총감부, 면에 사감부를 설치했소.
재판장: 구체적으로 무슨 활동을 하였는가?
피고인: 대한민국 임시 정부의 문서와 명령을 전달하고 군자금을 조달하였소.

① 연통제
② 중광단
③ 참의부
④ 대한광복회
⑤ 독립의군부

12 [31회 45번]

(가)에 들어갈 내용으로 가장 적절한 것은? 　[2점]

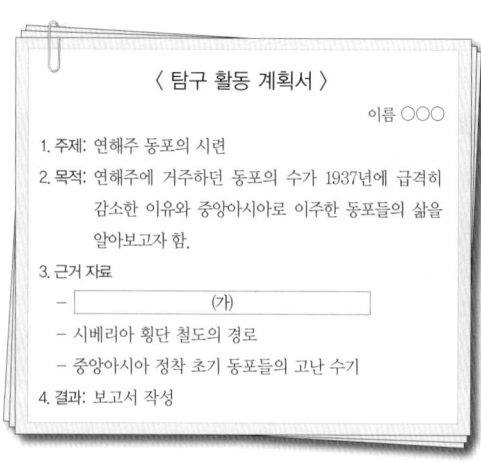

〈 탐구 활동 계획서 〉

이름 ○○○

1. 주제: 연해주 동포의 시련
2. 목적: 연해주에 거주하던 동포의 수가 1937년에 급격히 감소한 이유와 중앙아시아로 이주한 동포들의 삶을 알아보고자 함.
3. 근거 자료
　– 　(가)
　– 시베리아 횡단 철도의 경로
　– 중앙아시아 정착 초기 동포들의 고난 수기
4. 결과: 보고서 작성

① 대한제국 칙령 제41호의 내용
② 하와이 이주 동포들의 임금 실태
③ 소련의 고려인 강제 이주 정책 문서
④ 관동 대학살로 인한 조선인 피해 상황
⑤ 조선 내 경찰관서와 경찰 인원수의 변화

9   정답 ④

정답 해설

3 · 1 운동은 일제의 무자비한 탄압으로 진압되었고, 우리 민족은 독립을 이루지는 못하였다. 그러나 3 · 1 운동은 신분, 직업, 종교의 구별 없이 모든 계층이 참여한 우리 역사상 최대 규모의 민족운동이라는 점에서 큰 의미가 있다. 또한 폭력적인 일제의 무단통치에 적극적으로 저항하여 일제가 통치 방식을 문화통치로 바꾸도록 만들었다. 제헌헌법에서는 대한민국 정부가 3 · 1 운동의 독립정신을 계승하여 건립되었음을 명시하였다.

오답 해설

① 일제 강점기 동아일보사는 학생을 중심으로 브나로드운동(문맹 퇴치 운동)을 전개하였다.
② 일제 강점기 백정들은 진주에서 조선형평사(1923년)를 조직하였다. 이를 통해 백정에 대한 사회적 차별과 백정 자녀의 교육 문제, 각종 사회 운동에 대한 대책을 토의하고 전국 회원의 단결을 꾀하는 형평운동을 전개하였다.
③ 독립협회는 러시아의 절영도 조차 요구를 저지하였다.
⑤ 순종의 인산일을 기하여 시위가 발생한 것은 1926년에 일어난 6 · 10 만세운동이다.

10   정답 ①

정답 해설

대한민국 임시정부는 독립운동을 조직적으로 실행하기 위하여 1919년 7월 내무부 직속으로 국내 각 지방과의 비밀 연락망인 연통제를 조직하였다. 연통제는 각 도 · 군 · 면 단위별로 설치하였는데, 도의 행정 기구에는 독판, 군과 면에는 각각 군감, 면감을 두었다. 연통 각부는 임시정부의 법령이나 공문 등의 문서 전달, 군자금 조달 등을 맡았고, 국내의 소식을 정리하여 5일마다 한 번씩 내무부에 보고하도록 하였다.

오답 해설

② 중광단은 대종교도였던 서일 등이 만든 단체이다.
③ 청산리대첩 이후 독립운동 단체의 통합 과정에서 성립한 참의부, 정의부, 신민부는 행정 · 입법 · 사법 조직을 구성하고, 동포들이 내는 세금으로 조직과 군대를 운영한 일종의 공화주의 자치 정부였다.
④ 대한광복회는 박상진 등이 중심이 되어 군대식 조직을 갖추고 군자금 모집과 무관 학교의 설립, 독립군 양성, 친일파 처단에 주력하였는데, 공화정의 수립을 목표로 하였다.
⑤ 독립의군부(1912년)는 고종의 밀칙을 받고 임병찬이 조직한 복벽주의(復壁主義) 단체로, 일본의 총리대신과 조선 총독에게 국권 반환 요구서를 보내고 전국적인 의병 전쟁을 준비하였다.

11   정답 ⑤

정답 해설

1911년 이동녕과 이회영, 이상룡 등이 서간도 삼원보에 집단적으로 이주하면서, 경학사와 부민단(扶民團)이란 자치 조직을 만들고, 독립군 양성을 위한 학교를 세웠다. 주경야독을 위한 독립운동 단체인 경학사(耕學社)를 설립하고 경학사 부설 신흥강습소를 세워서 처음으로 무장 독립투쟁을 위한 인재 양성을 기했다. 이때 만들어진 신흥 강습소는 훗날 신흥무관학교로 발전하여 3,500명의 독립군을 키운 무장 독립군 양성 기지가 되었다.

오답 해설

① 1906년 이상설 등은 북간도에 서전서숙을 세워 민족 교육을 실시하여 독립운동가들을 양성하였다.
② 명동학교(1908년)는 서전서숙의 민족 교육 정신을 계승하여 김약연이 세운 학교이다
③ 배재학당은 1885년 미국 선교사가 세운 중등 교육기관이다.
④ 신민회는 평양의 대성학교와 정주의 오산학교를 세웠다.

12   정답 ③

정답 해설

1922년 말 시베리아 지역에서 전개된 소련의 내전에서 혁명군이 승리함에 따라 시베리아 전 지역이 볼셰비키 정권의 지배 하에 들어갔다. 이때 반혁명군을 지원하던 일본군이 철수하면서 소련 영토 내에서 한인들의 무장 독립운동을 허용하지 말 것을 소련에 요구하였다. 소련이 이를 수용하면서 연해주에서의 항일 민족운동이 약화되었다. 1937년에는 스탈린의 소수 민족 통제 정책에 따라 소련 당국이 연해주 한인들을 중앙아시아로 강제 이주시켰다. 그 과정에서 수많은 사람이 희생되고 재산을 잃었다. 그렇지만 우리 동포들은 빈손으로 중앙아시아의 척박한 땅을 일구어 정착하였다.

13 [35회 40번]

(가)~(다)를 일어난 순서대로 옳게 나열한 것은?

[3점]

> (가) 자유시로 이동한 독립군 부대들이 러시아 적군(赤軍)에 의해 무장 해제를 당하는 가운데 수백 명의 독립군이 희생되었다.
>
> (나) 김좌진이 이끄는 북로 군정서군과 홍범도의 대한 독립군 등이 청산리 일대에서 일본군을 크게 무찔렀다.
>
> (다) 양세봉이 이끄는 조선 혁명군이 흥경성 전투에서 중국 의용군과 힘을 합쳐 일본군을 격퇴하였다.

① (가) – (나) – (다)
② (가) – (다) – (나)
③ (나) – (가) – (다)
④ (나) – (다) – (가)
⑤ (다) – (나) – (가)

14 [36회 46번]

교사의 질문에 대한 학생의 답변으로 옳은 것은?

[2점]

이것은 대한민국 임시 정부 산하 독립군 부대의 창설 기념 사진입니다. 이 부대는 영국군의 요청으로 인도·미얀마 전선에 파견되기도 했습니다. 이 부대의 활동을 말해 볼까요?

① 국내 진공 작전을 계획했어요.
② 조선혁명 간부학교를 설립했어요.
③ 자유시 참변 이후 3부를 조직했어요.
④ 봉오동 전투에서 일본군을 격퇴했어요.
⑤ 중국군과 함께 쌍성보 전투에서 큰 전과를 올렸어요.

15 [36회 37번]

다음 인물에 대한 설명으로 옳은 것은? [2점]

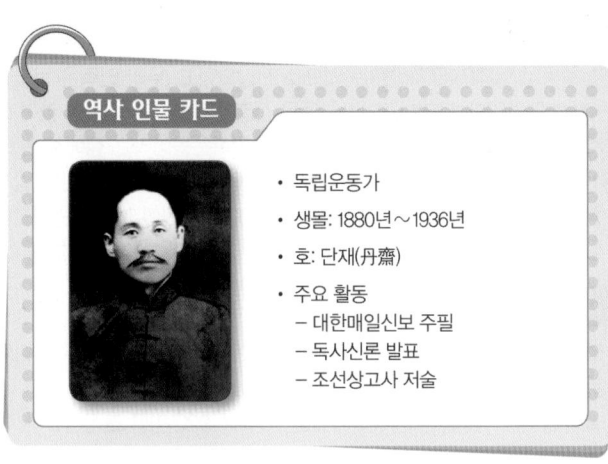

역사 인물 카드

- 독립운동가
- 생몰: 1880년~1936년
- 호: 단재(丹齋)
- 주요 활동
  – 대한매일신보 주필
  – 독사신론 발표
  – 조선상고사 저술

① 청산리 대첩을 이끌었다.
② 한인애국단을 조직하였다.
③ 헤이그에 특사로 파견되었다.
④ 조선혁명선언을 작성하였다.
⑤ 우리말 큰사전 편찬을 주도하였다.

16 [36회 44번]

(가)에 해당하는 인물로 옳은 것은? [1점]

왼쪽 사진은 상하이 루쉰 공원(옛 훙커우 공원)에 있는 '매헌(梅軒)'이라는 전시관입니다. '매헌'은 (가) 의 호(號)입니다. 그는 1932년에 이 공원에서 열린 일왕의 생일 축하 겸 일본의 전승 기념 축하식 단상에 폭탄을 던져 우리 민족의 독립 의지를 보여 주었습니다.

①
김상옥

②
김좌진

③
윤봉길

④
이봉창

⑤
홍범도

13 정답 ③

정답 해설

(나) 1920년 청산리대첩은 김좌진이 지휘하는 북로군정서와 홍범도가 이끄는 대한독립군 등의 연합 부대가 독립군 토벌을 위해 간도에 출병한 일본군을 청산리 일대에서 10여 차례의 교전 끝에 대파한 전투이다. (가) 간도 참변 이후 독립군 주력 부대들은 1921년 소련령인 자유시로 이동하였으나 소련 적색군에게 무장 해제를 당하였다. (다) 1931년 일제는 만주사변을 일으켜 이듬해에 만주국을 건설하였다. 이에 조선혁명군 총사령관인 양세봉은 중국 의용군과 함께 한 · 중 연합군을 편성하여 영릉가 전투와 흥경성 전투에서 일본군을 격파하였다. 따라서 (나)–(가)–(다)순이다.

14 정답 ①

정답 해설

대한민국 임시정부는 1940년 중국 충칭에서 중국 정부의 지원을 받아 한국광복군을 창설하였다. 1941년 일본이 태평양 전쟁을 일으키자 대한민국 임시정부는 일본에 선전 포고를 하고 한국광복군을 참전시켰다. 1943년 가을에 영국군의 협조 요청으로 광복군이 미얀마, 인도 전선에 파견되어 포로 심문, 선전 활동 등을 주로 담당하였다. 일제의 패망이 다가오자 한국광복군은 국내 진공 작전을 준비하였다. 이를 위하여 국내에 침투할 특수 요원을 육성하기도 하였다. 그러나 한국광복군의 국내 진공 작전은 일본의 갑작스런 패망으로 실행에 옮겨지지 못하였다.

오답 해설

② 의열단은 1930년대 초에 중국 국민당 정부의 지원 아래 난징에 조선혁명 간부학교를 세워 운영하였다. ③ 자유시 참변 이후 독립군은 조직을 정비하고 역량을 강화하기 위해 통합 운동을 추진하여 참의부 · 정의부 · 신민부의 3부가 성립되었다. ④ 봉오동전투는 일제가 독립군 토벌을 위해 독립군 부대들이 모여 있는 봉오동을 습격하였다가 홍범도가 이끄는 대한독립군 등에게 패배한 사건이다(1920년 6월). ⑤ 한국독립군은 중국의 호로군과 연합하여 북만주의 쌍성보, 대전자령, 동경성 등에서 일본군을 격퇴하였다.

15 정답 ④

정답 해설

자료의 인물은 신채호로 「황성신문」과 「대한매일신보」 논설 기자로 활동하였으며, 애국 계몽 운동에 앞장섰다. 또한 사학자로 국사 연구를 통해 민족정신을 지키려 「조선상고사」와 「조선사연구초」를 집필하였다. 또 「독사신론」을 지어 근대 민족주의 역사학의 기초를 마련하였다. 그는 당시 쓰이던 역사 교과서가 일본식 근대 역사학을 무비판적으로 수용하여 주체성을 상실하였다고 비판하면서, 민족주의에 입각한 새로운 한국사 체계를 구축하였다. '조선혁명선언'은 신채호가 작성한 것으로 의열단의 행동강령으로 작성된 것이다. 그는 독립운동에 헌신하다가 1936년 뤼순 감옥에서 순국하였다.

오답 해설

① 청산리대첩은 김좌진이 지휘하는 북로군정서와 홍범도가 이끄는 대한독립군 등의 연합 부대가 독립군 토벌을 위해 간도에 출병한 일본군을 청산리 일대에서 10여 차례의 교전 끝에 대파한 전투이다.
② 한인애국단(1931년)은 국민대표회의(1923년) 이후 침체에 빠진 대한민국 임시정부에 활로를 모색하기 위해 김구가 상하이에서 조직한 단체이다.
③ 고종은 헤이그 만국평화회의에 이준, 이상설, 이위종을 특사로 파견하였다.
⑤ 조선어학회는 「우리말 큰사전」을 편찬하려 하였으나 일제의 방해로 성공하지 못하였으며, 1942년에 강제로 해산되었다.

16 정답 ③

정답 해설

제시된 자료의 그는 1932년 한인애국단 소속의 윤봉길 의사로 상하이 홍커우 공원 폭탄 투척 사건을 일으켰다. 1923년 국민대표회의 결과 창조파와 개조파의 분열 등 침체된 독립운동을 타개하기 위하여 김구가 한인애국단을 조직하여 이봉창 의사의 일왕 폭살 기도 사건과 윤봉길 의사의 훙커우 공원 폭탄 투척을 감행하게 된다.

오답 해설

① 종로경찰서에 폭탄을 던진 것은 의열단원 김상옥이다.
② 김좌진은 북로군정서를 이끌고 청산리대첩을 승리했다.
④ 한인애국단의 이봉창은 도쿄에서 일본 국왕의 처단을 시도해 일제에 큰 충격을 주었다.
⑤ 홍범도가 이끄는 대한독립군은 봉오동 전투에서 일본군에게 큰 승리를 거두었다(1920년 6월).

CHAPTER 29

근대 국가 수립 운동의 전개

쏙쏙 키워드를 알려주지!

근우회, 형평운동, 6·10 만세운동, 광주학생항일운동, 신간회, 정우회 선언, 민중대회사건, 브나로드운동, 암태도 소작쟁의, 원산 노동 총파업, 박은식, 신채호, 백남운, 진단학회, 신경향파 문학(카프), 토월회, 아리랑

어린이날 표어

1 사회, 경제적 민족운동

(1) 사회주의 사상의 유입과 사회주의 독립운동가의 등장

(2) 청년 운동 : 조선청년총동맹(1924년)

(3) 소년 운동
① 방정환이 어린이 교육을 중시하여 조직(→색동회, 1923년)
② '어린이날' 제정(1922년)과 잡지 「어린이」 발간(1923년)

(4) 여성 운동(1920년대)
① 여성 운동의 배경 : 여성 노동자의 증가, 사회주의자들의 여성 해방 강조
② 근우회(1927년) : ㉠ 목적-여성의 단결과 지위 향상
　　　　　　　　　 ㉡ 활동-ⓐ「근우」발간 ⓑ 신간회 자매단체, 국내외 수십 개의 지회 조직

(5) 형평운동(1923)
① 배경 : 백정에 대한 사회적 차별, 백정 자녀의 학교 입학 차별
② 시작 : 1923년 진주에서 이학찬(백정)을 중심으로 '조선형평사' 설립
③ 활동 : ㉠ 형평사 대회 개최-백정 차별 철폐와 교육문제 해결 촉구
　　　　　 ㉡ 점차 사회주의 영향으로 계급운동으로 선회

형평운동

(6) 6 · 10 만세운동의 전개(1926년 6월)
① 배경 : 일제 식민지 교육 정책과 순종의 죽음
② 준비과정 : ㉠ 조선공산당 및 천도교 계열과 학생들이 별도로 추진
　　　　　　　 ㉡ 조선공산당 간부들의 6 · 10 만세운동은 발각되었지만 학생들은 성공
③ 전개 : 순종의 인산일을 계기로 격문을 뿌리고 만세 시위운동 전개함
④ 결과 : 민족유일당운동 등장의 계기

(7) 광주학생항일운동(1929년 11월)
① 배경 : 식민지 차별교육과 억압, 한국 학생과 일본 학생에 대한 민족차별
② 전개 : 나주에서 광주로 가는 통학길에서 한 · 일 학생 간에 충돌함
④ 의의 : 3 · 1 운동 이후 최대 규모의 민족운동

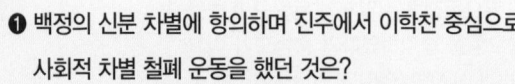

단답형으로 확인하기

❶ 백정의 신분 차별에 항의하며 진주에서 이학찬 중심으로
　사회적 차별 철폐 운동을 했던 것은?
❷ 순종의 인산일에 학생을 중심으로 이루어진 만세 운동은?

❷ 6 · 10 만세운동
❶ 형평운동

정답

2 민족유일당운동(민족협동전선 운동)의 전개(1920년대)

(1) 민족유일당운동
① **의미** : 민족주의 계열과 사회주의 계열이 단일 민족운동을 추진하려는 움직임→이당치국(以黨治國)의 원리에 입각한 항일운동
② **국내 민족유일당운동 추진 배경**
　　㉠ 민족주의 진영의 분열 : 민족주의 우파(이광수 · 최린 · 최남선)의 자치권(참정권)운동에 대해 민족주의 좌파(비타협주의)의 비난→분열
　　㉡ 사회주의 진영의 세력 약화 : 일제의 치안유지법 제정(1925년)과 사회주의 탄압
　　㉢ 조선민흥회(1926년) : 사회주의자와 조선물산장려운동 민족주의 계열(좌파)이 만든 단체→1927년 신간회에 통합

(2) 신간회의 결성과 활동
① **결성(1927년)** : 민족주의 좌파와 사회주의 세력이 '정우회 선언'을 통해 만든 합법적인 단체→서울에 본부, 지방 · 만주 · 일본에 지부를 둠
② **3대 강령** : ㉠ 우리는 정치적 · 경제적 각성을 촉진함
　　　　　　　　㉡ 우리는 단결을 공고히 함
　　　　　　　　㉢ 우리는 일체의 기회주의를 배격함
③ **활동** : ㉠ 한국인 착취기관 철폐, 타협적 정치운동 배격, 한국인 본위의 교육 실시, 사회과학사상 연구의 자유보장 요구
　　　　　　㉡ 노동쟁의와 소작쟁의, 동맹 휴학 등의 대중운동 지도
　　　　　　㉢ 광주학생항일운동(1929년) 지원(조사단 파견, 변호인단 구성, 민중대회 계획→일제에 의해 무산됨), 원산 총파업 지원
④ **해소(1931년)** : ㉠ 민중대회를 계획하던 중 발각→간부 및 회원들이 검거됨
　　　　　　　　　　㉡ 일제의 탄압과 내부의 이념 대립, 코민테른의 지시(12월 테제)
⑤ **의의** : ㉠ 일제강점기 최대의 합법적인 반일 사회단체
　　　　　　㉡ 민족독립보다는 사상적 투쟁에 치중하여 사상적 융합에는 한계

3 민족 실력 양성 운동 (1920년대)

(1) 민족 실력양성론 대두
① **배경** : 즉각적 독립에 대한 회의감과 사회진화론의 영향
② **중심세력** : 민족주의 계열
③ **내용** : 교육 · 경제 등 민족의 실력양성을 통한 독립 추구

물산장려운동 신문광고

(2) 물산장려운동
① **배경** : 회사령 폐지와 관세 철폐로 한국 기업은 자본과 기술이 월등한 일본 기업에 밀림
② **전개** : ㉠ 평양물산장려회(1920년, 평양, 조만식 등) 설립
　　　　　　㉡ 조선물산장려회(1923년, 서울)결성
③ **활동 내용** : '내 살림 내 것으로', '조선 사람 조선 것으로'→일본 상품을 배격하고 국산품 애용 강조
④ **문제점** : ㉠ 일본 상품 불매운동 등 적극적인 민족운동의 부족
　　　　　　　㉡ 상인이나 자본가 계급의 농간으로 상품가격이 오르기도 함

이광수의 '민족개조론'(1922년)

오늘날 조선 사람으로 가장 시급히 하여야 할 개조는 실로 조선 민족의 개조이외다… 허위, 비사회적 이기심, 나태함, 사회성의 결핍, 이것이 조선 민족으로 하여금 오늘날의 쇠퇴에 빠진 한 원인이 아닙니까? 영국과 미국이 흥왕한 것은 그 민족성이 원인이요 우리 민족의 쇠퇴도 그 민족성이 원인이니, 민족의 성쇠흥망이 실로 그 민족성에 달린 것이외다.

물산장려운동 선전지

❶ 민족주의 좌파와 사회주의 세력이 '정우회 선언'으로 만든 합법 단체는?
❷ '내 살림 내 것으로', '조선 사람 조선 것으로'를 표어로 일본 상품의 배척과 국산품 애용을 강조했던 것은?

❶ 신간회
❷ 물산장려운동

정답

(3) 민립대학설립운동(1922년)

① **배경** : ㉠ 3.1운동 이후 고등교육의 필요성 인식

㉡ 일제가 실업학교나 전문학교만 인가함으로써 우민화 정책 추진

② **전개** : 조선교육회(이상재 등)를 중심으로 '민립대학기성준비회'결성

③ **활동** : 1923년 조선 민립대학기성회가 1,000만 원 모금운동

④ **실패** : ㉠ 일제의 감시 및 탄압과 남부지방의 수해와 가뭄 때문에 실패

㉡ 일제가 경성제국대학을 설립(1924년)하여 한국인의 불만을 무마

(4) 문맹 퇴치 운동

① 1929년, 「**조선일보**」 – 문자 보급 운동 전개

1931년, 「**동아일보**」 – 브나로드(민중 속으로)운동 전개(1931년), (심훈 – 『상록수』)

② **조선어학회(1931년)** : 전국에 한글 강습소 개최

③ **결과** : 일제의 탄압으로 1930년대 이후 대부분 중단됨

4 농민운동과 노동운동(1920년대 이후)

(1) 농민운동

① 1920년대 농민운동 : ⓐ 전남 암태도 소작쟁의(1923~24년)

ⓑ 조선농민총동맹 결성(1927년)

② 1930년대 농민운동

운동경향 : 사회주의와 연계한 혁명적 · 비합법적 농민운동 전개→정치적 · 항일적 성격으로 발전

(2) 노동운동

① 1910년대 : 노동자 계급 의식이 형성 되지 못하여 노동운동 미약

② 1920년대 노동운동

㉠ 배경 : 한국인 노동자층의 형성과 사회주의의 전파

㉡ 노동단체결성 : 조선노동공제회(1920년), 조선노동총동맹(1927년)

㉢ 활동 내용 : 임금인상, 민족적 차별 대우 철폐 요구

㉣ 원산 총파업(1929년) : 노동자와 시민이 일제와 일본인 자본가에 대항한 반일운동→일제 때 최대 규모의 노동쟁의

5 국외 이주 동포의 활동과 시련

(1) 만주 이주 동포 : 1910년대에는 무장독립전쟁의 기지 역할→간도참변(1920년)

(2) 연해주 이주 동포

① **한인촌 형성** : 신한촌 등 한국인 집단촌 형성

② **독립운동단체결성** : 1914년 연해주에서 최초 임시정부인 대한광복군 정부 창설, 러시아에 의해 해체되었으나 3 · 1 운동 전후한 시기에 대한국민의회로 발전

③ **자유시 참변(1921년)** : 대한독립군단이 일본군을 피해 자유시로 이동하였다가 소련 적색군에게 강제로 무장해제 당함

④ **중앙아시아로 강제 이주(1937년)** : 1937년 스탈린의 소련은 소 · 일 간의 전쟁이 일어날 경우 한국인이 일본을 지원할 것으로 판단하여 연해주 지역의 한국인 17만여 명을 중앙아시아로 강제 이주시킴

단답형으로 확인하기

❶ 농민운동의 대표적인 형태로 전남 신안에서 1920년대 발생한 것은?

❷ 일제 시대 발생한 최대의 노동운동은?

❷ 원산 노동자 총파업
❶ 암태도 소작쟁이

정답

(3) 일본 이주 동포

① 일제 강점기 초기 : 유학생→1919년에 2·8 독립선언 발표

② 1920년대 이후 : 농민이나 노동자들이 산업 노동자로 일본에 이주

③ 1923년 관동 대지진 때 : 우리 동포 6,000여 명이 일본인에게 학살당함

④ 중·일 전쟁·태평양 전쟁 때 : 석탄광산 등에 징용

(4) 미주 이주 동포

① 대한인국민회(1910년) : 1908년 장인환과 전명운의 스티븐스 사살 계기로 샌프란시스코에서 조직

② 대조선국민군단 창설(박용만─하와이)

③ 구미 위원부 : 임시정부의 외교기관으로 이승만 등이 활동

6 일제의 식민지 문화정책

(1) 일제의 식민지 교육정책

① 교육 목표 : ㉠ 한국인의 우민화와 황국식민화 추구

　　　　　　 ㉡ 한민족의 식민지화와 일본인으로의 동화 추구

　　　　　　 ㉢ 기초적인 실업교육만 실시하여 한민족의 하급 기술자화 추구

② 제1차 조선교육령(1911년) : ㉠ 실업 및 전문 교육 중심의 교육 실시 추구

　　　　　　　　　　　　　　 ㉡ 일본인과 조선인의 학제 차별

③ 제2차 조선교육령(1922년)

　 ㉠ 조선어를 필수 과목에 포함시키고 조선의 역사와 지리 허용

　 ㉡ 보통학교 수업 연장 및 보통학교 숫자 증대

　 ㉢ 하지만 실제로 일본어 교육강화에 비중을 둠

④ 제3차 조선교육령(신교육령, 1938년)

　 ㉠ 중·일 전쟁(1937년)이후 민족말살정책 강화와 내선일체 강조

　 ㉡ 조선어 선택과목

⑤ 제4차 조선교육령(1943년)

　 조선어와 조선사·조선지리 교육 완전 금지

교육령＼학제	입학 대상	초급 학교 교명(교육 연한)	중급 학교 교명(교육 연한)
1차 조선교육령	일본인	소학교(6)	중학교(5)
	조선인	보통학교(4)	고등보통학교(4)
2차 조선교육령	일어 상용자	소학교(6)	중학교(5)
	일어 비상용자	보통학교(6)	고등보통학교(5)
3차 조선교육령	통합	소학교(6)	중학교(5)
4차 조선교육령		국민학교(4)	중학교(4)
			실업학교(3)

(2) 일제의 한국사 왜곡

① 식민사관의 주요 내용

　 ㉠ 정체성론 : 봉건사회를 거치지 못하고 전 근대단계에 머물러 있다는 이론

　 ㉡ 타율성론 : 한국사는 외세에 의해 타율적으로 이루어졌다는 이론

　 ㉢ 당파성론 : 붕당정치의 폐해를 과장하여 내분으로 싸웠다는 이론

　 ㉣ 일선동조론 : 일선동조론은 한국과 일본은 동일한 조상이며 일제의 조선합병을 합리화하려는 이론

조선어학회 사건(1942년)

기차에서 함경남도의 영생고등학교의 박영옥이 우리말을 사용하다가 체포된 사건이 있었는데, 일제는 이를 조작하여 이 여학생이 조선어학회를 통해 감화를 받았다며 조선어학회를 독립운동 단체로 규정하고 치안유지법을 적용하여 회원들을 체포하고 탄압한 사건.

7 일제의 식민지 문화정책

(1) 국어 연구와 한글의 보급

① **조선어연구회** : ㉠ 1921년에 장지연 · 이윤재 · 최현배 등이 설립

㉡ 각종 강습회와 강연회 등을 개최

㉢ 「한글」(잡지) 간행과 '가갸날' 제정(1926년→한글날, 1928년)

㉣ 우리말 쓰기 권장 및 한글 대중화 기여

② **조선어학회** : ㉠ '한글 맞춤법 통일안'과 '조선어 표준말 모음' 제정

㉡ 「우리말 큰사전」의 편찬 시도→일제의 방해로 실패→해방 후에 완성

③ **조선어학회 사건(1942년)** : 민족 말살정책 추진을 위해 조선어학회를 독립운동 단체로 간주하여 이윤재 · 이극로 · 최현배 등 회원들을 체포하고 조선어학회는 강제 해산한 사건

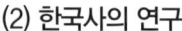

조선어학회 회원

(2) 한국사의 연구

① **민족주의 사학**

㉠ 박은식(백암) : ⓐ 혼 사상 강조 : "민족혼 있으면 주권을 회복할 수 있다"

ⓑ 「유교구신론」, 「한국통사」, 「한국 독립운동 지혈사」

㉡ 신채호(단재) : ⓐ 고대사 연구에 주력, 대종교의 영향을 받음

ⓑ 임시정부 참여, 무정부주의자, 뤼순 감옥에서 옥사

ⓒ '낭가(화랑) 사상' 강조

ⓓ 「조선상고사」, 「조선사연구초」, 조선혁명선언, 「독사신론」

③ **사회경제 사학**

㉠ 특징 : 우리 역사 발전과정이 다른 나라 발전과정과 동일하다는 것을 입증, 사적 유물론(유물사관)의 입장에서 한국사 연구

㉡ 대표적 학자 : 백남운(「조선사회 경제사」 저술)

㉢ 민족주의 역사학의 정신주의적 경향과 식민사관의 정체성론을 모두 비판함

④ **실증주의 사학**

㉠ 대표적 학자 : 이병도, 손진태

㉡ 특징 : ⓐ 청구학회에 대항하기 위해 진단학회(1934년) 결성

ⓑ 「진단학보」 발행

㉢ 철저한 문헌 고증을 통해 우리 역사를 객관적으로 서술하려 함

(2) 종교 활동

① **불교** : 한용운을 중심

② **개신교** : 일제 말기에 신사참배를 거부하다 심한 탄압을 받음

③ **천주교** : 고아원와 양로원 설립, 의민단을 조직하여 만주 지역의 무장 투쟁에 참여

④ **원불교** : ㉠ 박중빈이 창시(1916년)

㉡ 개간사업과 저축운동 전개

⑤ **천도교** : 3 · 1 운동에 주도적 역할 담당→'제2의 독립선언운동' 계획

⑥ **대종교** : ㉠ 나철이 창시

㉡ 만주에서 중광단(→북로군정서)을 조직하여 무장항일투쟁에 참여함

한용운 중심의 불교

㉠ 「조선불교유신론」을 통해 일본 불교에 예속된 조선 불교의 자주성을 회복하려 함

㉡ 한용운은 불교의 미신적 요소를 없애고 현대적이고 사회개혁적인 방향으로 개혁할 것을 주장

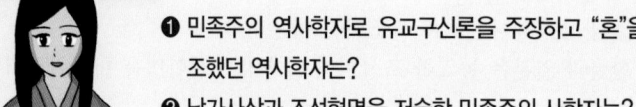

단답형으로 확인하기

❶ 민족주의 역사학자로 유교구신론을 주장하고 "혼"을 강조했던 역사학자는?

❷ 낭가사상과 조선혁명을 저술한 민족주의 사학자는?

❷ 신채호
❶ 박은식

정답

8 문학과 예술 활동

(1) 문학 활동
① 1910년대 : ㉠ 계몽주의적 성격을 띰
㉡ 이광수-『무정』을 발표하여 계몽기 신문학을 결산함
② 1920년대 : ㉠ 동인지 간행-「창조」, 「백조」, 「폐허」 등
㉡ 민족문학가 – 김소월, 한용운, 심훈
㉢ 사회주의 계열 문학 – 신경향파 작가(박영희, 김기진 등)들이 카프(신경향파)를 결성하고 식민지 현실 고발
③ 1930년대 이후 문학 : 순수문학(현실도피적), 저항문학(이육사 · 윤동주), 친일문학(최남선 · 이광수 · 노천명 · 서정주 · 모윤숙 등)

(2) 예술 활동
① 음악 : ㉠ 1910년대 – 망국의 슬픔과 일제에 대한 저항을 노래함-학도가 · 망국가 · 한양가 등
㉡ 1920년대 – 홍난파(「봉선화」), 안익태(「애국가」) 등
② 연극 : 토월회 조직(1923, 도쿄 유학생 중심)→본격적인 신극 운동
③ 영화 : ㉠ 나운규, 「아리랑」 제작(1926년)→망국인의 슬픔과 항일의식 고취
㉡ 일제의 탄압-조선영화령(1940년)
④ 미술 : 이중섭-소를 주로 그림, 불우한 작가의 삶과 민족의식을 표현

영화 「아리랑」 (나운규 1923년)

이중섭의 「소」

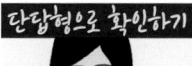
단답형으로 확인하기

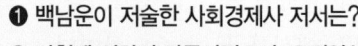

❶ 백남운이 저술한 사회경제사 저서는?
❷ 나철에 의하여 만들어졌으며, 오적암살단과 무장항일투쟁에 참여했던 종교는?

정답
❶ 『조선사회 경제사』
❷ 대종교

17 [36회 42번]

밑줄 그은 '단체'에 대한 설명으로 옳은 것은?[2점]

11월 3일은 학생 독립 운동 기념일이야. 1929년에 일어난 광주 학생 항일 운동을 기념하여 제정되었어.

당시 이 운동의 진상을 파악하기 위해 조사단을 파견하고, 민중 대회를 개최하려고 노력했던 단체가 있었지.

① 국채보상운동을 전개하였다.
② 자기 회사, 태극서관 등을 설립하였다.
③ 일제의 황무지 개간권 요구를 철회시켰다.
④ 통감부의 방해와 탄압 등으로 해산되었다.
⑤ 비타협적 민족주의자들과 사회주의자들이 결성하였다.

19 [35회 43번]

다음 인물에 대한 설명으로 옳은 것은? [2점]

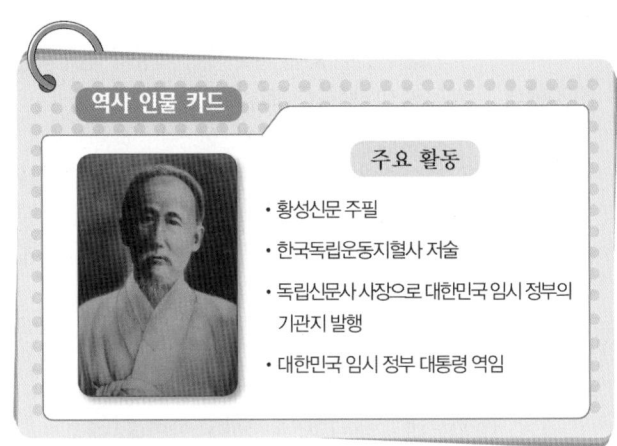

역사 인물 카드

주요 활동

• 황성신문 주필
• 한국독립운동지혈사 저술
• 독립신문사 사장으로 대한민국 임시 정부의 기관지 발행
• 대한민국 임시 정부 대통령 역임

① 의열단을 조직하였다.
② 『한국통사』를 저술하였다.
③ 『독사신론』을 발표하였다.
④ 진단학회를 창립하였다.
⑤ 종로경찰서에 폭탄을 던졌다.

18 [35회 42번]

(가) 단체에 대한 설명으로 옳은 것은? [2점]

역사 속 오늘

조선 여성의 지위 향상을 위한 (가) 창립

1927년 5월 27일 서울 기독교 청년 회관에서 회원 150명과 방청인 1,000여 명이 참석한 가운데 (가) 창립 총회가 열렸다. 강령으로는 '조선 여성의 공고한 단결을 도모함', '조선 여성의 지위 향상을 도모함'을 채택하였다.

① 헌의 6조를 건의하였다.
② 배재학당을 설립하였다.
③ 잡지 「개벽」을 발행하였다.
④ 105인사건으로 해체되었다.
⑤ 신간회와 연계하여 활동하였다.

20 [40회 45번]

(가) 단체에 대한 설명으로 옳은 것은? [2점]

역사 속 오늘   서울역 창고에서 조선말 큰사전 원고 발견

1945년 9월 8일, 서울역 화물 창고에서 조선말 큰사전 원고가 발견되었다. 이것은 (가) 에서 사전 편찬을 위해 작성한 원고로, 1942년 (가) 사건의 증거물로 일본 경찰에게 압수되었던 것이다. 이 원고의 발견으로 사전 편찬 작업이 본격적으로 재개되었으며, 1947년 한글날에 『조선말 큰사전』 1권이 발간되었다.

① 잡지 「개벽」을 발행하였다.
② 고종의 밀지를 받아 결성되었다.
③ 서재필, 이상재 등이 주도하였다.
④ 한글 맞춤법 통일안을 발표하였다.
⑤ 백정에 대한 차별 철폐를 주장하였다.

17 정답 ⑤

정답 해설

신간회는 사회주의 계열과 민족주의 좌파(비타협적 민족주의) 계열이 연대한 일제 강점기 최대의 항일 단체로 전국적인 조직을 갖추었다. 신간회는 일제의 민족 분열통치로 인해 민족주의 우파(타협적 민족주의)가 독립이 아닌 일제 지배 하에서의 자치권 획득을 주장하자, 이를 기회주의로 규정하여 배척하였다. 또한 광주 학생항일운동이 일어나자 조사단을 파견하는 한편, 이 운동이 전국적으로 확산될 수 있도록 노력하였다. 그러나 신간회는 일제의 탄압과 내부의 이념 대립으로 인해 1931년에 해산되었다.

오답 해설

① 국채보상운동을 전개한 단체는 국채보상기성회이다.
② 신민회는 자기 회사와 태극서관을 운영하였다.
③ 일본이 러 · 일 전쟁 발발 이후 일본인의 조선 이주를 뒷받침하기 위해 황무지 개간권을 요구하자, 보안회가 조직되어 거족적인 반대 운동을 벌였다. 이에 황무지 개간권 요구가 철회되었다.
④ 국채보상운동은 각종 계몽운동 단체와 언론 기관이 참여하였으나, 일제 통감부의 방해로 실패하였다.

18 정답 ⑤

정답 해설

민족주의 계열과 사회주의 계열로 나누어져 있던 여성 단체들은 1927년 신간회의 창립을 계기로 통합한 단체인 근우회를 결성하였다. '조선 여자의 공고한 단결과 지위 향상'을 도모한 근우회는 여성계의 민족 협동 전선으로 신간회의 자매단체라고 할 수 있다. 근우회는 국내와 간도, 도쿄 등에 수십 개의 지회를 두고 강연회, 부인 강좌, 야학 등을 통해 여성 노동자 · 농민의 조직화와 계몽에 노력하였다.

오답 해설

① 독립협회는 근대적인 의회 정치의 실시 등 혁신적인 개혁정치를 요구하는 건의(헌의 6조)를 국왕에게 올리기도 하였다.
② 배재학당은 감리교파의 아펜젤러가 1885년 서울에 설립한 사립학교이다.
③ '천도교'는 인간 평등을 뜻하는 인내천사상을 강조하였으며 「개벽」, 「신여성」 등의 잡지를 발행하였다.
④ 105인사건으로 해체된 것은 신민회이다.

19 정답 ②

정답 해설

제시된 자료에서 언급하고 있는 인물은 박은식이다. 박은식은 『한국통사』, 『한국독립운동지혈사』를 저술하였으며, 국가나 민족의 흥망은 국혼의 존재 여부에 달려 있고, 그 국혼은 바로 역사에 담겨 있는 것이라고 주장하였다. 또한, 실천적인 유교 정신을 강조하는 유교구신론을 주장하는 한편, 신규식과 함께 독립운동 단체인 동제사를 조직했다. 1925년에는 이승만 대통령이 탄핵된 후 박은식이 2대 대통령으로 취임하였다.

오답 해설

① 김원봉은 반일사상을 높이고 폭력 투쟁을 벌여 일제를 타도할 목적으로 1919년에 의열단을 조직하였다.
③ 신채호는 『독사신론』을 통해 민족 중심의 역사 서술을 강조하여 민족주의 역사학의 연구 방향을 제시하였다.
④ 실증주의 사학의 영향을 받은 이병도, 손진태 등은 1934년에 진단학회를 조직하여 철저한 문헌 고증으로 한국사를 객관적으로 서술하려 하였다.
⑤ 종로경찰서에 폭탄을 던진 것은 의열단원 김상옥이다.

20 정답 ④

정답 해설

(가) 단체는 조선어 학회로 최현배, 이윤재 등이 조선어 연구회를 계승하였다(1931). 잡지 「한글」을 간행하였고 한글 맞춤법 통일안과 표준어 제정, 우리말 큰사전 편찬 사업을 추진하였다. 일제는 독립운동 단체로 지목 후 치안 유지법을 적용하여 이윤재, 최현배, 한징 등의 회원을 투옥하였는데 이를 조선어 학회 사건이라 한다.

오답 해설

① 잡지 「개벽」은 천도교에서 발간하였다.
② 고종의 밀지를 받아 결성된 조직은 독립 의군부이다.
③ 서재필, 이상재 등이 주도한 단체는 독립 협회이다.

21 [39회 42번]

다음 시나리오에 나타난 민족 운동에 대한 설명으로 옳은 것은? [3점]

39. 11월 3일, 광주고등보통학교 강당

독서회 학생 대표: 오늘도 광주역에서 조선인 학생과 일본인 학생 간의 충돌이 있었습니다.

학생 1: 이 모든 것은 결국 민족 차별 때문입니다. 이대로 가만히 있을 수 없습니다.

학생 2: 이번 사건을 독립 투쟁으로 승화시켜야 합니다. 다 같이 가두 시위를 전개합시다!

40. 광주 시가지

(학생들이 행진을 하며 다 같이 구호를 외친다.)

학생들: 식민지적 노예 교육 제도를 철폐하라!

① 정부에 헌의 6조를 건의하였다.
② 중국의 5·4 운동에 영향을 주었다.
③ 조선어 학회를 중심으로 추진되었다.
④ 신간회에서 조사단을 파견하여 지원하였다.
⑤ 순종의 인산일에 전개된 독립 만세 운동이다.

22 [30회 43번]

다음 인물 카드의 (가)에 들어갈 인물로 옳은 것은? [1점]

(가)	〈연보〉
	• 1901 출생
	• 1915 경성고등보통학교 입학
	• 1919 3·1 운동 참여로 투옥, 퇴학
	• 1927 영화 '먼동이 틀 때' 감독
	• 1930 시 '그날이 오면' 발표
	• 1935 소설 '상록수' 연재 시작
	• 1936 사망

(앞면)   (뒷면)

①  심훈
②  이상
③  김소월
④  윤동주
⑤ 이육사

23 [31회 44번]

다음 사건에 대한 탐구 활동으로 가장 적절한 것은? [2점]

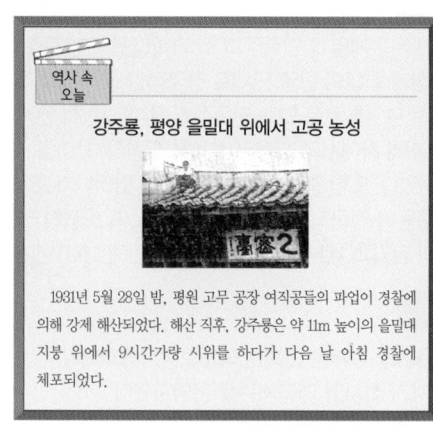

역사 속 오늘

강주룡, 평양 을밀대 위에서 고공 농성

1931년 5월 28일 밤, 평원 고무 공장 여직공들의 파업이 경찰에 의해 강제 해산되었다. 해산 직후, 강주룡은 약 11m 높이의 을밀대 지붕 위에서 9시간가량 시위를 하다가 다음 날 아침 경찰에 체포되었다.

① 보안회가 조직된 배경을 살펴본다.
② 조선형평사가 설립된 이유를 알아본다.
③ 암태도 소작농들의 요구 사항을 찾아본다.
④ 징용으로 끌려간 노동자들의 참상을 파악한다.
⑤ 조선인 노동자들의 열악한 노동 조건을 조사한다.

24 [44회 46번]

(가) 종교의 활동으로 옳은 것은? [3점]

기 소 장

• 피고인: 윤세복 등 (가) 간부 25명
• 사 유: 치안 유지법 제1조, 제2조 위반

(가) 은/는 단군 신앙을 통해 조선 민족정신을 배양하고, 조선 민족의 단결을 도모하며 조선 독립 의식을 키워 왔다. 이로써 조선 독립의 바탕을 만들어 궁극적으로 조선을 일본 제국의 통치에서 벗어나게 하여 독립국으로 만들고자 하였다.

① 사찰령 폐지 운동을 주도하였다.
② 항일 단체인 중광단을 결성하였다.
③ 개벽과 신여성 등의 잡지를 발간하였다.
④ 새생활 운동과 간척 사업을 추진하였다.
⑤ 의민단을 조직하여 독립 전쟁을 전개하였다.

21 정답 ④

정답 해설

제시된 자료는 광주 학생 항일 운동(1929년)을 보여준다. 일제의 식민지 차별 교육, 기차 안에서 일본 남학생이 한국 여학생을 희롱하자 한국인 학생과 일본인 학생 간 충돌에서 비롯되었다. 광주에서 시작되어 성진회와 각 학교 독서회에 의해 전국적으로 확산되었으며 한국인 본위의 교육 제도 마련을 주장하였다. 신간회는 진상 조사단을 파견하여 지원하였다.

오답 해설

① 정부에 헌의 6조를 건의한 것은 독립 협회이다.
② 중국의 5·4 운동에 영향을 준 것은 3·1 운동이다.
③ 조선어 학회는 잡지 「한글」을 간행하고 한글 맞춤법 통일안과 표준어를 제정하였다. 우리말 큰사전 편찬 사업을 추진하기도 하였다.
⑤ 순종의 인산일에 전개된 독립 만세 운동은 1926년 6·10 만세 운동이다.

22 정답 ①

정답 해설

일제 강점기 저항 문학의 작가들은 문학을 통해 민족의 의지를 표현하고 식민지 지배에서 벗어나고자 노력하였다. 심훈은 1930년 이후 "동방의 애인", "불사조" 등을 「조선일보」에 연재하다가 일본 경찰에 의해 연재 중지 처분을 받기도 하였다. 특히, 그의 저항시 '그날이 오면'은 옥스포드 대학의 시학 교수인 바우라에 의해 세계 저항시의 하나로 평가를 받기도 하였다. 심훈은 문맹 퇴치 운동을 배경으로 한 소설인 「상록수」를 쓰기도 했다.

오답 해설

② 「날개」는 이상의 대표적인 작품이다.
③ 김소월의 대표적인 작품으로는 「진달래 꽃」이 있다.
④ 윤동주도 「서시」, 「별 헤는 밤」 등 저항의식이 담긴 작품을 남겼는데, 사상범으로 몰려 일본 후쿠오카 형무소에 수감된 뒤 28세의 나이로 옥사하였다.
⑤ 이육사는 「광야」 등의 저항 문학 작품을 발표하였다.

23 정답 ⑤

정답 해설

강주룡은 서간도에서 남편과 함께 독립운동을 하다가, 남편이 죽은 뒤 귀국하여 평양의 고무 공장에 취직하였다. 1931년에 회사가 일방적으로 임금을 깎자 그녀는 동료들과 함께 파업을 주도하였다. 평양 대동강변의 정자인 을밀대 지붕에 올라가 농성을 벌이면서 "국권을 빼앗긴 후 일본인들의 경제적 진출로 임금은 떨어지고 한국인의 생활이 어려워졌다"라고 연설하다가 체포되었다. 이때 겪은 고초로 몸이 쇠약해져 이듬해 숨을 거두었다. 이 시기 일제는 1930년대 대륙 침략에 필요한 군수품을 생산하기 위해 군수 공업 시설을 확충하면서 한국 노동자의 임금을 더욱 인하하고 노동 시간을 연장하였으며, 각종 부담금을 강제로 징수하였다. 결국 노동자들의 생활이 급격히 악화되면서 계속적인 파업이 발생하였고, 노동자들은 지하 조직을 갖춘 노동조합을 결성하여 지속적으로 노동쟁의를 전개하였다.

오답 해설

① 1904년, ②, ③ 1923년, ④ 국가총동원령 이후이다.

24 정답 ②

정답 해설

나철은 단군 신앙을 토대로 민족의식을 고취시키고자 대종교를 창시하였고(1909), 국권 피탈 이후에는 교단을 만주로 이동하여 항일 무장 투쟁을 뒷받침하였다. 북간도에서 대종교 계통의 인사들에 의해 독립운동 단체인 중광단이 확대 개편된 것이 북로군정서군이다.

오답 해설

① 사찰령 폐지 운동을 주도한 종교는 불교다.
③ 개벽과 신여성 등의 잡지를 발간한 종교는 천도교다.
④ 새생활 운동과 간척 사업을 추진한 종교는 원불교다.
⑤ 의민단을 조직하여 독립 전쟁을 전개한 종교는 천주교다.

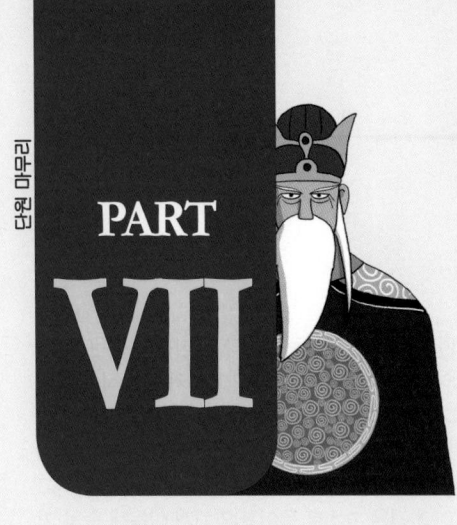

PART VII

출제 포인트

일제 강점기는 최근 59문항 16.85%가 출제되어 전 단원 중 출제 빈도가 가장 높은 단원이었다. 주요 출제 포인트는 각 시기별 통치 방식, 무단통치, 문화통치, 민족말살통치에 해당하는 통치 내용을 구분하는 문제가 주를 이룬다. 특히 무단통치와 민족말살통치기 내용은 반드시 암기하여야 하고, 민족운동, 이봉창과 윤봉길 의사, 신채호 관련 역사 문제는 빠지지 않고 반드시 출제되던 부분이다.

● 1910년대, 무단통치(헌병경찰통치)

통치기구	• 조선총독부 : 일제 식민통치의 중추기관 • 중추원 : 정치 참여 명목으로 설치된 자문기구
헌병 경찰제	헌병의 경찰 업무 대행(즉결 처분권, 영장 없이 체포 · 구금, 태형 처벌, 독립운동가 탄압)
의의 및 한계	• 언론 · 출판 · 집회 · 결사의 자유 박탈 • 안악사건과 105인사건 조작

● 1920년대, 문화통치(민족분열통치)

배경	• 거족적인 3 · 1 운동의 전개 • 국제 여론의 압력으로 통치방식 전환
내용과 실상	• 문관 출신 총독 임명 규정→문관 총독의 부임 없이 모두 현역 육 · 해군 대장 임명 • 보통경찰제 실시 : 경찰 수의 증가 및 치안 유지법의 제정 • 신문 발행 허가 : 조선 · 동아일보 허가→검열과 기사 삭제를 통해 친일 언론화

● 1930년대, 민족말살통치(황국신민화 정책)

배경	경제 공황(1929)의 타개책으로 대륙 침략 본격화(만주사변, 중 · 일 전쟁)
내용	내선일체, 일선동조론, 황국신민서사 암송, 궁성요배와 신사참배 강요, 우리말 · 역사 교육 금지, 일본식 성명 강요(창씨개명)

● 토지 조사사업(1912~1918년)

목적	• 토지 소유제도 확립을 위한 토지 소유권 재조사 • 한국인의 토지 약탈과 지세 수입 증가 목적
방법	짧은 기간 내에 까다로운 절차를 거쳐 신고해야 소유권을 인정
결과	• 미신고된 토지, 공공 기관 소유 토지를 총독부에 귀속 • 식민지 지주제 확대→농민의 경작권(도지권), 입회권 상실, 기한부 소작농으로 전락, 해외 이주

● 산미 증식 계획(1920~1934년)

배경	제1차 세계대전 후 수출 감소와 쌀값 상승으로 인한 일본의 경제 위기
내용	개간 · 간척 사업, 수리시설 개선, 종자 개량 등으로 쌀 생산량 증대
결과	• 증산 계획 실패, 수탈은 계획대로 추진 • 농업 구조의 불균형(쌀 중심의 단작형 농업) • 증산 비용(종자 개량 · 수리 조합비 · 비료 대금)을 농민에게 전가

● 병참기지화 정책

병참 기지화	• 남면북양 정책 : 공업 원료 증산 정책 • 식민지 공업화 추진 : 군수 공장 설립, 중화학 공업
인적 · 물적 자원의 수탈	• 국가 총동원법(1938년) : 인적 · 물적 자원에 대한 통제권 및 동원권 • 물자 수탈 강화 : 산미 증식 계획 재개로 군량 확보, 미곡 공출 제도 시행 • 인적 수탈 강화 : 지원병제, 징병제, 징용제, 여자 정신대 근무령

● 3·1 운동(1919년)

배경	레닌의 민족해방 지원 선언, 윌슨의 민족 자결주의, 대한독립선언, 2·8 독립선언(1919년)
전개	• 민족 대표 33인 독립선언서 낭독→청년·학생을 중심으로 전국 도시로 확산 • 농촌으로 확대 무장 투쟁, 만주, 연해주, 일본, 미국 지역으로 확산
일제의 탄압	• 민간인 학살(경기 화성의 제암리 학살사건)
의의와 영향	• 독립운동의 참여 폭 확대 •임시정부의 수립계기 • 무단통치에서 문화통치로 변화 • 중국의 5·4 운동, 인도의 비폭력저항주의

● 대한민국 임시정부의 수립

조직	• 지도부 : 대통령(이승만), 국무총리(이동휘) •3권 분립 : 국무원(행정), 임시의정원(입법), 법원(사법) • 연통제(비밀 행정 조직망) •교통국(통신기관) : 정보 수집·분석·교환·연락의 업무를 관장
의의	3권이 분립된 최초의 민주 공화 정부 수립

● 6·10 만세운동(1926년)

전개	순종의 인산일을 기회로 학생 주도의 만세 시위 전개
의의	• 학생운동이 대중적 차원의 항일 민족운동으로 발전 •민족유일당운동(신간회 성립)에 영향

● 광주학생항일운동(1929년)

전개	광주에서 한·일 학생 충돌→전국 규모의 항일 투쟁으로 발전(가두시위 전개, 동맹 휴학)
의의	학생과 시민들이 참여한 3·1운동 이후 최대 규모의 항일민족운동

● 의열단(1919년)

조직	김원봉이 만주 길림에서 비밀 결사로 조직
활동	• 박재혁의 부산경찰서 투탄 의거(1920년), 김익상의 총독부 투탄 의거(1921년), 김상옥의 종로경찰서 투탄 의거(1923년)

● 한인애국단(1926년)

활동	이봉창 의거(1932년), 윤봉길 의거(1932년) 등
영향	중국 국민당 정부의 중국 영토 내 무장 독립 투쟁 승인 및 지원 계기

● 사회운동의 활성화

구분	활동 내용	주요 단체
여성운동	여성 계몽, 문맹 퇴치, 생활 개선, 구습 타파	근우회(1927년)
소년운동	방정환 중심, 어린이날 제정	조선소년연합회(1927년)
형평운동	백정에 대한 사회적 차별 철폐 주장	조선형평사(1923년)

● 신간회

창립	• 전개 : 조선민흥회(1926년)→정우회 선언(1926년)→신간회 창립(1927년)
강령	민족의 단결, 정치·경제적 각성 촉구, 기회주의자 배격
활동	• 농민·노동,학생 운동 지원(광주학생항일운동 진상 조사단 파견) 원산 총파업 조사단 파견
의의	• 최초의 민족 협동 단체 •일제하 최대 규모의 항일 사회 운동 단체

● 사회운동

물산장려운동	• 전개 : 조만식 등이 평양에서 시작 •국산품 애용, '내 살림 내 것으로', '조선 사람 조선 것으로'
민립대학 설립운동	• 전개 : 민립대학기성회 조직(1922년)→일제의 탄압과 경성제국대학 설립(1924년)으로 좌절
문맹 퇴치 운동	• 1920년대 : 야학, 강습소 설립 •1930년대 : 문자 보급 운동(조선일보), 브나로드운동(동아일보)

신과함께 한능검 모르면 나만 생고생이다!

신과함께
———
한국사능력검정시험

Part VIII
대한민국 현대 사회의 발전

CHAPTER 30

광복과 통일 정부 수립 노력

쏙쏙 키워드를 알려주지!

조선건국준비위원회, 모스크바 3국외상회의, 미·소 공동위원회, 좌우합작운동, 여운형, 정읍 발언, 남북협상

---

① 조선건국동맹

1944년 8월 여운형 등이 일본의 패전과 민족의 독립에 대비하여 만든 비밀 결사이다. 중앙과 지방 조직을 갖추고 군사 행동을 계획하기도 하였으며, 조선건국준비위원회의 모체가 되었다.

② 38도선 설정

미국은 북위 38도선을 경계로 북쪽의 일본군은 소련군이, 남쪽의 일본군은 미군이 항복을 접수한다는 안을 만들어 소련 측에 통보하였다. 소련이 이를 수락하여 미·소 양국군이 북위 38도선을 경계로 한반도를 분할 점령하였다.

③ 독립촉성중앙협의회

1945년 10월 이승만을 중심으로 한국 민주당, 국민당을 비롯한 2백여 단체가 모여 구성한 협의체로서, 총재에 이승만을 추대하였다.

① 8·15 광복과 분단

(1) 독립운동 세력의 건국 준비 활동
① 독립운동 세력의 건국 준비 활동
- ㉠ 대한민국 임시정부(1919년)
  - ⓐ 상하이에서 이동하여 충칭에 정착(1940년), 김구와 김규식의 활동
  - ⓑ 건국 강령 : 삼균주의(정치·경제·교육), 민주주의 공화국
- ㉡ 조선독립동맹(1942년)
  - ⓐ 옌안 지역을 거점으로 김두봉과 무정의 활동
  - ⓑ 건국 강령 : 보통 선거, 민주주의 공화국
- ㉢ 조선건국동맹(1944년)
  - ⓐ 국내에서 조직, 여운형이 주도
  - ⓑ 건국 강령 : 민족의 독립 회복, 민주주의 공화국

② 전후 처리 회담

카이로회담(1943년 11월)	미·영·중	적당한 시기에 한국 독립을 약속
얄타회담(1945년 2월)	미·영·소	소련군의 대일전 참전 결정
포츠담회담(1945년 7월)	미·영·소·중	카이로회담의 결정 사항 재확인

(2) 8·15 광복과 국토 분단
① 8·15 광복의 배경 : 연합국의 승리, 민족의 지속적인 독립 투쟁
② 미군과 소련군 주둔 : 38도선을 경계로 미국은 남한을, 소련은 북한을 각각 분할 점령, 군정 실시

(3) 광복 직후 국내 정치세력의 동향
① 조선건국준비위원회 : 조선건국동맹 중심, 여운형, 안재홍 주도→좌익의 득세로 안재홍 등 탈퇴
② 조선인민공화국 : 미군 진주를 앞두고 조선건국준비위원회가 중앙 조직을 실질적인 정부 형태로 개편하여 선포→좌익이 주도권을 장악하여 민족주의 세력 탈퇴
③ 정치 세력의 대립
- ㉠ 한국민주당 : 우익(송진우, 김성수), 미군정청과 친밀, 임시정부 지지
- ㉡ 독립촉성중앙협의회 : 우익(이승만), 한국 민주당과 우호적 관계
- ㉢ 한국독립당 : 우익(김구), 대한민국 임시정부의 핵심 정당
- ㉣ 국민당 : 중도 우익(안재홍), 신민주주의·신민족주의 표방
- ㉤ 조선인민당 : 중도 좌익(여운형), 인민공화국 와해 이후 창당, 좌우합작운동
- ㉥ 남조선노동당 : 좌익(박헌영), 조선공산당에서 개편, 미군정의 탄압

단답형으로 확인하기

❶ 조선건국동맹이 조직한 기구로, 광복과 더불어 치안을 유지하고 독립 국가의 건설을 준비한 단체는?

❷ 미국과 소련이 한반도에서 일본군의 무장을 해제한다는 명목으로 설정한 군사 분계선은?

정답
❶ 조선건국준비위원회
❷ 38도선

---

2 신탁통치 문제와 좌우 합작운동

(1) 모스크바 3국외상회의(1945년)
① 개최 : 미국 · 영국 · 소련의 외상들이 전후 한국 문제를 본격적으로 논의
② 모스크바 협정 : 조선임시민주주의 정부 수립, 임시정부 수립 원조를 위한 미 · 소 공동위원회 결성, 최고 5년간 신탁통치 실시, 미 · 소 양군 사령부의 대표 회의 개최
③ 국내의 반응 : 우익(신탁통치 반대운동 전개), 좌익(모스크바 협정의 총체적 지지로 입장 선회)

(2) 미 · 소 공동위원회
① 제 1차 미 · 소 공동위원회(1946년 3월) : 임시정부 참여단체에 대한 미 · 소의 대립으로 휴회
② 제 2차 미 · 소 공동위원회(1947년 5월) : 제 1차 때와 같은 문제로 대립하다 결렬

(3) 좌우합작운동(1946~1947년)
① 배경 : 제 1차 미 · 소 공동위원회 무기 휴회, 이승만의 정읍 발언(남한만의 단독 정부 수립 주장)
② 중심 세력 : 여운형, 김규식 등 중도 세력
③ 과정 : 좌우합작위원회 결성(1946년 7월)→좌우합작 7원칙 발표(1946년 10월): 모스크바 3국 외상회의 결정 지지, 임시정부 수립, 토지 개혁 실시, 친일파 처단
④ 결과 : 여운형 암살 이후 좌우합작위원회 해체(1947년 12월)

이승만의 정읍 발언(1946년 6월)

이제 우리는 무기 휴회된 공위(미 · 소 공동위원회)가 재개될 기색도 보이지 않으며, 통일 정부를 고대하나 여의케 되지 않으니, 우리는 남방(남한)만이라도 임시정부 혹은 위원회 같은 것을 조직하여 38도선 이북에서 소련을 철퇴하도록 세계 공론에 호소하여야 할 것이니 여러분도 결심하여야 할 것이다.
→ 이승만은 1946년 6월에 정읍에서 남한만이라도 단독 정부를 수립하여야 한다는 주장을 펼쳤다.

3 한국 문제의 유엔 상정과 남북 협상

(1) 한국 문제의 유엔 상정
① 과정 : 제 2차 미 · 소 공동위원회의 결렬→미국은 한국 문제를 UN으로 이관→소련은 한국 문제를 UN으로 이관하는 것에 대해 거부→한반도 문제가 유엔 총회에 상정
② 유엔 총회의 결의 : 인구 비례에 따른 총선거 실시안 가결→유엔 한국 임시위원단 파견→소련은 북한의 방북 거절→유엔 소총회에서 유엔 한국 임시위원단이 접근가능한 지역만의 총선거 실시 결정(1948년 2월)

(2) 남북 협상의 전개
① 배경 : 남한만의 단독 선거 움직임
② 중심인물 : 김구(한국독립당), 김규식(민족자주연맹) 등
③ 경과 : 북한의 김일성에게 남북 정치지도자 회의 제의→남북 정당 · 사회단체 연석회의 개최(1948년 4월)
④ 결과 : 별다른 성과 없이 끝남, 남북 협상파의 대한민국 정부 수립 과정(5 · 10 총선거) 불참

① **신탁통치**

국제연합의 감독 아래 특정 국가가 일정 지역(패전국, 패전국에서 분리된 지역 등)에 대하여 독립을 원조할 목적으로 실시하는 특수 통치 제도

② **김규식(1881~1950)**

임시정부 대표로 파리 강화회의에 참여하였으며, 중국에서 민족운동 단체의 통합을 위해 노력하였다.
8 · 15 광복 후 좌우 합작과 남북 협상을 주도하였다.

38도선을 넘는 김구

1 [31회 32번]

(가)에 들어갈 내용으로 옳은 것을 〈보기〉에서 고른 것은? [2점]

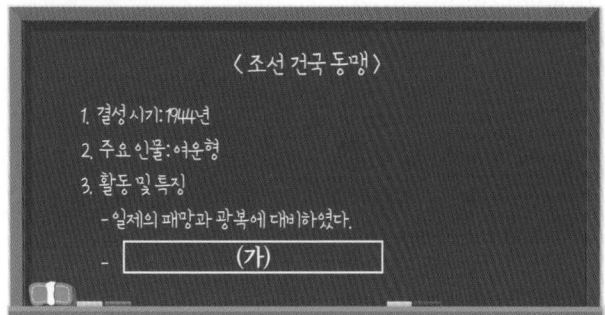

〈 조선 건국 동맹 〉

1. 결성 시기: 1944년
2. 주요 인물: 여운형
3. 활동 및 특징
   - 일제의 패망과 광복에 대비하였다.
   - (가)

───── 〈 보 기 〉 ─────

ㄱ. 민주주의 국가 건설을 목표로 하였다.
ㄴ. 교통국을 설치하고 연통제를 실시하였다.
ㄷ. 광복 이후 조선 건국 준비 위원회로 개편되었다.
ㄹ. 미군의 지원을 받아 국내 진공 작전을 준비하였다.

① ㄱ, ㄴ　　　② ㄱ, ㄷ　　　③ ㄴ, ㄷ
④ ㄴ, ㄹ　　　⑤ ㄷ, ㄹ

2 [34회 45번]

다음 강령을 발표한 조직에 대한 설명으로 옳은 것은? [2점]

강 령

• 우리는 완전한 독립 국가의 건설을 기함
• 우리는 전 민족의 정치적·경제적·사회적 기본 요구를 실현할 수 있는 민주주의 정권의 수립을 기함
• 우리는 일시적 과도기에 있어서 국내 질서를 자주적으로 유지하며 대중 생활의 확보를 기함

① 「진단학보」를 발간하였다.
② 브나로드운동을 전개하였다.
③ 좌우 합작 7원칙을 발표하였다.
④ 신탁통치 반대 운동을 주도하였다.
⑤ 여운형 등을 중심으로 결성되었다.

3 [33회 47번]

(가)에 해당하는 국제 회의로 옳은 것은? [1점]

○ 한국의 독립 부여는 금번 (가) 의 신탁 관리 결의로서 수포로 돌아갔으니 …… 3천만의 총역량을 발휘하여서 신탁 관리제를 배격하는 국민 운동을 전개하여 자주 독립을 완전히 획득하기까지 3천만 전 민족의 최후의 피 한 방울까지라도 흘려서 싸우는 항쟁 개시를 선언함.
    - 신탁통치 반대 국민 총동원 위원회 -

○ 이러한 국제적 결정은 금일 조선을 위하여 가장 정당한 것이라고 우리는 인정한다. …… 문제의 5년 기한은 그 책임이 (가) 에 있는 것이 아니라 실인즉 우리 민족 자체의 결점(장구한 일본 지배의 해독과 민족적 분열)에 있다고 우리는 반성하지 않으면 안된다.
    - 조선 공산당 중앙 위원회 -

① 얄타회담
② 카이로회담
③ 포츠담회담
④ 헤이그 만국평화회의
⑤ 모스크바 3국외상회의

4 [36회 47번]

(가)에 들어갈 내용으로 가장 적절한 것은? [3점]

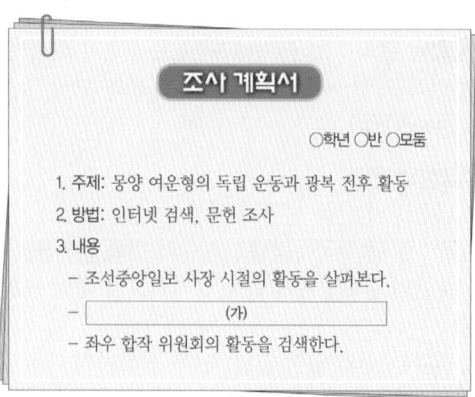

조사 계획서

○학년 ○반 ○모둠

1. 주제: 몽양 여운형의 독립 운동과 광복 전후 활동
2. 방법: 인터넷 검색, 문헌 조사
3. 내용
   - 조선중앙일보 사장 시절의 활동을 살펴본다.
   - (가)
   - 좌우 합작 위원회의 활동을 검색한다.

① 발췌 개헌안의 내용을 살펴본다.
② 제주 4·3 사건의 진상을 알아본다.
③ 5·10 총선거에 출마한 인물들을 검색한다.
④ 조선건국준비위원회의 설립 과정을 조사한다.
⑤ 조선어학회 사건으로 구속된 인물들을 찾아본다.

해설편

Chapter 30. 광복과 통일 정부 수립 노력

V. 근대 태동기

VI. 국제 질서의 변동과 근대 국가 수립 운동

VII. 일제 강점기

VIII. 대한민국 현대 사회의 발전

1 정답 ②

정답 해설

국내에서는 1944년 여운형, 조동호 등의 민족지도자들이 일제의 패망과 광복에 대비하여 비밀결사인 조선건국동맹을 결성하여 민주주의 국가 건설을 추구하였다. 조선건국동맹에는 이념을 떠나 민족주의자는 물론이고 사회주의자들도 대거 참여하였다. 조선건국동맹은 전국 10개 도에 조직망을 형성하고, 나라 안팎에서 무장 투쟁을 전개하기 위해 조선독립동맹 등에 책임자를 파견하였으나 일제의 갑작스런 패망으로 이 계획은 실현되지 못하였다. 여운형 등 조선건국동맹의 핵심 인사들은 광복이 되자 곧바로 서울에서 좌익세력과 우익세력을 망라하여 조선건국준비위원회(건준)를 발족시켰다.

오답 해설

ㄴ. 대한민국 임시정부는 국내와 연락하여 효과적인 독립운동을 전개하고자 연통제, 교통국 등을 운영하였다. ㄹ. 국내 진공 작전은 한국 광복군의 일부 대원들이 미군과 연합하여 추진하였으나 실행에 옮기지 못하였다.

2 정답 ⑤

정답 해설

일제의 패망에 앞서 조선총독부는 조선건국동맹의 여운형과 행정권 이양 문제를 교섭하였다. 8·15 광복 직후 여운형은 정치범 석방, 3개월분의 식량 확보 등을 약속받고 좌우익의 합작 형태로 조선건국준비위원회를 결성하였다. 위원장인 여운형은 중도 좌파, 부위원장인 안재홍은 중도 우파를 대표하는 인물이었다. 조선건국준비위원회는 질서 유지를 위해 치안대를 두고 전국에 지부를 두어 과도기 상태에서 정부 역할을 대신하였다. 광복 직후 방화와 약탈이 거의 없었던 것은 광복 이전부터 건국 이후를 준비한 조선건국동맹과 광복 이후의 조선건국준비위원회가 있었기 때문이었다.

오답 해설

① 진단학회는 1934년 창립되어 같은 해 기관지로 「진단학보」를 창간하였으며, 1940년 일제의 탄압으로 해산되었다.
② 동아일보사는 1930년대 전반에 '배우자, 가르치자, 다 함께 브나로드'라는 구호 아래 농촌 계몽운동인 브나로드운동을 전개하였다.
③ 좌우 합작 7원칙은 1946년 10월 좌우합작위원회에 의해 발표되었다.
④ 신탁통치 반대운동을 주도하였던 것은 우익 세력이다.

3 정답 ⑤

정답 해설

1945년 12월, 미국, 영국, 소련은 전후 문제를 처리하기 위해 모스크바 3국외상회의를 개최하였다. 모스크바에서 열린 세 나라의 외무장관 회의에서 일본이 점령하고 있던 지구의 관리 문제, 한국의 독립 문제 등을 논의하여 결정안을 만들었다. 결정안의 주요 내용은 첫째, 한국을 독립 국가로 재건하기 위해 민주주의적 임시정부를 수립한다, 둘째, 한국 임시정부 수립을 위해 미·소 공동위원회를 설치한다, 셋째, 미국, 영국, 중국, 소련의 4개국이 공동 관리하는 최고 5년 기한의 신탁통치를 시행한다는 것 등이었다. 결정안에 들어 있는 신탁통치안은 이미 카이로선언(1943)과 포츠담선언(1945)에서 합의된 내용을 구체화한 것이다.

4 정답 ④

정답 해설

제시된 자료는 조선건국준비위원회를 주도했던 여운형에 대한 내용이다. 1945년 8월 15일 낮 12시 일왕의 항복 방송이 나오기 직전 조선총독부는 건국동맹의 여운형과 행정권 이양 문제를 교섭하였다. 여운형은 정치·경제범의 석방, 3개월분의 식량 확보, 정치 활동과 집회·결사의 자유 등을 약속받고, 8월 15일 당일 안재홍과 함께 좌우익의 합작 형태로 조선건국준비위원회를 조직하였다. 또한 미군의 진주를 대비하여 조선인민공화국 수립을 선포하기도 하였다. 여운형은 1946년 미군정의 지원을 받아 김규식과 함께 좌우 합작운동을 전개하였다. 그러다가 1947년 우익 청년에 의해 암살당하였다.

오답 해설

① 발췌개헌(1952년)은 이승만 대통령의 집권 연장을 위한 직선제 개헌이다.
② 제주도 4·3 사건은 5·10 총선거와 단독 정부 수립을 반대하여 일어났다.
③ 여운형은 1947년 암살당했기 때문에 1948년 5·10 총선거에 출마하지 못하였다.
⑤ 최현배, 이희승 등은 1942년 조선어학회 사건으로 구속되었다.

5 [37회 46번]

다음 재판의 근거가 된 법령에 대한 설명으로 옳은 것은? [3점]

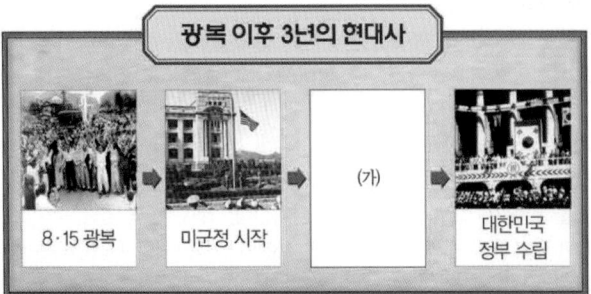

광복 이후 3년의 현대사

8·15 광복 → 미군정 시작 → (가) → 대한민국 정부 수립

①
근우회 창립

②
원산 총파업

③
좌·우 합작 위원회 활동

④
남북 학생 회담 요구 시위

⑤
반민족 행위 특별 조사 위원회 활동

6 [24회 47번]

(가)에 들어갈 위원회로 옳은 것은? [1점]

1945년 12월 모스크바에서 미국, 영국, 소련 3국의 외상들이 모여 우리나라 문제를 논의하였다면서요?

네. 임시 민주 정부 수립과 신탁 통치 문제를 협의하기 위해 (가) 를 구성하기로 하였다는군요.

① 남북조절위원회
② 미·소 공동위원회
③ 조선건국준비위원회
④ 남북경제협력추진위원회
⑤ 반민족행위특별조사위원회

7 [39회 45번]

(가)에 들어갈 인물로 옳은 것은? [2점]

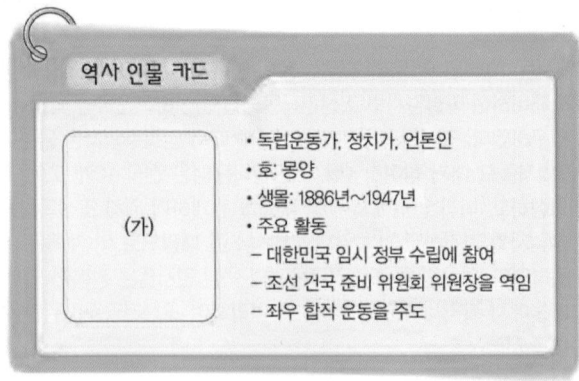

역사 인물 카드

(가)

• 독립운동가, 정치가, 언론인
• 호: 몽양
• 생몰: 1886년~1947년
• 주요 활동
  – 대한민국 임시 정부 수립에 참여
  – 조선 건국 준비 위원회 위원장을 역임
  – 좌우 합작 운동을 주도

①
김구

②
박은식

③
신채호

④
여운형

⑤
조소앙

8 [40회 47번]

다음 상황이 일어난 배경으로 가장 적절한 것은? [2점]

지금 사람들이 무엇을 하고 있는 것이오?

신탁 통치 결정에 반대하는 집회를 열고 있는 중입니다.

① 평양에서 남북 협상이 열렸다.
② 반민족 행위 처벌법이 제정되었다.
③ 유엔의 감시 아래 총선거가 실시되었다.
④ 모스크바에서 3국 외상 회의가 개최되었다.
⑤ 장면을 국무총리로 하는 내각이 수립되었다.

5 정답 ③

정답 해설

8 · 15 광복이 이루어지면서 38도선 이남에 점령군으로 들어온 미군은 자신들이 설치한 군정청만이 한반도의 유일한 정부임을 거듭 확인하였다. 1945년 모스크바 3상회의의 결정에 따라 임시정부 구성방안을 논의하기 위해 1946년 3월 미 · 소 공동위원회가 열렸으나 결렬되고 좌우의 대립이 심해졌다. 이에 김규식과 여운형을 비롯한 중도계열의 좌우익 인사들은 1946년 7월 좌우합작위원회를 구성하였으나 좌우익의 의견 차이를 좁히지는 못하였다. 한편 제2차 미 · 소 공동위원회도 성과 없이 결렬되자 한국 문제가 유엔에 상정되어 남북한 총선거를 통한 정부 수립을 결의하였다. 그러나 소련과 북한이 이를 거부하여 유엔은 가능한 지역만이라도 우선 선거를 실시하는 것으로 결정을 바꾸었다. 이후 1948년 5 · 10 총선거가 실시되어 제헌국회가 구성되었으며, 7월 17일에 헌법을 제정 · 공포하였고, 8월 15일에 대한민국 정부 수립을 선포하기에 이르렀다.

6 정답 ②

정답 해설

미국과 소련은 1946년, 1947년 두 차례에 걸쳐 서울과 평양에서 임시정부 수립을 논의하기 위한 미 · 소 공동위원회를 열었다. 1946년 3월 모스크바 3국외상회의 결정을 실현하기 위해 개최된 제1차 미 · 소 공동위원회는 임시정부 구성에 참여할 단체를 놓고 이견을 보였다. 소련은 임시정부가 신탁통치를 위한 수단이므로 모스크바 3국외상회의 결정을 반대하는 정당은 임시정부에 참여할 수 없다고 주장하였다. 하지만 미국은 임시정부에 모든 정치단체를 참여시켜야 한다고 주장하였다. 소련의 속셈은 찬탁으로 돌아선 공산당만 임시정부 수립에 참여시키겠다는 것이었고, 미국이 반탁도 의사 표현의 하나라고 주장한 건 한반도의 공산화를 방지하겠다는 의지를 보인 것이다. 결국, 회담은 2달여 만에 무기한 휴회 상태에 들어가게 되었다.

 7 정답 ④

정답 해설

여운형은 대한민국 임시 정부에 수립에 참여하고 조선 건국 준비 위원회 위원장을 역임하였으며 좌우 합작 운동을 주도하였다.

오답 해설

① 김구는 상하이에서 한인 애국단을 조직하고 김규식과 함께 평양에서 남북협상에 참여하였다.
② 박은식은 민족사에서 '혼'을 강조하고 『한국통사』, 『독립운동지혈사』를 저술하였다.
③ 신채호는 『독사신론』에서 민족주의 사학의 기반을 마련하였다.
⑤ 조소앙은 새로운 국가 건설의 이념으로 삼균주의를 주창하였다

 8 정답 ④

정답 해설

모스크바 3국 외상회의는 1945년 12월 16일부터 26일까지 소련의 모스크바에서 개최된 미국 · 영국 · 소련의 외무장관 회의이다. 최고 5년간 4개국(미국, 영국, 소련, 중국)의 한반도 신탁 통치가 결정되자 이를 지지하는 입장과 반대하는 입장으로 엇갈렸다.

오답 해설

① 김구와 김규식은 평양에 가서 김일성 등과 회담하였다(1948, 남북협상)
② 제헌 국회는 일제의 잔재를 청산하기 위해 반민족 행위 처벌법을 제정하였다(1948).
③ 유엔의 감시 아래 1948년 5.10 총선거를 실시하였고 2년 임기의 제헌 국회 의원을 선출하였다.
⑤ 1960년 4 · 19 혁명으로 이승만 대통령이 하야하고, 이어진 총선거에서 민주당이 압승함에 따라 윤보선가 대통령에, 장면이 국무총리에 선출되었다.

CHAPTER 31

대한민국 정부의 수립과 6 · 25 전쟁

쏙쏙 키워드를 알려주지!

5·10 총선거, 반민특위, 국회 프락치 사건, 농지개혁법, 애치슨 선언, 반공포로 석방, 한·미 상호방위조약, 발췌개헌, 사사오입 개헌, 삼백산업

5 · 10 총선거

대한민국 정부 수립

유상 매입, 유상 분배

정부가 지주에게 일정한 대가를 지불하고 토지를 사들인 다음, 농민에게 대가를 받고 분배하는 방식이다.

1 대한민국 정부의 수립

(1) 단독 정부 수립 반대의 움직임

① **제주도 4 · 3 사건** : 좌익 세력을 중심으로 남한만의 단독 선거 반대

② **여수 · 순천 10 · 19 사건** : 제주도 4 · 3 사건 진압을 거부한 군부 내 좌익 세력의 반란

(2) 5 · 10 총선거와 대한민국 정부의 수립

① **5 · 10 총선거** : 우리나라 최초의 민주 · 보통선거(1948), 제헌 국회의원을 선출함(임기 2년)

② **제헌헌법 공포(1948년 7월 17일)** : 삼권분립과 대통령중심제를 채택함, 국회에서 정 · 부통령을 선출함(임기 4년, 중임 가능)

③ **정부 수립(1948년 8월 15일)** : 대통령에 이승만, 부통령에 이시영 선출→미군정으로부터 정권 이양→제 3차 유엔 총회에서 한반도 유일의 합법 정부로 승인(1948년 12월)

2 제헌국회의 활동

(1) 친일파 청산을 위한 노력

① **배경** : 정부 수립 이후 국민들의 친일파 청산 요구, 초대 헌법의 소급 조항 규정

② **반민족행위특별조사위원회(반민특위) 활동** : 친일 혐의자를 체포 · 조사함→이승만 정부의 소극적 태도와 비협조→경찰의 반민특위 습격 사태 등으로 활동에 제약을 받음

③ **결과** : 이승만 정부의 비협조(국회 프락치 사건, 경찰의 반민특위 습격)→친일파의 범위 축소 및 공소 시효 단축(1950년 6월→1949년 8월)→반민특위 해체(1949년)

(2) 귀속 재산 처리와 농지 개혁

① **배경** : 광복 당시 국민의 대다수가 토지 분배와 지주제 개혁 요구, 북한의 토지 개혁(무상 몰수, 무상 분배) 실시(1946년)

② **귀속재산처리법(1949년)** : 일제로부터 몰수한 재산을 민간에 불하, 6 · 25 전쟁 휴전 직후 대부분 처리

③ **농지개혁법(1949년)** ─ 남한 : 3정보, 유상몰수, 유상분배
　　　　　　　　　　　　└ 북한 : 5정보, 무상몰수, 무상분배

　㉠ **방식** : 지주의 토지를 유상 매입, 농민에게 유상 분배(3정보 상한)→지주제 철폐, 소작쟁의 불식

　㉡ **성과** : 전근대적 지주제 소멸의 계기가 됨(자작농 증가)

(3) 북한 정부의 수립 : 북조선임시인민위원회 수립(1946년 2월)→북조선노동당 창당(1946년 8월)→조선민주주의인민공화국 수립(1948년 9월)

단답형으로 확인하기

❶ 1948년 제주에서 좌익세력이 남한만의 단독 총선거에 반대하여 무장 봉기한 사건은?

❷ 제헌국회가 구성되는 계기가 된 보통 선거는?

❸ 반민법에 근거하여 친일파에 대한 조사 활동을 벌인 단체는?

정답
❶ 제주도 4 · 3 사건
❷ 5 · 10 총선거
❸ 반민특위

3 6·25 전쟁

(1) 배경
① **남북한의 대립** : 정부 수립 후 미 · 소 양군 철수, 양측 정부의 대립과 경쟁→38도선 일대에서 무력 충돌 자주 발생, 좌익세력의 무장 활동 등
② **냉전의 격화** : 중국의 공산화(1949년), 소련의 원자폭탄 실험 성공
③ **애치슨 선언(1950년 1월)** : 미국의 극동방위선에서 한국과 대만을 제외

(2) 전개 과정
① **전쟁 발발(1950년)** : 북한군의 남침(1950년 6월)→서울 함락, 한강 인도교 폭파→낙동강까지 후퇴
② **전세 역전** : 인천상륙작전(9월 15일)→서울 수복(9월 28일)→38도선 돌파→압록강까지 진격
③ **중공군의 개입** : 중국군의 참전(1950년 10월)→서울 함락(1 · 4 후퇴) 흥남 철수 작전→서울 재수복(1951년 3월)→38도선 부근 교착
④ **휴전회담 시작(1951년 7월)** : 소련의 제안, 유엔군 · 북한군 · 중국군 간 진행
⑤ **이승만의 반공포로 석방(1953년 6월)** : 북진 통일을 주장하며 휴전에 반대하던 이승만이 거제도의 반공포로를 석방
⑥ **휴전협정 체결(1953년 7월)** : 군사분계선 및 비무장지대 설정, 포로 교환 문제 등 타결

(3) 전쟁의 피해와 영향
① **피해** : 수많은 군인 · 민간인 사상자 발생, 전쟁고아와 이산가족 발생, 산업 시설 · 학교 · 주택 · 도로 · 교량 등 파괴
② **영향** : 남북 간 적대감이 심화됨, 전통 문화가 파괴됨, 남북한의 독재가 강화됨, 한 · 미 상호방위조약 체결(1953년 10월)로 한 · 미 동맹이 강화됨

4 이승만 정부의 장기 집권

(1) 발췌개헌(1차 개헌, 1952년 7월)
① **과정** : 자유당 창당→6 · 25 전쟁 중 임시 수도 부산 일대에 계엄령 선포→정부 개헌안에 반대하는 야당의원 연행 · 협박→개헌안 통과
② **결과** : 대통령 직선제 개헌(1952년), 양원제 국회 규정→이승만 대통령의 재선 성공

(2) 사사오입 개헌(2차 개헌, 1954년 11월)
① **과정** : 부결된 헌법 개정안을 사사오입의 논리를 내세워 통과시킴
② **결과** : '초대 대통령의 3선금지 조항' 철폐(1954년)→3대 대통령에 이승만 선출(1956년)

5 전후 복구와 원조경제

(1) 전후 경제 상황 : 대다수 생산 시설의 파괴로 인한 생필품의 부족, 화폐 가치의 폭락으로 인한 물가 폭등

(2) 미국의 원조
① **특징** : 미국에 의존, 농산물과 소비재 물품 중심의 물자 원조
② **영향** : 국내 농산물 가격 폭락, 삼백산업(제분 · 제당 · 면방직 공업) 발달, 생산재 산업 부진
③ **변화** : 무상 원조가 1950년대 후반부터 유상 차관 방식으로 전환됨

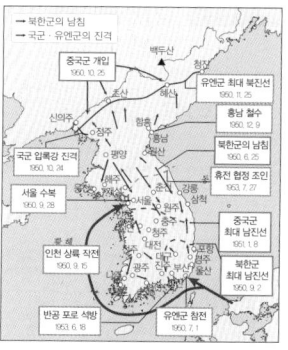

6 · 25 전쟁의 전개 과정

① **반공포로 석방**

휴전회담 과정에서 북송을 거부하는 반공포로는 중립국포로송환위원회에 넘겨 처리하기로 합의가 되어 가고 있었으나, 이승만은 유엔이나 미국과 아무런 상의도 없이 일방적으로 반공포로를 석방하였다.

② **귀속 재산**

미군정이 '적산(敵産)'으로 접수한 일본인 소유의 토지와 기업 등을 말한다. 미군정은 귀속 농지 중 일부를 우선적으로 소작인에게 매각하고, 다른 귀속 재산은 일부 매각 후 이승만 정부에게 이관하였다.

미국의 대한 원조 추이

단답형으로 확인하기

❶ 1950년 1월, 미국의 태평양 방위선에서 한국과 대만을 제외한다는 선언은?
❷ 한때 낙동강 이남까지 후퇴하였던 국군과 유엔군이 서울을 탈환하게 된 계기가 된 사건은?
❸ 1950년대 이승만 정부 당시 원조 경제를 기반으로 발달한 제분 · 제당 · 방직 산업을 일컫는 말은?

❸ 삼백산업
❷ 인천상륙작전
❶ 애치슨 선언

정답

9 [31회 46번]

(가)~(다)를 일어난 순서대로 옳게 나열한 것은?

[3점]

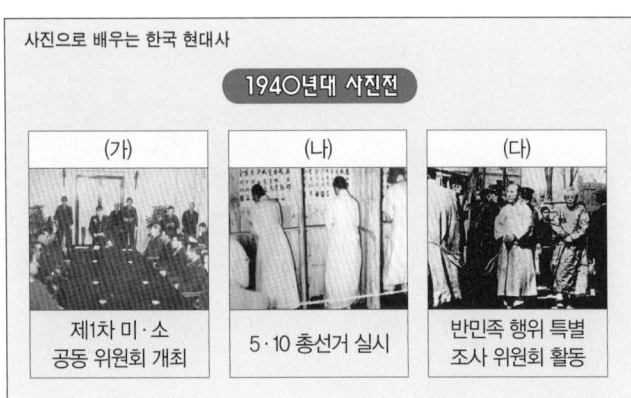

사진으로 배우는 한국 현대사

1940년대 사진전

(가)	(나)	(다)
제1차 미·소 공동 위원회 개최	5·10 총선거 실시	반민족 행위 특별 조사 위원회 활동

① (가) – (나) – (다)
② (가) – (다) – (나)
③ (나) – (가) – (다)
④ (나) – (다) – (가)
⑤ (다) – (가) – (나)

11 [28회 47번]

다음 대화 이후에 전개된 사실로 옳은 것은?[2점]

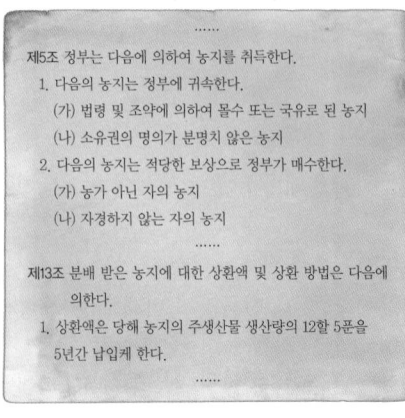

유엔 한국 임시 위원단의 입북을 북측이 거부하자, 어제 유엔에서 선거가 가능한 지역에서 총선거를 실시하도록 결의했다는군.

남한만 단독 선거를 실시하게 되면 남과 북의 분단 가능성이 커질까봐 걱정이야.

① 평양에서 남북 협상이 열렸다.
② 서울에서 제 1차 미·소 공동위원회가 개최되었다.
③ 이승만이 정읍에서 남한만의 정부 수립을 주장하였다.
④ 모스크바 3국 외무장관 회의에서 신탁 통치가 제안되었다.
⑤ 여운형이 중심이 되어 조선건국준비위원회가 조직되었다.

10 [46회 45번]

밑줄 그은 '선거'에 대한 설명으로 옳은 것은?

[2점]

이 사진은 제헌 국회 구성을 위해 유엔 한국 임시 위원단의 감시 아래 실시된 선거를 홍보하는 장면입니다.

투표 독려 전단을 비행기에 싣고 있는 미군 조종사

비행기에서 뿌려진 전단을 줍고 있는 사람들

① 6·25 전쟁 중에 진행되었다.
② 민의원, 참의원을 선출하였다.
③ 유신 헌법에 따라 실시되었다.
④ 우리나라 최초의 보통 선거였다.
⑤ 3·15 부정 선거로 불리게 되었다.

12 [30회 46번]

다음 법률에 따라 시행된 정책에 대한 설명으로 옳은 것을 <보기>에서 고른 것은?

[2점]

> ......
> 제5조 정부는 다음에 의하여 농지를 취득한다.
> 1. 다음의 농지는 정부에 귀속한다.
>   (가) 법령 및 조약에 의하여 몰수 또는 국유로 된 농지
>   (나) 소유권의 명의가 분명치 않은 농지
> 2. 다음의 농지는 적당한 보상으로 정부가 매수한다.
>   (가) 농가 아닌 자의 농지
>   (나) 자경하지 않는 자의 농지
> ......
> 제13조 분배 받은 농지에 대한 상환액 및 상환 방법은 다음에 의한다.
> 1. 상환액은 당해 농지의 주생산물 생산량의 12할 5푼을 5년간 납입케 한다.
> ......

─── 〈보 기〉 ───
ㄱ. 자작농이 증가하는 계기가 되었다.
ㄴ. 양전 사업을 실시하고 지계를 발급하였다.
ㄷ. 유상 매수, 유상 분배 방식으로 진행되었다.
ㄹ. 동양 척식 주식회사를 중심으로 추진되었다.

① ㄱ, ㄴ   ② ㄱ, ㄷ   ③ ㄴ, ㄷ
④ ㄴ, ㄹ   ⑤ ㄷ, ㄹ

9 정답 ①

정답 해설

(가) 1946년 3월 모스크바 3국 외상회의 결정을 실현하기 위해 개최된 제1차 미 · 소 공동위원회는 임시정부 구성에 참여할 단체를 놓고 이견을 보였다.

(나) 1948년 5월 10일 유엔 한국 임시위원단의 감시하에 5 · 10 총선거가 실시되었다. 유엔 총회는 남북한 총선거를 실시하여 한국 정부를 수립하자는 안을 통과시켰다.

(다) 대한민국이 수립된 후 제헌국회는 1948년 9월 친일 행위자의 범위, 처벌 내용과 방법들을 규정한 '반민족행위처벌법(반민법)'을 제정 · 공포하였다. 이 법에 근거하여 반민족행위특별조사위원회(반민특위)가 구성되어 친일 행위자를 처벌하고자 하였다.

따라서 (가)–(나)–(다) 순이다.

11 정답 ①

정답 해설

유엔 총회가 결의한 바대로 파견된 유엔 한국 임시위원단에 대해 소련은 위원단이 입북하는 것을 반대하였다. 이에 유엔 소총회에서는 '위원단이 접근 가능한 지역의 총선거'를 결의하였다. 그러자 김구와 김규식은 통일 정부 수립을 위한 방안으로 평양에서 열리는 남북 협상에 참가하였다. 그러나 남북 협상은 성과 없이 끝나고 말았고, 이후 유엔 소총회가 결의한 바대로 5 · 10 총선거가 진행되었다.

10 정답 ④

정답 해설

소련이 유엔 한국 임시위원단이 38도선 이북으로 들어오지 못하게 막자 미국은 유엔에 가능한 지역만의 선거를 시행하자고 제안하였고, 1948년 2월 유엔 소총회에서 이를 승인하여 5월 10일을 선거일로 정하였다. 5 · 10 총선거는 우리나라 최초의 보통 선거였으며, 이 선거의 결과로 5월 말에 제헌국회가 개최되었는데, 제헌국회 의원의 임기는 2년으로 한정되었다.

오답 해설

① 6 · 25 전쟁은 1950년에 발발하였다.
② 민의원, 참의원의 양원제 국회를 규정한 것은 3차 개헌(1960.6.) 때다.
③ 유신 헌법(1972)에 따라 대통령 직선제가 폐지되었고 통일주체국민회의에서 간접 선거를 하였다.
⑤ 3 · 15 부정 선거는 1960년 4 · 19 혁명의 원인이다.

12 정답 ②

정답 해설

이승만 정부는 1949년 6월에 농지개혁법을 제정하였다. 광복 후 중요한 현안이었던 농민들의 빈곤 문제를 해결하기 위해 추진된 것이었다. 1950년 3월에 법이 개정되어 공포되면서 농지 개혁이 본격적으로 추진되었다. 유상 매입 · 유상 분배의 방식으로 시행된 농지 개혁의 결과 토지를 소유한 농민이 증가하여 농지 소유가 경작 농민 중심으로 변화하였다.

오답 해설

ㄴ. 대한제국은 근대적 토지 소유권 확립을 위해 양전을 실시하고 지계를 발급하였다. ㄹ. 동양척식주식회사는 대한제국 말기인 1908년에 설립되었고, 토지조사사업 과정에서 조선총독부가 획득한 토지를 헐값에 인계받아 일본인에게 다시 헐값에 넘기는 역할을 하였다.

13 [33회 48번]

(가), (나) 사이 시기의 경제 상황에 대한 설명으로 옳은 것은? [2점]

(가) 휴전 협정 체결　(나) 4·19 혁명 전개

① 건설업체의 중동 진출이 본격화되었다.
② 저유가, 저금리, 저달러의 3저 호황이 있었다.
③ 제분, 제당, 면방직의 삼백산업이 성장하였다.
④ 투명한 금융 거래를 위한 금융실명제가 실시되었다.
⑤ 개성 공단 건설을 통해 남북 간 경제 교류가 이루어졌다.

14 [38회 46번]

(가), (나) 사이의 시기에 있었던 사실로 옳은 것을 <보기>에서 고른 것은? [2점]

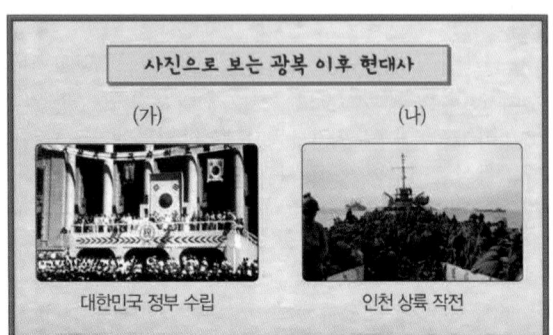

사진으로 보는 광복 이후 현대사
(가) 대한민국 정부 수립　(나) 인천 상륙 작전

─────〈 보 기 〉─────
ㄱ. 농지 개혁법 제정
ㄴ. 금융 실명제 실시
ㄷ. 반민족 행위 처벌법 제정
ㄹ. 제1차 미·소 공동 위원회 개최

① ㄱ, ㄴ　　② ㄱ, ㄷ　　③ ㄴ, ㄷ
④ ㄴ, ㄹ　　⑤ ㄷ, ㄹ

15 [32회 46번]

(가)에 들어갈 사진의 내용으로 적절한 것은? [3점]

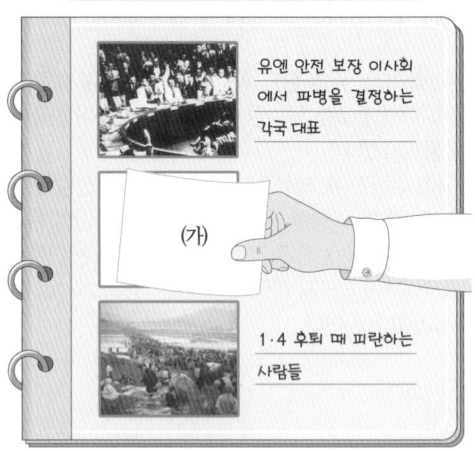

시간 순으로 정리한 6·25 전쟁 사진첩
유엔 안전 보장 이사회에서 파병을 결정하는 각국 대표
(가)
1·4 후퇴 때 피란하는 사람들

① 휴전협정에 서명하는 양측 대표
② 인천상륙작전을 전개하는 유엔군
③ 미국의 극동 방위선을 발표하는 애치슨
④ 모스크바 3국외상회의에 참석한 각국 대표
⑤ 한·미 상호방위조약을 체결하는 양국 대표

16 [45회 48번]

(가) 전쟁 중에 있었던 사실로 옳지 않은 것은? [2점]

(가) 사진전
국군의 압록강 진출　흥남 철수　거제 포로 수용소

① 판문점에서 휴전 회담이 진행되었다.
② 조선 건국 준비 위원회가 조직되었다.
③ 중국군의 개입으로 서울을 다시 빼앗겼다.
④ 학도병이 낙동강 전선에서 혈전을 치렀다.
⑤ 국군과 유엔군이 인천 상륙 작전에 성공하였다.

13 정답 ③

정답 해설

(가) 휴전 협정은 6 · 25 전쟁 중인 1951년 7월부터 체결을 위한 협상이 시작되어 1953년 7월 27일에 체결되었다. (나)는 이승만 정부의 부정 선거로 발생한 4 · 19 혁명으로 시위하는 초등학생들의 모습이다. ③ 6 · 25 전쟁 이후 미국으로부터 도입된 원조물자는 주로 밀가루, 설탕, 면화 등 소비재 산업 위주의 원료였기 때문에 삼백산업과 같은 소비재 산업이 경제의 중심을 이루었다.

오답 해설

① 1970년대, ② 1980년대, ④ 1993년대, ⑤ 6 · 15 공동선언 이후이다.

14 정답 ②

정답 해설

1948년 5월 10일 총선거로 제헌국회의원을 선출하여 그해 8월 15일 대한민국 정부가 수립되었다. 이 시기 반민족 행위 처벌법 및 농지 개혁법이 제정되었다. 남한에서 미군이 철수하고 중국의 공산화, 미국의 애치슨 선언에 따라 1950년 6.25 전쟁이 발발하였다.

오답 해설

ㄴ. 금융실명제는 김영삼 정부 때(1993년) 실시되었다.
ㄹ. 제1차 미 · 소 공동위원회가 개최된 것은 광복 전인 1946년이다.

15 정답 ②

정답 해설

6 · 25 전쟁이 발발하자 미국은 한국 문제를 논의하기 위해 유엔에 안전보장이사회(안보리)의 소집을 건의하였다. 이에 따라 한국 시간으로 6월 26일 새벽 4시에 소집된 안전보장이사회는 미국의 제안에 따라 북한군의 즉각적인 전투 행위 중지와 38선 이북으로의 철수를 요청하는 결의안을 가결하였다. 이 결의를 북한이 무시하자, 유엔 안전보장이사회는 미국이 제출한 북한군에 대한 무력 제재안을 통과시켰다. 이로써 유엔 창립 이후 최초로 유엔군 파견이 이루어지게 되었다. 1951년 1월 4일에는 서울을 다시 내주었고(1 · 4 후퇴), 뒤이어 수원마저 함락되었다. 북한군이 계속 남진하고 있을 때 국군은 병력과 장비를 동원하여 반격 태세를 갖추었고, 유엔군은 원산 지역에 폭격을 가하기 시작하였다. 10만여 명의 전사자를 낸 끝에 북한군은 퇴각하였고, 국군은 3월에 들어서면서 한강을 넘어 서울을 수복하고, 5월 중순경에는 38도선까지 진격하였다. 이후 38도선 부근에서 전선이 교착 상태를 보이자, 소련의 제안에 따라 휴전회담이 시작되었다.

16 정답 ②

정답 해설

소련과 중국의 남침 동의를 받은 북한은 소련으로부터 많은 무기를 지원받으며 전쟁을 준비하였다. 1950년 6월 25일 북한은 선전포고도 없이 38도선 전역에서 총공격을 감행하였다. 소련제 전차를 앞세운 북한군은 우세한 전력을 바탕으로 3일 만에 서울을 점령하였다. 국군은 낙동강 전선까지 후퇴한 뒤 반격 태세를 갖추었다. 국군과 국제 연합군은 인천상륙작전(1950년 9월)을 계기로 전세를 반전시켜 서울을 탈환하였다. 이어서 평양을 함락시키고 그 해 겨울에 압록강까지 진격하였다. 중국군의 참전으로 전쟁은 자유 진영과 공산 진영 사이의 국제전 성격을 띠게 되었다. 중국군의 대공세로 국군과 유엔군은 서울을 다시 빼앗기고, 한강 이남으로 후퇴하였다. 전열을 정비한 국군과 유엔군은 반격하여 서울을 되찾았고, 전쟁은 38도선 부근에서 밀고 밀리는 공방전을 이어갔다. 그 후 소련이 휴전을 제의하자 미국이 이를 받아들여 휴전 협상이 시작되었다(1951년 7월). 하지만 전쟁은 2년이나 더 계속되었고, 인명 피해는 더욱 커졌다. 결국 남한 측이 휴전을 반대하는 가운데 휴전 협정이 체결되었다(1953년 7월 27일).

오답 해설

② 조선 건국 준비 위원회는 1945년 8월 15일 광복부터 9월 7일까지 한국의 군정기에 여운형, 안재홍 등을 주축으로 하여, 일본으로부터 행정권을 인수받기 위하여 조직되었다.

민주주의의 발전과 경제 성장

쏙쏙 키워드를 알려주지!

4·19 혁명, 5~9차 개헌, 경제개발 5개년 계획 실시, 긴급조치, 부·마민주항쟁, 5·18 민주화 운동, 6월 민주항쟁, 6·29 민주화선언, 금융실명제, 남북정상회담, 새마을운동, 전태일 분신사건, 7·4 남북공동성명, 남북기본합의서, 6·15 남북공동선언

1 민주주의의 시련과 발전

1) 4·19 혁명과 장면 내각

① 4·19 혁명

㉠ 원인 : 3·15 부정 선거(이기붕을 부통령에 당선시키기 위해 관권과 금권 동원)

㉡ 전개 : 마산에서 부정 선거 규탄 시위→김주열 학생 시신 발견→4·19 혁명→이승만이 대통령직에서 물러남

㉢ 결과 : 허정 과도 정부 수립

② 장면 내각의 수립 : 헌법 개정(3차 개헌, 내각책임제, 양원제 국회)→대통령 윤보선, 국무총리 장면 선출→경제 개발 5개년 계획 수립→시민들의 요구를 수용하지 못함, 민주당의 내부 분열

(2) 5·16 군사정변과 유신체제

① 5·16 군사정변(1961년) : 박정희를 중심으로 일부 군인들이 권력 장악→국가 재건 최고 회의 구성→군정 실시

② 5차 개헌 : 대통령중심제, 단원제 국회→박정희 대통령 당선(1963년)

③ 박정희 정부

㉠ 경제정책

ⓐ 한·일협정 체결(1965년) : 경제 발전에 필요한 자금 마련 목적→반대 시위 전개(1964년 6·3 항쟁)→한·일협정의 체결

ⓑ 베트남 파병(1964년) : 경제 개발을 위한 기술과 차관 제공을 약속받음→베트남 특수로 인한 경제 성장 효과

㉡ 3선개헌(6차 개헌, 1969년) : 박정희 정부의 장기 집권을 위한 개헌→박정희 대통령 당선(1971년)

(3) 유신체제의 성립과 붕괴

① 10월유신(1972년) : 헌법 개정(7차 개헌)→통일주체국민회의에서 대통령 선출(임기 6년, 간선제), 대통령의 중임 제한 철폐, 국회의원 1/3 임명권·긴급조치권 부여

② 유신체제 붕괴 : 부·마민주항쟁(1979년)→10·26 사태(박정희 피살)

(4) 5·18 민주화 운동과 6월 민주항쟁

① 5·18 민주화 운동

㉠ 원인 : 12·12 사태(1979년, 전두환, 노태우의 신군부가 정권 장악)→민주주의 억압

㉡ 내용 : 민주화 운동→신군부의 탄압(계엄령)→광주에서 민주화 요구 시위 전개→계엄군의 무력 진압

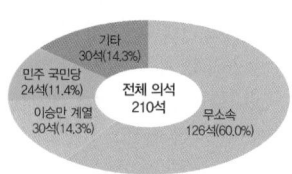

중앙선거관리위원회, 2012년

제2대 국회의원 선거 결과

전체 의석 210석
기타 30석(14.3%)
민주 국민당 24석(11.4%)
이승만 계열 30석(14.3%)
무소속 126석(60.0%)

① 내각책임제

국회에서 다수 의석을 차지한 정당이 국무총리를 중심으로 내각을 구성하여 정치를 운영하는 정치 체제

한·일 회담 반대 시위

② 긴급조치

유신체제 하에서 박정희 정부는 국가 위기 상황이란 명분으로 1974년부터 1979년까지 9차례에 걸쳐 긴급조치를 선포하여 국민의 인권을 제한하고, 유신 반대 운동을 탄압하였다.

단답형으로 확인하기

❶ 4·19 혁명이 일어나는 원인이 된 사건은?

❷ 박정희 정부가 경제 개발 자금 확보를 위해서 6·3 시위에도 불구하고 1965년 체결한 조약은?

❸ 박정희 정부가 1972년 대통령에게 모든 정치 권력을 집중한 내용을 골자로 실시한 개헌은?

정답
❶ 3·15 부정 선거
❷ 한·일협정
❸ 유신헌법

---

② 대통령 선거인단의 간접 선거로 대통령 선출, 7년 단임제(8차 개헌)

③ **6월 민주항쟁**

　⊙ 내용 : 박종철 고문치사 사건, 4·13 호헌 조치→직선제 개헌 요구

　ⓒ 결과 : 민주화 요구 수용(6·29 민주화 선언)→5년 단임의 대통령 직선제 개헌(9차 개헌)→노태우 당선

(5) 민주주의의 진전

① **노태우 정부** : 서울 올림픽 개최, 북방 외교 추진(소련·중국과 수교, 남북한 유엔 동시 가입)

② **김영삼 정부** : 금융실명제 도입(1993년), 지방자치제 전면 실시(1995년), 경제 협력 개발 기구(OECD) 가입(1996년), 금융 위기(1997년)

③ **김대중 정부** : IMF 체제 극복 노력(노사정위원회 구성, 금모으기 운동 전개), 햇볕정책 추진, 6·15 남북공동선언 발표(2000년), 개성공단 건설 등 경제협력 추진 등

④ **노무현 정부** : 과거사 진상 규명, 행정수도 건설 특별법 제정, 제2차 남북정상회담(2007년)

2 경제의 성장과 통일 정책

(1) 경제 성장과 자본주의의 발전

① **경제 개발 5개년 계획**

구분	제1, 2차 경제 개발 5개년 계획(1962~1971년)	제3, 4차 경제 개발 5개년 계획(1972~1981년)
추진	• 수출 주도형 경제 정책, 경공업 육성 • 노동 집약적 산업(의류·신발 등) 육성 • 사회 간접 자본 확충: 경부 고속 국도	• 중화학 공업 육성, 수출 주도형 정책 지속→고도성장 이룩 • 새마을운동 전개→생활환경 개선
결과	수출 증가, 높은 경제 성장을 이룸	• '한강의 기적' 이룩→경제력 급성장 • 1970년대 석유 파동으로 경제 위기

② **1980년대** : 3저 호황(저달러·저금리·저유가)→수출 증대, 물가 안정, 기술 집약 산업 성장

③ **1990년대** : 경제 협력 개발 기구(OECD) 가입→1997년 외환위기

(2) 산업화와 사회·문화의 변화

① **노동운동** : 저임금·장시간의 열악한 노동 환경→전태일 분신 사건(1970년)으로 노동운동 활발

② **스포츠의 발달** : 서울 아시안게임(1986년), 서울 올림픽대회(1988년), 한·일 월드컵대회(2002년)를 성공적으로 개최, 평창 동계 올림픽 대회(2018) 유치

(3) 통일 정책의 변화와 남북 대화

① **7·4 남북공동 성명(1972년)** : 3대 통일 원칙 천명(자주·평화·민족 대단결)→남북조절위원회 설치

② **남북기본합의서(1991년)** : 상호 화해와 불가침·남북 교류와 협력 방안 마련

③ **6·15 남북공동선언(2000년)** : 경의선 복구 작업, 개성공단 건설, 금강산 관광 사업 확장, 이산가족 상봉 등

④ **10·4 남북공동선언(2007년)** : 제2차 남북정상회담과 남북 관계 발전과 평화 번영을 위한 선언

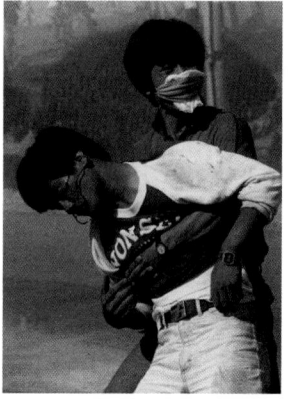

김종필
(신민주 공화당)
8.1%　기타 0.3%

김대중
(평화 민주당)
27%

노태우
(민주 정의당)
36.6%

김영삼
(통일 민주당)
28%

대선
득표율
(1987년)

제13대 대통령 선거 득표율

6월 민주항쟁(이한열 열사)

새마을운동

박정희 정부는 산업화의 진전에 따라 도시와 농촌 간의 소득 격차가 더욱 커지자 1970년부터 농가의 소득 증대와 농촌의 환경 개선에 역점을 둔 새마을운동을 추진하였다. 근면, 자조, 협동을 내세운 새마을운동은 도로 정비, 주택 개량 등 농촌의 생활환경을 개선하였다. 이후 새마을운동은 도시와 직장으로 확대되고, 전국적인 의식 개혁 운동으로 확산되었다.

단답형으로 확인하기

❶ 공업화와 저곡가 정책으로 도시와 농촌의 소득 격차가 심화되자 박정희 정부가 실시한 농어촌의 근대화 운동은?

❷ 평화시장 재단사로 분신자살을 통해 1970년대 노동운동이 본격화되는 계기를 만든 인물은?

❸ 7·4 남북 공동 성명에서의 합의를 실천하기 위해 만든 기구는?

❶ 새마을운동
❷ 전태일
❸ 남북조절위원회

17 [35회 47번]

다음 성명이 발표된 이후의 사실로 옳은 것은? [2점]

첫째는 국민이 원하면 대통령직을 사임할 것이며, 둘째는 3·15 정·부통령 선거에 많은 부정이 있었다고 하니 선거를 다시 하도록 지시하였고, 셋째는 선거로 인한 모든 불미스러운 것을 없애기 위해서 이미 이기붕 의장이 공직에서 완전히 물러나겠다고 결정한 것이다.

① 5 · 10 총선거가 실시되었다.
② 신탁 통치 반대 운동이 전개되었다.
③ 장면을 총리로 하는 내각이 들어섰다.
④ 조선건국준비위원회가 결성되었다.
⑤ 김구와 김규식이 남북 협상을 추진하였다.

18 [36회 48번]

(가) 민주화 운동에 대한 설명으로 옳은 것은? [2점]

30주년 기념 사진전

［ (가) ］의 뜨거운 함성

"고문 없는 나라에서 살고 싶다"   "호헌 철폐, 독재 타도, 민주 쟁취"   "최루탄 쏘지 마"

① 유신헌법에 반발하여 일어났다.
② 일본과의 국교 정상화에 반대하였다.
③ 대통령이 하야하는 결과를 가져왔다.
④ 계엄군의 무력 진압으로 시민들이 희생되었다.
⑤ 대통령 직선제 개헌이 이루어지는 계기가 되었다.

19 [34회 50번]

다음 정부 시기에 있었던 사실로 옳은 것은?[2점]

● 사진으로 보는 ○○○정부 ●

서울 올림픽 개최   남북한 유엔 동시 가입

① 농지개혁법이 제정되었다.
② 베트남에 국군이 파병되었다.
③ 남북 정상 회담이 개최되었다.
④ 소련, 중국과의 수교가 이루어졌다.
⑤ 미국과의 자유무역협정(FTA)이 체결되었다.

20 [31회 49번]

(가)에 들어갈 내용으로 가장 적절한 것은? [2점]

우리나라가 긴급 구제 금융을 받아 국제 통화 기금(IMF)의 관리 체제하에 있었던 시기의 일들에 대해 알고 싶어요.

(가)

① 새마을운동을 시작하였어.
② 미국으로부터 농산물을 무상 지원받았어.
③ 외채 상환을 위해 금 모으기 운동을 전개하였어.
④ 서독에 광부와 간호사를 파견하여 외화를 획득하였어.
⑤ 유럽연합(EU)과 자유무역협정(FTA)을 체결하였어.

17 정답 ③

정답 해설

1960년 3 · 15 정 · 부통령 부정 선거를 규탄하며 4 · 19 혁명이 일어났다. 자유당과 이승만 정부는 이승만과 이기붕을 정 · 부통령에 당선시키기 위해 선거 부정을 저질렀다. 이에 각지에서 규탄 시위가 일어났는데, 김주열 학생의 시신이 마산 앞 바다에 떠오르면서 대규모 시위가 일어났다. 이승만 정부는 계엄령을 선포하고, 무차별 사격을 가해 시위를 진압하였다. 이로 인해 많은 사망자가 발생하자 서울 시내 대학 교수단까지 학생들을 지지하며 시위에 나섰다. 결국 이승만 대통령은 하야하고 허정 과도 정부가 성립되었으며, 이후 선거에서 장면을 총리로 하는 내각이 들어섰다.

오답 해설

① 미 · 소 공동위원회가 결렬된 이후 1948년 5월, 남한은 5 · 10 총선거를 실시하여 제헌국회를 구성하고 헌법을 제정하였다.
② 우익 세력은 신탁통치가 식민 통치의 연장이라고 주장하며 대대적인 반탁, 반소, 반공 운동을 펼쳤다.
④ 여운형은 광복 직전 조선건국동맹을 결성하여 활동하다가 1945년 광복 직후 조선건국준비위원회로 개편하였다.
⑤ 남한 단독 선거에 반대한 김구, 김규식은 평양에 가서 김일성, 김두봉을 만나 정치 지도자 회의(남북 협상)를 개최하였다.

18 정답 ⑤

정답 해설

1980년대 중반 이후 대통령 직선제 요구가 확산되는 가운데 박종철 고문치사 사건 등으로 민주화에 대한 열망이 더욱 높아졌다. 하지만 1987년 전두환 정부는 기존 헌법에 따라 간접 선거를 통해 차기 대통령을 선출하겠다는 4 · 13 호헌조치를 발표하였고, 6월 10일에는 노태우를 민주 정의당의 차기 대통령 후보로 선출하였다. 같은 날 민주화 운동 진영과 야당은 6 · 10 국민 대회를 열어 4 · 13 호헌조치를 규탄하고 대통령 직선제 개헌을 요구하였다. 이후 시위가 확산되었다. 이를 6월 민주 항쟁이라 한다. 6월 민주 항쟁의 결과 대통령 직선제 개헌을 골자로 하는 6 · 29 민주화 선언이 발표되었다.

오답 해설

① 유신체제에 대한 국민의 불만이 높아지는 가운데, 학생들을 비롯하여 언론계 · 노동계 · 종교계 등을 중심으로 활발히 전개되었다. ② 한 · 일 국교 정상화 회담을 굴욕 외교라고 생각한 대학생들은 '불법적 친일 정권 퇴진'을 주장하면서 대규모 시위를 벌였다(6 · 3 시위, 1964년). ③ 4 · 19 혁명으로 이승만이 하야하였다. ④ 5 · 18 광주 민주화 운동 당시 광주에서는 시민군이 조직되어 계엄군에 저항하였으며 탱크와 헬기를 동원한 계엄군의 진압 과정에서 많은 시민들이 희생되었다.

19 정답 ④

정답 해설

6월 민주항쟁으로 직선제 개헌을 쟁취하였지만 야당 후보의 분열로 여당인 민주 정의당의 노태우 후보가 대통령에 당선되었다. 노태우 정부는 서울 올림픽대회를 성공적으로 개최하여 대한민국의 위상을 크게 높였다. 또한 냉전이 해체되는 국제 정세 속에서 북방 외교를 펼쳐 동유럽의 헝가리를 시작으로 소련, 중국 등 사회주의 국가들과 수교를 맺었다. 이로써 국제 교류를 다변화하고, 경제적 실익을 증대하는 성과를 거두었다. 또한 남북한이 국제연합(UN)에 동시에 가입하여 국제 사회에서 대한민국의 위상이 한층 높아졌다.

오답 해설

① 정부 수립 이후 제헌국회에서 농지개혁법이 제정(1949년)되고 농지개혁이 시행되었다.
② 한국은 베트남전쟁(1964년) 특수를 누리며 미국의 도움을 통해 경제 성장의 발판을 마련하였다.
③ 김대중 정부 시기와 노무현 정부 시기에는 남북정상회담을 개최하였다.
⑤ 미국과의 FTA 체결은 노무현 정부에서 추진된 사실이다.

20 정답 ③

정답 해설

1997년 외환위기 당시로 대외 지불 부담금은 최고이고 외환 보유고는 급격히 하락하였다. 환율이 상승하고 주가가 떨어지며 대기업이 부도가 나고 실업자가 증가하였다. 경기가 악화되어 결국 IMF에 긴급 구제 금융을 신청하였다. 이러한 상황에서 국민들은 자발적으로 '금 모으기 운동'을 전개하였다. 온 국민이 동참하여 무려 20억 달러에 이르는 금을 모아 경제 위기 극복에 큰 힘을 보탰다.

21 [32회 49번]

다음 자료에 해당하는 정부 시기의 경제 상황으로 옳은 것은? [2점]

> 1962년만 하더라도 우리나라의 수출 실적은 겨우 5천여만 불의 미미한 것이었으며, 그나마도 대부분이 농수산물과 광산물 등 1차 산품이었습니다. 그로부터 불과 15년이 지난 오늘, 이제는 단일 업체가 6억 불 수출을 하게 되었는가 하면, 1억 불 이상 수출한 업체만도 17개사가 넘는 등 엄청난 기록들을 세웠습니다. 그리하여 우리는 당초 목표를 4년이나 앞당겨 100억 불 수출을 무난히 실현하였습니다.
>
> – ○○○○년 대통령 치사(致辭) –

① 세계무역기구(WTO)에 가입하였다.
② 제4차 경제 개발 5개년 계획이 시작되었다.
③ 칠레와 자유무역협정(FTA)을 체결하였다.
④ 국제통화기금(IMF)의 관리 체제를 극복하였다.
⑤ 경자유전의 원칙에 따른 농지 개혁법이 제정되었다.

22 [34회 47번]

다음 성명을 발표한 정부의 통일 정책으로 옳은 것은? [3점]

> 남과 북은 자주, 평화, 민족 대단결의 평화 통일 3대 원칙을 담은 공동 성명을 서울과 평양에서 동시에 발표하였습니다. 이는 분단 이후 남과 북이 최초로 통일 원칙에 합의한 것입니다.

남북, 최초로 통일 원칙 합의

① 개성 공단 조성에 합의하였다.
② 남북 조절 위원회를 설치하였다.
③ 민족 공동체 통일 방안을 발표하였다.
④ 한반도 비핵화 공동 선언을 채택하였다.
⑤ 처음으로 이산가족 고향 방문을 성사시켰다.

23 [41회 50번]

다음 사건이 있었던 정부 시기의 통일 노력으로 옳은 것은? [2점]

> **□□신문**
> 제△△호 ○○○○년 ○○월 ○○일
>
> **남북한, 냉전 청산의 큰 걸음을 내딛다**
>
> 제46차 유엔 총회에서는 159개 회원국 중 105개국이 공동 제안한 남북한 유엔 가입 결의안을 만장일치로 채택하였다. 이로써 남북한은 광복 이후 46년 만에 유엔의 정회원국이 되었다. 정부는 "유엔 세계 평화의 날이기도 한 오늘, 남북한의 유엔 가입은 한반도에서의 냉전 청산을 위한 큰 걸음을 내딛었다는 점에서 의미가 있다."고 밝혔다.

① 남북 조절 위원회를 구성하였다.
② 남북 기본 합의서를 채택하였다.
③ 7 · 4 남북 공동 성명을 발표하였다.
④ 개성 공단 건설 사업을 실현하였다.
⑤ 최초로 남북 정상 회담을 개최하였다.

24 [37회 50번]

밑줄 그은 '노력'의 내용으로 옳은 것은? [2점]

> **□□신문**
> 제△△호 2000년 12월 ○○일
>
> **김대중 대통령, 노벨 평화상 수상!**
>
> 노르웨이 오슬로에서 김대중 대통령이 한국인 최초로 노벨 평화상을 수상하였다. 민주주의와 인권을 향해 헌신한 것과 햇볕 정책을 통해 한반도의 평화와 화해를 위해 노력한 점을 인정받은 것이다. 이번 노벨상 수상은 국제 사회의 한반도 문제에 대한 관심을 더욱 높여 평화 통일을 앞당기는 데 도움을 줄 것으로 평가된다.

① 남북 조절 위원회 설치
② 남북한 유엔 동시 가입
③ 남북 기본 합의서 채택
④ 6 · 15 남북 공동 선언 합의
⑤ 한반도 비핵화 공동 선언 발표

21 정답 ②

정답 해설

5·16 군사 정변 이후 박정희 정부에 의해 경제 개발 계획이 수립되어 1962년부터 4차에 걸쳐 실시되었다. 박정희 정부는 경제 개발 계획을 추진하면서 수출 주도형의 성장 전략을 펴나갔다. 또, 농업과 공업의 균형 성장보다 공업 건설을 집중적으로 지원하는 공업 우선 정책을 추진하였다. 그리하여 1960년대의 제1·2차 계획 기간에는 경공업 부문이 수출 주도형의 전략 산업이 되었다. 제3·4차 경제 개발 5개년 계획(1972~1981년)은 수출 주도형 중화학 공업화가 목표였다. 정부는 철강·금속·조선·기계·전자·화학 공업을 집중 육성하기 위해 포항과 광양만에 제철소를 건설하고 울산과 거제 등지에 대규모 조선소를 건립하였다. 또한, 창원과 구미, 여수 등지에 공업 단지를 만들었다. 그리고 1977년에는 수출액이 100억 달러를 넘어섰고 연평균 8.9%에 달하는 경제 성장을 이루었다.

오답 해설

① 우리나라는 김영삼 정부 시기 세계 무역 기구에 가입하였다.
③ 2000년대에 접어들어 한국은 칠레, 싱가포르 등을 시작으로 인도, 유럽 연합(EU), 미국 등과 자유 무역 협정(FTA)이 타결되었다.
④ 김대중 정부는 국제 통화 기금(IMF)의 구제 금융을 바탕으로 강도 높은 경제 개혁을 통해 위기를 극복하였다.
⑤ 1949년에 제정된 농지개혁법은 경자유전(耕者有田)의 원칙에 따라 농민들이 농지를 소유하게 하였다.

22 정답 ②

정답 해설

제시된 자료는 7·4 공동 성명(1972)에 대한 설명이다. 7·4 공동 성명은 자주통일·평화통일·민족적 대단결 등 통일을 위한 3대 기본 원칙을 세우고, 통일 문제를 협의하기 위한 남북 조절 위원회 설치에 합의하였다. 이는 분단 이후 최초로 통일 원칙에 합의했다는 데 의의가 있다.

오답 해설

① 김대중 정부는 1998년 11월부터 금강산 관광 사업을 시작으로 경의선 복구사업, 개성 공단 설치 등 다방면의 남북 교류와 협력을 활성화하였다.
③ 민족공동체 통일방안은 1994년 김영삼 정부가 제시한 통일방안이다.
④ 한반도 비핵화 공동 선언은 1992년 노태우 정부 때 합의되었다.
⑤ 1985년 전두환 정부 때 처음으로 남북한 이산가족 상봉이 이루어졌다.

23 정답 ②

정답 해설

제시된 자료는 노태우 정부 때로 북방 외교를 추진하여 중국, 소련, 동유럽 공산 국가들과 수교하였다. 남북한 유엔 동시 가입이 이루어졌고(1991), 남북 기본 합의서를 채택하여(1991) 남북한 상호 체제 인정 및 상호 불가침에 합의하였다.

오답 해설

③ 1972년의 7·4 남북 공동 성명에서 남북은 합의된 통일 원칙을 실무적으로 추진하기 위한 기구로 ① 남북 조절 위원회를 구성하였다.
④ 개성 공단 설치에 합의한 것은 2000년 6·15 공동 선언에 따른 결과로 김대중 정부 때이다.
⑤ 최초로 남북 정상 회담을 개최한 것은 2000년으로 김대중 정부 때이다.

24 정답 ④

정답 해설

김대중 정부는 남북 간의 대결구조를 평화 공존구조로 전환하여 평화 통일의 기반을 조성하기 위해 대북 화해 협력 정책을 추진하였다. 1998년 11월부터 금강산 관광 사업을 시행하여 남북 교류의 전기를 마련하였다. 2000년 6월 남북정상회담이 열렸으며 6·15 공동 선언을 발표하였다. 이에 따라 경의선 철도 및 도로 연결에 대한 복구 작업과 개성 공단 설치 등 남북 교류가 크게 확대되었다.

오답 해설

① 남북조절위원회는 1972년 박정희 정부 때 7·4 남북공동성명의 합의 사항을 추진하고 통일문제를 해결할 목적으로 설치된 협의기구이다.
② 1991년 노태우 정부 때 남한과 북한이 동시에 유엔에 가입하였다.
③ 1991년 노태우 정부 때 남북 기본 합의서를 채택하였다.
⑤ 1992년 노태우 정부 때 한반도 비핵화 공동 선언을 발표하였다.

PART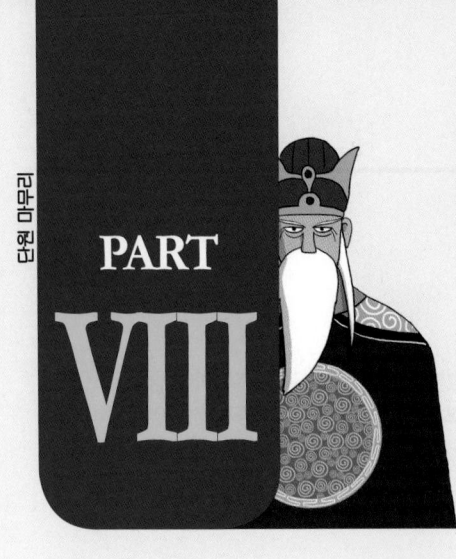
VIII

출제 포인트

현대사 부분은 최근 26문항 7.42%가 출제되었다. 광복 직후의 주요 사건들, 6·25 전쟁, 70년대와 90년대의 주요 경제적 내용, 7·4 남북공동성명, 6·15 남북공동선언, 민주화 운동의 내용과 순서(4·19, 5·18, 6월 민주항쟁) 등이 주로 출제되었다. 주요 부분을 암기하면 100% 득점이 가능한 부분이지만 앞부분만 공부하다 보면 자칫 놓치기 쉽고, 수험생들이 가장 많이 어려워하는 부분이다. 주요 개념 위주의 철저한 학습이 필요하다.

● 모스크바 협정과 신탁 통치 문제

모스크바 3상회의	• 회의내용 : 한국에 임시 민주 정부 수립, 미·영·소·중 4개 국에 의한 최고 5년간 신탁통치 실시, 미·소 공동위원회의 설치 결정
좌·우익의 대립	• 우익(김구, 이승만, 한국민주당) : 신탁통치 반대 • 좌익(공산주의자) : 처음에는 신탁통치를 반대 이후 신탁통치 지지를 선언(반탁에서 찬탁으로)
미·소 공동위원회	• 소련 : 협정 지지 세력만 임시 정부에 참여시킬 것을 주장 • 미국 : 모든 정치 세력을 임시 정부에 참여시킬 것을 주장
좌우합작운동	• 좌우합작 7원칙 제정→좌·우 대립으로 실패, 한국독립당(김구) 찬성

● 대한민국 정부 수립 과정(1948년)

한국 문제 유엔 상정	유엔 총회의 결의 : 인구 비례에 의한 총선거 결의→한국 임시위원단 내한→소련 거부
남북 협상	• 배경 : 남한만의 총선거 결정, 이승만과 한국 민주당 등 우익의 단독 정부 수립 운동 • 김구는 '삼천만 동포에게 읍고함'이라는 성명 발표(1948년 2월) • 남북 지도자 회의 : 김구·김규식 등이 통일 정부 수립을 위해 남북 협상 개최
제주 4·3 사건	• 전개 : 남한만의 단독에 선거에 반대하는 좌익 세력의 무장 봉기 • 결과 : 제주도 일부 지역에서 5·10 총선거 무산
5·10 총선거	• 김구의 한국독립당, 김규식의 중도파, 공산주의자 선거 불참 • 제헌국회의 구성, 헌법 제정(대통령중심제, 대통령의 국회 간접선거)
대한민국 정부의 수립	• 국회 간선으로 대통령 이승만, 부통령 이시영 선출 • 대한민국 정부수립 선포

● 6·25 전쟁, 이승만 정부의 독재 체제

배경	• 냉전 체제 • 중국의 공산화(1949년), 주한 미군의 철수(1949년), 미국의 애치슨 선언(1950년)
전개	• 북한군의 남침(1950년 6월 25일)→낙동강까지 후퇴 • 유엔군의 참전(1950년 7월)→인천 상륙작전 • 중국군의 참전(1950년 10월)→국군·유엔군 1·4 후퇴 • 휴전협상 시작(1951년 7월)→이승만 정부의 휴전 반대운동 전개(반공포로 석방)→휴전협정 체결
영향	• 수백만 명의 사상자와 전쟁고아, 이산가족 양산 • 분단의 고착화, 남북 간의 적대감 팽배 • 남북한에서 독재 강화(이승만, 김일성) • 극심한 사회 변동과 혼란

● 이승만의 독재정권 강화

배경		친일파 청산, 농지 개혁, 부패 척결에 소극적인 태도로 국회의원 및 민중의 지지 하락
독재 체제의 강화	발췌개헌	• 대통령 직선제를 골자로 내각책임제 개헌안을 약간 가미하여 제출→이승만 재선
	사사오입 개헌(1954년)	초대 대통령의 3선 제한 철폐 헌법 개정안을 국회에 제출→개헌 통과선에 1표 부족으로 부결→이틀 뒤 사사오입 논리로 통과
	독재체제 강화	• 신국가 보안법 제정, 진보당 탄압, 경향 신문 폐간 등

● 4·19혁명(1960년)

배경	• 이승만 정부의 부정부패 • 3·15 부정 선거(1960년) : 금권과 관권, 3인조·5인조 공개 투표
경과	3·15 부정 선거→마산 시위→김주열 시신 발견→전국적인 시위 확산→대학 교수 시국 선언
결과	이승만의 사퇴, 장면 내각의 수립(내각책임제)
의의	학생과 시민 중심의 반독재 민주화 운동

● 5·16 군사정변(1961년)

배경	장면 내각이 4·19 혁명 이후의 사회 혼란 및 무질서를 수습하지 못함
전개	• 박정희를 중심으로 한 일부 군인이 정권 장악, 계엄령 선포 • 국가 재건 최고 회의의 군정 실시
정국	• 군사 정부 정책 : 반공 태세 강화, 구 정치인들의 활동 금지, 농어촌 고리채 정리 단행, 경제 개발 5개년 계획 추진(1962년) • 개헌 : 대통령 중심제, 단원제 국회

● 박정희 정부(1963~1972년)

한·일 국교 정상	경제 개발에 필요한 자본 확보 목적→6·3 항쟁→한·일협정의 체결(1965년)
베트남 파병	경제 개발을 위한 기술과 차관 제공을 약속받음→베트남 특수로 인한 경제 성장 효과
장기 집권	재선 성공(1967년)→3선 개헌의 강행(대통령 중임 제한 철폐, 1969년)→3선 성공(1971년)

● 유신체제(1972~1980년)

유신선포	비상 계엄령 선포, 국회 해산, 정치 활동 금지, 언론·출판 검열 조치, 각 대학 휴교 조치
유신 헌법	• 대통령의 권한 극대화 : 국회의원 1/3 임명, 국회해산권, 긴급조치권 • 대통령 간선제(통일주체국민회의), 대통령 중임 제한 철폐(영구 집권)
붕괴	• 개헌 청원 백만인 서명 운동(1973년) • 10·26 사태(1979년 10월 26일) : 박정희 피살

● 5·18 민주화 운동(1980년)

배경	• 12·12사태(1979년) : 신군부 세력이 군권과 정치적 실권 장악
전개	광주에서 민주화 시위 전개(5.18)→계엄군의 발포→광주 고립→계엄군의 무력 진압

● 전두환 정부

성립	• 국가보위 비상대책위원회 구성 • 대통령 간선제, 7년 단임, 민주 정의당 창당
정국	• 강압 정치 : 민주화 운동과 야당 탄압(언론 통제, 언론 통폐합, 보도지침), 인권 유린(삼청교육대) • 유화 정책 : 민주화 인사 복권, 야간 통행금지 해제, 중고생 교복 자율화

● 6월 민주항쟁(1987년)

배경	• 박종철 고문치사 사건 • 4·13호헌 조치 : 개헌 논의를 중단시키고 대통령 간선제를 유지함
전개	호헌 철폐 운동→범국민적 반독재 민주화 운동으로 발전
결과	6·29 민주화 선언→5년 단임제 대통령 직선제 개헌(9차 개헌)

● 민주주의의 시련과 발전

노태우 정부	• 16년만의 직선제 선거 • 여소 야대→3당 통합(민주 자유당) • 서울 올림픽 개최(1988년) • 북방 외교 추진 : 소련과 수교(1990년), 중국과 수교(1992년), 남북한 유엔 동시 가입(1991년)
김영삼 정부	'문민정부' 출범 • 개혁 정책 : 고위 공직자 재산 등록제, 금융 실명제, 지방 자치제 전면 실시, 외환 위기로 국제 통화 기금(IMF)의 지원받음
김대중 정부	• 선거에 의한 평화적 정권 교체 • 외환위기 극복, 사회 개혁과 민주화 추진 • 대북 화해 협력 정책 : 남북 정상 회담, 6·15 남북공동선언(2000년)

사자성어로 풀어본 한능검 시험전략

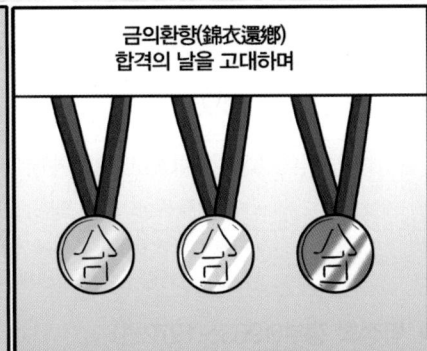

신과함께
───
한국사능력검정시험

Part IX
통시대사

Chapter 33
통시대사

통시대사

1 지역사

(1) 지역사를 통시대적으로 묻는 문제는 답사계획서나 보고서의 형식으로 제시된다.

(2) 복잡한 역사적 사건들이 나열되며 지역을 찾는 문제와 지역을 먼저 밝히고 지역사를 찾는 문제로 나뉜다.

(3) 역사적 사실을 통해 지역을 찾는 문제는 함께 지도가 제시된다.

(4) 지역을 찾는 문제는 제시된 사료 중 하나의 사건만 알아도 쉽게 문제를 풀 수 있다.

(5) 문제는 지역사를 묻는 경우다. 이 유형은 지역을 찾는 문제보다 더 어렵다.

(6) 이 경우 문제에 지도가 제시되지 않으며 해당 지역에서 일어난 개별 사건들을 자세하게 알고 있어야 한다.

2 문화유산

(1) 구체적인 문화유산을 묻는 문제도 빈출되고 있다.

(2) 문화유산은 유형문화재와 무형문화재로 나뉜다.

(3) 유형문화재는 그림이 등장하며, 그림에서 제시되는 특징을 알아두어야 한다.

(4) 무형문화재는 설명이 제시되며, 설명에서 드러난 사실들을 조합해서 문제에 접근해야 한다.

(5) 두 가지 유형 다 구체적인 지역과 유산을 연결할 수 있어야 한다.

3 통시사

(1) 하나의 주제를 가지고 시대별로 비교하는 유형이다.

(2) 구체적인 내용에 집중하기보다 전반적인 흐름을 알고 있는 게 중요하다.

(3) 선택지에서 오답을 지워가면서 문제에 접근하는 것이 유리할 때가 많다.

(4) 평소 기본적인 주제들을 시대별로 정리하면서 공부하는 게 도움이 된다.

1 [36회 13번]

다음 기행문에 나타난 답사 지역을 지도에서 옳게 찾은 것은? [3점]

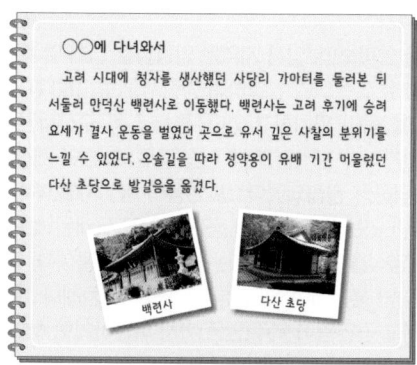

○○에 다녀와서

고려 시대에 청자를 생산했던 사당리 가마터를 둘러본 뒤 서둘러 만덕산 백련사로 이동했다. 백련사는 고려 후기에 승려 요세가 결사 운동을 벌였던 곳으로 유서 깊은 사찰의 분위기를 느낄 수 있었다. 오솔길을 따라 정약용이 유배 기간 머물렀던 다산 초당으로 발걸음을 옮겼다.

백련사   다산 초당

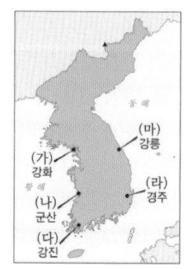

① (가)   ② (나)   ③ (다)   ④ (라)   ⑤ (마)

2 [35회 30번]

다음 답사 지역을 지도에서 옳게 찾은 것은? [3점]

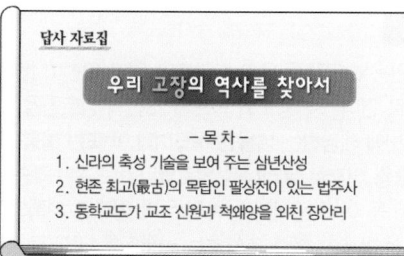

답사 자료집

우리 고장의 역사를 찾아서

- 목차 -
1. 신라의 축성 기술을 보여 주는 삼년산성
2. 현존 최고(最古)의 목탑인 팔상전이 있는 법주사
3. 동학교도가 교조 신원과 척왜양을 외친 장안리

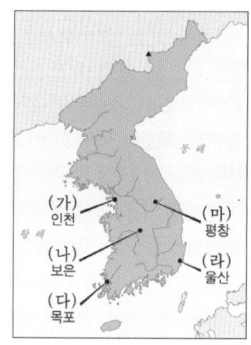

① (가)   ② (나)   ③ (다)   ④ (라)   ⑤ (마)

3 [36회 20번]

다음 답사 지역에서 있었던 사실로 옳은 것은? [3점]

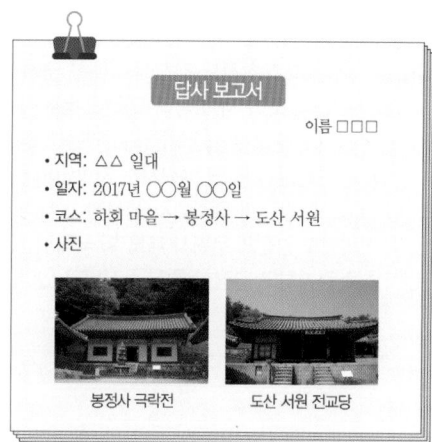

답사 보고서

이름 □□□

• 지역: △△ 일대
• 일자: 2017년 ○○월 ○○일
• 코스: 하회 마을 → 봉정사 → 도산 서원
• 사진

봉정사 극락전   도산 서원 전교당

① 장보고가 청해진을 설치하였다.
② 안창호가 대성학교를 설립하였다.
③ 묘청이 천도를 주장하며 난을 일으켰다.
④ 공민왕이 홍건적의 침입 때 피란하였다.
⑤ 전봉준이 조병갑의 학정에 반발하여 봉기하였다.

4 [35회 50번]

(가)에 대한 탐구 활동으로 적절하지 않은 것은? [2점]

이 동상은 안용복을 기리기 위해 부산광역시 수영사적공원에 세워진 것이다. 안용복은 조선 숙종 때 동래 출신의 어부로, 일본에 두 차례 건너가 울릉도와 (가) 이/가 우리 영토임을 확인하였다.

① 『세종실록』에 지리지 부분을 살펴본다.
② 일본의 공식 기록인 『태정관지령』을 살펴본다.
③ 양헌수 부대가 프랑스군을 격퇴한 장소를 조사한다.
④ 대한제국이 반포한 칙령 제 41호의 내용을 분석한다.
⑤ 러·일 전쟁 때 일본이 불법으로 편입한 지역을 알아본다.

1 정답 ③

정답 해설

지역의 역사(강진 지역)
정약용은 천주교를 신봉하다가 전라도 강진에 유배를 당하였다. 다산 초당은 전라남도 강진에 있다. 고려 시대 승려 요세(了世)는 강진에서 백련결사(百蓮結社)를 결성하여 불교계의 개혁을 꾀하였는데, 참회 수행을 강조하고 중생 구제에 큰 관심을 기울인 백련사는 지방민의 적극적인 호응을 받으며 발전하였다. 또 강진 도요지에서 생산된 청자들은 질이 좋고 발색이 뛰어났다. 이외에도 강진의 무위사(無爲寺) 극락보전(極樂寶殿)은 조선 전기의 건축물로 검박하고 단정한 특징을 지니고 있다.

2 정답 ②

정답 해설

보은 지역의 역사
보은에 소재한 삼년산성(三年山城)은 신라가 삼국통일의 전초기지로 쓰기 위해 심혈을 기울여 축조한 요새로 신라 축성술의 전모를 보여준다. 현재 한국의 세계유산 잠정목록이다. 보은 법주사(法住寺) 팔상전(捌相殿)은 법주사 경내의 건물 중 하나로 정유재란 때 소실된 법주사를 재건하면서 다시 세워졌는데, 현존하는 우리나라 유일의 목조 오층탑이다. 여기서 '팔상전'이란 석가모니의 전생부터 열반에 이르기까지의 일대기를 여덟 장면으로 나누어 그린 팔상도(八相圖)를 모시고 석가여래를 기리는 곳을 말한다. 또 동학교도들은 교조인 최제우의 억울함을 풀고 탄압을 중지하라는 교조신원운동을 이곳 보은에서 전개하였다. 1892년 충청도와 전라도의 교도들이 각기 공주와 삼례에 집결하여 관찰사에게 교조 신원과 동학 탄압 중단을 청원하였다. 이듬해에는 교단 간부들이 궁궐 문 앞에서 상소하기도 하였다. 그래도 뜻이 이루어지지 않자 교도들이 '척왜양(斥倭洋)'의 깃발을 내걸고 보은에 집결하여 일종의 위력 시위를 벌였다. 보은은 지도의 (나)이다.

3 정답 ④

정답 해설

안동 지역의 역사
주어진 자료를 살펴보면, 답사 지역은 안동임을 쉽게 알 수 있다. 안동 지역은 예로부터 유교 문화가 발달하여 병산서원(屏山書院), 도산서원(陶山書院), 하회마을 등이 위치하고 있다. 특히 안동 도산서원은 우리나라의 대표적인 유학자이자 선비인 퇴계 이황(退溪 李滉)이 세상을 떠난 후 그의 제자들에 의하여 건립되었다. 또 안동의 봉정사(鳳停寺) 극락전(極樂殿)은 현재 남아 있는 목조 건축물 중에서 가장 오래된 것으로 신라 말 고려 초의 건축 양식을 파악할 수 있는 중요한 건축물이다. ④ 원나라의 쇠퇴를 틈타 일어난 홍건적이 원의 추격에 쫓겨 두 차례나 고려에 침입하여 개경이 함락되고 공민왕이 복주(안동)까지 피난하기도 하였다.

오답 해설

① 통일신라의 장보고는 9세기 전반에 청해진(전남 완도)을 거점으로 해상권을 장악하고 당, 신라, 일본, 동남아시아의 물품을 중계 무역하였다.
② 신민회의 안창호는 교육 운동에 주력하여 평양의 대성학교를 설립하였다.
③ 묘청은 풍수지리설을 앞세워 서경(평양)으로의 천도를 주장하였으나, 개경파 김부식에 의해 진압되었다. 신채호는 묘청의 서경천도운동을 '일천 년래 제일대 사건'이라 평했다.
⑤ '녹두장군' 전봉준은 전라도 고부(정읍) 군수 조병갑의 부정부패에 반발하여 농민봉기를 일으켰다. 이 봉기가 세를 얻으면서 전국적인 동학농민운동으로 번져나갔다.

4 정답 ③

정답 해설

조선 숙종 때 안용복(安龍福)은 어부였으나 일본 어선이 불법으로 조업을 일삼자 일본으로 건너가 울릉도와 독도가 조선의 영토임을 확인받고 돌아왔다. 따라서 (가)에 해당하는 내용은 독도이다. 독도는 울릉도에 딸린 섬으로서, 신라 지증왕 이후로 우리나라 영토였다. 독도는 『세종실록지리지(世宗實錄地理志)』 등 여러 문서에 정확히 우리 영토로 기록되어왔다. 1900년 대한제국에서 반포한 칙령 제41호는 울릉도를 '울도'로 개칭하고, 도감을 군수로 개정하며, 울도군은 울릉 전도와 죽도, 석도를 관할한다고 하였다. 여기서 죽도(竹島)는 울릉도 바로 옆의 죽서도를 가리키고, 석도(石島)는 독도를 가리킨다. 일본은 러·일 전쟁 중인 1905년에 군사적 요충지를 확보하기 위해 독도를 자국의 시마네현에 불법으로 편입시켰다. 우리 정부의 독도에 대한 공식적 입장은 독도는 명백히 한국의 영토로 영유권 문제는 없다는 것이지만, 일본은 독도에 대해 한국과 영유권 분쟁 중이라고 주장하고 있다. 그러나 1877년 일본의 최고 행정기관이었던 태정관이 발행한 『태정관지령(太政官指令)』에서도 독도가 조선 땅임을 분명히 밝히고 있다.

오답 해설

③ 병인양요(1866년)는 프랑스가 병인박해를 구실로 강화도에 침입한 사건으로 양헌수 부대가 정족산성에서 프랑스군을 물리쳤다.

5 [34회 9번]

(가)에 들어갈 문화유산으로 옳은 것은?　[1점]

문화유산 카드

(가)

- 종목: 사적 제502호
- 유적: 청운교, 백운교, 다보탑, 석가탑 등
- 소개: 8세기 중엽 김대성에 의해 조성되었다고 전해지며, 불교의 이상 세계를 지상에 건설하고자 하였던 신라인의 신앙심을 잘 보여 주고 있다.

①  경주 불국사
②  구례 화엄사
③ 영주 부석사
④ 예산 수덕사
⑤ 합천 해인사

6 [36회 24번]

다음 궁궐에 대한 설명으로 옳은 것은?　[2점]

광화문-근정전-사정전-강녕전 등의 중심 건물이 직선으로 배치되어 있다. 동서남북 네 방향에 건춘문(동), 영추문(서), 광화문(남), 신무문(북)이 있다.

① 서양식 건물인 석조전이 있다.
② 유네스코 세계유산으로 등재되었다.
③ 아관파천 이후에 고종이 환궁한 곳이다.
④ 역대 국왕과 왕비의 신주가 모셔져 있다.
⑤ 태도 때 한양으로 천도하면서 창건되었다.

7 [36회 19번]

(가)에 들어갈 민속놀이로 옳은 것은?　[1점]

2017년 한가위
민속놀이 한마당

○○문화원에서는 임진왜란 때 이순신 장군의 전술에서 유래되었다고 전해 오는 (가) 행사를 개최합니다. 이웃과 손잡고 둥글게 돌며 노래 부르면서 풍성한 한가위를 보내세요. 유네스코 인류 무형 문화유산인 이 민속놀이에 관심 있는 분들의 많은 참여 바랍니다.

- 일시: 2017년 10월 4일 20:00
- 장소: △△ 민속 운동장
- 주관: ○○문화원

① 강강술래
② 줄다리기
③ 차전놀이
④ 놋다리밟기
⑤ 남사당놀이

8 [34회 15번]

(가)~(마)에 들어갈 내용으로 옳은 것은?　[3점]

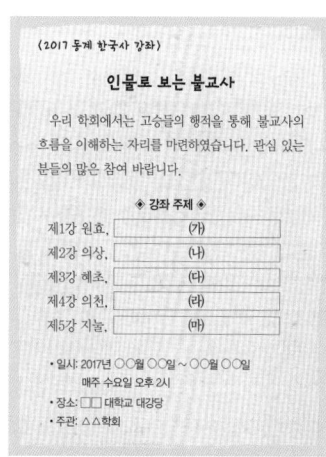

① (가)-수선사 결사를 제창하다
② (나)-『왕오천축국전』을 저술하다
③ (다)-무애가를 짓다
④ (라)-해동 천태종을 개창하다
⑤ (마)-「화엄일승법계도」를 남기다

287

5 정답 ①

정답 해설

통일신라에서는 불교의 융성으로 사원과 불상, 탑, 범종 등 다양한 불교예술이 발달하였다. 삼국통일 후 세워진 불국사는 청운교, 백운교 등 건축물과 삼층석탑(석가탑), 다보탑 등이 서로 조화를 이루고 있는데, 건물과 탑을 균형 있게 배치하여 불교에서 추구하는 이상세계를 잘 표현하였다. 불국사와 석굴암은 8세기 중반 김대성(金大城)이 중창하였다고 전하며, 당대 최고의 건축 기술과 예술성을 고스란히 간직하고 있다.

오답 해설

② 구례 화엄사는 백제 성왕 22년(544년)에 인도에서 온 연기대사에 의해 창건되었다.
③ 영주 부석사는 신라 문무왕 16년(676년) 의상이 왕명을 받들어 창건한 사찰이다.
④ 예산 수덕사는 문헌으로 남아 있는 기록은 없지만, 백제 위덕왕 때 고승 지명이 처음 세운 것으로 추정된다.
⑤ 합천 해인사는 신라 제40대 애장왕 때 창건되었다.

6 정답 ⑤

정답 해설

광화문—근정전—사정전—강녕전이 일직선으로 배치되어 있고, 동서남북 네 방향에 건춘문(동), 영추문(서), 광화문(남), 신무문(북)이 있는 궁궐은 경복궁이다. 조선 시대에 만들어진 다섯 개의 궁궐 중 첫 번째로 만들어진 곳으로, 조선 왕조의 법궁이다. 한양을 도읍으로 정한 후 종묘, 성곽과 사대문, 궁궐 등을 짓기 시작하는데, 1394년 공사를 시작해 이듬해인 1395년에 경복궁을 완성한다. '큰 복을 누리라'는 뜻을 가진 '경복(景福)'이라는 이름은 삼봉 정도전이 지은 것이다. 경복궁은 임진왜란 때 소실된 것을 고종 때 흥선대원군의 지휘 아래 새로 중건되었다.

오답 해설

① 경운궁(덕수궁)에는 르네상스 양식의 서양식 건물인 석조전이 있다.
② 경복궁은 유네스코 세계유산으로 등재되어 있지 않다.
③ 아관파천 이후에 고종은 경운궁(덕수궁)으로 환궁하였다.
④ 종묘에는 역대 국왕과 왕비의 신주가 모셔져 있다.

7 정답 ①

정답 해설

강강술래는 전라남도 남해안 일대와 섬 지방에 전래되어 오는 부녀자들의 민속놀이로 주로 추석날 밤에 부녀자들이 손과 손을 잡고 '강강술래'라는 후렴이 있는 노래를 부르면서 원을 그리며 돌면서 춤을 추는 놀이이다. 강강술래의 유래에 대해서는 여러 가지 설이 있는데, 그중 하나는 임진왜란 때 이순신 장군이 침략해 오는 왜적에게 우리 군사가 많은 것처럼 꾸미기 위해서, 부녀자들을 동원하여 남장시키고 손과 손을 마주잡고 둥그렇게 원을 만들며 춤추게 했더니, 이를 본 왜군들이 질겁하여 달아났다는 이야기가 대표적이다. 강강술래는 유네스코 인류 무형 문화유산으로 등재되어 있다.

오답 해설

② 줄다리기는 정월 대보름에 하는 우리나라 고유의 민속놀이 중 하나로 많은 인원이 두 편으로 나뉘어 양쪽에서 줄을 잡아당겨 승패를 겨루는 경기이다. 2015년 유네스코 인류 무형 문화유산으로 등재되었다. ③ 동채 싸움이라고도 하는 차전놀이는 마을 장정 수백 명이 동과 서로 나누어 승부를 겨루는 집단 놀이로 상대편 동채를 빼앗거나 땅에 닿게 하면 이기게 된다. ④ 놋다리밟기는 정월 대보름날 밤에 여자들이 등을 굽혀 기와 모양을 만들고 그 위를 밟아 가는 민속놀이이다. ⑤ 조선 시대 유랑연예인 집단인 남사당의 남사당놀이는 여러 지역을 떠돌아다니면서 오락을 제공하였는데 유네스코 인류 무형 문화유산으로 등재되어 있다.

8 정답 ④

정답 해설

고려 중기에 불교 종파 간 대립이 심화되자 문종의 아들 의천(義天)은 출가하여 화엄종을 중심으로 교종을 통합하고, 해동 천태종을 창시하여 선종을 포섭하고자 하였다. 또한 의천은 불교 교리의 정리를 위해 교정도감을 설치하고 속장경을 간행하였으며, 국청사를 창건하였다. 그리고 숙종에게 화폐 사용을 건의해 주전도감을 설치하기도 하였다.

오답 해설

① 고려 시대 지눌(知訥)은 수선사(송광사)를 중심으로 결사 운동을 전개하였다.
② 인도를 기행하고 돌아온 신라 승려 혜초(慧超)는 『왕오천축국전(往五天竺國傳)』을 저술하였다.
③ 통일신라 원효는 무애가(無碍歌)를 지어 불교 대중화에 노력하였다.
⑤ 통일신라 시대 당에 유학하고 돌아왔던 의상(義湘)은 「화엄일승법계도(華嚴一乘法界圖)」를 저술하여 화엄사상을 정립하였다.

신과함께

한능검 실전모의고사

정답 및 해설

신과함께 실전모의고사 정답표

제1회

문항	정답	배점	문항	정답	배점
1	④	1	26	②	2
2	④	1	27	③	3
3	③	2	28	②	2
4	④	2	29	③	1
5	②	2	30	②	3
6	③	3	31	②	1
7	④	2	32	④	2
8	④	3	33	①	2
9	③	2	34	④	2
10	①	1	35	②	3
11	①	1	36	④	2
12	①	3	37	②	2
13	④	2	38	④	2
14	④	2	39	③	1
15	②	2	40	④	2
16	②	2	41	②	3
17	②	2	42	③	2
18	③	2	43	①	3
19	④	2	44	②	2
20	④	3	45	③	2
21	④	3	46	④	1
22	②	2	47	②	2
23	④	3	48	③	2
24	③	2	49	①	2
25	④	2	50	②	2

제2회

문항	정답	배점	문항	정답	배점
1	①	2	26	②	2
2	②	2	27	②	2
3	①	1	28	③	2
4	②	3	29	①	2
5	①	3	30	①	2
6	①	1	31	③	3
7	③	2	32	④	2
8	②	2	33	④	2
9	③	2	34	②	2
10	①	3	35	③	2
11	③	2	36	①	3
12	④	2	37	①	2
13	②	2	38	②	2
14	②	1	39	③	2
15	④	2	40	④	2
16	②	2	41	④	2
17	②	2	42	②	2
18	①	3	43	④	2
19	③	2	44	③	2
20	①	2	45	②	2
21	③	2	46	②	1
22	④	3	47	②	2
23	④	2	48	④	2
24	②	3	49	③	2
25	④	1	50	①	3

1. ④
구석기 시대

정답 해설

구석기 시대의 사회적 특징으로는 무리생활과 평등사회를 들 수 있다. 구석기 시대 사람들은 무리를 지어 사냥이나 어로, 채집에 적합한 지역을 찾아 이동하며 생활했다. 무리 중에서 경험이 많거나 지혜로운 이들이 지도자가 되기는 했으나 다른 구성원들 위에 군림한 것은 아니었다. 계급과 신분은 청동기 시대에 이르러 나타나게 된다.

오답 해설

① 청동으로 방울을 제작해 의식 등에 사용한 것은 청동기 시대이다.
② 가락바퀴는 옷을 짓는 데에 필요한 실을 뽑는 기구로 신석기 시대에 사용되었다.
③ 미송리식 토기는 청동기 시대를 대표하는 민무늬토기의 하나이다.

합격 노트 구석기 시대

대표 유물	전기(주먹도끼, 찍개), 중기(밀개, 긁개, 찌르개), 후기(슴베찌르개)
대표 유적지	전기 : 충북 단양 금굴, 경기 연천 전곡리, 충남 공주 석장리 중기 : 함북 웅기 굴포리, 충남 제천 점말동굴 후기 : 충북 단양 수양개, 충북 청원 도루봉동굴
경제	사냥, 채집, 어로 등으로 경제생활이 이루어짐
주거	동굴이나 바위 그늘, 강가 등지에 막집을 짓고 머무름
사회	무리생활과 평등사회

2. ④
청동기 시대

정답 해설

① 청동기 시대에는 조, 보리, 수수 등의 밭농사가 주로 이루어졌으나 일부 습지대에서는 벼농사가 시작되기도 했다. ② 청동은 재료를 구하기가 어렵고 제작 기술도 충분치 못했기에 일상생활과 농사에는 여전히 석기가 사용되었다. ③ 신석기 시대에 비해 농업 생산량이 증대되며

잉여생산물이 발생했고, 이에 따라 계급이 분화되기 시작했다.

오답 해설

④ 우리나라에는 철기 시대부터 중국에서 문자가 전래되어 붓이 사용되기 시작하였다. 철기 시대의 유적인 창원 다호리 유적에서는 붓이 출토되었고, 그 외에도 중국과의 교류상을 보여주는 화폐(명도전, 반량전 등)가 발견되기도 했다.

합격 노트 청동기 시대

대표 유물	석기 : 청동은 귀하고 비싸 여전히 반달돌칼, 바퀴날, 홈자귀 같은 석기가 일상생활과 농경에서 사용됨 청동기 : 비파형동검, 청동거울, 청동방울 토기 : 미송리식 토기, 민무늬토기, 붉은 간토기 무덤 : 고인돌, 돌무지무덤, 돌널무덤
대표 유적지	경기 여주 흔암리, 충남 서천 화금리, 평양 남경 등
경제	농경 : 조, 보리, 수수 등의 잡곡을 재배하는 것이 주를 이룸. 단 일부 습지에서 벼농사가 시작됨(=유적에서 나온 탄화미를 통해 알 수 있음) 사유재산 : 농업 생산력이 증대되며 개인이 저마다의 잉여생산물을 소유하는 사유재산 제도가 나타남
주거	신석기 시대의 반지하 움집과 달리 땅 위에 짓는 지상가옥이 등장
사회	계급과 신분이 등장하며 지배계층, 군장들이 출현 사회질서를 유지하기 위한 법이 만들어짐

3. ③
5세기 고구려의 전성기

정답 해설

고구려가 한강 유역을 점하고 있는 것을 통해 5세기 고구려의 전성기를 그린 지도임을 알 수 있다. 신라의 법흥왕(재위 514~540)은 6세기의 군주로 율령을 반포하고 병부를 설치했으며, 금관가야를 정복하여 신라의 영토를 낙동강까지 확장하는 등의 업적을 남겼다.

오답 해설

① 고구려의 장수왕(재위 412~491)은 기존의 수도인 국내성에 집중된 귀족들의 세력을 견제하고 남하정책을 펴기 위해 427년 수도를 평양성으로 옮겼다.
② 백제의 개로왕(재위 455~475)은 고구려가 남하정책을 펴며 압박을 가하자 이를 타개하기 위해 중국 북위에 국서를 보내 지원을 요청하였다.

④ 신라와 백제는 고구려 장수왕에게 맞서기 위해 433년 나제동맹을 맺었다.

고구려	• 광개토대왕(391~412) – 남쪽으로는 임진강 유역, 북쪽으로는 만주 일대와 요동까지 영토를 확장함 • 장수왕(412~491) – 남하정책을 펼치기 위해 수도를 국내성에서 평양성으로 이전. 백제를 공격하여 한성을 함락시키고 한강 유역을 장악함
백제	• 비유왕(427~455) – 신라의 눌지마립간과 결혼동맹을 맺어 고구려의 남하정책을 견제함 • 개로왕(455~475) – 고구려의 위협에 맞서기 위해 신라와의 동맹을 강화하고 북위에 도움을 청했으나 결국 한성을 함락당하고 전사함 • 문주왕(475~477) – 개로왕 사후 수도를 웅진으로 옮겼으나 패전으로 왕권이 약화되고 나라가 혼란스러워짐 • 동성왕(479~501) – 신라와의 결혼 동맹을 강화하여 고구려에 맞서는 한편 내부 체제를 정비하고 왕권 강화를 꾀함
신라	• 눌지마립간(417~458) – 왕위의 부자상속제를 확립하여 왕권을 강화하는 한편, 백제와 동맹을 맺고 고구려를 견제하고자 함 • 소지마립간(479~500) – 기존의 6촌을 6부로 개편하며 행정제도를 정비하고 백제와의 동맹을 강화하여 고구려에 맞섬

4. ④   통일신라의 불교 – 원효

정답 해설

화엄사상을 정립한 이는 의상(625~702)이다. 의상은 중국 당나라에 유학한 뒤 귀국하여 신라의 화엄사상을 정립하였다. 그는 화엄종을 바탕으로 교단을 일구어 제자들은 가르치는 한편 부석사를 중심으로 여러 사찰들을 창건하기도 했다.

오답 해설

① 원효(617~686)는 7세기 신라의 승려로 불교의 대중화와 정토종을 일으킨 인물이다. 그의 사상을 드러내는 주요 저술로는 『십문화쟁론』, 『대승기신론소』, 『금강경삼매론』 등이 있다.

② 원효는 승려였으나 태종 무열왕의 딸인 요석공주와 특별히 혼인하였다. 그의 아들인 설총은 6두품 출신으로 이두와 향찰을 정비한 통일신라 시대의 대표적인 학자이다.

③ 원효는 어려운 불교교리와 이론 대신 백성들이 이해하기 쉬운 아미타사상을 통해 불교를 대중화하는 데

에 주력했다.

원효	(617~686년)	• 정토종(아미타신앙)을 통해 불교의 대중화를 주도함 • 『십문화쟁론』, 『대승기신론소』 등을 저술
의상	(625~702년)	• 당나라에 유학하고 돌아온 뒤에 부석사를 창건함 • 화엄종을 설립하여 3,000명의 제자를 양성함
혜초	(704~787년)	• 당나라에 유학한 뒤 바닷길로 인도와 중앙아시아를 순례함 • 『왕오천축국전』을 저술함

5. ②   금관가야

정답 해설

금관가야는 4세기 말 왜와 연합하여 신라를 침공했으나 고구려 광개토대왕에 의해 격퇴당한 뒤 국력이 쇠약해졌다. 이후 금관가야는 532년 신라 법흥왕에 의해 멸망당했고, 금관가야의 왕족들은 신라에 항복하여 진골귀족으로 편입되었다.

오답 해설

① 고령을 중심으로 성장한 것은 대가야이다. 금관가야의 핵심 지역은 김해 지방이다.

③ 낙랑군과 대방군을 공격한 것은 4세기 초 고구려의 미천왕이다. 가야연맹의 전신인 변한 지방은 낙랑군과 왜를 연계하는 무역으로 번성한 지방이었다.

④ 금관가야는 전기 가야연맹의 주도국이었으나 고구려에 패한 뒤 주도권을 대가야에 넘겨주게 된다.

3세기	김해의 금관가야를 중심으로 연맹 체제를 구축, 전기 가야연맹이 형성됨
4세기 말	신라와의 전쟁 도중 신라를 지원한 고구려의 공격을 받아 금관가야가 패퇴함(399년)
5세기 이후	고령의 대가야를 중심으로 후기 가야연맹이 형성됨
6세기 초	532년 금관가야가 신라 법흥왕에 의해 멸망당함
562년	신라 진흥왕이 대가야를 멸망시키며 사실상 가야연맹이 소멸됨

6. ③   신라 진흥왕의 업적

고구려, 백제와의 전쟁을 통해 한강 유역을 장악했다는 것을 통해 6세기 신라의 영토를 크게 확장한 진흥왕(재위 540~576)임을 알 수 있다. 진흥왕은 나제동맹을 파기하여 한강 유역을 장악한 것에 더해 강원도 북부와 함경도 일부, 남쪽으로는 대가야가 있던 낙동강 유역까지 영토를 크게 확장하였다. 이후 진흥왕은 자신의 업적을 기념하기 위하여 새로이 정복한 영토에 북한산비(555), 창녕비(561), 황초령비(568), 마운령비(568) 등의 순수비를 설립하였다.

오답 해설

① 금관가야는 신라 법흥왕에 의해 532년 멸망하였다. 진흥왕은 대가야를 정복하였다.

② 서라벌, 계림 등이라 불리던 국호를 '신라'로 확정하고, 마립간, 이사금 등의 호칭 대신 왕호를 사용한 것은 지증왕이다.

④ 신라에서 율령을 반포하고 불교를 수용한 왕은 법흥왕이다.

합격 노트 진흥왕의 영토

551년	백제와 연합하여 한강유역의 고구려군을 공격함. 백제는 한강 하류, 신라는 한강 상류 지역을 점령함
553년	백제와의 동맹을 파기하고 한강 하류 지역을 공격하여 점령함
554년	신라에 보복하기 위해 군사를 일으킨 백제 성왕을 관산성 전투에서 전사시킴
562년	고령의 대가야를 멸망시키고 경상남도지역을 장악함

7. ④   발해의 통치제도

정답 해설

당나라의 제도를 수용하여 2성 6부를 둔 것은 이후의 고려이다. 발해는 당나라의 중앙 관제인 3성 6부제를 수용하였으나 명칭과 기능에서는 발해만의 독자성을 더하여 운영하였다. 당나라의 중서성, 문하성, 상서성과 달리 발해는 정당성, 선조성, 중대성이라는 명칭을 사용했고, 6부 역시 이-호-예-병-형-공 대신 충-인-의-지-예-신이라는 이름을 사용했다. 그 외에도 6부를 관할하는 좌사정과 우사정을 둔 것 등이 특징이라 할 수 있다.

오답 해설

① 발해는 중국 당나라의 연호 대신 '인안(仁安)', '대흥(大興)' 등의 독자적인 연호를 사용하였다.

② 발해는 전국을 5경 15부 62주와 그 아래에 설치된 현, 촌락 등으로 나누고 도독과 자사, 현승 등의 지방관을 파견했다.

③ 발해는 중국 당나라의 수도인 장안성의 구조를 따라 수도인 상경성을 건설하였다.

합격 노트 발해의 통치제도

중앙 관제	군사제도
행정제도	• 전국을 5경, 15부 62주로 구성하고 주 아래로는 현을 설치함 • 도독, 자사, 현승 등의 지방관을 파견하여 다스림 • 촌락 지역에서는 말갈족 출신의 토착 세력의 권한을 인정해주기도 함
군사제도	• 중앙군은 10위로 수도와 왕실, 왕궁의 경비를 담당함 • 지방 5경과 15부 등의 중요 지역에 별도이 지방군영이 설치됨

8. ④   후삼국 시대

정답 해설

(나)는 후삼국 시대에 승려 출신으로 나라를 세운 궁예다. 궁예는 선종 불교 승려로서 송악에서 후고구려를 세웠다. 궁예는 이후 나라의 이름을 마진, 태봉 등으로 거듭해 바꾸는 한편 학정을 펼쳐 호족과 백성들의 지지를 잃게 된다. 결국 918년 왕건의 역성혁명이 일어나며 궁예는 폐위, 살해되고 후고구려는 멸망하게 된다.

오답 해설

① 거란의 수교 제의를 거부한 것은 후일의 고려 태조 왕건이다. (가)는 완산주(전주)를 도읍으로 백제의 부활을 주장한 견훤이다. 견훤은 중국의 오월국, 일본 등과 교류하며 외교 활동을 펼쳤으나 거란과는 별다른 외교 관계를 맺지 않았다.

② 견훤은 자신의 아들인 신검의 반란에 의해 폐위되었고, 이후 고려로 귀순한다.

③ 궁예는 통일신라 말기에 유행한 선종 불교의 승려로서 이를 기반으로 삼아 세력을 확장하였다.

배경	• 진골 귀족 간의 왕위 쟁탈전으로 인한 중앙 정계의 혼란 • 신라의 기존 지배 체제(골품제)의 모순 심화 • 지방 호족, 6두품, 일반 백성들의 민심 이반
전개	889년: 원종·애노의 난 900년: 견훤의 후백제 건국(전주) 901년: 궁예의 후고구려 건국(개성) 906년: 후고구려→마진 911년: 마진→태봉 918년: 왕건의 역성혁명, 고려 건국 926년: 발해의 멸망 927년: 견훤의 경주 침공과 경순왕 즉위 930년: 고창 전투(고려의 승리) 935년: 신검의 반란, 신라 경순왕의 고려 귀순 936년: 견훤의 고려 귀순, 후삼국 통일

9. ③ 　　백제 무령왕의 업적

정답 해설

중국 남조의 영향을 받은 형식의 무덤이라는 것을 통해 백제 웅진 시기의 중흥 군주인 무령왕(재위 501~523년)임을 알 수 있다. 무령왕은 5세기 한강 유역을 빼앗긴 뒤 혼란을 겪던 백제의 내정을 수습하기 위해 지방 제도를 재정비, 전국에 22개 담로를 설치하여 왕족들을 파견했다. 또한 대외적으로는 중국 남조 양나라에 사신들을 파견하여 선진문물을 수용하기도 했다. 이러한 문화적 교류의 흔적은 공주(웅진)에 남아 있는 무령왕릉에서도 쉽게 발견할 수 있다.

오답 해설

① 수도를 웅진(공주)에서 사비(부여)로 천도한 것은 무령왕 다음의 왕인 성왕이다. 성왕은 무령왕의 뒤를 이어 내부 정비를 지속, 국호를 '남부여'로 바꾸고 수도를 사비로 옮겼으며 신라와 연합하여 고구려를 공격하였다.
② 백제에서는 4세기 근초고왕 때에 이미 왕위의 부자상속제가 확립되었다.
④ 태학은 고구려의 소수림왕이 설립한 교육기관으로 귀족들에게 유교경전과 문학, 무예 등을 가르쳤다.

합격 노트 백제 웅진 시기(475~538)

국왕	재위기간	업적
문주왕	475~477년	• 475년, 고구려 장수와의 공격으로 한성이 함락되고 개로왕이 전사함. 이후 문주왕은 웅진으로 수도를 옮김
동성왕	479~501년	• 신라와의 결혼 동맹으로 고구려의 위협을 막아내는 한편, 탐라(제주)를 복속시킴
무령왕	501~523년	• 백가의 난을 평정하고 중앙과 지방제도를 정비, 전국에 22개 담로를 설치하고 왕족을 파견하여 왕권을 강화함 • 중국 남조와 지속적으로 교류하며 선진문물을 수용함 • 고구려의 남진을 막아내며 한편으로는 가야 쪽으로 영토를 확장함

→475년 고구려에 의해 한성과 한강 유역을 상실한 백제는 웅진(공주)으로 천도하였으나 문주왕, 삼근왕, 동성왕이 모두 연이어 반란으로 살해되며 큰 혼란을 겪음
→동성왕과 무령왕은 이러한 혼란을 극복하기 위해 중국, 신라와의 외교 관계를 강화하는 한편 내부 체제를 수습. 이후 성왕이 사비로 천도하며 웅진 시대는 끝나게 됨

10. ① 　　통일신라의 경제

정답 해설

읍은 통일신라 시기 관료들에게 관직 복무의 대가로 일정 지역의 수조권, 노동력 징발권, 공물 수취권 등을 주던 제도이다. 신문왕 때인 689년(신문왕 9) 귀족들의 권력을 제한하기 위해 관료전을 지급하고 녹읍을 폐지하였으나 이후 경덕왕 때인 757년(경덕왕 16) 귀족들의 세력이 다시금 강화되며 부활하였다.

오답 해설

② 발해의 경제에 관한 내용이다. 발해는 중국 당나라와는 조공도, 거란과는 영주도, 신라와는 신라도 등의 교역로를 통해 활발하게 무역에 임하였다.
③ 은병(활구)는 우리나라 지형을 본따서 은으로 만들어진 화폐로 고려 시대에 사용되었다.
④ 수도 경주에 동시가 설치된 것은 통일 이전인 509년(지증왕 10)의 일이다. 통일 이후에는 695년(효소왕 4)에 경주 남쪽에 남시가 설치되었다.

합격 노트 『민정문서』

명칭	『민정문서』, 『신라장적』, 『정창원문서』 등
제작 시기	통일신라 시기(755년 혹은 815년 등)
발견 장소	1933년 일본 도다이 사(東大寺) 쇼소인(正倉院)

주요 내용	• 통일신라 시대 서원경 지역에 있던 촌락에 관한 정보가 상세하게 기록되어 있음 • 인구는 16세부터 60세까지 남녀, 연령별로 기록되어서 조세와 역의 부과에 사용되었을 것으로 추정됨 • 촌락 내의 논과 밭, 과일나무, 소, 말, 기타 가축 등의 수가 기록되어 있음 • 문서는 3년에 한 번씩 작성된 것으로 추정됨
의의	• 통일신라 시대의 사회, 경제상을 알 수 있는 거의 유일한 1차 사료로서 가치가 높음

11. ① 고대의 문화 – 불상

정답 해설

당나라의 군대가 평양성으로 오고 있다는 것, 연개소문이 있었다는 것 등을 통해 제시된 대화 속의 나라가 고구려임을 알 수 있다. 주어진 보기 중 고구려에서 제작된 불상은 ①의 연가칠년명금동여래입상이다. 제작된 시기가 연가 7년(539년)으로 명확하게 나와 있으며 불상 제작과 관련된 인물들의 이야기가 뒷면에 새겨져 있어 역사적으로 가치가 굉장히 높은 문화재이다.

오답 해설

② 고구려의 불상과 유사한 양식이 반영되어 제작된 발해의 이불병좌상이다.

③ 금동미륵보살반가사유상이다. 삼국시대의 불상으로 삼국과 일본의 문화교류를 나타내는 문화재이기도 하다.

④ 철원 도피안사의 철조 비로자나불좌상이다. 통일신라 시대인 865년(경문왕 5)에 제작되었으며 국보 63호로 지정되었다.

합격 노트 삼국시대 불상의 특징

고구려	• 중국 6세기 북위와 동위의 양식을 기반으로 발전시킴 • 생동감 넘치는 표현 양식이 핵심적인 특징 • 대표작은 연가칠년명금동여래입상
백제	• 중국 남조로부터 불교를 수용하여 영향을 받음 • 일본과의 교류가 활발하여 유사한 양식이 발견됨 • 본 호류사의 보살상이 백제와 일본의 교류상을 보여줌
신라	• 고구려를 통해 불교를 수용하며 북조 양식이 들어옴 • 화강암을 조각해 만든 대형 석불이 다수 제작됨 • 대표작으로는 경주 석굴암 본존불이 있음

12. ① 공민왕

정답 해설

쌍성총관부를 공격해 잃어버린 땅을 되찾았다는 것을 통해 고려 공민왕(재위 1351~1374년)임을 알 수 있다. 홍건적은 원나라의 지배에 항거해 일어난 중국의 한족 반란군이다. 원나라와 싸우던 홍건적의 일부는 1359년(공민왕 8)과 1361년(공민왕 10) 두 차례에 걸쳐 고려를 침공하였다. 공민왕은 정세운, 안우, 최영 등에게 명해 홍건적을 격퇴하는 데에 성공했다.

오답 해설

② 고려의 화약무기는 1377년(우왕 3) 최무선의 건의로 설치된 화통도감에서 개발, 생산되었다.

③ 고려의 공복제도는 고려 초기인 광종(재위 949~975) 때 정비되었다.

④ 별무반은 숙종(재위 1095~1105) 때 여진족 토벌을 위해 윤관의 건의로 창설되었다. 이후 윤관은 별무반을 이끌고 예종(재위 1105~1122) 시기인 1107년(예종 2) 여진족을 공격해 토벌하였다.

합격 노트 공민왕의 업적

재위기간 : 1351 ~ 1374년
1. 원나라라 쇠락해진 틈을 타 자주 독립정책을 실시
2. 원나라에 의해 격하되었던 관제를 복구함
3. 백성들이 부당하게 빼앗긴 땅을 되찾아주기 위해 전민변정도감을 설치
4. 정동행성 이문소를 폐지하고 친원파 권문세족을 축출함
5. 쌍성총관부를 공격하여 철령 이북의 영토를 수복함
6. 고려를 침공한 홍건적을 격퇴

13. ④ 고려의 경제

정답 해설

은병, 활구는 우리나라의 지형을 본떠 만든 고액권 은화로 이를 통해 문제에서 묻는 시기가 고려 시대임을 알 수 있다. 고려 시대에는 관직에 나온 이들에게 복무의 대가를 지급하기 위해 전시과라는 토지제도를 운영하였다. 전시과는 고려 초기인 경종(재위 975~981) 시기에 처음으로 도입되어 이후 몇 차례 변화를 거치며 고려 시대 토지제도의 중심이 되었으나 문벌귀족과 이후 무신집권자

들에게 경제권이 과도하게 집중되며 붕괴되었다.

오답 해설

① 명도전과 반량전은 중국 전국 시대의 화폐로 우리나라에서도 철기 시대에 교역을 통해 유입되어 사용되었다.

② 이앙법은 고려 시대에 중국으로부터 전래되었으나 널리 사용되지 않다가 조선 후기에 들어서야 비로소 남부 지방을 중심으로 확산되기 시작했다.

③ 『농사직설』은 조선 세종 때인 1429년(세종 11)에 편찬되었다.

합격 노트　고려시대의 화폐

명칭	제작 시기	특징
건원중보	996년(성종)	• 우리나라 최초의 화폐 • 당나라의 화폐를 모방하여 제작됨
삼한통보	1101년(숙종)	• 주전도감에서 제작된 철전
해동통보	1102년(숙종)	• 우리나라 최초의 엽전 • 관리와 상인들에게 유통을 적극 장려함
은병(활구)	1101년(숙종)	• 고려의 지형을 본떠 제작함 • 고액 거래에 사용됨

14. ④　고려 전기

정답 해설

서희가 거란의 침공을 외교적 해법으로 돌려보낸 993년(성종 12)이고, 윤관이 여진족의 토벌을 위한 특수부대로 별무반 창설을 주장한 1104년(숙종 9)이다. 따라서 (가) 시기에 들어갈 사건으로 옳은 것은 ④ 천리장성 축조이다. 천리장성은 1033년(덕종 2)부터 1044년(정종 10)까지 북방 거란족과 여진족의 침입에 대비하기 위해 압록강 어귀에서 도련포까지 축조되었다.

오답 해설

① 조선통신사는 임진왜란으로 인해 단절된 국교를 재개하고 조선인 포로들을 송환해 오기 위하여 1607년(선조 40) 다시 파견되었다.

② 원나라가 고려의 내정에 관여하기 위해 설치한 정동행성과 이문소는 1356년(공민왕 5) 폐지되었다.

③ 사병 혁파는 조선 건국 이후 정종(재위 1398~1400년) 때 후일 태종이 되는 이방원에 의해 주도되어 시

행되었다.

합격 노트　거란의 침입

	시기	주요 내용	결과
1차	993년 (성종)	• 송나라와 전쟁을 벌이던 거란이 후방을 안정시키기 위하여 군대를 이끌고 침공 • 서희가 외교적으로 담판을 지어 거란이 회군함	• 고려는 여진족이 있던 강동 6주를 확보함 • 고려는 거란을 적대하지 않기로 함
2차	1010년 (현종)	• 목종이 폐위되고 현종이 즉위한 것을 빌미로 거란이 고려를 침공 • 개경이 일시적으로 함락되었으나 양규를 중심으로 한 고려군의 활약으로 거란이 개경을 포기하고 돌아감	
3차	1018년 (현종)	• 거란이 강동 6주를 돌려달라고 요구하며 고려를 침공함 • 강감찬이 귀주대첩으로 거란군을 크게 무찌르며 거란이 퇴각	• 거란을 물리친 뒤 국방 강화를 위해 천리장성과 나성이 축조됨 • 고려와 거란 사이의 전쟁이 완전히 종결됨

15. ②　최씨 무신집권기

정답 해설

최충헌은 1196년(명종 26) 기존의 무신집권자인 이의민을 제거하고 권력을 잡았다. 이후 그는 명종을 폐위하고 신종, 희종, 강종, 고종 등을 옹립하며 최고 권력자로 군림하였다. 교정도감은 1290년(희종 5) 무신집권자인 최충헌이 설치한 기구로 이후 최씨 집권기 60년과 그 뒤의 무신집권기까지 약 80년에 걸쳐 고려의 핵심 정치기구로 자리하게 된다.

오답 해설

① 흥왕사는 1056년(문종 10) 창건되었다. 고려 시대의 대표적인 사찰 중 하나로 초대 주지는 문종의 아들인 대각국사 의천이 맡았다.

③ 묘청은 1135년(인종 4) 서경으로의 천도를 주장하며 스스로 대위국의 건국을 선포하고 반란을 일으켰다. 묘청의 난은 이듬해 김부식에 의해 진압되었다.

④ 노비안검법은 본래 노비가 아니었던 양인들의 사정을 살펴 해방시켜주는 법으로 956년(광종 7) 시행되었다.

16. ② 태조 왕건

정답 해설

고려를 건국하고 후삼국을 통일했다는 것을 통해 고려의 시조인 태조 왕건(재위 918~943년)임을 알 수 있다. 왕건은 대내적으로는 후삼국 통일 이후 전국 각지의 호족들을 회유, 포섭하며 내부 질서를 다잡는 한편 대외적으로는 북진정책을 선포하며 고구려의 옛 땅을 되찾고자 하였다. 왕건은 거란이 고구려의 후예인 발해를 멸망시킨 나라인 점을 들어 적대하며 거란의 수교 제의를 거절하였다.

오답 해설

① 과전법은 고려 말기인 1391년(공양왕 3) 신진사대부의 주도로 시행되었다.

③ 불교 교단을 통합하려 했던 인물로는 대각국사 의천, 보조국사 지눌 등을 들 수 있다.

④ 공민왕(재위 1351~1374년)의 업적이다. 공민왕은 반원 자주정책을 시행하며 친원파 권문세족을 숙청하고 정동행성을 폐지하였다.

합격 노트 고려 태조 왕건의 주요 업적

1. '취민유도'로 세금을 낮춰 민생을 안정시킴
2. 구휼 기관인 흑창을 설치함
3. 북진정책을 실시하여 영토를 확장함(청천강~영흥만)
4. 사심관제도, 기인제도, 결혼정책 등으로 호족들을 관리함
5. 연등회, 팔관회를 중시하는 숭불정책을 실시
6. 훈요십조를 작성하여 후대 왕들에게 전하게 함
7. 역분전을 지급하여 후삼국통일의 논공행상을 진행함

17. ② 고려 시대의 사회

정답 해설

매향 활동을 했다는 것을 통해 고려 시대의 불교, 향촌 조직인 '향도'임을 알 수 있다. 향도는 고려 시대에 불교 신앙활동을 위해 조직된 결사체이다. 기본적으로는 사찰의 불교 행사에 참여하거나 불상, 불탑 등을 함께 세우는 등을 주된 활동으로 삼았으나 차츰 마을 내의 경조사, 경제 활동 등에서 상부상조하는 향촌단체로 변화하게 된다. 향도는 조선 시대까지도 그 명맥이 유지되었으나 17세기 이후 두레가 향촌 조직으로 성장하며 다소 위축되게 된다.

오답 해설

ㄴ. 중앙에서 교수나 훈도가 파견된 곳은 향교다. 향교는 고려 때는 주요 군현에만 있었으나 조선 때는 모든 군현에 설립되었다. 문묘 · 명륜당 등을 갖추었으며, 성현에 대한 제사와 유생의 교육 및 지방민의 교화를 맡았다. 입학 자격의 경우 양반과 평민 모두 가능하며, 정원은 인구 비례에 따라 책정되었다.

ㄹ. 선현에 대한 제사와 양반 자제 교육을 담당한 곳은 서원이다. 서원은 16세기 이후 향약과 함께 지방 사족들의 지지 기반이 되었다. 편액을 하사받은 사액 서원의 경우 정부로부터 서적, 토지, 노비 등을 지급받았으며 면세 · 면역의 특권도 있었다. 한편 붕당의 근거지가 되어 폐단이 발생하기도 하였다.

합격 노트 향도의 주요 기능

• 농민 공동체 조직으로 노동력의 품앗이 및 상부상조
• 촌락 내의 혼례나 장례 등 경조사 진행
• 마을의 수호신 제사 등의 토착신앙의례 주관
• 여러 불교행사 및 관련 노역에 공동 참여

18. ③ 신진사대부

정답 해설

제시된 글은 최영의 요동정벌 당시 이성계와 그를 지지하는 신진사대부 세력이 이를 반대하며 내놓은 주장이다. 신진사대부들은 지방의 중소지주 출신으로 조정에 진출하여 차츰 세력을 구축했고, 이후 이성계와 같은 신흥 무인들과 연대하여 정권을 잡았다. 이 중 혁명파 신진사대부는 새로운 왕조 건국에 반대하는 온건파를 제거했고, 1391년(공양왕 3) 과전법을 시행하여 자신들의 경제 기반을 다진 뒤 1392년 새로운 왕조 조선을 건국했다.

오답 해설

① 칭제건원이란 황제를 칭하고 독자적인 연호를 사용한다는 뜻이다. 묘청은 서경으로 천도하고 황제를 칭하면 주변 나라들이 모두 고려에 복종할 것이라고 주장

특징	교종 중심의 불교 통합	선종 중심의 불교 통합
불교 이론	교관겸수, 내외겸전	돈오점수, 정혜쌍수

하다가 결국 자신의 뜻이 수용되지 않자 반란을 일으
켰다.

② 중방은 고려 무신들의 회의기구로 1170년 정중부의
난으로 무신집권기가 시작된 이후 고려 정치의 핵심
기구가 되었다.

④ 신진사대부는 대체로 원나라보다는 명나라에 우호적
인 입장을 보였다.

합격 노트   고려 말의 권력 집단

	권문세족	신진사대부
정치	개경의 고위 귀족	지방 출신의 신흥 관리
경제	지방 출신의 신흥 관리	중소지주
출신	음서를 통한 관직 진출	과거제를 통하여 관직 진출
학문과 사상	불교 중시	유교(성리학) 중시
외교	친원파	친명파
성향	보수적	진보적

19. ④   고려 후기의 불교 - 지눌

정답 해설

'보조국사'라는 칭호, '불교 정화 운동', '정혜결사' 등을
통해 고려 후기의 불교 인물인 지눌임을 알 수 있다. 보조
국사 지눌은 문벌귀족들의 부패와 무신 집권자들의 전횡
으로 혼란을 맞은 고려 불교계의 정화를 주장하였다. 사
상적으로 그는 돈오점수(頓悟漸修)를 주장하여 선종을 중
심으로 한 교종의 통합, 불교계의 일치를 주도했다.

오답 해설

① 『대승기신론소』는 통일신라의 승려인 원효가 지은 책
이다.

② 원효는 어려운 불교 교리 대신 백성들이 이해하기 쉬
운 아미타신앙을 퍼뜨리며 불교의 확산과 대중화에 기
여하였다.

③ 부석사는 경상북도 영주에 있는 사찰로 통일신라 시대
의 승려인 의상이 화엄종의 중심 사찰로 창건하였다.

합격 노트   의천과 지눌의 불교 통합

	의천	지눌
종파	해동 천태종	조계종
시기	고려 전기 문벌 귀족 시대	고려 후기 무신 집권기

20. ④   고려의 지방제도

정답 해설

도병마사, 식목도감 등의 고유 관제를 통해 (가)가 고려
임을 알 수 있다. 고려는 중국의 제도를 수용하여 중앙 관
제를 정비하면서도 독자적인 면모를 가미했는데, 3성 6
부가 아닌 2성 6부의 편제나 고유의 기구인 도병마사, 식
목도감 등이 그 예시라 할 수 있다. 문제에 제시된 나머
지 모든 보기는 고려 시대의 지방제도에 관한 설명으로
옳으나 ④ 모든 군현에 수령이 파견되었다는 것은 옳지
않은 보기이다. 고려 시대에는 일부 주현에만 수령이 파
견되었고, 나머지 속현의 행정사무는 주로 향리들이 처
리하곤 했다.

오답 해설

① 성종 때 최초로 전국의 요충지에 12목이 설치되었다.

② 고려 시대에는 향, 소, 부곡 등의 특수 행정구역이 운
영되었는데 거주민들은 일반 양인들보다 많은 차별을
받았다.

③ 고려 시대에는 변방에 북계와 동계를 설치하고 그 안
의 내지에 5개 도를 두었다.

합격 노트   고려와 조선의 지방제도

	고려	조선
지방행정제도	• 5도 양계(3경, 4도호부, 12목)	• 군사적 성격의 양계를 폐지하고 전국을 8개 도로 구성
군현의 구성	• 일부 중요 지역에만 주현 설치 • 향, 소, 부곡 등의 속현 운영	• 속현 폐지, 전국에 일반 군현 설치 • 중앙집권체제 강화
지방관 파견	• 주현에만 지방관 파견 • 속현에서는 향리들이 행정 담당 • 안찰사의 권한 제약	• 전국에 지방관 파견 • 향리들의 권한과 기능 약화 • 관찰사와 수령들의 권한 크게 강화
기타	• 사심관제도, 기인제도 실시	• 유향소와 경재소 운영

21. ④　　세종의 업적

정답 해설

우리나라의 지리와 기후에 맞는 농서로『농사직설』을 편찬했다는 것을 통해 조선 세종(재위 1418~1450년)임을 알 수 있다. ④의 균역법은 세종이 아닌 영조(재위 1724~1776)가 실시한 정책이다. 영조는 백성들에게 주어진 과도한 군포 부담을 덜어주기 위해 균역법을 실시하여 기존 2필 이상이었던 군포를 1필로 경감해 주었다.

오답 해설

① 세종은 백성들의 문자 생활을 진흥시키기 위하여 독자적인 문자인 한글을 창제하였다.

② 세종은 김종서와 이징옥 등을 함경도, 평안도에 파견하여 압록강과 두만강 일대의 국경을 정비하고 4군 6진을 개척하였다.

③ 전분 6등과 연분 9등은 세종 시대에 조세를 거두는 기준으로 책정된 공법이다. 이에 따라 백성들은 매년 농사의 결과와 각 농지의 비옥함에 따라 차등을 두어 조세를 납부하게 되었다.

합격 노트　　세종의 주요 업적

	내용
집현전 설치	• 국왕 직속 학술 · 정책연구기관인 집현전을 설치 • 경연의 활성화를 통하여 신료들의 자문 수용
정치 안정	• 의정부 서사제 실시를 통한 왕권과 신권의 조화 도모 • 4군 6진 설치와 왜구 토벌을 통한 변경 안정
문화 발전	• 한글의 창제 및 반포(1446년), 한글을 사용한 서적 간행 • 측우기, 앙부일구, 자격루, 간의 등의 과학 도구 개발 • 독자적 역법서인 칠정산 편찬
사회 정책	• 불교 종파와 각 사원에 속한 토지 및 노비 정리 • 법전 편찬(속육전) • 구휼제도 강화

22. ②　　조선과 일본의 관계

정답 해설

신숙주는 조선 전기의 문신이자 학자로 세종(재위 1418~1450년) 때 사신으로 일본에 다녀와서『해동제국기』를 저술하였다. 나머지 보기는 모두 일본과 조선의 관계로 옳은 것이지만 ②는 일본이 아닌 거란에 관한 내용이다. 고려 전기 성종 시기 거란의 동경유수 소손녕이 침

공해오자 고려는 서희를 보내 외교적으로 담판을 지었다. 고려는 거란을 적대하지 않겠다는 약조를 했고, 거란은 이에 강동 6주의 땅을 고려가 점하는 것을 승인하였다.

오답 해설

① '정명가도(征明假道)'란 왜가 명나라를 정벌하러 가기 위해 조선의 길을 빌린다는 뜻으로 1592년(선조 25) 임진왜란 당시 일본이 주장한 것이다.

③ 고구마와 담배는 일본을 통해 전래되었다.

④ 조선 후기의 상인집단 중 동래에 거점을 둔 내상(萊商)이 일본과의 교역에 활발하게 참여하였다.

합격 노트　　조선 전기의 대외관계

	내용
명	• 세종 시대 이후 명나라와의 긴장 해소 및 화친 관계 유지 • 명나라에 대한 공녀 진상과 금, 은의 조공을 면제받음
여진	• 4군 6진 개척을 통해 북방 영토 확장 • 여진족에 대한 강경–온건의 이중 정책 시행
일본	• 세종 즉위 초 대마도 정벌을 실시해 왜구 토벌 • 삼포개항과 계해약조로 대마도와의 교역 진행
기타	• 태국, 류큐와도 교류가 있었음

23. ④　　직전법

정답 해설

죽은 관료의 부인이나 어린 자손들에게 지급하던 수신전과 휼양전의 지급이 중단되었다는 것을 통해 '이 법'이 1466년(세조 12) 실시된 직전법임을 알 수 있다. 1391년(공양왕 3) 조선 건국 직전에 실시된 과전법 하에서 관료와 공신들에게 지급된 수조권이 점차 세습되고, 또 은퇴 관리나 여타 양반 관료들의 가족에게 수조권이 과다 지급되며 국가가 지급할 토지가 부족하게 되자 그에 따른 해결책으로서 오직 현직 관리들에게만 수조권을 주는 직전법이 실시되었다. ④에서 땔감을 거둘 시지를 함께 지급한다는 것은 조선 시대의 과전법이나 직전법이 아닌 고려 시대의 전시과에 대한 설명이다.

오답 해설

① 직전법은 수조권을 지급할 토지가 부족해져서 실시되었다. 따라서 지급되는 수조권은 이전의 과전법 시기보다 줄어들게 된다.

② 세조는 강력한 왕권을 바탕으로 관리들에게 지급되는 수조권을 감축하는 직전법을 실시하였다.

③ 직전법은 수신전과 휼양전 등에게 지급되는 토지를 회수하여 수조권이 세습될 여지를 막고자 하였다.

합격 노트 시대별 토지제도 변천

녹읍	신라시대	관직 복무의 대가로 지급된 토지 안에서 수조권을 행사할 수 있었고, 그에 더해 노동력을 징발하거나 공물을 수취하는 것이 가능했음
관료전	687년(신문왕 7)	수조권만을 인정하는 것이 핵심으로 2년 뒤인 689년 녹읍이 폐지됨. 그러나 약 60년 뒤인 757년 녹읍제가 부활함
역분전	940년(태조 23)	고려 태조가 후삼국 통일 이후 논공행상에 따라 지급된 토지. 후삼국 통일에 공이 있는 신료와 장수들에게 지급되었다. 이후 전시과로 대체됨
시정전시과	976년(경종 1)	고려의 첫 토지제도. 관품과 인품을 기준으로 토지를 지급한 것이 특징으로, 논밭인 전지와 임야인 시지를 함께 지급하였음
개정전시과	998년(목종 1)	앞서의 시정전시과를 개정하여 관품만을 기준으로 토지를 분급하였다. 같은 관품에 있는 문관이 무관보다 많은 토지를 받은 것이 특징
경정전시과	1076년(문종 30)	앞서의 제도들이 가지고 있던 단점을 개량하여 무관에 대한 차별대우가 사라졌고, 오직 현직 관리를 대상으로만 토지를 지급함
과전법	1391년(공양왕 3)	권문세족의 대농장을 해체하고 신진사대부의 경제기반을 마련하기 위해 실시되었음
직전법	1466년(세조 12)	과전법 하에서 죽은 관리의 유족들이나 은퇴한 관리들에게 지급되던 수조권을 폐지하고 현직 관리들에게만 수조지를 지급하였음
관수관급제	1470년(성종 1)	관리들이 수조권을 직접 행사하며 생기는 폐단을 해결하기 위하여 국가가 일괄적으로 수조권을 행사하고, 관리들에게는 녹봉만을 지급하기로 한 제도

24. ③ 병자호란

정답 해설

'남한산성', '3학사', '청과의 화의를 반대' 등을 통해 1636년(인조 14) 청나라와 조선 사이에 일어난 병자호란임을 알 수 있다. 청나라 군대가 압록강을 건너 서울로 진격해오자 인조는 남한산성으로 피신하여 항전했으나, 세자와

봉림대군이 피신했던 강화도가 함락되고 산성 내의 식량과 무기가 부족하여 항전이 어려워지며 결국 항복하였다. 병자호란을 통해 조선은 명나라와의 외교적 관계를 끊고 청나라와 '군신관계'를 맺으며 막대한 공물을 바치게 되었다. 그러나 이에 대한 반동으로 북벌과 반청(反淸)운동이 전개되기도 하였다.

오답 해설

① 요동성과 안시성은 7세기 고구려와 수나라 · 당나라 사이의 주요 전투가 일어난 지역이다.

② 차별받던 향, 소, 부곡의 주민들이 반란을 일으켜 적을 지원한 것은 몽골과 고려의 전쟁 때 일었던 일이다. 조선 시대에는 이와 같은 하급 행정 단위들이 모두 일반 군현으로 승격되어 사라졌다.

④ 화약무기는 이미 고려 말기 진포, 관음포 등의 전투에서 사용되었다.

합격 노트 병자호란 이후 반청, 북벌정책의 전개

	내용
인조	• 청나라가 아닌 명나라의 연호 사용 지속
효종	• 훈련도감의 군비 증강, 어영청과 금군의 병력 증강 • 지방군의 대부분을 구성하는 속오군 증강 • 군비 확보를 위한 호포제 실시 고려 • 군사 요충지의 방어시설과 산성 정비
숙종	• 1704년 창덕궁 내에 대보단을 설치하여 명나라 황제들에게 제사를 올림 • 북벌 담당 기구로 도체찰사부 설치 • 무과 합격자 정원을 늘려 장수의 선발을 증강 • 각지의 산성을 수리
영조	• 1764년 명나라가 멸망할 때 조선으로 온 유민, 병자호란 때 청나라에 맞서 순국한 이들의 후손을 위하여 특별 과거인 충량과 실시
정조	• 명나라 황제들의 위령제 거행 • 명나라에 대한 사대의식, 화이관념을 유지하기 위해 『존주휘편』 편찬

25. ④ 경복궁

정답 해설

조선의 정궁으로 국왕의 즉위식이 거행되는 근정전이 있다는 것을 통해 경복궁임을 알 수 있다. 경복궁은 조선 시대 궁궐들 중 가장 중요한 법궁이었으나, 유네스코 세계문화유산에 등재되지는 않았다. 유네스코 세계문화유산에 등재된 궁궐은 창덕궁과 그 비원이다.

① 경복궁이라는 명칭과 그 안의 근정전, 사정전, 교태전 등은 모두 조선 초기의 개국공신이자 정치가인 정도전이 지어 태조에게 올린 이름이다.

② 경복궁은 임진왜란 도중 불에 타 소실되었으며, 이후 경제적 부담으로 인해 쉽게 재건되지 못하였다.

③ 경복궁은 이후 200년 넘게 폐허로 방치되었다가 흥선대원군에 의해 복원되었다.

합격 노트   우리나라의 유네스코 세계문화유산

1995	석굴암과 불국사
1995	해인사 장경판전
1995	종묘
1997	창덕궁
2000	경주 역사 유적지구
2000	고창과 화순, 강화의 고인돌 유적
2007	제주 화산섬과 용암동굴
2009	조선 왕릉
2010	하회와 양동의 역사마을
2014	남한산성
2015	백제 역사 유적지구

26. ②   예송논쟁과 붕당대립

예송논쟁은 현종(재위 1659~1674) 시기에 일어난 성리학 예법 논쟁이다. 1659년과 1674년 현종의 아버지와 어머니인 효종과 인선왕후가 승하하며 국상이 선포되자 왕실의 최고 어른이자 현종의 할머니 격인 자의대비가 상복을 몇 년이나 입어야 하는가 하는 문제가 발단이자 핵심 논점이 되었다. 물론 이런 논쟁 이면에는 각기 붕당들의 많은 정치적인 입장이 고려된 갈등이 도사리고 있었다.

① 현종 시기의 예송은 1659년과 1674년에 두 차례 발생했으며, 59년에는 서인이, 74년에는 남인이 승리하였다.

③ 서인이 노론과 소론으로 분화되는 것은 현종 이후인 숙종 시기의 일이다.

④ 정여립 모반 사건은 선조 때 있었던 일이다. 이 사건을 빌미로 서인이 동인을 대거 탄핵했으며, 동인은 이후 서인에 대한 보복 입장을 놓고 남인과 북인으로 갈라지게 된다.

합격 노트   예송논쟁

배경	• 인조에게는 왕위계승자로 장남인 소현세자와 차자인 봉림대군(효종)이 있었으며, 첫째 왕후인 인렬왕후 사후 들인 장렬왕후(자의대비)가 있었음 • 1645년 소현세자가 사망하며 둘째인 봉림대군이 세자가 되어 1649년 효종으로 즉위함. 효종과 효종의 왕후인 인선왕후는 자의대비보다 5살이 많았음. 1659년과 1674년 효종과 인선왕후가 승하했을 때에도 자의대비는 살아있었으며, 이에 따라 국상에 상복을 입어야 했음 • 그러나 효종의 경우처럼 둘째 아들이 왕위에 올랐다가 승하했는데 그 어머니(계모)가 아직도 살아서 상복을 입을 경우의 원칙에 관해서는 『국조오례의』에 상정된 것이 없었음. 이에 따라 대비의 복상 기간을 놓고 예법논쟁이 촉발됨	
	기해예송	갑인예송
시기	1659년 효종의 승하	1674년 효종 비의 승하
주장	• 서인은 효종이 둘째 아들이므로 대비가 1년만 상복을 입으면 된다고 주장 • 남인은 효종이 둘째라도 국왕으로 즉위했으므로 3년을 입는 것이 옳다고 주장	• 서인은 마찬가지로 인선왕후가 대비의 둘째 며느리이므로 9개월의 복상을 주장함 • 남인은 효종의 정통성과 국왕으로서의 지위를 주장하며 인선왕후 국상에 대비의 1년 복상을 주장
결과	서인의 주장에 따라 1년복 결정	남인의 주장에 따라 1년 복상이 결정되면서 서인 세력이 약화되고, 남인이 집권하게 됨

27. ③   영조의 탕평책

붕당 정치의 폐해를 경계하기 위해 성균관 앞에 탕평비를 세웠다는 것을 통하여 조선 영조(재위 1724~1776년)임을 알 수 있다. 영조는 현종과 숙종, 경종 시기를 거치며 극에 달한 붕당 대립을 해소하기 위하여 탕평책의 실시를 천명하고 그에 따라 탕평비 설립, 붕당의 근간인 산림의 부정, 서원의 난립 금지, 전랑직 약화 등의 다양한 조치를 취하였다. 그러나 이러한 영조의 조치는 근본적인 해결책이라기보다는 영조 개인의 권위와 역량을 통해 이룬 것이라는 한계를 가지고 있었다.

① 대마도는 고려 말부터 조선 초까지 한반도 해안을 침

탈한 왜구의 거점으로 고려 우왕과 조선 세종 때 정벌
이 이루어진 바 있다.

② 홍문관은 1478년(성종 9) 예문관을 분리, 개편하여 설
치되었다.

④ 신해통공은 1791년(정조 15) 육의전을 제외한 시전
상인들의 금난전권을 혁파한 것으로 상업 발달을 크게
촉진시킨 정책이다.

합격 노트   붕당 대립 해소를 위한 영조의 노력

영조의 정책	내용	결과
서원 정리	• 1714년을 기준으로 이후에 건립된 서원, 사우 등을 모두 철폐하도록 지시 • 고을 수령들의 책임 하에 진행하여 약 170개소의 서원을 폐지	• 정조 시기에도 600개 이상의 서원이 남아 있었으나, 적어도 서원 건립의 남발을 억제하는 데에는 성공
전랑직 약화	• 붕당 간의 정치 대결에 악용된 이조 전랑직(좌랑과 정랑)의 인사 특권을 규제하고, 전랑직을 6명에서 4명으로 축소	• 정조 때에 이조 전랑의 3권(자대권, 통청권, 낭천권)을 완전히 폐지
산림 부정	• 재야의 문인이나 학자로 붕당의 공론 형성에 강한 영향력을 가지고 있던 산림의 존재를 부정하여 붕당 간 대결구도를 완화	• 공론의 정치, 지방 유림과 사족들의 중앙 권력 견제 기능이 약화되면서 이후 세도 가문들의 전횡을 견제하기 어렵게 됨

28. ②   삼정의 문란과 임술 농민봉기

정답 해설

백낙신의 탐학에서 비롯되었다는 것과 환곡이 그 주된 수
탈 방식이었다는 것을 통해 1862년(철종 13)에 일어난 진
주 민란임을 알 수 있다. 이 해 봄에 일어난 진주 민란을
시작으로 전국의 70개가 넘는 지역에서 농민봉기가 잇따
라 일어나자 조정은 이를 해결하고자 가장 큰 문제의 원
인인 삼정의 문란을 바로잡을 임시기구로 삼정이정청을
설치한다. 그러나 삼정이정청은 환곡이나 전세, 군포 문
제를 해결하지 못한 채 해체되고 만다.

오답 해설

① 지방 관리들의 축재 수단으로 환곡이 악용되는 것을
막기 위해 사창제가 실시된 것은 철종 이후 고종 때
의 일이다.

③ 동학교도들이 봉기에 동참한 것은 1894년의 고부 농

민봉기이다.

④ 진주 민란과 임술 농민봉기는 세도 정치기에 일어난
사건이다. 이 시기에는 이미 각 붕당의 의미는 퇴색되
었고, 소수의 외척 가문들이 권력을 독점하고 있었다.

합격 노트   삼정의 문란

	폐단
전정	• 은결 : 토지 대장이 없는 토지에서 강제로 세금을 징수 • 전결 : 수확이 없는 황무지에 세금을 부과 • 도결 : 정해진 세금(전세, 대동미, 결작 등)을 넘어 초과분을 징수
군정	• 백골징포 : 이미 죽은 사람의 군포를 징수 • 황구첨정 : 아직 나이가 어린 아이를 군적에 등록시켜 군포를 부과 • 인징과 족징 : 도망자가 나올 경우 그 사람의 이웃이나 친척에게 대신 징수
환곡	• 늑대 : 강제로 곡식을 빌려주고 높은 이자를 받는 방식 • 분석 : 곡식을 빌려줄 때 쌀 대신 겨를 섞어 양을 조작하는 방식 • 반작 : 회계 장부를 조작하여 환곡의 이윤을 착복

29. ③   북학파 – 박지원

정답 해설

'연암'이라는 호와 『열하일기』를 저술했다는 것을 통해 조
선 후기의 실학자이자 문인인 박지원임을 알 수 있다. 박
지원은 대표적인 중상주의 북학파 실학자 중의 한 사람으
로 중국 청나라에 다녀오며 청나라의 발달된 사회, 경제
를 보고 조선도 이를 수용하여 민생에 이롭게 해야 한다
는 주장을 펼쳤다. 박지원의 이와 같은 주장은 이후 그의
손자인 박규수 등 개화파에 의해 사상적으로 계승된다.

오답 해설

① 『조선책략』은 일본에서 근무하던 중국인 외교관 황준
헌이 쓴 책으로 1880년 일본에 갔던 수신사에 의해 조
선에 들어오게 되었다. 러시아를 견제하기 위해 조선
이 미국, 중국, 일본과 연대해야 한다는 『조선책략』의
내용에 위정척사파는 대규모 상소 운동을 벌이며 반
대하였다. 따라서 박지원이 살던 시기와는 무관하다.

② 박지원은 천주교의 포교 허용을 주장하지 않았다.

④ 숭유억불(崇儒抑佛)은 조선 전기에 태종 등에 의해 강
하게 실시되었으나 후기에는 불교의 사회적 지위가 다
소 높아지며 보다 자유로운 분위기가 조성되었다.

	북학
주장	• 청나라의 발달된 문물을 적극적으로 수용하여 실리를 도모하자는 주장
인물	홍대용, 박지원, 박제가, 이덕무 등
내용	• 중국으로 가는 사신단에 참여했던 이들을 통해 청나라의 발달상이 전해지며 본격적으로 대두함 • 명나라에 대한 명분론적 사대, 소중화(小中華) 사상에 기반해 유용한 문물들을 수용할 기회를 잃어서는 안 된다고 주장 • 이용후생(利用厚生)에 따라 나라와 백성에 도움이 되는 것이라면 무엇이든지 청나라로부터 배우거나 받아들일 수 있어야 한다고 말함
기타	• 근대 개화기에 이르러 서양 문물의 수용에 찬성한 개화파의 사상적 기반이 됨

30. ②　세도정치

정답 해설

(가)는 평안도의 지역감정이 빌미가 되어 일어난 홍경래의 난(1811년)이고 (나)는 경상우병사 백낙신의 학정과 수탈에 항거해 일어난 진주 민란(1862년)이다. (가)와 (나) 모두 세도정치기에 일어난 사건이다. 세도정치기에는 안동 김씨와 풍양 조씨, 반남 박씨 등의 소수 가문이 비변사를 중심으로 권력을 독점하며 관직사회와 조정의 기강이 흐트러지고, 관리들의 부패가 극심해지게 되었다. ②의 정방은 조선이 아닌 고려 시대의 기구로 무신집권기에 창설되어 인사 문제를 전담한 관청이다.

오답 해설

① 세도 정치는 순조와 헌종 등 어린 국왕이 연달아 즉위하고, 이에 따라 대비의 수렴청정이 행해지며 외척들의 힘이 강해져 일어나게 되었다.

③ 소수 가문들이 주요 관직과 권력을 독점하고 그에 따라 정상적인 인사 관리가 행해지지 못하게 되었다. 이때 매관매직까지 일어나게 되며 관직사회의 질서가 무너지게 되었다.

④ 사회질서가 흐트러지며 '정씨가 새로운 왕조를 건국한다'는 『정감록』 같은 도참설과 미륵신앙이 유행하게 되었다.

합격 노트　세도정치

정의	• 국왕의 총애 혹은 위임을 받는 신하가 정권을 주도하여 나라를 다스리는 것 • 일반적으로는 조선 정조 이후의 특수한 정치 형태를 가리킴
전개	• 정조 사후 순조가 11세의 나이로 즉위하자 대왕대비 정순왕후 김씨가 수렴청정을 하며 경주 김씨의 세력이 강화됨. 한편 순조의 외가 반남 박씨 역시 세도 정치에 참여함. • 정순왕후의 섭정 이후에는 순조의 왕비인 순원왕후의 친정 안동 김씨가 득세했고, 헌종 때에는 안동 김씨와 헌종의 외가인 풍양 조씨가 세력을 잡음 • 철종 이후 고종이 왕위에 오르며 흥선대원군에 의해 안동 김씨의 세도정치는 막을 내렸으나, 대원군 실각 이후 왕비의 친정인 여흥 민씨의 세도정치가 재개됨
영향	• 왕실의 외척 가문들이 조정의 핵심기구인 비변사와 중앙군 5군영을 장악하여 국정을 장악하고 전횡을 일삼음 • 외척 가문들은 고위 관직을 독점하는 한편 매관매직에 나서 공직 사회의 기강이 무너졌고, 조선 정치의 핵심인 유교적 관료 체제는 붕괴함 • 중앙정부가 세도 가문의 전횡에 흔들리면서 삼정의 문란을 중심으로 한 19세기의 사회, 경제 문제를 해결하지 못하게 되었고, 이는 각지에서의 유랑과 민란, 국가의 붕괴를 야기하게 됨

31. ②　조선 후기의 사회 – 종교

정답 해설

(가)는 1860년(철종 11) 최제우가 창시한 동학, (나)는 중국을 통해 '서학'이라 불리며 전래된 천주교이다. 동학은 경주의 몰락양반 최제우가 창시하였으나 최제우는 1864년 혹세무민했다는 죄로 처형당하고 동학의 포교는 금지되었다. 그러나 이후에도 동학의 교세는 남부 지방을 중심으로 확산되었다. 신자의 수가 급격하게 늘어난 동학은 1890년대부터 억울하게 죽은 최제우의 누명을 벗겨달라는 교조신원운동을 전개하였다.

오답 해설

① (나)에 대한 설명이다. 천주교는 초기 중국을 통해 서양 학문의 하나로 전래되어 서학이라 불리기도 하였다.

③ (나)에 대한 설명이다. 천주교는 그 포교가 금지되어 여러 차례 박해가 이루어졌으나, 1886년 조선과 프랑스가 수교할 때 프랑스의 요구로 천주교 포교가 허용되었다.

④ (가)에 대한 설명이다. 『동경대전』은 동학의 2대 교주인 최시형이 저술한 교리집이며 『용담유사』는 동학의 교리를 노래로 만든 가사집이다.

창시	1860년 경주 출신 최제우가 창시함
교리	인내천(人乃天): '사람이 곧 하늘이다' → 만민평등
전파	• 1864년 최제우가 처형되었으나 이후 최시형이 교주가 되어 『동경대전』, 『용담유사』 등을 간행하며 체계를 정비함 • 남부지방을 중심으로 교세가 확장되었으며 이후 1890년대에 이르러서는 공개적으로 교조신원운동을 전개할 정도로 신도가 늘어남 • 1894년 동학 농민운동을 일으켜 폐정개혁을 주장하였으나 결국 일본의 군사개입으로 진압됨 • 이후 '천도교'로 이름을 바꾸고 3대 교주 손병희의 지도로 교세를 꾸준히 확장함

32. ④ 조선 후기의 경제

정답 해설

제시된 사진과 '조선 시대의 법정 화폐'라는 설명을 통해 조선 숙종 때 발행되어 이후 널리 사용된 상평통보임을 알 수 있다. 상평통보가 발행, 유통되던 조선 후기에는 남부 지방을 중심으로 저수지와 수차 등 수리시설이 확충되며 이앙법(모내기법)이 확산되기 시작했다. 이에 따라 농사에 드는 노동력이 절감되며 보다 큰 규모로 농사를 짓는 광작이 성행하게 되었고, 부농과 빈농 사이의 경제적 격차가 벌어지게 되었다.

오답 해설

① 토지조사사업은 1910년대 조선총독부에 의해 실시되었다.

② 동시와 남시는 신라의 수도 경주에 설치된 시장으로, 이를 관리하기 위해 동시전이란 기구가 함께 운영되기도 하였다.

③ 권문세족은 고려 말 원 간섭기의 지배세력이다. 이들은 산과 강을 경계로 삼을 정도로 큰 농장을 가지고 있었는데, 공민왕 때의 전민변정도감 설치나 공양왕 때의 과전법 실시는 이와 같은 토지, 경제 문제를 해결하기 위한 조치였다.

합격 노트 이앙법

특징	논에서 벼 농사를 지을 때 볍씨를 논에 직접 뿌리는 직파법과 달리 모판에서 미리 키운 모를 논으로 옮겨 심는 재배 방법. 우리나라에는 고려시대에 전래되었으나 17세기까지는 일부 지역에서만 활용되었음

장점	이앙법 하에서는 씨를 뿌리거나 잡초를 손질하는 것 등 농사를 짓는 데에 필요한 노동력이 크게 절감되었고, 그러면서도 수확량은 직파법보다 많았음. 또한 벼농사를 지은 뒤에는 이모작으로 보리를 재배할 수 있었기에 18세기부터 전국적으로 널리 확산, 보급됨
단점	이앙법은 직파법보다 물을 많이 요구했기에 수리시설이 갖춰져 있지 않거나 가뭄이 크게 들면 한 해 농사의 결실을 거둘 수 없게 되는 경우도 발생했고, 이에 따라 조정에서는 이앙법을 장려하지 않았음. 그러나 수확량이 많고 일손이 절감되었기에 점차 수리시설을 따로 갖춰서라도 이앙법을 쓰는 농가가 늘어남
영향	이앙법의 보급에 따라 필요 노동력은 절감되고 생산력이 크게 증가하며 농민층의 분화가 시작됨. 일부 농민들은 대규모 농지를 경작하는 부농이 되었으나 일부 소규모 농가나 소작농들은 경쟁력을 잃고 임노동자가 되기도 함. 농민층의 분화는 이후 신분제도나 사회상의 변화에도 영향을 미침

33. ① 강화도조약과 개항

정답 해설

운요호 사건을 구실로 일본이 무력시위를 벌였다는 배경을 통해 1876년 조선과 일본 사이에 체결된 강화도조약임을 알 수 있다. 강화도조약은 조선이 외국과 맺은 최초의 근대적 조약이었으나 그 내용은 불평등한 것들이 많았다. 주로 일본이 개항 초기 서양 국가들과 맺은 불평등조약의 내용이 그대로 조선에게 강요되었는데, 영사재판권이나 해안 측량권 등이 그 예라 할 수 있다. ① 조선에 대한 청나라의 종주권을 강조한 내용이 담긴 것은 1882년 맺어진 조청상민수륙무역장정이다. 강화도조약에서는 조선이 자주 독립국이라는 내용이 포함되어 있었다.

오답 해설

② 일본은 조선에 통상 개방을 요구했고, 이에 일본에서 가장 가깝고 중요한 항구인 부산을 포함해 3개 항구를 개항하게 되었다.

③ 강화도조약을 통해 일본 선박들은 조선의 해안을 측량하며 지도를 만들 수 있게 되었다.

④ 강화도조약으로 개항된 부산, 인천, 원산에서는 일본 상인들의 자유로운 상행위, 무역이 가능해졌다.

합격 노트 강화도 조약의 중요 내용

1조 조선은 자주의 국가이며 일본과 동등한 권리를 갖는다.
2조 조선과 일본은 수시로 사신을 파견하며 교류한다.
4조 부산을 포함해 3개의 항구가 개방되고, 일본인은 이 세 항구에서 통상할 수 있다.
7조 일본 선박과 항해자는 조선 해안을 자유롭게 측량할 수 있다.
10조 일본인이 조선에 머무르던 중 죄를 지을 경우 일본 관리가 재판을 담당한다.

정미의병	1907년	고종의 퇴위 군대해산	이인영 허위	• 해산된 군인이 대거 합류하였다. • 서울 진공 작전이 준비되었으나 결국 실행하지는 못했다.

34. ④   정미의병

정답 해설

'군대 해산 이후' 일어난 의병이라는 것을 통해 1907년에 일어난 정미의병임을 알 수 있다. 1907년 고종은 앞서 체결된 을사조약의 부당성을 국제사회에 호소하기 위해 헤이그에 특사를 파견했으나 이것이 빌미가 되어 일본에 의해 강제로 양위하고 물러나게 되었다. 고종의 퇴위와 이후 이어진 일본에 의한 대한제국 군대 해산으로 인해 일본에 항거하는 의병이 전국에서 일어나게 되었고, 이후 13개 도에서 모인 의병단체들이 연합하여 각국 영사관에 국제법상의 교전단체 승인을 요청하는 한편 서울 진공 작전을 준비하였다.

오답 해설

① 러·일 전쟁은 1904년부터 1905년까지 이어진 전쟁이다.

② 고종의 헤이그 특사 파견은 정미의병보다 앞서 일어난 사건이다.

③ 명성황후 시해와 을미개혁의 단발령에 항거해 일어난 것은 1895년의 을미의병이다.

합격 노트   3대 의병 운동

	시기	배경	의병장	특징
을미의병	1895년	을미사변 단발령	유인석 이소응	• 유생이 주로 주도하였으며 동학농민군이 함께 참여하였다. • 단발령이 철회된 뒤 고종의 명령에 따라 해산하였다.
을사의병	1905년	을사조약	최익현 신돌석	• 평민 출신 의병장이 등장하여 활약하였다.

35. ②   신미양요

정답 해설

미국이 함대를 이끌고 와 통상을 요구하며 강화도를 공격한 사건은 1871년의 신미양요이다. 신미양요는 1866년 미국 상선 제너럴셔먼호가 평양 대동강에 올라와 조선 군민과 마찰을 겪다가 불에 타 침몰한 것을 빌미로 일어났으나, 미국의 주된 목적은 조선의 통상 개방이었다. 미국은 주요 전투에서 승리하며 조선군에 큰 피해를 입혔으나 통상 개방에 대한 조선 조정의 입장이 완고하다는 것을 깨닫자 철수하였다.

오답 해설

① 미국은 천주교 포교와는 무관하다. 천주교 포교의 허용을 지속적으로 요구한 것은 프랑스이다.

③ 외규장각은 강화도에 설치되었던 왕실 도서관으로 1866년 병인양요 도중 프랑스군에 의해 약탈되었다.

④ 영국이 거문도를 점령한 것은 러시아를 견제하기 위한 것이며, 시기 또한 1885년으로 신미양요 이후의 일이다.

합격 노트   병인양요와 신미양요

	병인양요	신미양요
관련국가	프랑스	미국
시기	1866년	1871년
원인	병인박해(1866년)	제너럴셔먼호 사건(1866년)
요구사항	통상개방과 천주교 허용	통상개방
전개	• 조선의 천주교 박해 도중 프랑스 선교사가 처형된 것이 빌미가 되어 일어남 • 정족산성, 문수산성 등에서 전투가 일어났으며, 프랑스군은 조선군의 완강한 저항에 물러남 • 강화의 외규장각이 약탈되며 왕실 의궤 등이 프랑스로 넘어가게 됨	• 1866년 미국 상선 제너럴셔먼호가 대동강에서 불에 탄 것을 빌미로 시작됨 • 광성진, 초지진 등에서 미군은 대승을 거두었으며, 조선군은 큰 피해를 입음 • 그러나 조선은 통상개방을 허용하지 않는다는 뜻을 거듭해 보였고, 결국 미국이 포기하고 물러남

36. ④ 임오군란과 갑신정변

정답 해설

(가)는 1882년 개화기 초 차별대우를 받으며 불만을 품은 구식 군인들이 일으킨 임오군란이고, (나)는 1884년 급진개화, 개혁을 주장하며 소장파 관료들이 일으킨 갑신정변이다. 두 사건은 서로 다른 주체에 의해 일어났으나 모두 청나라 군대가 개입하며 진압되었다는 공통점을 가지고 있다.

오답 해설

① 폐정개혁안은 1894년 동학농민운동 도중 농민군이 조정에 요구한 개혁안이다. 임오군란을 일으킨 세력은 개화정책의 중단과 흥선대원군의 재집권을 요구하였다.

② 방군수포제는 군포를 받고 군역을 면해준다는 것으로 조선 전기와 관련된 내용이다.

③ 갑신정변은 급진개화파가 일본의 지원을 받아 일으켰다.

합격 노트 갑신정변

	갑신정변
주요 인물	김옥균, 박영효, 홍영식, 서광범 등
성격	급진파, 소장파 개혁 관료
전개	• 임오군란 이후 청나라의 간섭 심화에 대한 불만 • 청 · 프 전쟁(1883~1884년)으로 인한 조선 내 청나라 군의 감축 • 일본의 지원을 받아 정변을 일으킴 • 청나라군의 신속한 개입으로 3일 만에 진압됨
주요 주장	1. 청나라에 대한 사대 폐지 2. 신분제 폐지 3. 조세 제도 개혁 4. 환곡제 폐지 5. 외척의 정치 개입 차단 6. 근대적 경찰제 도입 7. 재정의 호조 일원화

37. ② 대한제국

정답 해설

고종은 1897년 국호를 조선에서 대한으로 바꾸고 연호를 광무라 하여 황제로 즉위하였다. 대한제국 정부는 광무개혁이라 불리는 다양한 근대화 정책들을 실시했는데, 그 중 대표적인 것이 바로 양전사업이었다. 양전사업은 전국의 토지를 측량하여 점검한 뒤 토지 소유권을 확인하는 증서인 지계를 발급하여 근대적인 토지, 조세 제도를 정비하기 위한 것이었다.

오답 해설

① 궁궐과 관청 등에서 부리는 공노비는 순조 때인 1801년 해방되었다.

③ 군국기무처는 1894년 동학농민군과 체결한 전주화약 이후 동학농민군으로부터의 개혁안을 받아들여 실시하기 위해 설치된 기구이다. 그러나 일본에 의해 경복궁이 점령되고 친일 내각이 성립되며 결국 별다른 활동을 하지 못하고 해체되었다.

④ 청나라 상인들이 한성을 포함한 조선 내지에서 교역을 할 수 있게 된 것은 1882년 체결된 조청상민수륙무역장정 이후이다.

합격 노트 광무개혁

핵심사상	구본신참(옛것을 근본으로 삼아 새것을 도모하다)
군사 부문	• 원수부 및 헌병대 창설 • 진위대, 친위대의 무력 증강
토지 부문	• 토지 측량 사업 실시 • 지계 아문의 설치 및 지계 발급
경제 부문	• 철광, 철도, 전기 등의 근대 회사 설립 • 근대적 은행 설립(대한천일은행, 1899년)
교육 부문	• 한성중학교 설립 • 상공학교 설립

38. ④ 을미사변과 아관파천

정답 해설

조선에 주재하던 일본 공사 미우라 등의 계획으로 왕비가 경복궁에서 시해된 것은 1895년의 을미사변이다. 을미사변 이후 고종은 신변의 위협을 느껴 일본의 감시로부터 벗어나려 수차례 노력하였고, 결국 1896년 2월 러시아 공사관으로 피신하는 데에 성공하여 약 1년간 머무르게 된다. 고종과 세자 등이 러시아 공사관에 머무른 이 사건을 아관파천이라고 부른다. ④에서 미국이 일본의 조선 지배를 사실상 승인한 것은 1905년에 있었던 가쓰라-태프트 밀약에 대한 설명이다.

오답 해설

① 을미사변 이후 고종은 신변의 안전을 도모하기 위해 일본보다 강대국이었던 러시아의 보호를 받고자 러시아 공사관으로 피신했다.

② 왕비가 시해된 을미사변 그리고 같은 해 을미개혁으로 실시된 단발령에 항거하며 대규모 의병 운동이 일어나게 되었다.

③ 아관파천으로 인해 일본의 정치적 영향력은 크게 약화되었고 김홍집이 이끌던 친일 내각 역시 붕괴되었다.

합격 노트   을미사변의 결과

1. 고종의 신변불안과 이후의 아관파천
2. 아관파천으로 인한 러시아의 영향력 증대 및 일본과 러시아 사이의 갈등 확대
3. 왕비 시해와 친일내각의 단발령 등으로 인한 반일 감정의 고조 및 의병 봉기

39. ③   민립대학설립운동

정답 해설

우리 민족의 힘으로 독자적인 고등교육기관을 세우자는 것을 통해 1920년대 초에 일어난 민립대학설립운동임을 알 수 있다. 1910년 이후 조선총독부는 가장 기초적인 수준의 보통교육과 기술교육을 중심으로 한 교육 체계를 운영하며 조선에서의 고등교육, 대학교육에 제대로 된 투자를 하지 않고 있었다. 이에 민족 계몽과 실력 양성을 위한 운동의 방편으로서 조선인이 직접 대학을 세워 운영하자는 민립대학설립운동이 시작되었다. 조만식, 이상재, 한용운 등의 민족주의계열 지도자들이 참여했으나 총독부의 방해 조치로 인해 실제 설립이 계속 지연되었으며 결국 1922년 조선교육령이 개정되어 경성제국대학이 설립되며 사실상 무산되었다.

오답 해설

① 교육입국조서는 일제 시대 이전인 1895년 고종이 발표한 것이다.

② 민립대학 설립 운동인 조만식, 이상재, 송진우 등 민족주의 계열의 지도자들이 주도하였다.

④ 문맹퇴치를 위해 학생들이 참여한 것은 1930년대의 브나로드운동이다. 민립대학설립운동은 기초 교육이

아닌 고등교육기관의 설립과 확산을 목표로 삼았다.

합격 노트   교육입국조서

명칭	교육입국조서
발표 시기	1895년 2월
내용	• 전통적인 도덕교육에 근대적인 지식, 체육 교육을 추가하여 강조함 • 구본신참이라는 조선왕조와 대한제국의 개혁 이념을 반영함
성과	• 새로 설치된 학무아문에서 교육 업무를 전담 • 최초의 현대신 교육법규인 한성사범학교 관제 설립 • 외국어학교, 성균관, 소학교, 의학교 등 관련 법규 마련 • 관립 학교 설립

40. ④   1910년대

정답 해설

조선 총독의 허가가 있어야만 회사를 설립할 수 있다는 것을 통해 1910년대 조선에 적용된 회사령임을 알 수 있다. 회사령은 조선 내의 자본 성장과 기업 경영을 통제하기 위해 1910년 12월에 제정되어 시행된 정책으로 1920년 4월까지 유지되었다. ④의 산미증식계획은 급격한 공업화에 따른 일본 내의 식량 수요 충족을 위해 1920년대부터 1930년대까지 주로 전개되었다.

오답 해설

① 대한광복단이 1913년에 의병, 계몽운동가, 유생 등에 의해 조직된 독립운동 단체로 주로 경상도 지역에서 활동하였다.

② 1910년대 조선총독부는 조선 내의 치안질서 유지를 명목으로 경무총감부를 설치하고 헌병 대장이 총감을 겸직하며 헌병이 일반 경찰 업무를 병행하게 하였다.

③ 1910년부터 1918년까지 총독부에 의해 토지조사사업이 진행되었다. 이를 통해 전국의 토지 정보가 확보되어 총독부의 지세 수입이 늘어나게 되었다.

합격 노트   1910년대

정치	• 치안공백을 해결하기 위한 헌병경찰제와 그 폐단 • 정치 활동, 언론, 출판, 집회의 자유 등의 제약
경제	• 회사령을 통한 조선 자본과 기업 성장의 규제 • 산림령, 어업령, 임야조사령, 광업령 등의 편향적 운영
교육	• 1차 조선교육령을 통한 최소한의 기초 교육 제공 • 일본 본토와 차별된 학교 및 교육 체계 • 고등 교육을 제공할 대학 부재

민족운동	• 총독부의 민족운동 탄압으로 독립운동가들이 국외로 이주 →1910년대 ～ 1920년대 초 각지에서의 임시정부 수립

41. ②　　　임시정부

정답 해설

3.1운동을 계기로 상하이에서 수립되었다는 것을 통해 1919년 출범한 대한민국 임시정부임을 알 수 있다. 상하이 임시정부는 거국적인 3.1운동 이후 국내외 복수의 임시정부와 각계 인사들이 연합하여 창설하였다. 초대 대통령으로는 이승만이 취임하였으며 독립운동을 위한 기관, 조직이 연이어 창설되고 헌장이 갖춰지며 임시정부의 면모를 갖추었다. 그러나 소속 독립운동가들 사이의 노선 및 이념 차이가 발생하며 여러 차례의 내분을 겪는 한계를 보이기도 했다.

오답 해설

① 연통제는 상하이에 소재한 임시정부가 국내의 독립운동 지지세력과 협력하기 위해 창설한 연락 조직이다.
③ 국내 진공 작전은 제2차 세계대전이 끝나갈 당시 일본이 통치하고 있던 조선으로 임시정부의 군대가 직접 진격하여 독립을 이루기 위하여 수립되었으나 실현되지는 못하였다.
④ 독립공채는 임시정부가 독립 자금을 조달하기 위해 발행한 것으로 이후 대한민국 정부에 의해 상환되었다.

합격 노트　대한민국 임시정부

설립	1919년 4월 – 중국 상하이
참여 단체	• 대한국민의회(연해주, 1919년 3월) • 대한민국 임시정부(상하이, 1919년 3월) • 한성정부(서울, 1919년 4월)
주요 인물	이승만(대통령), 안창호(내무총장), 김규식(외무총장), 이시영(법무총장) 등
활동	• 연통제 실시(국내와의 비밀 연락망) • 교통국 조직(임시정부의 통신 기관) • 「독립신문」 발행(임시정부의 기관지) • 애국공채, 독립공채 발행(자금 조달)
난관	• 창조론 및 개조론 논쟁(→1923년 국민대표회의 개최) • 국내 조직의 붕괴와 지원 중단 • 외교 선전활동의 무성과 및 국제사회의 비승인 • 일본의 방해 공작

42. ③　　　근우회

정답 해설

조선에서의 여성 운동 기치를 내세운 취지서 내용을 통해 1927년 설립된 여성단체 근우회임을 알 수 있다. 근우회는 일제 시대에 활동한 여러 여성단체 중에서 민족주의와 사회주의 양 계열의 통합으로 설립된 민족유일당이라는 데에 큰 의의를 지닌다. 1920년대 후반 이념적 차이를 극복해 민족의 이익을 우선하자는 데에서 비롯된 것으로 같은 해에 창립된 신간회와 맥을 같이 하였다. 그러나 사회주의와 민족주의의 이념적 차이를 완전히 극복하는 데에는 실패했으며 이로 인해 계급혁명을 주장하는 사회주의 계열이 이탈하며 결국 무너지게 된다.

오답 해설

① 근우회는 여성계의 민족유일당으로서 기독교, 선불교, 민족주의, 사회주의 등 다양한 정파와 종파가 연합하여 창설되었다.
② 근우회는 같은 민족유일당운동으로 창설된 신간회와 연대하여 활동하였다.
④ 「근우」는 근우회의 기관지로 근우회의 활동상이나 여성운동 소식 등을 전달하였다.

합격 노트　근우회

창립	1927년 5월 창립
활동 및 주장	• 여성에 대한 사회적 차별 철폐 • 봉건적 인습과 미신 타파 • 조혼, 공창, 인신매매 폐지 • 위엄 노동과 야업 폐지
의의	• 여성계의 민족유일당운동(신간회와 연합) • 이념적 대립을 극복하지 못한 한계

43. ①　　　3·1운동과 원산노동자파업

정답 해설

고종의 인산일에 일어났다는 것을 통해 (가)가 1919년의 3·1 운동임을 알 수 있다. (나)는 원산 지역에서 있었던 노동 총파업으로 1929년에 일어났다. ① 3·1 운동은 제1차 세계대전의 종전과 민족자결주의의 대두, 고종 황제의 붕어와 국장, 10년에 걸친 총독부의 무단통치 등 복합적인 요인에 의하여 일어나게 되었다. 1919년 3월 1일 손병희, 한용운, 최남선 등 33명의 민족 대표들이 서울에서 독립선언문을 낭독하는 회동을 가졌고, 이후 전국으로 선언문이 분배되었으며 각지에서 만세운동이 전개되었으나 총독부 당국의 강압적인 조치로 진압되었다.

오답 해설

② 3·1 운동은 1919년에 일어난 독립운동으로 우리나라에 사회주의가 본격적으로 전파되기 이전의 일이다.

③ 헌병 경찰 제도는 1910년대의 제도이다. 원산 노동자 총파업은 1929년에 일어났으며 이 시기에는 이미 보통경찰제가 운영되고 있었다.

④ 전시 총동원령은 1937년 중·일 전쟁이 본격화된 이후에 나온 것으로 1929년의 원산 파업과는 무관하다.

합격 노트 3·1 운동

배경	• 고종 황제의 붕어와 국장 • 미국 대통령 윌슨이 주창한 민족 자결주의의 대두 • 동경의 2·8 독립선언
확산	1차 : 민족대표의 독립선언서 제작과 배포 2차 : 학생 주도의 만세 운동 확산 및 상인들의 철시, 노동자 파업 3차 : 농민, 서민층을 중심으로 한 횃불시위, 봉화 시위 4차 : 해외 조선인 거주지로의 확산

44. ②　　광주 학생항일운동

정답 해설

1929년 광주에서 일어난 학생 독립운동이라는 설명을 통해 광주 학생항일운동임을 알 수 있다. 광주 지역 내 일본인 학생들과 조선인 학생들의 충돌로 시작된 이 사건은 학생 조직과 신간회, 여성단체, 노동단체 등이 연이어 참가하며 총독부의 편향적인 교육정책과 조선인 차별정책을 비판하는 항일운동으로 발전되었다. 초기 광주 지역에서 시작된 휴학과 시위 등이 조선 전체와 해외의 조선인 거주 지역까지 확산되기도 했다.

오답 해설

① 고종의 독살설과 관련된 것은 1919년의 3·1 운동이다.

③ 광주 학생항일운동은 학생들에 의해 시작된 규탄 시위로 주로 동맹휴학이나 만세 운동의 형식으로 전개

되었다.

④ 동아일보사가 주축이 되어 대학생들이 농촌 지역에 문맹 퇴치를 위해 글자를 가르친 브나로드운동이다.

합격 노트 광주 학생항일운동

시기	1929년
원인	• 일본 학생의 조선인 학생 희롱과 이로 인한 학생들의 충돌 • 총독부의 편향적이며 차별적인 교육 정책
전개	• 학생들의 동맹휴학, 만세운동으로 확산 • 신간회를 중심으로 한 사회단체의 지원
의의	3·1 운동 이후 전개된 최대의 민족운동

45. ③　　물산장려운동

정답 해설

조선에서 생산된 물자를 우선적으로 사용하자는 자료의 내용을 통해 1920년대에 전개된 물산장려운동임을 알 수 있다. 1920년 조만식을 중심으로 한 민족진영 지도자들과 학생들에 의해 시작된 이 운동은 일본계 기업의 조선 진출을 견제하고 조선인 자본과 조선 경제의 성장을 주된 목표로 하여 전국적으로 전개되었다.

오답 해설

① 물산장려운동은 조선의 자본 축적과 경제 성장을 우선적인 목표로 삼았다. 독립군 부대를 직접적으로 지원하기 위한 운동은 아니었다.

② 물산장려운동은 민족주의 계열의 주도로 시작되었다.

④ 순종의 장례는 1926년에 있었으며 물산장려는 1920년에 시작되었다.

합격 노트 물산장려운동

명칭	물산장려운동
시기	1920년 평양에서 시작됨
주요 인물	조만식 등
주요 활동	• 민족기업과 민족자본 지지 운동 • 조선물산장려회 창립 • 금주, 금연실천운동 전개 • 기관지「조선물산장려회보」발행

46. ④　　조선어학회

정답 해설

1933년 한글 표기를 위한 맞춤법 통일안을 작성했다는 것을 통해 일제 시대 한글과 조선어 문화를 연구하기 위해 창설된 조선어학회임을 알 수 있다. 1921년 조선어연구회로 창설되어 이후 조선어학회로 명칭을 바꾸었으며, 기관지 「한글」을 발간하여 조선어와 문학, 문법 등을 연구하는 데에 힘을 쏟았다. 그러나 1938년 총독부에 의해 조선어 교육이 폐지되고, 1942년 조선어학회 사건으로 학회 구성원이 체포되며 활동에 큰 지장을 맞기도 했다.

오답 해설

① 「근우」는 1927년 조직된 여성단체 근우회의 기관지이다.

② 1929년 광주의 학생항일운동에 진상 조사단을 파견한 단체는 신간회이다.

③ 양정, 숙명, 진명 등은 대한제국 황실에서 설립한 학교이다.

합격 노트 조선어학회

명칭	조선어학회
설립	1921년
주요 활동	• 1926년 한글날 제정 • 1933년 한글 맞춤법 통일안 제정 • 1942년 조선어 학회 사건 발생 • 1945년 「한국어사전」 발행

47. ② 이승만 정부

정답 해설

'3 · 15 부정선거', '이기붕' 등을 통해 해당 성명이 1960년 4 · 19 혁명 이후 대통령 이승만에 의해 발표된 것임을 알 수 있다. 이승만은 1948년 초대 대통령으로 취임하여 이후 연이어 당선되며 1960년까지 집권하였고, 이 해에 시행된 3 · 15 대통령 선거에서도 당선되었다. 그러나 3 · 15 선거 중 부통령 선거 부문에서 대규모 부정행위가 발각되었고, 이에 항의하며 4 · 19 혁명이 일어나자 결국 하야를 선언하게 된다. ②의 발췌개헌은 이승만 정부 시기인 1952년 부산에서 치러진 개헌으로 대통령 간선제를 직선제로 바꾸는 것을 핵심 내용으로 하고 있다.

오답 해설

① 최초의 남북정상회담은 2000년 북한의 평양에서 김대

중과 김정일 사이에 이루어졌다.

③ 일본으로부터 경제 건설 자금을 지원받은 것은 1965년 이후의 일이다. 이승만 정부 시기에는 일본과의 외교 관계가 재개되지 않았다.

④ 걸프전은 1990년대에 있었던 일로 노태우 정부 시기에 파병이 이루어졌다.

합격 노트 발췌 개헌

의미	헌법 개정 도중 여당과 야당 사이에 충돌이 일어나자, 양쪽의 의견 중 일부만을 발췌하여 절충된 안으로 개헌을 성사시킨 것을 가리키는 단어
원인	• 1948년 제헌 헌법은 4년 임기의 대통령을 국회에서 선출하게 함 • 1950년 제2대 총선에서 이승만 지지 세력이 약화됨 　→이승만의 당선 가능성이 낮아짐
전개	• 1952년 5월 임시 수도인 부산에 계엄령이 선포됨 • 1952년 7월 계엄령 하에서 발췌 개헌안이 통과됨
결과	• 1952년 8월 이승만이 제2대 대통령으로 다시 선출됨

48. ③ 6월 민주항쟁

정답 해설

'호헌철폐'라는 표현을 통해 기존의 간선제 헌법을 고수하던 제5공화국(전두환 정부)에 항거하며 일어난 6월 민주항쟁임을 알 수 있다. 대통령 직선제 개헌을 요구하며 일어난 민주 시위로서 도중에 연세대학교 이한열 군이 경찰이 쏜 최루탄에 사망하며 항쟁이 확산되었다. 결국 여당의 대선 후보인 노태우의 6 · 29 선언과 전두환의 수용으로 직선제 개헌이 이루어지게 되었다.

오답 해설

① 우리나라 최초의 보통선거는 1948년에 치러진 5 · 10 총선거이다.

② 일본과의 외교 관계는 1945년 단절되었다가 1965년 박정희 정부 시기 한일협정이 체결되며 복원되었다.

④ 대통령이 미국으로 망명한 것은 1960년 4 · 19 혁명 이후의 일이다. 이승만은 시위대의 요구를 받아들여 하야한 뒤 하와이로 망명하여 그곳에서 사망했다.

합격 노트 6월 민주항쟁

원인	• 30여 년에 걸친 군인 출신 대통령들의 장기 집권 • 비민주적인 간선제 헌법에 대한 불신 • 박종철, 이한열 등의 사망 사건
전개	• 7년 임기의 전두환 정부가 끝나며 차기 대통령 선거로 관심이 집중되었음 • 직선제 요구가 제기되었으나 전두환은 4·13 호헌 조치를 통해 간선제 유지를 선언함 • 호헌 선언, 박종철 고문치사 사건 등에 항의하는 1987년 6월 10일 거리 시위가 전국에서 일어남
결과	• 여당인 민주정의당의 대통령 후보 노태우가 6·29 선언을 발표 • 새로운 헌법 개정이 진행되며 1987년 10월 직선제 개헌이 이루어짐 • 12월에 치러진 제13대 대통령 선거에서 노태우가 승리함

3선 개헌	• 박정희는 1967년 두 번째로 대통령에 당선된 뒤 3선을 위한 개헌 작업에 착수. 1969년 3선 개헌안을 국민투표로 통과시킴 • 1971년 세 번째로 대통령에 당선되었으며, 그 다음 해인 1972년 유신체제를 성립하며 장기 독재를 개시함

49. ①　　박정희 정부

정답 해설

노동자의 기본권 보장을 요구하며 전태일이 분신한 것은 1970년 11월로 박정희 정부 시기에 있었던 일이다. 보기 중 ①의 하계 올림픽 개최란 제24회 서울 올림픽 대회를 가리키는 것으로 박정희 정부가 아닌 전두환 정부에서 있었던 일이다. 우리나라는 1981년 올림픽 총회에서 유치권을 얻어 1988년 최초로 개발도상국에서 개최된 올림픽을 성공적으로 치러내며 한강의 기적을 전 세계에 과시하였다.

오답 해설

② 박정희 정부는 1965년부터 1973년까지 베트남 전쟁에 대규모 전투 병력을 파병하였다. 이 대가로 미국으로부터 대규모 경제 및 군사 원조를 받을 수 있었다.

③ 7·4 남북공동성명은 1972년 남북한 당국이 최초로 합의, 발표한 것으로 평화 통일의 원칙을 담고 있다.

④ 경부고속도로는 서울과 부산을 연결하는 고속도로로 1968년 개통되었다.

합격 노트　박정희 정부

한일국교 정상화	• 1965년 9월 한일협정을 체결하며 일본과의 외교 관계를 재개 • 일본으로부터 자금을 지원받아 경제 개발에 투입 • 복교 과정에서 반대 시위가 일어났으나 정부에 의해 진압됨
베트남 파병	• 1965년부터 1973년까지 5만 이상의 병력을 파병 • 미국으로부터 군 현대화를 지원받게 됨(브라운 각서) • 전쟁 특수로 성장한 기업들이 등장

50. ②　　5·10 총선거

정답 해설

우리나라에서 최초로 시행된 총선거라는 점을 통해 1948년 제헌국회를 구성한 5·10 총선거임을 알 수 있다. 5·10 총선거는 초대 헌법을 구성할 국회의원들을 선출하였으며 21세 이상의 모든 국민에게 투표권이 주어진 보통선거로 실시되었다. 초대 총선거의 투표율은 95.5%로 우리나라 역사상 가장 높은 투표율을 기록했다. 단 총선거는 한반도 전체가 아닌 남한에서만 치러졌으며, 이로 인해 김구나 김규식 같은 일부 정치인들은 선거에 참여하지 않았다.

오답 해설

① 총선거는 북한의 거부로 인하여 남한에서만 시행되었다.

③ 제헌국회의 의원들은 1948년 5월 31일부터 1950년 5월 30일까지 2년의 임기를 부여받았다.

④ 선거 관리는 미국이나 소련 같은 특정 국가가 아닌 유엔 한국임시위원단에서 담당하였다.

합격 노트　5·10 총선거

시기 : 1948년 5월 10일

• 헌법을 제정할 제헌국회의원을 선출하기 위하여 실시됨
• 북한을 제외한 남한에서만 실시됨→김구, 김규식의 선거 불참
• 제헌국회의원에게는 2년의 임기가 부여되었으며 1948년 7월 17일 헌법을 반포함
• 제헌국회를 통하여 초대 대통령 이승만이 선출됨
• 우리나라 최초의 총선거로서 역사적 의의를 지님

1. ①　　　　신석기 시대

정답 해설

빗살무늬토기는 신석기 시대에 처음으로 제작되었다. 신석기 시대에는 갈판과 갈돌을 활용해 돌을 갈아 다양한 형태와 용도를 지닌 간석기가 사용되었다. 대표적인 간석기로는 돌보습, 돌낫, 돌도끼, 돌괭이 등이 있다.

오답 해설

② 고인돌과 돌무지무덤, 돌널무덤 등은 청동기 시대에 제작된 무덤으로 특히 그 중 고인돌은 사회적 신분이 높은 지배계급을 위해 만들어졌다.

③ 청동기 시대에는 농업 생산력이 증가하며 생긴 잉여 생산물을 관리하기 위해 사유재산제도가 생겨났고, 그와 함께 사회적 신분, 계급도 등장하였다.

④ 농사를 위해 저수지나 수로를 만들기 시작한 것은 철기 시대 이후의 일이다.

합격 노트　　신석기 시대

시기	약 1만 년 전(기원전 8천 년경)
대표 유물	간석기(갈판, 갈돌, 돌보습, 돌낫) 토기(빗살무늬토기, 덧무늬토기) 가락바퀴, 뼈바늘=원시 수공업
대표 유적지	강, 바닷가, 연안지역에 분포(서울 암사동, 부산 동삼동, 제주 고산리)
경제	조, 피, 수수 등 잡곡을 경작하는 농경이 시작됨 가락바퀴와 뼈바늘을 사용하여 원시적 수공업을 행함
주거	주로 강가나 바닷가에 움집을 지어 생활함
사회	혈연을 바탕으로 한 씨족사회가 주를 이룸 구석기 시대와 마찬가지로 신분의 차별은 없는 평등사회 애니미즘, 샤머니즘 등의 원시 신앙이 등장함

2. ②　　　　삼한(초기 철기 시대의 국가들)

정답 해설

대화에 등장하는 신지, 천군 등을 통해 철기 시대 국가인 삼한임을 알 수 있다. 삼한은 한반도 중부와 남부에 있었던 마한, 진한, 변한을 가리킨다. 삼한은 여러 소국들의 연맹체로서 각 소국에는 신지, 읍차와 같은 군장들이 있었다. 삼한은 제정분리사회로 신지, 읍차와 같은 군장 외에 종교와 제사를 주관하는 천군이 소도라는 특별구역을 관할하며 독립적인 영향력을 행사할 수 있었다.

오답 해설

① 부여에 대한 설명이다. 부여에는 동물에서 이름을 딴 마가, 우가, 구가, 저가의 대가들이 사출도라는 지방 부족을 다스렸다.

③ 형이 죽으면 동생이 형의 재산과 가족을 물려받아 관리하는 형사취수제(兄死娶嫂制)는 부여나 고구려의 풍습이다. 민며느리제는 어린 여자아이를 미리 시댁에 데려와 결혼시켜 생활하게 하는 것으로 옥저의 풍습이다.

④ 부여나 고구려는 5개의 부족이 연합해 세운 연맹 국가였다.

합격 노트　　초기 국가

	부여	고구려	옥저	동예	삼한
정치	5부족 연맹체	5부족 연맹체	읍군, 삼로 등이 다스리는 군장 국가		신지, 읍차가 다스리는 군장 국가
문화	순장 사출도 형사취수제	형사취수제 서옥제	민며느리제 가족공동묘	씨족사회 단궁, 과하마 책화	두레 소도
제천 행사	영고(12월)	동맹(10월)	–	무천(10월)	5월제 10월제

3. ①　　　　수나라와의 전쟁 – 살수대첩

정답 해설

중국의 남북조 시대를 끝내고 천하를 통일한 수나라는 598년부터 614년까지 네 차례에 걸쳐 대대적으로 고구려를 침공하였다. 그러나 요동성 전투와 살수대첩 등에서 패하며 매번 실패를 거듭했고, 결국 무리한 전쟁 준비와 이로 인한 백성들의 불만, 반란으로 인해 619년 멸망하게 된다.

② 신라는 수나라에 사신을 파견하여 외교 관계를 구축하기는 했으나 직접적으로 고구려와의 전쟁에서 수나라를 돕지는 않았다.

③ 고국원왕(재위 331~371년)은 4세기 고구려의 왕으로 백제 근초고왕에게 맞서 싸우다가 치양성에서 전사하였다.

④ 고조선 멸망 이후 한나라가 설치했던 한 군현은 4세기 초 미천왕에 의해 낙랑군과 대방군이 멸망하며 모두 축출되었다.

원인과 배경	• 589년 수나라의 중국 통일과 고구려 견제 • 598년 고구려 영양왕의 선제 공격하며 양국의 전쟁이 시작됨
1차 침공	• 598년 고구려에 대한 반격으로 수 문제가 30만 병력을 파병 • 요하 일대에서 전염병과 식량 부족 등으로 진격하지 못하고 퇴각
2차 침공	• 612년 수 양제가 113만의 병력을 이끌고 직접 고구려원정에 나섬 • 요동성을 함락하지 못하고 별동대를 파견했으나 을지문덕의 살수대첩으로 패배 • 이후 3, 4차에 걸쳐 침공 시도했으나 실패
결과	• 짧은 시기에 걸쳐 대규모 원정이 반복되며 수나라 내의 경제 및 사회 여건이 파탄에 이르고, 결국 반란이 일어나며 왕조가 무너지게 됨 • 고구려 역시 수차례의 전면전을 거듭해 치르며 국력을 소진하였고, 수나라 이후 성립된 당나라와는 초기 화친 정책을 쓸 수밖에 없었음

4. ② 백제의 웅진 시대

(가)는 백제가 한성을 잃고 수도를 웅진(공주)으로 옮긴 475년, (나)는 웅진에서 사비(부여)로 수도를 옮긴 538년이다. 따라서 (가)와 (나) 사이인 웅진 시대에 들어갈 사건으로 옳은 것은 ②이다. 백제는 고구려의 공격으로 한강 유역을 상실한 이후 신라와의 나제동맹을 강화하여 수세를 극복하고자 하였다. 이를 위해 동성왕(재위 479~501년)은 신라 왕실과의 결혼 동맹을 통해 관계를 강화하는 데에 힘썼다.

① 익산의 미륵사는 사비 시대의 국왕인 무왕(재위 600~641년)에 의해 639년에 창건되었다. 미륵사지 오층석탑은 목탑의 양식을 간직한 석탑이자 우리나라에서 가장 오래된 석탑으로 국보 11호로 지정되어 있다.

③ 백제가 황해도 일대까지 영토를 확장한 것은 4세기 근초고왕 때의 일이다. 백제는 근초고왕과 근구수왕 때 경기 북부와 황해도 일대를 점유하며 최대 판도를 이루었으나 이후 고구려 광개토대왕과 장수왕에 의해 이 지역을 상실하게 된다.

④ 웅진도독부는 660년 백제가 나당연합군에 의해 멸망된 뒤 당나라가 백제 지역을 다스리기 위해 설치한 기구이다.

백제 웅진 시대

시기	475 ~ 538년
군주	문주왕, 동성왕, 무령왕, 성왕
배경	• 475년 고구려의 남진정책으로 수도 한성과 한강 유역을 상실함 • 전사한 개로왕을 대신해 아들 문주왕이 웅진으로 천도하며 시작됨
특징	• 왕실의 권위가 하락하여 잦은 반란이 일어남 • 국왕들이 연이어 반란과 정쟁으로 살해됨(문주왕, 삼근왕, 동성왕) • 대외적으로는 중국 남조, 왜, 신라 등과 연합하여 고구려를 견제하려 함 • 웅진(공주) 근처 송산리에 대규모 고분군이 조성되어 있음

5. ① 발해

(가)에 들어갈 국가는 발해이다. 발해는 668년 고구려가 멸망한 이후 옛 고구려 영토에 남아 있던 유민들과 말갈인들이 연합하여 세운 나라로 시조는 고왕 대조영(재위 698~719년)이다. 대조영이 나라를 세운 이후 2대 국왕인 무왕(재위 619~737년)과 문왕(재위 737~793년) 시대를 거치며 발해는 내부 제도를 정비하고 영토를 확장하며 국력을 크게 신장시켰다.

② 우리나라에 과거제도가 처음으로 도입된 것은 고려 광종(재위 949~975) 시대이다. 한편 과거제도 이전에 통일신라에서도 일부 관직 인사에 시험을 활용하는 독서삼품과가 시행되기도 하였다.

③ 발해는 당나라의 간섭을 극복하고 건국되며 고왕과 무왕 시기에는 적대적 관계가 이어졌으나 문왕 시대 이후에는 평화적인 외교 관계가 세워지며 조공도를 통해 활발한 문화, 경제 교류가 이루어졌다.

④ 9서당 10정은 통일신라의 군사 조직이다. 발해는 중앙에 10위를 설치하고 그 밖의 전국 지방 요충지에 따로 군대를 배치하였다.

합격 노트　발해의 주요 군주

고왕	698~719년	• 고구려 유민과 말갈족을 규합하여 발해를 건국함(698년)
무왕	719~737년	• 흑수말갈을 공격하여 영토를 확장함 • 장문휴를 파견하여 당나라 산동(등주)을 공격
문왕	737~793년	• 수도를 상경으로 옮기고 여러 지역을 개발함 • 당나라와의 적대 관계를 끝내고 화친함
선왕	818~830년	• 영토를 크게 확장하여 '해동성국(海東盛國)'이라 불림 • 당나라의 제도를 수용하여 문물을 정비함 • 5경 15부 62주의 지방 제도를 완성함

6. ①　돌무지 덧널무덤

정답 해설

돌무지 덧널무덤은 신라 전기의 무덤 양식이다. 시신을 담은 널 위에 나무로 된 덧널을 더하고 그 위에 돌을 쌓으며 다시 흙으로 덮은 방식으로 축조되었다. 무덤의 구조상 도굴이 매우 어려워 신라 시대의 유물이 오늘날까지 전해지는 데에 크게 기여하였다. 돌무지 덧널무덤은 신라 왕족과 귀족들의 무덤이므로 신라의 수도인 경주 일대에 주로 분포되어 있으며, 대표적인 것으로는 천마총, 황남대총, 서봉총, 금관총 등이 있다.

오답 해설

② 공주 송산리에 있는 것은 백제 웅진 시대의 고분들이다. 대표적인 것으로는 무령왕릉을 들 수 있다.

③ 무령왕릉에 대한 설명이다. 백제 무령왕은 중국 남조로부터 선진 문물을 수용하였는데, 그 흔적이 무령왕의 무덤 양식에도 반영되어 있다.

④ 돌무지 덧널무덤은 주로 4~6세기에 축조되었다.

합격 노트　돌무지 덧널무덤

명칭	돌무지 덧널무덤(혹은 적석 목곽분)
시기 및 국가	4 ~ 6세기 신라
분포 지역	경주 지역을 중심으로 분포함
조성 방식	1. 시신과 부장품을 넣은 나무 덧널을 설치함 2. 덧널 위에 돌을 쌓아 주변을 덮음 3. 흙으로 대형 봉분을 만들어 봉인
특징	도굴이 사실상 불가능하여 중요 유물이 다수 발견됨
주요 무덤	천마총, 황남대총, 금관총 등

7. ③　신라 지증왕

정답 해설

국호를 '신라'로 확정하고 왕의 칭호를 사용했다는 것을 통해 고대국가로서 신라의 기틀을 다지는 데에 힘쓴 지증왕(재위 500~514)임을 알 수 있다. 지증왕은 그동안 서라벌, 계림 등이라 불리던 국호와, 이사금, 마립간, 차차웅 등 군주의 칭호를 각각 '신라'와 '왕'으로 통일하여 고대국가의 모습을 갖추었다. 이 외에도 전국 요충지에 성을 쌓아 방비를 강화하고, 이사부를 통해 우산국(울릉도)을 공격하여 복속시켰으며, 수도 경주에 동시전을 두어 교역과 상업을 관장하게 하기도 했다.

오답 해설

① 매소성과 기벌포에서 당나라를 무찌른 것은 문무왕(재위 661~681년) 때의 일이다. 문무왕은 고구려와 백제 멸망 이후 신라까지 장악하려 한 당나라의 간섭을 물리치고 676년 삼국통일을 완성하였다.

② 화백회의는 신라 골품제 하에서 귀족들이 모여 국정을 논하던 회의기구로 폐지된 적은 없었다.

④ 황룡사는 지증왕 이후인 신라 진흥왕(재위 540~576년) 때에 창건되었다.

1. 살아 있는 노비들을 생매장하는 순장을 금지함(502년)
2. 농사를 장려하여 우경과 철제농기구 보급에 힘씀
3. 마립간 대신 '왕'의 칭호를 사용함
4. 계림, 서라벌, 사로국 대신 국호를 '신라'로 확정함(503년)
5. 전국에 주, 군, 현 등을 설치하고 군주를 파견함(505년)
6. 경주에 시장인 동시(東市)를 관리할 동시전을 설치함(509년)
7. 이사부를 파견하여 우산국을 정벌함(512년)

8. ②　신라 하대의 정치

정답 해설

혜공왕(재위 765~780년)은 신라 중대의 마지막 왕이다. 혜공왕이 살해되며 신라 하대가 시작되었고 이후 귀족들의 왕위쟁탈전이 심화되었다. 녹읍은 관료들에게 관직 복무의 대가로 지급된 토지를 말한다. 관료들은 지급받은 녹읍에서 세금과 공물, 노동력을 거두며 자신들의 세력 기반으로 삼았다. 삼국 통일 이후 왕권이 강화되며 687년(신문왕 7) 녹읍이 폐지되었으나 귀족들의 권한이 다시 강해지는 757년(경덕왕 16)에 가서 다시 부활되었다. 자료에 나온 혜공왕은 경덕왕의 아들로 녹읍 부활은 자료에서 제시된 시기 이전의 일이다.

오답 해설

① 독서삼품과는 원성왕(재위 785~798년) 시기에 시행되었다.
③ 궁예는 통일신라 말기인 900년 송악(개성)에서 고구려의 부활을 주장하며 후고구려를 건국했다.
④ 원종과 애노는 899년 사벌주에서 반란을 일으킨 인물로 이후 전국 각지로 반란이 확산되게 된다.

합격 노트　신라 하대

시기	780 ~ 935년
배경	• 태종 무열왕계가 혜공왕을 끝으로 단절됨 • 내물마립간의 후손인 원성왕이 즉위하며 새로운 왕통이 성립됨

	• 내물왕 계가 왕위를 이었으나 진골 귀족 간의 왕위 쟁탈전이 극심해짐
특징	• 정치적 혼란이 가중됨에 따라 지방 호족들이 독자적인 세력을 키우기 시작 • 중앙 정부와 지방 호족의 수탈이 늘어나며 백성들의 유랑이 늘어남 • 전국 각지에서 초적, 반란이 일어나게 됨 • 900년과 901년 후고구려와 후백제가 세워지며 후삼국 시대가 시작됨

9. ③　금관가야

정답 해설

(가)는 금관가야로 3세기 이후 성립된 전기 가야연맹을 주도하였다. 금관가야가 4세기 말 고구려의 공격을 받아 약화된 이후 가야의 주도권은 고령의 대가야가 쥐게 되었는데 이를 후기 가야연맹이라 한다.

오답 해설

① 금관가야는 변한 지역의 발달된 철기 문화와 벼농사 기술, 남해를 중심으로 한 활발한 상업 교역 등의 문화를 계승하였다.
② 금관가야의 핵심 지역은 오늘날의 경상남도 김해이다.
④ 금관가야는 4세기 말 고구려의 공격을 받아 쇠퇴기를 맞았고, 결국 532년(법흥왕 19) 신라에 항복하며 멸망했다.

합격 노트　금관가야의 성립과 발전

성립	• 1세기경 수로왕이 건국했다는 신화가 전해짐
발전	• 2세기 전기 가야 연맹이 형성되며 주도적 역할을 함 • 철기 문화를 중심으로 한 군현과 일본을 잇는 무역에 참여함 • 비옥한 김해 평야 지대의 생산력을 기반으로 성장
위기와 멸망	• 4세기 말 신라를 공격하던 중 고구려 광개토대왕에게 공격을 받아 크게 패하며 전기 가야연맹이 붕괴하고 금관가야의 힘이 약화됨 • 가야연맹의 주도권이 고령의 대가야로 이전되고, 금관가야는 결국 532년 신라에 합병됨
이후	• 금관가야의 왕족과 귀족들은 신라의 골품제로 편입됨

10. ①　　　고대의 경제

정답 해설

전시과는 고구려가 아닌 고려 시대의 제도로, 관직에 있는 신료들에게 전지와 시지를 지급하는 것이 그 핵심이었다. 전시과는 976년(경종 1) 시정전시과로 시작되어 998년(목종 1) 개정전시과, 1076년(문종 30) 경정전시과에 이르도록 변화하며 고려 시대 토지제도의 근간을 이루었다.

오답 해설

② 벽골제는 전라북도 김제에 있는 저수지로 우리나라에 있는 저수지 중에서는 가장 오래되었다. 축조 시기는 백제 시대인 330년(비류왕 27)에 추정된다.

③ 신라는 6세기 한강유역을 장악하며 당항성을 통해 중국과의 교역을 활발하게 전개했다.

④ 가야는 철 생산이 많고 제철기술이 뛰어나 이를 기반으로 낙랑군과 왜 등에 철기 제품을 수출하였다.

합격 노트　고대 대외경제 요약

고구려	• 건국 초기 약탈 경제를 중심으로 주변 국가를 침탈하여 물자를 확보함 • 옥저, 동예 등으로부터 공물을 받음
백제	• 중국 요서, 일본 규슈 등으로 활발하게 진출하여 상업 활동을 전개함
신라	• 한강 유역 확보 이후 인천만을 통해 중국과 직접 교역하게 됨 • 금속 세공기술이 뛰어나 관련 유물이 다수 남아 있음 • 통일신라 때 울산항을 통해 이슬람 상인과 교역
가야	• 철제 기술이 뛰어나 이를 통해 제작한 철기 물품으로 해외교역에 참여함 • 김해 평야를 중심으로 높은 농업 생산성을 유지
발해	• 일본, 중국을 중심으로 대외 교역을 전개했음 • 조공도 및 영주도(당), 신라도(신라), 일본도(일본) 등의 교통망을 세우고 유지함

11. ③　　　장보고와 청해진

정답 해설

중국 산동성에 법화원을 세웠다는 것을 통해 (가)가 신라 하대의 무장이자 해상 호족인 장보고(787~846년)임을 알 수 있다. 장보고는 오늘날의 전라남도 완도군에 청해진을 세운 뒤 일본과 중국 해적들을 제압하고 해상 교역을 주도하였다. 당나라와 일본, 신라를 연결하는 삼각무역으로 힘을 쌓은 그는 신라 왕실의 왕위 쟁탈전에까지 관여할 정도로 세력을 확장하였으나 이로 인해 귀족들의 견제를 받다가 결국 암살당하게 된다.

오답 해설

① 정토종을 창시한 인물은 원효(617~686년)이다. 원효는 아미타신앙을 퍼뜨리며 불교 대중화에 크게 기여하였다.

② 고려 시대의 귀화 신료인 쌍기이다. 쌍기는 중국 후주 출신으로 고려에 와 광종에게 과거제를 도입해 인재를 선발할 것을 주장하였다.

④ 삼대목은 신라 진성여왕(재위 887~897년) 때 편찬된 향가집으로 각간 위홍과 대구화상이 편찬에 참여했다.

합격 노트　장보고의 활동

• 신라 출신으로 중국 당나라에 건너가 무관 벼슬을 하고 귀국함
• 중국과 일본 해적에 대항하기 위하여 흥덕왕의 허락을 받고 완도에 청해진을 설치함
• 청해진을 거점으로 삼아 주변 해적들을 소탕하고 안전한 해상 교역로를 구축
• 중국, 일본, 신라를 연결하는 국제 교역을 주도하며 세력을 확장
• 신라 중앙의 왕위 쟁탈전에 참여하여 신무왕을 옹립함

12. ④　　　고려 시대의 문화

정답 해설

김부식이 주도하여 편찬한 역사책이라는 것을 통해 고려 인종 때 만들어진 『삼국사기』임을 알 수 있다. 제시된 보기 중 고려 시대에 제작된 불탑은 ④의 월정사 팔각구층석탑이다. 평창 오대산 월정사에 있는 탑으로 고려 중기의 다층석탑 양식을 가장 잘 보여주는 문화유산이기도 하다. 고려 시대에는 불교문화가 크게 융성하며 이와 같이 화려하고 귀족적인 면모를 드러내는 불탑이 유행하였다.

오답 해설

① 불국사 삼층석탑은 경주 불국사에 있는 것으로 석가탑이라 불리기도 한다.

② 감은사지 삼층석탑은 통일신라 시대인 682년(신문왕 2년)에 세워졌다.

③ 백제 시대의 석탑인 정림사지 오층석탑이다. 백제의 옛 수도인 사비(부여) 정림사 터에 남아 있다.

합격 노트 **고려시대 불탑의 특징**

- 신라 석탑의 전통이 강하게 영향을 미쳤으나 동시에 각 지방마다 고유의 특성을 가진 석탑도 조성됨
- 불교문화가 융성하고 거란의 침입이 끝난 뒤 경제가 안정되며 귀족적이고 화려한 불탑이 축조됨
- 신라 석탑에 비하면 안정감이 적은 편이지만 유연한 것이 특징임

13. ② 서경천도운동

정답 해설

(가)는 고려 인종(재위 1122~1146) 때의 인물로 서경 천도와 금나라 정벌을 주장한 승려 묘청이다. 묘청은 서경(평양)이 풍수지리적으로 좋은 땅이라며 수도를 평양으로 옮기고 황제를 칭하면 금나라도 정벌할 수 있다고 주장했다. (나)는 묘청의 서경 천도 주장에 반대했으며, 결국 반란이 일어나자 이를 진압한 김부식이다. 김부식은 대표적인 문벌귀족 중의 한 사람으로 군사적으로 극복하기 힘든 금나라에 대해 사대하는 것을 인정하였다. 따라서 위 두 인물에 대한 설명으로 옳은 것은 ㄱ과 ㄷ이다.

오답 해설

ㄴ. 지눌은 승려 본연의 자세로 돌아가 독경과 선 수행, 노동에 고루 힘쓰자고 주장하며 송광사를 중심으로 수선사 결사를 제창하였다. 송광사에서 조계종을 개창하고, 돈오점수, 정혜쌍수를 기치로 선종 중심으로 교종을 통합하려 하였다.

ㄹ. 중방은 고려 무신의 최고(합좌)기구로 문신들의 합좌 기관인 도병마사와 다르다. 무신정권 시기에 정치적 핵심기구로 부상하였으나 최충헌 때 교정도감이라는 기구가 새로 설립되면서 중방의 기능은 약화되었다.

합격 노트

	개경파	서경파
주요인물	김부식	묘청
중심 사상	유교	불교, 풍수지리
세력 기반	개경 중심의 고위 관료와 귀족	서경 출신의 지방 귀족 및 관리
특징	• 금나라와의 국력 차이 인정 • 사대 정책의 유지, 지속 주장	• 서경 천도와 금나라 정벌을 주장 • 다소간 진취적인 면모를 보임

14. ② 성종

정답 해설

최승로가 시무28조를 제출했다는 것을 통해 고려 전기의 문물제도를 정비한 성종(재위 981~997년)임을 알 수 있다. 나성은 개경 주변에 방어를 위해 축조한 성곽으로 거란의 3차 침입 이후인 현종 때에 강감찬의 건의로 지어졌다.

오답 해설

① 성종은 국자감을 중심으로 한 유교 교육을 강화하고, 왕실과 귀족 가문에서 유교 윤리를 따르도록 지시하였다.

③ 팔관회와 연등회는 불교의 중요 행사였으나 성종 때 국가 예산이 지나치게 많이 소요된다는 비판이 일며 폐지되었다.

④ 성종은 호족들이 맡고 있던 지방 행정을 개편하여 중요 지역에 12개 목을 설치하고 지방관을 파견하였다.

합격 노트 **고려 성종의 업적**

1. 최승로의 시무28조를 통한 개혁안 정비
2. 팔관회와 연등회 등 사치스러운 불교 의식 중단
3. 당나라의 제도를 수용하여 2성 6부의 관제 정비
4. 도병마사, 식목도감을 설치함
5. 최초로 지방에 12목을 설치하고 지방관을 파견
6. 거란의 1차 침입 당시 서희를 통해 이를 물리침
7. 건원중보를 발행하여 화폐 유통을 시작함
8. 의창과 상평창 등 구휼 및 의료 기구를 설립함

15. ④ 고려의 사회 - 향, 소, 부곡

정답 해설

망이·망소이의 난은 일반 군현과 달리 차별을 받는 하급 행정구역이었던 소(所)에서 일어난 사건이다. 소의 거주민들은 신분상으로는 양인이었으나 제도적, 사회적으로 사실상 천민에 가깝게 대우를 받았다. 이들을 일반 주민들보다 무거운 조세 부담을 졌고, 사회적으로 천대를 받았으며 고된 노동에 시달리곤 했다.

오답 해설

① 향이나 소, 부곡의 주민들은 이주, 이전의 자유가 제약되어 그 소속과 신분은 자식들에게 대대로 세습되었다.

② 오랜 차별 대우에 불만을 품은 향, 소, 부곡의 주민들은 무신집권기와 대몽항쟁으로 지배체제가 혼란을 맞자 이에 항거하는 반란을 일으켰다.

③ 소는 주로 농업에 종사한 향이나 부곡과 달리 광업이나 수공업 등에 종사해 국가에서 필요로 하는 물품을 생산하였다.

합격 노트　향, 소, 부곡

정의	· 고려 시대 일반 군현과 달리 차별을 받았던 특별 행정 구역
특징	· 향, 소, 부곡의 주민들은 신분상 양인이었으나 사회적으로 천대를 받음 · 일반 양인보다 무거운 조세, 공납의 부담을 지고 있었음 · 거주, 이전의 자유가 제약되었고 신분은 대대로 세습됨
기능	· 향과 부곡은 농업 구역으로서 농산물을 재배함 · 소는 공업, 광업 구역으로서 광물이나 수공업 제품을 생산함
저항	· 무신 집권기를 거치며 수탈이 심화되자 이에 대한 반란, 저항이 일어남 · 예 : 처인성 전투(처인부곡), 충주성 전투(다인철소)
폐지	· 조선 건국 이후 전국에 일반 군현이 설치되며 차별받는 특별구역이 사라짐

16. ②　　　고려의 문화 – 서적

정답 해설

이승휴가 지은 역사책으로 발해와 단군의 이야기를 함께 담고 있다는 것을 통해 1287년(충렬왕 13)에 저술된 『제왕운기』임을 알 수 있다. 『제왕운기』는 우리나라의 역사를 시로 적은 것으로 단군에서 고려에 이르는 역사를 한 권에 담아 우리 민족이 중국과 구별되는 독자적이고 주체적인 문화를 일구어 왔음을 주장하고 있다. 『제왕운기』의 이러한 기조는 오랜 무신집권기와 대몽항쟁으로 피폐해진 고려 사회와 문화의 정신적 중흥에 기여한 것으로 평가받고 있다.

오답 해설

① 춘추관은 고려 시대와 조선 시대에 나라의 공식 역사 기록을 담당하던 곳으로, 『제왕운기』는 이승휴가 개인적으로 저술한 책이다.

③ 『제왕운기』는 국내에 소장되어 있다. 프랑스 국립도서관에 있는 우리 유물로 가장 유명한 것은 『직지심체요절』이다.

④ 향가는 신라 시대 민간에서 불리던 노래이다. 오늘날에 전해져 내려오는 향가는 『삼국유사』와 『균여전』에 수록되어 있고, 나머지는 모두 망실되었다.

합격 노트　시대별 역사 서술의 특징

고려 중기	문벌귀족의 득세와 전횡, 이자겸의 난, 묘청의 난 등으로 실추된 왕실의 권위와 위상을 회복하기 위하여 이전 시대의 역사를 정립하는 삼국사기, 왕실의 계통을 정비하고 신성성을 강조하는 『속편년통재』, 『편년통록』 등이 편찬됨.
고려 후기	연이은 무신들의 정변과 정치 혼란, 몽골의 침략과 간섭으로 인해 실추된 민족 자긍심 등을 회복하기 위한 역사서들이 대거 편찬되었다. 『동명왕편』, 『제왕운기』, 『삼국유사』 등으로 고조선이나 고구려에 대한 역사성, 민족의식 강조가 특징이다.
조선 초기	새로운 왕조가 개창되면서 조선의 건국 정당성을 강조하고 고려 멸망의 당위성을 설명하기 위하여 정사인 『고려국사』, 『고려사』, 『고려사절요』 등이 편찬되었다. 아울러 태종, 세조, 성종 때까지 우리나라 역사 전반을 설명하기 위한 『동국사략』, 『동국통감』 등도 함께 편찬되었다.
조선 후기	실학과 국학 계열의 학자들에 의해 중국식 시선에서 벗어나 우리나라의 역사를 바라보려는 노력이 전개되었다. 『해동역사』, 『아방강역고』, 『발해고』 등이 저술되었다.

17. ②　　　최무선의 화약 개발

정답 해설

화통도감을 설치해 화포와 화약을 개발했다는 것을 통해

고려 말의 무신이자 우리나라 최초로 화약을 개발한 최무선(1325~1395년)임을 알 수 있다. 최무선은 그 전까지 중국에서 기밀로 보관하던 화약제조법을 터득하여 우리나라 최초로 화약을 개발했고, 이후 1377년(우왕 5) 화통도감의 설치를 건의하여 화포 생산을 주도했다. 그가 생산한 화약과 화포는 고려 말 극성을 부리던 왜구들을 진포, 관음포, 대마도 등에서 격퇴하는 데에 크게 기여하였다.

오답 해설

① 별무반의 설치를 건의한 것은 윤관(1040~1111년)이다. 윤관은 고려 숙종 때의 인물로 급격하게 성장하여 고려를 침탈하는 여진족에게 맞서기 위해 기병으로 구성된 특별부대인 별무반 설치를 주장했다.

③ 조선에서 후금과 싸우던 명나라를 구원하기 위해 파병한 장수는 강홍립(1560~1627년)이다.

④ 노비 출신으로 다양한 기구를 개발한 인물은 조선 초의 장영실이다.

합격 노트   최무선의 활동

생몰 : 1325 ~ 1395년
주요 업적
• 원나라 상인들을 통해 화약의 원료 및 제조 기술을 터득함
• 1377년(우왕 5) 화통도감의 설치를 건의하여 화약 무기 생산을 시작함
• 진포, 관음포 등 왜구가 침탈해 온 곳에 직접 출전하여 화약무기로 적을 섬멸함
• 1차 대마도 정벌(1389년)에 함께 출정하여 왜구에게 붙잡힌 고려인을 구출함

18. ①   몽골의 침입

정답 해설

(가)는 대몽항쟁기의 승려이자 장수로 몽골의 2차 침입 당시 처인성(오늘날의 용인)에서 적장 살리타를 사살한 김윤후이다. ① 광군은 고려 초기 거란의 침입을 막기 위해 조직된 군대로 김윤후의 활동 시기인 대몽항쟁기와는 무관하다.

오답 해설

② 몽골의 1차 침입 이후 몽골은 고려에 감시관으로 다루가치를 두어 고려의 내정에 간섭하려 했다.

③ 몽골의 침입 당시의 집권자였던 최우는 수전에 약한 몽골의 약점을 들어 수도를 개경에서 강화도로 옮기고 다시 항전에 돌입하였다.

④ 고려가 수도를 강화도로 수도를 옮기자 몽골은 다시금 침입하여 전국을 유린했다. 이때 경주의 황룡사 구층탑과 대구 부인사의 초조대장경 등이 소실되었다.

합격 노트   몽골의 침입

1차	1231년	• 몽골 사신이 살해된 것을 빌미로 전쟁이 시작됨 • 수도 개경이 몽골군에게 포위되며 고려가 화친을 요청함 • 고려왕족이 인질로 보내지고 몽골은 다루가치를 고려에 파견함
2차	1232년	• 무신집권자 최우에 의해 고려는 강화로 천도하고 항전을 선포 • 대구 부인사에 있던 초조대장경이 몽골군에 의해 소실됨 • 처인성 전투에서 김윤후가 살리타를 사살
3차	1235년	• 금나라 멸망 이후 몽골군이 재차 고려를 침공함 • 고려 전국이 몽골군의 공격을 받았으며 황룡사가 소실됨 • 고려는 태자를 몽골에 보내겠다고 약속하고 몽골과 화친함

→ 3차 침입 이후로도 25년 이상 전쟁이 지속되었음
→ 1270년 마지막 무신집권자 임유무가 살해되며 무신 집권기가 끝나게 됨
→ 왕실이 개경으로 돌아가며 전쟁이 끝나고 원 간섭기가 시작됨

19. ③   광종

정답 해설

독자적인 연호를 제정하고 고려의 공복제도를 정비했다는 것을 통해 고려 초 나라의 기틀을 다진 광종(재위 949~975년)임을 알 수 있다. 광종은 후삼국 통일 이후 미비했던 나라의 제도를 정비하는 한편 호족들을 견제하며 왕권을 강화해 중앙집권적 국가를 건설할 기반을 다졌다. 대표적인 정책으로는 노비들을 양인으로 풀어준 노비안검법, 인재를 확보하고 호족들의 관직 세습을 막은 과거제 실시 등이 있다.

오답 해설

① 원나라에게 빼앗겼던 철령 이북의 영토를 수복한 왕은

고려 후기의 공민왕이다.

② 거란은 성종 때와 현종 때 세 차례 침입하였으나 모두 격퇴되었다.

④ 시정전시과는 관리들에게 토지의 수조권을 지급하는 고려 시대의 토지제도로 광종의 아들인 경종 때 실시되었다.

합격 노트 광종의 업적

1. 노비안검법 실시 : 호족의 경제적 기반 약화 및 양인 증가로 국가 조세 증가
2. 과거제 실시 : 유교에 기반한 인재 선발 방식 도입, 호족의 관직 세습 제약
3. 공복제도 도입 : 관료집단의 위계질서 확립
4. 왕실의 권위 강화 : 광덕, 준풍 등 독자적 연호 및 황도라는 명칭을 사용
5. 제위보 설치 : 춘궁기 백성들을 위한 구휼 기관으로 설치

20. ① 무신집권기의 통치기구

정답 해설

정방은 최씨 무신집권기인 1225년(고종 12) 최우에 의해 설치된 행정기관이다. 기존 이부와 병부에서 담당하던 문관과 무관의 인사 행정을 담당하여 권력의 핵심 기구로 자리하게 되었다. 1258년(고종 45) 최씨 집권기의 마지막 권력자인 최의가 살해된 이후에도 무신집권기 말기와 원 간섭기까지 유지되며 고려 후기 정치의 중요 관부로 기능하였다.

오답 해설

② 조선 고종(재위 1863~1907)의 아버지인 흥선대원군에 의해 폐지된 곳은 세도정치기의 권력기관으로 폐단이 늘어났던 비변사이다.

③ 역사 기록과 실록 편찬을 담당한 기구는 춘추관이다. 춘추관은 고려와 조선 두 왕조에서 모두 운영되었다.

④ 삼별초이다. 최씨 집권기 당시 무력집단으로 편성된 삼별초는 무신정권이 몰락하고 고려가 원나라에 항복한 뒤에도 진도와 제주도 등에서 항전을 지속하였다.

합격 노트 무신집권기의 주요 기구

중방	이의방 정중부 이의민	• 고려 중앙군(2군 6위) 소속 고위 장수들의 회의기구 • 정중부의 난 이후 무신집권기 초반의 핵심 기구로 성장함
교정도감	최씨 집권기	• 1209년 최충헌이 설치한 기구 • 인사행정 및 정치 문제 제반을 관장함 • 1270년 무신집권기가 끝나며 폐지됨
정방	최씨 집권기	• 1225년(고종 12) 최우에 의해 설치됨 • 인사행정을 전담하는 기구로서 핵심 권력 기구로 거듭남 • 무신집권기 이후에도 지속적으로 유지됨

21. ③ 대동법

정답 해설

조선 중기 폐단이 극심해진 공물 문제와 방납의 폐단을 해결하기 위해 도입되었다는 것을 통해 광해군 때 처음으로 시행된 대동법임을 알 수 있다. 대동법의 시행을 통해 백성들이 부담하던 공물 중 상공(정기적으로 납부하던 공물)이 쌀이나 화폐, 포목 등으로 대체되었으며, 이로 인해 방납의 폐단과 공물 담당 관리들의 부패 문제가 다소 해결될 수 있었다. 나라에서는 대동법으로 거둔 대동미를 공인이라는 상인 집단에게 주어 조정이 필요로 하는 물품을 구입하게 했는데, 이에 따라 대규모 상거래가 늘어나며 자연스럽게 상품, 화폐 경제도 발달하게 되었다.

오답 해설

① 대동법은 백성들이 부담하던 공물을 현물 대신 토지에 부과하는 대동미로 대체한 것이다. 이에 따라 실질적으로는 토지에 부과되는 세금이 늘어나게 되었으며 지주들은 이에 강력하게 반발하였다.

② 지주들의 반발로 인하여 대동법이 확산되는 데에는 100년의 시간이 소요되었다. 단, 조선 8도 중 함경도와 평안도는 대동법 대상에서 제외되었다.

④ 결작은 대동법이 아닌 균역법을 시행하며 도입되었다.

합격 노트 대동법

명칭	대동법 혹은 선혜법
시기	1608년 최초로 적용 → 1708년 완성

적용대상	경기도에 최초로 적용 → 이후 함경도와 평안도를 제외한 전국에 적용됨.
내용	• 방납의 폐단과 하급 관리의 부패를 해결하기 위하여 도입, 공물을 현물 대신 쌀, 포목, 화폐 등으로 대신 납부하게 함 • 전세의 증가로 지주들의 반발이 일어났고, 이 때문에 각 지역으로 확대 적용되는 데에 100년의 시간이 소요됨 • 공물 대신 정부에서 필요로 하는 물품을 조달하는 공인(貢人)이라는 상인 집단이 등장하며 상품경제가 발달함

22. ④ 임진왜란

정답 해설

조선인 도공이 일본으로 대거 붙잡혀간 전쟁이라는 것을 통해 1592년(선조 25) 일어난 임진왜란임을 알 수 있다. 임진왜란은 일본 전국 시대를 끝낸 도요토미 히데요시에 의해 일어나 7년 동안 조선에서 전개되었다. 조선과 일본의 전쟁에 명나라의 지원병이 참전하며 국제적인 성격의 전쟁으로 확전되었고, 이후 동아시아 전체에 큰 영향을 미치게 된다. ④의 운요호 사건은 1875년에 있었던 일로 일본은 이를 구실 삼아 조선에 통상개방을 요구하며 1876년 강화도조약이 이루어지게 된다.

오답 해설

① 조선의 구원 요청에 따라 명나라는 대규모 군대를 파병했다. 명나라군의 대표적인 활약으로는 평양성 탈환을 들 수 있다.
② 전쟁 도중 조선인 유학자와 도공, 각종 기술자들이 일본에 포로로 잡혀갔다. 이들은 전후 일본의 학문 및 문화계에 나름의 영향을 미쳤다.
③ 초기 일본군이 각 전선에서 승리를 거두며 북진하자 이에 항거하기 위한 의병 조직이 전국 각지에서 조직되었다. 대표적인 의병장으로는 곽재우, 서산대사, 김덕령, 조헌 등을 들 수 있다.

합격 노트 조선 전기의 대외관계

	주요 내용
경제	• 전쟁으로 인한 대규모 인구 감소, 호적이 소실되며 대민 통치력이 약화됨 • 농지 황폐화와 토지대장의 소실로 세수 감소. 전후 양전사업에 막대한 비용 투입

사회·문화	• 한성이 점령되면서 경복궁과 주요 관청들이 파괴되었고, 동시에 『실록』과 『승정원일기』 및 중요 기록물들이 소실됨 • 전쟁 수행을 위해 공명첩, 납속책 등이 남발되면서 신분제도가 문란해짐
정치·외교	• 임진왜란을 틈타 여진족에 대한 명나라의 견제가 약화되며 이후 후금 및 청나라의 성립으로 이어짐 • 명나라의 대규모 지원병 파견으로 조선에 대한 명나라의 정치-외교적 영향력이 강화됨

23. ④ 서원

정답 해설

조선 시대 사림의 교육기관이라는 설명을 통해 (가)가 서원임을 알 수 있다. 서원은 나라에서 각 지방에 세운 향교 외에 각 지방 유림들이 따로 설립한 것으로 그 시초는 주세붕의 소수서원(백운동서원)이다. 조선은 성리학 국가로서 교육을 장려하기 위해 서원의 재산에는 조세의 혜택을 주었고, 소속된 학생들에게도 군역 혜택을 주었다. 그러나 이러한 특혜가 시간이 흐르며 악용되어 조선 후기에는 사회, 경제 문제를 유발하기도 했다.

오답 해설

① 최충은 고려시대의 학자이자 문인으로 학생들을 가르치기 위한 사학인 9재학당을 운영하였다.
② 나라에서 정식으로 강사와 관원들을 파견한 것은 향교이다.
③ 고구려 소수림왕이 설립한 태학에 대한 설명이다.

합격 노트 주요 서원

명칭	설립시기	소재지	특징
소수서원	1542년 (중종 37)	경상북도 영주	• 중종 시기 주세붕이 고려시대 유학자인 안향을 배향하기 위해 설립한 최초의 서원 • 명종 때 국왕으로부터 액(현판)을 하사받으며 최초의 사액서원이 됨
도산서원	1574년 (선조 7)	경상북도 안동	• 남인의 중심인물인 이황을 모시기 위해 설립됨 • 이황의 생가가 있는 안동에 세워졌으며, 한석봉의 친필 편액이 남아 있음

화양서원	1696년 (숙종 22)	충청북도 괴산	• 서인의 거두 송시열의 영정을 모시기 위해 건립 • 숙종의 친필 현판을 하사받았으 며, 전국의 사액서원 중에서도 가장 세력이 강한 서원이었음 • 이에 따라 함부로 세금을 걷거 나 백성들을 착취하며 폐단이 심했고, 결국 1858년 폐쇄됨

24. ②　　조광조의 개혁

정답 해설

조광조는 조선 중종(재위 1506~1544년) 때의 사림파 정치인이자 개혁가이다. 사림파의 수장인 김종직의 제자 김굉필의 밑에서 공부한 그는 중종의 신임과 지지를 받으며 다양한 사림 위주의 개혁안을 추진하였다. 다른 보기는 모두 조광조의 정책이었으나 ②의 대마도 정벌은 조광조와는 무관하다. 대마도 정벌은 고려 말인 1389년과 조선 초기인 1396년, 1418년 등에 이루어졌다.

오답 해설

① 위훈 삭제란 잘못된 공신 목록을 수정하여 거짓으로 공신이 된 이들에게 주어지는 특혜를 폐지해야 한다는 주장이다. 조광조의 여러 개혁안 중 핵심 사안이었으나 이로 인하여 훈구파 대신들이 대거 불만을 품게 되었다.

③ 조광조는 성균관과 각급 학교의 기능에 크게 관심을 쏟으며 유생들의 수와 성균관 강의 시간을 늘려 학문의 발달을 장려하였다.

④ 조광조는 사회 전반에 성리학적 가치를 퍼뜨리기 위해 유교 서적인 소학과 향촌 규약인 향약의 보급을 추진하였다.

합격 노트　　조광조의 개혁

1. 훈구세력에 장악된 유향소 대신 향약 보급
2. 현량과(사림파를 위한 특별 과거) 실시
3. 도교 기관인 소격서 철폐 주장
4. 중종반정 공신 목록의 개정 및 위훈 삭제
5. 경연 강화

25. ④　　북인 집권기

정답 해설

동인의 분열 당시 남인과 함께 등장했다는 것을 통해 (가)가 북인임을 알 수 있다. 북인은 동인 중 조식과 서경덕의 제자들이 중심이 되어 구성되었다. 북인은 주로 광해군 시기의 집권 붕당으로서 활약하였으나 광해군 재위 당시 동생인 영창대군을 유배 보내 죽이고 어머니인 인목대비를 폐서인하는 등의 사건이 일어나며(폐모살제) 여론이 크게 악화되었고, 결국 이를 빌미로 하여 서인에 의한 인조반정이 일어나게 된다. 북인은 인조반정으로 축출된 이후 다시는 정권을 주도하지 못했다.

오답 해설

① 청나라 군이 남한산성을 포위한 것은 인조 시기인 1636년 병자호란 때의 일이다.

② 영정법은 전세를 토지 1결당 4두로 고정시킨다는 법으로 인조 때 실시되었다.

③ 수도가 강화도로 이전된 것은 조선 시대가 아닌 고려 시대의 일이다. 무신집권자였던 최우는 몽골에 항전하기 위함이라는 명분으로 수도를 개경에서 강화도로 이전하였다.

합격 노트　　초기 붕당 정치의 전개

	주요 인물	학문적 특징
서인	• 이이와 성혼 및 그 제자들	이이의 주리론적 성리학을 수용하여 그 학문적 계통을 이어받음
동인	• 이언적, 이황, 조식, 서경덕 등의 문인과 제자	이언적에서 시작해 이황, 서경덕, 조식이 발전시킨 주기론을 계승. 영남학파와 관련이 깊음
남인	• 이황의 학문적 사상을 계승 • 이덕형, 류성룡, 김성일, 윤휴, 허목 등	기축옥사와 동인의 분열 당시 이황의 학문을 따르는 이들이 주로 뭉쳐서 이루어짐
북인	• 동인 중 서경덕, 조식의 제자들이 구성 • 정인홍, 이산해 등	동인의 분열에서 조식과 서경덕을 따르던 이들이 모여서 구성함

26. ②　　비변사

정답 해설

변방 문제를 해결하기 위해 임시로 설치된 기구였다는 것을 통해 비변사임을 알 수 있다. 비변사는 임시 기구로 시작되었음에도 불구하고 임진왜란을 거치며 그 중요성이 크게 높아져 조선 후기의 핵심 권력기구가 되었다. ②에서 언급된 왕명의 출납은 국왕의 비서 기구인 승정원의 각 승지들이 담당한 업무이다.

오답 해설

① 비변사의 회의에는 영의정, 좌의정, 우의정 및 공조를 제외한 판서와 참판, 각 군영의 대장, 대제학 등이 참여하였다.
③ 비변사는 중요 정무를 모두 처리하는 핵심 기구로서 이 곳을 장악한 붕당 혹은 가문이 권력을 쉽게 장악할 수 있었다.
④ 흥선대원군은 비정규 조직인 비변사로 인해 의정부와 6조 등의 기능이 약화된 점을 지적하며 비변사를 폐지하였다.

합격 노트   비변사

	내용
설치	• 1510년 삼포왜란을 계기로 급박한 국방 문제를 해결하기 위하여 설치
변천	• 초기에는 임시기구로 설치되었으나, 16세기 중종부터 명종 시기까지 왜구 및 여진족의 침탈을 해결하기 위하여 자주 설치되며 점차 강화됨 • 16세기 말 임진왜란과 정유재란 당시 장기간의 전쟁을 거치며 국방 담당 기구인 비변사의 위상이 크게 올라감 • 임진왜란 이후 국정 전반을 주도하는 기구로 군림
참여관원	• 영의정·좌의정·우의정, 공조를 제외한 5조의 판서와 참판, 조선 후기 군영의 대장, 대제학 등
폐단과 폐지	• 비변사의 기능이 확대, 강화되며 정규 통치조직인 의정부와 6조의 위상이 크게 떨어짐 • 붕당정치의 대립이나 세도정치 시기 비변사를 통한 국정 장악과 전횡의 폐단이 지적됨 • 고종 즉위 직후인 1864년 비변사의 사무를 의정부로 돌려보내고 1865년에 폐지됨

27. ②   조선 후기의 사회와 경제

정답 해설

제시된 그림은 조선 후기 서민층의 생활상을 그려낸 민화이다. 조선 후기에는 상업의 발달과 농업 기술의 진보, 이로 인한 서민층의 경제력 향상 등으로 한글소설, 판소리, 민화 등 다양한 서민 문화가 발달하였다. 이 시기의 대표적인 경제상으로는 ②의 금난전권 폐지를 들 수 있다. 한성을 중심으로 상업 수요와 규모가 성장하며 난전이 늘어나자 이를 규제하려는 시전 상인들이 금난전권을 통해 난전을 폐쇄하였다. 정조는 육의전을 제외한 시전 상인들의 금난전권을 폐지하는 신해통공을 단행하여 상업의 활성화를 꾀하였다.

오답 해설

① 원나라 황실과의 혼인은 조선이 아닌 고려 시대의 일이다. 고려로 시집온 원나라 공주들과 수행원에 의해 몽골 문화가 고려에 확산되기도 하였다.
③ 우리나라 최초의 철도는 1899년 개통된 경인선이다.
④ 역분전은 후삼국 통일 이후인 940년(고려 태조 23) 통일에 기여한 공신들을 포상하며 토지를 지급한 것을 말한다.

합격 노트   신해통공

시기	1791년(정조 15)
실시 배경	• 18세기 상업의 발달과 함께 한성의 시전이 크게 늘어남 • 시전 증가에 따라 시전 상인들이 행사하는 금난전권의 폐단이 늘어남 • 상대적으로 큰 자본과 규모를 가진 시전 상인들이 금난전권을 활용하여 영세 상인들을 핍박하는 것을 규제하기 위하여 신해통공을 실시
주요 내용	• 전통적인 육의전 이외의 모든 시전에게 금난전권을 폐지함 • 설립된 지 30년이 되지 않은 신흥 시전은 폐지함 • 난전 규제가 사라지며 상업 발달이 촉진됨

28. ③   흥선대원군

정답 해설

서원의 폐단을 지적하며 이를 철폐하도록 했다는 것을 통해 (가)가 고종의 아버지 흥선대원군임을 알 수 있다. 흥선대원군은 1866년 프랑스가 일으킨 병인양요와 1871년 미국이 강화도를 공격한 신미양요 등을 치르며 쇄국정책을 강화하고, 그 뜻을 담은 척화비를 전국에 설립하였다. 흥선대원군의 쇄국 정책은 대원군 실각 이후 철회되었고,

이후 1875년 일본이 연계된 운요호 사건을 처리하며 강화도 조약을 체결하게 된다.

오답 해설

① 홍경래의 난은 평안도(서북 지역)에 대한 차별을 빌미로 홍경래가 일으킨 반란으로 1811년에 있었던 일이다.

② 식산흥업정책은 1897년 대한제국 성립 이후에 실시된 광무개혁의 일환으로 근대적인 회사 설립, 양전사업, 지계 발급 등이 이에 따라 시행되었다.

④ 대공수미법은 조선 중기 방납의 폐단을 시정하기 위해 제기된 것으로 이이, 유성룡 등이 주장하였다.

합격 노트　흥선 대원군의 정책

1. 안동 김 씨 중심의 세도 정치를 끝마침
2. 양반에게도 세금을 부과하는 호포제 실시
3. 임진왜란 때 소실된 경복궁 중건
4. 비변사를 폐지하고 의정부 강화
5. 민생고의 원인이 된 서원 대거 철폐
6. 쇄국정책을 실시하여 척화비 건립

29. ① 　천주교 박해(신유박해)

정답 해설

순조 때 일어난 사건으로 황사영, 정약종 등이 연루되었다는 것을 통해 1801년에 있었던 신유박해임을 알 수 있다. 표면적으로는 성리학에서 이단시되는 천주교를 억제하기 위한 것이었으나 실제로는 천주교를 빌미로 노론 시파와 일부 남인 인사들을 공격하기 위한 조치였다. 이 사건으로 인해 일부 왕족과 중국인 천주교 신부인 주문모, 사대부와 평민 신자 수백 명이 처형되거나 유배되었다.

오답 해설

② 프랑스가 천주교 박해에 항의하며 조선을 침공했다는 것은 1866년 병인박해와 병인양요에 관한 설명이다.

③ 『정감록』은 조선 후기에 민심이 이반되며 유행한 도참, 예언서로 천주교와는 무관하다.

④ 천주교 신자들에 의한 직접적인 무장 봉기는 단 한 번도 일어나지 않았다.

합격 노트　천주교 박해

배경	• 18세기 중국 청나라를 통해 서양의 과학기술, 문화, 사상, 종교가 조선으로 전래됨. 그 중 천주교는 성리학과 교리 및 의례상의 차이로 인해 조선에서 이단시됨
내용	• 정조는 적극적인 천주교 탄압을 청한 벽파와 달리 정학인 성리학을 바로 세우면 서학인 천주교의 교세는 자연스럽게 가라앉을 것이라 말함 • 1791년 전라도 진산에서 선비 윤지충이 어머니의 신주를 태운 일이 알려지며 체포되었고, 윤지충은 전라감영에서 문초를 받은 뒤 처형됨 • 정조 시기에는 윤지충과 권상연이 처형된 신해박해 이외에 별다른 천주교 박해 사건이 없었음
이후	• 1800년 정조의 승하와 순조의 즉위 이후 대왕대비 김씨의 섭정이 시작되며 노론 벽파의 강경론이 대두하며 황사영 백서 사건과 신유박해가 일어나게 됨

30. ① 　숙종

정답 해설

집권 붕당을 급격하게 교체하는 환국이 있었다는 것을 통해 조선 19대 숙종 시기임을 알 수 있다. ①의 이인좌의 난은 숙종이 아닌 영조 재위 중인 1728년(영조 4)에 일어난 사건이다. 이인좌는 소론 출신으로 노론의 지지를 받아 즉위한 영조가 실제로는 숙종의 아들이 아니며, 경종을 독살하고 즉위했다는 유언비어를 퍼뜨리며 반란을 일으켰다. 영조는 이인좌의 난을 진압한 이후 붕당 정치의 폐단을 해결하기 위해 보다 적극적으로 탕평책을 실시하게 된다.

오답 해설

② 서인은 1680년 경신환국으로 재집권한 뒤 적대 붕당인 남인의 처우 문제를 놓고 강경파인 노론과 온건파인 소론으로 분열되었다.

③ 숙종 때 조선 후기의 핵심 화폐인 상평통보가 발행되었다.

④ 김만중은 서인 출신 문학자이자 관리로 숙종이 인현왕후를 폐하고 희빈 장 씨를 맞이하는 것을 풍자한 『사씨남정기』를 저술하였다.

구분	내용
남인	• 남인은 인조반정 이후 일종의 야당으로서 서인과 공존하며 붕당정치에 참여함 • 현종 시기 효종과 효종비의 승하를 계기로 예송논쟁이 발발하며 서인과 남인의 대립이 격화됨 • 남인은 갑인예송으로 정국 주도권을 잡았으나 1680년 경신환국이 일어나며 서인에게 이를 빼앗기고 이후 다시 집권하지 못함
서인	• 인조 이후에는 서인이 대체로 우세를 점했으며, 현종, 숙종 시기의 예송논쟁과 환국정치로 남인과 대립함 • 1680년 경신환국 당시 남인에 대한 입장 차이를 놓고 서인 송시열 계열인 노론, 윤증 계열인 소론으로 분열됨

시기	1882년(고종 19) 6월
발단	• 개화정책 도중 소외된 구식 군인들의 불만 • 왕비 척족들의 세도정치
전개	• 구식 군인들이 봉기를 일으키자 한성의 서민, 하층민들이 이에 가담함 • 왕비의 척족으로 세도를 부리던 민겸호가 살해됨 • 일본 공사관이 공격받아 불에 타고 일본인 교관도 살해됨 • 봉기군의 요청으로 흥선 대원군이 정권을 다시 잡게 됨 • 명성황후가 청나라에 구원을 요청하며 중국군이 파병됨 • 중국군에 의해 봉기가 진압되고 대원군은 청나라로 압송됨
결과	• 대원군이 압송되며 척화파의 입지가 크게 위축됨 • 민씨 외척을 중심으로 한 온건개화파가 집권함 • 조선에 대한 청나라의 영향력이 강화됨 • 제물포조약이 체결되어 일본의 피해를 배상함

31. ③ 임오군란

정답 해설

구식 군인들이 일으킨 소요로 청나라에 의해 진압되었다는 것을 통해 1882년(고종 19)에 있었던 임오군란임을 알 수 있다. 1880년대 초 개화정책의 실시 이후 창설된 별기군이 크게 우대를 받으며 기존의 구식 군인인 훈련도감 병사들은 급료와 대우 면에서 차별을 받게 되었는데, 이로 인한 불만이 축적되며 결국 1882년의 봉기로 이어지게 되었다. 외척의 세도정치로 민생고에 시달리던 한성의 서민층이 여기에 가담하며 왕비는 궁을 빠져나와 피신하였고 흥선대원군이 백성들의 요청에 따라 재집권하였다. 그러나 조선에서의 급변 사태에 청나라 군대가 대거 입국하며 군란이 진압되었고 대원군은 청나라로 압송되었다.

오답 해설

① (가) 시기는 어린 고종이 철종의 뒤를 이어 즉위한 뒤 고종의 아버지 흥선대원군이 정국을 주도했던 시기이다.
② 오페르트 도굴 사건은 1863년 독일 상인 오페르트가 대원군의 아버지 남연군의 묘를 도굴한 사건이다. 이로 인해 서양에 대한 조선의 반감은 한층 더 강화된다.
④ 1884년 급진개화파가 일으킨 갑신정변이 청나라 군대의 개입으로 실패한 이후 조선에 대한 중국의 영향력과 간섭이 극심해졌다.

합격 노트 임오군란

32. ④ 조선 후기의 문화 - 김정희

정답 해설

「세한도」를 그렸다는 것을 통해 조선 후기의 서예가이자 화가, 학자인 추사 김정희(1786~1856년)임을 알 수 있다. 김정희는 다방면에서 활동한 인물로서 서예에서는 그가 창안한 추사체가 크게 유명하다. 또한 그는 금석학자로서 삼국 시대의 여러 비석들을 연구하였다. 대표적인 업적으로는 신라 진흥왕의 북한산 순수비 비문을 읽고 이를 세상에 알린 것을 들 수 있다.

오답 해설

① 단발령은 1905년 을미사변 이후에 실시된 을미개혁에 포함된 개혁안이었다. 사대부와 유생들은 이에 크게 반발하며 대규모 의병운동을 전개하였다.
② 교조신원운동은 1890년대 초 동학교도들이 동학의 창시자인 최제우의 복권을 청하며 일으킨 운동이다.
③『목민심서』와『경세유표』는 19세기 초의 학자이자 관료인 정약용(1762~1836년)이 쓴 책이다.

합격 노트 김정희(1786~1856년)

조선 후기 서예가, 금석학자, 실학자, 화가
호 : 추사(秋史), 완당(阮堂) 등
• 북학파 실학자로 '실사구시설' 등을 발표함
• 금석학, 고문 분석 분야를 개척함
• 신라 진흥왕의 북한산 순수비를 판독해 냄
• 중국과 한국의 비석들을 연구하며 추사체를 창안함
• 대표작으로는 「세한도」, 「초한도」, 「묵죽도」 등이 있음

내용	• 음력 대신 양력 사용 • '건양(建陽)' 연호 도입 • 종두법 시행 • 우체사 설치 • 소학교 설립 • 친위대와 진위대 설치 • 단발령→유생들의 거센 반발로 의병운동이 일어남

33. ④ 을미개혁

정답 해설

을미사변 이후 추진된 개혁이라는 점을 통해 1895년 10월의 을미개혁임을 알 수 있다. 을미개혁에서는 전통적으로 사용하던 음력이 폐지되고 양력이 도입되었으며, 이를 의미하는 '건양'이라는 연호가 제정되었다. 그 외에 종두법 시행, 소학교 설치, 우체사 설치 등의 개혁이 이루어졌으나 개혁 내용 중 포함된 단발령에 대해 거센 반발이 일어났고, 이것이 을미사변에 대한 복수를 외치는 의병운동으로 커지며 위기를 맞게 된다. 결국 을미개혁을 주도한 친일내각은 반일 감정이 커진 상황 속에서 고종이 러시아 공사관으로 피신하자 자연스럽게 붕괴되었고 수장인 김홍집은 백성들에게 살해되었다.

오답 해설

① 수도를 강화도에서 개경으로 되돌린 것은 고려 시대의 일이다.
② 과부의 재혼은 전통적인 성리학적 질서 하에서 금지되어 오다가 1894년 1차 갑오개혁에 의해 허용되었다.
③ 비변사는 조선 중기와 후기의 핵심 정치기구로 고종 초기 흥선대원군에 의해 폐지되었다.

합격 노트 을미개혁(제3차 갑오개혁)

시기	1895년 10월 ~ 1896년 2월
특징	• 을미사변 이후 일본의 영향력이 강화된 상태에서 진행됨 • 김홍집을 중심으로 한 친일 내각이 주도함 • 고종이 러시아 공사관으로 피신하며 조선에 대한 일본의 정치적 영향력이 타격을 입었고, 친일내각은 붕괴됨

34. ② 국채보상운동

정답 해설

백성들이 돈을 모아 외국에 진 빚을 갚고 나라의 주권을 지키자는 것을 통해 1907년의 국채보상운동임을 알 수 있다. 대구에서 맨 처음 시작되어 이후 「대한매일신보」 등 언론사의 지원을 받으며 전국으로 확산되었다. 외세의 간섭을 막고 나라를 지키자는 백성들의 자발적인 운동으로 초기에는 나름의 성과를 거두었으나 이후 일본이 통감부를 통해 방해 공작을 펼치며 결국 좌절하였다.

오답 해설

① 국채보상운동은 대구에서 처음 시작되어 전국으로 확산되었다.
③ 중국 국민당은 1912년에 조직되는 중국의 정당으로 국채보상운동과는 무관하다.
④ 황무지 개간권의 이양을 반대한 단체는 보안회이다.

합격 노트 국채보상운동

시기	1907년 2월 대구에서 시작
주요인물	서상돈, 양기탁, 김광제 등
전개	• 개화시책과 내우외환으로 외국에 진 빚을 갚아 주권을 수호해야 하며, 이를 위하여 전 국민이 금연과 절약을 통해 성금을 모을 것을 주장 • 민족자본가와 지식인, 언론 등에 의해 전국으로 확산되었으며 특히 여성층의 참여가 활발함 • 고종과 양기탁 등 황제와 대신들까지 참여함
결과	• 일본 통감부의 방해 공작으로 유언비어가 퍼짐 • 핵심간부인 양기탁을 누명으로 구속함 • 구심력과 응집력의 한계로 최종 성공에는 이르지 못함

35. ③   화폐정리사업

정답 해설

기존 조선에서 사용되던 상평통보나 백동화를 일본의 화폐로 바꾸게 했다는 '이 조치'는 1905년 일본인 재정고문 메가타 다네타로(目賀田種太郎)에 의해 실시된 화폐정리사업을 의미한다. 일본이 추천하여 대한제국의 재정고문이 된 메가타는 물가안정을 도모한다는 명분으로 화폐정리사업을 추진했으나 지나치게 급격한 정책 추진, 대한제국의 경제 사정을 배려하지 않은 사업 내용 등으로 인해 수많은 부작용이 일어나게 된다.

오답 해설

① 경복궁 중건과 관련된 화폐는 당백전이다. 당백전의 발행으로 인해 조선 말 극심한 인플레이션이 일어나며 경제 사정이 악화되었다.

② 광무개혁은 1897년 대한제국 성립 이후에 실시된 개혁들을 가리킨다. 이 개혁 하에서 은본위제 화폐 도입을 결정하였으나 얼마 가지 못해 1905년의 화폐정리사업을 맞게 된다.

④ 주전도감은 고려 중기 숙종 때 화폐를 발행하기 위해 설치한 기구이다.

합격 노트   화폐정리사업

시기	1905년 7월
주도 인물	일본이 추천한 재정고문 메가타
과정	• 기존에 사용되던 상평통보와 백동화, 기타 엽전을 일본 제일은행이 발행한 화폐로 바꾸게 함 • 교환 과정에서 백동화를 갑·을·병종으로 구분하여 갑종은 본래 값인 2전 5리로 교환, 을종은 1전으로 교환, 병종은 교환해 주지 않는 식으로 운영하여 조선인들이 손해를 입게 됨
결과	• 조선 상인들의 자본이 큰 타격을 입고 몰락함 • 일본이 대한제국의 재정과 유통, 금융을 장악함 • 사업비용을 일본에게 빌려서 쓰게 하면서 재정예속화가 심화됨

36. ①   근대 개화기의 시작

정답 해설

강화도조약은 1876년 조선이 외국과 체결한 최초의 근대적 조약이고, 조·미 수호통상조약은 1882년 조선이 최초로 서양 국가와 체결한 조약이다. 1876년과 1882년 사이에 있었던 일로 옳은 것은 ①의 통리기무아문 설치로 1880년의 일이다. 통리기무아문은 1880년(고종 17)에 설치된 개화 정책 전담기구로서 산하에 12개사를 설치하여 근대 문물을 도입하거나 연구하고 외교 관계를 조정하는 등의 업무를 맡았다.

오답 해설

② 정미개혁이란 1907년에 일본 통감부의 압력으로 이루어진 것으로 이를 통해 대한제국의 군대가 해산된다. 해산된 군대의 일부 군인과 장교들은 의병 활동에 참여하기도 했다.

③ 조선에서의 천주교 포교는 1886년 조선과 프랑스의 수교 당시 프랑스의 요구로 이루어지게 되었다.

④ 진주 민란은 1862년에 있었던 임술 농민봉기를 가리킨다.

합격 노트   통리기무아문

설치	1880년(고종 17) 개화 정책을 추진하기 위하여 설립됨
조직 및 운영	• 산하에 사대사, 교린사, 군무사, 변정사, 기계사, 어학사, 이용사 등 12사가 설치됨 → 각자 전문 업무를 맡아 외교, 언어 교육, 기술 도입 등을 처리 • 박정양, 홍영식, 어윤중 등 개화파 인사들이 각 기구에 소속되어 개화 시책의 수립과 추진을 담당
폐지	• 임오군란으로 인해 1882년 6월 폐지 • 이후 기무처, 통리아문, 통리내무아문 등에 계승

37. ①   갑오개혁

정답 해설

갑오개혁은 1894년부터 1895년까지 시행된 일련의 개혁정책들을 가리키는 것으로, 그 중 군국기무처가 주도한 시기는 1894년 6월부터 12월까지의 1차 개혁을 의미한다. 이 시기에는 중국에 대한 사대를 중단하고 전근대적인 제도를 폐지하거나 개선하는 데에 중점을 두고 개혁이 진행되었다. 단 ①의 수신사란 1880년대 초 일본에 파견된 시찰단을 가리키는 것으로 갑오개혁과는 별다른 관련이 없다.

② 갑오개혁으로 과부의 재혼을 금지하던 기존의 풍습과 규정을 폐지되었다.

③ 갑오개혁에 따라 과거제 역시 폐지되어 새로운 관리 선발 및 교육 방식이 고안되게 되었다.

④ 제1자 갑오개혁의 내용 중 가장 중요한 것으로서 이때를 기점으로 조선에서의 신분제가 폐지되었다. 그러나 현실적, 사회적인 신분 구분과 차별은 이후로도 상당 기간 유지되었다.

합격 노트 갑오개혁과 신분제 폐지

	내용
영조	• 일각에서 논란이 되었던 노비종모법을 확고하게 실시하여 양인들이 노비가 되는 경우를 줄임
정조	• 도망친 노비를 다시 잡아와 노비로 되돌리는 추쇄를 금지하고 공노비 혁파를 준비
순조	• 1801년 섭정 대왕대비에 의해 6만 6천명의 공노비를 해방
고종	• 1864년 궁노비를 해방 • 1886년 노비의 세습을 금지 • 1894년 갑오개혁으로 노비제 폐지

• 노비는 국가 혹은 개인에 속한 재산으로 분류되어 조세와 군역의 부담이 없었음
• 조선 후기 양반 호가 늘어나며 국역을 부담할 양인이 줄어들자, 이에 대한 방책 중 하나로 노비의 신분을 상승시켜 조세와 군역을 질 상민으로 만들고자 함
  →이에 따라 순조 때 공노비를 우선적으로 해방함
  →이후 근대화 개혁이 진행되며 고종 때 최종적으로 노비제가 폐지됨

38. ② 동학 농민운동

정답 해설

고부 농민봉기는 1894년 초 전라도 고부군에서 지방 관리 조병갑(趙秉甲)의 학정에 항거하며 일어난 농민봉기이다. 고부군수의 탐학이 직접적인 원인이었으나 동학교도들이 이에 함께 가세하며 이후 동학 농민운동의 시발점이 되었다. 전봉준은 동학 농민군의 지도자로 전라도 일대에서의 전투에 참여하며 관군을 상대로 승리하였으나 1894년 5월 청나라 군대와 일본 군대가 동학운동을 빌미로 조선에 들어오며 조정과의 화약을 추진하게 된다. 이로서

전주화약이 체결되었으나 일본 군대는 조선의 철군 요청을 듣지 않고 오히려 1894년 6월 경복궁을 점령하며 친일 내각을 수립하고 동학군에 대한 토벌을 개시한다. 전봉준은 일본군 및 관군과의 전투에서 패한 뒤 피신하였다가 1894년 9월 체포, 압송된다.

오답 해설

① 대원군이 청나라로 압송된 것은 1882년 임오군란 당시의 일이다.

③ 단발령은 1895년 을미개혁(제3차 갑오개혁)에서 실시되었다.

④ 고종은 을미사변 이후 러시아 공사관으로 피신했다가 1897년 덕수궁으로 돌아온다.

합격 노트 동학농민군의 폐정개혁안 핵심내용

1. 탐관오리의 죄를 조사하여 벌을 줄 것
2. 노비 문서를 소각할 것
3. 천민의 차별을 개선하고 백정이 쓰는 패랭이를 없앨 것
4. 잡다한 세금들을 폐지할 것
5. 일본과 통하는 이들을 처벌할 것
6. 토지를 다시 분배할 것
  →반봉건적, 반외세적 성격을 드러냄
  →일본에 대한 적개심을 보여주고 있음
  →전주화약 이후 추진하려 했으나 실패함
  →일부는 갑오개혁 등에 반영되기도 함

39. ③ 총동원체제

정답 해설

전쟁 물자로 필요한 금속류가 공출되었다는 것을 통해 제2차 세계대전이 치러진 1940년대의 상황임을 알 수 있다. 일본은 1937년부터 중국에서의 전면전을 개시한 것에 더해 1941년 말에는 미국과 연합국을 공격하며 전선을 확장시켰다. 이로 인해 일본과 조선, 대만 등 각지에서 전쟁 물자가 공출되었는데 그 대표적인 것이 금속이었다. 한편 전쟁이 길어지며 인력 손실이 증가하자 일본은 조선인에게 국방의 의무를 부과하여 징병제를 실시, 수십만의 조선 청년들을 전선으로 징발하기도 했다.

① 조선인에게 한해 전근대적인 형벌인 태형이 행해진 것은 1910년대의 일이다.

② 1920년 이후 무관이 아닌 문관 출신의 총독 임명이 가능해졌으나 실제로는 이루어지지 못했다.

④ 회사 설립을 허가제로 규정하여 조선 기업과 자본의 성장을 제약한 회사령은 1920년에 신고제로 전환되었다.

합격 노트 1940년대의 식민통치정책

사상적 억압	[황국신민화] • 내선일체(內鮮一體), 일선동조론(日鮮同祖論) 주장 • 황국신민서사 암송 강요 • 궁성요배와 신사참배 강제 • 조선어 교육 금지 및 창씨개명
인적수탈	[총동원 체제] • 1938년 지원병제도 실시 • 1939년 징용 실시 • 1943년 학도지원병제 실시 • 1944년 징병제 실시

40. ④ 형평사운동

정답 해설

자료에 언급된 '갑오년 6월'이란 법적인 신분제가 폐지된 1894년의 갑오개혁을 가리킨다. 이를 통해 노비나 백정 등 조선 시대의 천민 계급들이 사라지고 모두가 평등해졌으나 사회적, 문화적으로는 여전히 차별 대우가 극심했다. 형평사운동은 이러한 배경 하에서 1923년 진주에서 시작되었다. 백정에 대한 차별 철폐와 처우 개선을 위한 사회운동으로서 1920년대의 주요한 인권운동이자 해방운동 중 하나로 성장했으나 1920년대 말 내부에서 노선 갈등이 일어나며 약화되기도 한다.

오답 해설

① 기독교 계열은 교육을 통한 민중 계몽, 실력 양성 등의 사회운동에 중점을 두고 움직였다. 형평사와의 적극적인 연대는 이루어지지 않았다.

② 형평사운동은 일부 양반 출신과 교육자, 백정 출신 사회운동가 등이 주도해 일으킨 것으로 조선 내에서 사회, 문화활동으로 전개되었다. 무장 투쟁이 직접적으로 일어나지는 않았다.

③ 패랭이는 백정들이 상투를 트는 대신에 썼던 모자로, 차별의 상징과도 같아 형평사에 의해 적극적으로 폐지 주장이 일어났다.

합격 노트 조선형평사

명칭	조선형평사
배경	• 1894년 갑오개혁을 통한 신분제 폐지 • 사회적, 문화적 차별이 유지됨 • 이를 해결하고자 하는 사회운동이 촉발됨
전개	• 1923년 진주에서 조선형평사(朝鮮衡平社)가 설립됨 • 백정에 대한 차별 반대 운동 전개
의의	• 구시대적 악습과 차별을 타파하기 위한 인권 운동 • 민족 해방 운동의 성격을 갖기도 함

41. ④ 문화통치

정답 해설

문관 총독의 임용 허용, 보통경찰제도의 도입, 친일적 단체 지원 등은 1920년대에 시행된 문화통치정책의 핵심 내용이다. 1919년 3.1운동으로 1910년대 통치정책의 문제점을 파악한 조선총독부는 기존의 강압적인 시정 방침을 폐기하고 보다 유화적으로 조선 문제를 해결하고자 했다. 이에 따라 조선 언론이 허용되고 교육령이 개정되었으며 보통경찰제가 정착되었다. 또한 일부 부유층에게 투표권과 피선거권을 주어 지방의회를 구성하게 하였다. 그러나 이와 같은 조치들은 대부분 실질적인 권익 보장보다는 구색을 갖추기 위한 것에 불과했으며 정치적, 경제적, 문화적인 조선인의 이권 신장에는 제약이 있었다.

오답 해설

① 1920년대와 30년대에도 조선인에게는 완전한 참정권이 주어지지 않았으며 제도권 내의 정당도 결성되지 못했다.

② 법적으로는 문관의 부임이 허용되었으나 대만과 달리 조선에는 단 한 번도 문관 총독이 임명되지 않았다.

③ 문화통치정책은 고종 황제 붕어 이후의 3·1 운동으로 인해 시작되었다. 6·10 만세운동은 1926년에 있었던 일이다.

합격 노트   1920년대의 문화통치

- 문관총독의 임용 허용 → 실제로 임명되지 못함
- 헌병경찰 폐지 및 보통경찰 확대 → 늘어난 치안 인원
- 조선인의 교육 기회 확장 → 한정된 전문 교육 기회
- 경성제국대학 설립 → 일본의 통제 하에 놓인 대학
- 조선 신문 발행 허용 → 강력한 검열제도로 규제
- 지방의회 구성 → 친일파 위주의 선거와 단체로 전락

합격 노트   산미증식계획

배경	• 제1차 세계대전의 특수와 이를 통한 일본의 급격한 공업화 →일본 내의 이촌향도 현상과 농업 생산량 부족 →조선에서의 식량 증산을 통한 타개 모색
정책	• 수리시설의 개선, 보급 및 현대화 • 수리조합개설운동 전개 • 종자 개량 및 보급 • 간척사업 추진 및 농지 개간 • 현대적 도정 설비 보급
문제점	• 지주들이 높은 수익을 위해 증산된 쌀을 해외로 대규모 판매 • 지주들과 소작농 사이의 빈부 격차가 커짐 • 수리시설이나 농기구 현대화 비용이 일부 소농들에게 전가됨

42. ②   산미증식계획

정답 해설

조선의 쌀 생산량을 늘려 일본의 식량 안정을 도모한다는 내용을 통해 1920년대부터 1930년대 중반까지 진행된 산미증식계획임을 알 수 있다. 일본 내의 급격한 공업화와 경제성장으로 인한 인플레이션, 식량 부족 등의 문제를 해결하기 위해 조선총독부가 시행한 것으로, 농업 및 농자재의 현대화, 간척과 개간 등을 통해 식량 생산이 증가하게 되었다. 그러나 증가된 생산분의 상당량이 지주들의 수익을 위해 해외로 팔려나가며 국내에서의 편익은 한정적인 수준에 그쳤으며, 지주와 소농 사이의 빈부 격차는 크게 증대되었다.

오답 해설

① 근대적 토지 소유권 제도와 관련된 것은 양전 및 지계 사업이나 토지조사사업과 관련된 내용이다. 산미증식 계획은 토지의 생산성을 높이는 쪽에 중점을 두었다.

③ 헌병경찰은 1910년대에 있었던 제도로 1920년대와 30년대에 시행된 산미증식계획과는 무관하다.

④ 중·일 전쟁은 1930년대 후반에 본격적으로 격화되었다. 산미증식계획은 주로 1920년대에 적극적으로 추진되었다.

43. ④   조선건국동맹

정답 해설

제시된 자료는 1944년 설립된 조선건국동맹의 강령이다. 제2차 세계대전이 끝나가며 일본의 패배가 가까워지자 여운형은 국내의 독립운동가와 사회지도자들을 연합하여 조선건국동맹을 창설하고 전쟁이 끝난 뒤의 조선 독립과 정부 수립을 준비하였다. ④의 국내 진공 작전은 조선건국동맹이 아닌 대한민국 임시정부의 계획이다. 조선건국동맹은 이미 국내에서 활동하던 단체였고, 임시정부는 당시 중국 충칭에서 활동하고 있었다.

오답 해설

① 조선건국동맹은 1940년대 국내에서 활동한 거의 유일한 독립운동 관련 단체이다.

② 조선건국동맹은 이후 조선건국준비위원회(건준)로 개편한 뒤 독자적인 정부 수립을 준비하였다.

③ 건국동맹은 여운형이 주축이 되어 창설되었다.

합격 노트   조선건국동맹

명칭	조선건국동맹 → 조선건국준비위원회
창설	1944년 8월 10일
중심인물	여운형

활동	• 서울 및 지방의 관리 조직 구축 • 농민동맹, 학생그룹, 징병거부자 세력과 연대 • 해외 독립운동 단체와의 연락 및 연합 시도 • 1945년 8월 15일 이후 건국준비위원회 개편
의의와 성과	• 일제 시대 말 국내에서의 거의 유일한 독립운동 단체 • 광복 이후의 즉각적인 정치범 석방을 주도

44. ③   어린이 운동

정답 해설

제시된 자료는 1922년 제정된 어린이날을 기념하는 포스터이다. 1922년 당시에는 5월 1일로 지정되었으나 노동자의 날과 같다는 이유로 1927년부터 5월 5일로 바뀌었다. 어린이날의 제정과 어린이 문화 운동은 자라나는 아이들에게 민족정신을 일깨워주고 어린이의 존엄성과 지위의 향상을 위해 추진되었다. 이 과정에서 동학(천도교)의 3대 교주인 손병희의 사위 방정환이 주도적인 역할을 하기도 했다.

오답 해설

① 우리나라의 어린이날은 일본의 어린이날보다 먼저 제정되었다. 일본의 어린이날은 1948년에 제정되었다.

② 1920년대 초에 추진된 민립대학설립운동이다.

④ 민족유일당운동은 민족주의와 사회주의의 이념, 정파 대립을 넘어 독립과 민족의 이익을 우선 추구하자는 것으로 1920년대 중반 이후 대두되었다. 여성계 내의 활동으로는 근우회 창설이 있다.

합격 노트   방정환의 어린이 운동

구분	내용
배경	일제의 무민화 교육 정책으로 전체 아동의 80% 이상이 미취학 아동이었고, 어린이 노동력 수탈 정책으로 아동 노동자수 급증
결과	• 천도교 소년회를 창설하여 어린이 운동 전파 • 1922년 어린이날 제정 • 최초의 순수 아동 잡지인 「어린이」 발간

45. ②   의열단

정답 해설

독사신론을 발표했고 『조선상고사』를 저술했다는 점을 통해 독립운동가이자 사학자인 신채호임을 알 수 있다. 신채호는 1923년 김원봉의 부탁을 받고 북경에서 조선혁명선언을 작성했는데, 조선혁명선언은 김원봉이 창설하는 무장 독립운동단체 의열단의 강령이 된다. 의열단은 1920년대를 중심으로 조선총독부와 동양척식주식회사, 각급 경찰서, 은행 등의 식민통치 기구에 대해 직접적인 공격을 가함으로서 무력으로 독립 의지를 과시하고자 했다.

오답 해설

① 105인 사건은 1911년에 있었던 독립운동가 탄압 사건으로 이로 인해 신민회의 국내 조직이 와해되었다.

③ 연통제는 대한민국 임시정부가 국내의 독립운동가들과 연락하기 위해 창설한 조직이다.

④ 신흥무관학교는 중국 길림성에 있는 서간도 지역에 세워진 무관학교로 신민회 간부들의 주도로 창설되었다.

합격 노트   의열단

활동 기간	1919 ~ 1928년
단장	약산 김원봉
주요 활동	1920년 9월 부산 경찰서장 폭사(박재혁) 1921년 9월 조선총독부 폭탄 투척(김익상) 1923년 1월 종로경찰서 폭탄 투척(김상옥) 1924년 1월 동경 이주바시 폭탄 투척(김지섭) 1926년 12월 동양척식주식회사 습격(나석주)

46. ②   한인애국단

정답 해설

일왕을 향해 폭탄을 던졌다는 것은 1932년 일본 동경에서 있었던 이봉창의 의거를 가리킨다. 따라서 (가) 단체는 1931년 김구가 대한민국 임시정부 산하에 조직한 한인애국단이다. 한인애국단은 노선 갈등과 여건 악화로 약화된 임시정부에 활력을 불어넣기 위해 주석인 김구가 창설한 것으로 일본의 중요 인사에 대한 공격을 감행해 조선 독립의 의지를 보이는 것을 목표로 삼았다. 한인애국단 소속 이봉창과 윤봉길에 의해 일본에 대한 공격이 감행되자 일본과 적대적인 관계에 있었던 중국과 국민당은 한인애국단에 우호적인 입장을 보였고, 이후 임시정부가 중국의 지원을 받는 계기가 되었다.

오답 해설

① 자유시 참변은 1921년 일본군을 피해 소련 영토로 이동하던 독립군 부대가 소련군에게 공격당한 사건을 가리킨다.

③ 김원봉은 한인애국단이 아닌 의열단의 단장이었다. 다만 의열투쟁이라는 두 단체의 방식은 유사한 면이 있었다.

④ 한인애국단은 국내의 식민통치 기관을 공격한 의열단과 달리 중국과 일본에서 활동하였다.

합격 노트   한인애국단

설립	1931년, 대한민국 임시정부 주석인 김구에 의하여 설립됨
배경	• 일본의 식민통치가 길어지며 외교적 노선에 대한 회의가 대두 • 조선의 독립 의지를 국제사회에 내보이기 위하여 의열 투쟁 방식을 도입
주요 활동	• 1932년 1월 일본 동경에서 일왕에게 폭탄을 투척(이봉창) • 1932년 4월 상해 홍커우 공원의 일본군 행사에 폭탄을 투척(윤봉길)

47. ②   한국전쟁

정답 해설

낙동강 전투, 1·4 후퇴 등을 통해 1950년부터 1953년까지 치른 한국전쟁, 6·25 전쟁임을 알 수 있다. 북한의 기습적 남침으로 시작된 전쟁에 우리나라는 초기 서울을 함락당하며 남쪽으로 밀려났으나 즉각적인 미국과 유엔의 지원으로 인해 전열을 재정비했고, 1950년 9월 인천상륙작전의 성공으로 전황을 역전시킬 수 있었다. 이후 서울을 수복한 뒤 38선을 넘어 평양을 점령했으며, 압록강 근처까지 이르렀으나 북한을 지원하기 위해 참전한 중국군에 의해 다시금 전세가 뒤바뀌게 되었다. 전쟁은 1951년부터 2년에 걸쳐 교착 상태에 빠졌으며 결국 휴전협정이 1953년 체결되게 된다.

오답 해설

① 한·미 상호방위조약은 휴전협정이 발효된 뒤인 1953년 10월에 체결되었다.

③ 이승만 정부는 유엔의 휴전 협상에 강력하게 반대하며 북진 통일을 주장하였다.

④ 유신 헌법은 1972년 박정희 정부에 의해 만들어진 헌법이다. 한국전쟁 도중 부산에서 이루어진 개헌은 발췌개헌이다.

합격 노트   전쟁의 전개

개전	1950년 6월 북한군의 남침으로 전쟁이 시작됨 1950년 7월 미국을 주축으로 유엔군이 참전함
반격	1950년 9월 인천상륙작전의 성공 →38선을 넘어 평양을 점령하고 압록강으로 진격함
교착	1950년 10월 중국군의 개입 1951년 1월 서울의 재함락과 탈환(3월) →이후 교착 상태가 이어짐
휴전	1951년 7월 휴전회담이 개최됨 →이승만 정부는 반공포로를 석방하며 휴전에 반대함 1953년 7월 휴전협정이 체결됨

48. ④   남북정상회담

정답 해설

IMF 외환위기와 구제금융을 극복했다는 경축사 내용을 통해 제15대 김대중 대통령이 이끈 '국민의 정부'임을 알 수 있다. 김대중은 최초로 선거에 의한 평화적인 정권 교체를 이루며 1998년 2월에 취임, 2003년 2월까지 대통령으로 재임하며 최초의 남북정상회담 성사와 노벨 평화상 수상, 월드컵 개최, 인권 신장 등의 업적을 남겼다.

오답 해설

① 김대중의 대통령 임기는 5년이었다. 대통령 임기가 7년이었던 것은 전두환의 제5공화국이다.

② 한·미 상호방위조약은 한국전쟁 휴전 이후인 1953년 10월에 체결되었다.

③ 경복궁 안에 세워져 있던 조선총독부의 청사는 김영삼 정부 시기인 1995년에 해체되었다.

합격 노트   남북정상회담

참석자	김대중 대통령과 김정일 국방위원장

시기	2000년 6월 13일 ~ 2000년 6월 15일
장소	북한 평양
성과와 의의	• 최초의 남북정상회담 • 6 · 15 공동선언의 발표 • 이후 이산가족 정례 상봉, 개성공단 설치, 동해선과 경의선 철도 연결 복원, 금강산 육로 관광 개시, 스포츠 및 민간문화교류 협력

49. ③
노태우 정부

정답 해설

1988년의 서울 올림픽 개최, 1991년의 유엔 가입 등을 통해 제13대 대통령 노태우가 집권한 시기의 일임을 알 수 있다. 노태주 정부는 6월 민주항쟁으로 만들어진 현행 헌법 하에서 출범한 첫 정부로 탈냉전 시기를 맞아 북방 정책을 전개하여 중국, 소련 등 공산권 국가들과의 관계를 회복하고 외교 관계를 넓히는 데에 주력했다. 공산권과의 화해 노력을 통해 동구권 공산국가, 동남아시아, 소련, 중국 등과의 외교 관계가 만들어졌고, 이를 기반으로 유엔 가입까지 성사시킬 수 있게 되었다.

오답 해설

① 금융실명제는 김영삼 정부(문민정부) 시기인 1993년 8월에 실시되었다.

② 경부고속철도는 서울과 부산을 연결하는 우리나라 최초의 고속철도로 2004년 4월에 개통되었다.

④ 1997년 외환위기로 인해 시작된 IMF 구제금융은 2001년 8월 종결되었다.

합격 노트 노태우 정부 시기의 외교적 노력

• 남북한 유엔 동시 가입(1991년) : 1948년 정부 수립 이래 이루지 못했던 유엔 가입을 북한과 함께 동시에 성사시켰다.
• 남북기본합의서(1991년) : 남북한 간의 불가침, 화해와 협력, 교류 협력 등이 약속되었다.
• 한반도비핵화선언(1992년) : 남한에 배치되어 있던 미국의 핵무기가 철수된 뒤 남한과 북한이 모두 핵무기를 개발하거나 배치하지 않기로 약속하였다.

50. ①
4 · 19 혁명

정답 해설

1960년 4월에 있었다는 설명을 통해 4 · 19 혁명임을 알 수 있다. 4 · 19 혁명은 그보다 앞서 치러진 3월 15일의 부정 선거가 원인이 되어 일어났다. 대통령과 부통령을 뽑는 3 · 15 선거에서의 부정행위가 알려지자 마산 지역을 시작으로 시위가 일어났고, 서울에서 각 학교의 대학생들이 궐기하며 시위가 확산되었다. 이승만 정부는 경찰력을 동원한 진압을 시도했으나 진압 도중 사망자가 발생하며 사태가 악화되자 결국 4월 26일 이승만이 하야를 선언하며 제1공화국이 붕괴되게 된다.

오답 해설

② 1964년에 있었던 6 · 3 시위이다. 박정희 정부에 의해 일본과의 외교 관계 복원이 추진되자 이에 반대하는 학생과 시민들이 대규모 시위를 전개하며 정부에 반발하였다.

③ 박종철 고문치사 사건은 1987년에 있었던 일로 6월 민주항쟁의 요인 중 하나가 되었다.

④ 1980년 5월에 일어난 광주 민주화운동이다. 신군부의 계엄령과 재집권 시도에 반발하며 일어났으나 군부대에 의해 진압되었다.

합격 노트 4 · 19 혁명

원인	• 12년에 걸친 이승만의 장기 독재 • 1950년대 말의 경기 침체와 불황 • 3 · 15 대통령 선거에서의 부정행위
과정	• 4월 11일 마산 지역에서의 항의 시위와 김주열 군 시신 발견 • 4월 18일 전국 주요 대학의 시국선언과 궐기 참여 • 4월 26일 경찰의 진압 실패와 대통령 하야 선언
결과	• 제1공화국의 붕괴와 이승만의 망명 • 허정이 이끄는 과도 정부 수립 • 내각책임제 헌법 개정과 장면 내각 성립

신과함께 한국사 능력검정시험
중급·기본 2주패스

개정 2판 1쇄 인쇄 2020년 3월 27일
개정 2판 1쇄 발행 2020년 4월 3일

지 은 이 마패한국사연구소
펴 낸 이 권기대
발 행 처 마패
공 급 처 도서출판 베가북스
총괄이사 배혜진
편   집 임용섭, 박석현, 신기철
디 자 인 박숙희
마 케 팅 황명석, 연병선
경영지원 지현주

등록번호 제313-2004-000221호
주   소 (07269) 서울특별시 영등포구 양산로3길 9, 201호
주문 및 문의 (02)322-7241 팩스 (02)322-7242

ISBN 979-11-90242-35-6 13910

홈페이지 www.vegabooks.co.kr
블로그 http://blog.naver.com/magicpass1
인스타그램 @vegabooks   트위터 @VegaBooksCo   이메일 magicpass1@naver.com

한국사능력검정시험
신과함께 실전모의고사 답안지

수 험 번 호								
⓪	⓪	⓪	⓪	⓪	⓪	⓪	⓪	⓪
①	①	①	①	①	①	①	①	①
②	②	②	②	②	②	②	②	②
③	③	③	③	③	③	③	③	③
④	④	④	④	④	④	④	④	④
⑤	⑤	⑤	⑤	⑤	⑤	⑤	⑤	⑤
⑥	⑥	⑥	⑥	⑥	⑥	⑥	⑥	⑥
⑦	⑦	⑦	⑦	⑦	⑦	⑦	⑦	⑦
⑧	⑧	⑧	⑧	⑧	⑧	⑧	⑧	⑧
⑨	⑨	⑨	⑨	⑨	⑨	⑨	⑨	⑨

선 택 형 답 란

	①	②	③	④		①	②	③	④		①	②	③	④
1	①	②	③	④	21	①	②	③	④	41	①	②	③	④
2	①	②	③	④	22	①	②	③	④	42	①	②	③	④
3	①	②	③	④	23	①	②	③	④	43	①	②	③	④
4	①	②	③	④	24	①	②	③	④	44	①	②	③	④
5	①	②	③	④	25	①	②	③	④	45	①	②	③	④
6	①	②	③	④	26	①	②	③	④	46	①	②	③	④
7	①	②	③	④	27	①	②	③	④	47	①	②	③	④
8	①	②	③	④	28	①	②	③	④	48	①	②	③	④
9	①	②	③	④	29	①	②	③	④	49	①	②	③	④
10	①	②	③	④	30	①	②	③	④	50	①	②	③	④
11	①	②	③	④	31	①	②	③	④					
12	①	②	③	④	32	①	②	③	④					
13	①	②	③	④	33	①	②	③	④					
14	①	②	③	④	34	①	②	③	④					
15	①	②	③	④	35	①	②	③	④					
16	①	②	③	④	36	①	②	③	④					
17	①	②	③	④	37	①	②	③	④					
18	①	②	③	④	38	①	②	③	④					
19	①	②	③	④	39	①	②	③	④					
20	①	②	③	④	40	①	②	③	④					

한국사능력검정시험
신과함께 실전모의고사 답안지

수 험 번 호

⓪	⓪	⓪	⓪	⓪	⓪	⓪	⓪	⓪	⓪
①	①	①	①	①	①	①	①	①	①
②	②	②	②	②	②	②	②	②	②
③	③	③	③	③	③	③	③	③	③
④	④	④	④	④	④	④	④	④	④
⑤	⑤	⑤	⑤	⑤	⑤	⑤	⑤	⑤	⑤
⑥	⑥	⑥	⑥	⑥	⑥	⑥	⑥	⑥	⑥
⑦	⑦	⑦	⑦	⑦	⑦	⑦	⑦	⑦	⑦
⑧	⑧	⑧	⑧	⑧	⑧	⑧	⑧	⑧	⑧
⑨	⑨	⑨	⑨	⑨	⑨	⑨	⑨	⑨	⑨

선 택 형 답 란

1	① ② ③ ④	21	① ② ③ ④	41	① ② ③ ④
2	① ② ③ ④	22	① ② ③ ④	42	① ② ③ ④
3	① ② ③ ④	23	① ② ③ ④	43	① ② ③ ④
4	① ② ③ ④	24	① ② ③ ④	44	① ② ③ ④
5	① ② ③ ④	25	① ② ③ ④	45	① ② ③ ④
6	① ② ③ ④	26	① ② ③ ④	46	① ② ③ ④
7	① ② ③ ④	27	① ② ③ ④	47	① ② ③ ④
8	① ② ③ ④	28	① ② ③ ④	48	① ② ③ ④
9	① ② ③ ④	29	① ② ③ ④	49	① ② ③ ④
10	① ② ③ ④	30	① ② ③ ④	50	① ② ③ ④
11	① ② ③ ④	31	① ② ③ ④		
12	① ② ③ ④	32	① ② ③ ④		
13	① ② ③ ④	33	① ② ③ ④		
14	① ② ③ ④	34	① ② ③ ④		
15	① ② ③ ④	35	① ② ③ ④		
16	① ② ③ ④	36	① ② ③ ④		
17	① ② ③ ④	37	① ② ③ ④		
18	① ② ③ ④	38	① ② ③ ④		
19	① ② ③ ④	39	① ② ③ ④		
20	① ② ③ ④	40	① ② ③ ④		